Manfred Nagl

Einführung in die Programmiersprache Ada

Manfred Nagl

Einführung in die Programmiersprache Ada

2., neubearbeitete und erweiterte Auflage

Springer Fachmedien Wiesbaden GmbH

1. Auflage 1982
   Nachdruck 1983
2., neubearbeitete und erweiterte Auflage 1988

ISBN 978-3-528-13347-4   ISBN 978-3-663-14162-4 (eBook)
DOI 10.1007/978-3-663-14162-4

Vorwort zur 1. Auflage

Dieses Buch ist nicht für jemanden gedacht, der einen Ada-Übersetzer schreiben will. Es steht hier eher die **methodische Verwendung** der Sprache im Vordergrund als die Abgrenzung erlaubter von nichterlaubten (syntaktischen) Konstruktionen. Trotzdem soll beim Nachschlagen wegen einer Unklarheit bezüglich Ada hier eine präzise Antwort auffindbar sein. Dieses Buch ist auch **nicht** als **Einführung** in das systematische Programmieren **für Anfänger** gedacht. Statt dessen wendet es sich an Personen, die bereits eine gewisse Erfahrung im Programmieren mit mindestens einer höheren Programmiersprache haben. Dies kann auch FORTRAN oder COBOL sein. Für diesen Personenkreis sollte die nachfolgende Ausarbeitung sowohl als Textbuch für Programmierkurse (auch wenn diese mangels eines verfügbaren Übersetzers vielerorts noch als Trockenkurs abgehalten werden müssen) als auch zum Selbststudium geeignet sein. Die Kenntnis einer neueren höheren Programmiersprache, wie etwa PASCAL, ist zwar nicht Voraussetzung für das Lesen, doch erleichtert sie den Einstieg.

Ada entstand aufgrund einer **Initiative** des **Verteidigungsministeriums** der USA, das seine Ausgaben für Software in den Griff zu bekommen versuchte (1975 etwa 3,5 Milliarden $). Ein großer Teil dieser Ausgaben ging in den Bereich der sogenannten eingebetteten Systeme (z.B. Bordcomputer eines Flugzeugs), der sich durch Effizienzvorgaben (Speicherplatz, Laufzeit), Hardwarenähe (z.B. durch Einsatz nichtstandardmäßiger Ein-/Ausgabe) und Notwendigkeit von Konzepten für Realzeitanforderungen/Nebenläufigkeit auszeichnet. Insbesondere durch Unterstützung der Zuverlässigkeit, Portabilität und Wartungsfreundlichkeit von Software sollte eine **Reduktion** der **Kosten** erzielt werden. Das Ergebnis der Initiative ist eine universelle höhere Programmiersprache, die sich für einen breiten Einsatz eignet, nicht nur auf dem Gebiet der eingebetteten Systeme.

Ada bietet für Kontroll- und Datenstrukturen **vielfältige Konstrukte** an. Ada eignet sich wegen des Paketkonzepts, der Hilfsmittel zur getrennten Übersetzung und der generischen Programmeinheiten insbesondere auch für das Programmieren "großer" Probleme, die von einer Programmierermannschaft und nicht von einem einzelnen Programmierer bearbeitet werden. Hier ist die Beachtung der Erkenntnisse des Software-Engineering, insbesondere bezüglich der Programmiermethodik, unerläßlich. Wir haben deshalb in Kapitel 1 die wichtigsten Grundbegriffe aus diesem Bereich zusammengetragen. Aber auch während der restlichen Ausarbeitung wurde stets versucht, die methodische Sicht bei der Erörterung der Ada-Sprachelemente zu betonen.

Ada ist kein Forschungsergebnis, sondern das Resultat eines **Entwicklungsprozesses,** der **öffentlich** und unter großer Anteilnahme der Öffentlichkeit (aus Industrie, Verwaltung und Universitäten) ablief. Insoweit faßt Ada eher bisher Bekanntes zusammen und repräsentiert den Stand der Technik auf dem Programmiersprachensektor, als neue, bahnbrechende Wege zu gehen. Aus dieser Öffentlichkeit ist bereits jetzt, vor dem Großeinsatz dieser Sprache, ein Erfolg der Ada-Unternehmung erkenntlich: Mit der Diskussion über Ada wurde auch stets über Konzepte in Programmiersprachen diskutiert und damit zur Verbreitung und Erweiterung von Kenntnis über Programmiersprachen beigetragen.

Bücher über Programmierung fallen hauptsächlich in zwei Kategorien. Die eine Kategorie enthält Einführungen in die Programmierung, heute meist mit dem Zusatz methodisch oder systematisch. Um dieser Zielsetzung gerecht zu werden, sollten hierbei alle Gesichtspunkte des Programmierens angesprochen werden, insbesondere die Verifikation, die Effizienzanalyse und die Programmiermethodik. Eine solche Darstellung ist jedoch einerseits weitgehend programmiersprachenunabhängig und andererseits nur für "kleine" Probleme machbar. Man sollte sich dabei einer einfachen, aber sauberen Programmiersprache bedienen, wie etwa PASCAL oder ELAN. Ein Buch über Ada muß schon wegen des Umfangs der Sprache, die ja auch weniger für die Ausbildung als für den Einsatz in großem Maßstab erfunden wurde, in die zweite Kategorie von Büchern fallen, nämlich in die der **Einführungen** in eine bestimmte **Programmiersprache.** Hier darf dann auch einige Kenntnis über die Programmierung vorausgesetzt werden. Wir haben bei der Erläuterung von Ada versucht, die sinnvolle und methodische Verwendung dieser Sprachkonstrukte in den Vordergrund zu rücken und nicht nur die Details zu sehen, wie das eine oder andere hinzuschreiben ist.

Jede Programmiersprache, insbesondere aber eine so umfangreiche wie Ada, ist stark **rekursiv**. Man weiß nicht, wo mit der Erläuterung begonnen werden soll, da die einzelnen Konstrukte direkt oder indirekt gegenseitig voneinander abhängen. Dadurch wird in vielen Fällen Wiederholung erzwungen. Wir haben versucht, aus dieser Not eine Tugend zu machen. So wurden die komplizierten Sprachelemente im allgemeinen stets zuerst in einfacher Form erläutert, die allgemeine Verwendung und das dahinterstehende Konzept wurde später nachgetragen. Eine Einführung in eine Programmiersprache sollte sich in ihrem Aufbau nicht am Sprachreport orientieren. Bei diesem ist es eine Zielsetzung, diese obige Rekursivität sichtbar werden zu lassen, während es hier aus didaktischen Gründen Zielsetzung ist, diese zunächst zu verbergen.

Ein einführendes Buch über eine Programmiersprache ist kein geeigneter Platz, sich kritisch mit einer Programmiersprache auseinanderzusetzen. Wir haben deshalb an einigen Stellen bewußt auf Randbemerkungen verzichtet. Die Akzeptanz einer Programmiersprache hängt nicht von ihren "technischen" Eigenschaften ab, sondern auch von dem Vorhandensein **verständlicher** Einführungen und Nachschlagewerke. Wir hoffen, zu diesem Gesichtspunkt der Pragmatik von Ada einen kleinen Beitrag geleistet zu haben.

Nun eine **Übersicht:** Kapitel 1 beschäftigt sich nach einer kurzen Darstellung der Entwicklungsgeschichte von Ada mit einigen Grundbegriffen des Software-Engineering.

In Kapitel 2 wird die Notation der Syntax erläutert, und die Grundsymbole der Sprache werden aufgeführt.

Kapitel 3 ist den Elementen des Programmierens im Kleinen gewidmet und dabei hauptsächlich den Strukturen zur Ablaufkontrolle. Dazu zählen insbesondere die schon klassischen Kontrollstrukturen if-, case-, while- und for-Anweisung, die Funktionen und Prozeduren und die Sprünge. Nicht klassisch ist hier lediglich die Ausnahmebehandlung. Datenstrukturen werden hier nur andeutungsweise angesprochen, um kleine Programme oder Programmstücke formulieren zu können. Die Textein-/ausgabe wird jedoch bereits hier abgehandelt.

Kapitel 4 erläutert die Datenstrukturierung, die in neuen Programmiersprachen umfangreicher ist als die Ablaufstrukturierung. Hierzu zählen die Aufzählungstypen, die Felder und Verbunde, die in Ada in speziellen Formen als Felder mit unspezifizierten Grenzen und Verbunden mit Diskriminanten auftreten können. Erst dann folgt das Typkonzept mit der Erklärung der Begriffe Typ, Untertyp, abgeleiteter Typ. Den numerischen Typen, nämlich den ganzzahligen und den reellen Datentypen, ist hier in Ada mehr Aufmerksamkeit geschenkt worden als in anderen Programmiersprachen, insoweit als sich der Programmierer über die Definition neuer numerischer Typen unabhängig von den vordefinierten numerischen Typen machen kann. Ein ausführlicher Abschnitt über Zeiger und Haldenobjekte und ihre Verwendung in der Listenverarbeitung schließt das Kapitel ab.

Während Kapitel 3 und 4 eher die konventionellen Sprachelemente enthalten, die hauptsächlich dem Programmieren im Kleinen, d.h. der Implementierung einzelner Moduln dienen, bietet das Kapitel 5, teilweise auch 6, Elemente für das Programmieren im Großen, die während des Entwurfs bzw. während der Wartung großer Software-Systeme benötigt werden. Hierzu zählen hauptsächlich das Paketkonzept, das Konzept der Generizität, der privaten Typen und die Hilfsmittel zur getrennten Übersetzung, nämlich Bibliothekseinheiten und Untereinheiten. Da sich hinter letzterem mehr verbirgt als nur Hilfen für die textuelle Aufteilung des Programms, haben wir in einem sehr ausführlichen Abschnitt versucht, den Bezug zu Modulkonzepten herauszuarbeiten.

Kapitel 6 dient der Erklärung der nebenläufigen Programmierung. Nach Einführung der hierfür vorgesehenen Programmeinheit (der Task), der automatischen Aktivierung und der normalen Beendigung folgt das Rendezvous-Konzept als Konstrukt zur Synchronisation und zum gegenseitigen Ausschluß. Der nächste Abschnitt widmet sich der nichtdeterministischen Auswahl zwischen verschiedenen Interaktionswünschen auf der Seite der akzeptierenden Task. Verzögerung, Unterbrechung, Ausnahmebehandlung, normale und anomale Taskbeendigung schließen sich an sowie Ada-Spezielles wie Tasktypen und Entryfamilien. Ein größeres Beispiel schließt das Kapitel ab.

Das letzte Kapitel erläutert die Beziehungen zur Umwelt. Hierzu zählt die Ein-/Ausgabe mit ihrer Unterscheidung zwischen internen und externen Dateien, die neben Ein-/Ausgaberoutinen auch die Dateiverwaltung mit enthält. Schließlich gibt es noch vielfältige Möglichkeiten der Angabe von Darstellungen auf der Basismaschine.

Jedes Kapitel endet mit Übungsaufgaben, die der Leser zur Vertiefung seiner Ada-Kenntnisse benutzen kann. Ein umfangreiches Literaturverzeichnis soll Hinweise zum weiteren Studium geben. Die vordefinierten Pragmas und die vordefinierten Ausnahmen sind in Form zweier Anhänge am Ende zusammengestellt. Die vordefinierten

Attribute werden in den entsprechenden Buchabschnitten erläutert. Dem leichten Nachschlagen schließlich dient ein Anhang, der die gesamte Grammatik enthält, sowie ein ausführliches Register.

Ich möchte dieses Vorwort mit einer **Danksagung** an alle diejenigen abschließen, die zu der Gestalt dieses Buches in seiner jetzigen Form durch Kritik, Anregungen und Hilfe beigetragen haben. Hier sind Herr Dr. H. Hummel und Dr. Plödereder, München, sowie Herr Kollege J. Perl (jetzt Mainz) zu nennen. Zu besonderem Dank wegen sehr intensiver Mitarbeit bin ich jedoch Herrn Kollegen J. Ebert und den Herren Dr. G. Engels und Dr. W. Schäfer (alle früher in Osnabrück), sowie Herrn Dr. R. Gall, Erlangen, verpflichtet. Schließlich gilt mein Dank auch Frau K. Guss für die große Geduld und Sorgfalt beim Schreiben dieses Manuskripts sowie dem Vieweg-Verlag für das Anfertigen der Zeichnungen. Für Fehler und Mängel ist der Autor allein verantwortlich. Es kann auch kein Compiler dafür zur Rechenschaft gezogen werden, die (hoffentlich nicht zu zahlreichen) Syntaxfehler nicht erkannt zu haben.

Osnabrück, im Juni 1982   Manfred Nagl

Vorwort zur 2. Auflage

Seit dem Erscheinen der ersten Auflage dieses Buches hat sich **einiges geändert**: Ada ist seit 1983 standardisiert worden, Ada-Veranstaltungen finden heute nicht mehr nur als Trockenkurse statt, weil in den letzten Jahren effizientere und preiswertere Ada-Compiler verfügbar wurden, in der Industrie gibt es mehr und mehr Software-Projekte, die in Ada implementiert werden, und die Initiativen und Aktivitäten um Ada herum, die man in den USA als 'Ada culture' bezeichnet, haben sich verstärkt und ausgeweitet (Validierungsprozedur, Ada-Software-Entwicklungsumgebung, STARS-Projekt usw.). Ferner, was nicht gering geschätzt werden darf, hat ein Arbeitskreis eine deutsche Ada-Terminologie erarbeitet, die in dieser 2. Auflage übernommen wurde.

Ada ist für die Erstellung großer Softwaresysteme gedacht, wo die Erkenntnisse, Konzepte und Methoden der Softwaretechnik eingesetzt werden sollten. Ada bietet hierfür vielerlei Konstrukte an. Dies betrifft insbesondere die Konstrukte für das Programmieren im Großen, die insbesondere die Wartung vereinfachen, sich aber ebenfalls auf die lebenszyklusbegleitenden Bereiche Qualitätssicherung, Projektmanagement und Dokumentation günstig auswirken. Man kann Ada deshalb ohne Übertreibung als **die Softwaretechnik-Programmiersprache** bezeichnen!
Ein Buch über Ada sollte diesen Zusammenhang deutlich werden lassen. Nach Kenntnis des Autors war die 1. Auflage dieses Buches das erste Buch, das diesen Zusammenhang herausgearbeitet hat. Diese Verflechtung mit der Softwaretechnik wurde in der 2. Auflage noch einmal beträchtlich verstärkt (insbesondere durch Kap. 1 und Kap. 5). Erfahrungen des Autors mit Ada-Vorlesungen und Industrie-Seminaren bestätigen, daß bei diesem didaktischen Ansatz der gedankliche Hintergrund der Ada-Konzepte vermittelt werden kann, d.h. sich die Erörterung nicht nur auf die Aufzählung der Sprachkonstrukte beschränkt.

Ada gehört zur Familie der imperativen und prozeduralen Programmiersprachen und liegt damit auf der Linie der **"klassischen" Programmiersprachen** (FORTRAN - Algol 60 - PL/I - Algol 68 - Pascal). In Ada sind Ideen einer Reihe anderer neuerer Programmiersprachen eingeflossen (Modula, Alphard, CLU, LIS, Mesa etc.). Diese Sprachlinie zeichnet sich durch das Bestreben nach Sicherheit (durch viele Compilezeit-Prüfungen) und Effizienz (insbesondere für den erzeugten Code) aus. Diese Ausrichtung ist ganz im Sinne der oben angedeuteten Verflechtung mit der Softwaretechnik.

Trotz dieser eher konservativen Ausrichtung von Ada hat der **Sprachvorschlag** nicht nur Zustimmung hervorgerufen (vgl. Literatur in Abschnitt 3). Dabei richtet sich die **Kritik** weniger gegen den Ansatz der Sprache an sich, sondern eher gegen einzelne Sprachkonstrukte, insbesondere jedoch gegen den Gesamtumfang der Sprache. Auf diese Kritik wird in der folgenden Darstellung nicht im einzelnen eingegangen. Obwohl sich der Autor in etlichen Punkten dieser Kritik anschließen kann, so teilt er doch die Überzeugung, daß Ada für den professionellen Bereich das beste ist, was an Programmiersprachen z.Zt. zur Verfügung steht und für den nächsten überschaubaren Zeitraum zur Verfügung stehen wird.

Neben dieser eher konservativen Ausrichtung von Ada haben in den letzten Jahren einige Programmiersprachen in der wissenschaftlichen Diskussion Bedeutung erlangt oder eine Renaissance erfahren, die völlig **anderen Softwareerstellungs-Paradigmen** folgen, die wir in diesem Buch nicht erläutern. Es sind dies, um nur die wichtigsten aufzuzählen: Programmieren ist Logik (logische Programmiersprachen), Programmieren ist Erstellen loser Einheiten mit Vererbung und Botschaftsaustausch (objektorientierte Sprachen), Programmieren ist Zusammenbau von Funktionen (funktionale Sprachen), Programmieren ist Spezifizieren (Spezifikationssprachen, Transformationssprachen), Programmieren ist Zusammenstellen von Fakten und Regeln (KI-Sprachen) usw. Diese Paradigmen können eines Tages für die tägliche praktische Arbeit des Software-Ingenieurs große Bedeutung erlangen. Dies ist jedoch eher für einen längerfristigen Zeitpunkt der Fall.

Eine verständliche **Ada-Einführung** zu schreiben, ist **nicht einfach**. Dies hat zum einen mit der Verflechtung mit der Softwaretechnik zu tun, da nicht bei jedem Leser Basiswissen über diesen Bereich vorausgesetzt werden kann. Zum anderen redet man bei der Erläuterung von Ada, wegen des zusammenfassenden Charakters dieser Sprache, implizit auch immer über Konzepte von (klassischen) Programmiersprachen. Ein Blick in das Inhaltsverzeichnis so manchen Buches über Programmiersprachenkonzepte (vgl. Literaturabschnitt 4) bestätigt dies. Dort findet man nämlich oft die Kapiteleinteilung des Ada-Sprachreports wieder. Letztlich erfordert das bereits im Vorwort der 1. Auflage diskutierte Rekursivitätsproblem von Programmiersprachen und der Umfang von Ada eine sorgfältige didaktische Ausarbeitung. Jede Ada-Einführung, die alle diese Probleme verschleiert und den Eindruck erweckt, als sei Ada eine Sprache für Anfänger oder im Handumdrehen zu vermitteln, ist die Zeit nicht wert, mit der man sich mit ihr beschäftigt.

Die Verflechtung mit der Softwaretechnik bzw. die Diskussion über Programmiersprachenkonzepte **bereichert** an sich die **Denkwelt** jedes Lesers und hat damit Auswirkungen auf seine tägliche Arbeit auch dann, wenn er in der nächsten Zeit keine Chance hat, Ada für ein konkretes Projekt einzusetzen. Dies gilt übrigens auch für die oben angedeuteten anderen Softwareerstellungs-Paradigmen. Eine Beschäftigung mit diesen Paradigmen bringt nicht nur Bereicherung, da sie in andere Denkwelten einführt, sondern sie läßt auch die Konzepte von Ada in einem deutlicheren Licht erscheinen.

Wenn für Ada als Programmiersprache **Teilsprachenbildung** verboten ist, d.h. jeder Compiler Ada voll "verstehen" können muß, so gilt dies **nicht** notwendigerweise **für die Lehre**. So ist der Pascal-Teil von Ada allein durch Kap. 3 und 4 beschrieben, wobei noch einige Abschnitte wegfallen (etwa 3.9, 4.7 und 4.8) und einige sich vereinfachen. In diesem Sinne ist Ada auch für die Anfängerausbildung einsetzbar. Ist man nur an sequentieller Programmierung interessiert (z.B. übliche mathematisch-technische Anwendungen, betriebswirtschaftliche Anwendungen, Systemprogrammierung ohne Nebenläufigkeit), so kommt noch Kap. 5 hinzu. Für numerische Anwendungen ist darüber hinaus ein detailliertes Studium der Abschnitte 4.7 und 4.8 nötig. Nur wenn man sich mit nebenläufiger und hardwarenaher Programmierung gleichzeitig beschäftigt, ist ein Studium der gesamten Sprache (bis auf die numerischen Datentypen) nötig.

Ich möchte dieses Vorwort mit einem **Dank** an alle diejenigen abschließen, die zu der 2. Auflage des Buches beigetragen haben. Hier ist zunächst Herr C. Lewerentz zu nennen, der das Textsystem geschrieben hat, mit dem dieses Manuskript neu erstellt wurde, und der bei Auftreten von Schwierigkeiten seines Pilotsystems nie die Geduld mit den Bedienern und seinem Produkt verlor. Insbesondere möchte ich mich bei Frau G. Holmann, Osnabrück, bedanken, die trotz des Umfangs des Manuskripts, der Schwierigkeiten mit dem Textsystem und der mehrmaligen Verbesserungen stets mit Engagement, Sorgfalt und unglaublicher Geduld dieses Manuskript nicht nur geschrieben, sondern auch in eine druckreife Form gebracht hat. Schließlich bin ich Herrn Dr. Jackel, Koblenz, und Herrn Heimann, insbesondere aber den Herren A. Schürr und B. Westfechtel für das kritische Durcharbeiten des Manuskripts und die vielen sich daraus ergebenden Verbesserungsvorschläge dankbar.

Aachen, im September 1987   Manfred Nagl

INHALT

1 ADA UND SOFTWARETECHNIK   1

  1.1 Ziele und Geschichte der Entwicklung von Ada   1
  1.2 Programme, Programmiersprachen und Maschinen   4
  1.3 Softwaretechnik und Phasen der Software-Entwicklung   6
  1.4 Gütekriterien von Programmsystemen/Ziele der Software-Entwicklung   10
  1.5 Übliche Hilfsmittel der Software-Erstellung/Ada-Validierung   13
  1.6 Ada-Programmentwicklungs-Umgebung   17
  1.7 Das STARS-Projekt   20
  Aufgaben zu Kap. 1   24

2 GRUNDBEGRIFFE   25

  2.1 Syntaxnotation, Zeichen und lexikalische Einheiten   25
  2.2 Bezeichner, Zahlen und Zeichenketten   28
  2.3 Quellprogramm-Notation, Pragmas   32
  Aufgaben zu Kap. 2   34

3 OBJEKTE FÜR DAS PROGRAMMIEREN IM KLEINEN   36

  3.1 Einfache Objekt- und Typdeklarationen   37
  3.2 Ausdrücke, Wertzuweisungen und Anweisungsfolgen   41
  3.3 Bedingte Anweisungen, Auswahlanweisungen (if, case)   44
  3.4 Zählschleifen, Schleifen mit Bedingungen (for, while)   47
  3.5 Ineinanderschachtelung von Kontrollstrukturen und saubere Sprünge   51
  3.6 Blockstruktur, Gültigkeit, Sichtbarkeit   58
  3.7 Funktionen und Operatoren   63
  3.8 Prozeduren   71
  3.9 Ausnahmebehandlung bei Blöcken und Prozeduren   79
  3.10 Text-Ein-/Ausgabe   86
  Aufgaben zu Kap. 3   98

4 DATENSTRUKTURIERUNG DETAILLIERT   102

  4.1 Basisdatentypen BOOLEAN, CHARACTER und allgemeine Aufzählungs-
     typen   103
  4.2 Feldtypen mit spezifizierten Grenzen   108
  4.3 Feldtypen mit unspezifizierten Grenzen und der Datentyp STRING   116
  4.4 Einfache Verbunde   122
  4.5 Verbunde mit Diskriminanten, variante Verbunde   127
  4.6 Das Typkonzept von Ada, Untertypen, abgeleitete Typen   135
  4.7 Ganzzahlige Datentypen   145
  4.8 Typen numerisch-reeller Zahlen: Gleitpunkttypen, Festpunkttypen   149
  4.9 Ausdrücke   158
  4.10 Zeigertypen und Haldenobjekte, Listenverarbeitung   163
  Aufgaben zu Kap. 4   177

5   PROGRAMMIEREN IM GROSSEN   182

    5.1   Generische Unterprogramme und der generische Mechanismus   183
    5.2   Pakete, die Ada-Notation für Moduln   189
    5.3   Programmstruktur, Gültigkeit, Sichtbarkeit   200
    5.4   Getrennte Übersetzung   206
    5.5   Ein Modulkonzept und seine Umsetzung in Ada   218
    5.6   Ein Beispiel   240
    Aufgaben zu Kap. 5   247

6   NEBENLÄUFIGE PROGRAMMSYSTEME   249

    6.1   Prozeßeinheiten als Programmeinheiten für nebenläufige Program-
          mierung   250
    6.2   Das Rendezvous-Konzept   256
    6.3   Nichtdeterministische Auswahl zwischen Alternativen   261
    6.4   Verzögerung, Unterbrechung, Ausnahmebehandlung, Beendigung   268
    6.5   Prozeßtypen, Entry-Familien, Implementierungsaspekte   275
    6.6   Ein Beispiel   279
    Aufgaben zu Kap. 6   287

7   EIN-/AUSGABE UND BASISMASCHINENABHÄNGIGKEIT   289

    7.1   Ein-/Ausgabe und Dateiverwaltung   290
    7.2   Angaben zur Darstellung auf der Basismaschine   301
    Aufgaben zu Kap. 7   311

LITERATUR   312

ANHÄNGE   318

    Ada-Wortsymbole   318
    Vordefinierte Pragmas   319
    In der Sprache vordefinierte Ausnahmen u. zug. Laufzeitprüfungen   321
    Ada-Grammatik   323

STICHWORTVERZEICHNIS   331

1 ADA UND SOFTWARETECHNIK

Zielsetzung dieses Kapitels ist es - nach einem kurzen Überblick über die Geschichte der Entwicklung von Ada - die *Verflechtung* dieser Programmiersprache *mit* dem Gedankengut *der Softwaretechnik* (des Software-Engineering) aufzuzeigen. Nach Einführung einiger wichtiger Begriffe aus der Softwaretechnik, nämlich Programme, Maschinen, Software-Lebenszyklus und Gütekriterien für Programme, gehen wir auf die Hilfsmittel zur Erstellung von Software mit Ada ein, nämlich auf Ada-Programmiersysteme, die Ada-Programmentwicklungs-Umgebung und schließlich auf die Softwaretechnik-Umgebung, alles Vorhaben, deren Realisierung im Zusammenhang mit der Sprache Ada angegangen wurde. Die Verflechtung von Ada mit der Softwaretechnik erzielen neben Sprachkonstrukten, die Ada hierfür selbst anbietet, die Compiler-Validierung, das APSE-Projekt und das STARS-Projekt. Diese Projekte werden in diesem Kapitel erläutert. Ada ist die erste Programmiersprache, bei deren Entwicklung diese Verflechtung mit der Softwaretechnik eine bedeutsame Rolle gespielt hat.

1.1 ZIELE UND GESCHICHTE DER ENTWICKLUNG VON ADA

Ada ist eine *universelle Programmiersprache,* die die Bereiche mathematisch-technische Anwendungen, sequentielle Systemprogrammierung, nebenläufige Programmierung sowie Realzeitanwendungen abdeckt. Beispiele für diese verschiedenen Bereiche sind jeweils: numerische Integration, Compiler, Betriebssystem, Steuerung einer Walzstraße. Bei Vorhandensein entsprechender vordefinierter Komponenten ist Ada auch für beliebige andere Anwendungsbereiche geeignet, so z.B. für betriebswirtschaftliche Anwendungen.

Die Programmiersprache *Ada* erhielt ihren Namen von Ada, Countess of Lovelace, einer Kollegin von Charles Babbage, der im 19. Jahrhundert den ersten Versuch unternahm, eine programmgesteuerte Rechenanlage zu bauen. Countess Ada wird von Informatik-Historikern als die erste Programmiererin betrachtet. Die Programmiersprache Ada wurde unter Jean Ichbiah bei CII-Honeywell-Bull in Paris entwickelt aufgrund einer weltweiten *Initiative des* Verteidigungsministeriums (Department of Defense, abgekürzt *DoD*) der Vereinigten Staaten von Amerika zur Entwicklung einer neueren höheren Programmiersprache (Common-High-Order-Language).

Der *Hauptgrund* für diese Initiative zur Entwicklung einer neuen Programmiersprache war eine *Softwarekrise* im DoD /3. Fi 76/, das einen immer höheren Anteil seines Budgets für Software ausgab, insbesondere für Software für sogenannte eingebettete Systeme, die dadurch charakterisiert sind, daß ein Computer ein Teil eines technischen Systems ist. Trotz der erhöhten Geldausgabe stieg die Qualität dieser Software keineswegs an. Das lag zum Teil in der Natur solcher Software, die groß, langlebig, dauernden Veränderungen unterworfen und von Hardware abhängig ist, und die große Anforderungen an Zuverlässigkeit stellt. Gründe für die Probleme wurden in der Nichtverfügbarkeit geeigneter Software-Produktionsmittel gesehen. Diese Gründe sind im einzelnen: (1) die Vielzahl verwendeter Programmiersprachen, (2) die mangelnde Eignung der verwendeten Programmiersprachen für diesen Anwendungsbereich, (3) die mangelnde Unterstützung der Anwendung von Programmiermethodik durch Programmiersprachen und schließlich (4) das Nichtvorhandensein geeigneter Softwareentwicklungs-Umgebungen.

Explizite *Ziele* der Entwicklung der neuen Programmiersprache *Ada* waren insbesondere (1) Wartbarkeit, (2) Zuverlässigkeit, (3) Portabilität, (4) Verständlichkeit und (5) Effizienz großer Ada-Programmsysteme. Wir gehen auf diese Begriffe in Abschnitt

1.4 genauer ein. Die neue Programmiersprache sollte somit behilflich sein, die Softwarekrise zu überwinden und damit insbesondere auch die Kosten eines Programmsystems drastisch reduzieren. Wir werden in den Abschnitten 1.5, 1.6 und 1.7 sehen, daß die Sprachentwicklung flankiert wurde durch Qualitätssicherung für die Compiler, durch Werkzeuge und Methoden für den Einsatz der neuen Sprache bis hin zu Trainingsmaßnahmen für das beteiligte Personal.

Die *Geschichte* der *Entwicklung* von Ada ist in der folgenden Tabelle festgehalten:

1974	Beginn des Common-High-Order-Language-Programms
1975	Gründung der DoD High-Order Language Working Group (HOLWG)
1975-1978	Vorläufige Festlegung der Anforderungen an die zu entwickelnde Programmiersprache durch eine Serie von Schriften: Strawman (1975), Woodenman (1975), Tinman (1976), Ironman (1977) mit der endgültigen Festlegung der Anforderungen durch den Steelman-Report (1978).
1977	Nach einer Analyse der bestehenden Programmiersprachen-Landschaft anhand von 23 Sprachen fällt die Entscheidung, eine neue Sprache auf der Basis einer der Sprachen PASCAL, Algol 68 bzw. PL/I zu entwerfen.
	April: Ausschreibung eines Wettbewerbs. Von 16 eingegangenen Vorschlägen für einen Sprachentwurf werden 4 für eine sechsmonatige Entwicklungszeit (August '77 bis Februar '78) ausgewählt. Sie erhalten die Namen GREEN, RED, YELLOW und BLUE. (Alle basieren auf PASCAL; nur dadurch und durch die Rahmenbedingungen des Steelman-Berichts war eine Zeitspanne von nur 6 Monaten für die Ausarbeitung des Sprachvorschlags überhaupt möglich.)
1978	Februar: Von ca. 80 "Kampfrichterteams" werden GREEN und RED ausgewählt. Innerhalb eines Jahres sollen beide bis zu einem vollständigen Sprachvorschlag ausgearbeitet werden.
1979	März: Ablieferung der Sprachvorschläge.
	April/Mai: 50 Teams analysieren beide Vorschläge. Die Ergebnisse werden in einem viertägigen Seminar ausgewertet, auf dessen Grundlage die HOLWG beschließt, den Sprachvorschlag GREEN als Gewinner des Wettbewerbs auszuwählen und ihm den Namen Ada zu geben.
	Juni: Die Sprachbeschreibung (Reference Manual) und eine Begründung für den Sprachentwurf (Rationale) werden in den SIGPLAN NOTICES veröffentlicht.
1980	Juli: Veröffentlichung des Ada-Sprachreports. Aufgrund von Hinweisen vieler Anwender war Ada in einigen Punkten modifiziert worden. Dabei hatten folgende Ereignisse während der letzten Phasen der Entwicklung starken Einfluß auf die Sprache: die Formalisierung der Semantik (denotational), die Entwicklung eines Testübersetzers und das Ergebnis von fünf einwöchigen Sitzungen zur Überprüfung des jeweils aktuellen Entwurfs.

1980	Gründung des Ada Joint Program Office (AJPO), das die Ada-Initiative organisatorisch zusammenhalten soll.
1981	Ada wird ein eingetragenes Warenzeichen, um Teilmengen bzw. Obermengen der Sprache zu verhindern.
1983	Ada wird ANSI-Norm (American National Institute for Standardization). Erster verfügbarer, überprüfter industrieller Compiler (vgl. 1.5).
ab 1983	Einsatz von Ada in einer Vielzahl großer industrieller Projekte.
1990	Das DoD rechnet damit, daß zu diesem Zeitpunkt der jährliche Umsatz von in Ada geschriebener Software 10-30 Milliarden US $ ausmacht.

Tabelle 1-1: Ada-Initiative: Stufen der Entwicklung

Ada entstand also nicht in einer kleinen Forschungsgruppe oder in einem personell festgelegten Komitee, sondern in Form eines öffentlichen Wettbewerbs unter Beteiligung zahlreicher Wissenschaftler aus Industrie, Regierungsstellen und Universitäten. Dadurch hat dieses Projekt bisher schon viel zur **Verbreitung des** augenblicklichen **Stands der Technik** auf dem **Programmiersprachensektor** beigetragen. Auch die öffentliche Kritik an der Sprache lieferte wertvolle Einsichten (vgl. /Literaturabschnitt 3/). Es gibt verhältnismäßig wenig in Ada, was nicht bereits Bestandteil anderer Programmiersprachen wäre. Somit liegt die Bedeutung dieser Sprache weniger in ihrer Originalität als darin, vieles Wünschenswerte aus verschiedenen Programmiersprachen in einen einheitlichen Rahmen eingepaßt zu haben. Aufgrund des normativen Zwangs, den eine Institution wie das DoD auszuüben in der Lage ist, kann man davon ausgehen, daß diese Programmiersprache eine weite Verbreitung finden wird. Die letzte Initiative des DoD im Jahre 1962 hatte jedenfalls eine starke Resonanz; aus ihr ging nämlich die Programmiersprache COBOL hervor! Aber auch wenn an manchen Orten - momentan noch - kein billiger und effizienter Ada-Compiler verfügbar ist, so führt die Beschäftigung mit dieser modernen Programmiersprache doch zur Erkennung neuer Denkkonzepte und Strukturierungsmöglichkeiten, die auch in alten verfügbaren Programmiersprachen, bis hinunter zu Assemblern, anwendbar sind.

Ada verdankt seine Entstehung der Anfang der siebziger Jahre aufkeimenden Idee der Softwaretechnik. Deshalb ist nach Überzeugung des Autors diese Sprache **ohne Softwaretechnik-Hintergrund nicht** sinnvoll **zu vermitteln.** Erfahrung mit Vorlesungen und Industrieseminaren bestätigen dies. Wir tragen deshalb in dem folgenden Teil des Kapitels erst die nötigen Softwaretechnik-Grundlagen zusammen. Andererseits muß man unterscheiden zwischen der Softwaretechnik und dort insbesondere einer Programmiermethodik und einer Programmiersprache, in der diese Methodik ausgedrückt werden soll. Die Konstrukte einer Programmiersprache sollten die Anwendung vieler Methodiken gestatten. Dies ergibt sich schon daraus, daß Sprachentwicklungen längerfristiger Natur sind, Methodikentwicklungen/-fortentwicklungen jedoch stärker zeitlichen Veränderungen unterworfen sind. Erfahrungsgemäß beginnt sich eine Programmiersprache auch erst etliche Jahre nach ihrer Entwicklung durchzusetzen, nämlich üblicherweise nach 5-10 Jahren. Mit der weiten Verbreitung von Ada ist also erst in einigen Jahren zu rechnen!

1.2 PROGRAMME, PROGRAMMIERSPRACHEN UND MASCHINEN

Aufgabe der Programmierung ist die Erstellung von *Algorithmen*, d.h. von Verfahren zur schrittweisen Lösung eines Problems. Das Ergebnis sind u.a. zusammengesetzte Anweisungen, die von einer *Maschine*, auch Prozessor genannt, ausgeführt werden. Eine Zusammensetzung von Anweisungen zur Lösung eines Problems inklusive zusätzlich nötiger Vereinbarungen heißt ein *Programm*.

Anweisungen laufen, bei Ausführung durch eine Maschine, in einer bestimmten Reihenfolge nacheinander ab, die im allgemeinen nicht mit der Reihenfolge übereinstimmt, in der sie im Programm notiert sind, oder die Ausführung geschieht unabhängig voneinander (nebenläufig) bzw. gleichzeitig, wobei letzteres natürlich nur bei Vorhandensein mehrerer Prozessoren möglich ist. Wir unterstellen dabei, daß die ausführende Maschine die Bedeutung der Einzelanweisungen versteht, sie tatsächlich auch ausführen kann und dann gegebenenfalls ausführt. Jede Ausführung einer Anweisung bewirkt einen *Zustandsübergang* der ausführenden Maschine. Jedes auf einer Maschine abgelaufene Programm (jede Berechnung) liefert zu einer (zulässigen) Eingabe eine durch das Programm bestimmte Ausgabe, hat also ein *Ein-/Ausgabeverhalten*.

Wir sind hier nur an Algorithmen interessiert, die letztlich auf einer Rechenanlage ausführbar sind. Dies bedeutet allerdings nicht, daß die Programme auf der Maschine direkt ausführbar sein müssen, d.h. daß es sich um Maschinenprogramme handelt. In der Regel wird ein Algorithmus zunächst problemnah als Programm für eine *Benutzermaschine* formuliert. Diese Benutzermaschine ist eine abstrakte Maschine, die alle unnötigen Details vermeidet. Sie wird im Verlauf der Ausformulierung des Problems in mehreren Schritten (über weitere abstrakte Maschinen) auf eine Maschine zurückgeführt, die Programme einer höheren Programmiersprache - in unserem Fall Ada - ausführen kann. Dies ist die Stufe, auf der die Programmerstellung in der Regel endet. Programme dieser *Ada-Maschine* werden jedoch ebenfalls noch nicht direkt ausgeführt. Sie werden erst z.B. durch einen Compiler (evtl. zusätzlich Binder und Lader; alles wiederum Programme) zu direkt ausführbaren Programmen der zugrundeliegenden realen Maschine transformiert. Diese Maschine wird auch *Basismaschine* genannt (Hardware inklusive einiger Komponenten der mitgelieferten Systemsoftware). Da uns im folgenden hauptsächlich die Ada-Maschine als das tiefste betrachtete Niveau interessiert, sprechen wir, wenn keine Mißverständnisse möglich sind, von der Ada-Maschine als der Basismaschine.

Bild 1-2 zeigt diesen Sachverhalt anhand von Programmen für unterschiedliche Maschinen auf den verschiedenen Ebenen. Die Mehrzahl dieser Maschinen sind *abstrakte Maschinen*, sie existieren also nur in der Vorstellung des Entwicklers bzw. der Entwickler. Bei jedem Übergang von einer abstrakten Maschine zur nächst niedrigeren sind geeignete Datenstrukturen und Operationen zu definieren, mit denen die Anweisungen der nächst höheren Maschine implementiert werden.

Es gibt nun unterschiedliche Strategien, was die zeitliche Abfolge der Erstellung von Programmen auf den unterschiedlichen Ebenen angeht. Die Entwicklungsstrategie, von der Benutzermaschine ausgehend, zur Ada-Maschine zu kommen, nennt man *Top-down-Strategie*. Bei der umgekehrten Entwicklungsstrategie (*Bottom-up-Strategie*) werden, von der zugrundeliegenden Ada-Maschine ausgehend, über bereits bestehende Maschinen weitere abstrakte Maschinen gesetzt, bis man die Benutzermaschine erreicht. Hier ist Bild 1-2 von unten nach oben zu lesen. In praxi geht man oft von oben nach unten und von unten nach oben vor, bis man sich irgendwo in der Mitte trifft (Jo-jo-Strategie). Nach

Erstellung des fertigen Programmes ist diese Schichteneinteilung in abstrakte Maschinen, gegebenenfalls nur noch in der Dokumentation sichtbar.

Ziel dieses Buches ist es, an einfachen Beispielen den jeweiligen Übergang von Programmen einer Benutzermaschine zu solchen der Ada-Maschine zu erläutern. Ein solcher Übergang ist allgemein ein sehr schwieriges Problem. Die Frage, die sich dabei zentral stellt, ist die, welche Realisierungshilfsmittel als Programmsystemkomponenten (Moduln) geschaffen werden sollen, und in welchen Beziehungen solche Programmsystemkomponenten zueinander stehen. Letztlich führt die Antwort auf diese Frage zu der Festlegung einer **Architektur des Programmsystems.** Es ist ein großer Vorteil moderner Programmiersprachen wie Ada, daß sie es gestatten, solche Architekturen auszudrücken. Wir werden uns mit solchen Fragen sehr eingehend in Kapitel 5 auseinandersetzen.

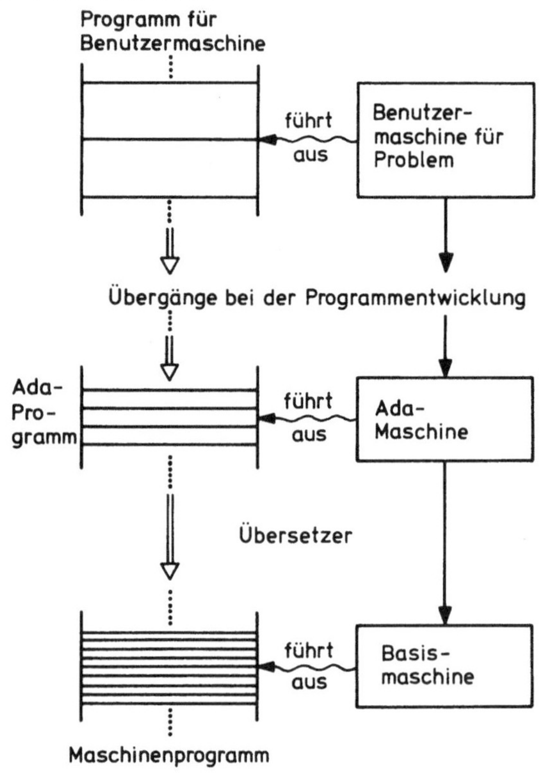

Bild 1-2: Programme und zugehörige ausführende Maschinen auf verschiedenen Niveaus

Ada-Programme sind Zeichenketten einer Kunstsprache, nämlich einer Programmiersprache; künstlich im Gegensatz zu einer natürlichen Sprache, wie etwa dem Deutschen. Bestimmte Regeln legen eindeutig und präzise fest, wie die Sprache aufgebaut ist. Die Gesamtheit dieser Regeln nennt man die **Syntax.** Nur nach diesen Regeln aufgebaute Texte werden als solche der Kunstsprache akzeptiert, sind also Ada-Programme. Die **Semantik,** d.h. die Bedeutung der Einzelanweisungen sowie die Bedeutung ihrer Zusammensetzung werden, wie in Programmiersprachen-Einführungen üblich, umgangssprachlich und somit informal angegeben. Wir wollen versuchen, trotzdem hinreichend präzise zu sein. Schließlich hat eine Programmiersprache auch viele Bezüge zu ihrer Umwelt (Benutzer, Rechenanlagen, Ökonomie), die man unter der Bezeichnung **Pragmatik** zusammenfaßt. Für weitere Erläuterung dieser Begriffe sowie für die Darstellung der Konzepte verschiedener Programmiersprachen sei hier auf die zugehörige Standardliteratur verwiesen (vgl. Abschnitt 4 des Literaturverzeichnisses).

Die Ada-Maschine führt Ada-Programme aus. Sie kann jede Anweisung direkt ausführen und weiß bei Zusammensetzung von Anweisungen, mit welcher Anweisung als nächster fortzufahren ist. Da sie somit nicht in bezug auf ein einzelnes Programm, sondern in bezug auf die Gesamtheit aller Programme dieser Programmiersprache definiert ist, spricht man auch von einer Maschine zu einer Programmiersprache - hier

Ada - oder kurz von einer Programmiersprachen-Maschine. Die Ada-Maschine legt somit auch die Bedeutung von Ada-Programmen fest, d.h. die Semantik von Ada und die exakte Angabe der Ada-Maschine können als Synonyme betrachtet werden. Wie oben bereits gesagt, wird diese Ada-Maschine hier lediglich umgangssprachlich erläutert. Eine formale Angabe der Arbeitsweise dieser Maschine ist nämlich sehr kompliziert (Angabe eines formalen Ada-Interpreters). Die **Ada-Maschine** ist eine **abstrakte Maschine**, da üblicherweise ein Ada-Programm erst compiliert, d.h. in ein Programm einer anderen Maschine übersetzt wird, um erst dann ausgeführt zu werden. Die Vorstellung einer Ada-Maschine ist für die Erklärung von Konstrukten der Programmiersprache jedoch sehr einleuchtend und wird deshalb im folgenden auch oft verwandt.

1.3 SOFTWARETECHNIK UND PHASEN DER SOFTWARE-ENTWICKLUNG

Die Ziele von **Softwaretechnik** (Software-Engineering) sind nach Bauer /5. Ba 75/ "ökonomisch Software zu erhalten, die zuverlässig ist und effizient auf realen Maschinen arbeitet". Ein an Regeln ausgerichtetes Vorgehen beim Entwurf, bei der Erstellung und bei der Veränderung von Software ist insbesondere dann von Wichtigkeit, wenn es sich um große Software handelt, d.h. Software, die so umfangreich ist, daß bei ihrer Entwicklung viele Personen beteiligt sind. Man spricht dann nicht mehr von Programmen, sondern von Programmsystemen. Hier kommt ein Aspekt von neuer Qualität hinzu: Nicht nur, daß die Aufgabenstellung und -lösung hier im allgemeinen komplizierter ist, auch die Kommunikation und Zusammenarbeit innerhalb der Entwicklermannschaft will organisiert sein!

Obwohl es sich bei der Software um ein geistiges und nicht um ein materielles Produkt handelt, hat sich innerhalb der letzten 10 Jahre die Ansicht durchgesetzt, daß **ingenieurmäßiges Vorgehen** bei der Erstellung angemessen und vorteilhaft ist. Die Bezeichnungen "Software-Engineering" bzw. "Softwaretechnik" bringen dies zum Ausdruck. Natürlich ist es klar, daß ein solches Vorgehen die geistig anspruchsvolle Tätigkeit des Entwurfs, der Implementierung und der Veränderung von Programmsystemen nicht automatisieren und damit die Software-Entwickler überflüssig machen kann. Die Erkenntnisse der Softwaretechnik geben jedoch einen organisatorischen Rahmen und einen "Methodensatz" vor, der ein Scheitern eines Projekts unwahrscheinlicher macht. Jeder, der sich mit der Implementierung großer Aufgaben beschäftigen will, sollte daher die Standardliteratur über Softwaretechnik studieren, bevor er mit der Arbeit beginnt (vgl. Abschnitt 5 der Literaturangabe). Er macht sonst unweigerlich negative Erfahrungen, wie vor ihm schon viele andere.

Die systematische Analyse eines zu lösenden Problems und der Übergang von einem Programm einer Benutzermaschine zu einem Programm der Basismaschine spiegeln sich in einer Phaseneinteilung des Entwicklungsprozesses wider, die mit dem Begriff **Software-Lebenszyklus** (engl. software life cycle) bezeichnet wird. Unter den verschiedenen Modellen für diesen Begriff (Phasenmodelle), die sich oft nur dadurch unterscheiden, daß einzelne Phasen vergröbert oder verfeinert wiedergegeben sind, haben wir eines herausgegriffen, das wir im folgenden stichpunktartig erläutern (vgl. Bild 1-3). Ziel einer Phaseneinteilung ist es, die Gesamtaktivität in überschaubare Einzelaktivitäten zu unterteilen und den Projektfortschritt an festgelegten Meßpunkten, den jeweiligen Phasenabschlüssen, sichtbar und überprüfbar zu machen.

In der **Problemanalyse** wird das zu lösende Problem mitsamt der vorgefundenen Umgebung (Benutzer, Hardware, Software) möglichst vollständig beschrieben. Die meist unpräzisen Wünsche des Auftraggebers werden in Form der Systembeschreibung durch Funktionen und Leistungsparameter umgangssprachlich und allgemein verständlich, aber trotzdem präzise formuliert. Eine Studie untersucht anschließend die technische und ökonomische Durchführbarkeit. Danach erst wird über die Durchführung endgültig entschieden. Das Ergebnis dieser Phase ist die **Anforderungsdefinition** (Pflichtenheft, engl. requirement definition oder requirement specification). Sie ist die Grundlage eines eventuellen Vertrags, und an ihr wird das Softwareprodukt, wenn es fertiggestellt ist, gemessen.

In der **Entwurfsphase** wird ein Modell des Gesamtsystems entworfen. Hier ist dieses Gesamtsystem in überschaubare Einheiten mit festgelegter Funktion (Moduln) zu zerlegen, und es sind die Querbezüge (Schnittstellen) zu beschreiben. Diese Phase ist für die Qualität des endgültigen Softwareprodukts von entscheidender Bedeutung. Das Ergebnis der Entwurfsphase ist die **Spezifikation** (auch Entwurfsspezifikation, engl. design specification). Ihre Übereinstimmung mit der Anforderungsdefinition muß überprüft werden. Diese Überprüfung sollte bereits anhand der Spezifikation und nicht erst nach Erstellung des fertig ausformulierten Programmsystems erfolgen, da letzteres für diese Überprüfung zu umfangreich und zu detailliert ist. Die Spezifikation kann teilweise oder vollständig formalisiert sein, wobei letzteres jedoch sehr selten der Fall ist. Selbst bei einer vollständig formalisierten Spezifikation kann die Übereinstimmung mit der Anforderungsdefinition nicht formal überprüft werden, da diese i.a. informal ist.

In der **Implementierung** werden die einzelnen Moduln ausprogrammiert, verschiedene Moduln unter Umständen von verschiedenen Personen. Auch hierzu ist ein methodisches Vorgehen eventuell über mehrere Entwicklungsstufen nötig. Jeder ausprogrammierte Modul kann gegenüber einer formalen Spezifikation durch formale Schlußregeln als korrekt bewiesen werden (was bis heute selten gemacht wird), oder man macht sich im Modultest mit Hilfe einer Modulumgebungssimulation plausibel, daß der Modul "richtig" implementiert wurde. Das Ergebnis der Implementierung sind die Quelltexte der einzelnen Moduln, die **Modulimplementationen.**

Ist die Spezifikation formal und konsistent, und wurde diese einerseits gegenüber der Anforderungsdefinition auf Konsistenz überprüft, und andererseits die Korrektheit jedes Moduls formal bewiesen, so ist man mit der **Funktionsüberprüfung** bereits fertig. Voraussetzung ist natürlich, daß man bei diesen formalen Überprüfungen keine Fehler gemacht hat. Bei der üblichen Vorgehensweise der Funktionsüberprüfung überzeugt man sich mit Hilfe eines Integrationstests von der Funktion des Gesamtsystems. Die zugehörigen Testfälle hat man im Idealfall während der vorangegangenen Phasen bereits gesammelt. Durch **Leistungsmessungen** vergewissert man sich anschließend, ob die Leistungsparameter (z.B. Reaktionszeit) der Anforderungsdefinition erfüllt sind. Ist dies nicht der Fall, so werden einzelne Moduln durch effizientere ersetzt, oder das Gesamtsystem wird gegebenenfalls modifiziert. Das Ergebnis dieser Phase ist ein bzgl. Funktion und Leistung **überprüftes Softwaresystem.**

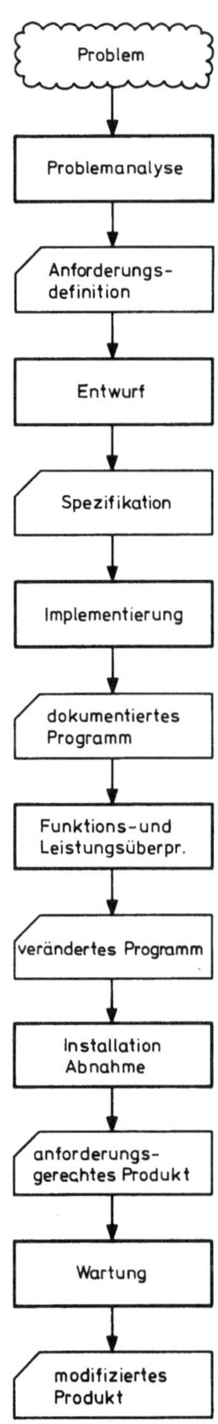

Bild 1-3:   Phasenmodell für Software-Lebenszyklus

Installation heißt die Übertragung des Gesamtsystems in seine reale Umgebung und somit eventuell auf eine andere Basismaschine. Danach erfolgt die *Abnahme* durch den Auftraggeber.

Selten führt die Änderung an einem Softwaresystem dazu, daß dieses völlig neu geschrieben wird. Änderungen ergeben sich aufgrund der Erkennung von Fehlern, Modifikation der Anforderungsdefinition (Wunsch nach einem abgemagerten, speziell zugeschnittenen System oder, was der der Standardfall ist, nach Erweiterung wegen neuer Bedürfnisse des Auftraggebers), Austausch verschiedener Moduln aus Effizienzgründen oder schließlich wegen der Übertragung auf eine andere Basismaschine. Diese Phase im Software-Lebenszyklus heißt *Wartung* oder *Pflege.* Es gibt Erhebungen, daß diese Phase heute bereits über 60 % der Gesamtkosten eines Softwaresystems verschlingt. In dieser Zahl spiegelt sich auch der heutige Stand der Praxis wider: Systeme werden schlampig und ohne Kenntnis der Softwaretechnik entworfen und implementiert (viele Fehler), und es wird zu wenig über die Einbettung in die Umgebung nachgedacht (zukünftige Wünsche des Auftraggebers führen nicht nur zu Ergänzungen, sondern schwerwiegenden Modifikationen, unbequeme Benutzerschnittstelle wird von den Benutzern nicht akzeptiert).

Softwareentwicklung läuft selten streng sequentiell ab, so wie dies Bild 1-3 suggeriert. Insoweit ist dieses Bild eine idealisierte Darstellung, die mit der Realität so gut wie nie übereinstimmt. In verschiedenen Phasen sind *Rückgriffe* auf vergangene Phasen und Änderungen der Ergebnisse dieser Phasen nötig. Der Begriff Software-Lebenszyklus drückt dies bereits aus. Bei gründlicher und überlegter Vorgehensweise reichen die Rückgriffe jedoch weniger weit zurück. Beispiele für den Rückgriff nur auf die unmittelbar vorangegangene Phase sind: 1) Rückgriff auf die Problemanalyse im Entwurf, nach dem Entdecken mißverständlicher oder fehlender Informationen über die Aufgabenstellung, 2) Rückgriff von der Implementierung auf die Entwurfsphase nach Entdecken, daß ein Modul mit der für ihn gültigen Schnittstelle überhaupt nicht oder nur ineffizient implementiert werden kann. Rückgriffe auf mehrere Phasen ergeben sich z.B. bei der Funktions- und Leistungsüberprüfung, wenn Korrekturen nicht mehr nur durch Austausch der Implementation von Moduln möglich sind, sondern eine Umorganisation des Gesamtsystems erzwingen. Bei der Wartungsphase schließlich ergeben sich bei Veränderung der Aufgabenstellung Rückgriffe auf alle vorangehenden Phasen.

Die Zergliederung eines Systems in Moduln und Schnittstellen und das Festhalten des Entwurfs durch eine Spezifikation bzw. das Ändern dieser Spezifikation kann, wie wir eben gesehen haben, bei der Software-Erstellung mehrfach aufgegriffen werden. Diese Tätigkeiten der Strukturierung/Neustrukturierung des Gesamtsystems nennt man auch *Programmieren im Großen.* Programmieren im Großen besteht somit aus der Konstruktion einer Software-Architektur, dem Codieren im Großen (Übertragung einer Spezifikation in eine Programmiersprache), dem Zusammenfügen und Überprüfen des Zusammenspiels verschiedener Moduln in der Funktions- und Leistungsüberprüfung und schließlich dem erneuten Beschäftigen mit allen diesen Aktivitäten in der Wartung. Es ist einer der Schwerpunkte dieses Buches, zu zeigen, daß sich Ada für das Programmieren im Großen sehr gut eignet. Unter *Programmieren im Kleinen* versteht man dagegen alle Aktivitäten, die zur Erstellung bzw. Änderung eines ausprogrammierten Einzelmoduls führen. Da die Schnittstelle eines Moduls in der Entwurfsspezifikation bereits fixiert wird, behandelt das Programmieren im Kleinen ausschließlich das Erstellen bzw. Ändern des inneren Teils von Moduln, der sogenannten Modulrümpfe.

Wie oben erwähnt, entstehen bei der Entwicklung großer Softwaresysteme auch Probleme bezüglich der Organisation der Entwicklungsmannschaft und deren Tätigkeiten: Aufgaben werden aufgeteilt, Entscheidungen werden getroffen, modifiziert oder rückgängig gemacht, Programmierer scheiden aus und neue kommen hinzu. Diese

Probleme entstehen sowohl während der Phasen der Programmentwicklung, als auch während der Wartung. Dieser Problemkreis wird mit dem Begriff *Projektmanagement* oder *Projektorganisation* charakterisiert und ist ebenso wichtig wie der Bereich der "technischen" Aktivitäten von oben. Es sei hier angemerkt, daß der Sprachgebrauch im Software-Engineering durchaus nicht einheitlich ist, daß aber Bemühungen sichtbar sind, zu einer einheitlichen Terminologie zu kommen (vgl. /5. HK 84/). So werden die Begriffe Projektmanagement und Projektorganisation manchmal auch mit speziellerer Bedeutung gebraucht. Problemkreise des Projektmanagements sind u.a. die Vermeidung von Mißverständnissen, die Vermeidung von Informationsmangel, die Vermeidung inkonsistenter Systemzustände und die Aufgabenverteilung innerhalb der Programmierermannschaft. Neben diesen Problemkreisen, die mit der Aufgabenverteilung in einer Gruppe von Softwaretechnikern zu tun haben, gibt es die betriebswirtschaftlichen Problemkreise Projektplanung (mit Aufwands-, Zeit- und Kostenschätzung) und Projektüberwachung (Überprüfung gegenüber der Planung).

Wir wollen unter dem Begriff Softwaredokument ein beliebiges Dokument verstehen, das während des Softwarelebenszyklus entsteht (also z.B. (einen Teil) der Anforderungsdefinition, Spezifikation, Implementation etc.). Zu den Aufgabengebieten des Projektmanagements ohne Projektplanung und Projektüberwachung zählen nun im einzelnen die folgenden Bereiche: *Verantwortlichkeits-* und *Erfolgskontrolle* (Zuordnung von Verantwortlichkeiten im Projektteam und Überprüfung der erreichten Einzelziele), *Zugriffskontrolle* (Überprüfung des Zugriffs auf Softwaredokumente gemäß den verteilten Verantwortlichkeiten), *Änderungs-* und *Freigabekontrolle* (Überwachung, daß die Änderung eines Softwaredokuments nicht erfolgt, wenn dieses allgemein zugänglich ist, und daß nach Änderung eine bestimmte Folge von Überprüfungen erfolgt), *Nachrichtenkontrolle* (Zuleitung von Nachrichten in entsprechend mehr oder minder detaillierter Form an die richtigen Personen des Projektteams), *Dokumentverteilungskontrolle* (Zuleitung von Dokumenten in mehr oder minder ausführlicher Fassung gemäß der entsprechenden Nachricht an die richtigen Personen), *Variantenkontrolle* (von Teilen eines Programmsystems können unterschiedliche Varianten existieren, d.h. Programme oder Programmteile, die "nach außen" bezüglich ihrer Funktionalität das gleiche Verhalten haben, intern aber verschieden aufgebaut sind. Diese unterschiedlichen Varianten müssen verwaltet werden.), *Versionskontrolle* (Varianten unterliegen einer zeitlichen Veränderung, z.B. wegen Fehlerbeseitgung. Diese bezeichnet man meist als Versionen. Diese unterschiedlichen Versionen müssen verwaltet werden.). Diese Liste der Bereiche des Projektmanagements ist keineswegs vollständig.

Neben dem Projektmanagement gibt es weitere Teilprobleme, die ebenfalls nicht nur in einzelnen Phasen des Softwarelebenszyklus entstehen und gelöst werden, sondern sich auf den gesamten Prozeß der Softwareerstellung und -pflege beziehen. Beispiele hierfür sind die Erstellung der Dokumentation, die Erzeugung von Testdaten und die Durchführung der Tests. Die *Dokumentation* gliedert sich in die Benutzerdokumentation, die nach Möglichkeit bereits mit der Anforderungsdefinition fertiggestellt wird und die in der Formulierung auf den Kenntnisstand der Benutzer zugeschnitten sein muß, und die Entwicklungsdokumentation, die die Grundlage für das Verständnis des Systems schafft und damit Projektmanagement, Entwicklung und Wartung erst möglich macht. Auch der *Test* kann nicht allein der Phase Funktions- und Leistungsüberprüfung zugeordnet werden. Ein systematisches Vorgehen der Testdatengenerierung beginnt bereits mit der Problemanalyse. Tests sind ein Teil der ein Projekt begleitenden, umfassenderen Maßnahmen, die man Qualitätssicherung nennt.

Abweichend von dem in diesem Abschnitt eingeführten Sprachgebrauch spricht man manchmal lax von der *Implementierung* eines Algorithmus (eines Programmsystems, einer Benutzermaschine etc.), wenn man den gesamten Prozeß der Software-Erstellung meint und nicht nur die obige Phase der Implementierung der Einzelmoduln. Auch die Bezeichnungen Realisierung bzw. Entwicklung sind hierfür gebräuchlich. Das Endprodukt der Software-Erstellung, d.h. in unserem Falle das fertige Ada-Programm, wird dann als

Implementation des Algorithmus (des Programmsystems, der Benutzermaschine etc.) bezeichnet. Ebenso wird der Begriff **Spezifikation** nicht nur im obigen Sinne, nämlich als vollständige Festlegung der Moduln und ihrer Querbezüge (Syntax und Semantik) verstanden. Manchmal bezeichnet man auch den syntaktischen Anteil hiervon bereits als Spezifikation, der nur festlegt, wie die Zergliederung in Moduln und die Verwendung von Moduln hingeschrieben wird, aber nicht, was die Moduln tun. Schließlich spricht man auch von der Spezifikation eines Moduls oder Unterprogramms, wenn lediglich der diesen Modul bzw. dieses Unterprogramm betreffende Anteil der Spezifikation gemeint ist, bzw. nur dessen syntaktischer Anteil. Schließlich sei hier davor gewarnt, daß einige Autoren die Anforderungsdefinition (Anforderungsspezifikation) auch kurz Spezifikation nennen, die von der Entwurfsspezifikation wohl zu unterscheiden ist.

1.4 GÜTEKRITERIEN FÜR PROGRAMMSYSTEME / ZIELE DER SOFTWARE-ENTWICKLUNG

Für die Umsetzung eines Programms für eine Benutzermaschine in ein Programmsystem für die Ada-Maschine gibt es beliebig viele Möglichkeiten. Dies liegt beispielsweise an der Tatsache, daß wir frei sind, Anweisungen und Daten zu strukturieren und beliebige Bezeichner hierbei einzuführen. Wenn es also viele Möglichkeiten gibt, ein Programmsystem zu realisieren, welche **Ziele** sollte man dann bei der Umsetzung im Auge haben? Es ist klar, daß andere Ziele auch andere Eigenschaften des realisierten Produkts zur Folge haben. Wir sollten uns vergegenwärtigen, daß einige dieser Eigenschaften in der Anforderungsdefinition festgelegt sein können. Solche Eigenschaften müssen wir erfüllen, es verbleibt uns keine Freiheit, sie etwa zugunsten anderer aufzugeben. Die folgende Diskussion beschreibt die gewünschten Ziele der Realisierung / der gewünschten Eigenschaften des Produkts und diskutiert ihre gegenseitigen Beziehungen. Diese Ziele sind im einzelnen:

Zuverlässigkeit: Um die Zuverlässigkeit festzustellen, muß vorher die Anforderungsdefinition festgelegt sein. Dies ist der Gegenstand der Problemanalyse (vgl. 1.3), in der Benutzer und Systementwickler gemeinsam versuchen, einen Ausschnitt der realen Welt durch ein Modell zu beschreiben, anhand dessen das Problem (zwar selten formal, aber doch präzise) formuliert wird.

Hat der Entwurf des Softwarevorhabens zu einer formalen Entwurfsspezifikation geführt und ist diese gegenüber der Anforderungsdefinition als "richtig" nachgewiesen, so kann die **Korrektheit** der Implementation jedes Moduls gegenüber der Spezifikation durch einen mathematischen Beweis unter Verwendung formaler (z.B. prädikatenlogischer) Schlußregeln nachgewiesen werden (Nachweis der partiellen Korrektheit). Solche Beweise sind jedoch drei- bis fünfmal so lang wie der Quelltext des Moduls selbst und somit natürlich ebenfalls fehleranfällig. Deshalb und wegen der Unvertrautheit der meisten Programmierer mit formaler Logik sind solche Korrektheitsbeweise heute eher die Ausnahme. Ferner käme zu einem Korrektheitsbeweis oft noch der Beweis der Termination hinzu, d.h. der Beweis, daß das Programm nicht in eine Endlosschleife kommen kann.

Statt dieser formalen Vorgehensweise macht man sich durch Modultest und Integrationstest die Richtigkeit der Einzelmoduln und ihr konzertiertes Zusammenwirken plausibel. Man spricht im Erfolgsfalle dann fälschlicherweise ebenfalls von Korrektheit, obwohl auf diese Art entwickelte große Programme praktisch nie fehlerfrei sind. Die noch vorhandenen Fehler kommen nur selten oder nie zum Vorschein. Man muß sich im klaren sein, daß ein systematischer Test eines Programmsystems ebenfalls einen großen Aufwand verursacht, der in der Größenordnung des Erstellungsaufwandes und weit darüber liegen kann.

Ein weiterer Gesichtspunkt der Zuverlässigkeit ist die **Robustheit** gegen falsche Eingaben. Hierzu gehört im Extremfall eine vollständige Abprüfung aller Fehlermöglichkeiten (Anzahl der Eingabedaten; Aufbau der Eingabedaten; Überprüfung, ob im angegebenen Wertebereich; gegenseitige Abhängigkeit von Daten) und Ausgabe einer entsprechenden Reaktion, so daß es letztlich keine Eingabe gibt, die das Programm zu einer Fehlreaktion veranlassen könnte.

Schließlich wird durch Vorkehrungen im Rahmen der **Ausfallsicherheit** dafür gesorgt, daß auch Hardwarefehler, Übertragungsfehler und sonstige sporadische Fehler, sowie

Betriebssystem- und andere Softwarefehler nicht zu irreparablen Schäden führen. Dies ist um so schwieriger, je weiter eine abstrakte Maschine von der Basismaschine entfernt ist, und bedeutet hier hauptsächlich Maßnahmen zur Datensicherung und schnelle Verfügbarkeit von Daten im Störfall.

Benutzerfreundlichkeit: Da die Benutzerschnittstelle eines Softwaresystems bereits mit der Anforderungsdefinition festliegt, wendet sich diese Forderung ausschließlich an die Phase der Problemanalyse und nicht an die nachfolgenden Realisierungsphasen. Der Benutzer eines Programmsystems hat ja in der Regel auch keinerlei Kenntnis von dessen internem Aufbau, d.h. die Benutzer und Entwickler eines Programmsystems sind völlig verschiedene Personenkreise. (Man denke an die Benutzer eines Buchungssystems als Angestellte eines Reisebüros und an die Entwickler desselben etwa in einem Softwarehaus.) Es ist schwer - wegen der Bandbreite unterschiedlichster Benutzer in verschiedensten Anwendungsgebieten - anzugeben, was Benutzerfreundlichkeit eigentlich ausmacht.

Die Forderung der ***Verständlichkeit*** der Benutzerschnittstelle verlangt die Berücksichtigung der Vorbildung der Benutzer und schließt die leichte Erlernbarkeit ein. Diese wiederum hängt ab von der konzeptuellen Klarheit der Benutzersprache(n), der Übereinstimmung der Systemreaktionen mit den Erwartungen und der Hilfestellung durch Fehlermeldungen und Erklärungen. ***Angemessenheit*** fordert, daß die Benutzerfunktionen auf die Bedürfnisse zugeschnitten sind, d.h. daß der Benutzer damit seine Wünsche einfach realisieren kann und daß bei der Ausgabe nur solche Werte ausgegeben werden, mit denen der Benutzer etwas anzufangen weiß, d.h. die er leicht interpretieren kann. Bei einem ***vernünftigen Fehlerverhalten*** bekommt der Benutzer nur Mitteilungen, mit denen er sein Fehlverhalten erkennen und korrigieren kann, und keine solchen, mit denen er nichts anzufangen weiß. Benutzerfreundlichkeit heißt also insbesondere Beachtung des "Prinzips der geringsten Verwunderung": Eingaben und Reaktionen sollten den Benutzer möglichst wenig in Erstaunen versetzen. Die wenigsten Softwaresysteme erfüllen heute diese Forderung.

Flexibilität: Die Flexibilität eines Softwaresystems äußert sich in geringen Kosten bei der Anpassung an eine veränderte Umwelt (geringe Wartungskosten). Anpassung kann auf zwei verschiedenen Ebenen gefordert werden: (1) Anpassung an ein neues Basissystem, auch ***Portabilität*** genannt. Diese war früher durch Programmierung in Assemblern vielfach unmöglich. (2) ***Adaptabilität*** schließlich heißt Anpassung der Benutzerschnittstelle an die sich zeitlich verändernden Benutzerwünsche. Hier kann man viel erreichen, wenn bei der Problemanalyse oft naheliegende, zukünftige Erweiterungen der Benutzeranforderungen mitberücksichtigt und die nachfolgenden Entwicklungsphasen darauf abgestellt werden.

Lesbarkeit und Einfachheit: Sowohl Zuverlässigkeit als auch Flexibilität hängen davon ab, daß ein Programm verständlich und leicht erfaßbar ist, d.h. insbesondere, daß die Semantik des Programmsystems mit vertretbarem Aufwand aus dem statischen Programmtext ersichtlich sein muß. Dies schließt ein, daß beim Entwurf (Einteilung in Moduln und Festlegung der Beziehungen) nur Moduln entstehen, deren Semantik man kurz und einfach beschreiben kann, daß sich diese Modularisierung und Strukturierung im Programmtext direkt wiederfindet, daß nur Sprachkonstrukte verwendet werden, die Lesbarkeit nicht verhindern (z.B. goto-freie oder goto-arme Programmierung), daß durch sorgfältige Wahl der Bezeichner (eine mühsame, aber lohnenswerte Aufgabe) von Daten und Programmstrukturen deren Sinn und Verwendung evident wird und schließlich, daß Kommentare eingefügt werden, sowie durch Einrücken der Programmtext optisch gegliedert wird.

Je einfacher ein Programm ist, d.h. je naheliegender der Lösungsgedanke ist, desto größer ist die Wahrscheinlichkeit, daß es richtig ist. Insbesondere bei inhärent schwierigen Problemen empfiehlt sich die einfachste Lösung, damit eine korrekte Lösung überhaupt zustande kommt. Das gleiche gilt für Programme, die nicht so oft laufen, daß sich der Erstellungsaufwand einer verfeinerten Variante lohnt. Während Benutzerfreundlichkeit eine Forderung an die Benutzerschnittstelle ist, d.h. wie sich das Programmsystem nach außen dem Bediener gegenüber verhält, sind Einfachheit und Lesbarkeit Forderungen an dessen internen Aufbau.

Effizienz: Um die Effizienz (Komplexität) eines Programms zu quantifizieren, betrachtet man i.a. sein ***Laufzeitverhalten*** oder seinen ***Speicherplatzbedarf***. Das erstere ist die Summe der Ausführungszeiten für die bei einer Ausführung des Programms durchlaufenen Anweisungen. Man kann versuchen, dies zu messen, oder man kann es ausrechnen. Letzteres beschränkt sich dann meist auf das Ausrechnen oberer Schranken für die Ausführungszeit im schlechtesten Fall unter vereinfachenden Annahmen über die Ausführungszeit der Einzelanweisungen. Man vergleicht dann das Laufzeitverhalten verschiedener Programme durch Vergleich der Schranken, was nicht unproblematisch ist. Beim Speicherplatzbedarf zählt man die Anzahl der für die Daten des Programms benötigten Speicherzellen. Selten berücksichtigt man hierbei den Speicherbedarf des übersetzten Programms selbst (Programmspeicher). Bei der Berechnung des Speicherbedarfs begnügt man sich ebenfalls oft nur mit der Angabe oberer Schranken.

Speicher- und Laufzeiteffizienz sind in der Regel miteinander widerstreitende Zielsetzungen: Die Minimierung des Datenspeicher-Platzbedarfs kann oft nur durch Erhöhung der Laufzeit erreicht werden und umgekehrt. Eine analoge Situation liegt vor zwischen Laufzeitbedarf und Größe des Programmspeichers: Ein effizientes Programm ist ausgefeilter und hat deshalb einen erhöhten Programmspeicherbedarf.

Schließlich muß bei Effizienzüberlegungen auch der **Programmerstellungsaufwand** berücksichtigt werden (ausgeklügelte Varianten eines Algorithmus erfordern natürlich mehr Erstellungsaufwand) sowie die **Anzahl** der **Läufe** eines Programms. Nur so kann eine positive Gesamtbilanz für Erstellungsaufwand und Gewinn zur Laufzeit erreicht werden. Neben der Anzahl der Läufe geht auch die Größe der Eingabe hier ein: Für kleine Eingaben kann ein einfacher Algorithmus durchaus effizienter sein.

Effizienzgesichtspunkte sind heute nicht mehr von derselben Bedeutung wie früher, da optimierende Compiler einen Großteil der früher per Hand ausgeführten Optimierungen automatisch ausführen. Dies soll jedoch nicht als Plädoyer für unüberlegtes Programmieren mißverstanden werden. Völlig unnötig ist heutzutage aber die Verwendung uneinsichtiger und raffinierter Tricks zur vermeintlichen Effizienzsteigerung.

Eine saubere algorithmische Effizienz-Analyse ist - ebenso wie der formale Nachweis der Korrektheit - in der Praxis heute eine Seltenheit. Sie wird höchstens für kleine Programme durchgeführt, d.h. sie ist auf das Programmieren im Kleinen beschränkt. Im Softwarelebenszyklus gehört sie zur Phase Funktions- und Leistungsüberprüfung, soweit sie nicht auf einen bestimmten Modul bezogen ist und deshalb bereits begleitend zur Modulimplementierung durchgeführt wird.

Die hier aufgeführten Zielsetzungen widersprechen sich zum Teil. So ist es offensichtlich, daß Robustheit, Ausfallsicherheit, Benutzerfreundlichkeit, Flexibilität und Lesbarkeit im Widerstreit stehen zur Effizienz, zumindest wenn man nur die maschinelle Effizienz (Laufzeit, Speicherplatz, Reaktionszeit etc.) im Auge hat. Im Falle von **Zielkonflikten** gilt es, eine ausgewogene Balance der Ziele bei der Realisierung im Auge zu haben. Es ist klar, daß diese **Balance** die in einer Anforderungsdefinition enthaltenen Leistungsparameter nicht einbeziehen kann, da diese dort festgeschrieben sind.

Will man die obigen Ziele oder Eigenschaften **bezüglich** ihrer **Wichtigkeit** anordnen, um festzulegen, welche man in erster Linie erfüllen sollte, so gilt es wieder, daran zu erinnern, daß einige dieser Eigenschaften in der Anforderungsdefinition bereits festgelegt sein können. Solche Eigenschaftsvorgaben können wir nicht zugunsten anderer aufgeben, wir haben sie zu erfüllen. Verbleibt uns jedoch die Freiheit der Wahl von Eigenschaften, so ist es klar, daß Zuverlässigkeit an oberster Stelle steht, daß Lesbarkeit und Einfachheit gleich danach folgen, weil sie sich auf Zuverlässsigkeit und Flexibilität günstig auswirken. Effizienz ist von vergleichsweise geringerer Bedeutung. Benutzerfreundlichkeit hingegen ist streng genommen kein Realisierungsziel, sie wird bereits mit der Anforderungsdefinition festgeschrieben, oder sie sollte dort festgeschrieben werden. Es ist zu hoffen, daß sich hier die Benutzer während der Problemanalyse in Zukunft stärker durchsetzen als dies heute meist der Fall ist (vgl. hierzu das berühmte und unrühmliche Beispiel Gasrechnung).

Die in diesem Abschnitt bisher genannten Ziele sind solche, die sich auf das Endprodukt des Entwicklungs- und Wartungsprozesses, nämlich das fertige Programmsystem, beziehen. Daneben gibt es auch Zielsetzungen für den Entwicklungs- und Wartungsprozeß. Von höchster Priorität ist hier der ökonomische Gesichtspunkt, daß der **Aufwand** für diesen Prozeß in einem angemessenen **Verhältnis** zu den **Eigenschaften** des

Produkts steht.

Softwareerstellung ist teuer, was man schon an den Kosten für ein Softwareentwickler-Personenjahr in der Industrie ablesen kann. Deshalb ist auch meist der Druck auf die Entwickler groß, möglichst bald fertig zu werden. Dies führt oft dazu, daß kurzfristig billige und **langfristig teure** Lösungen entstehen: In den frühen Phasen des Software-Lebenszyklus wird nicht lange genug nachgedacht, um möglichst bald die ersten Programmzeilen vorweisen zu können. Es entstehen unstrukturierte und unverständliche Lösungen, die sich einer späteren Anpassung oder Portierung hartnäckig entziehen, ja oft so unverständlich sind, daß sie von niemandem, außer dem Entwickler, verstanden werden können. Nicht selten kommt es vor, daß nicht einmal der Entwickler seine Lösung nachvollziehen kann, wenn zwischen Entwicklung und erneuter Beschäftigung eine gewisse Zeit verstrichen ist.

Eine weitere Bemerkung sei hier angebracht: In der Überschrift dieses Abschnitts beziehen wir uns nur auf das Endprodukt der Entwicklung und Wartung, nämlich das fertige Ada-Programmsystem. Während eines Softwareprojekts entstehen aber **vielerlei Softwaredokumente.** Neben den im Lebenszyklus entstehenden Softwaredokumenten (Anforderungsdefinition, Spezifikation, Implementationen) gibt es auch solche, die den Bereichen Dokumentation (z.B. Benutzerdokumentation, Entwicklungsdokumentation) und Qualitätskontrolle (Testdaten, Abnahmeprotokolle) zuzurechnen sind. Alle diese Dokumente haben eine komplexe innere Struktur. Insoweit beziehen sich die oben gestellten Forderungen auch - soweit sie anwendbar sind - auf diese anderen Softwaredokumente. **Sorgfalt** bei der Erstellung ist also nicht nur für das zu entwickelnde oder pflegende Ada-Programmsystem angebracht, sondern für alle diese Softwaredokumente! Diese Forderung wird noch verständlicher, wenn man sich klarmacht, daß alle diese Dokumente nicht nur eine komplexe innere Struktur haben, sondern auch **eng** miteinander **zusammenhängen.** Dies gilt zum einen für alle Lebenszyklus-Dokumente. Jede Implementation muß konsistent mit der Spezifikation sein, diese wiederum mit der Anforderungsdefinition. Es gilt aber auch zwischen den Lebenzyklus-Dokumenten und den anderen lebenszyklusbegleitenden Dokumenten: Die technische Dokumentation eines Softwareprojekts hängt auf das engste mit der Spezifikation zusammen!

1.5 ÜBLICHE HILFSMITTEL DER SOFTWARE-ERSTELLUNG / ADA-VALIDIERUNG

Wie bereits gesagt, programmieren wir hier für eine Ada-Maschine. Wir abstrahieren von realen Rechenanlagen und nehmen statt dessen Bezug auf eine hypothetische, idealisierte Maschine, die nicht auf die Möglichkeiten der Hardware-Technik ausgerichtet ist, sondern auf die Denkgewohnheiten und Fähigkeiten des Menschen. Die entstehenden Programme sind unabhängig von der jeweiligen Basismaschine, d.h. sie sind portabel, sofern ein **Übersetzer** existiert, der sie zu ausführbaren Programmen der Basismaschine macht. Dies ist in der Regel ein Compiler, der das Ada-Programm in einer Vorphase, man sagt zur **Compilezeit**, in ein Programm übersetzt, das nur (mehr oder minder) direkt ausführbare Befehle der zugrundeliegenden Basismaschine enthält. Dieses Programm wird von der Basismaschine im eigentlichen Programmlauf, man sagt zur **Laufzeit**, ausgeführt und liefert dann mit Hilfe der Eingabedaten die Ergebnisse (vgl. Bild 1-4). Der Compiler selbst ist wieder ein Programm, das auf einer Maschine ablaufen kann.

Während ein Compiler in einem Vorlauf Programme nach Analyse auf syntaktische Korrektheit in solche eines tieferen Niveaus übersetzt, die erst zur Laufzeit ausgeführt werden, analysieren **Interpreter** die Anweisungen des Quelltexts, um sie dann sofort auszuführen. Gegebenenfalls findet diese Interpretation auf einem verdichteten Quellcode statt oder auf einer anderen Art von internem Zwischencode. Eine Symbiose beider Prinzipien stellen **inkrementelle Compiler** dar, die in letzter Zeit wieder verstärkte Aufmerksamkeit gewinnen. Die Idee bei der inkrementellen Kompilation ist, ein Programm nach Veränderungen nicht völlig neu zu übersetzen (sowohl bei der Analyse als auch bei der Codeerzeugung), sondern diese Neuübersetzung auf einen möglichst kleinen Teil des Programms um die Stellen der Veränderung herum zu beschränken. Es sei erwähnt, daß dieser Begriff in der Literatur mit sehr unterschiedlicher Bedeutung gebraucht wird. So schließt bei einigen Autoren inkrementelle Kompilation auch Interpretermechanismen auf einem Zwischencode mit ein.

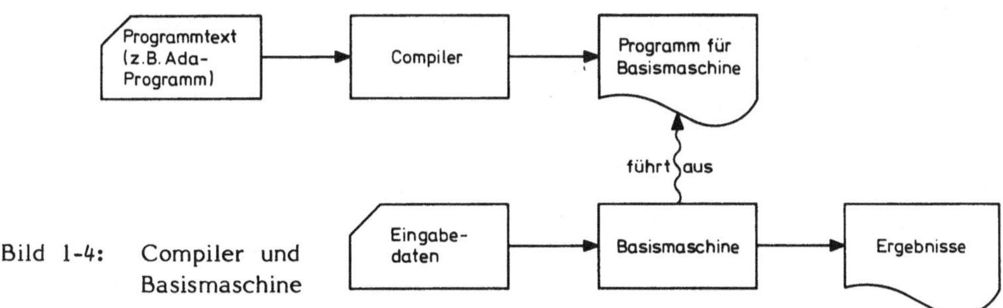

Bild 1-4:   Compiler und Basismaschine

Die Programmerstellung bzw. -änderung läuft in einer Compilerumgebung üblicherweise folgendermaßen ab: Nach dem Entwurf und der Ausformulierung der Moduln steht das fertige Quellprogramm zur Verfügung. Dieses wird in den Rechner eingegeben und übersetzt. Die vom Compiler gefundenen Fehler führen zu Quelltextänderungen und danach zu Neuübersetzungen (Rekompilationen). Nach einigen Änderungen und nachfolgenden Übersetzungen ist das Programm syntaktisch korrekt. Im Modultest, in der Funktions- und Leistungsüberprüfung, Installation und Wartung werden dann weitere Fehler oder Schwächen gefunden, die ebenfalls zu Programmänderungen führen. Diesen permanenten Zyklus aus Programmänderung, -übersetzung und -lauf nennt man **Programmänderungszyklus** (debugging/correction cycle).

Während der Programmerstellung entsteht hier bei der Verwendung eines Compilers ein erheblicher Aufwand zur Neuübersetzung. Dieser wird von Interpretern vermieden, da diese sowieso jede Anweisung aufs Neue analysieren. Es ist somit egal, ob diese gerade geändert wurden oder nicht. Diese Flexibilität gegenüber Änderungen muß mit einem hohen Aufwand zur Laufzeit erkauft werden: Da sich Programme den größten Teil ihrer Ausführungszeit in Schleifen befinden, analysieren Interpreter die Anweisungen der Schleifenrümpfe vielfach. Bei inkrementellen Compilern wird der Übersetzungsaufwand reduziert. Andererseits wird der Interpretationsaufwand zur Laufzeit vermieden oder zumindest verkleinert, da hier Code erzeugt wird.

Auch beim Programmieren im Großen findet sich der Änderungszyklus in dem Sinne, daß einzelne Moduln oder ganze Teilsysteme verändert werden. Hier ist die Veränderung auf der Ebene von Schnittstellen gemeint. Der damit verbundene Rekompilationsaufwand und der zugehörige Bindeaufwand können Tage, ja Wochen betragen.

Im Gegensatz zu Compilern gestatten Interpreter (und einige inkrementelle Compiler) die Ausführung unvollständiger, d.h. noch nicht voll ausformulierter Programme: Da sie nur die auszuführenden Anweisungen analysieren, ist es egal, was die nicht ausgeführten Programmteile enthalten. Für die detaillierte Betrachtung von Übersetzungstechniken sei hier auf Quellen aus dem Literaturabschnitt 6 verwiesen.

Die im Programmänderungszyklus erkannten und behobenen Fehler können von verschiedener Art sein. Es kann sich um **konzeptuelle Fehler** in der Anforderungsdefinition, in der Spezifikation oder schließlich in der Implementation eines Moduls handeln. Die Erkennung solcher Fehler wird heute durch die vorhandenen Hilfsmittel der Programmerstellung kaum unterstützt. Im Falle von Fehlern in der Anforderungsdefinition ist dies auch gar nicht möglich, da i.a. nichts Formales vorliegt, anhand dessen verglichen werden könnte. In diesen Fällen berechnet das Programm zwar etwas, aber nicht das, was es sollte.

Compilezeitfehler oder syntaktische Fehler sind durch eine gute Diagnostik des Compilers kein Problem mehr. Der Trend bei der Entwicklung von Programmiersprachen geht dahin, möglichst viel in die Syntax einer Sprache hineinzustecken und somit vom Compiler abprüfen zu lassen. Jede Regel des folgenden Buchtextes, in der "erlaubt", "muß", "darf nur" etc. vorkommt, ist eine Syntaxregel. Das Anreichern der Syntax einer Programmiersprache, insbesondere um sog. kontextsensitive Regeln (wir gehen hierauf im Abschnitt 2.1 genauer ein) schließt zwar nicht aus, daß ein Programm falsch ist, es macht dies aber unwahrscheinlicher.

Die letzte Kategorie von Fehlern, die sogenannten *Laufzeitfehler,* waren früher nur schwer zu erkennen. Die Abprüfung der meisten dieser Laufzeitfehler ist bei Ada in die Sprache aufgenommen worden, d.h. ihre Verletzung muß zur Laufzeit gemeldet werden. Solche "Laufzeitfehler" heißen *Ausnahmen* (exceptions), was auf einen allgemeineren Mechanismus hindeutet, den wir in späteren Kapiteln erläutern.

Schließlich ist noch vorgesehen, daß die Verletzung einiger Regeln, die Ada-Programme erfüllen müssen, nicht gemeldet wird, z.B. weil die Überprüfung einen unverhältnismäßig hohen Aufwand erfordern würde. Wir wollen dann von *fehlerhaften* Programmen (erroneous programs) sprechen im Gegensatz zu (syntaktisch) *falschen* Programmen, deren Fehler gemeldet werden müssen.

Den Übersetzer zusammen mit dem Laufzeitpaket (das sind einige Maschinenprogramme für die Speicherverwaltung, Ein-/Ausgabe usw.) und zusammen mit der Basismaschine nennt man eine *Sprachimplementation.* Bei den meisten Programmiersprachen haben Sprachimplementationen die Unart, sich nicht genau an die Sprachdefinition zu halten. Sie setzen Einschränkungen und erlauben Erweiterungen und behindern oder zerstören somit die mit den höheren Programmiersprachen bezweckte Portabilität. Dies ist in Ada nicht möglich. Andererseits gibt jede Sprachimplementation Grenzen vor, z.B. die maximale Länge von Bezeichnern. Wichtig ist, daß diese gut sichtbar sind, oder daß sie so weit gefaßt sind, daß sie normalerweise nicht berührt werden.

Üblicherweise ist die Sprachimplementation Teil des sogenannten *Programmiersystems.* Dieses enthält neben Compiler oder Interpreter einen Editor zur bequemen Handhabung von Texten (wie z.B. Quellprogramme), Binder, Lader, möglicherweise Prettyprinter (Programm zur Aufbereitung von Quellprogrammen durch Einrücken, Fettdrucken o.ä.), Ablaufverfolger (Trace), Speicherauszug-Routine (Dump), Ausführungsmonitor (zum Unterbrechen/Fortsetzen der Ausführung, Messen der Ausführungszeiten) usw. Letztere Komponenten sind oft in einem sogenannten Checkout-Compiler zusammengefaßt, der dann neben einem optimierenden Compiler als Alternative zur Verfügung steht. Automatisierte Hilfsmittel zur Programmerstellung nennt man *Programmier-* oder *Softwareerstellungs-Werkzeuge.* Somit ist ein Programmiersystem eine Zusammenfassung solcher Werkzeuge. Wir gehen auf die Frage der Werkzeuge für die Softwareerstellung in den nächsten Abschnitten detailliert ein.

Ein wesentliches Motiv für die Ada-Unternehmung war für das DoD, von der *Vielzahl* bisher *verwendeter Programmiersprachen* herunterzukommen. Das Problem des Einsatzes verschiedener Programmiersprachen wurde dadurch noch verschärft, daß diese Vielzahl in verschiedensten Dialekten existierte. Man schätzt, daß es etwa 450 Programmiersprachen und Dialekte zum Zeitpunkt des Beginns der Ada-Unternehmung im DoD und verwandten Institutionen gab. Diese Vielzahl von Programmiersprachen erzeugte ein großes Ausbildungsproblem, aber auch das Problem, eine große Zahl von Programmiersystemen auf den verschiedensten verwendeten Rechnern zu realisieren. Darüber hinaus ist bei Vorhandensein verschiedener Dialekte die Übertragung eines Programms von einer Sprachimplementation zu einer anderen nur mit großem Aufwand möglich.

Ada geht diese Probleme auf zweierlei Weise an. Zum einen ist die Sprache - aufgrund der Vielzahl vorhandener Sprachkonstrukte - für **einen weiten Anwendungsbereich** einsetzbar und macht dadurch in Zukunft eine Vielzahl verwendeter Programmiersprachen überflüssig. Das DoD rechnet in seinem Bereich damit, daß Ada die meisten dieser Programmiersprachen ersetzt, insbesondere auch FORTRAN und COBOL. Zum zweiten ist für die Sprache Ada **Dialektbildung verboten** worden. Mit der Definition der Sprache wurde festgelegt, daß es weder Teilmengen (subsetting) noch Erweiterungen (supersetting) geben darf. Es sei hier angemerkt, daß diese Vermeidung von Dialekten nicht nur der Portabilität von Programmen zugute kommt, sondern auch der "Portabilität" von Programmierern.

Um zu verhindern, daß sich Dialekte bilden, muß jeder Übersetzer, bevor er zur allgemeinen Verwendung freigegeben wird, eine **Validierungsprozedur** durchlaufen. Hierfür ist eine eigene Organisation geschaffen worden (die Ada Validation Organization), die ein Verfahren festgelegt hat (Ada Validation Procedure), nach dem die Validierung zu erfolgen hat. Jeder validierte Ada-Übersetzer bekommt ein Zertifikat, daß er die Prüfung mit Erfolg absolviert hat. Dieses Zertifikat ist in Zukunft unbedingtes Muß für die wirtschaftliche Vermarktung eines Übersetzers. Die Planung der Validierungsprozedur und der Validierungsorganisation begann so rechtzeitig, daß Prozedur und Organisation bereits zur Verfügung standen, als der erste Übersetzer zur Validierung anstand. Zur Zeit (Frühj. 87) sind etwa 50 Ada-Übersetzer validiert. Viele weitere werden hinzukommen.

Die Validierungsprozedur besteht daraus, daß ein Übersetzer anhand eines **großen Satzes von Testprogrammen** (Ada Compiler Validation Suite) überprüft wird. Diese Testreihe wird erweitert und forgeschrieben. Die erste Testreihe (Februar 83) bestand aus 1.100 Tests, die 6. (Juni 84) bereits aus 2.500 Tests. Diese Testreihe soll weiterentwickelt werden und alle 12 Monate in einer neuen Version erscheinen. Die Tests sind sorgfältig entworfen in dem Sinne, daß sie Beispiele für die üblichen Ada-Konstrukte enthalten, sowie die Verbindung der Konstrukte. Es sind auch syntaktisch inkorrekte "Programme" dabei, um die Fehlererkennung der Übersetzer zu überprüfen. Mit dieser großen Testreihe wird insbesondere sichergestellt, daß der Übersetzer nicht nur eine Teilmenge von Ada versteht. Der Zertifikaterwerber muß andererseits versichern, daß er keine Obermengen implementiert hat. Einige der übersetzten Programme werden ausgeführt, um so die Semantiktreue des Übersetzungsprozesses zu überprüfen. Das Zertifikat gilt für ein Jahr und erlischt natürlich bei Änderungen am Übersetzer.

Das **Zertifikat** gilt nicht automatisch für alle Ada-Übersetzer einer Firma, sondern lediglich für eine bestimmte Sprachimplementation. Da Ada - als Programmiersprache eingebetteter Systeme - insbesondere dafür dienen soll, Programme für "nackte" Rechner (oder zumindest solche, die über keine umfangreichen Softwareerstellungs-Werkzeuge verfügen) zu entwickeln, muß für den Begriff "Sprachimplementation" unterschieden werden zwischen Entwicklungs- oder Wirtsrechner (engl. host) einerseits und Zielrechner (engl. target) andererseits. Ein Zertifikat gilt nur für ein bestimmtes **Wirtsrechner-Zielrechner-Paar.**

Die Aussage des Zertifikats ist lediglich "bestanden" oder "nicht bestanden". Die Validierungsprozedur macht dabei **keinerlei Aussagen über die Effizienz** des Übersetzers. Diese Effizienzparameter eines Übersetzers sind etwa Übersetzungsgeschwindigkeit,

Platzbedarf bei der Übersetzung, Qualität der Fehlerbehandlung, Geschwindigkeit des erzeugten Codes oder Dichte des erzeugten Codes. Es ist hier also noch eine gewisse Vorsicht angebracht: Ein validierter Compiler muß also keineswegs praktisch einsetzbar sein. Allerdings zeigt die Erfahrung, daß diese Effizienzparameter durch Mund-zu-Mund-Propaganda besonders schnell verbreitet werden.

1.6 ADA-PROGRAMMENTWICKLUNGS-UMGEBUNG

Das Vorhandensein verwendbarer und bequemer Softwareerstellungs-Werkzeuge ist für die Qualität entstehender Programmsysteme ebenso wichtig, wie das Vorhandensein einer geeigneten zugrundeliegenden Programmiersprache. Dieser Zusammenhang wurde in der Ada-Unternehmung sehr frühzeitig erkannt. Nicht im Nachhinein sollten unkoordiniert verschiedenartige Werkzeuge an verschiedenen Standorten entstehen, sondern die Idee war, mit der Sprache einen einheitlichen und allgemein verfügbaren Werkzeugkasten zu entwickeln, der auf die Bedürfnisse der Sprache und die Bedürfnisse bei der Verwendung dieser Sprache abgestimmt ist. Deswegen wurde parallel zur Festlegung der Anforderungen für die Sprache Ada durch die Berichte Strawman (1975) bis Steelman (1978) auch die Anforderungen für einen Werkzeugkasten für Ada durch die Berichte Sandeman (1978), Pebbleman (1978) und Stoneman (1980) festgelegt. Es handelt sich dabei nicht um ein Programmiersystem im üblichen Sinne, sondern um einen Arbeitsplatz zur Erstellung von in Ada geschriebener Software, der **Ada-Programmentwicklungs-Umgebung** (engl. Ada Programming Support Environment, kurz **APSE**) genannt wird. Aus heutiger Sicht ist der Name nicht sehr glücklich, weil er suggeriert, daß sich dieser Werkzeugkasten nur mit dem Programmieren (im Kleinen) beschäftigt. Deswegen wird heute auch der alternative Name Ada Automated Support Environment gebraucht.

Die im Augenblick in den gängigen Programmiersystemen **verfügbaren Werkzeuge** sind **unvollständig** (in dem Sinne, daß sie nur einen Teil der Aktivitäten im Softwarelebenszyklus unterstützen), sie sind in ihrer Funktionalität **nicht** auf die dabei anfallenden Tätigkeiten **abgestimmt** (wie ein Texteditor, der gleichermaßen für das Schreiben eines Gedichts, wie für das Schreiben von Ada-Quelltexten verwendet werden kann), und sie sind **unbequem** in der Benutzung (z.B. dadurch, daß eine Prüfung auf Richtigkeit nicht sofort erfolgt, sondern erst, wenn ein Softwaredokument fertig ist, wie dies bei der syntaktischen Überprüfung durch einen Compiler oder bei der Ausführung eines erstellten Programms der Fall ist).

Neben den allgemeinen Zielsetzungen, nämlich Wartbarkeit, Zuverlässigkeit und Effizienz zu steigern, die wir schon als Forderungen an die Sprache kennengelernt haben, und die sich gleichermaßen als Forderungen an Werkzeuge aufstellen lassen, gab es für die Entwicklung der **APSE** auch eine Reihe von spezifischen **Zielsetzungen**: Zum einen sollten die Compilerentwicklungskosten für Ada auf verschiedenen Anlagen dadurch reduziert werden, daß sich diese Compiler auf bestimmte Komponenten der APSE abstützen, und daß Schnittstellen festgelegt wurden (s.u.). Dieses Argument gilt nicht nur für den Compiler, sondern allgemein für die Entwicklung beliebiger Werkzeuge der APSE. Zum zweiten sollte die Portabilität der Software nicht nur dadurch erhöht werden, daß die Sprache standardisiert ist, sondern auch dadurch, daß die Werkzeuge standardisiert sind, und daß sie deshalb von einer auf eine andere Maschine leicht übertragbar sind. Zum dritten ergibt sich durch eine Standardisierung der Programmentwicklungs-Umgebung auch hier wieder eine erhöhte "Portabilität" der Programmentwickler. Nicht nur, daß die Programmentwickler die standardisierte Sprache an verschiedensten Stellen einsetzen können, ohne Dialekte und Einschränkungen zu lernen, auch die Werkzeuge zur Erstellung sind, da überall verfügbar und gleich, in jedem Kontext einsetzbar.

Die *APSE-Architektur* hat insbesondere das Problem zu beachten, daß Ada für das Schreiben von Software für eingebettete Systeme vorgesehen ist. Das heißt, daß unterschieden werden muß zwischen *Entwicklungsrechner* einerseits und *Zielrechner* andererseits. Wir hatten diese Unterscheidung im letzten Abschnitt schon angedeutet. Während der Entwicklungsrechner über einen reichhaltigen Satz von Werkzeugen verfügen sollte und deswegen hardwaremäßig und softwaremäßig entsprechend ausgestattet sein muß, wird der Zielrechner, auf dem die Software letztlich laufen soll, ärmer ausgestattet sein bis hin zu einer "nackten" Maschine. Neben dieser Problematik der Unterscheidung Entwicklungsrechner-Zielrechner ergeben sich spezielle Anforderungen an den Entwicklungsrechner und an die APSE durch die *Charakteristika* der *Software* für eingebettete Systeme (Speicherplatz, Rechenzeitschranken, Nebenläufigkeit, Realzeitanforderungen, nicht standardmäßige E/A, Ausnahmebehandlung). Es ist naheliegend, daß die Forderung erhoben wurde, daß beim Schreiben der Compiler und der Werkzeuge der APSE darauf geachtet werden muß, daß diese APSE einfach auf einen anderen Wirtsrechner übertragen werden kann (engl. heißt dieses Übertragungsproblem *rehosting*) bzw. daß die APSE Software für einen anderen Rechner erzeugt (engl. *retargeting*).

Es gibt eine Reihe *weiterer Anforderungen* an die *APSE*, die von vornherein festgelegt wurden. Eine wesentliche davon ist, daß die APSE eine allgemeine Datenbasis für Softwaredokumente (Quelltext, übersetzte Programme, auführbare Programme, Dokumentationen, Projektmanagement-Dokumente usw.) enthält. Weitere Anforderungen nach Stonemann sind die Erweiterbarkeit der APSE für spezielle Anwendungen bzw. Softwareentwicklungs-Methoden, eine einfache und damit leicht erlernbare Bedieneroberfläche zum Ansprechen der Werkzeuge bzw. zur Verwaltung der im Softwarelebenszyklus anfallenden Dokumente, Maschinenunabhängigkeit der APSE dadurch, daß die APSE-Software größtenteils in Ada geschrieben und das E/A-System der APSE entsprechend gestaltet wird, und letztlich die Festlegung, daß selbst die Kommandosprache Ada-ähnlich sein soll.

Um diese Ziele zu erreichen, wird die APSE so gegliedert, daß alle Komponenten *drei Bereichen* zugeordnet werden können: (a) einer Datenbank für alle Informationen, die mit dem jeweiligen Softwarevorhaben zu tun haben, (b) einer Benutzer- und Systemschnittstelle für den Datenaustausch zwischen Benutzer und System bzw. der verschiedenen Systemteile untereinander und (c) einer Sammlung von Werkzeugen (Toolset) zur Unterstützung des gesamten Software-Lebenszyklus. Auf die einzelnen APSE-Funktionen werden wir unten etwas detaillierter eingehen. Darüber hinaus wird für die APSE im Stoneman-Bericht ein Strukturierungsvorschlag durch ein *Schalenmodell* gegeben, das in Bild 1.5 wiedergegeben ist, und auf den wir im folgenden etwas genauer eingehen.

Die innerste Schicht besteht aus der zugrundeliegenden Basismaschine. Die nächste Schicht, die *Kern-APSE*, kurz *KAPSE* geheißen, soll für die weiter außen liegenden Schichten eine maschinenunabhängige Schnittstelle realisieren, die natürlich auf dem Betriebssystem der Basismaschine aufbaut. Sie besteht aus dem Laufzeitpaket für Ada, E/A-Funktionen für Ada-Programme, bzw. für die in den nächsten Schichten liegenden Programmierhilfsmittel, und den Grundfunktionen zum Aufbau und Betrieb eines Datenbanksystems. Die KAPSE-Funktionen sind in beiden äußeren Schichten sichtbar (nicht jedoch ihre Realisierung), was durch den fehlenden Sektor angedeutet wird.

Die nächste Schicht, die *minimale APSE*, kurz *MAPSE* genannt, faßt alle Werkzeuge zur Ada-Programmierung zusammen, die heute für unverzichtbar gehalten werden. Dies sind (1) ein Editor für beliebige Texte (der aber auch auf Klassen von Texten wie Dokumentationen, Spezifikationen, Quelltexte o.ä. zugeschnitten sein kann, und dessen Objekte sich allesamt in der Datenbank befinden); ein Prettyprinter steht gegebenenfalls für die Ausgabe dieser Texte zur Verfügung, (2) ein oder mehrere Übersetzer (Interpreter oder Compiler), die natürlich mit allen KAPSE-Funktionen zusammenpassen müssen, (3) ein Binder, der auch partielles Binden und Überprüfen der intermodularen Beziehungen erlaubt, und ein Lader, (4) Analysehilfen, und zwar sowohl für statische Analysen (d.h. zur Compilezeit: Definiert-Benutzt-Relation, Kontrollflußanalyse) als auch für dynamische Analysen (d.h. zur Laufzeit: Speicherausgabe (Snapshot), Ablaufverfolgung (Trace), Monitor für anweisungsweises oder unterbrechbares Ausführen, Zeitverbrauchsmessung usw.), (5) ein komfortables E/A- und Dateiverwaltungssystem der APSE, (6) ein Interpreter für die Kontrollsprache (Job Control Language) und (7) Verwaltungshilfen für große Programmsysteme mit vielfältigen Varianten und Versionen. Alle MAPSE-Routinen sind in Ada selbst geschrieben.

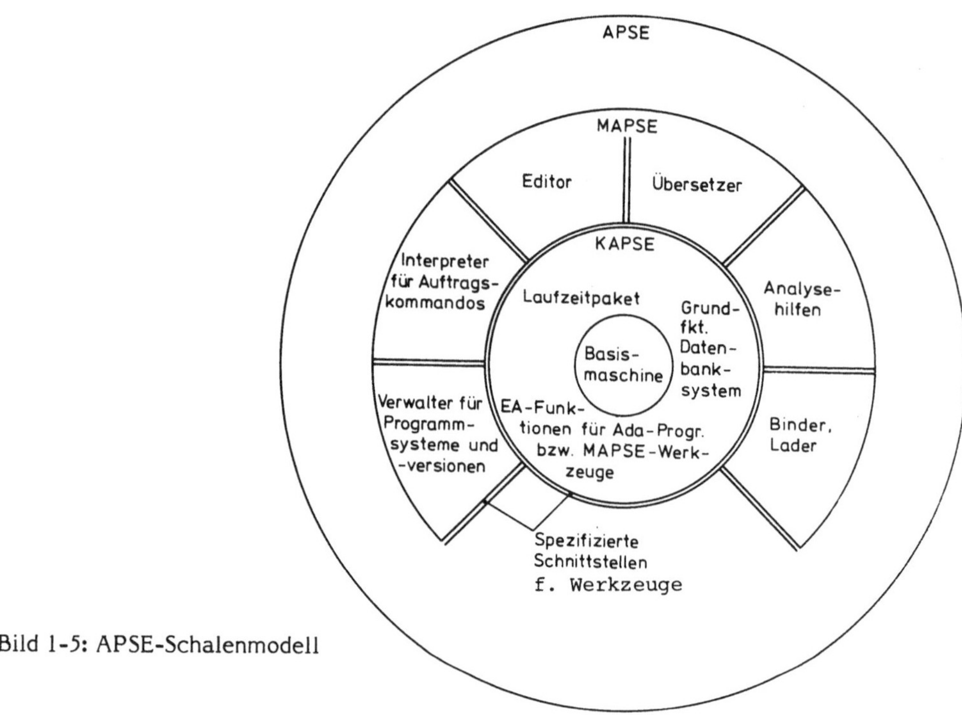

Bild 1-5: APSE-Schalenmodell

APSE-Funktionen sind alle die Werkzeuge, die eine benutzernähere Schnittstelle als die MAPSE-Werkzeuge haben, oder die sich aus MAPSE-Werkzeugen durch integrierte Betrachtung und entsprechende Kombination gewinnen lassen. Der Stoneman-Bericht erläutert allerdings nicht präzise, welche Funktionen im einzelnen realisiert werden sollen. Nicht einmal die Bereiche, für die die APSE Werkzeuge enthalten soll, sind starr festgelegt. Der Stoneman verlangt nur, daß die APSE Hilfsmittel enthält für die Erzeugung, Modifikation und Verwaltung von Datenbankobjekten (d.h. Softwaredokumenten, die nicht von einem der MAPSE-Werkzeuge verwaltet werden), ferner für die Analyse von Softwaredokumenten, deren Transformation, Anzeige, Ausführung, sowie deren Pflege. Hier kann man sich viele Bereiche und vielerlei Werkzeuge vorstellen.

Wie gesagt, werden alle wichtigen Daten (Softwaredokumente) in einer **Datenbank** gehalten. Hierfür enthält die Datenbank Objekte, die verschiedenen Kategorien angehören können und die jeweils durch Attribute und eine beliebig lange Zeichenkette für die zugehörige Information charakterisiert sind. Beispielsweise kann ein Objekt die Quellfassung eines Moduls sein; Attribute sind dann Erstellungsdatum, Versionsnummer, Zugriffsberechtigung usw., und die Zeichenkette ist der Quelltext selbst. Objekte sind durch Beziehungen miteinander verknüpft. Damit lassen sich beliebig strukturierte Daten für beliebig strukturierte Programmsysteme vielfältigster Versionen beschreiben.

Operationen auf der Datenbank dienen dem Erzeugen von Objekten, der Modifikation durch Edieren, deren Analyse und Transformation bzw. deren Ausgabe. Jede der obigen MAPSE- oder APSE-Funktionen stellt eine Datenbankoperation einer oder mehrerer dieser Arten dar.

1.7 DAS STARS-PROJEKT

Mit dem *STARS-Programm*, vgl. etwa /3. Co 83/ (STARS steht für Software Technology for Adaptable and Reliable Systems), das nicht mit dem SDI-Programm (star wars, zu deutsch "Krieg der Sterne") zusammenhängt, hat sich das DoD die Aufgabe vorgenommen, die "Umgebungen" der Softwareentwicklung zu verbessern. Hier steht Umgebung in einem allgemeineren Sinne als bei dem APSE-Unternehmen des letzten Abschnitts, wo unter Umgebung eine Ansammlung von Softwareerstellungs-Werkzeugen gemeint war. Es wird hier insbesondere die Einbettung der Softwareentwicklung in den allgemeineren Kontext der *Entwicklung technischer Systeme*, die Einbettung in den *organisatorischen Rahmen*, d.h. das Projektmanagement, sowie die *Verbindung* von Softwareentwicklung *mit den Menschen*, die diese Software produzieren oder warten, gesehen.

Das *Globalziel* ist auch hier - wie bei der Unterstützung durch die technischen Werkzeuge der APSE - die *Produktivität* bei der Softwareentwicklung zu *erhöhen*, um auf diese Art die Lebenszykluskosten zu reduzieren. Dabei steht weniger das Rationalisierungsargument von der Kostenseite her im Vordergrund, sondern eher das Argument, daß es anderweitig nicht möglich ist, die vielen Aufgaben, die mit Software lösbar sind, zu lösen, da zu wenige qualifizierte Softwareentwickler zur Verfügung stehen. Diese Reduktion der Kosten soll dadurch geschehen, daß beliebige in den oben aufgeführten Verbindungsbereichen der Softwareerstellung eingeführte Methoden, Techniken, Management-Praktiken, Notationen sowie Richtlinien oder Standards weiterentwickelt und vermittelt und gegebenenfalls durch automatisierte Werkzeuge unterstützt werden.

Das STARS-Projekt zielt auf *drei Teilbereiche* ab, deren Lösungen die Verbindung der Softwareerstellung mit den im ersten Absatz angesprochenen Aufgaben unterstützen. Diese sind: (a) Verbesserung der "Ressource" Mensch, (b) die Verbesserung der Werkzeuge und Methoden und (c) Verstärkung der Benutzung von Werkzeugen und Methoden. Wir gehen nun auf diese drei Teilbereiche etwas genauer ein.

Im ersten Teilbereich soll durch *Training* die Produktivität der Softwareentwickler gesteigert werden, da nicht genügend qualifizierte Personen zur Verfügung stehen, und man absieht, daß diese auch in Zukunft nicht zur Verfügung stehen werden. Dieses Training soll den "Grad des Expertentums" der Beteiligten erhöhen. Dabei denkt das DoD in erster Linie natürlich an die Beschäftigten in seinem Hause bzw. der Industrie, mit der es zusammenarbeitet. Diese Kompetenzverbesserung soll dadurch geschehen, daß entsprechende Curricula entwickelt werden, Weiterbildungs- bzw. Übungsprogramme eingerichtet, Stipendien und Freistellungen vergeben, sowie neue Formen der Wissensbereitstellung erprobt werden.

Der nächste Bereich ist umschrieben mit dem Begriff *Erweiterung* der Mächtigkeit *von Methoden und Werkzeugen*. Das betrifft hier über den Bereich der Software-Dokumente, der durch die APSE abgedeckt ist, hinaus zum einen die Fortentwicklung der Projektmanagement-Methoden und ihre Unterstützung durch Werkzeuge, da die Qualität des Projektmanagements oft über den wirtschaftlichen Erfolg eines Softwareprojekts entscheidet. Ferner ist hier die Verbesserung der technischen, anwendungsunabhängigen Methoden und Werkzeuge gemeint, was immer das heißen mag. Schließlich ist hier an die Verbesserung anwendungsspezifischer Methoden und Werkzeuge gedacht, z.B. durch

Entwicklung bestimmter Programmbibliotheken für bestimmte Anwendungsbereiche, und letztlich die Entwicklung einer gewissen Systematik zur "Erzeugung" von Werkzeugen, damit diese nicht in jedem Anwendungsbereich neu erstellt werden.

Der letzte Bereich bezieht sich auf die **Förderung der Benutzung von "Technik"**. Bei der Akquisition sowie bei der Vertragsgestaltung soll darauf geachtet werden, daß Auftragnehmer bestimmte Techniken und Werkzeuge einsetzen. Bei der Entwicklung neuer Werkzeuge soll der Bedienerschnittstellenaspekt ein höheres Gewicht erhalten. Durch Integration von Methoden und Werkzeugen soll die Benutzerfreundlichkeit für den Softwareentwickler gesteigert werden. Das betrifft natürlich insbesondere auch den Aspekt der Konsistenz verschiedener Software- und Managementdokumente. Schließlich soll bei neuen Werkzeugen auch der Grad der Automatisierung erhöht werden, um den Softwareentwickler von Routineaufgaben zu entlasten. Die letzten Punkte hätten auch unter dem Teilbereich (b) subsumiert werden können.

Die hier im STARS-Projekt angesprochenen Tätigkeiten, Dokumente, Methoden und Werkzeuge gehen über das hinaus, was mit der APSE intendiert ist. Die Zielsetzung ist eine **allgemeine "Softwaretechnik-Umgebung"**. Hier sind also nicht nur die technischen Bereiche angesprochen, die für den Softwareentwickler von Bedeutung sind, sondern auch weitere Bereiche wie Projektmanagement und Schulung. Dieser Begriff der Software-technik-Umgebung schließt also insbesondere die Organisationen sowie die menschlichen Individuen mit ein, die an einem Softwareprojekt beteiligt sind. Wie die etwas vagen Formulierungen von oben erkennen lassen, handelt es sich im aktuellen Stand erst um einen Plan für ein längerfristiges Projekt. Dabei soll möglichst bald ein Kernsystem entwickelt und eingeführt werden, bei dem die Weiterentwicklung einerseits und die Forschung über weitere Fortentwicklung andererseits zeitlich parallel ablaufen sollen. In Zweijahresschritten sollen dann jeweils die Forschungsergebnisse in Entwicklung, die Entwicklungsergebnisse in Praxiseinführung umgewandelt werden. Die Fortentwicklung soll also evolutionär erfolgen. Andererseits sollen angeblich beliebig "revolutionäre" Ideen hier mit einbezogen werden. Kernstück dieses allgemeinen Projekts zur Entwicklung einer Softwaretechnik-Umgebung ist zweifellos das Ada-Unternehmen bzw. das APSE-Unternehmen. Viele der insbesondere in diesem Abschnitt angesprochenen Probleme sind weitgehend programmiersprachenunabhängig und deshalb auch in anderem Zusammenhang interessant.

Um den oben angesprochenen Teilbereichen (1) der Verbesserung der menschlichen Ressourcen, (2) der Mächtigkeit von Methoden und Werkzeugen und (3) der Benutzung von Werkzeugen zukünftig näher zu kommen, hat das DoD im Rahmen des STARS-Projekts eine Reihe von **Problembereichen** festgelegt. Einige davon sind den obigen Teilbereichen untergeordnet, andere wiederum untersuchen offene Fragen, die in allen drei Teilbereichen eine Rolle spielen. Wir wollen diese Problembereiche kurz anreißen. Die Erörterung ist jeweils unterteilt in die Festlegungen von Einzelzielen und die Angabe der daraus abgeleiteten Forschungs- und Entwicklungsaktiviäten.

Ein Problembereich, der in alle drei der oben angesprochenen Teilbereiche hineinspielt, ist die **Entwicklung geeigneter Meßtechniken**. Solche Meßtechniken sollen entwickelt werden für Programme, für den Softwareentwicklungsprozeß, für die unterstützenden Methoden und Werkzeuge, sowie für die Personen, die den Entwick-lungsprozeß ausführen. Diesem Problembereich will man dadurch zu Leibe rücken, daß geeignete Bewertungskriterien für einzelne Fälle aufgestellt werden, daß Gütemaße für diese Gütekriterien angegeben werden, daß experimentelle Bewertungsverfahren entwickelt werden, daß Erfolgskriterien festgelegt werden, und daß schließlich Kosten-/Nutzen-Analysen entwickelt werden. Man vergegenwärtige sich, daß stets mehrere Bewertungskriterien an einer Messung beteiligt sein können, die sich sogar widersprechen können. Wir haben in Abschnitt 1.4 einige dieser Bewertungskriterien für Programmsysteme kennengelernt. Schließlich sollen Verfahren zum Sammeln von Grunddaten für die verschiedenen Bewertungen entwickelt werden.

Der zweite Problembereich ist die **Verbesserung** der **Ressource Mensch** und damit identisch mit dem ersten Teilbereich des letzten Abschnitts. Hier geht es um die Stärkung der Motivation der an der Softwareentwicklung Beteiligten, um die Verbesserung der Möglichkeiten zum Lernen sowie der Erforschung von Lernmechanismen sowie um die Verbesserung der Qualität des Personals im allgemeinen. Die hier geplanten Aktivitäten sind oben bereits zum Teil aufgeführt. Zur Ergänzung sei noch angegeben: Entwicklung wissensbasierter Lernunterstützungssysteme, Initiieren und Verstärken akademischer Programme in der Softwaretechnik, bis letztlich hin zur Einrichtung oder Pflege von softwareorientierten Karrieren für an DoD-Vorhaben beteiligte Personen.

Der nächste Problembereich lautet **Verbesserung** des **Projektmanagements**. Es ist bekannt, daß die Genauigkeit der Kostenschätzung eines Softwareprojekts, daß die Güte der Festlegung der Anforderungsdefinition von seiten des Auftraggebers und Auftragnehmers, daß die Überwachung der eingesetzten Ressourcen in einem Softwareprojekt und schließlich die Fähigkeit, die Auswirkung von Änderungen in der Anforderungsdefinition abzuschätzen, wichtige Aufgaben des Projektmanagements sind. Die Qualität, mit der diese Aufgaben ausgeführt werden, entscheidet oft über den Mißerfolg oder Erfolg eines Softwareprojekts. In diesem Bereich soll mehr Transparenz einkehren dadurch, daß der Managementprozeß analysiert wird, geeignete Managementwerkzeuge bereitgestellt werden und schließlich dadurch, daß herausgefunden wird, was längerfristig an Unterstützungswerkzeugen nötig ist.

Ein weiterer Problembereich ist die **Verbesserung** der **Systemtechnik**. Hier ist mit System sowohl der Hardwareteil als auch der Softwareteil gemeint, wobei Hardware nicht notwendigerweise nur auf Rechner beschränkt ist. Der Leser erinnere sich, daß Ada insbesondere zur Entwicklung eingebetteter Systeme dienen soll. Forschungs- und Entwicklungs-Aktivitäten in diesem Problembereich sind Techniken zur Bewertung und Auswahl von Systemarchitekturen, Entwicklung von Techniken zur Fehlertoleranz und Entwicklung von Werkzeugen hierfür, Entwicklung von Hardware-Software-Entwurfsmethoden, Unterstützung für den Bau verteilter Systeme etc.

Der nächste der zur Untersuchung anstehenden Problembereiche ist die **Entwicklung anwendungsspezifischer Techniken**. Durch die Entwicklung anwendungsspezifischer Techniken und Werkzeuge, die den allgemeinen Softwaretechniken und Werkzeugen hinzugefügt werden sollen, wird aus einer allgemeinen Softwareentwicklungs-Umgebung eine anwendungsspezifische. Diese soll insbesondere die Wiederverwendbarkeit von Software in bestimmten Anwendungsbereichen unterstützen. FE-Aktivitäten, die diesen Problembereich erschließen sollen, sind nach der Festlegung einiger Modell-Anwendungsbereiche die Entwicklung von Hilfsmitteln zur verstärkten Wiederverwendbarkeit von Software wie etwa Anwendungsbibliotheken, Systeme zur Konfiguration von Systemen aus fertigen Teilsystemen, die Entwicklung von "Generatoren" für Programme in bestimmten Anwendungsbereichen, die Entwicklung von Vertriebsmechanismen für anwendungsspezifische Systeme.

Ein weiterer Problembereich ist mit **Human Engineering** umschrieben (dem Verfasser fällt hierfür keine geeignete Übersetzung ein). Es ist klar, daß die jeweiligen Leistungen von Individuen, Gruppen oder ganzen Organisationen, die an der Entwicklung oder Nutzung von Software Anteil haben, für den Erfolg maßgebend sind. Darüber hinaus ist auch die Fähigkeit der Individuen, Gruppen bzw. Teilorganisationen miteinander zu interagieren entscheidend, sowie die Fähigkeit der Individuen zur Interaktion mit eingesetzten Rechnern und sonstiger Technik. FE-Aktivitäten sind hier die Entwicklung oder Auswahl von Arbeitsplatzrechnern, die Untersuchung der Wissens- oder Verständnisbildung bei Individuen, Gruppen, Organisationen, die Entwicklung spezifischer Interaktionstechniken bis hin zur Entwicklung einer Entwurfstechnik für Mensch-Rechner-Schnittstellen.

Der letzte der hier anzusprechenden Problembereiche ist mit **Unterstützungssystem** überschrieben. Hier geht es mehr um den technischen Bereich, also um den Bereich, der der APSE am nächsten ist. Andererseits geht es in diesem Teilbereich eher um Fragen, die nicht einzelnen spezifischen Werkzeugen zugeordnet werden können, sondern übergreifenden Charakter haben. Teilprobleme sind hier das Zurechtschneidern von erweiterbaren und integrierten Entwicklungs-Umgebungen, die Strukturierung von Entwicklungs-Umgebungen, die Untersuchung generischer Werkzeuge (d.h. Werkzeuge, die in verschiedenen Bereichen gleichermaßen angewandt werden oder Werkzeuge, aus denen spezifische Werkzeuge erzeugt werden können), die Integrationsproblematik von Werkzeugen, Methodenentwicklungen und Bewertung bis zu wissensbasierten Ansätzen der Softwareentwicklung. FE-Aktivitäten in diesem Bereich sind Entwicklung von Entwurfs- und Spezifikationsmethoden (vgl. insbesondere den sog. Methodman in /3. FW

82/, der die Verknüpfung zwischen Ada und der Formulierung von Entwurfsspezifikationen herstellt, wir gehen auf diese Beziehung in Kapitel 5 ein), Entwicklung alternativer Lebenszyklusmodelle, Entwicklung von Standardschnittstellen zwischen Werkzeugen, Modellierung der Projektdatenbasis etc.

Das STARS-Projekt ist ein großes Vorhaben und, wie der Leser gemerkt haben wird, nicht mal in seiner Gliederung und Zielsetzung vollständig und konsistent. Selbst wenn aber die oben angesprochenen Probleme der "Einbettungen" des Softwareentwicklungsprozesses in nächster Zeit lösbar sind und auch gelöst werden, ist noch ein weiter Schritt bei der *Umsetzung* der Lösung in die *industrielle Praxis* zu tun. Diesem Problem der Umsetzung und breiten Anwendung hat das DoD durch zwei organisatorische Maßnahmen Rechnung getragen. Zum einen wurde - gleichrangig in der Hierarchie zum Ada Joint Program Office - ein Projektbüro für das STARS-Unternehmen geschaffen, das diesem die organisatorische und finanzielle Stütze sein soll. Zum anderen wurde das *Software Engineering Institute* gegründet, das die oben angesprochene Übertragung der Ergebnisse in die industrielle Praxis vorexerzieren und verstärken soll. Dieses soll dadurch geschehen, daß dieses Softwaretechnik-Institut jeweils den aktuellen Zustand der Softwaretechnik-Umgebung hält und pflegt, daß es neue Techniken bewertet und entscheidet, ob sie aufgenommen werden können oder nicht, daß es nach Bewertung positiv eingeschätzter neuer Werkzeuge diese in die Softwaretechnik-Umgebung integriert, daß es in konkreten DoD-Projekten nachweist, daß der Einsatz der Softwaretechnik-Umgebung von Nutzen ist, und daß es Training, Dokumentation und Benutzerbetreuung wahrnimmt. Das Personal dieses Instituts soll zum einen aus langfristig am Institut angestellten Personen des DoD und der ihr nahestehenden Industrie bestehen und zum anderen aus einem permanent wechselnden Teil aus DoD, Industrie und Universitäten. Durch diesen dauernden Wechsel eines Teils des Personals soll auf der einen Seite Expertenwissen von außen in das Software Engineering Institute hineingetragen werden, und andererseits sollen im Softwaretechnik-Institut Eingearbeitete die Ideen und den Stand der Technik in die beteiligten Institutionen des DoD und der Industrie hineintragen und damit als Kristallisationskeime wirken. Diese Kristallisationskeime sollen die Schulung anderer Mitarbeiter am Softwaretechnik-Institut betreuen bzw. im eigenen Haus Schulung betreiben bzw. die anwendungspezifischen Techniken anhand der im Hause durchgeführten Projekte weiterentwickeln. Dieses Softwaretechnik-Institut wurde 1985 an der Carnegie-Mellon-University in Pittsburgh gegründet.

Zielsetzung des STARS-Projekts ist also letztlich die Schaffung einer für den Bereich des DoD einheitlichen allgemein verfügbaren *Softwaretechnik-Umgebung,* die einen entsprechenden Werkzeugkasten (standard automated support environment) enthält. Umgebung und Werkzeuge sollen den gesamten Lebenszyklus unterstützen. Es gibt eine Reihe von *Gründen,* daß dies eher ein *Langzeitziel* ist, als daß es sich schnell realisieren ließe. So gibt es momentan keine allgemein anerkannten Methoden, Techniken, Notationen etc. für den vorderen Teil des Lebenszyklus (Problemanalyse, Anforderungsdefinition, Entwurf, Spezifikation) und erst recht nicht für die lebenzyklusbegleitenden Aktivitäten Qualitätssicherung, Dokumentationserstellung, Projektmanagement etc. Damit können für diese Bereiche momentan auch keine Standardwerkzeuge entwickelt werden. Ferner ist es möglicherweise illusorisch, die ganze Softwareentwicklung auf Ada abzustellen. Es gibt Stimmen, die diese Softwaretechnik-Umgebung eher mehrsprachig ausstatten wollen, also so gestalten wollen, daß auch andere Programmiersprachen eingesetzt werden können. Schließlich gibt es das rein technische Problem, daß die Softwaretechnik-Umgebung auf verschiedenen Entwicklungsrechnern verfügbar sein muß und die Softwareerstellung für verschiedene Zielrechner unterstützen muß. Es wird also eine Weile vergehen, bis eine einheitliche, umfassende und allgemein verfügbare Softwaretechnik-Umgebung vorhanden ist, die eine APSE oder sogar weitere analoge Werkzeugkästen für andere Programmiersprachen enthält. Die APSE soll, wie oben bereits in dem Abschnitt über das Softwaretechnik-Institut angesprochen, in einem evolutionären Prozeß aus der MAPSE hervorgehen, und zwar unter der Leitung dieses Softwaretechnik-Instituts.

Der Trend zu einheitlichen, umfassenden, integrierten Umgebungen zur Bearbeitung aller Tätigkeiten, die bei der Softwareerstellung und Softwarewartung anfallen, seien diese technischer Natur, oder Tätigkeiten des Projektmanagements, der Dokumentation, der Qualitätssicherung etc., ist auch in anderen Bereichen außerhalb des Ada-Dunstkreises zu spüren. Obwohl die Zielsetzung vieler Projekte dort ähnlich umfassend ist wie beim STARS-Projekt, spricht man in der Literatur meistens von *Softwareentwicklungs-Umgebung* und nicht von Softwaretechnik-Umgebung. Es ist hier mit "Umgebung" auch stets eine Ansammlung von Werkzeugen gemeint (wie beim standard automated support environment) und nicht die Hinzunahme von Methoden, für die noch keine Unterstützung existiert, die Einbeziehung von Personen, Organisationen usw., wie dies mit dem Begriff "Softwaretechnik-Umgebung" von oben anklang. Auf diesem Gebiet der Softwareentwicklungs-Umgebungen hat in den letzten Jahren eine stürmische Entwicklung stattgefunden, und es ist eine sehr umfassende Literatur entstanden. Eine kleine Auswahl hiervon findet sich im Literaturabschnitt 8.

Wir haben in diesem Kapitel einige Male von *Zielsetzungen* gesprochen. Dies waren zum einen (1) Zielsetzung für die Entwicklung der neuen Sprache Ada, (2) Zielsetzung bei der Entwicklung von Werkzeugen der APSE oder (3) der allgemeinen Softwaretechnik-Umgebung, und schließlich war auch die Rede von (4) Zielsetzungen für Software, die in Ada geschrieben ist, sowie Zielsetzungen für den Softwareentwicklungs-Prozeß. Die Zielsetzungen waren jeweils ähnlich, nämlich Kostenminimalität, Zuverlässigkeit, Wartbarkeit, insbesondere Anpaßbarkeit und Übertragbarkeit, Wiederverwendbarkeit etc. Ada erfüllt diese Ziele durch Anbieten passender *Sprachkonstrukte*, die APSE sowie die Softwaretechnik-Umgebung durch Anbieten passender *Werkzeuge* bzw. *Methoden*, Trainingsprogramme etc. Die entstandene Software hat diese Eigenschaft oder auch nicht, je nach Qualität der eingesetzten Umgebung (Umgebung jetzt wieder in dem allgemeineren Sinne von oben).

AUFGABEN ZU KAP. 1

1) Vergleichen Sie die Entwicklungsgeschichte von Ada mit der von kleinen Gruppen oder Einzelpersonen entwickelten Sprachen Simula, Pascal und mit der von Cobol, das in einem großen Komitee entwickelt wurde.

2) Ada geht einen sehr konservativen Weg mit Anlehnung an klassische Programmiersprachen und Lebenszyklusvorstellungen. Daneben gibt es andere Paradigmen der Softwareerstellung, nämlich Programmieren durch Funktionen (funktionaler Ansatz), Programmieren mit Objekten und Botschaften (objektorientierter Ansatz), Programmieren ist Spezifizieren (Programmierung mit sehr hohen Programmiersprachen), Programmieren ist Transformieren, gegebenenfalls mit Werkzeugunterstützung (Breitbandsprachenansatz, Verifikationsansatz, Programmassistentenansatz), Programmieren ist Aufstellen von Regeln (Expertensysteme, logische Programmierung, Entscheidungstabellen) etc. Vergleichen Sie den Zugang von Ada mit diesen Paradigmen bzw., falls Sie diese Begriffe noch nicht kennen, verschaffen Sie sich einen groben Überblick.

3) Inwieweit unterstützt die KAPSE die Portabilität von Ada-Programmen und damit auch der APSE?

2 GRUNDBEGRIFFE

Das Ziel dieses Kapitels ist die Erläuterung der für Ada wichtigen **Syntaxbegriffe**, wie die verwendete Syntaxnotation und die lexikalischen Einheiten der Sprache, und die Diskussion der für Ada üblichen **Quellprogramm-Schreibweise**. Diese Begriffe sind Ada-spezifisch, und sie sind Grundlage für die folgenden Kapitel.

2.1 SYNTAXNOTATION, ZEICHEN UND LEXIKALISCHE EINHEITEN

Ada-Programme sind Folgen von Zeichen, die nach bestimmten Regeln aufgebaut sind. Die Gesamtheit solcher Regeln nennen wir die Syntax. Um die den Syntaxregeln genügenden Zeichenketten von den übrigen zu unterscheiden, heißen diese auch syntaktisch korrekt. Lax spricht man auch von syntaktisch korrekten bzw. inkorrekten Programmen, obwohl letztere eigentlich nur Zeichenfolgen, aber keine Programme sind. Die Syntaxregeln nur umgangssprachlich anzugeben, würde Ungenauigkeit, Unvollständigkeit und Langatmigkeit zur Folge haben. Deswegen hat man sich schon sehr früh um eine formale Notation für Syntaxregeln bemüht. Wir verwenden hier eine **Erweiterung** der seit Algol bekannten **Backus-Naur-Formen**, die wir abgekürzt **EBNF** nennen wollen.

Eine solche EBNF besteht aus einer **linken Seite**, nämlich dem Symbol, dessen syntaktischer Aufbau festgelegt werden soll, gefolgt von dem Symbol ::= , das zu lesen ist wie "ist aufgebaut gemäß", und der **rechten Seite**, die den Aufbau erklärt. In den meisten Fällen enthält die rechte Seite auch Symbole, die linke Seiten von EBNFs sind. Die linke Seite einer EBNF steht für den Aufbau eines mehr oder minder großen Teils eines Ada-Programms (andere Namen für linke Seite: **syntaktische Kategorie**, syntaktische Variable, nichtterminales Zeichen). Wir verwenden für diese syntaktischen Kategorien englische Bezeichnungen, die kleingeschrieben werden und tiefgestellte Bindestriche enthalten dürfen, die wir aber gleichwohl als ein einziges "Zeichen" auffassen.

So besagt beispielsweise `decimal_literal` mit den entsprechenden EBNFs, wie eine Dezimalzahl aufgebaut ist, `statement` wie eine Anweisung bzw. `subprogram_declaration` , wie eine Unterprogrammdeklaration zusammengesetzt ist, und schließlich steht `compilation_unit` für die Angabe des Aufbaus einer getrennt übersetzbaren Programmeinheit.

Wir wollen nun die Form und Verwendung von EBNFs an einigen Beispielen kennenlernen (vgl. Beispiel 2-1). So besagt die erste Regel, daß eine Wertzuweisung aus einem Namen besteht, der gefolgt wird vom Zuweisungszeichen, einem Ausdruck und schließlich einem Semikolon. Während das Zuweisungszeichen := ein Ada-Zeichen ist, taucht das Zeichen ::= nur in den Syntaxregeln auf und ist ein EBNF-Zeichen. Beide Zeichen, obwohl ähnlich aussehend, haben also völlig unterschiedliche Bedeutungen. Wie ein Name bzw. ein Ausdruck einer Wertzuweisung aufgebaut ist, ist durch weitere EBNFs festzulegen. Die **Reihenfolge der Zeichen** in der rechten Seite legt somit die Reihenfolge bestimmter Konstrukte in Ada-Programmen fest. Die zweite Regel führt mit dem vertikalen Strich eine Schreibweise für **Alternativen** ein: Ein binärer Additionsoperator ist entweder ein Plus- oder Minuszeichen oder ein kaufmännisches Undzeichen. Null- oder beliebig oftmalige **Wiederholung** wird durch ein Paar geschweifter Klammern ausgedrückt. So besagt die dritte Regel, daß eine Zeichenkette mit einem Anführungszeichen beginnt und endet, zwischen denen beliebig viele Zeichen stehen dürfen. Die leere Zeichenkette, d.h. die Zeichenkette, die überhaupt kein Zeichen enthält, wird dabei durch "" dargestellt, was sich durch nullmalige Wiederholung von `graphic_character` ergibt. Ein eckiges Klammerpaar drückt schließlich eine **Option** aus, d.h. daß etwas stehen kann, aber nicht stehen muß. So legt die Regel 4 fest, daß eine Dezimalzahl aus einer Ziffernfolge, gefolgt von einem Dezimalpunkt mit Ziffernfolge, gefolgt von einem Exponenten besteht, wobei eines der beiden letzteren oder beide zusammen fehlen dürfen. Das vorletzte Beispiel führt drei EBNFs ein, die zusammen festlegen, wie ein Bezeichner aufgebaut ist: Er beginnt mit einem Buchstaben, auf den beliebig viele Buchstaben oder Ziffern folgen, die durch den tiefgestellten Bindestrich verbunden sein können. Buchstaben können groß oder klein geschrieben sein.

Beispiel 2-1:
Form und
Verwendung
von EBNFs

```
1) assignment_statement ::= variable_name := expression;
2) binary_adding_operator ::= + | - | &
3) string_literal ::= "{graphic_character}"
4) decimal_literal ::= integer [.integer] [exponent]
5) identifier ::= letter {[underline] letter_or_digit}
   letter_or_digit ::= letter | digit
   letter ::= upper_case_letter | lower_case_letter
6) goto_statement ::= goto label_name;
```

Wir werden im folgenden die Syntax von Ada größtenteils durch EBNFs festlegen, die dort auftauchen, wo die entsprechende syntaktische Kategorie genauer besprochen wird. Dort wiederum auftauchende weitere syntaktische Kategorien sind entweder bereits erklärt oder offensichtlich, d.h. sie werden nicht mehr erklärt. Eine Zusammenfassung aller Syntaxregeln (man nennt diese Zusammenfassung zusammen mit der Festlegung, auf welchen Zeichen die Syntax definiert ist, eine **Grammatik**) findet sich im Anhang IV. Der Leser wird gebeten, sich mit der EBNF-Notation vertraut zu machen (vgl. Aufgaben), da wir davon im folgenden oft Gebrauch machen werden.

Die Syntaxregeln der oben eingeführten Gestalt können auch graphisch aufgetragen werden. Man nennt sie dann **Syntaxdiagramme**. Fig. 2-2 faßt die ersten beiden EBNFs der Bezeichnerdefinition von oben zusammen: Das Aufeinanderfolgen wird hier durch das Verfolgen von Pfeilen ausgedrückt, die Alternative durch eine Verzweigung, die Option durch eine Verzweigung mit einer leeren Alternative und die Wiederholung schließlich durch einen Zyklus. Zeichen, die nicht weiter erklärt zu werden brauchen, stehen in Ovalen oder Kreisen, solche, die noch erklärt werden müssen - für die es also ein entsprechendes Syntaxdiagramm geben muß - in rechteckigen Kästen. Die Bezeichnung der erklärten syntaktischen Kategorie befindet sich neben der Zeichnung. Syntaxdiagramme sind manchmal anschaulicher als die zugehörigen EBNFs. Wir haben uns hier insbesondere aus Aufwandsgründen bei der Bucherstellung für die EBNFs entschieden. Wegen der Wichtigkeit der syntaktischen Regeln für das Folgende haben wir hier beide üblichen Formalisierungen - nämlich EBNFs und Syntaxdiagramme - eingeführt.

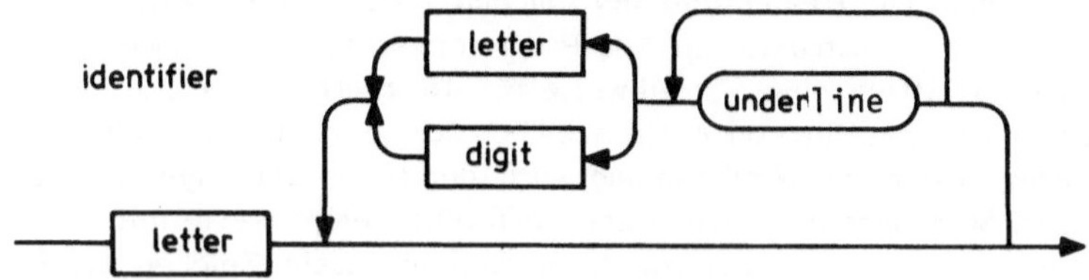

Fig. 2-2: Syntaxdiagramm

Durch EBNFs oder Syntaxdiagramme kann aber nur ein Teil der syntaktischen Regeln formuliert werden: Man bezeichnet diesen Teil als die **kontextfreie Syntax** und entsprechend den Anhang IV als kontextfreie Grammatik. Damit können z.B. Regeln der Art "Jede Größe, die irgendwo verwendet ist, muß auch deklariert sein", "Unterprogrammdeklaration und Unterprogrammaufruf müssen bezüglich der Art einander entsprechender Parameter übereinstimmen" oder "Jedes Datenobjekt hat genau einen Typ, der nach bestimmten Regeln ermittelt wird. Jedes angewandte Auftreten muß mit diesem Typ verträglich sein " *nicht* formuliert werden. Diesen so verbleibenden Teil der Syntax heißt man *kontextsensitiv* (oder oft irreführenderweise die statische Semantik). Auch für diesen Teil gibt es Formalisierungen, die wir hier aber nicht übernehmen werden, vielmehr werden wir diese Regeln umgangssprachlich ausdrücken. Selbst der Sprachreport enthält hier nur eine umgangssprachliche Festlegung. Die meisten Sprachregeln, in denen "muß", "erlaubt", "darf nur" etc. vorkommt, beziehen sich auf diese kontextsensitive Syntax. In den EBNFs finden sich zum Teil Erläuterungen, die durch Kursivschrift kenntlich gemacht sind und auf solche kontextsensitiven Zusammenhänge hinweisen: In der Regel 6 von Beispiel 2-1 wird das Präfix *label* in *label_*name zwar als eine für die (kontextfreie) Syntax unwesentliche Erläuterung betrachtet, dieses Präfix deutet aber die kontextsensitive Regel an, daß in einer Sprunganweisung nur ein Bezeichner stehen darf, der andernorts als Bezeichner einer Marke steht. Wenn wir von einer Sprachregel sprechen, so ist damit also nicht notwendigerweise eine EBNF gemeint.

Vor der Festlegung der Regeln, die angeben, wie syntaktisch korrekte Programme zusammengesetzt sind, ist der *Zeichenvorrat* (anderer Name: *Alphabet*) festzulegen, für den wir überhaupt Zeichenfolgen betrachten. Hierzu gehören die *Basiszeichen,* das sind die Großbuchstaben von A bis Z, die Ziffern von 0 bis 9, der Zwischenraum (Leerzeichen, blank symbol) und die folgenden Sonderzeichen:

> "   #   &   '   (   )   *   +   ,   -   .   /   :   ;   <   =   >   _ |

(Das letzte Sonderzeichen darf nicht mit dem senkrechten Strich verwechselt werden, den wir als Zeichen innerhalb von Syntaxregeln verwandt haben, um Alternativen zu kennzeichnen. Hier ist es ein Zeichen des Alphabets der Grammatik von Ada, dort ein sogenanntes Metazeichen der Grammatik.) Schließlich sind in diesen Basiszeichen noch die Formatsteuerzeichen horizontaler Tabulator, vertikaler Tabulator, Wagenrücklauf, Zeilenvorschub und Formularvorschub enthalten.

Neben diesem Satz von Basiszeichen, der in der Regel an allen E/A-Geräten jeder Ada-Implementation vorhanden ist, können Programme auch weitere Zeichen enthalten, nämlich die Kleinbuchstaben a bis z und die weiteren Sonderzeichen:

> ! $ %   ?   @   [\   ]   ^   `   {   }   ~

(Auch {} [] haben wir in anderer Funktion als Metazeichen kennengelernt.) Da nicht garantiert ist, daß dieser *erweiterte Zeichenvorrat* in allen Ada-Implementationen vorhanden ist, kann jedes Programm über einen erweiterten Zeichenvorrat in ein gleichbedeutendes über den Basiszeichen transformiert werden. Hierzu gibt es Transformationsregeln, die im Sprachreport zusammengestellt sind. Alle hier aufgeführten Zeichen entstammen dem ISO-Zeichensatz (ISO = _International _Organization for _Standardization), und zwar der sog. ASCII-Repräsentation. ASCII steht für American Standard Code for Information Interchange. Wir sprechen im folgenden immer kurz von ASCII-Zeichen und nicht von der amerikanischen Repräsentation des ISO-Zeichensatzes.

ASCII-Zeichen unterteilt man in *druckbare Zeichen* (graphic characters) und in nichtdruckbare Zeichen (*Kontrollzeichen*). Letztere enthalten die *Formatsteuerzeichen,* die wir oben bereits aufgezählt haben. Es gibt aber noch weitere Kontrollzeichen, die z.B. mit gewissen Botschaftsmechanismen auf tiefer Kommunikationsebene zu tun haben.

Ada-Programme sind Zeichenfolgen über den Basiszeichen oder dem erweiterten Zeichenvorrat. In einer solchen Zeichenfolge werden Teile zu sog. *lexikalischen Einheiten* zusammengefaßt. Es sind dies die Zusammenfassungen von Zeichenfolgen auf unterster syntaktischer Ebene. Beispielsweise sind Bezeichner, Zahlen oder Zeichenketten, die wir im nächsten Abschnitt besprechen, solche lexikalischen Einheiten. Lexikalische Einheiten werden von mehrphasigen Übersetzern in der ersten Phase, der sog. lexikalischen Analyse (engl. scanning), erkannt.

Zu den lexikalischen Einheiten gehören insbesondere die sogenannten *Begrenzer*. Diese können aus einem einzigen Zeichen bestehen, wie die folgenden:

     &   '   (   )   *   +   ,   -   .   /   :   ;   <   =   > |

oder es handelt sich um zusammengesetzte Begrenzer, die aus zwei Sonderzeichen bestehen:

     =>   ..   **   :=   /=   >=   <=   <<   >>   <>

Begrenzer heißen so, weil sie andere syntaktische Einheiten begrenzen (abtrennen, beranden, beenden). So ist etwa das Semikolon das Ende einer Anweisung, das Zuweisungssymbol := steht zwischen linker und rechter Seite einer Zuweisung, die doppelte spitze öffnende oder schließende Klammer steht am Anfang bzw. Ende einer Sprungmarke.

In vielen Fällen kann ein Übersetzer herausfinden, wo eine lexikalische Einheit endet und wo die nächste anfängt. So ist beispielweise in dem Ausdruck OP1+OP2 klar, daß OP1, OP2 Bezeichner sind, die durch einen Operator, hier das binäre Plus, voneinander getrennt sind. Dies kann hier herausgefunden werden, obwohl die Zeichen für die lexikalischen Einheiten unmittelbar aufeinander folgen. In einigen Fällen ist dies jedoch nicht möglich, ohne daß zwischen den lexikalischen Einheiten ein *Trennzeichen* steht. Trennzeichen sind der Zwischenraum, die Formatsteuerzeichen oder das Zeilenende (die Sprache Ada legt nicht fest, welche Formatsteuerzeichen oder Folgen solcher Zeichen das Zeilenende darstellen; allerdings muß dieses durch ein oder durch mehrere Formatsteuerzeichen realisiert werden). Natürlich dürfen zwischen lexikalischen Einheiten auch mehrere Trennzeichen stehen. Dadurch, daß das Zeilenende stets als Trennzeichen wirkt, steht eine lexikalische Einheit nie in verschiedenen Zeilen des Quelltexts. Anders ausgedrückt: eine lexikalische Einheit ist stets vollständig in einer Zeile enthalten.

2.2 BEZEICHNER, ZAHLEN UND ZEICHENKETTEN

Bezeichner, auch *Identifikatoren* genannt, werden zur Benennung programmiersprachlicher Objekte (Konstanten, Variablen, Typen, Unterprogramme etc.) benötigt, die der Programmentwickler vereinbaren will. Dabei muß er die nötige Freiheit haben, sinnvolle und *aussagekräftige* Bezeichner zusammenzustellen.

Wir haben den syntaktischen Aufbau von Bezeichnern bereits bei der Erläuterung der Syntaxnotation kennengelernt. Zur Steigerung der Lesbarkeit ist es ratsam, von der möglichen Groß-/Kleinschreibung und dem tiefgestellten Bindestrich Gebrauch zu machen.

Der tiefgestellte Bindestrich (Unterstrich) ist bedeutungsvoll, d.h. PAGECOUNT und PAGE_COUNT sind verschiedene Bezeichner. Groß-/Kleinschreibung hingegen ist nicht bedeutungsvoll. Es sei noch einmal daran erinnert, daß in einem Bezeichner kein Trennzeichen vorkommen kann.

Welche Bezeichner in den folgenden Beispielen (vgl. Fig. 2-3) sind aussagekräftig, welche unsinnig und welche syntaktisch falsch? Welche sind äquivalent, werden also nicht unterschieden?

```
identifier    ::=  letter {[underline] letter_or_digit}
letter_or_digit  ::=  letter | digit
letter  ::=  upper_case_letter | lower_case_letter
```

```
diesisteinellenlangername     Dies_ist_ein_ellenlanger_Name     WRDLPRMFT

I27S4     Zeiger_SYMTAB     PageCount     PAGECOUNT     PAGE_COUNT

X     STORE_NEXT_ITEM     ZAEHLER     SCHNUCKI     MARION     MAODSEDONG

45_OSNABRUECK     Preis_in_$     Lager-Nr.     I_47__11
```

Fig. 2-3: Bezeichner: Grammatik, sinnvolle/unsinnige/inkorrekte Beispiele

Bestimmte Bezeichner werden dazu verwendet, Sprachkonstrukte einzuleiten, die verschiedenen Teile eines Sprachkonstrukts zu trennen oder Sprachkonstrukte zu klammern. So leitet etwa **if** die bedingte Anweisung ein. Solche Bezeichner heißen **reservierte Wörter**, Schlüsselwörter oder manchmal Wortsymbole. Sie dürfen vom Programmierer nicht als Bezeichner verwendet werden. Reservierte Wörter werden in diesem Buch klein und fett geschrieben und auch - wie alle Ada-Programmteile - mit einem anderen Schriftsatz. In einem Ada-Programm tauchen sie als normale Bezeichner auf und dürfen damit groß oder klein geschrieben werden, also etwa BEGIN oder begin für das Wortsymbol **begin** . Die Liste der Wortsymbole ist im Anhang I zusammengestellt.

Der Rest dieses Abschnitts führt verschiedene Arten von **Literalen** ein. Literale sind Bezeichnungen, die einen konstanten Wert im Quelltext eines Ada-Programms charakterisieren. Im folgenden besprechen wir Zahlen oder numerische Literale, sowie Literale für Zeichen bzw. Zeichenketten.

Zahlen oder **numerische Literale** bestehen hauptsächlich aus Ziffern. Man unterscheidet in Ada zwischen **dezimalen** und **nichtdezimalen** Literalen. Beide können mit oder ohne **Exponent**, auch Skalenfaktor genannt, angegeben sein. Ferner können beide in **ganzzahlige** Literale (integer literal) bzw. **reelle** Literale unterschieden werden, je nachdem, ob sie einen gebrochenen Anteil, d.h. einen Dezimalpunkt haben oder nicht. Zur Lesbarkeit darf wieder der Unterstrich verwendet werden, der hier jedoch bedeutungslos ist.

Nach Fig. 2-4 besteht eine **Dezimalzahl** oder ein **dezimales Literal** aus einer Dezimalziffernfolge, Dezimalpunkt, einer weiteren Dezimalziffernfolge und einem Exponenten, wobei der Teil ab dem Dezimalpunkt bzw. der Exponent fehlen dürfen. Der Exponent kann wahlweise ein Vorzeichen enthalten und darf auch durch ein kleines e gekennzeichnet sein. Das Vorzeichen einer Dezimalzahl ist nicht deren Bestandteil. Man beachte, daß es auch hier unbequeme bzw. unleserliche Darstellungen gibt.

```
numeric_literal ::= decimal_literal | based_literal
decimal_literal ::= integer [.integer] [exponent]
integer ::= digit {[underline] digit}
exponent ::= E [+] integer | E - integer
```

```
12    0    123_456    123456    1E6    1E0          ganzzahlige Literale

12.0    0.0    0.456    3.14159_26    1.0E-2 ⎤
                                             ⎬     reelle Literale
1.34e-12    1.0E7    0.00031415926E4    ⎦

.0    1.    -1.2    27_E-27    E7    1E-2    1.0 E 2    inkorrekte Beispiele
```

Fig. 2-4: Dezimalzahlen: Grammatik, korrekte/inkorrekte Beispiele

Zur Darstellung von Zahlen dürfen auch andere als die Dezimaldarstellung verwendet werden. Erlaubt sind Basen von 2 bis 16. Die interessantesten Fälle sind **Dualzahlen** (Basis 2, Ziffern 0, 1), **Oktalzahlen** (Basis 8, Ziffern 0 bis 7) und **Sedezimalzahlen** (Basis 16, Ziffern 0 bis 9 und ferner A bis F mit dem Wert 10 bis 15). Wir sprechen hier auch von nichtdezimalen Literalen oder Literalen mit Basisangabe (natürlich kann auch ein dezimales Literal mit Basisangabe geschrieben werden, was jedoch selten sinnvoll ist). Auch hier gibt es wieder ganzzahlige und reelle Literale, beide mit oder ohne Exponent. Basis und Exponent sind stets in Dezimaldarstellung angegeben, der Exponent bezieht sich natürlich auf die angegebene Basis. Die Ziffern A bis F dürfen auch klein geschrieben werden, wie auch die Einleitung des Exponenten E. Es ist klar, daß in einer Zahl zur Basis B, außer in der Angabe der Basis bzw. im Exponenten, nur die Ziffern 0 bis B-1 auftauchen, also bei Dualzahlen 0, 1, bei Oktalzahlen 0,..,7 usw.

Die **Darstellung von Nichtdezimalzahlen** (nichtdezimalen Literalen, Literalen mit Basisangabe) ist ähnlich wie die von Dezimalzahlen, nur daß hier (für Basen größer als 10) auch die neuen Ziffern A bis F vorkommen können, und daß hier die Basis vorangestellt wird (vgl. Fig. 2-5). Basis und Exponent sind von der dazwischenliegenden Zahl durch das Symbol # (Nummernzeichen, engl. sharp symbol) getrennt. Wir kommen auf numerische Literale noch einmal in Kapitel 4 zurück.

```
based_literal ::= base # based_integer [.based_integer] # [exponent]
base ::= integer
based_integer ::= extended_digit {[underline] extended_digit}
extended_digit ::= digit | letter
```

```
2#1111_1111#    8#377#    10#255#    16#FF#    016#0ff#    ganzz. Literale mit
                                                           Wert 255
2#1110_0000#    2#111#E5    8#34#E1    16#e#e1             ganzz. Literale mit
                                                           Wert 224
2#1.1111_1111_111#E11    16#F.FF#E+2                       reelle Literale mit
                                                           Wert 4095.0
```

Fig. 2-5: Zahlen mit Basisangabe: Grammatik, korrekte Beispiele

Auch Werte einzelner Zeichen bzw. Zeichenketten können durch Literale repräsentiert werden. Sie heißen in Ada **Zeichen-** bzw. **Zeichenkettenliterale** (character literal bzw. string literal, vgl. Fig. 2-6).

Als Zeichenliterale dürfen die abdruckbaren Zeichen des ASCII-Codes einschließlich des Zwischenraums auftreten (vgl. Abschnitt 2.1), die dann in Einzelapostrophe einzuschließen sind.

Ein Zeichenkettenliteral besteht aus 0 oder beliebig vielen druckbaren ASCII-Zeichen einschließlich Zwischenraum, die in Doppelapostrophe eingeschlossen sind. Der Doppelapostroph muß, sofern er in einer Zeichenkette selbst als Zeichen auftritt, doppelt geschrieben werden. Ein Zeichenkettenliteral kann nicht über Zeilengrenzen gehen. Solche **Zeichenketten** müssen dann aus Einzelstücken mit Hilfe der Konkatenationsoperation (Verkettung) & zusammengesetzt werden. Auch nichtdruckbare Zeichen (Kontrollzeichen) können damit in Zeichenketten eingestreut werden.

```
character_literal  ::=  'graphic_character'
string_literal  ::=   "{graphic_character}"
```

```
'A'      '*'      ' ' '      ' '                    Zeichenliterale

""     "A"      """"      "?"                       Zeichenkettenliterale
```

```
"auch Sonderzeichen, wie $, % und { duerfen in Zeichenketten auftreten"
"Zeichenkettenliterale beginnen mit dem """-Zeichen"
"Zeichenkettenliteral mit " & ASCII.ACK & "Kontrollzeichen"


"Text in Zeile 1" &
"Fortsetzung in Zeile 2"
```

Fig. 2-6: Zeichen- und Zeichenkettenliterale

Fassen wir den Teil dieses Abschnitts **über Zeichen** und **lexikalische Einheiten** zusammen: Ada-Programme sind Folgen von ASCII-Zeichen, die Umkehrung gilt natürlich nicht. Diese ASCII-Zeichen unterscheidet man in druckbare Zeichen und Kontrollzeichen. Zu letzteren gehören insbesondere Formatsteuerzeichen. Nur druckbare Zeichen und Formatsteuerzeichen tauchen in einer Zeichenkette auf, die ein Ada-Programm repräsentiert. Die druckbaren Zeichen werden in Basiszeichen und erweiterte Zeichen unterschieden. Bei Zusammenfassung auf unterster syntaktischer Ebene erhält man für Ada-Programme aus der Folge von Zeichen eine Folge lexikalischer Einheiten. Auch hier gilt wieder, daß nicht jede Folge lexikalischer Einheiten ein Ada-Programm darstellt. Lexikalische Einheiten sind Bezeichner, insbesondere reservierte Wörter, Literale und Begrenzer. Begrenzer bestehen aus einem oder zwei Sonderzeichen. Nicht jedes Sonderzeichen ist ein Begrenzer. So taucht der Doppelapostroph oder das Nummernzeichen nur stets innerhalb einer lexikalischen Einheit auf. Auch die Sonderzeichen, die Begrenzer darstellen können, sind nicht stets Begrenzer. So ist der Punkt manchmal ein Begrenzer, manchmal aber auch nur ein Bestandteil eines Begrenzers, z.B. in .. . Zwischen lexikalischen Einheiten müssen nicht stets Trennzeichen stehen. In einigen Fällen ist dies jedoch nötig, da die entsprechende Zeichenfolge sonst als eine lexikalische Einheit aufgefaßt würde. Trennzeichen sind der Zwischenraum (Blank) und die Formatsteuerzeichen. Wir erinnern uns, daß anstelle eines Trennzeichens auch eine Folge von Trennzeichen stehen kann.

Im folgenden Teil des Buches befinden wir uns stets **oberhalb von lexikalischen Einheiten:** Wir betrachten nur noch die Zusammensetzung lexikalischer Einheiten zu größeren syntaktischen Einheiten. Die Internstruktur von lexikalischen Einheiten interessiert uns ab jetzt nicht mehr.

2.3 QUELLPROGRAMM-NOTATION, PRAGMAS

Ein Ada-Programm ist eine Folge lexikalischer Einheiten, die gewöhnlich durch Zwischenraum bzw. Zeilenübergang voneinander getrennt sind. Innerhalb von lexikalischen Einheiten tritt also kein Zwischenraum auf, es sei denn es handelt sich um das Zeichenliteral Blank oder um ein Zeichenkettenliteral oder um Kommentar (s.u.). Auch ein Formatsteuerzeichen oder eine Folge solcher Formatsteuerzeichen, die einen Zeilenübergang bewirken, treten nicht innerhalb lexikalischer Einheiten auf, oder anders ausgedrückt, eine lexikalische Einheit ist stets vollständig in einer Zeile enthalten. Trennzeichen sind in einigen Situationen vorgeschrieben. Wir wollen in Zweifelsfällen stets Zwischenräume bzw. Zeilenübergänge zwischen lexikalische Einheiten setzen.

Die **Aufteilung** des **Quellprogrammtextes** auf Zeilen bzw. die Anzahl der Zwischenräume zwischen lexikalischen Einheiten ist zwar für die Semantik des Programms belanglos, nicht jedoch für die **Lesbarkeit von Ada-Programmen**, mit der wir uns in diesem Abschnitt beschäftigen wollen. Die Lesbarkeit ist ein Aspekt der Pragmatik von Ada.

Die Aufteilung lexikalischer Einheiten auf Zeilen und das Schreiben derselben in bestimmte Spalten ist enorm wichtig für die Lesbarkeit des Programms. Bestimmte Sprachelemente von Ada haben **Klammerstruktur**, andere **Kammstruktur**. So besteht ein Block ohne Deklarationen aus dem Wortsymbol **begin**, entspricht Klammer auf, einem Zwischenteil und einem Wortsymbol **end** , entspricht Klammer zu. Eine bedingte Anweisung besteht aus einem Wortsymbol **if** , einer Endekennung **end if** und verschiedenen gleichrangigen Alternativen, gekennzeichnet durch die Wortsymbole **else if** bzw. **else** . Diese Kammstruktur findet sich einerseits wieder in der Syntax, z.B. durch einleitende Wortsymbole an den entsprechenden Stellen, und sie sollte sich auch in der **textuellen Anordnung** durch entsprechendes spaltengerechtes Ausrichten und Einrücken wiederfinden (vgl. Fig. 2-7). Ada ist wohl die erste Sprache, bei deren Sprachdefinition dieser Zusammenhang entsprechend beachtet wurde. Natürlich ist daran gedacht, daß eine APSE (vgl. Abschnitt 1.6) mit einem Prettyprinter durch Einrücken, Fettdruck, Kursivschrift etc. diese textuelle Verschönerung automatisch vornimmt. In Fig. 2-7 ist die empfohlene textuelle Struktur für eine bedingte Anweisung angegeben. Man beachte, daß auch in den EBNF-Regeln, die ein Sprachelement definieren, die entsprechende textuelle Anordnung bereits verwandt wird.

```
if A=1 then                 if_statement  ::=  if condition then
    A := A+1;                                      sequence_of_statements
elsif A=2 then                                 {elsif condition then
    A := A-1;                                      sequence_of_statements}
elsif A=3 then                                 [else
    A := 4;                                        sequence_of_statements]
else A := 0;                                    end if;
end if;
```

Fig. 2-7:   Einrücken im Programmtext bzw. in EBNFs,
Sprachelemente mit Kammstruktur

Das Einstreuen von **Kommentaren** in den Programmtext ist eine der besten Möglichkeiten, Lesbarkeit des Quellprogramms zu erzielen. Das ist eine mühselige

Aufgabe, der Programmierer sich leider allzu oft entziehen. Wie die textuelle Gestaltung des Programmtextes von oben, so hat auch das Einfügen von Kommentaren keinerlei Auswirkung auf die Semantik des Ada-Programms: Kommentare werden in der (ersten Phase der) Übersetzung als solche erkannt und einfach überlesen.

Es ist nicht der Sinn eines Kommentars, für das Verstehen des Programms überflüssige Details festzuhalten oder ohnehin Selbstverständliches zu wiederholen. Ein sinnvoller Kommentar ist etwa, die Idee der Lösung festzuhalten. Kommentare können von dreierlei Art sein: Sie können einerseits einem Programmabschnitt vorangehen oder diesem nachfolgen, oder sie können programmzeilenbegleitend sein. Letztlich kann man durch Kommentare die Klammerstruktur eines Programmteils optisch sehr schön hervorheben. Wir machen in diesem Buch von dieser Möglichkeit sehr reichhaltig Gebrauch. Um einen Eindruck hiervon zu bekommen, vergleichen Sie etwa Fig. 5-11.

Kommentare beginnen mit einem doppelten Minuszeichen, das wir im folgenden Doppelstrich nennen, und sie werden durch den Übergang zu einer neuen Zeile abgeschlossen. Kommentare können somit nicht innerhalb von lexikalischen Einheiten auftreten. Der Doppelstrich ist keine lexikalische Einheit, da er nur innerhalb von Kommentaren auftritt.

```
end;    -- Die Analyse einer Quelltextzeile ist beendet

-- Ein langer Kommentar kann auf mehrere

-- Zeilen verteilt werden.

J := J+1;    -- J wird um 1 erhoeht

------------------ wrdpfrmft ist ein zulaessiger aber

                 -- unsinniger Kommentar

- - Dies ist kein zulaessiger Kommentar: Zwischenraum im Doppelstrich
```

Fig. 2-8: Kommentare: sinnvolle/unsinnige/inkorrekte Beispiele

Ein weiterer wichtiger Punkt zur Lesbarkeitssteigerung, neben dem Einrücken sowie dem Einstreuen von Kommentaren, ist das **Verwenden sinnvoller Bezeichner.** Hier herrscht ja beliebige Freiheit vor, lediglich die reservierten Wörter dürfen nicht verwendet werden. Letzteres ist gesichert, wenn man deutsche Bezeichner wählt. Leider wird die Wahl sinnvoller Bezeichner für die Lesbarkeit eines Programms i.a. bei weitem unterschätzt. Auch hier gilt wieder, daß die Bezeichnerwahl keine Auswirkung auf die Semantik hat, sehr wohl aber auf die Lesbarkeit und damit Wartbarkeit von Programmen.

Mit Hilfe sogenannter **Pragmas** können dem Compiler Hinweise gegeben werden, die im allgemeinen an der Semantik des Programms nichts ändern. Sie betreffen Gesichtspunkte der Pragmatik der Sprache, deswegen der Name Pragma. Pragmas treten gewöhnlich vor einer Programmeinheit auf oder dort, wo eine Deklaration bzw. Anweisung stehen darf. Ein Pragma kann vordefiniert sein (Anhang II listet alle solchen auf), oder es kann abhängig von der Sprachimplementation sein.

```
pragma   ::=  pragma identifier [(argument_association {,argument_association})];
argument_association   ::=  [argument_identifier =>] name |

                           [argument_identifier =>] expression
```

```
pragma LIST(OFF);                        -- Abschalten der Druckerausgabe f. Quellpr.
pragma INLINE(MAKR1, MAKR2);             -- Einkopieren des Rumpfs fuer MAKR1,MAKR2
pragma OPTIMIZE(TIME);                    -- Verwendung eines laufzeitopt. Compilers
pragma OPTIMIZE(SPACE);                   -- Verwendung eines speicherplatzopt. Comp.
pragma SUPPRESS(RANGE_CHECK,ON =>INDEX);    -- in der folgenden Programmeinheit
                                         -- findet zur Laufzeit keine Bereichsueber-
                                         -- pruefung fuer den Typ INDEX statt.
```

Fig. 2-9: Pragmas: Syntax, Beispiele

AUFGABEN ZU KAP. 2

1) Korrektheitsüberlegung für ein Programmsystem (nach Dijkstra): "Wenn die Wahrscheinlichkeit p ist, daß eine einzelne Komponente korrekt ist, dann ist die Wahrscheinlichkeit für die Korrektheit eines Programms, das aus N Komponenten besteht, größenordnungsmäßig $P = p^N$. Wenn N sehr groß ist, so muß p fast 1 sein, wenn P überhaupt wesentlich von 0 differieren soll."
Wie ist die Wahrscheinlichkeit der Korrektheit eines Systems für p = 0,99 und N = 10, für p = 0,9 und N = 10 und schließlich für p = 0,99 bzw. p = 0,9 und N = 100?
Warum ist die oben angegebene Formel viel zu optimistisch? Was bleibt völlig unberücksichtigt?

2) Zeigen Sie, daß die EBNFs sich auf BNFs zurückführen lassen, in welchen weder von der Wiederholung noch von der Option Gebrauch gemacht wird. Wie würde eine begrenzte Wiederholung $\{symbol\}_0^n$ (0- bis n-malige Wiederholung von symbol) auf die BNF-Notation zurückzuführen sein?

3) Streichen Sie in den folgenden Beispielen die inkorrekten Bezeichner durch:

H2S04   Buchnr.   O'Brian   alphabetisch $326   I27$50
Seitenzähler   STOCKWERK_1-5

4) Welche der folgenden Zahlenliterale sind zulässig?

1._23   150_743.23   78_.99   1.2_E-3   1.2e-3   1_E_6   2#1111

8_#_377#   16#F.FF#E-2   8#792.5   10#1#   1.527,30

5) Welche der folgenden Zeichen- bzw. Zeichenkettenliterale sind syntaktisch richtig?

''''   "Das Zeichen " kommt im Text vor."   'ABC'   "0 weh"   """Zitat"""

Ist das folgende ein Zeichenkettenliteral? Ist es syntaktisch richtig?

"O " & ASCII.LC_W & ASCII.LC_E & ASCII.LC_H

6) Geben Sie ein EBNF-Regelsystem bzw. ein System von Syntaxdiagrammen an, das alle Einkaufslisten mit folgendem Aufbau erzeugt. Hierfür darf angenommen werden, daß es nur eine beschränkte Anzahl verschiedener Lebensmittel gibt. Die Aufteilung des Textes auf Zeilen und innerhalb von Zeilen soll keine Rolle spielen.

```
  2    kg   Kartoffeln       1,23 DM
100     g   Kaviar          14,48 DM
  7         Zitronen         2,10 DM
  2    Fl   Bier             1,56 DM
```

7) In einem Zahlenliteral mit Basis B dürfen (außer in der Angabe der Basis oder des Exponenten) nur die Ziffern 0, ..., B-1 auftreten. Dieser Sachverhalt ist kontextfrei, d.h. durch EBNFs oder Syntaxdiagramme beschreibbar. Dies wurde in der Syntax von Ada nicht getan. Warum?

8) Was ist der Unterschied zwischen Trennzeichen und Begrenzern, Sonderzeichen und Begrenzern?

3 OBJEKTE FÜR DAS PROGRAMMIEREN IM KLEINEN

Dieses Kapitel beschreibt die Objekte, die für das Programmieren im Kleinen, d.h. für die Implementierung einzelner Moduln benötigt werden. Das sind neben der Zuweisung die mittlerweile schon klassischen **Strukturen für die Ablaufkontrolle** (Kontrollstrukturen), nämlich Anweisungsfolge, bedingte Anweisung (if), Auswahlanweisung (case), Schleifen (for, while), Sprunganweisung und Unterprogrammaufruf. Ferner werden die **Deklarationen von Unterprogrammen** besprochen. In dieser Hinsicht sind neuere Programmiersprachen der Algol-/Pascal-Familie sehr ähnlich. Sie unterscheiden sich höchstens durch die konkrete Syntax, d.h. in der Ausformulierung dieser strukturell und inhaltlich ähnlichen Sachverhalte. Die einzige Abweichung von diesem "Standard" bildet die Ausnahmebehandlung, die in Abschnitt 3.9 erläutert wird. Wir besprechen in diesem Kapitel alle Anweisungen, die Ada für die **sequentielle** Ablaufkontrolle zur Verfügung stellt. Der nebenläufigen Programmierung widmen wir ein eigenes Kapitel.

Die Behandlung von **Datenstrukturen** wird hier allerdings nur **beispielhaft** in Abschnitt 3.1 angesprochen; die detaillierte und zusammenfassende Erläuterung folgt im nächsten Kapitel. Zum Verständnis der folgenden Beispiele ist deshalb eine gewisse Kenntnis von Datentypen und Datenobjekten nötig, wie sie, wenn auch manchmal nur in rudimentärer Form, in jeder Programmiersprache vorkommen. Der Leser möge hier weiterlesen, auch wenn ihm vorläufig einiges unklar und unvollständig vorkommen sollte.

Der Titel dieses Kapitels ist insofern mißverständlich, als natürlich auch die im nächsten Kapitel behandelten Datenstrukturen zum Programmieren im Kleinen zählen. Sie werden in diesem Kapitel bereits angesprochen, aber erst im nächsten Kapitel detailliert behandelt. Dieses Kapitel und ein Teil des nächsten stellen damit den **Pascal-Teil** der Sprache Ada vor.

Würden wir dem in der Einleitung angefangenen Weg der **bottom-up-Erläuterung** weiter folgen, so müßten jetzt die Deklarationen von Datenobjekten und Typen dargestellt werden, darauf ihre Verwendung in Ausdrücken, dann deren Verwendung in Anweisungen und schließlich die Erläuterung zusammengesetzter Anweisungen, Unterprogramme, Moduln usw. Dies ist der Weg, den der Sprachreport einschlägt. Wenn wir so vorgingen, so würde dies bedeuten, daß der Leser eine **lange Durststrecke** überwinden müßte, bis er zum Sinn und Zweck der Deklarationen, nämlich deren Verwendung in Ausdrücken und Wertzuweisung, vorgedrungen wäre. Erst dann könnte das erste kleine Ada-Programm geschrieben werden.

In heutigen Programmiersprachen der Art von Ada sind die Hilfsmittel der Datenstrukturierung weitaus komplizierter als die der Ablaufkontrolle, bei deren Erläuterung, wie oben festgestellt, mittlerweile auf Standardkenntnisse zurückgegriffen werden kann. Wir fahren deshalb hier mit dem **Einfacheren** fort, nämlich der Ablaufkontrolle, um erst im nächsten Schritt zum **Schwierigeren** , nämlich der Datenstrukturierung, zu kommen. Das erfordert allerdings die Verwendung von Datenstrukturen, die zumindest ungefähr klar sind. In diesem Kapitel gehen wir somit top-down vor.

Noch einige Vorbemerkungen:
Eine Programmeinheit besteht üblicherweise aus einem Deklarationsteil, der Daten (und Unterprogramme) beschreibt, und einem Anweisungsteil, der eine Berechnung beschreibt. Wir führen folgende Sprechweise ein: Eine **Deklaration** wird **abgearbeitet** , eine **Anweisung** wird **ausgeführt** und die darin enthaltenen **Ausdrücke** werden **ausgewertet.**
Ada ist eine streng typisierte Sprache, d.h. beispielsweise, daß jeder eingeführte

Bezeichner für eine Datenstruktur einen *Typ* haben muß. Ein Typ legt den erlaubten Wertebereich und die erlaubten Operationen fest. Die Aussage, daß ein Objekt von einem Typ ist, bedeutet also, daß festliegt, welche Werte dieses Objekt je haben darf und welche Operationen auf diesem Objekt erlaubt sind. Darüber hinaus kann jedes Objekt eines Typs mit *Einschränkungen* (engl. constraints) versehen werden, deren Verletzung zur Laufzeit vom Programmiersystem gemeldet werden muß. Es wird dann ein "Fehler" namens CONSTRAINT_ERROR aktiviert. Eine Reaktion auf diesen "Fehler" kann der Programmierer bei der Programmerstellung vorsehen.

Für die Kontrollstrukturen dieses Abschnitts werden ihre zugehörigen *Struktogramme* (Nassi-Shneiderman-Diagramme) eingeführt, die sich in der Praxis für das Programmieren im Kleinen großer Beliebtheit erfreuen. Aus guten Gründen haben wir auf die Einführung von Flußdiagrammen verzichtet (vgl. Abschnitt 3.5).

3.1 EINFACHE OBJEKT- UND TYPDEKLARATIONEN

Wir führen im folgenden einige Beispiele für Deklarationen ein. Wie gesagt, nehmen wir dabei an, daß der Leser das meiste aus der ihm vertrauten Programmiersprache bereits kennt. Zielsetzung ist, nur so viel Vorstellung von Deklarationen zu vermitteln, als in den weiteren Abschnitten dieses Kapitels gebraucht wird.

Beginnen wir mit (Daten-)*Objektdeklarationen* , das sind Deklarationen, die bei ihrer Abarbeitung zu Platzreservierungen im Datenspeicher der Ada-Maschine führen. Die folgenden Beispieldeklarationen verwenden die in der Sprache *vordefinierten Typen* (Basisdatentypen) INTEGER für einen auf der Basismaschine darstellbaren Abschnitt der ganzen Zahlen, BOOLEAN für die beiden Wahrheitswerte TRUE und FALSE , CHARACTER für die bereits bekannten ASCII-Zeichen, sowie FLOAT für einen vordefinierten Typ reeller Zahlen mit bestimmter Genauigkeit.

```
ZAEHLER, DISTANZ: INTEGER;        HAEUFIGKEIT: INTEGER:= 0;

SCHALTER: BOOLEAN;                ABBRUCH: BOOLEAN:= FALSE;

EINZELZEICHEN: CHARACTER;         ZOLL: FLOAT range 0.0..100.0:= 2.54;

SUMME: FLOAT range 1.0..1000.0;   QUADRATZOLL: FLOAT:= ZOLL*ZOLL;
```

Objektdeklarationen
mit Basistypen

initialisierte Objekt-
deklarationen

Beispiele 3-1: einfache Objektdeklarationen

Zusätzlich zu der Typangabe kann eine Objektdeklaration eine *Bereichseinschränkung* enthalten, wie bei SUMME oder ZOLL in Beisp. 3-1. Dies legt fest, daß der Wert des Typs FLOAT niemals außerhalb des Intervalls [1.0,1000.0] bzw. [0.0,100.0] liegen darf. Es ist klar, daß selten zur Compilezeit überprüft werden kann, ob ein Programm diese Festlegung nicht verletzt, da Veränderungen ja i.a. mit laufzeitabhängigen Werten erfolgen. Liegt der Wert zur Laufzeit außerhalb des festgelegten Intervalls, so wird dies durch den vordefinierten "Fehler" CONSTRAINT_ERROR angezeigt. Wir werden später (in Abschnitt 3.9) sehen, wie auf solche "Fehler" reagiert werden kann.

Bereits in der Deklaration eines Datenobjekts kann eine *Initialisierung* stattfinden, d.h. ein Anfangswert zugewiesen werden. Initialisierte Objekte dürfen danach zur Initialisierung innerhalb der Deklaration anderer Objekte verwendet werden, wie das obige Beispiel für das Objekt QUADRATZOLL zeigt. Allerdings muß dann aber die Deklaration und Initialisierung textuell vor ihrer Verwendung in einer anderen Deklaration stehen. So führt eine Vertauschung von ZOLL und QUADRATZOLL in obigem Beispiel zu einem falschen Programm. Wie bei Wertzuweisungen erfolgt auch bei der Initialisierung ein "Erwecken" des "Fehlers" CONSTRAINT_ERROR , falls der Wert der Initialisierung die Einschränkungen des gerade deklarierten Objekts nicht erfüllt. Das wäre etwa der Fall, wenn die Initialisierung von ZOLL mit dem Wert 110.0 erfolgen würde.

Neben der Deklaration von *Variablen,* d.h. von Objekten, denen in einem Programm beliebig oft ein neuer Wert zugewiesen werden darf, kennt Ada auch die Deklaration von *Konstanten.* Diese müssen in der Deklaration initialisiert werden und dürfen nicht auf der linken Seite einer Wertzuweisung erscheinen bzw. anderweitig verändert werden. Bei Konstanten in Ada handelt es sich aber nicht unbedingt um Objekte, deren Wert bereits zur Compilezeit bestimmbar sein muß, wie dies bei allen in Beispiele 3-2 angeführten Konstantendeklarationen mit Ausnahme der letzten der Fall ist. Konstante sind lediglich innerhalb des Bereichs, in dem die Deklaration gilt, nach Abarbeitung der Deklaration unveränderlich. Im letzten der folgenden Beispiele hängt der Wert der Konstanten von den Werten der beiden Variablen INTERV_ANFG und INTERV_ENDE ab, die zur Compilezeit nicht festgelegt sein müssen. Die Verwendung von Konstanten anstelle von Literalen bewirkt leichtere Lesbarkeit und vor allem aber Änderbarkeit von Programmen und bietet damit letztlich auch größere Bequemlichkeit für den Programmierer.

```
LIMIT: constant INTEGER := 1000;

PI: constant FLOAT := 3.14159;

PIQUADRAT: constant FLOAT := PI*PI;    -- klarer als z.B. 9.86959
                                       -- oder 3.14159*3.14159

SKALIERUNG: constant FLOAT := SK_FAKTOR(INTERV_ANFG, INTERV_ENDE);
```

Beispiele 3-2: Konstantendeklarationen

Neben den einfachen Objekten gibt es in Ada natürlich auch *zusammengesetzte* Objekte. Wir lernen in 3-3 einige Beispiele für *Felder* (Reihungen) bzw. *Verbunde* (Strukturen, Records) kennen. So ist BITMUSTER ein zweidimensionales Feld (d.h. eine Matrix) mit Booleschen Komponenten und ZEILE ein eindimensionales Feld von Komponenten des Typs CHARACTER .

Neben der Möglichkeit, den Aufbau eines zusammengesetzten Objekts in der Objektdeklaration direkt hineinzuschreiben, die in Ada nur für Felder existiert, kann man diese Angaben auch in eine eigene Deklaration stecken. Solche Deklarationen heißen *Typdeklarationen.* Sie führen nicht zur Reservierung von Speicherplatz im Datenspeicher der Ada-Maschine. Sie sind lediglich Schablonen, die die Struktur von Objekten festlegen. Mit Hilfe der Typdeklarationen für BITMATRIX und ZEILENART und der anschließenden Objektdeklarationen unter Verwendung der Typbezeichner wird der gleiche Effekt erzielt, wie durch die beiden ersten Objektdeklarationen. In diesen ist eine Typdeklaration nur implizit enthalten, d.h. es steht nur eine Strukturierungsangabe, aber es wird kein Bezeichner hierfür eingeführt. Diese Strukturierungsangabe, die also sowohl innerhalb von Typdeklarationen als auch innerhalb von Objektdeklarationen (von Feldern) direkt auftreten kann, nennt man in Ada eine **Typdefinition.** Die Gründe für die Trennung der Typdefinition von der Objektdeklaration durch Einführung einer Typdeklaration sind wieder Änderbarkeit, Bequemlichkeit und Lesbarkeit, insbesondere dann, wenn zu einem neu eingeführten Typ mehrere Objekte deklariert werden. In Ada wird diese Trennung, außer bei Feldern, immer erzwungen.

Zeile 6 von Beispiele 3-3 enthält ferner eine Initialisierung für ein Feld. Auf der rechten Seite des Zuweisungszeichens steht ein sogenanntes **Aggregat**, d.h. ein zusammengesetztes konstantes Objekt, das so viele Komponenten wie das Feld haben muß. In diesem Fall werden die ersten zehn Komponenten mit dem Zeichen F initialisiert und der Rest mit Blanks aufgefüllt. Vor diesem Aggregat steht eine sogenannte **Typqualifikation,** d.h. eine Angabe, die festlegt, daß das nachfolgende Aggregat von dem hier erforderlichen Typ   ZEILENART   ist.

Schließlich enthalten die Zeilen 7 und 8 von Beispiele 3-3 jeweils die Deklaration eines sogenannten **Aufzählungstyps,** d.h. es wird hier festgelegt, daß alle Objekte des Typs   EIN_TAG   nur die Werte   MO   bis   SO   annehmen können, alle die des Typs   EIN_MONAT   die Werte   JAN   bis   DEZ .

DATUM   von Beispiele 3-3 ist schließlich ein Verbundtyp, d.h. ein zusammengesetzter Typ mit benannten Komponenten allgemein unterschiedlichen Typs, und   GEB_TAG_STEFFI   eine Konstante dieses Typs, die deshalb in der Deklaration initialisiert werden muß. Innerhalb der Typdeklaration von   DATUM   tritt in der Komponente   TAG   hinter der Typangabe   INTEGER   wieder eine Bereichseinschränkung auf. Diese besagt, daß der ganzzahlige Wert einer Komponente   TAG   nur die Werte von 1 bis 31 annehmen darf.

```
(1)   BITMUSTER: array (1..3,1..4) of BOOLEAN;

(2)   ZEILE: array (1..MAX_ZEILENLAENGE) of CHARACTER;


(3)   type BITMATRIX is array (1..3,1..4) of BOOLEAN;

(4)   BITMUSTER: BITMATRIX;              -- Zeile 3+4 aequivalent zu 1

(5)   type ZEILENART is array (1..MAX_ZEILENLAENGE) of CHARACTER;

(6)   ZEILE: ZEILENART := ZEILENART'(1..10 => 'F', others => ' ');

                               -- Aggregat in der Initialisierung


(7)   type EIN_TAG is (MO, DI, MI, DN, FR, SA, SO);

(8)   type EIN_MONAT is (JAN, FEB, MAR, APR, MAI, JUN, JUL, AUG, SEP, OKT, NOV, DEZ)


(9)   type DATUM is record
                TAG: INTEGER range 1..31;
                MONAT: EIN_MONAT;
                JAHR: INTEGER range 0..99;
            end record;


(10)  GEB_TAG_STEFFI: constant DATUM := (17, AUG, 77);
```

Beispiele 3-3:   Einzelne Typ- und Objektdeklarationen für zusammen-
                    gesetzte Objekte

Fassen wir die **Syntax** einer **Objektdeklaration** zusammen (vgl. Fig. 3-4): Die Bezeichnerliste (nichtterminales Symbol `identifier_list`) enthält wenigstens einen Bezeichner. Die hier eingeführten Bezeichner benennen die durch die Deklaration einzuführenden Objekte. Falls das optionale Wortsymbol `constant` folgt, - es handelt sich dann um eine Konstante - muß eine Initialisierung erfolgen, im anderen Falle kann sie folgen.

Natürlich muß der Ausdruck einer Initialisierung "verträglich" mit dem vorher angegebenen Typ sein. Wir werden erst später sehen, was dies genau heißt. Wofür die beiden nichtterminalen Symbole `subtype_indication` und `constrained_array_definition` im einzelnen stehen, werden wir erst im nächsten Kapitel klären. Es sei aber noch einmal wiederholt, daß lediglich bei Feldern eine Typdefinition in der Objektdeklaration enthalten sein darf. Bei allen anderen Typen muß auf einen Typbezeichner Bezug genommen werden, der, wenn er nicht ein Standardtyp ist, in einer Typdeklaration eingeführt worden sein muß.

```
object_declaration ::=

        identifier_list : [constant] subtype_indication [:= expression] ;

      | identifier_list : [constant] constrained_array_definition [:=expression]


identifier_list ::= identifier {,identifier}
```

Fig. 3-4: Datenobjektdeklaration: Syntax

Wie gesagt, ist Ada eine **streng typisierte Sprache** (strongly typed language), d.h. insbesondere, daß jeder vom Programmierer eingeführte Bezeichner explizit deklariert, d.h. erklärt werden muß. (Ausnahmen hiervon sind lediglich Bezeichner für Marken, Schleifen, Zählvariable und Blöcke, die wir allesamt noch in diesem Kapitel kennenlernen werden.) Jedem eingeführten Objektbezeichner wird in der Deklaration ein Typ (eine Art) zugeordnet. Ein Typ ist charakterisiert durch seinen **Wertebereich** und die (oft nur implizite) Angabe der **Operationen,** die auf diesem Typ erklärt sind. So gibt die Typdeklaration von Zeile 7 oder 8 von Beispiele 3-3 explizit die möglichen Werte an, die Objekte vom Typ `EIN_TAG` bzw. `EIN_MONAT` annehmen können, und auch implizit die Operationen, nämlich die für Aufzählungstypen erlaubten, die wir später kennenlernen werden. Diese strenge Typisierung führt dazu, daß eine Reihe von Konsistenzprüfungen bereits zur Compilezeit gemacht werden können, was Programme sehr viel zuverlässiger macht.

Wir unterscheiden verschiedene Klassen von Typen: **skalare** Typen, deren Werte nicht weiter strukturiert sind, und **zusammengesetzte** oder **strukturierte** Typen (composite types). Letztere werden noch weiter unterteilt in **Feldtypen** (Reihungstypen, engl. array types), **Verbundtypen** (Strukturtypen, engl. record types) und weitere noch anzugebende Typklassen. Welche Mechanismen in Ada zur Konstruktion neuer Typen zur Verfügung stehen, geben wir im nächsten Kapitel im einzelnen an.

Wie bereits angemerkt, müssen alle Bezeichner in Ada erklärt sein. Dies bedeutet aber nicht, daß die zugehörige Erklärung stets in der Programmeinheit stehen muß, die einen Bezeichner verwendet. So gibt es Bezeichner, die im **Sprachstandard** festgelegt sind, wie die Basistypbezeichnungen `INTEGER` , `BOOLEAN` oder das Boolesche Literal `TRUE` . Diese können zwar prinzipiell auch anderweitig verwendet werden, kein vernünftiger Programmierer wird dies jedoch tun. Ferner gibt es Bezeichner, die zwar nicht vom Sprachstandard her, aber von einer bestimmten **Sprachimplementation her** *vorgegeben* sind, weil sie in anderen dort festgelegten Programmeinheiten definiert sind. Hierzu gehören etwa die Bezeichner von bestimmten spezifischen Ein-/Ausgaberoutinen oder mathematischen Routinen, die etwa in einer öffentlichen Bibliothek allen Benutzern der Sprachimplementation zugänglich sind. Eine weitere Kategorie bilden Bezeichner, die einem Modul eines bestimmten Programmsystems von einem **anderen Modul dieses Programmsystems** zur Verfügung gestellt werden, und auf die dann auch zugegriffen werden darf. Des weiteren gibt es die **vom Programmierer eines Moduls** selbst eingeführten Bezeichner, die für die Implementation seines Moduls benötigt werden. Schließlich können wir Wortsymbole, die ja bei der Programmeingabe wie normale Bezeichner geschrieben werden, als **in die Sprache fest eingebaute** Bezeichner auffassen, die nicht anderweitig verwendet werden dürfen.

3.2 AUSDRÜCKE, WERTZUWEISUNGEN UND ANWEISUNGSFOLGEN

Ausdrücke dienen dazu, Werte auszurechnen. Sie bestehen aus Operanden, Operatoren und sonstigen Begrenzern. Die Operanden sind ihrerseits aus den lexikalischen Einheiten Literale, Bezeichner, Operatoren und Begrenzer zusammengesetzt. So besteht eine Feldkomponente - präziser ein Komponentenzugriff - F(J+1) aus dem Feldbezeichner F, den Begrenzern (,) und einem dazwischenliegenden Ausdruck. Die genaue Betrachtung der Ausdrücke erfolgt im nächsten Kapitel. Wir begnügen uns hier zunächst mit der Angabe einiger Beispiele arithmetischer Ausdrücke (vgl. Beispiele 3-5). Man beachte, daß hier in Ada sowohl bei Funktionsaufrufen als auch bei Feldzugriffen runde Klammern stehen. Das mag den Leser erstaunen, der hauptsächlich ALGOL-ähnliche Sprachen kennt. Schließlich sei bereits einmal hier darauf hingewiesen, daß Operatoren einen bestimmten Typ von Operanden verlangen, daß also z.B. bei zweistelligen Operatoren beide Operanden vom passenden Typ sein müssen. So ist beispielsweise I+3.14 ein unzulässiger Ausdruck, wenn I als ganzzahlig vereinbart wurde, da die ganzzahlige Addition zwei ganzzahlige Operanden verlangt.

```
2 * (I+5)              -- Ausdruck, der Literale, Bezeichner, Operatoren
                       -- und Begrenzer enthaelt
I * J**2               -- Operation ** (Exponentiation) wird zuerst ausge-
                       -- fuehrt, hat also hoehere Prioritaet
A(M, K) * B(K, N)          -- Feldkomponenten in einem Ausdruck
GEWICHT + PERS.GEW          -- Komponente eines Verbundes in Ausdruck
C + FLOAT(I+J)          -- Funktionsaufruf in einem Ausdruck
```

Beispiele 3-5: Arithmetische Ausdrücke

Anweisungen bewirken durch ihre Ausführung Zustandsänderungen der Ada-Maschine. In Ada gibt es eine explizite **leere Anweisung,** gekennzeichnet durch das Wortsymbol **null** . Ihre Ausführung verändert den Zustand der Maschine nur insoweit, als die Programmausführung auf die nächste Anweisung gesetzt wird. Normalerweise verändern Anweisungen aber den Datenspeicher der Ada-Maschine. Das klassische Beispiel hierfür sind die **Wertzuweisungen** oder kürzer Zuweisungen. Sie dienen der Ersetzung des Werts einer Variablen durch den Wert eines Ausdrucks.

Die Form der Wertzuweisung wird beschrieben durch die EBNF von Fig. 3-6. Das Symbol := heißt Zuweisungssymbol. Es trennt die linke Seite der Wertzuweisung von der rechten. Die linke Seite einer Wertzuweisung steht für einen Variablenbezeichner, oder z.B. für die Bezeichnung der Komponente eines Verbunds, der Komponente eines Feldes usw. Das wird in Ada durch den Begriff **Name** zusammengefaßt. Rechts steht ein beliebiger Ausdruck, der jedoch vom selben Typ sein muß wie die linke Seite. Das Ende der Anweisung ist der Begrenzer Semikolon.

Bei der Ausführung von Wertzuweisungen werden zuerst die Ausdrücke ausgewertet. Auch die linke Seite kann Ausdrücke enthalten, z.B. auf Indexposition in einem Feldzugriff. Der Wert der Ausdrücke muß die entsprechenden Einschränkungen erfüllen, ansonsten wird die Ausnahme   CONSTRAINT_ERROR   erweckt und die entsprechende Ausnahmebehandlung angestoßen. (Der Leser verzeihe die holprig klingende Formulierung "Erwecken einer Ausnahme" für "to raise an exception". Diese Formulierung ist nicht nur wortgetreu übersetzt, sie trifft auch den Sachverhalt, wie wir später in Abschnitt 3.9 sehen werden.) Dies ist z.B. bei der ersten Wertzuweisung der folgenden Fig. 3-6 der Fall, wenn K den Wert 11 hat, J aber als ganzzahlig im Bereich 1..10 vereinbart wurde. Auch bei Ausdrücken auf Indexposition von Feldern kann eine Ausnahme auftreten, nämlich wenn der Wert außerhalb der entsprechenden Grenzen des Feldes liegt.

```
assignment_statement ::= variable_name := expression;
```

```
J := K;                   -- nach Ausfuehrung hat J den selben Wert wie K, wenn
                          -- nicht eine Ausnahmebehandlung angestossen wird
FARBE := BLAU;            -- Farbe sei ein Objekt eines Aufzaehlungstyps,
                          -- der die Werte ROT,WEISS,BLAU annehmen kann
W := KREUZPR(U, V);       -- U, V, W seien Vektoren, KREUZPR eine Funktion
FELD(I*5) := K+J;         -- Zuweisung an eine Feldkomponente
PERS.GEW := 80;           -- Zuweisung an eine Verbundkomponente
```

Fig. 3-6: Wertzuweisungen: EBNF, Beispiele

In den meisten Fällen wird die Ausführung einer einzigen Anweisung nicht genügen, um an einer Stelle des Programms die gewünschte Veränderung im Datenspeicher der Ada-Maschine zu erzielen. Dann kann eine **Anweisungsfolge** verwandt werden, die eine Folge von Zustandsänderungen der Ada-Maschine bewirkt. Solche Anweisungsfolgen werden im allgemeinen in der Reihenfolge ausgeführt, in der sie im Programmtext auftreten, d.h. nach Ausführung einer Anweisung wird zur nächsten übergegangen. Die Fig. 3-7 enthält eine Folge von Wertzuweisungen als Beispiel für eine Anweisungsfolge und die graphische Notation von Anweisungsfolgen in Form eines Struktogramms. Abweichungen der Reihenfolge der Ausführung von der Reihenfolge der Notation bewirken die Sprunganweisungen, die wir in einem der nächsten Abschnitte kennenlernen werden.

```
-- Berechnung der Koordinaten der Randpunkte auf dem Zeichenblatt:

X_ZB_AW := ANFX + SK_FAK(1) * (X(UG) - X_MIN_RUND);

Y_ZB_AW := ANFY + SK_FAK(2) * (Y(UG) - Y_MIN_RUND);

X_ZB_EW := ANFX + SK_FAK(1) * (X_MAX_RUND - X_MIN_RUND);

Y_ZB_EW := ANFY + SK_FAK(2) * (Y_MAX_RUND - Y_MIN_RUND);
```

```
sequence_of_statements ::=

    statement {statement}
```

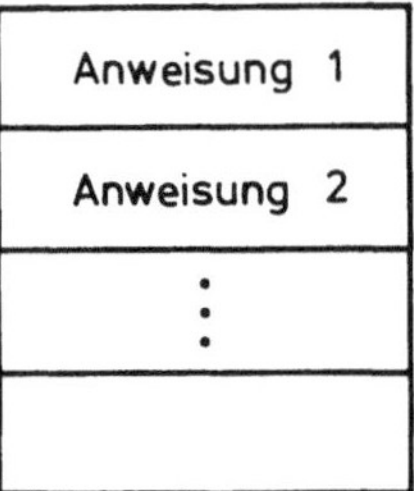

Fig. 3-7: Anweisungsfolge: Beispiel, Struktogramm, Syntax

Anweisungen kann man unterteilen in **einfache Anweisungen** und **zusammengesetzte Anweisungen** (Verbundanweisungen). Einfache Anweisungen enthalten keine anderen Anweisungen und werden normalerweise in eine Zeile des Programmtextes geschrieben. Wertzuweisungen, Unterprogrammaufrufe und die bereits erwähnten Sprunganweisungen sind einfache Anweisungen. Verbundanweisungen hingegen können beliebig lange Anweisungsfolgen enthalten. Beispiele sind die if-, case-, for- und while-Anweisungen, die wir in den beiden nächsten Abschnitten besprechen.

Die meisten neueren Programmiersprachen verfügen über eine Wertzuweisung für ganze Felder oder größere Teile von Feldern (Ausschnitte genannt), die mehrere Komponenten umfassen. Diese **Feldzuweisung** entspricht implizit einer Menge von einzelnen Wertzuweisungen, die aber als einzige Anweisung kompakt notiert werden kann. Sie erfordert eine 1-zu-1-Zuordnung von Komponenten auf der rechten und linken Seite. Ist diese nicht gegeben, so wird wieder die Ausnahme CONSTRAINT_ERROR erweckt. In Beispiele 3-8 sind einige Feldzuweisungen angegeben. Bei Feldzuweisungen sind sogar überlappende Feldabschnitte erlaubt, wie die letzte Anweisung von Beispiele 3-8 zeigt (vgl. hierzu auch Aufgabe 1).

```
-- Sei A, B je ein eindimensionales Feld von Zeichen mit Grenzen 1..31 bzw. 3..33
-- mit geeigneter Initialisierung, C ein eindimensionales ganzzahliges Feld mit
-- Grenzen 1..5 .

A := B;                    -- Anzahl der Komponenten stimmt ueberein: Zuweisung,
                           -- nachher: A(1)=B(3), ... , A(31)=B(33)

C := (1,2,3,4,5);          -- Komponentenzahl des Aggregats stimmt mit der des
                           -- Feldes ueberein: Zuweisung

A(1..9) := "TAR SAUCE";

A(4..12) := A(1..9);       -- nachher:  A(1..12) = "TARTAR SAUCE"
```

Fig. 3-8: Feldzuweisungen

Neben den arithmetischen Ausdrücken gibt es in Ada natürlich auch **Boolesche Ausdrücke** , die zwei Wahrheitswerte annehmen können und die man zur Steuerung des Kontrollflusses braucht. Diese treten oft in Form sogenannter **relationaler Ausdrücke** auf, in denen zwei arithmetische Ausdrücke mit einem Vergleichsoperator verknüpft werden. Auch ihre Form wird detailliert im nächsten Kapitel besprochen.

```
TRUE                    -- Boolesches Literal, ebenso wie FALSE

A or B                  -- Boolescher Ausdruck, A,B seien Boolesche Variable

X < Y                   -- relationaler Ausdruck mit Vergleichsoperator "kleiner"

X+1 >= Z+5              -- relationaler Ausdruck mit Vergleichsop. "groesser gleich"

X-Z > Y and X /= 0     -- Boolescher Ausdruck mit Teilausdruecken,
                        -- Operator /= steht fuer "ungleich"
```

Beispiele 3-9: Boolesche Ausdrücke

3.3 BEDINGTE ANWEISUNGEN, AUSWAHLANWEISUNGEN (IF, CASE)

Die Lösung eines Problems sieht oft so aus, daß in einem Schritt eine Anweisungsfolge nur unter gewissen Umständen ausgeführt wird, oder daß eine Auswahl zwischen zwei oder mehreren Alternativen getroffen werden muß. Die Steuerung erfolgt durch einen logischen Ausdruck (Boolescher Ausdruck, Bedingung). Hierfür ist in fast allen Programmiersprachen die **bedingte Anweisung** vorhanden, die auch **if-Anweisung** genannt wird.

In Fig. 3-10 ist deren Syntax angegeben, sowie eine Darstellung der möglichen Formen, nämlich **einseitig** bedingte Anweisung, **zweiseitig** bedingte Anweisung und **mehrseitig** bedingte Anweisung.

Die Anweisungsfolge hinter dem ersten Wortsymbol **then** nennt man den then-Teil, die hinter dem **else** den else-Teil, die restlichen die elsif-Teile. Somit hat eine zweiseitig bedingte Anweisung keine elsif-Teile, eine einseitig bedingte Anweisung darüber hinaus keinen else-Teil. In Fig. 3-10 sind ferner die Struktogramme für diese Standardfälle angegeben.

```
if_statement ::=                    if condition then           --einseitig
    if condition then                   sequence_of_statements  --bedingte
        sequence_of_statements      end if;                     --Anweisung
    {elsif condition then           ____________
        sequence_of_statements}
    [else                           if condition then           --zweiseitig
        sequence_of_statements]         sequence_of_statements  --bedingte
    end if;                         else                        --Anwei-
                                        sequence_of_statements  --sung
condition ::= Boolean_expression    end if;
                                    ____________
Syntax
                                    if condition₁ then          --mehrseitig
                                        sequence_of_statements₁ --bedingte
                                    elsif condition₂ then        --Anweisung:
                                        sequence_of_statements₂ --bel. viele
                                      .                          --elsif-
                                      .                          --Teile,
                                    else
                                        sequence_of_statementsₙ --else-Teil
                                    end if;                     --kann fehlen
```

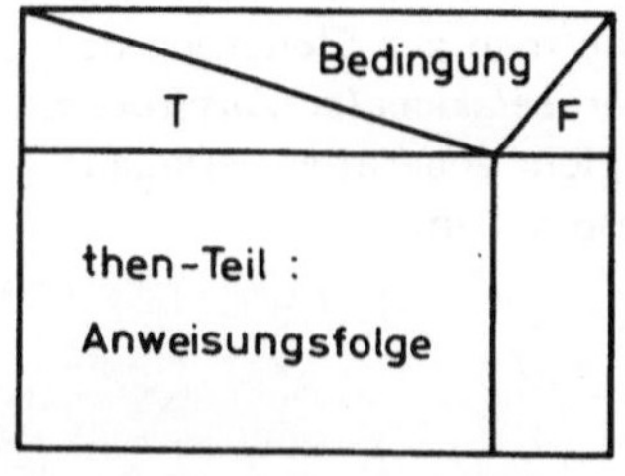

Struktogramm: if-then-Anw.   Formen

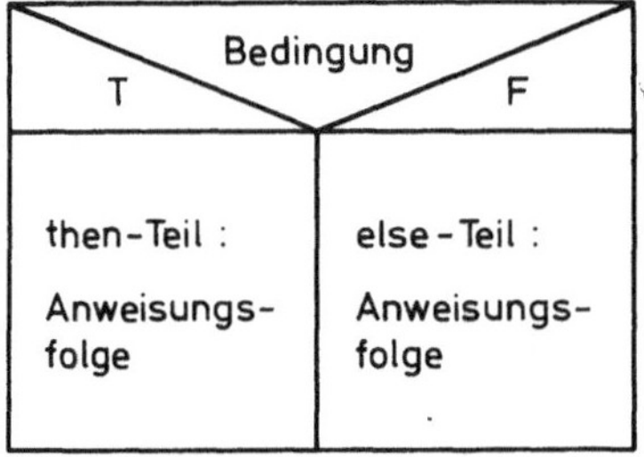

Struktogramm:
if-then-else-Anweisung

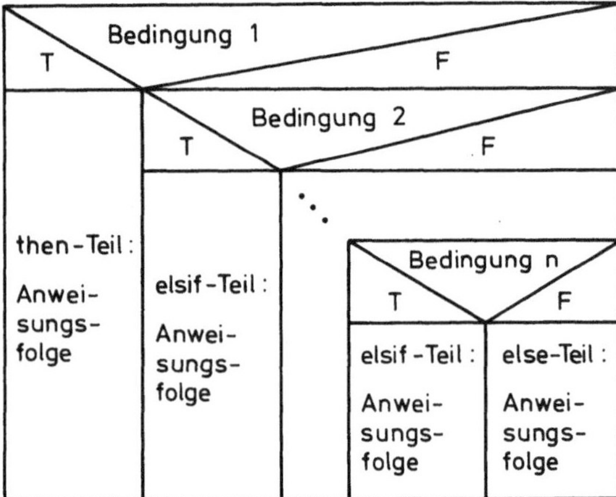

Struktogramm:
allgemeine if-Anweisung

Fig. 3-10: if-Anweisung: Syntax, Standardfälle,
Struktogramme

Bei der einseitig bedingten Anweisung werden zur Laufzeit des Programms, in Abhängigkeit vom Wert der Bedingung, die Anweisungen des then-Teils ausgeführt oder übersprungen. Bei der zweiseitig bedingten Anweisung wird die Anweisungsfolge des then-Teils ausgeführt, wenn die Bedingung zutrifft, ansonsten die des else-Teils. In der mehrseitig bedingten Anweisung schließlich werden nacheinander von oben her die Bedingungen ausgewertet; bei Zutreffen einer Bedingung wird die entsprechende Anweisungsfolge ausgeführt, und die Ausführung der gesamten bedingten Anweisung ist beendet. Dies gilt unabhängig davon, ob eine der folgenden Bedingungen zutreffen würde, wenn sie ausgewertet würde. Der else-Teil wird genau dann ausgeführt, wenn keine der Bedingungen zutrifft. Fehlt er, so geschieht gar nichts.

```
if X < 0 then         -- zweiseitig          if X < 0 then         --dreiseitig bed.
    ABSB := -X;       -- bed. Anwei-             SIGN := -1;       --Anweisung zur
else                  -- sung zur            elsif X = 0 then      --Realisierung
    ABSB := X;        -- Bestimmung              SIGN := 0;        --der Vorzei-
end if;               -- d. Absolutbetr.     else SIGN := 1;       --chenfunktion
                                             end if;
```

Fig. 3-11: Zweiseitig und dreiseitig bedingte Anweisung

Man beachte hier, wie auch im folgenden, daß in Ada jede Anweisung mit Semikolon abgeschlossen wird, weshalb auch vor den Wortsymbolen **elsif**, **else** und **end if** ein Semikolon steht (vgl. hierzu Aufgabe 2).

Zur Erstellung eines Algorithmus ist es oft nötig, einen von mehreren Schritten auszuwählen, wobei alle möglichen Fälle explizit aufgezählt werden können. Die hierzu nötige Kontrollstruktur ist die *Auswahlanweisung* oder *case-Anweisung*. Die Auswahl geschieht über die Auswertung eines Ausdrucks *(Auswahlausdruck)* und Vergleichen des Wertes mit den angegebenen Fällen. Der Ausdruck muß von diskretem Typ sein, d.h. von einem Aufzählungstyp oder von einem ganzzahligen Typ.

Jeder Alternative geht eine *Auswahlliste* voraus (vgl. Figur 3-12). Diese kann aus der Aufzählung von Einzelelementen oder Unterbereichen bestehen, ja, es dürfen hier sogar Ausdrücke auftauchen, sofern diese statisch sind, d.h. zur Übersetzungszeit bereits ausgewertet werden können. Die Verwendung von Ausdrücken dient der Abkürzung und der Verdeutlichung und unterstützt die Änderbarkeit von Programmen. Es ist klar, daß die Auswahllisten und der Auswahlausdruck typverträglich sein müssen. Als letzte, aber nur als letzte Auswahl-Alternative darf wahlweise die others-Alternative stehen, die, wie der else-Teil der if-Anweisung, für die Behandlung der restlichen Fälle gedacht ist. Dies spart unter Umständen eine Menge Schreibarbeit, insoweit als die verbleibenden Fälle nicht explizit angegeben werden müssen.

```
case_statement ::=                    case_statement_alternative ::=
    case expression is                    when choice {|choice} =>
        case_statement_alternative            sequence_of_statements
        {case_statement_alternative}
    end case;

choice ::= simple_expression | discrete_range | others | ...
```

———————————   Syntax

```
1 | 2 | 3 | 4 | 5                     --Angabe einer Folge von Einzelelementen
7..12                                 --Angabe eines Unterbereichs
1..7 | 17 | 91..95                    --Einzelelement und Unterbereiche
INEGER(300.0*0.9*0.97)                --Ausdruck;  besser mit Konstanten
INTEGER(300.0*(1.0-RABATT/100.0)*(1.0-SKONTO/100.0))   -- RABATT und SKONTO
```

Beispiele von Auswahllisten

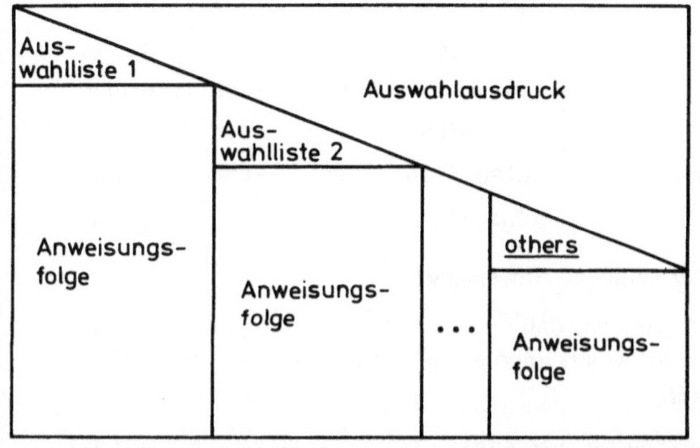

Struktogramm

Fig. 3-12: case-Anweisung: Syntax, Auswahllistenbeispiele,
          Struktogramm

Die Auswahllisten müssen disjunkt sein, d.h. kein Wert darf in mehr als einer Auswahlliste auftauchen. Umgekehrt muß jeder zulässige Wert des Typs des Auswahlausdrucks in einer Auswahlliste auftauchen. Betrachten wir das folgende Beispiel 3-13: Die Variable HEUTE soll die Werte MO , DI , MI , DN , FR , SA , SO annehmen können und sonst keine. Dann muß MO bis SO in den Auswahllisten auftauchen (eventuell implizit durch den others-Fall), keiner der Werte MO bis SO darf jedoch mehr als einmal auftauchen.

```
case HEUTE is
    when MO => ERSTELLE_WOCHENANFANGSBILANZ;
    when DI..DN => ERSTELLE_TAGESBERICHT(HEUTE);
    when FR => ERSTELLE_WOCHENABSCHLUSSBILANZ;
    when others => null;
end case;
```

Fig. 3-13: case-Anweisung

Nach der Auswertung des Auswahlausdrucks wird diejenige Alternative ausgewählt und die entsprechende Anweisungsfolge ausgeführt, in deren Auswahlliste der Wert des Ausdrucks enthalten ist. Da die Auswahllisten jeweils disjunkt sind, andererseits aber alle möglichen Fälle abdecken, wird stets genau eine Alternative ausgeführt, d.h. das Ergebnis der Ausführung der gesamten Auswahlanweisung ist **unabhängig** von der Reihenfolge, in der die Auswahllisten auf Enthaltensein des Werts des Auswahlausdrucks überprüft werden. Dies ist anders als bei der if-Anweisung, wo die Bedingungen von oben nach unten ausgewertet werden. Das Struktogramm für die case- Anweisung in Fig. 3-12 drückt diese Gleichberechtigung der Alternativen aus, ebenso wie das für die allgemeine if-Anweisung (vgl. Fig. 3-10) die sequentielle Ausführung charakterisiert. Beispiel 3-13 enthält eine Auswahlanweisung und dabei auch eine sinnvolle Anwendung der leeren Anweisung.

Auswahl-Anweisungen **sollten** aus Effizienzgründen **nicht** angewandt werden, wenn die Auswahllisten sehr viele Einzelelemente enthalten (vgl. Aufgabe 3). Dort ist ein entsprechender Boolescher Ausdruck auch einfacher hinzuschreiben und zu verstehen. In solchen Fällen verwende man eine bedingte Anweisung anstelle einer Auswahlanweisung. Hingegen **dürfen** case-Anweisungen dort **nicht** angewandt werden, wo die Fallaufteilung erst zur Laufzeit bestimmbar ist, da in den Auswahllisten nur statische Ausdrücke auftreten dürfen. So sind etwa MO..GES_TAG(...) und SUCC(GES_TAG(...))..SO keine zulässigen Auswahllisten, wenn der Wert der Funktion GES_TAG erst zur Laufzeit bestimmt werden kann. Hier muß statt dessen eine bedingte Anweisung verwendet werden. In dem eben angegebenen Beispiel liefere SUCC(T) den auf T folgenden Tag.

3.4 ZÄHLSCHLEIFEN, SCHLEIFEN MIT BEDINGUNGEN (FOR, WHILE)

In den meisten Algorithmen kommt es vor, daß man einen Schritt oder mehrere Schritte wiederholt ausführen muß. Die zugehörige Kontrollstruktur nennt man eine **Schleife** (Wiederholung, Iteration) und den Programmteil, der die zu wiederholenden Schritte beschreibt, den **Schleifenrumpf.** In Fig. 3-14 ist die Syntax von Schleifen in Ada angegeben, die verschiedenen Schleifenformen stehen daneben.

Syntax

```
loop_statement ::=
    [loop_simple_name:]
        [iteration_scheme] loop
            sequence_of_statements
        end loop [loop_simple_name] ;


iteration_scheme ::=
    while condition
  | for loop_parameter_specification

loop_parameter_specification ::=
    identifier in [reverse] discrete_range
```

```
for identifier in discrete_range loop
        sequence_of_statements      --Zaehlschleife
    end loop;                       --aufwaerts


while condition loop                --bedingte
        sequence_of_statements      --Schleife
    end loop;


loop                                --"End-
        sequence_of_statements      --los
    end loop;                       --schleife"
```

Schleifenformen

Zählvorschrift od. Bedingung
Schleifenrumpf : Anweisungs- folge

Struktogramm

for I **in** 1..100

for INDEX **in reverse** 1..N

for HEUTE **in** MO..SO

Laufvorschriften von for-Schleifen

Fig. 3-14: Schleifen: Syntax, Formen, Struktogramm, Laufvorschriften

Betrachten wir zuerst solche Schleifen, bei denen die Anzahl der Schleifendurchläufe bereits festliegt, bevor der Schleifenrumpf das erste Mal ausgeführt wird. Solche Schleifen nennt man **Zählschleifen**, Schleifen mit Zählvorschrift oder einfach for-Schleifen. Sie beginnen mit dem Wortsymbol **for** , gefolgt von einem Bezeichner (für die **Zählvariable**, auch Schleifen- oder Laufparameter genannt), dem Wortsymbol **in** und einer Bereichsangabe. Die Zählvariable wird vom Programmierer nicht deklariert, sie gilt als implizit deklariert. Allerdings ist sie außerhalb der Schleife auch nicht verfügbar und darf im Schleifenrumpf nicht verändert werden. Das Wortsymbol **reverse** vor dem **Laufbereich**, falls vorhanden, gibt an, daß dieser von oben nach unten durchlaufen werden soll. Laufbereiche sind Intervalle der ganzen Zahlen, ja sogar beliebige diskrete Bereiche (vgl. nächstes Kapitel), so daß eine Zählvariable alle Elemente einer beliebigen endlichen (geordneten) Menge durchlaufen kann. Die Anzahl der Durchläufe durch eine Schleife steht im allgemeinen erst zur Laufzeit fest, da in der Angabe des diskreten Bereichs auch Ausdrücke auftreten können. Diese Anzahl steht jedoch fest, bevor erstmals der Schleifenrumpf ausgeführt wird. Schließlich darf eine Schleife auch **benannt** sein. Der entsprechende Bezeichner muß dann sowohl vor als auch hinter der Schleife stehen. Auch er ist implizit deklariert.

Die Ausführung einer Zählschleife beginnt mit der (einmaligen) Auswertung des

Laufbereichs (die implizit deklarierte Laufvariable ist von dem Typ der Elemente des Laufbereichs). Der Laufvariablen wird der Anfangswert zugewiesen. Für den Anfangswert des Laufbereichs wird nun der Schleifenrumpf ausgeführt, die Schleifenvariable wird danach auf den nächsten Wert des Laufbereiches gesetzt, und der Rumpf wird wieder ausgeführt u.s.f., bis schließlich die letzte Ausführung endet, die mit dem Endwert des Laufbereichs ausgeführt wurde. Somit werden der Laufvariablen die Werte des Laufbereichs in aufsteigender Ordnung zugewiesen. Steht vor dem Laufbereich das Wortsymbol **reverse** , so wird für die wiederholte Ausführung des Schleifenrumpfs der Laufbereich von oben nach unten durchlaufen. Für den leeren Laufbereich, z.B. 1..0, wird der Schleifenrumpf natürlich überhaupt nicht durchlaufen.

Nun einige Bemerkungen zu den folgenden Beispielen 3-15: Das erste ist eine benannte Schleife, die anderen beiden nicht. Das zweite Beispiel behandelt den häufig auftretenden Fall, daß die Schleifenvariable als Index eines Feldes dient. Zählschleifen und Felder treten meist zusammen auf. Der gefundene Wert in der Schleife wird einer ganzzahligen Variablen, hier K , zugewiesen. Natürlich läßt sich dieses Programmstück verbessern; wir kommen später darauf zurück. Im letzten Fall wird der Laufbereich von oben nach unten durchlaufen.

```
SUM := 0;                          -- Dieses Programm-
SUMMING_UP:                        -- stueck ermittelt
   for I in 1..N*M loop            -- den Durchschnitts-
      GET(NUMBER);                 -- wert von N*M einzu-
      SUM := SUM+NUMBER;           -- lesenden Zahlen
   end loop SUMMING_UP;            -- (N*M wird erst zur
   AVERAGE := SUM/(N*M);           -- Laufzeit bestimmt).
   ─────────────                   ──────────────

K := 0;
for INDEX in 1..100 loop
   if A(INDEX) = GES_WERT then     -- Nach Beendigung der
      K := INDEX;                  -- Schleife ist K, falls
   end if;                         -- ungleich 0, der groesste
end loop;                          -- Index mit A(K)=GES_WERT
   ─────────                       ──────────────

FAK := 1;
for I in reverse 1..N loop         -- iterative Berechnung
   FAK := I*FAK;                   -- der Fakultaetsfunktion:
end loop;                          -- FAK(N):=N*(N-1)*...*1
```

Beispiele 3-15: Verschiedene Beispiele für Zählschleifen (for-Schleifen)

Die zweite Art von Schleifen sind solche, in denen die Anzahl der Durchläufe **nicht** feststeht, wenn die Ada-Maschine die Ausführung der Schleife beginnt. Ein typisches Beispiel ist das Einlesen und Verarbeiten von Sätzen einer Datei, solange das Dateiende noch nicht erreicht wurde. In den seltensten Fällen weiß man nämlich die Anzahl der zu verarbeitenden Sätze im voraus. Bei solchen Schleifen wird die Schleifenkontrolle mit Hilfe einer Bedingung durchgeführt. Im eben angedeuteten Beispiel ist dies etwa eine Abfrage, ob das Dateiende bereits erreicht wurde. In numerischen Beispielen ist dies oft die Abfrage, ob bei der Berechnung des gewünschten Werts bereits eine bestimmte Genauigkeit erreicht wurde. Solche Schleifen heißen **Schleifen mit Bedingungen** oder **while-Schleifen.** Natürlich enthält die Bedingung einer solchen Schleife Variable, die innerhalb des Schleifenrumpfs auch verändert werden. (Wäre dies nicht der Fall, so wäre die Schleife "leer" oder eine Endlosschleife, von anderen, aber unsinnigen Fällen abgesehen.) Es sei noch einmal darauf hingewiesen, daß eine while-Schleife nur für solche Fälle verwandt werden sollte, wo die Anzahl der Schleifendurchläufe bei Beginn der Schleifenausführung nicht feststeht. Prinzipiell kann natürlich jede Zählschleife als while-Schleife dargestellt werden. Dies ist jedoch einerseits nicht so einsichtig, und zum anderen erzeugt ein Compiler für eine Zählschleife im allgemeinen besseren Code.

Zur Syntax von while-Schleifen ist wenig zu sagen, sie ist durch Fig. 3-14 bereits hinreichend erläutert. Ist die Schleife benannt, so muß der Schleifenname wieder vor und hinter der Schleife stehen.

Die Bedingung wird vor dem Durchlauf durch den Rumpf ausgewertet. Trifft sie zu, so wird der Schleifenrumpf ausgeführt, danach wiederholt sich das Spiel. Bei Nichtzutreffen der Bedingung wird der Schleifenrumpf nicht mehr ausgeführt, und die Ausführung der gesamten Schleife ist beendet. Im Extremfall wird der Rumpf nie ausgeführt, nämlich dann, wenn die Bedingung bereits zu Anfang nicht zutrifft.

Die hier eingeführten while-Schleifen sind von der Art "Solange eine Bedingung gilt, wiederhole...". Manchmal hat man jedoch Probleme der Art "Wiederhole..., bis eine Bedingung erreicht ist". Im ersten Fall ist die Bedingung eine für die Fortsetzung, im zweiten Falle eine für den Abbruch. Für Schleifen der zweiten Art hat man in einigen Programmiersprachen die **until-Schleifen** eingeführt, deren Rumpf mindestens einmal durchlaufen wird. Das zugehörige Struktogramm zeigt Fig. 3-16. Solche until-Schleifen gibt es in Ada leider nicht. Andererseits kann eine until-Schleife durch eine while-Schleife bzw. anderweitig leicht simuliert werden, wie wir dem Satzverarbeitungsbeispiel entnehmen: Anstelle einer until-Schleife mit der Bedingung "Dateiende erreicht" formuliert man eine while-Schleife mit der Verneinung dieser Bedingung "Solange Dateiende nicht erreicht" (genauer vgl. Aufgabe 9).

```
GET(X);                                        -- Programmstueck zur Bestim-
WURZEL := 1.0;                                 -- mung der Wurzel von X:
while abs(WURZEL*WURZEL - X) > 1.0E-4 loop     -- Ende der Berechnung, wenn
    WURZEL := 0.5*(WURZEL+X/WURZEL);           -- Wert auf mindestens zwei
end loop;                                      -- Stellen hinter dem Dezimal-
PUT(WURZEL);                                   -- punkt genau ist.
```

```
LIES_NAECHSTEN_SATZ(AKT_SATZ);
while IST_NICHT_ENDESATZ(AKT_SATZ) loop        -- sequentielles Verarbeiten
    VERARBEITE(AKT_SATZ);                       -- der Saetze einer Datei,
    LIES_NAECHSTEN_SATZ(AKT_SATZ);              -- bis deren Ende erreicht ist
end loop;
```

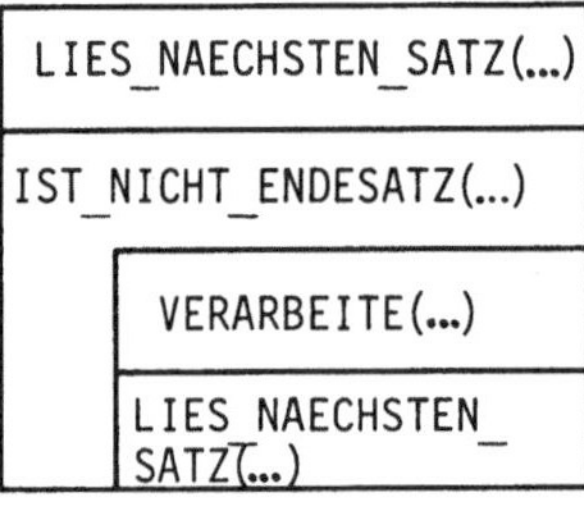

<table>
<tr><td>

LIES_NAECHSTEN_SATZ(...)

IST_NICHT_ENDESATZ(...)

   VERARBEITE(...)

   LIES_NAECHSTEN_
   SATZ(...)

</td><td>

Schleifenrumpf :

Anweisungs-
folge

Abbruchbedingung

</td></tr>
</table>

Struktogramm
für Satzbearbeitungsbeispiel

Struktogramm
für until-Schleife

Fig. 3-16: Beispiele für while-Schleifen, Struktogramme

Als dritte Schleifenform zeigt Fig. 3-14 die **unbedingte Schleife** , in der keine Bedingung oder Laufvorschrift auftritt. Dies ist gleichbedeutend mit einer while-Schleife mit stets zutreffender Bedingung. Natürlich ist eine solche Schleife nur dann sinnvoll, wenn diese auch wieder verlassen wird, da ja sonst das Programm nicht anhält (Endlosschleife). Hierfür werden wir geeignete Sprunganweisungen einführen. Wegen dieser Gefahr des Nichtanhaltens heißen diese Schleifen auch gelegentlich "Endlosschleifen".

Das Problem einer nicht anhaltenden Schleife ist nicht nur auf unbedingte Schleifen begrenzt, sondern auch bei Schleifen mit Bedingung (while-Schleifen) ist sorgfältig darauf zu achten, daß im Verlauf der wiederholten Ausführung die Schleifenbedingung irgendwann mit Sicherheit nicht mehr zutrifft, so daß die Schleife als Ganzes **terminiert**. Dies kann man durch einen formalen Terminationsbeweis zeigen oder es sich plausibel machen. Dieses Problem sollte jedem Programmierer stets bewußt sein. Im Gegensatz zu while-Schleifen gibt es bei for-Schleifen kein Terminationsproblem, da die Anzahl der Schleifendurchläufe vor erstmaliger Ausführung des Schleifenrumpfes bereits feststeht.

3.5 INEINANDERSCHACHTELUNG VON KONTROLLSTRUKTUREN UND SAUBERE SPRÜNGE

Die bisher behandelten **Kontrollstrukturen** (if-, case-, for- und while-Anweisungen) sind Verbundanweisungen (compound statements, nicht jedoch im ALGOL-60-Sinne), in denen, durch geeignete Wortsymbole geklammert, ganze Anweisungsfolgen als eine Einheit behandelt werden. So rahmen die Wortsymbole **then** und **elsif** den then-Teil einer mehrseitig bedingten Anweisung ein, die Wortsymbole **loop** und **end loop** den Rumpf einer Schleife usw. Diese Verbundanweisungen werden kontrolliert durchlaufen: Solange eine Bedingung zutrifft, wird der Rumpf einer while-Schleife wiederholt ausgeführt, ansonsten ist die Schleife beendet, d.h. die Ausführung der nächsten, auf die Schleife folgenden Anweisung beginnt. Bei einer allgemeinen if-Anweisung wird diejenige Anweisungsfolge ausgeführt, deren Bedingung als erste zutrifft. Dann ist die Ausführung der gesamten Anweisung beendet, d.h. die folgende beginnt. In beiden Fällen haben wir implizit einen Sprung über einen Teil der Anweisung hinweg an das Ende der Kontrollstruktur und einen schematischen Durchlauf durch die Kontrollstruktur. Beide

Kontrollstrukturen haben insbesondere *einen Eingang* und *einen Ausgang.* Dies ist in Fig. 3-17 skizziert.

Neben diesen Kontrollstrukturen gibt es in den meisten Programmiersprachen Anweisungen, mit deren Hilfe man die Ausführung an eine fast beliebige andere Stelle im Programm verlagern kann. Solche Anweisungen heißen *Sprunganweisungen* oder einfach *Sprünge.* Um mitzuteilen, wohin gesprungen werden soll, führt man *Marken* ein. Das sind irgendwelche Kennzeichnungen von Programmstellen. Hier in Ada sind es Bezeichner, die durch ein spitzes doppeltes Klammerpaar eingerahmt sind, z.B.   <<GEFUNDEN>> . Marken dürfen vor allen Anweisungen stehen. Solche Anweisungen heißen dann *Anweisungen mit Marken* oder *markierte Anweisungen.* Damit ist es einerseits möglich, die anzuspringende Stelle bequem zu lokalisieren (nicht   "die dritte Anweisung nach dem n-ten **if** in Prozedur   SO_UND_SO"   ), andererseits wird durch die Verwendung suggestiver Bezeichner in Marken, z.B.   <<BERECHNUNG_DES_BRUTTOLOHNS>>   , sowohl an der Sprungstelle als auch an der anzuspringenden Stelle klargemacht, was das Programm im folgenden tut.

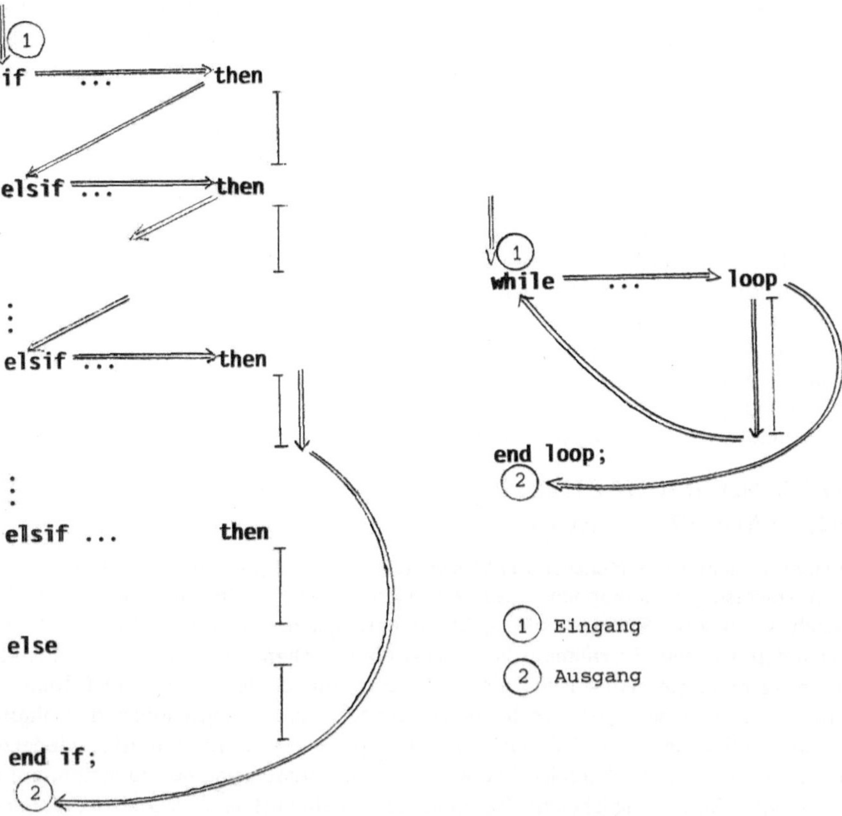

Fig. 3-17: kontrollierter Durchlauf durch Kontrollstrukturen (if, while)

Auch bei Wahl geeigneter Marken muß mit Sprunganweisungen (goto-Anweisungen oder einfach gotos) äußerst sorgfältig umgegangen werden. Prinzipiell kann bei Vorhandensein der üblichen Kontrollstrukturen, die wir bereits besprochen haben, auf Sprunganweisungen verzichtet werden. Um Sprunganweisungen gab es in der Informatik fast einen Glaubenskrieg, die sogenannte **goto-Kontroverse**. Die eine Seite plädierte für strikte Vermeidung von gotos, da "ein Programm mit gotos aussieht wie ein Teller mit Spaghetti", d.h. äußerst undurchsichtig ist. Der Programmfluß, d.h. die Ausführungsreihenfolge, ist dem (statischen) Programmtext dann kaum mehr zu entnehmen. Die andere Seite hielt einen Verzicht für nicht praktikabel. Mittlerweile ist ein gewisser Pragmatismus in dieser Frage eingekehrt: Vermeidung von Sprüngen, wo möglich, Verwendung, wo unvermeidlich, insbesondere in Form sogenannter "sauberer" Sprünge.

Die oben eingeführten Kontrollstrukturen haben je einen Eingang und einen Ausgang. Dieses Prinzip sollte durch zusätzliche Sprünge nicht verletzt werden. Anders ausgedrückt: Durch Sprünge sollten nach Möglichkeit keine anderen Sprungziele eingeführt werden, als diejenigen, die implizit als Ein-/Ausgänge durch die Kontrollstrukturen bereits vorgegeben sind. Als **sauberer Sprung** kann somit z.B. das vorzeitige Verlassen einer Kontrollstruktur bei Zutreffen einer Abbruchbedingung angesehen werden. Hierzu wird in Ada im allgemeinen die normale Sprunganweisung verwandt. Bei Schleifen allerdings wurde hierfür eine Sprunganweisung mit anderem Aussehen eingeführt (exit-Anweisung). Ein zweites Beispiel für saubere Sprünge ist das Abbrechen des Schleifenrumpfes, um einen erneuten Schleifendurchlauf zu beginnen. Daneben ist eine Sprunganweisung auch sinnvoll, um eine nicht vorhandene Kontrollstruktur zu simulieren. Letzteres kommt in Ada selten vor, da die üblichen Kontrollstrukturen in der Sprache alle vorhanden sind. Letztlich kann man Sprünge auch dazu verwenden, Programme effizienter, d.h. insbesondere schneller zu machen. Grundlage für diese Optimierung sollte eine gut strukturierte Fassung sein. Diese ist, zusammen mit den ausgeführten Optimierungsschritten, dann ein Teil der Dokumentation. (Hier muß man aber, wie im Eingangskapitel bereits vermerkt, auch den Wartungs- und Erstellungsaufwand in die Effizienzüberlegungen mit einbeziehen!)

Betrachten wir zunächst die **exit-Anweisung** , die zum vorzeitigen Verlassen von Schleifen dient (vgl. Fig. 3-18). Dem Wortsymbol **exit** folgt wahlweise ein Bezeichner und wiederum optional eine Bedingung, der das Wortsymbol **when** vorangeht. Der Bezeichner muß der Name einer Schleife sein, die ihrerseits die exit-Anweisung textuell enthalten muß. Eine exit-Anweisung ohne Schleifennamen darf ebenfalls nur innerhalb von Schleifen auftreten. Exit-Anweisungen sind zum Abbruch von Schleifen, aber nicht von größeren Programmeinheiten gedacht. So darf beispielsweise die exit-Anweisung nicht Teil eines Unterprogramms sein, das in der zu verlassenden Schleife enthalten ist.

```
exit_statement  ::=

    exit [loop_name] [when condition];
```

Syntax

```
exit;

exit SCHLEIFE;

exit when A < 1.0E-4;

exit SCHLEIFE when C /= 0;
```

Beispiele

Struktogramm (Bedingung)

Fig. 3-18: exit-Anweisung: Syntax, Beispiele, Struktogramm

Ist eine Bedingung vorhanden, so wird diese bei Erreichen der exit-Anweisung ausgewertet. Gesprungen wird nur, wenn die Bedingung zutrifft oder keine Bedingung vorhanden ist. Ist kein Schleifenname vorhanden, so wird die nächste umgebende Schleife verlassen, d.h. mit der darauffolgenden Anweisung fortgefahren. Ist ein Schleifenname vorhanden, so wird die damit gekennzeichnete Schleife verlassen und damit eventuell eine ganze Reihe dazwischenliegender Schleifen. Für diesen Zweck sind Schleifennamen in erster Linie eingeführt worden.

Betrachten wir zwei Beispiele für die Verwendung von exit-Anweisungen (vgl. Fig. 3-19): Wir können jetzt das Programmstück aus Beispiele 3-15 zur Suche eines vorgegebenen Werts in einem Feld dadurch wesentlich effizienter gestalten, daß die Schleife von oben nach unten läuft und mit dem ersten Auftreten des gesuchten Wertes abgebrochen wird. Allerdings muß der gefundene Indexwert auch hier einer anderen Variablen zugewiesen werden, da die Laufvariable außerhalb der Schleife nicht verfügbar ist. Aus diesem Beispiel wird leicht eines für das Abbrechen mehrerer Schleifen mit einer exit-Anweisung unter Verwendung eines Schleifennamens, wenn das Suchen nicht in einem eindimensionalen Feld, sondern in einem zweidimensionalen Feld (einer Matrix) erfolgt. Hier sind zwei Schleifen nötig: Eine für das Durchsuchen einer Zeile, eine für die Abarbeitung der verschiedenen Zeilen. Ebenso erhält die until-Schleife für das Satzverarbeitungsbeispiel aus Fig. 3-16 mit Hilfe der exit-Anweisung eine kürzere und eingängigere Form.

```
K := 0;
for INDEX in reverse 1..100 loop
    if A(INDEX) = GES_WERT then
        K := INDEX;
        exit;
    end if;                    Beispiele
end loop;


loop
    LIES_NAECHSTEN_SATZ(AKT_SATZ);
    exit when IST_ENDESATZ(AKT_SATZ);
    VERARBEITE_SATZ(AKT_SATZ);
end loop;
```


Struktogramm

Fig. 3-19: exit-Anweisung: Beispiele, Struktogramm

Wie der Leser bemerkt haben wird, kann die exit-Anweisung mit Bedingung leicht mit Hilfe einer if-Anweisung und einer exit-Anweisung ohne Bedingung simuliert werden (vgl. Fig. 3-20). Trotzdem wurde die exit-Anweisung mit Bedingung in Ada eingeführt: Das Entscheidende dieser Anweisung ist nämlich, daß es sich um einen Abbruch handelt, und dieses sollte durch das erste Wortsymbol zum Ausdruck kommen.

```
                                    if condition then
exit when condition;   ist äquivalent zu      exit;
                                    end if;
```

Fig. 3-20: Simulation einer bedingten exit-Anweisung

Man spricht von **strukturiertem Programmieren** im engeren Sinne, wenn das entstehende Programm im Anweisungsteil nur bedingte Anweisungen, Schleifen mit Bedingungen und Anweisungsfolgen enthält. Man, hat diesen Begriff dann insofern ausgedehnt, als beliebige Kontrollstrukturen mit einem Eingang und einem Ausgang verwendet werden dürfen. Die in den bisherigen Abschnitten eingeführten Kontrollstrukturen mit Ausnahme der exit-Anweisung erfüllen strikt diese Eigenschaft. Der Name Struktogramme für die entsprechenden graphischen Darstellungen deutet auf den Zusammenhang mit der strukturierten Programmierung hin. Später wurden die Struktogramme um eine graphische Notation für die exit-Anweisung erweitert, die wir hier ebenfalls in Fig. 3-18 eingeführt haben.

Die **allgemeine Sprunganweisung** (goto-Anweisung, vgl. Fig. 3-21) ist nicht auf die Verwendung innerhalb von Schleifen beschränkt. Sie besteht aus dem Wortsymbol **goto** , dem ein Bezeichner folgt, der an anderer Stelle als Marke auftaucht, d.h. zwischen spitzen Doppelklammern vor einer Anweisung steht. Zur Verwendung einer Marke als Sprungziel in einer Sprunganweisung schreibt man nur den Markenbezeichner (ohne das Klammerpaar!) hinter das **goto** .

Solche Marken dürfen vor allen Anweisungen stehen, seien diese einfache Anweisungen oder Verbundanweisungen. Ebenso wie die Schleifenbezeichner müssen sie nicht deklariert werden; sie gelten als implizit in der nächsten umgebenden Programmeinheit deklariert. Letzteres bedeutet insbesondere, daß innerhalb einer solchen Einheit lauter verschiedene Marken stehen müssen. Wie die Syntax von Anweisungen besagt, dürfen vor einer Anweisung auch mehrere Marken stehen.

```
goto_statement  ::=  goto label_name ;


label  ::=  << label_simple_name >>

statement  ::=

        {label} simple_statement

      | {label} compound_statement
```

Fig. 3-21: Syntax einer Sprunganweisung, Marke, markierten Anweisung

Die Bedeutung einer Sprunganweisung ist einfach zu verstehen (die Bedeutung des Programmstücks, das sie enthält, dagegen nicht immer), was auch ein Grund für die manchmal unüberlegte Verwendung ist: Die Programmausführung wird nicht mit der nächstfolgenden Anweisung fortgesetzt, sondern mit der, vor der die zugehörige Marke steht.

Was die Möglichkeiten des Springens angeht, so gibt die Syntax von Ada einige **Restriktionen** vor: Es darf nicht in eine Kontrollstruktur (if-, case-, for-, while-Anweisung etc.) hineingesprungen werden, sondern nur an deren Anfang. Ferner darf nicht zwischen den verschiedenen Teilen einer Kontrollstruktur gesprungen werden. Da diese Kammstruktur haben (vgl. Abschnitt 2.3), darf also nicht von einer Kammlücke zu einer anderen gesprungen werden, also z.B. nicht von den Anweisungen einer case-Alternative zu den Anweisungen einer anderen. Wie die exit-Anweisung, so ist auch die allgemeine Sprunganweisung nicht zum Verlassen größerer Programmeinheiten gedacht: Ein Sprung darf beispielsweise nicht aus einem Unterprogramm herausführen. Aus später noch zu erläuternden Gründen kann ein Sprung aber auch nicht in eine solche

Programmeinheit hinein erfolgen. Alle diese Einschränkungen für Sprunganweisungen sind statisch, d.h. zur Übersetzungszeit abprüfbar. Trotz dieser Einschränkungen können auch so noch beliebig unübersichtliche Programmstrukturen erzeugt werden. Man sollte die Verwendung von Sprüngen deshalb auf die oben erläuterten sauberen Sprünge beschränken.

Als Beispiel der Verwendung sauberer Sprünge sei hier das aus Programmierveranstaltungen bekannte Durchsuchen eines binären Suchbaums erläutert (vgl. Fig. 3-22). Jeder Knoten des Suchbaums ist durch einen Verbund realisiert, der mindestens vier Komponenten habe, nämlich eine für den Suchschlüssel, eine für die Information und je eine für den Zeiger auf die Wurzel des linken bzw. rechten Teilbaums. Diese Verbunde wiederum sind Komponenten eines Feldes A. Die Verzeigerung der einzelnen Knotenkomponenten erfolgt hier über die Angabe des Index des Zielknotens (dies ist die Art, wie verzeigerte Datenstrukturen in allen Programmiersprachen realisiert werden können, die nicht - wie Ada - über ein explizites Zeigerkonzept verfügen, das wir später besprechen). Die erste Feldkomponente habe den Index 1.
Der Leser wird sofort feststellen, daß es sich hier um eine unbedingte Schleife handelt, bei der im Rumpf "Sprünge" an den Schleifenanfang stehen, und wo als Abschluß zwei Fälle abzuhandeln sind, nämlich daß der gesuchte Wert vorgefunden wird oder nicht. (Der Leser gebe das entsprechende Programm mit exit-Anweisungen und einer case-Anweisung nach Beendigung der Schleife an.)

Anweisungen können natürlich **beliebig geschachtelt** werden. Trotzdem können die Programme dann leicht lesbar und wartbar bleiben, wenn für Anweisungen, in die geschachtelt wird, als auch für zu schachtelnde Anweisungen die obigen Verbundanweisungen benutzt und mit Sprunganweisungen sorgsam umgegangen wird. Hier sind jedoch auch Einschränkungen zu machen: Geht die Ineinanderschachtelung über zu viele Stufen, so wird das Programm ebenfalls unübersichtlich. Zum einen ist es dann, auch wenn sauber eingerückt wird, nicht leicht, zueinandergehörende Wortsymbole zu identifizieren (z.B. wenn diese auf verschiedenen Seiten stehen). Die Grenze der Übersichtlichkeit ist spätestens dann erreicht, wenn durch das Einrücken der verbleibende Platz pro Zeile so klein geworden ist, daß auch normal lange Anweisungen schon auf mehreren Zeilen geschrieben werden müssen. Hier sollte dann ein anderes Strukturierungsmittel, z.B. die Auslagerung in Unterprogramme, angewandt werden.

Ein kleines Beispiel möge die Ineinanderschachtelung von Kontrollstrukturen demonstrieren (vgl. Fig. 3-23). Wir verwenden hierfür das Sortieren eines Feldes der Länge N nach der Methode des direkten Auswählens (vgl. etwa /1.Wi 75/). Der Algorithmus ist einfach und deshalb wohl auch den meisten Lesern vertraut. Es ist auch hinreichend bekannt, daß er ineffizient ist, d.h. für große Feldlänge N ungeeignet (es ist ein Algorithmus mit quadratischem Laufzeitverhalten, während die besseren von der Ordnung NlogN sind).

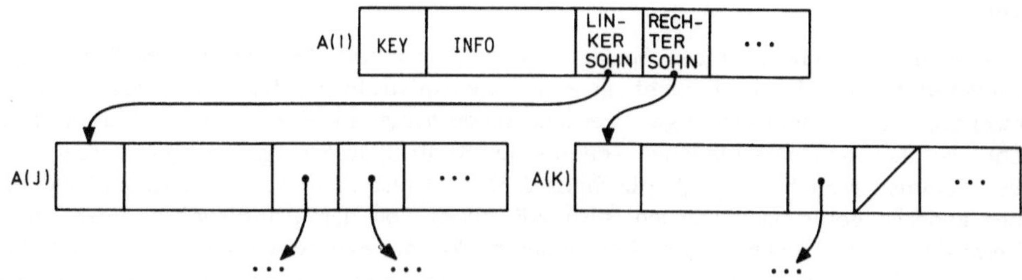

```
-- Suchschleife: -------------I sei zunaechst der Index der Wurzel-----
loop                            -- der Suchbaum sei nicht leer ------------
   if GES_SCHLUESSEL < A(I).KEY then
      if A(I).LINKER_SOHN /= 0 then
         I := A(I).LINKER_SOHN;
         -- jetzt neuer Schleifendurchlauf

      else
         goto NICHT_ENTHALTEN;

      end if;
   elsif GES_SCHLUESSEL = A(I).KEY then

      :              -- Verarbeitungsteil,
      .
                     -- z. B. Lesen der Information

      goto ENDE_DER_SUCHE;
   else -- GES_SCHLUESSEL > A(I).KEY
      if A(I).RECHTER_SOHN /= 0 then
         I := A(I).RECHTER_SOHN;
         -- jetzt neuer Schleifendurchlauf

      else
         goto NICHT_ENTHALTEN;

      end if;

   end if;
end loop; ------------------------------------------------------------

<<NICHT_ENTHALTEN>>

:              -- ggfs. Eintrag in den Suchbaum oder nur
.
               -- Meldung, dass Suche erfolglos war

<< ENDE_DER_SUCHE>> null;
```

Fig. 3-22: Suche in einem binären Suchbaum: Knotenstruktur,
Programmstück mit "sauberen" Sprüngen

Das Prinzip ist das folgende: Aus dem Feld A (1..N) suchen wir das kleinste
Element aus und vertauschen es mit dem ersten. Dieser Vorgang wiederholt sich dann für
den Abschnitt A (2..N) usw. bis schließlich nach wiederholter Ausführung bis zu
A(N-1..N) das geordnete Feld übrigbleibt. Bei jedem Durchlauf der Schleife haben wir zu
Anfang und zu Ende eine Situation wie in Fig. 3-23.a angegeben. Fig. 3-23.b gibt eine
Grobversion des Algorithmus in Form eines Struktogramms an, Fig. 3-23.c schließlich das
ausformulierte Programm (bis auf die Deklarationen). Der Leser überzeuge sich davon,
daß die äußere Schleife nur bis N-1 laufen muß. Das Programm wurde hier nicht formal
verifiziert. (Fig. 3-23.a ist jedoch nichts anderes als die graphische Form der Invarianten
der äußeren Schleife.)

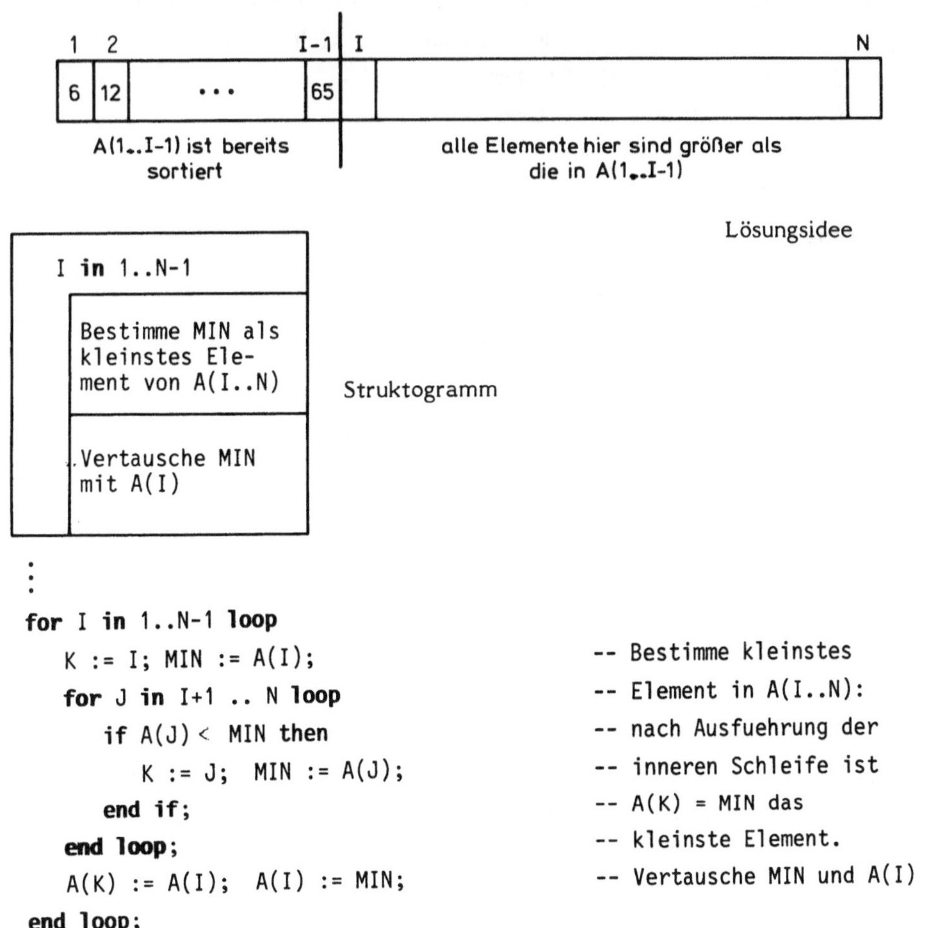


```
for I in 1..N-1 loop
   K := I; MIN := A(I);              -- Bestimme kleinstes
   for J in I+1 .. N loop           -- Element in A(I..N):
      if A(J) < MIN then            -- nach Ausfuehrung der
         K := J;  MIN := A(J);      -- inneren Schleife ist
      end if;                       -- A(K) = MIN das
   end loop;                        -- kleinste Element.
   A(K) := A(I);  A(I) := MIN;      -- Vertausche MIN und A(I)
end loop;
```

Fig. 3-23:   Sortieren durch Auswählen: Programmentwicklungsidee,
              Programmstück

3.6 BLOCKSTRUKTUR, GÜLTIGKEIT, SICHTBARKEIT

Wir haben gesehen: In Ada muß (fast) alles deklariert werden. Wo sollen diese Deklarationen nun stehen? Der Übersichtlichkeit halber nach Möglichkeit in textueller Nähe zu ihrer Verwendung. Die kleinste Einheit, wo dies möglich ist, ist der **Block.** (Wir lernen in diesem Abschnitt aber noch wichtigere Gründe für die Einführung von Blöcken kennen.) Ein Block ist damit ein sog. **Deklarationsbereich** (declarative region). Dieser besteht aus einem optionalen Deklarationsteil, einem Anweisungsteil mit Verwendung der eben deklarierten Objekte, aber auch anderer Objekte, die außerhalb deklariert sind, auf die im Block jedoch zugegriffen werden darf. Schließlich dürfen noch Anweisungen für die Ausnahmebehandlung folgen, die wir erst im Abschnitt 3.9 dieses Buches besprechen werden. Blöcke dürfen in einer Anweisungsfolge überall dort stehen, wo eine Anweisung stehen darf, d.h. sie haben den Status einer Einzelanweisung. Intern dürfen sie beliebig kompliziert sein.

Besprechen wir zuerst wieder die **Syntax** eines Blockes (vgl. Fig. 3-24): Neben dem optionalen Deklarationsteil bzw. der optionalen Ausnahmebehandlung besteht ein Block immer aus einer Anweisungsfolge, die von den Wortsymbolen **begin** und **end** eingerahmt wird. Zwischen **begin** und **end** steht also der ausführbare Teil des Blocks. Ein Block darf benannt sein: Der entsprechende Bezeichner muß dann, wie bei den Schleifen, am Anfang und am Ende des Blocks stehen, am Anfang von einem Doppelpunkt gefolgt. Benannte Blöcke haben zwei Zielsetzungen. Zum einen kann der Blockbezeichner die Lesbarkeit des Programms erhöhen, wenn er prägnant angibt, was der Block macht, zum anderen können wir ihn dazu benutzen, um Objekte des Blocks anzusprechen, die wir ohne Verwendung des Blockbezeichners nicht ansprechen könnten, wie wir am Ende dieses Abschnitts sehen werden.

```
block_statement ::=

        [block_simple_name:]
           [declare
               declarative_part]
           begin
               sequence_of_statements
           [exception
               exception_handler
               {exception_handler}]
           end [block_simple_name];
```

Fig. 3-24: Block: Syntax, Struktogramm

Die **Ausführung** eines Blocks besteht aus der Abarbeitung der Deklarationen und dem Ausführen der Anweisungen. Was das zweite bedeutet, wissen wir in etwa, da wir die wichtigsten Kontrollstrukturen bereits besprochen haben. Die Abarbeitung von Objektdeklarationen heißt insbesondere, daß die Ada-Maschine Objekte des angegebenen Typs in ihrem Datenspeicher erzeugt. (An dieser Stelle sieht man sehr deutlich, daß es sich bei der Ada-Maschine um ein Denkmodell handelt. Bei einer üblichen Sprachimplementation mit einem Compiler werden die Deklarationen nicht interpretativ (d.h. zur Laufzeit) "abgearbeitet", sondern dies geschieht zur Compilezeit. Die Speicherreservierung wird aber immer erst zur Laufzeit vorgenommen, weil der Speicherbedarf im allgemeinen zur Compilezeit nicht feststeht, oder weil nicht klar ist, wo dieser Speicher zu belegen ist. Deshalb muß zur Compilezeit entsprechender Code erzeugt werden, der zur Laufzeit die Speicherreservierung und -verwaltung vornimmt.)

Innerhalb von Deklarationen können Initialisierungen auftreten, die dann **Datenobjekte** mit **Werten** besetzen. Wertvorbesetzungen dürfen aber auch bereits in einigen Typdeklarationen stehen, was dazu führt, daß alle deklarierten Objekte des jeweiligen Typs bereits nach der Deklaration diesen Wert haben. Wir werden dies im nächsten Kapitel besprechen. Schließlich kann, was wohl der häufigste Fall ist, einem Datenobjekt ein Wert durch eine Zuweisung im Anweisungsteil zugeordnet werden. Im Anweisungsteil können die Werte von Objekten auch beliebig verändert werden.

Objekte, die einen Wert haben, nennt man gesetzt oder definiert (nicht zu verwechseln mit deklariert). Bei der Benutzung eines Objekts, etwa in einem Ausdruck, liest man dieses nur, ohne es zu verändern. Die Benutzung eines Objekts, ohne daß dies gesetzt ist, führt zu fehlerhaften Programmen. Die Verwendung eines Objekts, ohne daß dieses deklariert ist, führt zu falschen Programmen (letzteres muß die Sprachimplementation melden, ersteres kann sie melden, muß es aber nicht). Um die verschiedenen Fälle des Auftretens im Programmtext zu unterscheiden, nennt man diese **deklarierende** bzw. **angewandte Auftreten,** wobei letzteres Oberbegriff ist für **setzende** (schreibende) Auftreten bzw. **benutzende** (lesende) **Auftreten.**

Alle in einem Block deklarierten Objekte nennt man **lokal** zu diesem Block. Man sagt hierfür auch, daß die Deklaration dieser Objekte **unmittelbar innerhalb** des Deklarationsbereichs, hier innerhalb des Blockes, **vorkommt.** Alle Objekte, die außerhalb eines Blockes in einem anderen deklariert sind, nennt man nichtlokal oder **global.** Die Anweisungen eines Blocks beziehen sich im allgemeinen auf Objekte beider Art. Betrachten wir das einfache Beispiel 3-25 zum Vertauschen der Werte zweier integer-Variablen X und Y. Zu dem betrachteten Block sind die Objekte mit den Bezeichnern X, Y global, das mit dem Bezeichner ZWISCHEN_ERG ist lokal. (An diesem Beispiel sehen wir noch einmal den sehr allgemeinen Konstantenbegriff von Ada: ZWISCHEN_ERG ist in dem betrachteten Block unveränderbar, erhält jedoch bei jedem Blockeintritt im allgemeinen einen anderen Wert. Es handelt sich also um eine Art "schreibgeschützter Variable" (im Inneren des Blockes).

```
    .
    .
    .

VERTAUSCHE:
    declare
        ZWISCHEN_ERG : constant INTEGER := X;
    begin
        X := Y;
        Y := ZWISCHEN_ERG;
    end VERTAUSCHE;
```

Beispiel 3-25: lokale, globale Objekte

Der **Gültigkeitsbereich** der Deklaration eines Objekts mit einem bestimmten Bezeichner, der unmittelbar innerhalb eines Blocks vorkommt, ist ein textueller Bereich des Quellprogramms, der von der Deklaration bis zum Ende des Blocks geht, in deren Deklarationsteil die Deklaration steht. Das ist in unserem Beispiel von der Deklaration bis zum Wortsymbol **end** des zugehörigen Blocks. Man spricht auch vom **unmittelbaren** Gültigkeitsbereich. Für den Begriff Gültigkeitsbereich der Deklaration eines Objekts sagt man auch kürzer Gültigkeitsbereich eines Objekts. Der Gültigkeitsbereich eines Objekts ist der textuelle Bereich im Quellprogramm, in dem ein angewandtes Auftreten dieses Objekts vorkommen darf. Ein angewandtes Auftreten eines Objekts außerhalb seines Gültigkeitsbereichs führt hingegen zu einem falschen Programm. Die Bedingung, daß angewandtes Auftreten nur im Gültigkeitsbereich erfolgen darf, ist statisch, d.h. anhand des Programmtexts abprüfbar. Somit dürfen in einem inneren Block sowohl die globalen als auch die lokalen Objekte angewandt auftreten, denn diese Stellen des angewandten Auftretens liegen im Gültigkeitsbereich der globalen als auch der lokalen Objekte. Lokale Objekte dürfen hingegen außerhalb des zugehörigen Blockes nicht angewandt auftreten. In Beispiel 3-25 darf ZWISCHEN_ERG außerhalb des Blocks VERTAUSCHE nicht angewandt auftreten. Da dieses Objekt außerhalb des Gültigkeitsbereichs nicht auftreten darf, braucht der entsprechende Platz im Datenspeicher der Ada- Maschine auch nicht aufgehoben werden; er kann anderweitig verwendet werden (Mehrfachverwendung des gleichen Speichers bei Speicherverwaltung nach dem Kellerprinzip, vgl. Standardliteratur im Literaturabschnitt 6). Man spricht dann davon, daß der *Existenzbereich* mit dem Gültigkeitsbereich übereinstimmt, wenn das Objekt außerhalb des Gültigkeitsbereichs nicht mehr existiert.

Blöcke können, wie alle anderen Kontrollstrukturen auch, beliebig *geschachtelt* werden (vgl. Fig. 3-26). Dies ergibt sich daraus, daß ein Block den Status einer Einzelanweisung besitzt. Hierbei ist es zulässig, den gleichen Bezeichner in den Deklarationsteilen verschiedener Blöcke zu verwenden. Fig. 3-26 zeigt diesen Sachverhalt. Andererseits ist die Deklaration von Datenobjekten mit dem gleichen Bezeichner im selben Deklarationsteil unzulässig. So wäre es etwa inkorrekt, in der dritten Zeile von Fig. 3-26 zusätzlich eine Deklaration für ein reelles Objekt mit dem Bezeichner X oder Y hinzuschreiben. Die mit dem gleichen Bezeichner Y im äußeren und im inneren Block von Fig. 3-26 deklarierten Objekte sind natürlich verschieden. Jede Deklaration schafft ein neues Objekt, eventuell mit dem gleichen Bezeichner wie eines weiter oben und *verdeckt* damit das äußere. Das äußere Objekt ist zwar noch gültig und existent, aber nicht mehr sichtbar. Anders: Der *Sichtbarkeits-bereich* für das äußere Objekt ist der Gültigkeitsbereich dieses Objekts mit Ausnahme des Gültigkeitsbereichs aller Objekte mit dem gleichen Bezeichner in tieferen Blöcken. Wird ein Block verlassen, so kann ein verdecktes Objekt wieder sichtbar werden. So ist in der vorletzten Zeile das Objekt mit der Deklaration *2* wieder sichtbar, das im vorangehenden Block durch die Deklaration *3* verdeckt war. In dieser Zeile wäre jedoch eine Wertzuweisung an Z unzulässig, da das im inneren Block deklarierte Objekt mit diesem Bezeichner an dieser Stelle nicht gültig ist.

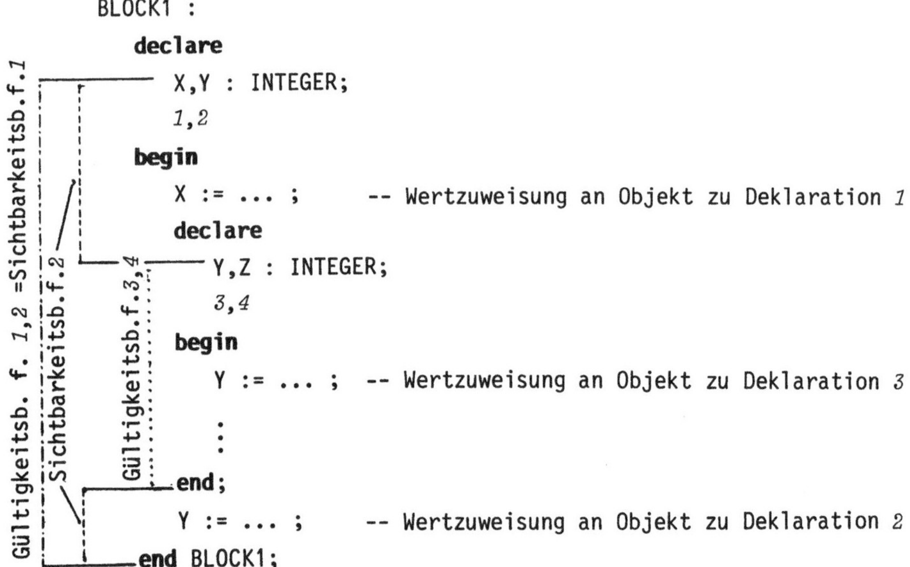

Fig. 3-26: Blockschachtelung, Gültigkeit, Sichtbarkeit

Den gleichen Effekt wie ein Programm, das von zulässiger Mehrfachverwendung des gleichen Bezeichners für verschiedene Objekte Gebrauch macht, liefert eines, das dafür verschiedene Bezeichner einführt **(gebundene Umbenennung)**. Dabei sind mit einem deklarierten Auftreten auch alle angewandten Auftreten entsprechend umzubenennen. So könnte in unserem Falle für die beiden Auftreten von Y im inneren Block der Bezeichner Y1 verwendet werden. Das Programm würde dadurch eher leichter lesbar. Die Möglichkeit der effizienten Speicherverwaltung bleibt dadurch unberührt.

Was sind nun die Vorteile der Blockstrukturierung?

(1) Zunächst stellt ein Block eine **Abstraktion** dar, indem interne Deklarationen und Berechnungen außen als in der Detaillierung tieferliegend gekennzeichnet sind. Dies sollte in der textuellen Struktur des Programms nämlich dadurch erkennbar sein, daß die Interna des Blocks, nämlich Deklarationen und Anweisungen, weiter eingerückt sind. Ein Block stellt also eine Art Nebenrechnung dar.

(2) Bei der Vergabe von Bezeichnern braucht man sich nicht darum zu kümmern, welche Bezeichner außerhalb eingeführt sind. Wird der gleiche Bezeichner für eine Deklaration eines Objekts in einem inneren Block benutzt, so verdeckt er automatisch das entsprechende äußere Objekt. Man sagt dann auch, jeder Block eröffnet einen neuen **Namensraum**. Während dies bei geschachtelten Blöcken innerhalb einer Prozedur oder innerhalb eines Moduls eher die Lesbarkeit stört, ist dieses Prinzip, das ebenso für größere Programmeinheiten wie Prozeduren oder Moduln gilt, dort unbedingt nötig: Diese werden nämlich in der Regel von verschiedenen Personen implementiert. Würde dort kein neuer Namensraum eröffnet, so würde dies alle Projektbeteiligten zu Absprachen über die Bezeichnervergabe zwingen. Dieses wäre zweifellos sehr hinderlich.

(3) Blockstruktur erlaubt, wie bereits erwähnt, eine **Speicherverwaltung** nach dem Kellerprinzip, die sehr **effizient** ist. Hiervon kann ein Programmierer gezielt Gebrauch machen, wie in Fig. 3-27 angedeutet. Nehmen wir an, die Berechnung des Blocks B1 läßt sich in zwei Teile auftrennen, so daß die Datenstrukturen des ersten Teils im folgenden nicht mehr benötigt werden, sondern nur ein (kompaktes) Zwischenergebnis. Dann ist es sinnvoll, diese Zwischenrechnung in einen eigenen Block zu stecken, da dann der Speicherbereich hierfür sofort wieder freigegeben wird und der zweiten Zwischenrechnung zur Verfügung steht. (Ergibt sich diese Aufteilung weniger aus dem Problem, sondern nur aus dieser Effizienzüberlegung, so sollte dies zumindest als Kommentar vermerkt werden.)

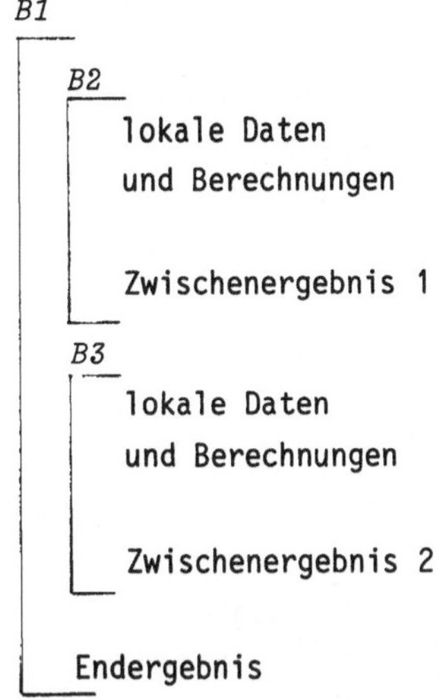

Fig. 3-27: effiziente Speicherverwaltung durch Blockstruktur

Bei größeren Programmeinheiten, wie Prozeduren oder Moduln, aber auch bereits bei benannten Blöcken, sind die Gültigkeitsbereichs-/Sichtbarkeitsbereichsregeln von oben etwas komplizierter. Wir wollen dies hier nur für **benannte Blöcke** erläutern: Dort kann durch **qualifizierte Namen** (das sind Bezeichner, bei denen der Blockbezeichner vorangestellt ist), auch auf verdeckte Objekte zugegriffen werden. Diese sind ja gültig und existent. Für den Übersetzer macht dies keinerlei Schwierigkeit. So könnte etwa im Beispiel von Fig. 3-26 auch im inneren Block über BLOCK1.Y auf das Objekt mit der Deklaration 2 zugegriffen werden.

Die *Feststellung* des *deklarierenden Auftretens* eines Objekts zu einem bestimmten angewandten Auftreten bei ineinandergeschachtelten Blöcken ist folgende: Statisch, d.h. im Quelltext, werden nacheinander alle das angewandte Auftreten umgebenden Blöcke von innen nach außen abgesucht. Beim ersten Auftreten des entsprechenden Bezeichners in einer Deklaration hat man das gesuchte deklarierende Auftreten gefunden. Im Falle eines qualifizierten Namens braucht nur bei Übereinstimmung der Blockbezeichnungen der Deklarationsteil des Blocks durchsucht werden. Dieses Auffinden des deklarierenden zu einem angewandten Auftreten ist Teil der kontextsensitiven Syntaxprüfung, läuft also zur Übersetzungszeit ab. Dazu gehört auch, daß angewandtes und deklarierendes Auftreten den gleichen Typ haben.

Was bisher über Gültigkeit und Sichtbarkeit in diesem Abschnitt gesagt wurde, gilt analog für andere als Datenobjektdeklarationen. Wir werden dies später detailliert erläutern (vgl. insb. 5.3).

3.7 FUNKTIONEN UND OPERATOREN

Zum Zwecke der Strukturierung von Programmen und/oder um bei mehrfacher Ausführung gleicher Programmteile sich das mehrmalige Hinschreiben zu ersparen, verpackt man diese Programmteile in ein *Unterprogramm*. Solche Unterprogramme müssen deklariert werden: Hierbei muß zunächst festgelegt werden, wie sie zu benutzen sind. Eine solche Festlegung nennt man Unterprogrammkopf oder Spezifikation der Schnittstelle des Unterprogramms oder kurz *Spezifikation des Unterprogramms* . Es sei darauf hingewiesen, daß hier lediglich der syntaktische Anteil des Begriffs Spezifikation aus Abschnitt 1.3 gemeint ist. Hier wird also lediglich festgelegt, wie die Funktion aufgerufen wird, aber nicht, was sie tut. Die Definition der auszuführenden Berechnung geschieht im *Unterprogrammrumpf* .

Unterprogramme bewirken bei *Aufruf* in der Regel eine ganze Folge von Zustandsübergängen der Ada-Maschine. Unterprogramme sind also ein Mechanismus der *Abstraktion* . Wir werden dies gleich näher diskutieren.

Unterprogramme werden unterschieden in *Funktionen* , deren Aufruf als Ergebnis jeweils einen Wert liefert und deshalb in Ausdrücken auftritt, und andererseits in *Prozeduren* . Ein Prozeduraufruf ist eine Anweisung und hat keinen Wert, was jedoch nicht heißt, daß eine Prozedur kein Ergebnis produzieren kann. Bei Prozeduren werden Ergebnisse in der Regel über die Parameter der aufrufenden Stelle übergeben. Wir werden in diesem Abschnitt nur die Funktionen besprechen, die Prozeduren folgen im nächsten Abschnitt. Das meiste, was wir hier für Funktionen erläutern, gilt allerdings auch für Prozeduren. Funktionen wie Prozeduren sind üblicherweise Konstrukte für das Programmieren im Kleinen, d.h. ihre Implementation taucht innerhalb von Moduln auf. (Das schließt die Möglichkeit nicht aus, daß sie in anderen Moduln benutzt werden.)

Betrachten wir zuerst ein Beispiel. Wir nehmen hierzu das Suchen eines Wertes in einem Feld, was wir in den Abschnitten 3.4 und 3.5 bereits besprochen haben. Die Deklaration einer Funktion hierfür ist in Beispiel 3-28 angegeben. Hierbei sei A ein beliebiges eindimensionales Feld mit ganzzahligen Indexgrenzen und mit ganzzahligen Komponenten. Man beachte, daß die Indexgrenzen selbst nicht als Parameter erscheinen *müssen*, sie können durch sog. Attribute FIRST und LAST ermittelt werden. Ansonsten hat der Rumpf genau das gleiche Aussehen wie das Beispiel in Abschnitt 3.5.

Wir haben hier eine einzige Rücksprunganweisung (in der vorletzten Zeile), d.h. unser Beispiel hat ebenfalls die von den üblichen Kontrollstrukturen erfüllte Eigenschaft, einen Eingang und einen Ausgang zu besitzen.

Wir erläutern hier die *Syntax* der *Spezifikation* einer *Funktion* zunächst informal, die EBNF-Regeln hierfür werden im nächsten Abschnitt für Unterprogramme insgesamt nachgetragen. Die Funktionsdeklaration beginnt mit dem Wortsymbol **function** gefolgt von dem Funktionsbezeichner. Darauf folgt die Liste der Formalparameterdeklarationen. Hier dürfen Deklarationen stehen, die das Aussehen von Objektdeklarationen für Variable des Abschnitts 3.1 haben, wobei hier jeweils auf einen Typbezeichner Bezug genommen wird, der durch eine explizite Typdeklaration eingeführt wurde, sofern es sich nicht um einen Standardtyp handelt. Diese Formalparameter haben Platzhalterfunktion: Würde man in der gesamten Funktionsdeklaration ihre Bezeichner ändern, so hätte dies keinen Einfluß auf die Bedeutung dieser Funktion (gebundene Umbenennung). Für die Lesbarkeit ist die Wahl geeigneter Bezeichner jedoch sehr wichtig.

Nach den Formalparametern folgt die Angabe des Typs für den Wert der Funktion. Damit liegt die Schnittstelle fest, d.h. es ist klar, wie diese Funktion aufzurufen ist. Nach der Schnittstelle der Funktion folgen die lokalen Deklarationen und danach die Anweisungen des Rumpfs. Hier können beliebige der schon behandelten Anweisungen stehen. Während die Typangabe für den Ergebniswert stehen muß, können die lokalen Deklarationen oder die Formalparameter fehlen. Im letzten Falle spricht man von einer parameterlosen Funktion. Der Ergebnistyp darf beliebig zusammengesetzt sein, also z.B. auch ein Verbundtyp sein.

```
function SUCHE_WERT_IN_FELD ( A: INT_VEKTOR; GES_WERT: INTEGER) return INTEGER is
    K: INTEGER := 0;
begin
    for INDEX in reverse A'FIRST .. A'LAST loop
        if A(INDEX) = GES_WERT then
            K := INDEX;
            exit;
        end if;
    end loop;
    return K;
end SUCHE_WERT_IN_FELD;
```

Beispiel 3-28: Funktion

Innerhalb des Rumpfs einer Funktion muß eine *Rücksprunganweisung* stehen. Will man die oben angesprochene Eigenschaft haben, daß ein Eingang und ein Ausgang vorhanden ist, so enthält er genau eine Rücksprunganweisung. Dem Wortsymbol **return** muß bei Funktionen ein Ausdruck folgen. Dieser muß im Typ mit der Ergebnistypangabe des Kopfs übereinstimmen. Während das Wortsymbol **return** im Funktionskopf lediglich der Angabe des Ergebnistyps voransteht, also deklarativen Charakter hat, ist das **return** hier ein Teil der Rücksprunganweisung. Die Bedeutung der Rücksprunganweisung ist, daß das Unterprogramm mit Ausführung dieser Anweisung verlassen wird, wobei die Funktion denjenigen Wert liefert, den die Auswertung des Ausdrucks ergibt. Die Fortsetzung der Ausführung erfolgt nach der Stelle des Funktionsaufrufs, d.h. innerhalb eines Ausdrucks.

Daß eine Funktion einen Mechanismus zur **Abstraktion** darstellt, sehen wir schon an diesem kleinen Suchbeispiel. Während frühere Formulierungen des Problems nur einmalig verwendbar waren, da in ihnen Bezug auf ein bestimmtes Feld genommen wurde, ist die jetzige **mehrfach verwendbar,** nämlich für das Suchen in beliebigen Feldern, die von passendem Typ sind (das bedeutet, wie wir später noch genauer sehen werden, nicht einmal, daß die Anzahl der Komponenten dieser Felder übereinstimmen müssen).

Eine zweite Art von Abstraktion ergibt sich dadurch, daß für eine Benutzung dieser Funktion deren interner Aufbau in keiner Weise bekannt sein muß: An der Stelle des Aufrufs **interessiert nur** die **Schnittstelle** der Funktion. Es muß klar sein, wie diese syntaktisch korrekt aufgerufen wird, und was ihre Bedeutung ist. Letzteres kann z.B. durch formale oder informale Angabe des Ein-/Ausgabeverhaltens erläutert sein. Daneben können natürlich auch pragmatische Gesichtspunkte der Schnittstelle interessieren. Hält man sich bei der Implementierung einer Funktion an diese Schnittstelle, dann ist diese Implementation auch durch eine andere ersetzbar, die die gleiche Schnittstelle besitzt.

Das Ergebnis einer Funktion sollte ausschließlich der zurückgelieferte Funktionswert sein, d.h. der Aufruf der Funktion sollte sonst keine Auswirkungen hervorrufen. Dies wird von der Sprache Ada nicht erzwungen, ist jedoch von der Programmiermethodik her geboten. Man spricht dann von **Seiteneffektfreiheit** . Dies bedeutet, daß, sofern überhaupt auf globale Variable Bezug genommen wird, dies nur benutzend geschehen darf, ihnen also in der Funktion kein neuer Wert zugewiesen wird. Der Datenspeicher der Ada-Maschine ist dann nach Auswertung des Funktionsaufrufs unverändert, d.h. wie vor dem Aufruf, bis auf die Tatsache, daß das Ergebnis des Funktionsaufrufs zur Verfügung steht. Diese Seiteneffektfreiheit ist, abgesehen davon, daß sie die Lesbarkeit stark fördert, auch für Optimierungszwecke wichtig: Da das Ergebnis nur vom Eingabewert abhängt und auch sonst nichts verändert wird, kann der Compiler in einem Ausdruck z.B. für FUNK(A)+FUNK(A) auch 2*FUNK(A) einsetzen. Der Leser mache sich klar, daß z.B. die gegenseitige Vertauschung der Werte zweier Variabler dann nicht als Funktion geschrieben werden kann; hierfür muß eine Prozedur genommen werden.

Betrachten wir jetzt die **Syntax** des **Funktionsaufrufs** , der nur innerhalb eines Ausdrucks vorkommt. Diejenigen Ausdrücke, die hierbei auf Parameterposition auftauchen, heißen die **Aktualparameter.**
Die Zuordnung zwischen Aktual- und Formalparameter im Funktionsaufruf kann durch die Reihenfolge geschehen, wie in den meisten Programmiersprachen: Der erste Aktualparameter entspricht dem ersten Parameter der Formalparameterliste, der zweite dem zweiten usw. Dies ist beim ersten Beispiel von Fig. 3-29 der Fall. Hier entspricht A dem ersten, B dem zweiten Formalparameter der Funktion SKALARPRODUKT . Eine zweite Möglichkeit besteht darin, die Zuordnung zwischen Formalparametern und Aktualparametern beim Funktionsaufruf explizit hinzuschreiben. Dann ist die Reihenfolge der Parameterangaben beliebig. Im ersten Fall spricht man von einer **Parameterzuordnung durch Reihenfolge** , im zweiten Fall von **Parameterzuordnung durch Namen** . Schließlich dürfen beide Möglichkeiten insofern kombiniert werden, als die Parameterzuordnung durch Reihenfolge in einem Aufruf durch die Zuordnung über Namen ergänzt werden kann. Danach darf jedoch keine Zuordnung über Reihenfolge mehr stehen (vgl. Fig. 3-29).
In Fig. 3-29 ist der kontextfreie Anteil der Syntax des Funktionsaufrufs zusammengefaßt. Man beachte, daß der Aufruf einer parameterlosen Funktion ohne Klammerpaar geschrieben wird. Die gleiche Schreibweise wird auch benutzt für den

Aufruf einer Funktion, deren Parameter alle vorbesetzt sind, und wo überall von den Vorbesetzungen Gebrauch gemacht wird. Letzteres ist vielleicht etwas gewöhnungsbedürftig.

Bei Funktionen gibt es nur Parameter, die der Funktion Werte übergeben (*Eingangsparameter*, Eingabeparameter). Bei Prozeduren werden wir im nächsten Abschnitt auch Parameter kennenlernen, die durch die Prozedur verändert werden. Wir verschieben die Diskussion über die Verschiedenartigkeit von Parametern auf den nächsten Abschnitt.

```
D := E*SKALARPRODUKT (A,B)+C;  -- Zuordnung ueber Reihenfolge
V := WERT(ANF_TEILLISTE => L1, ENDE_TEILLISTE => L2); -- Zuordnung ueber
        -- Namen; ANF_TEILLISTE, ENDE_TEILLISTE sind Formalparameterbez.
Z := WERT(ANF_TEILLISTE => L); -- Zuordnung ueber Namen; zulaessig
        -- wenn fuer ENDE_TEILLISTE eine Vorbesetzung existiert
X := WERT(LA, ENDE_TEILLISTE => LE); -- Zuordnung ueber Reihen-
        -- folge und ueber Namen
```

```
function_call ::=

            function_name [actual_parameter_part]
actual_parameter_part ::=

            ( parameter_association {,parameter_association} )
parameter_association ::=

            [formal_parameter =>] actual_parameter
formal_parameter ::= parameter_simple_name
actual_parameter ::= expression | variable_name | type_mark(variable_name)
```

Fig. 3-29: Funktionsaufrufe: Beispiele, Syntax

Der Vorteil der Zuordnung durch Namen ist nun weniger die beliebige Reihenfolge der Aktualparameter im Aufruf als der einer gesteigerten Lesbarkeit: Vorausgesetzt, für den Formalparameter wurde ein Bezeichner gewählt, der ausdrückt, wozu dieser dient, dann ist dies auch an der Stelle des *Funktionsaufrufs* eine wertvolle *Erläuterung* . Dieser Zuordnungsmechanismus gilt für beliebige Unterprogramme, also auch für Prozeduren, und ist dort noch wichtiger als bei Funktionen, wo durch die Zuordnung über Namen mit der zusätzlichen textuellen Länge die Lesbarkeit von Ausdrücken leiden kann.

Ein weiterer Vorteil der Zuordnung über Namen ist der, daß eine Zuordnung der Aktual- zu Formalparametern auch möglich ist, wenn nicht für jeden Formalparameter ein Aktualparameter angegeben wurde, weil die Deklaration einer Funktion bereits Vorbesetzungen für Parameter enthalten darf. Parameter mit Vorbesetzungen dürfen in Funktionsaufrufen (und später in Prozeduraufrufen) nämlich fehlen, sie können durch einen auftauchenden zugehörigen Aktualparameter aber auch neu gesetzt werden.

Was ist nun die *Bedeutung eines Funktionsaufrufs*? Wir werden dies hier ausführlich erläutern, da für Prozeduren Analoges gilt. Die Erläuterung der Semantik ist, wie sonst auch, informal. Die Angabe einer Funktion durch Schnittstelle und Rumpf fassen wir als reine Definition auf, die von einer *ablauffähigen Inkarnation* der Funktion zu unterscheiden ist. Während der syntaktische Teil der Schnittstelle nur festlegt, wie die

Funktion aufzurufen ist, bewirkt der Aufruf einer Funktion die Erzeugung einer neuen Inkarnation nach dem Muster des Rumpfes. Dazu kommt noch ein Vorspann, sowie - insbesondere bei Prozeduren - eine Nachbehandlung. Insoweit sind die Verhältnisse ähnlich, wie zwischen Typdeklaration und Erzeugung eines Objekts zu einem Typ. Nur ist hier die geschaffene Inkarnation ein ausführbares Programmstück. Es hat die Gestalt eines Blockes, der ggf. Deklarationen enthält. Die Ausführung beginnt bei Funktionen mit der ersten ausführbaren Anweisung der Inkarnation und endet nach Ausführung einer return-Anweisung. Der Wert des Funktionsaufrufs ist dann der Wert des Ausdrucks der Rücksprunganweisung. Vor der Ausführung der Inkarnation stellen wir uns allerdings vor, daß die Werte der aktuellen Parameter den formalen Parametern durch eine Zuweisung zugewiesen werden.

Bei dieser Vorstellung von der Bedeutung eines Funktionsaufrufs gibt es mit **Bezeichnerkonflikten** keine Probleme. Selbst wenn in der Umgebung des Funktionsaufrufs der Bezeichner eines Formalparameters gültig ist, schadet dies nichts, da die Inkarnation wie ein neuer Block die lokalen Bezeichner (hier die Formalparameter) nach außen abschirmt, und die globalen Größen mit den gleichen Bezeichnern in der Inkarnation verdeckt sind. Analoges gilt für die Bezeichner der lokalen Deklarationen.

Selbst mit **rekursiven Funktionen,** d.h. mit Funktionen, die sich direkt oder indirekt selbst aufrufen, gibt es insoweit keine Probleme, als jeder Aufruf eine neue Inkarnation erzeugt. Die Verwendung eines anderweitig bereits verwandten Bezeichners für Formalparameter oder lokale Objekte macht somit keine Probleme. Die lokalen Objekte einer rekursiven Funktion werden bei jeder Inkarnation neu erzeugt. Für eine lokale Variable V innerhalb einer direkt rekursiven Funktion F erzeugt ein Aufruf von F, der zu weiteren k Funktionsaufrufen von F führt, also insgesamt k+1 verschiedene "dynamische" Vorkommnisse dieser Variablen. Die Lebensdauern dieser Inkarnationen sind strikt ineinander enthalten: Jede Inkarnation, die einem Aufruf entspricht, ist enthalten in einer anderen Inkarnation, die dem übergeordneten Aufruf entspricht. Während der Ausführung dieser Inkarnation sind die Objekte der übergeordneten mit der gleichen Bezeichnung verdeckt, nach Beendigung dieser Inkarnation brauchen die zugehörigen Objekte nicht aufgehoben werden. Die lokalen Objekte einer rekursiven Funktion folgen also bei ihren Erzeugungen und Löschungen für die verschiedenen Inkarnationen zur Laufzeit dem **Kellerprinzip.** (Dies wird von Übersetzern durch Verwenden eines (dynamischen) Laufzeitkellers ausgenutzt, vgl. Literaturabschnitt 6.)

Betrachten wir als einfaches Beispiel die Fakultätsfunktion von Fig. 3-30. Der Formalparameter ist vom vordefinierten Typ INTEGER im Bereich 0..1000 . (Ein Aufruf mit negativem Aktualparameter würde zur Laufzeit zur vordefinierten Ausnahme CONSTRAINT_ERROR führen.) In einem Ausdruck des Programms stehe an einer Stelle **** ein Aufruf von FAK(2) . Dies führt zur 1. Inkarnation der Funktion. Diese besteht aus einem Vorspann, in welchem dem hier einzigen Eingangsparameter der Wert des aktuellen Parameters zugewiesen wird. Da in der ersten Inkarnation die Abfrage auf 0 nicht zutrifft, ist der Wert in der Rücksprunganweisung N*FAK(N-1) , d.h. 2*FAK(1) . Um diesen Wert zu ermitteln, wird durch einen erneuten Aufruf der Falkultätsfunktion an der Stelle *** die zweite Inkarnation geschaffen. In dieser wird zur Laufzeit erneut ein Funktionsaufruf an der Stelle ** ausgeführt, wodurch die dritte und letzte Inkarnation erzeugt wird. Jetzt endlich trifft die Abfrage auf 0 zu, es erfolgt kein erneuter Funktionsaufruf, und diese Inkarnation wird mit dem Wert 1 verlassen. Dies führt dazu, daß der Wert der übergeordneten Inkarnation nun feststeht, nämlich 1*1 . Diese kann nun ebenfalls beendet werden, hier ebenfalls mit dem Wert 1 . In der übergeordneten Inkarnation führt dies nun zu dem Ergebniswert 2*1 , der an der Stelle des ersten Aufrufs zurückgeliefert wird. Hätte diese Funktion nun lokale Daten gehabt, so wären diese entstanden und vergangen nach dem Schema der Speicherbelegung von Fig. 3-30.

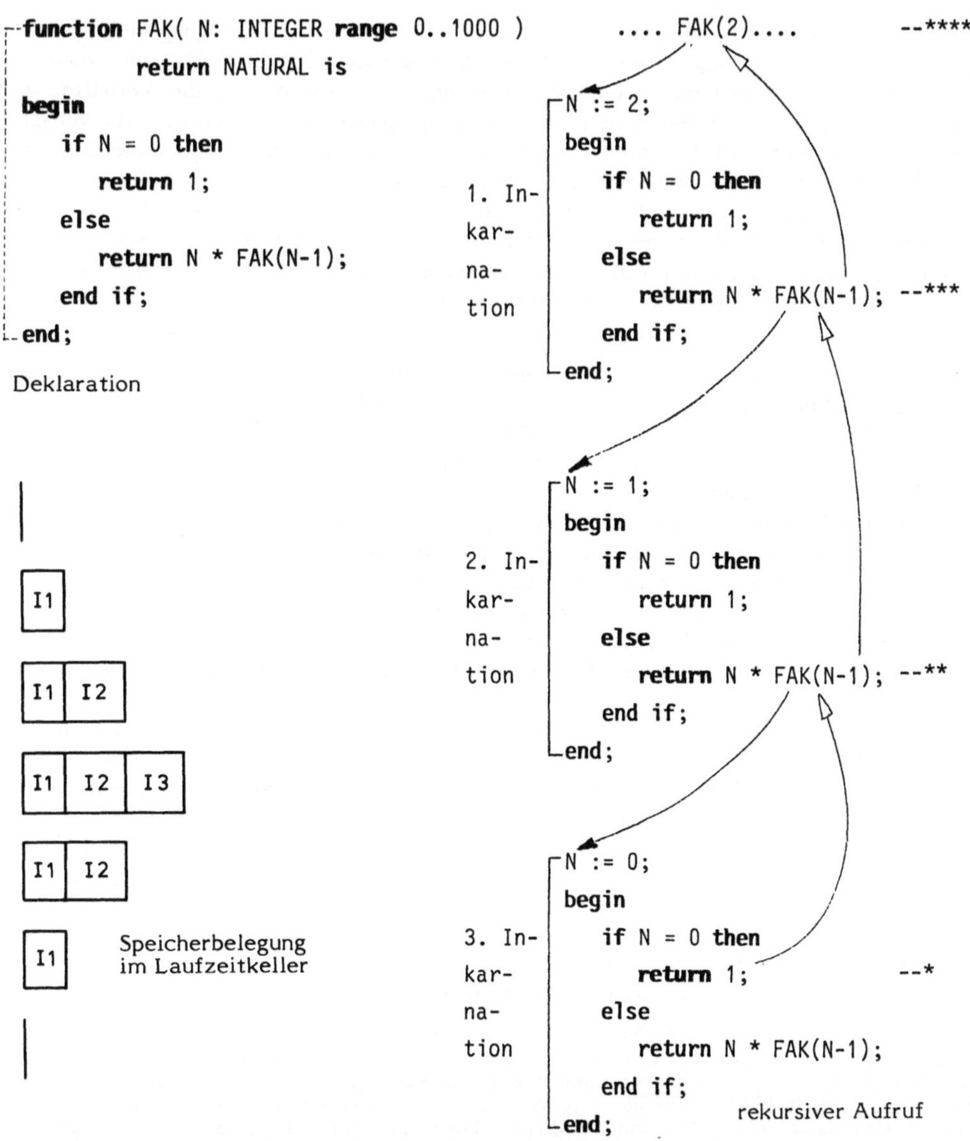

Fig. 3-30: rekursive Funktion: Erläuterung der Bedeutung
eines Funktionsaufrufs

In dem eben betrachteten Beispiel haben wir eine Funktion kennengelernt, die sich selbst aufruft. Man spricht hier von **direkter Rekursion**. **Indirekte Rekursion** liegt hingegen vor, wenn der rekursive Aufruf mindestens über eine Zwischenstufe geht: Zum Beispiel wenn eine Funktion A eine Funktion B aufruft und diese dann wiederum A usw. Wir gehen hierauf im nächsten Abschnitt noch einmal ein.

Wie wir bereits diesem einfachen Beispiel der Falkultätsfunktion entnehmen, ist das Prinzip der Rekursion nicht leicht verständlich. (Die Erfahrungen mit Programmierveranstaltungen für Anfänger bestätigen dies.) Rekursion bietet sich insbesondere dort als Lösungshilfsmittel an, wo ein Problem selbst **rekursiv definiert** ist. Dann läßt sich die

Lösung manchmal direkt aus der Problemdefinition entnehmen. In unserem Falkultätsfunktionsbeispiel war dies so. Andererseits ergibt sich bei einigen nicht rekursiv formulierten Problemen eine sehr naheliegende rekursive Lösung. Dies gilt für sog. **branch-and-bound-Lösungen** , wo man ein Problem auf das gleiche Problem auf einem Teilbereich zurückführt. Man sollte sich jedoch davor hüten, eine Lösung, einer vermeintlichen Eleganz wegen, mit Gewalt rekursiv machen zu wollen. Solche Programme sind meist unverständlich.

Für rekursive Lösungen muß allerdings einiger Aufwand zur Laufzeit in Kauf genommen werden. Deshalb ist es oft lohnenswert, über eine Lösung nachzudenken , die ohne Rekursion auskommt. Eine solche Lösung gibt es stets, sie kann sogar automatisch aus der rekursiven erzeugt werden. Beispielsweise hat das von einem Compiler für ein rekursives Quellprogramm erzeugte Programm für die Basismaschine diese Eigenschaft. Man spricht dann von der **iterativen** Lösung, im Gegensatz zur rekursiven. In vielen Fällen bietet sich eine iterative Lösung vom Problem her sofort an, die ebenso oder nahezu ebenso einsichtig ist wie die rekursive. In unserem Fakultätsfunktionsbeispiel ist dies so. Ist die gewonnene iterative Lösung nicht so einsichtig wie die rekursive, so sollte der Übergang zur iterativen Lösung ein Teil der Dokumentation sein.

Wir haben oben die Bedeutung eines Unterprogrammaufrufs mit der Erzeugung einer Inkarnation und deren Ausführung erklärt. Die **Implementation** eines Unterprogrammaufrufs, d.h. das, was der Übersetzer daraus macht, ist davon natürlich verschieden. Hier gibt es im Falle eines nichtrekursiven Unterprogramms die Möglichkeit, an der Stelle des Aufrufs den Rumpf des Unterprogramms einzukopieren, nach geeigneter Ersetzung der formalen Parameter in dieser Kopie. Diese Implementation eines Unterprogrammaufrufs nennt man **Einkopieren des Rumpfes** oder **Makroexpansion** (engl. inline insertion). Sie ist beispielsweise dann überlegenswert, wenn ein Programmstück aus Strukturierungsgründen zum Unterprogramm gemacht wurde, dieses jedoch nur an einer Stelle im Quelltext aufgerufen wird. Das Pragma `INLINE` gestattet es, dem Übersetzer diese Implementationstechnik zu empfehlen. Die zweite Implementationstechnik verwendet ein **Unterprogramm auf Maschinenebene** . Hier ist der Code für die Funktion (im Gegensatz zur Erklärung mit Inkarnationen von oben) nur einmal vorhanden. Aufruf der Funktion bedeutet Anspringen dieses Codestücks mit Sicherung der Rücksprungadresse, Rücksprung bedeutet Sprung zu dieser geretteten Adresse. Lediglich die lokalen Daten sind wie bei der Inkarnation jeweils neu zu erzeugen. Die Speicherbelegung nach dem Laufzeitkellerprinzip von Fig. 3-30 bleibt erhalten, nur daß von den Inkarnationen im wesentlichen nur die Daten übriggeblieben sind. (Für eine genaue Erläuterung dieser Implementationsmechanismen sei wieder auf den Literaturabschnitt 6 verwiesen.)

Eine Spezialform von Funktionen sind die **Operatoren.** Ihre syntaktische Schnittstelle sieht genauso aus wie die einer Funktion, nur steht hier anstelle des Funktionsnamens die Bezeichnung (das Symbol) für die Operation, in Doppelapostrophe eingerahmt. Als Operationssymbole sind nur die in der Sprache vordefinierten Operatoren erlaubt. Die Stelligkeit, d.h. die Anzahl der Formalparameter, muß mit der dieser vordefinierten Operatoren übereinstimmen. Betrachten wir als Beispiel das Skalarprodukt zweier Vektoren, das wir durch das Operationssymbol `*` für Multiplikation bezeichnen wollen. Beispiel 3-31 zeigt eine mögliche zugehörige Operatorerklärung. Hierbei sei `FLOAT_VEKTOR` der Typ eines beliebigen eindimensionalen Feldes mit Komponenten des vordefinierten reellen Typs `FLOAT` .

```
function "*" (X,Y: FLOAT_VEKTOR) return FLOAT is
    SUMME: FLOAT := 0.0;
begin
    PRUEFE(X'FIRST=Y'FIRST and X'LAST=Y'LAST); -- Abpruefen und Abbrechen
                             -- bei Nichtzutreffen (vgl. hierzu 3.9)
    for J in X'RANGE loop  -- Durchlaufen des ganzen Indexbereichs von X
        SUMME := SUMME + X(J)*Y(J);
    end loop;
    return SUMME;
end "*";
```

```
D := E * ( A * B ) + C;     -- A und B seien vom Typ  FLOAT_VEKTOR
```
Beispiel 3-31: Operator: Erklärung, Aufruf

Während die Schnittstelle eines Operators analog zu der einer beliebigen Funktion hingeschrieben wird, hat der Aufruf eines Operators doch eine ganz andere Gestalt. Hier wird die **Präfixschreibweise** für einstellige Operatoren und die **Infixschreibweise** für zweistellige Operatoren verwandt: Im Aufruf werden die Aktualparameter nicht geklammert; der Operatorbezeichner steht bei einstelligen Operatoren vor dem Aktualparameter, bei zweistelligen Operatoren zwischen den beiden Aktualparametern. Parameterzuordnung über Namen und somit auch unterschiedliche Anzahl von Aktualparametern wegen Vorbesetzung gibt es hier nicht. Während die erste Zeile von Fig. 3-29 den Aufruf einer Funktion   SKALARPRODUKT   zeigt, enthält die letzte Zeile von Beispiel 3-31 den Aufruf eines Operators für das Skalarprodukt. Hierbei seien   A   und   B   eindimensionale Felder des Typs   FLOAT_VEKTOR   ,   D ,   E   und   C   einfache Variable des Typs   FLOAT .

Wir sind eben einem Konzept begegnet, das in Ada als **Überladen** (engl. overloading) bezeichnet wird. Die Operatorbezeichnung   *   ist in der Sprache vordefiniert, nämlich für die üblichen numerischen Typen. Wir haben ihm hier eine weitere Bedeutung mitgegeben, nämlich als Skalarprodukt für eindimensionale Felder des Typs   FLOAT_ VEKTOR   . Ebenso könnte man diesen Operator noch dazu verwenden, das Produkt zweier Matrizen passenden Typs zu definieren, d.h. ihn noch weiter zu überladen. Für ein angewandtes Auftreten dieses Operators muß nun durch Betrachtung des Kontexts (in diesem Falle der beiden Operanden) ermittelt werden, um welche Bedeutung des Zeichens   *   , nämlich Multiplikation bei numerischen Typen, Skalarprodukt oder Matrixmultiplikation, es sich handelt. Andererseits muß der zugehörige Operator aber aus diesem Kontext ermittelbar sein, sonst ist das Programm falsch. Was wir hier für den Operator   *   festgestellt haben, gilt für beliebige Operatoren, oder noch allgemeiner, für beliebige Unterprogramme. Auch hier kann der gleiche Bezeichner für unterschiedliche Unterprogramme verwendet werden.

Dieses Konzept des Überladens verlangt nun eine **Modifikation der Sichtbarkeitsregeln**: Neben der Definition des neuen Operators   *   für Skalarprodukt soll ja der Operator   *   für ganzzahlige Multiplikation, der in der Sprache vordefiniert wurde, sichtbar bleiben, also nicht verdeckt werden. Ebenso muß es zulässig sein, z.B. in ein und demselben Deklarationsteil mehrere Operatoren bzw. Funktionen mit der gleichen Bezeichnung zu definieren, wenn diese sich etwa im Typ der Parameter unterscheiden. Für diese Unterscheidung von Funktionen mit dem gleichen Funktionsbezeichner werden in Ada die Reihenfolge und Typen der Formalparameter und schließlich der Ergebnistyp berücksichtigt. Stimmen alle diese Angaben überein, so sagt man, zwei solche Funktionen haben das gleiche **Parametertypprofil** . Nur für Funktionen mit dem gleichen Parametertypprofil tritt die bisherige Sichtbarkeitsregelung ein, d.h. eine solche Deklaration in einer inneren Programmeinheit verdeckt eine äußere. Andererseits ist eine Deklaration zweier Funktionen mit dem gleichen Parametertypprofil in ein und demselben Deklarationsteil verboten. Funktionen mit unterschiedlichem Parametertypprofil verdecken sich nicht, sondern sie überladen den Funktionsbezeichner und dürfen somit in einem Deklarationsteil auftauchen. (Der Leser mache sich klar, daß das Herausfinden der zutreffenden Operation zu einer überladenen Funktion durch Verwendung verkürzter Parameterlisten bei Vorbesetzung erschwert oder unmöglich gemacht wird.) Für Operatoren gelten analoge Regeln, d.h. auch sie dürfen überladen werden. Das Herausfinden des "passenden" Operators ist hier sogar einfacher, da Zuordnungen über Namen, Vorbesetzungen und somit verkürzte Aktualparameterlisten nicht vorkommen dürfen. Das Gleichheitszeichen darf allerdings nur für weitere Gleichheitstests überladen werden (und dies nur mit Einschränkungen).

Das Konzept des **Überladens** bedingt einigen **Aufwand** , um zu einem angewandten Auftreten das passende deklarierende aufzufinden. Dieser Aufwand wird jedoch bereits zur Compilezeit durchgeführt, zur Laufzeit tritt keine Belastung ein. Für das Herausfinden des "passenden" Unterprogramms wird das Parametertypprofil herangezogen. D.h., daß überladene Unterprogramme verschiedene Bezeichner für Formalparameter haben dürfen, diese gehen in die Definition des Parametertypprofils nicht ein. Das heißt aber nicht, daß bei Parameterzuordnung über den Namen nun ein beliebiger Formalparameterbezeichner verwendet werden kann. Hier muß natürlich der richtige verwendet werden.

Mit dem **Überladen** ist sehr **behutsam umzugehen.** Der Operator, mit dem ein Operationssymbol überladen werden soll, muß z.B. zu dem vordefinierten Operator passen. So würde es wohl nur zur Verwirrung führen, wenn wir etwa das Operationssymbol * bei Vektoren dazu verwenden würden, um die Addition derselben zu definieren. Ferner sollten alle Operationen zu einer überladenen Funktions- oder Operatorbezeichnung die gleichen Eigenschaften haben, wie etwa Kommutativität, Assoziativität etc. Mit überladenen Bezeichnern und Bezeichnungen werden wir uns noch einige Male in diesem Buch auseinanderzusetzen haben.

3.8 PROZEDUREN

Das meiste, was wir im letzten Abschnitt über Funktionen gelernt haben, gilt auch für Prozeduren, die Bemerkungen über Operatoren natürlich ausgenommen. Das heißt insbesondere, daß die Gestalt der Erklärung eines Unterprogramms mit der Unterscheidung zwischen Kopf und Rumpf, die Korrespondenz zwischen formalen und aktuellen Parametern, die Zuordnung über Reihenfolge bzw. über Namen, die Vorbesetzung von Parametern und ihr optionales Auftreten im Aufruf hier genauso ist wie bei Funktionen. Auch das im letzten Abschnitt Gesagte über Rekursivität, Implementationskonzepte, Abstraktion durch Unterprogramme bis zum Überladen von Unterprogrammbezeichnern gilt ohne Einschränkung ebenfalls für Prozeduren. Der Unterschied zwischen Funktionen und Prozeduren ist der, daß Prozeduren keinen Wert liefern, sondern ihr Ergebnis in der Regel über Parameter zurückgeben. Anders ausgedrückt: Prozeduren haben, im Gegensatz zu Funktionen, nicht nur Eingangsparameter.

Wie bereits festgestellt, sind die Bezeichner der formalen Parameter für die Bedeutung eines Unterprogramms unerheblich (nicht jedoch für dessen Lesbarkeit). Sie sind lediglich Platzhalter, die beliebig gebunden umbenannt werden dürfen. Im Falle des Unterprogrammaufrufs werden ihnen die Werte aktueller Parameter zugeordnet, wenn nicht von der Vorbesetzung Gebrauch gemacht wird. Der Ablauf der dabei stattfindenden Ersetzung wird der Parameterübergabemechanismus einer Programmiersprache genannt. Bis jetzt haben wir nur **Eingangsparameter** (Eingabeparameter) kennengelernt, d.h. Parameter, die im Unterprogramm lediglich gelesen werden dürfen. Da Prozeduren ihr Ergebnis im allgemeinen über Parameter zurückliefern, muß es also auch **Ausgangspara-meter** (Ausgabeparameter) geben, bzw. **Ein-/Ausgangsparameter** (Transienten), die sowohl einen Wert in die Prozedur einbringen als auch zur Rücklieferung des Ergebnisses benutzt werden. Beispielsweise ist bei einer Sortierroutine das zu sortierende Feld ein Transient: Es wird unsortiert eingegeben und kommt sortiert heraus. Der **Bindungsmodus** in der Unterprogrammdeklaration kennzeichnet durch die Wortsymbole `in`, `out` bzw. `inout`, die vor der Typangabe des Parameters stehen, ob es sich um Eingangsparameter, Ausgangsparameter oder Ein-/Ausgangsparameter handelt. Die Angabe `in` bei Eingangsparametern darf weggelassen werden, was wir im letzten Abschnitt stets getan haben.

Wir sind nun in der Lage, die **Syntax** der Unterprogrammschnittstelle oder **Unterprogrammspezifikation** (d.h. für Prozeduren und Funktionen) mit EBNFs und weiteren Bemerkungen anzugeben (vgl. Fig. 3-32): Nach dem Wortsymbol `procedure` bzw. `function` kommt nach dem Prozedurbezeichner bzw. Funktionsbezeichner/Operatorsymbol die Formalparameterliste, die bei einer parameterlosen Prozedur oder Funktion leer sein kann. Für das Operatorsymbol darf, wie schon gesagt, nur das Symbol eines der vordefinierten Operatoren stehen, das in Doppelapostrophe einzurahmen ist. Die einzelnen Formalparameterdeklarationen sind durch Semikolon voneinander getrennt, im Gegensatz zum Unterprogrammaufruf, wo das Komma als Trennsymbol verwendet wird. (Die Formalparameterbezeichner, die zu einer Typangabe gehören, werden jedoch durch Komma getrennt.) Nur bei Eingangsparametern darf eine Vorbesetzung stehen, d.h. nach der Typangabe steht ein Zuweisungszeichen gefolgt von einem Ausdruck.

Man beachte wieder, daß bei den Formalparametern keine Typdefinition stehen darf, d.h. hier muß Bezug auf den Bezeichner eines Typs genommen werden, der anderweitig deklariert ist. Ebenso ergibt sich aus der Syntaxbeschreibung, daß Ada nur formale Datenobjekte als Parameter zuläßt und somit weder Prozeduren noch Typen als Formalparameter kennt (vgl. jedoch Abschnitt 5.1).

In Ada wird die Unterprogrammspezifikation - präziser deren syntaktischer Anteil - auch **Unterprogrammdeklaration** genannt (vgl. Fig. 3-32). Das ist insoweit gewöhnungsbedürftig, als man in anderen Programmiersprachen mit einer Unterprogrammdeklaration sowohl die Schnittstelle als auch den Rumpf meint. Beides ist ja nötig für die Festlegung des Unterprogramms. Allerdings heißt in Ada die Unterprogrammspezifikation nur dann Unterprogrammdeklaration, wenn sie ohne den Rumpf steht. Wir werden in diesem Abschnitt noch ein Beispiel dafür kennenlernen, daß dies manchmal nötig ist. Da diese Sprechweise für Deklarationen bei anderen Programmeinheiten wiederkehrt, wollen wir uns ab jetzt der Sprechweise von Ada anpassen: Eine Unterprogrammdeklaration ist also nur die (syntaktische) Spezifikation dieses Unterprogramms.

```
subprogram_declaration ::= subprogram_specification;

subprogram_specification ::=

            procedure identifier [formal_part]
            function designator [formal_part] return type_mark
```

```
designator ::= identifier | operator_symbol

operator_symbol ::= string_literal

formal_part ::= (parameter_specification {;parameter_specification})

parameter_specification ::=

          identifier_list: mode type_mark [:= expression]

mode ::= [in] | in out | out
```

```
function ZUFALLSZAHL return FLOAT range 0.0..1.0    -- vgl. Aufgabe 13

function "*" (X,Y: in MATRIX) return MATRIX

procedure SUCHE_IN_BINAERBAUM (GES_SCHLUESSEL: in KEY_TYPE;
                               SUCHBAUM: in out TREE_TYPE;
                               INFO: in out STRING_TYPE)

procedure DRUCKE_SEITENANFANG (SEITENZAHL: in INTEGER;
                               KOPFZEILE: in LINE_TYPE := LEERZEILE;
                               ZENTRIERT: BOOLEAN := TRUE)
```

Fig. 3-32: Unterprogrammschnittstelle: Syntax, Beispiele

Wie sieht der **Parameterübergabemechanismus** von Ada nun genau aus? Der Aktualparameter zu einem Eingangsparameter ist ein beliebiger Ausdruck, insbesondere also z.B. ein Literal, eine Konstante oder eine Variable passenden Typs. Der formale **Eingangsparameter** agiert als **lokale Konstante** (Konstante im Ada-Sinne) der Inkarnation der Prozedur, die durch den Prozeduraufruf erzeugt wird. Ihr wird der Wert des Aktualparameters zugewiesen. Fehlt der zugehörige Aktualparameter, so muß es sich ja um einen Parameter mit Vorbesetzung handeln, was nur bei Eingangsparametern erlaubt ist. Dann wird der Wert der Vorbesetzung genommen.

Bei **Ausgangsparametern** agiert der formale Parameter als **lokale Variable** der Inkarnation. Ihr wird während der Ausführung der Inkarnation ein oder mehrere Male ein Wert zugewiesen. Nach Beendigung der Ausführung der Inkarnation wird nun, wenn nicht ein "Fehler" auftritt, der Wert dieser lokalen Variablen dem Aktualparameter zugewiesen. Dieser Aktualparameter kann nur eine Variable oder eine Komponente einer strukturierten Variablen sein.

Schließlich haben wir bei **Ein-/Ausgangsparametern** eine ähnliche Situation wie bei Ausgangsparametern. Der Aktualparameter ist wieder eine Variable oder die Komponente einer strukturierten Variablen. Der Formalparameter agiert als lokale Variable der Inkarnation, der vor Ausführung derselben der Wert des Aktualparameters zugewiesen wird. Nach Beendigung der Ausführung der Inkarnation ohne "Fehler" wird umgekehrt der Wert des Formalparameters dem Aktualparameter zugewiesen.

Ein Eingangsparameter ist **konstant**, d.h. ihm darf während der Ausführung der Prozedur kein Wert zugewiesen werden. Dies gilt auch, wenn es sich um ein Feld bzw. einen Verbund handelt: Hier darf nicht einmal eine Komponente verändert werden. Dies ist erfüllt, wenn kein Setzen eines Eingangsparameters oder eines Teils in der Prozedur möglich ist, was vom Übersetzer abgeprüft werden kann.

Da eine Prozedur ihr Ergebnis im allgemeinen über Ausgangsparameter oder

Transienten an die Umwelt vermittelt, sollte wenigstens ein *Ausgangs-* oder *Transienten-parameter existieren.* Von der Sprachdefinition her ist dies nicht vorgeschrieben, da eine Prozedur ihr Ergebnis auch über globale Variable vermitteln kann. Vom Standpunkt der Programmiermethodik ist hier jedoch Vorsicht angebracht. An der Schnittstelle der Prozedur ist diese Art der Veränderung nämlich überhaupt nicht erkennbar. Auch wenn die Parameterlisten ggf. lang werden, sollte man i.a. versuchen, den Effekt einer Prozedur nur über Ausgangsparameter oder Transienten zu vermitteln.

Schließlich muß ein Ausgangsparameter einer Prozedur auch *gesetzt* werden, da sonst, nach Ausführung dieser Prozedur, dieser Ausgangsparameter undefiniert wäre. Bei Transienten wäre der Wert des entsprechenden Aktualparameters zwar nicht undefiniert, aber prinzipiell nicht veränderbar. In beiden Fällen kann und sollte das Programmiersystem eine entsprechende Warnung ausgeben, falls keine Anweisung im Rumpf existiert, die ggf. zur Laufzeit den Ausgangs- bzw. Transientenparameter setzt.

Der obige Parameterübergabemechanismus mit Kopieren des Wertes an eine lokale Konstante bei Eingangsparametern und Arbeiten mit einer lokalen Variablen bei Ausgangsparametern bzw. Transienten ist ein *einfaches abstraktes Modell.* Das Anlegen einer lokalen Konstanten bzw. Variablen kostet Speicherplatz und außerdem Rechenzeit für die notwendigen Kopiervorgänge. Deshalb kann der Übersetzer hierfür einen *anderen Parameterübergabemechanismus einsetzen:* Bei Eingangsparametern wird, wenn eine Veränderung in der Prozedur ausgeschlossen ist, auf das aktuelle Objekt zugegriffen, anstatt eine Kopie zu erzeugen (call by reference anstelle von call by value, vgl. Literaturabschnitt 6). Insbesondere wird bei Ausgangs- und Transientenparametern üblicherweise mit call by reference zugegriffen und nicht eine lokale Variable angelegt. Die Sprachdefinition schreibt den Kopiermechanismus nicht zwingend vor. Somit darf man sich auch nicht darauf verlassen, daß kopiert wird oder daß nicht kopiert wird. Programme, die sich festlegen, sind fehlerhaft. Beispielsweise darf man sich bei einer Prozedur, die ein Feld sortiert, im Falle eines Fehlerfalles mit Abbruch der Ausführung während des Sortierens nicht darauf verlassen, daß das Feld noch im Zustand der Eingabe ist. Dies ist nur der Fall, wenn kopiert wurde. Bei Bezug auf das aktuelle Feld in der Prozedur ist es möglicherweise bereits teilweise sortiert.

Betrachten wir als nächstes Beispiel einen Unterprogrammrumpf (Ada-Sprechweise!). Es handelt sich um eine Prozedur PUSH , die auf einem Keller (Stapel) ein neues Kellerelement ablegt. Der Keller sei ein Verbund, der neben einem eindimensionalen Feld für die Daten ST.SPACE noch zwei weitere Komponenten enthält, nämlich ST.SIZE für den maximalen Index des Feldes (gibt an, wann der Keller voll ist) und ST.INDEX (gibt an, bis wohin der Keller gefüllt ist). Es ist klar, daß der erste Parameter für das einzugebende Kellerelement ein Eingangsparameter ist, während der zweite ein Transient ist, da der Keller selbst eingegeben werden muß, damit er, mit dem zusätzlichen Element versehen, ausgegeben werden kann. (Der Leser schreibe als kleine Übungsaufgabe die Prozedur POP , die das oberste Kellerelement löscht, die Prozedur READ_TOP , die das oberste Kellerelement ausliest, ohne den Keller zu verändern, und die Funktionen IS_EMPTY bzw. IS_FULL , die abprüfen, ob der Keller leer bzw. voll ist.)

```
procedure PUSH (EL: in EL_TYPE; ST: in out ST_TYPE) is
begin
    if ST.INDEX = ST.SIZE then
        .                -- Fehlersituation: Es erfolge Abbruch und Meldung des
        .                -- Fehlers an die aufrufende Prozedur (vgl. Abschnitt 3.9)
    else
        ST.INDEX := ST.INDEX+1; ST.SPACE(ST.INDEX) := EL;
    end if;
    return;
end PUSH;
```

Beispiel 3-33: Unterprogrammrumpf

Vor der Angabe der Syntax für ganze Unterprogramme sei noch folgende Vorbemerkung gemacht: Wir haben gesehen, daß im Ada-Sprachgebrauch eine Unterprogrammdeklaration lediglich die Schnittstelle beschreibt. Im **Rumpf** (subprogram_body) muß nun diese Schnittstelle noch einmal auftauchen. Dadurch ist der "Rumpf" das, was man üblicherweise die Vereinbarung des gesamten Unterprogramms oder eine Unterprogrammdeklaration nennt. Auch diese Sprechweise von "Rumpf" ist gewöhnungsbedürftig. Wir wollen sie jetzt trotzdem beibehalten, damit der Leser bei eventuellem Nachschlagen im Sprachreport keine andere Sprechweise vorfindet.

Betrachten wir nun die **Syntax** eines **Unterprogrammrumpfs** (vgl. Fig. 3-34): Nach der Schnittstelle (Unterprogrammspezifikation), die wir bereits kennengelernt haben, kommen die lokalen Deklarationen, die auch fehlen können, und die Anweisungen. Der Teil nach der Unterprogrammschnittstelle im Unterprogrammrumpf hat in etwa das Aussehen eines Blocks; auch er besteht aus Deklarationsteil und Anweisungsteil. Dieser Teil heißt die Realisierung oder Implementation des Unterprogramms. Im Anweisungsteil kommt bei Funktionen mindestens eine Rücksprunganweisung vor, bei Prozeduren sollte sie vorkommen (in beiden Fällen am besten genau eine am Ende). Für den Fall, daß es sich um eine Funktion handelt, muß die Rücksprunganweisung einen Ausdruck enthalten, während dieser bei einer Prozedur nicht stehen darf. Bei Prozeduren erfolgt stets ein Rücksprung, wenn der Rumpf fertig ausgeführt ist, auch wenn die return-Anweisung fehlt. Wie bereits in den Beispielen mehrfach verwendet, darf die Unterprogrammbezeichnung (aber nur diese) am Ende des Unterprogrammrumpfs noch einmal auftauchen.

```
subprogram_body ::=   subprogram_specification is
                          [declarative_part]
                      begin
                          sequence_of_statements
                      [exception
                          exception_handler
                          {exception_handler}]
                      end [designator] ;

return_statement ::=   return [expression];
```

Fig. 3-34: Unterprogrammrumpf, Rücksprunganweisung: Syntax

Betrachten wir als nächstes die **Syntax** des **Prozeduraufrufs** (vgl. Fig. 3-35). Zunächst fällt auf, daß - wie bei allen Algol-ähnlichen Sprachen - auch bei Prozeduren kein Wortsymbol für den Unterprogrammaufruf verwendet wird. Es wird lediglich der Prozedurname, gefolgt von der geklammerten Liste der Aktualparameter, abgeschlossen durch ein Semikolon hingeschrieben. (Bei Funktionsaufrufen, die nur innerhalb von Ausdrücken auftauchen, fehlt natürlich das abschließende Semikolon.) Der Prozeduraufruf darf überall dort stehen, wo eine Anweisung stehen darf. Die Liste der Aktualparameter darf auch fehlen, nämlich bei einer parameterlosen Prozedur bzw. einer Prozedur mit ausschließlich vorbesetzten Eingangsparametern; dann steht im Prozeduraufruf lediglich der Unterprogrammbezeichner. (Vorsicht, diese Prozeduren übergeben ihr Ergebnis nur an globale Variable.)

Die Aktualparameterliste kann nun wieder Parameterzuordnung über die Reihenfolge bzw. über Namen enthalten, mit der Möglichkeit von Vorbesetzungen und verkürzten Parameterlisten im zweiten Falle. Dies haben wir bereits im letzten Abschnitt über Funktionen kennengelernt. Der Vorteil der Parameterzuordnung über Namen ist gesteigerte Lesbarkeit an der Stelle des Unterprogrammaufrufs, der Nachteil ist, daß alle Unterprogrammaufrufe geändert werden müssen, wenn die Formalparameter umbezeichnet werden.

Es ist in Ada - wegen der strengen Typisierung - klar, daß der Typ des Aktualparameters mit dem des Formalparameters übereinstimmen muß. Dies wird vom Übersetzer abgeprüft. Ebenso muß der Aktualparameter mit dem Bindungsmodus des Formalparameters zusammenpassen: Während der Aktualparameter für einen Eingangsparameter ein beliebiger, natürlich typverträglicher Ausdruck sein darf, muß dieser im Falle eines Ausgangsparameters bzw. Transienten eine eingeschränktere Gestalt haben. Hier darf nur ein Variablenbezeichner, die Bezeichnung der Komponente einer Variablen etc. stehen. Alles dies ist im nichtterminalen Symbol `variable_name` von Fig. 3-29 enthalten, das wir erst später erläutern.

```
procedure_call_statement ::=

                    procedure_name [actual_parameter_part] ;
                    (für actual_parameter_part vgl. Fig. 3-29)
```

```
PUSH(PLUS_SYMBOL, UEBERSETZUNGSKELLER);
SUCHE_IN_BINAERBAUM(GES_SCHLUESSEL => BEZEICHNER, SUCHBAUM => SYMBOLTABELLE,
                    INFO => TYPBESCHREIBUNG);
DRUCKE_SEITENANFANG(SEITENZAHL => 105);
DRUCKE_SEITENANFANG(SEITENZAHL => 1, KOPFZEILE => UEBERSCHR_KAP1,
                    ZENTRIERT => FALSE);
```

Fig. 3-35: Prozeduraufruf: Syntax, Beispiele

Für die **Bedeutung des Prozeduraufrufs** knüpfen wir an die Erklärung der Bedeutung von Funktionsaufrufen des letzten Abschnitts an. Für den Prozeduraufruf wird eine Inkarnation der Prozedur geschaffen. Die Aktualparameter, sofern sie zu Eingangsparametern bzw. Transientenparametern gehören, werden lokalen Konstanten bzw. Variablen zugewiesen, nämlich den Formalparametern. (Wie wir oben festgestellt haben, darf das Ergebnis nicht davon abhängen, ob eine Kopie geschaffen wird oder nicht. Wir dürfen hier also zur Erläuterung des Sachverhalts der Einfachheit halber annehmen, daß kopiert wird.) Dann wird die Inkarnation ausgeführt. Nach Beendigung der Ausführung werden Ausgangsparameter bzw. Ein-/Ausgangsparameter in die Aktualparameter zurückgeschrieben, wenn bei der Ausführung kein "Fehler" auftrat. Man beachte, daß durch Erzeugung einer Inkarnation bei jedem Unterprogrammaufruf insbesondere für die lokalen Deklarationen neue Datenobjekte angelegt werden, was für die Behandlung rekursiver Prozeduren auch nötig ist. Sowohl die Formalparameter als auch die Aktualparameter können Einschränkungen unterliegen. Werden sie verletzt, so wird am Anfang oder am Ende des Prozeduraufrufs die Ausnahme CONSTRAINT_ERROR erweckt. Dies ist bei Eingangs- bzw. Ein-/Ausgangsparametern der Fall, wenn der Aktualparameter die Einschränkungen des Formalparameters nicht erfüllt, bei Ausgangsparametern bzw. Ein-/Ausgangsparametern, wenn der Formalparameter die Einschränkungen des Aktualparameters beim Zurückschreiben nicht erfüllt.

Kehren wir noch einmal zum Unterprogrammrumpf zurück. Ein Unterprogrammrumpf U ist ähnlich wie ein Block, nur daß er mit der Unterprogrammspezifikation beginnt. Nach dieser können beliebige lokale Deklarationen folgen. Diese Deklarationen können auch weitere Unterprogrammdeklarationen sein. Man spricht dann von *lokalen Unterprogrammen.* Hier handelt es sich um Hilfsmittel zur Implementierung des übergeordneten Unterprogramms U , die mindestens einmal im Anweisungsteil benötigt, d.h. aufgerufen werden sollten. Diese Unterprogramme sind nicht außerhalb von U benutzbar. Obwohl prinzipiell erlaubt, werden hier i.a. keine großen Unterprogramme stehen, da das Unterprogramm selbst sonst groß und unleserlich wird. Für größere Programmteile wollen wir später nämlich Moduln verwenden. Im Anweisungsteil eines Unterprogrammes können also insgesamt verwendet werden: (1) die formalen Parameter, (2) die lokalen Daten und (3) die lokalen Unterprogramme (vgl. Fig. 3-36) und (in disziplinierter Weise!) die globalen Daten. Lokale Unterprogramme können natürlich auch in Deklarationsteilen von Blöcken auftreten.

```
procedure P (P1: T_P1; ... ; PN: T_PN) is
    LOK_DAT1: T_LD1; ... ; LOK_DATM: T_LDM;
    procedure HILFSDIENST ( ... ) is ---------
       ...                                  --
    end HILFSDIENST; ------------------------
begin
  .   -- angewandtes Auftreten der Formalparameter P1,...,PN, der lokalen Ob-
  :   -- jekte LOK_DAT1,...,LOK_DATM, HILFSDIENST und der globalen Daten
end P;
```

Fig. 3-36: lokales Unterprogramm

Bis jetzt ist ein Ada-Programm für uns eine Schachtelung einzelner Programmeinheiten (später werden wir in Kap. 5 zu einer anderen Sicht kommen). Das Hauptprogramm ist eine parameterlose Prozedur, die im Deklarationsteil des Rumpfs weitere Unterprogramme enthalten kann. Diese können wieder in ihrem Deklarationsteil weitere Unterprogramme enthalten. Im Anweisungsteil einer dieser Unterprogramme kann ein Block auftreten, der im Deklarationsteil Unterprogramme enthält oder in einem Anweisungsteil weitere Blöcke usw. Was wir in Abschnitt 3.6 über die Blockstruktur für ineinandergeschachtelte Blöcke festgestellt haben, gilt jetzt natürlich ebenso für

ineinandergeschachtelte Prozeduren, Blöcke in Prozeduren, Prozeduren in Blöcken etc.
Der Gültigkeitsbereich einer Unterprogrammdeklaration geht von der Stelle der
Deklaration bis zum Ende der entsprechenden Programmeinheit, die die Unterprogrammdeklaration enthält. Der Sichtbarkeitsbereich ist der Gültigkeitsbereich mit Ausnahme
des Gültigkeitsbereichs "äquivalenter" Deklarationen, die eine Unterprogrammdeklaration verdecken können. Äquivalente Deklarationen heißt bei Unterprogrammen, daß
diese die gleiche Bezeichnung und das gleiche Parametertyp-Profil besitzen. Der
Gültigkeitsbereich von Formalparameter-Bezeichnern kann nicht auf das Unterprogramm
beschränkt sein, da sonst außerhalb keine Parameterzuordnung über den Namen erfolgen
könnte. Der Gültigkeitsbereich der Formalparameter ist statt dessen der des
entsprechenden Unterprogramms, das diese Formalparameter enthält.

Bei *indirekt rekursiven Unterprogrammen* haben wir ein Problem mit der Ada-Regel
der linearen Abarbeitung der Deklarationen, d.h. der Tatsache, daß jedes Objekt
deklariert sein muß, bevor es angewandt verwendet wird. Hat nämlich eine Prozedur oder
ein Block zwei lokale Prozeduren A , B , die sich gegenseitig aufrufen und somit eine
indirekte Rekursion ergeben, dann erhält das Unterprogramm von A einen Aufruf von
 B , der nicht hingeschrieben werden dürfte, da B noch nicht deklariert ist, und
umgekehrt. Zu diesem Zweck wird von einer der beiden Prozeduren, etwa für B , eine
Deklaration hingeschrieben, um den Namen dieser Prozedur einzuführen (vgl. Fig. 3-37).
Diese Deklaration besteht, wie wir wissen, nur aus der Spezifikation. Nun kann der
Rumpf von A folgen, in dessen Anweisungsteil B aufgerufen wird und dann der Rumpf von
B mit dem Aufruf von A. Dieser Rumpf von B muß aber die Spezifikation noch einmal
enthalten.

```
declare

    procedure B (...  );    -- Spezifikation von B ------

    procedure A (...  ) is ------------------------------
    begin                                             --
        :                                             --
        :
        B(...  );                                     --
    end A; -------------------------------------------

    procedure B (...  ) is    -- Spezifikation noch einmal
    begin                                             --
        :                                             --
        :
        A (...  );                                    --
    end B; -------------------------------------------

  begin
    :
    :
    A (...  );
    :

end;
```

Fig. 3-37: alleinstehende Spezifikation bei indirekter Rekursion

Fassen wir wegen der Abweichung vom üblichen Sprachgebrauch die **Ada-spezifischen Begriffe** dieses Abschnitts noch einmal zusammen: Unter einer Unterprogrammdeklaration versteht man hier nur die Unterprogrammspezifikation (präzise nur deren syntaktischen Anteil, vgl. Abschnitt 1.3), sie umfaßt also nicht die Festlegung der Berechnung, die das Unterprogramm durchführt. Diese Sicht einer Deklaration, die sich an der Sicht der syntaktischen Analyse eines Compilers orientiert, wird auch bei den anderen ausführbaren Programmeinheiten wiederkehren. Im Rumpf eines Unterprogramms muß die Spezifikation des Unterprogramms vollständig aufgeführt werden, er stellt also das dar, was man üblicherweise eine "Unterprogrammdeklaration" nennt. Dadurch, daß er in diesem Sinne vollständig ist, genügt es meist, in einem Deklarationsteil den Unterprogrammrumpf hinzuschreiben. In den Beispielen dieses Abschnitts haben wir, bis auf das Beispiel mit der indirekten Rekursion, nur Unterprogrammrümpfe verwandt.

Diese **Unterscheidung** zwischen **Deklaration** und **Rumpf** eines Unterprogramms ist nur verständlich im Zusammenhang mit der indirekten Rekursion und im Zusammenhang mit der getrennten Übersetzung, auf die wir im übernächsten Kapitel eingehen. Besitzt ein Unterprogramm sowohl Deklaration als auch Rumpf, in dem die Spezifikation noch einmal auftaucht, so müssen beide Spezifikationen konform sein. Um uns die Konformitätsregeln des Sprachreports nicht merken zu müssen, machen wir beide Spezifikationen textuell gleich.

Ebenso wäre das im letzten Abschnitt über die **Implementierungsmöglichkeiten** von Funktionen durch Makroexpansion bzw. Unterprogramm auf Maschinenebene Gesagte hier auch **für Prozeduren** zu wiederholen. Das Pragma   INLINE , das dem Übersetzer die Makroexpansion empfiehlt, hat die Form:

```
pragma INLINE (subprogram_name {,subprogram_name});
```

Es muß im gleichen Deklarationsteil erscheinen wie die entsprechenden Unterprogrammdeklarationen. (Man beachte, daß ein Unterprogrammbezeichner überladen sein kann, d.h. für mehrere Unterprogramme stehen kann. Das Pragma gilt dann stets für alle.)

Da das Hauptprogramm eines Ada-Programms in der Regel eine parameterlose Prozedur ist, können wir ab jetzt **vollständige Ada-Programme** (mit zunächst nur sequentieller Ablaufkontrolle und einfachen Datenstrukturen) notieren.

3.9 AUSNAHMEBEHANDLUNG BEI BLÖCKEN UND PROZEDUREN

Bei älteren Programmiersprachen führen **Laufzeitfehler** in der Regel zum Abbruch der Programmausführung (nicht unbedingt an der Stelle ihres Auftretens, sondern evtl. später) mit der Angabe einer meist sinnlosen Fehlermeldung. Ein Fall, den die meisten Leser kennen, ist der, wenn bei Indexüberschreitung ein anderes Datenobjekt oder sogar der Programmspeicher verändert wird. Wird dieses Objekt oder die entsprechende Programmstelle später erreicht, dann kommt ein Fehler von der "Hardware".

Ada hat nicht nur die Abprüfung der meisten dieser Laufzeitfehler in die Sprache integriert, so daß jede Sprachimplementation diese überwachen und bei Nichtzutreffen entsprechend reagieren muß, sondern es wurde sogar ein Mechanismus dem Programmierer zur Verfügung gestellt, um auf diese Reaktion gezielt mit einer eigenen Fehlerbehandlung aufzusetzen bzw. um diese Laufzeitfehler gezielt an das übergeordnete Programmstück weiterzugeben. Da ein solcher Mechanismus auch für andere Abbrüche nützlich ist, nennen wir die Ereignisse, die den Abbruch der normalen Programmausführung verursachen, nicht Fehler, sondern allgemein **Ausnahmen** (engl. exceptions).

Das Programmstück, das festlegt, wie auf eine Ausnahme zu reagieren ist bzw. wie diese weitergegeben werden soll, heißt *Ausnahmebehandler* (engl. exception handler), seine Ausführung *Ausnahmebehandlung* (engl. exception handling). Es ist in Ada sogar möglich, neue Ausnahmen zu definieren und diese Ausnahmen durch eine Anweisung zu *erwecken* (oder auslösen, für to raise an exception), damit die entsprechende Ausnahmebehandlung angestoßen wird. Wir werden die Ausnahmebehandlung in späteren Kapiteln noch mehrmals aufgreifen.

Ausnahmen werden *deklariert,* sofern sie nicht vordefiniert sind, wie andere Objekte in Ada auch. Diese Deklaration ist einfach. Das folgende Beispiel gibt EBNF-Notation und Beispiele.

```
exception_declaration ::= identifier_list : exception;
```

```
UEBERLAUF, UNTERSCHREITUNG, SINGULAER: exception;

DRUCK_ZU_GROSS, REAKTION_AUSSER_KONTROLLE: exception;
```

Beispiel 3-38: Deklaration von Ausnahmen: EBNF, Beispiele

Der Ausnahmebehandler legt fest, wie auf eine erweckte Ausnahme zu reagieren ist. Da es in einem Programmstück mehrere mögliche Ausnahmen geben kann, muß auf diese gegebenenfalls auch unterschiedlich reagiert werden. Diese Ausnahmebehandler stehen alle am Ende eines Blocks, am Ende des Anweisungsteils eines Unterprogrammrumpfs oder am Ende "größerer" Programmeinheiten. Die *Syntax* der *Ausnahmebehandler* ist ähnlich zu der einer Auswahlanweisung (vgl. Fig. 3-39): Der Bezeichner zu einer Ausnahme darf nur in einer einzigen Ausnahme-Auswahlliste auftreten, die others-Alternative, falls sie auftaucht, nur als letzte. Das Wortsymbol **exception** taucht in der übergeordneten syntaktischen Einheit auf, also z.B. auf der rechten Seite der Regel von `block` oder von `subprogram_body` .

```
exception_handler ::=
                    when exception_choice {|exception_choice} =>
                        sequence_of_statements

exception_choice ::= exception_name | others
```

```
begin
     .
     .
     .

exception              -- Ausnahmebehandler z.B. am Ende eines Blocks
   when SINGULAER =>                        -- Handler fuer
       .                                    -- SINGULAER
       .
   when UEBERLAUF |UNTERSCHREITUNG =>       -- Handler fuer
       .                                    -- UEBERLAUF, UNTERSCHREITUNG
       .
   when others =>                           -- Handler fuer
       .                                    -- restliche Ausnahmen
       .
end;
```

Fig. 3-39: Ausnahmebehandler: Syntax, Beispiele

Ausnahmen werden durch die Ausführung einer *raise-Anweisung* erweckt (vgl. Fig. 3-40). (Die in der Sprache vordefinierten Ausnahmen werden automatisch erweckt, s.u.) Damit wird die entsprechende Ausnahmebehandlung angestoßen. Eine raise-Anweisung ohne darauffolgenden Namen einer Ausnahme darf nur in einem Ausnahmebehandler selbst auftauchen (s.u.).

```
raise_statement ::= raise [exception_name] ;
```

```
if DETERMINANTE (MATRIX) = 0 then
    raise SINGULAER;
end if;
```

Beispiele 3-40: raise-Anweisung: Syntax, Beispiel

Falls eine Ausnahme in einem bestimmten Block (einem Unterprogramm) erweckt wurde, wird die **Ausführung** des Blocks (des Unterprogramms) an der Stelle der Erweckung **abgebrochen.** Die entsprechende Ausnahmebehandlung ersetzt den restlichen Durchlauf und schließt den Block (das Unterprogramm) ab.

Ist hier keine Ausnahmebehandlung möglich, d.h. fehlt ein Ausnahmebehandler, in dessen Auswahlliste die Ausnahme aufgeführt ist, und es ist auch kein others-Ausnahmebehandler vorhanden, so wird die Ausnahme nach oben weitergereicht. Dies heißt bei ineinandergeschachtelten Blöcken, daß mit der Ausnahmebehandlung des umschließenden Blocks fortgesetzt wird. Hier kann das **Weiterreichen** der **Ausnahme** (propagation of an exception) an der statischen Blockstruktur abgelesen werden. Bei Unterprogrammen, die Ausnahmen enthalten, ist dies anders. Hier wird die zuständige Ausnahmebehandlung an der Stelle des Unterprogrammaufrufs angestoßen, falls im Unterprogrammrumpf selbst keine Ausnahmebehandlung für die erweckte Ausnahme erfolgen kann. In beiden Fällen pflanzt sich also die Ausnahmesituation und somit auch das Abweichen von der normalen Ablaufreihenfolge solange fort, bis ein passender Ausnahmebehandler gefunden wird.

Die **Durchführung** einer **Ausnahmebehandlung** besteht aus der Ausführung der Anweisungen des entsprechenden Ausnahmebehandlers. Nachdem eine Ausnahmebehandlung durchgeführt wurde, in der nicht explizit die gleiche oder eine andere Ausnahme weitergegeben wird, geht die Programmausführung nach der Ausnahmebehandlung **normal weiter.** Das bedeutet bei Blöcken, daß mit der ersten Anweisung, die textuell dem Block folgt, fortgefahren wird. Bei Unterprogrammen ist dies die erste Anweisung nach dem Unterprogrammaufruf.

Wird in der Ausnahmebehandlung hingegen eine **Ausnahme explizit weitergegeben,** d.h. steht dort eine raise-Anweisung, so kann dies auf zweierlei Art erfolgen: (1) durch eine raise-Anweisung ohne Ausnahmebezeichner, was bedeutet, daß die gleiche Ausnahme, die den Ausnahmebehandler angestoßen hat, weitergereicht wird, bzw. (2) durch eine raise-Anweisung mit Bezeichner. Im zweiten Fall besteht also insbesondere die Möglichkeit der Umdefinition von Ausnahmen, z.B. wenn eine Gruppe von feineren Fehlersituationen nach oben lediglich als ein vergröberter Fehler weitergegeben wird.

Wird eine Ausnahme bis zum Hauptprogramm weitergereicht und existiert auch dort kein passender Ausnahmebehandler, so wird das Hauptprogramm verlassen. Der Sprachreport legt nicht fest, was dies im einzelnen bedeutet.

Bei der Erweckung einer Ausnahme gibt es zwei Fälle:

Einmal kann die Ausnahme *im Anweisungsteil* eines Blocks, eines Unterprogramms etc. auftreten. Dann ist zuerst der Ausnahmebehandlungsteil dieses Blockes, dieses Unterprogrammrumpfs etc. zuständig. Nur wenn dort kein passender Ausnahmebehandler aufgefunden wird, wird die Ausnahme weitergereicht.

Wird die Ausnahme bei der *Abarbeitung einer Deklaration* in einem Block, einem Unterprogramm etc. erweckt, dann ist nicht der Ausnahmebehandler dieses Blocks, dieses Unterprogramms etc. zuständig, da der Anweisungsteil, der den Ausnahmebehandler enthält, ja noch nicht betreten wurde. Die gleiche Ausnahme wird hinter dem entsprechenden Block, an der entsprechenden Stelle des Unterprogrammaufrufs,etc. neu erweckt. Dies heißt bei einem Block, daß der statisch übergeordnete Ausnahmebehandler zuständig ist, für eine Prozedur, daß derjenige zuständig ist, der in dem Anweisungsteil liegt, der den Prozeduraufruf enthält.

In der Sprache Ada gibt es die *vordefinierten Ausnahmen* CONSTRAINT_ERROR , NUMERIC_ERROR , PROGRAM_ERROR , STORAGE_ERROR und TASKING_ERROR . Sie brauchen also vom Programmierer nicht deklariert zu werden. (Natürlich ist der Programmierer frei, Ausnahmen mit diesen Bezeichnern neu zu deklarieren, was aber nicht der Übersichtlichkeit dient.)

Sie brauchen insbesondere nicht vom Programmierer durch raise-Anweisungen erweckt zu werden, sie werden *automatisch* von der Sprachimplementation *erweckt.* Hierzu müssen zur Laufzeit eine ganze Reihe von Tests durchgeführt werden, die im Anhang III zusammengestellt sind. So muß z.B. bei jedem Feldzugriff abgeprüft werden, ob der Wert des Ausdrucks auf Indexposition im erlaubten Indexbereich liegt, sonst wird automatisch die Ausnahme CONSTRAINT_ERROR erweckt. Bei jeder Division wird, wenn der Divisor gleich Null ist, die Ausnahme NUMERIC_ERROR erweckt.

Diese Laufzeitprüfungen für eine Ausnahme können zur Laufzeit einzeln oder insgesamt durch das bereits aus Abschnitt 2.3 bekannte Pragma SUPPRESS *unterdrückt* werden. Dies kann sogar auf einzelne Datenobjekte, alle Datenobjekte eines Typs, ein Unterprogramm usw. eingeschränkt werden. Bei der Unterdrückung von Ausnahmen ist jedoch Vorsicht geboten: Ausnahmesituationen (die eventuell sogar als solche erkannt wurden) werden nicht als solche behandelt, was ein völlig unerwartetes Laufzeitverhalten zur Folge haben kann. Die Zuverlässigkeit eines Programms oder eines Programmsystems kann dadurch eventuell nicht mehr gegeben sein. Ferner verlangt die Sprachdefinition nicht, daß ein solches SUPPRESS -Pragma vom Übersetzer beachtet werden muß. In einigen Fällen, z.B. wenn die Laufzeitprüfung von der Hardware durchgeführt wird, brächte das Abschalten von Laufzeitprüfungen keine Effizienzsteigerungen, sondern eventuell gerade das Gegenteil. Somit kann dieses Pragma von unterschiedlichen Übersetzern unterschiedlich behandelt werden, was wiederum die Portabilität gefährdet (vgl. Aufgabe 18).

Wir haben drei Möglichkeiten, eine Ausnahmebehandlung in einem Block (einem Unterprogramm etc.) anzustoßen. Dies kann bei den vordefinierten Ausnahmen *automatisch* geschehen, es kann durch *explizite* raise-Anweisungen in dem Block (Unterprogramm), in dem der Handler steht, erfolgen, oder schließlich kann es sich um eine *weitergereichte* Ausnahme handeln, die in einem anderen Block (Unterprogramm etc.) erweckt wurde, wieder auf eine dieser drei Arten. Somit muß ein Block (Unterprogramm etc.), der eine raise-Anweisung enthält, nicht unbedingt einen Ausnahmebehandler enthalten. Auch umgekehrt muß ein Block (ein Unterprogramm etc.), der einen Ausnahmebehandler enthält, keine raise-Anweisung enthalten.

Was eine Fehlersituation bzw. eine anomale Situation ist, ist subjektiv. Im Sinne der Robustheit (vgl. Abschnitt 1.4) war gefordert worden, alle Fehlermöglichkeiten abzuprüfen, d.h. Fehlersituationen und normale Situationen gleichermaßen und mit gleicher Beachtung im Programm zu behandeln. Dies bedeutet nicht, daß für außergewöhnliche Fälle von dem **Ausnahmebehandlungsmechanismus** kein Gebrauch gemacht werden sollte. Mit diesem ist jedoch vorsichtig umzugehen. Er ist für **außergewöhnliche Fälle** erfunden worden und sollte nur hierfür verwandt werden. Der Mechanismus mit Fortsetzung der Ausführung an einer völlig anderen Stelle (nämlich dem zugehörigen evtl. textuell weit entfernten Ausnahmebehandler) und des Weiterreichens von Ausnahmen ist durchaus nicht ungefährlich vom Standpunkt der Softwaretechnik, da ein extensiver Gebrauch hiervon letztlich wieder zu undurchschaubaren Programmen führen kann (vgl. Argumentation der goto-Kontroverse).

Zum Ende dieses Abschnitts noch zwei Beispiele. Das erste dient der Erläuterung der **Ausnahmebehandlung bei Blöcken**. In Block 1 von Bsp. 3-41 sind zwei Ausnahmen EXPLOSIONS_GEFAHR , BRAND_GEFAHR deklariert. Die erste Ausnahme wird in der raise-Anweisung (2) im Block 1.1 erweckt. Hier erfolgt die Ausnahmebehandlung im gleichen Block, da dieser einen Ausnahmebehandler (3) für diese Ausnahme hat. Die raise-Anweisung (4) in Block 1.2 erweckt die Ausnahme BRAND_GEFAHR . Da im gleichen Block kein Ausnahmebehandler hierfür existiert, wird diese Ausnahme nach oben, d.h. zu Block 1 weitergereicht. Dieser hat nun einen passenden Ausnahmebehandler, nämlich den others-Ausnahmebehandler (5). In diesem wird wiederum die Ausnahme ERROR , erweckt, die alle in Block 1 noch nicht abschließend behandelten Ausnahmen zusammenfassend nach oben weitergibt. Man beachte, daß eine raise-Anweisung in einer Ausnahmebehandlung eines Blocks auch diese sofort abbricht und somit den Block beendet.

Der Leser beachte, daß es auch im Deklarationsteil zur Ausnahmeerweckung kommen kann. Betrachten wir hierzu die initialisierte Deklaration von N in der mit (1) gekennzeichneten Zeile. Zur Initialisierung wird eine Funktion aufgerufen, die zur Laufzeit einen Wert außerhalb des Wertebereichs des Typs INTEGER_1_BIS_100 liefern kann. Dann würde die vordefinierte Ausnahme CONSTRAINT_ERROR erweckt. Da bisher aber noch nicht in den Anweisungsteil des Blocks eingetreten wurde, ist nicht die Ausnahmebehandlung des Blocks selbst zuständig - auch wenn ein passender Ausnahmebehandler verfügbar wäre - sondern die des umgebenden Blocks. In unserem Falle würde dies durch den Ausnahmebehandler (5) erledigt. Das Beispiel zeigt auch, daß Ausnahmen vom Programmierer so in andere, von ihm eingeführte, umbenannt werden können. Das gilt auch für die vordefinierten Ausnahmen, da der Ausnahmebehandler (5) alle Ausnahmen in die Ausnahme ERROR verwandelt und weiterreicht.

Schließlich folgt noch ein Beispiel aus dem Sprachreport (vgl. Bsp. 3-42), das zur Erläuterung des **Weiterreichens von Ausnahmen bei Unterprogrammen** dient: Wird die Ausnahme ERROR im Anweisungsteil der Prozedur P erweckt, z.B. an der Stelle (4), so ist der Ausnahmebehandler H3 zuständig und nach Abarbeitung desselben geht es an der Stelle, wo die Prozedur P aufgerufen wurde, normal weiter, wenn H3 keine Ausnahme nach oben weitergibt. Wird die Ausnahme ERROR. an der Stelle (2) erweckt, wobei die Prozedur Q an der Stelle (5) aufgerufen wurde, so wird die Ausführung des Ausnahmebehandlers H1 die Ausführung von Q abschließen. Die Ausführung geht an der Stelle (5) normal weiter. Wird die Ausnahme ERROR an der Stelle (3) erweckt (an der Stelle (5) wurde Q aufgerufen, innerhalb Q an der Stelle (1) wiederum R), so wird die Ausführung von R an der Stelle (3) abgebrochen und nach oben an die Stelle (1) weitergereicht. Dort findet sich wieder mit H1 der passende Ausnahmebehandler, dessen Ausführung jetzt die Prozedur Q abschließt. Man beachte, daß im letzten Fall ein Ausnahmebehandler aktiviert wurde, der lokal zu Q ist und statisch nicht von R umfaßt wird. Hätte es in R einen others-Ausnahme- behandler gegeben, so wäre dieser ausgeführt worden, und es wäre bei Stelle (1) normal weitergegangen. Man beachte ferner, daß durch den others-Ausnahmebehandler auch Ausnahmen abgearbeitet werden können, die an der Stelle des Ausnahmebehandlers gar nicht sichtbar sind. Nehmen wir an, an der Stelle (3) wäre die Ausnahme FEHLER erweckt worden, für die in R kein Ausnahmebehandler existiert, und die lokal in R deklariert ist. Dann würde in der dynamisch übergeordneten Prozedur Q der others-Ausnahmebehandler H2 nach Rücksprung zu Stelle (1) durchlaufen, obwohl FEHLER dort nicht sichtbar ist.

```
       :
       :
   declare                                        -- Block 1    --------
       EXPLOSIONS_GEFAHR, BRAND_GEFAHR: exception;
       :
       :
   begin
       declare ---------------------------            -- Block 1.1 --------
           N: INTEGER_1_BIS_100 := FUNK(A);--    -- (1) Initialisierung, ggf.
           begin                            --          CONSTRAINT_ERROR
               :                            --
           if DRUCK > 120 then              --
               raise EXPLOSIONS_GEFAHR;      --    -- (2) raise-Anweisung
           end if;                          --
               :                            --
       exception                            --
           when EXPLOSIONS_GEFAHR =>         --    -- (3) Behandler fuer
               :                            --          EXPLOSIONS_GEFAHR
       end; ---------------------------------
       begin  ---------------------------------            -- Block 1.2 --------
               :                            --
           if TEMP > 170 then               --
               raise BRAND_GEFAHR;           --    -- (4) raise-Anweisung
           end if;                          --
               :                            --
       end; ---------------------------------
       :
       :
   exception
       when others =>                              -- (5) Behandler
           :
       raise ERROR;                                -- (6) raise-Anweisung
   end;
   :
   :
```

Beispiel 3-41: Zuordnung von Ausnahmen zu Ausnahmebehandlern bei Blöcken

```
procedure P is          -----------------------------------------------------
   ERROR: exception;
   procedure R;                         -- Spezifikation von R
   procedure Q is       ------------------------------------
   begin                                                       --
      R;                                -- Stelle (1)          --
      :                                 -- Stelle (2)          --
      :
   exception                                                   --
      :                                                        --
      when ERROR =>                     -- Behandler H1        --
         :                                                     --
      when others =>                    -- Behandler H2        --
         :                                                     --
   end Q;               ------------------------------------
   procedure R is       ------------------------------------
      FEHLER: exception;                                       --
   begin                                                       --
      :                                 -- Stelle (3)          --
      :
   end R;               ------------------------------------
begin
   :                                    -- Stelle (4)
   :
   Q;                                   -- Stelle (5)
   :
exception
   :
   when ERROR =>                        -- Behandler H3
      :
end P;                  -----------------------------------------------------
```

Beispiel 3-42: Zuordnung von Ausnahmen zu Ausnahmebehandlern bei Prozeduren

Wir haben in diesem Kapitel **sämtliche Anweisungen** für die **sequentielle Ablaufkontrolle** besprochen. Es kommen nur noch Anweisungen für nebenläufige Programme hinzu, die wir in Kapitel 6 besprechen werden. Fassen wir also zusammen (vgl. Fig. 3-43): Eine Anweisungsfolge ist eine Aneinanderreihung von Anweisungen, die markiert oder unmarkiert sein können. Diese sind entweder einfache oder zusammengesetzte Anweisungen. Eine einfache Anweisung kann u.a. sein: eine leere Anweisung, eine Wertzuweisung, ein Prozeduraufruf, eine exit-Anweisung, eine Rücksprunganweisung, eine Sprunganweisung oder eine raise-Anweisung. Eine zusammengesetzte Anweisung kann u.a. sein: eine bedingte Anweisung, Auswahlanweisung, eine Schleife oder ein Block.

```
sequence_of_statements ::=  statement {statement}

statement ::=  {label} simple_statement | {label} compound_statement

simple_statement ::=  null_statement | assignment_statement
      | procedure_call_statement | exit_statement | return_statement
      | goto_statement | raise_statement | ...

compound_statement ::=  if_statement | case_statement | loop_statement
      | block_statement | ...
```

Fig. 3-43: Anweisungen für sequentielle Ablaufkontrolle: Syntax

3.10 TEXT-EIN-/AUSGABE

Da Ada insbesondere zum Schreiben von Software für eingebettete Systeme geeignet sein soll, bedeutet dies, daß Ein-/Ausgabemöglichkeiten auch für diesen hardwarenahen Bereich vorhanden sein müssen. Das bleibt hier in diesem Abschnitt unberücksichtigt. Hier dreht es sich um die **konventionelle Ein/Ausgabe,** die durch E/A-Geräte wie Kartenleser, Zeilendrucker, Bildschirmgerät, Platteneinheit etc. gekennzeichnet ist, und dabei ausschließlich um die Text-Ein-/Ausgabe.

Jede Ein-/Ausgabe ist maschinenabhängig. In Ada wurde versucht, diese Abhängigkeit klein zu halten und zu lokalisieren. Für die konventionelle Ein-/Ausgabe gibt es hauptsächlich drei Moduln, nämlich SEQUENTIAL_IO , DIRECT_IO und TEXT_IO , die in der Sprache bereits vordefiniert sind. Ihre Schnittstelle ist zwar unabhängig von der Basismaschine, ihre Implementation aber natürlich nicht. Wir besprechen hier lediglich die Schnittstelle des Moduls TEXT_IO , der die Ein-/Ausgabe für **Textdateien** realisiert.

Textdateien enthalten Daten in einer für Menschen "**lesbaren**" Form. Sie bestehen aus Folgen von Zeichen des zugrundeliegenden ASCII-Codes, sind also ein Spezialfall einer sequentiellen Datei. Auf eine Textdatei ist, wie auf alle sequentiellen Dateien, entweder lesender oder schreibender Zugriff möglich, nicht jedoch beides.

Für die Ein-/Ausgabe gibt es zwei vom Betriebssystem zur Verfügung gestellte Dateien: eine **Standard-Texteingabedatei** und eine **Standard-Textausgabedatei.** Man stelle sich vor, daß diese etwa dem Kartenleser bzw. Schnelldrucker oder der Tastatur bzw. dem Bildschirm zugeordnet seien. Sie brauchen vom Benutzer weder erzeugt/eröffnet noch gelöscht/geschlossen zu werden. Statt dessen werden sie automatisch bei Beginn der Programmausführung bis zu deren Ende vom Betriebssystem zur Verfügung gestellt. Dieser Abschnitt behandelt die Ein-/Ausgabe auf diesen Standard-Textdateien.

Die Text-Ein-/Ausgabe erfolgt im wesentlichen über die **Eingabeprozedur** GET und die **Ausgabeprozedur** PUT . Diese E/A-Prozeduren existieren für jeden auftretenden Datentyp (sie können hierfür "erzeugt" werden, wie wir später sehen werden), d.h. beide Prozeduren sind hochgradig überladen. GET liest eine Folge von Zeichen ein, die mit der Syntax von Literalen des entsprechenden Typs verträglich sein muß und liefert den maschineninternen Wert hierfür ab. Dabei sind, zumindest bei numerischen Datentypen, zum Teil aufwendige **Konversionen** durchzuführen. Umgekehrt verwandelt PUT einen maschinenabhängigen Wert in eine Folge von Zeichen, die diesem Wert entspricht, wieder eventuell mit Konversion. Man beachte, daß bei der Eingabe durch GET der Parameter (für den abzuliefernden Wert) ein Ausgangsparameter ist, während bei PUT der Parameter (für den auszugebenden Wert) ein Eingangsparameter ist.

Das Grundprinzip dieser E/A-Operationen ist, daß Folgen von Zeichen der Datei als *"lexikalische Einheit"* analysiert werden, bzw. daß eine entsprechende lexikalische Einheit für die Ausgabe zusammengestellt wird. Das heißt, daß eine Folge von Zeichen, mit denen Werte auf der Textdatei dargestellt werden, im wesentlichen die gleiche Form haben wie die Literale, mit denen im Programmtext Werte eines Typs notiert werden. Die folgenden E/A-Operationen sind nur definiert, falls ausschließlich Folgen von Zeichen eingelesen oder geschrieben werden, die zu den 95 darstellbaren Zeichen des ASCII-Codes gehören. Die Wirkung eines Programms, das andere Zeichen einliest oder schreibt, ist implementationsabhängig.

Eine Textdatei wird aufgefaßt als eine Folge von *Seiten,* jede bestehend aus einer Folge von *Zeilen.* Innerhalb jeder Zeile stehen Zeichen. Sie belegen nacheinander verschiedene *Spalten,* pro Spalte ein Zeichen. Seiten, Zeilen und Spalten sind durchnumeriert, jeweils mit 1 beginnend.

Der Programmierer hat für die Ausgabe die Möglichkeit, die *Zeilenlänge* zu *setzen,* d.h. festzulegen, wie lang eine Zeile sein soll, diese Festlegung aber auch während der Programmausführung zu verändern bzw. das Setzen rückgängig zu machen. Das gleiche gilt für die *Seitenlänge,* die die Anzahl der Zeilen pro Seite festlegt. Ist keine Zeilenlänge (mehr) gesetzt, so sind die Zeilen potentiell von beliebiger Länge. Ist keine Seitenlänge (mehr) gesetzt, so sind die Seiten potentiell beliebig lang.

Bei gesetzter Zeilen- oder Seitenlänge wird automatisch ein Übergang zu einer neuen Zeile bzw. Seite eingefügt, d.h. die gesetzte Zeilen-/Seitenstruktur wird automatisch erzeugt. Wird andererseits durch Operationen wie NEW_LINE , NEW_PAGE (s.u.) Zeilen- und Seitenwechsel explizit angegeben, so werden gemäß der gesetzten Zeilen- und Seitenstruktur entsprechend viele Leerzeichen/Leerzeilen eingefügt. Ist die Zeilen- und Seitenlänge nicht gesetzt, so kann die Zeilenstruktur von Zeile zu Zeile anders sein, ebenso die Seitenstruktur von Seite zu Seite.

Eine Textdatei, die sich in Bearbeitung befindet, hat stets eine *aktuelle Position,* beschrieben durch einen *Seiten-, Zeilen-* und *Spaltenzähler.* Diese Position ist der Ausgangspunkt für die Leseoperation bei der Eingabe bzw. für die nächste Schreiboperation bei der Ausgabe. Sie wird durch Lese-/Schreiboperationen auch verändert. So bedeutet NEW_LINE , daß der Spaltenzähler auf 1 gesetzt wird. Wenn das Ende der Seite erreicht wurde, dann wird der Seitenzähler um 1 erhöht und der Zeilenzähler ebenfalls auf 1 gesetzt. Alle Erläuterungen der folgenden E/A-Operationen beziehen sich auf die Seiten-, Zeilen- und Spaltenstruktur, sowie auf die aktuelle Position, beschrieben durch diese 3 Zähler.

Diese Seiten-/Zeilen-/Spaltenstruktur wird nun in einer *sequentiellen Textdatei ,* d.h. in einer Folge von einzelnen Zeichen, dadurch dargestellt, daß eine *Zeilenende- kennung* das Ende einer Zeile innerhalb der Folge von Zeichen, eine *Seitenendekennung* das Ende einer Seite und schließlich eine *Dateiendekennung* das Ende der gesamten Textdatei angibt. Einer Seitenendekennung geht zusätzlich eine Zeilenendekennung unmittelbar voraus, einer Dateiendekennung stets eine Zeilenendekennung gefolgt von einer Seitenendekennung. Die Sprachdefinition legt jedoch nicht fest, ob eine Zeilenendekennung durch ein oder mehrere Kontrollzeichen festgelegt ist, sie legt nicht einmal fest, ob eine solche Kennung überhaupt in einer bestimmten Implementation auftreten muß. Beispielsweise ist denkbar, daß ein Seitenendezeichen implizit die vorangegangene Zeilenendekennung mit festlegt. Solange ein Programmierer keine

Kontrollzeichen liest und schreibt, braucht er sich um diese Dinge auch nicht zu kümmern.

Das Lesen und Schreiben in einer Textstruktur läßt sich nun auf der linearen Textdatei mit Hilfe eines stets nach rechts wandernden *Lese-/Schreibkopfs* erklären, aus dessen Position sich obige Seiten-, Zeilen- und Spaltenzähler der Textstruktur ableiten lassen. Der Zeilenzähler wird bei jeder Zeilenendekennung um 1 hochgezählt, der Spaltenzähler zählt die Zeichen zwischen Zeilenendekennungen, jeweils mit 1 beginnend, der Seitenzähler erhöht sich um 1 bei Seitenendekennung, wobei Zeilen- und Spaltenzähler auf 1 gesetzt werden.

Man kann sich nun die folgenden *E/A-Operationen* einmal auf der üblichen Textstruktur auf Seiten, Zeilen und Spalten arbeitend vorstellen, als auch auf einer sequentiellen Textdatei, d.h. auf einer Folge von Zeichen, unterbrochen von Zeilen-endekennung, Seitenendekennung und abgeschlossen durch Dateiendekennung (vgl. Fig. 3-44). Wir wollen die folgende Erläuterung ausschließlich auf die Textstruktur abstellen und die Erläuterung der Wirkung der Ein-/Ausgabe-Operation auf der sequentiellen Textdatei einer Übung überlassen (vgl. Aufgabe 21).

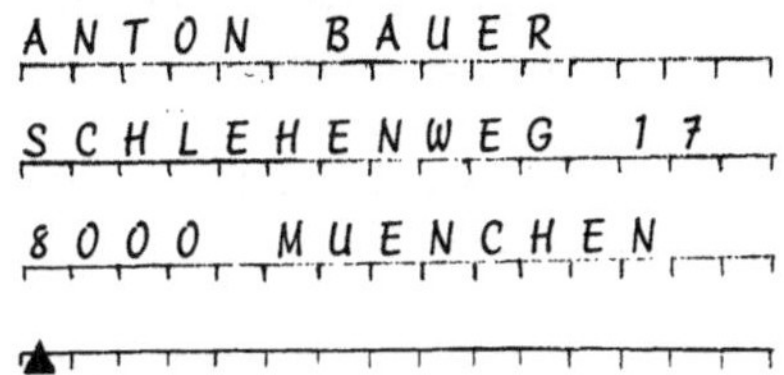

SEITENZÄHLER = i
ZEILENZÄHLER = 4
SPALTENZÄHLER = 1

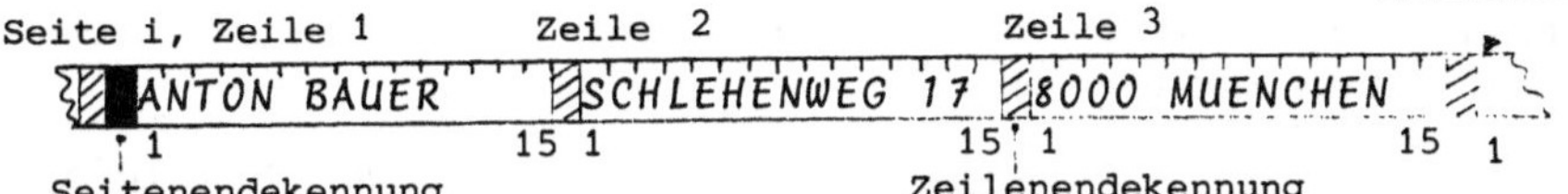

Bild 3-44: Textstruktur und sequentielle Textdatei

Es gibt in dem vordefinierten Modul   TEXT_IO   einen Satz von Unterprogrammen für die Ausgabe in einer bestimmten Form bzw. für das Einlesen von Text, der in bestimmter Form vorliegt. Dies ist etwa nötig, wenn wir Tabellen erzeugen wollen, bzw. einen so aufbereiteten Text lesen wollen. Diese Unterprogramme nennen wir *Layout-Routinen*. Die Schnittstellen dieser Routinen sind in der folgenden Tabelle 3-45 angegeben, ebenso eine Beschreibung ihrer Bedeutung. Ist die Zeilenlänge bzw. Seitenlänge nicht gesetzt, so wird 0 als Wert für die Zeilenlänge oder Seitenlänge angenommen. Dieser Wert charakterisiert unbeschränkte Zeilen- bzw. Seitenlänge. Für jede Textdatei wird also zunächst angenommen, daß die Zeilenlänge bzw. Seitenlänge nicht gesetzt ist. Bei einer Textdatei, bei der Seitenlänge und Zeilenlänge nicht gesetzt sind, handelt es sich, wenn nicht explizit Übergang zu einer neuen Seite bzw. Zeile angegeben wird, um eine einzige Seite mit einer einzigen beliebig langen Zeile. Beliebig lang meint hierbei bis zur Länge der Textdatei. In den folgenden Tabellen steht in den ersten beiden Spalten eine Kennzeichnung, die wir erst am Ende dieses Abschnitts erläutern.   COUNT   ist ein vordefinierter ganzzahliger Datentyp,   POSITIVE_COUNT repräsentiert dessen positive Werte.

A	Us, Mo, St	**procedure** SET_LINE_LENGTH (TO: **in** COUNT); setzt die Zeilenlänge der Ausgabe-Textdatei. Dabei heißt SET_LINE_ LENGTH (0); daß die Zeilenlänge nachher nicht (mehr) gesetzt ist.
A	St	**function** LINE_LENGTH **return** COUNT; ermittelt die gesetzte Zeilenlänge. Diese ist 0, falls die Zeilenlänge nicht gesetzt ist.
A	Us, Mo, St	**procedure** SET_PAGE_LENGTH (TO: **in** COUNT); setzt die Seitenlänge der Ausgabe-Textdatei. SET_PAGE_LENGTH (0); heißt, daß die Seitenlänge nicht (mehr) gesetzt ist.
A	St	**function** PAGE_LENGTH **return** COUNT; ermittelt die gesetzte Seitenlänge. Diese ist 0, falls die Seitenlänge nicht gesetzt ist.
A	Mo, St	**procedure** NEW_LINE (SPACING: **in** POSITIVE_COUNT:=1); schaltet die Ausgabe um so viele Zeilen weiter, wie für SPACING aktuell angegeben wird. Somit gibt NEW_LINE(K) K-1 leere Zwischenzeilen aus. Die vorher aktuelle Zeile wird bei ge- setzter Zeilenlänge ggf. mit Leerzeichen aufgefüllt. Die Spalten- position ist danach 1, d.h. der Zeilenanfang. Bei gesetzter Sei- tenlänge kann dabei auf eine neue Seite übergegangen werden.
A	Mo, St	**procedure** NEW_PAGE; geht bei der Ausgabe zur nächsten Seite über.
E	En, Mo, St	**procedure** SKIP_LINE (SPACING: **in** POSITIVE_COUNT:=1); sei K der für SPACING aktuell angegebene Wert. Dann wird K-mal folgendes ausgeführt: Es werden alle Zeichen bis zum nächsten Zeilenende überlesen. Anschließend steht der Spaltenzähler auf 1. Ggf. wurde beim Überlesen auf eine neue Seite übergegangen.
E	Mo, St	**function** END_OF_LINE **return** BOOLEAN; liefert TRUE, falls in der aktuellen Zeile keine Zeichen mehr stehen, sonst FALSE .
E	En, Mo, St	**procedure** SKIP_PAGE; überliest die Eingabe bis die nächste Seite erreicht ist.
E	Mo, St	**function** END_OF_PAGE **return** BOOLEAN; liefert TRUE , falls auf der aktuellen Seite keine weiteren Zeichen stehen, sonst FALSE .
E	Mo, St	**function** END_OF_FILE **return** BOOLEAN; liefert TRUE , falls die Standard-Eingabedatei erschöpft ist.
E, A	En, La, St	**procedure** SET_COL (TO: **in** POSITIVE_COUNT); setzt die Ausgabe auf die angegebene Stelle, wobei der Zwischen- raum mit Leerzeichen aufgefüllt wird. Ist die angegebene Spaltenzahl kleiner als die aktuelle Spalte, dann wird zur nächsten Zeile überge- gangen und dann auf die angegebene Spaltenzahl vorgerückt. Bei der Eingabe werden so viele Zeichen überlesen, bis die Spalte erreicht ist.
E, A	En, La, St	**procedure** SET_LINE (TO: **in** POSITIVE_COUNT); setzt die Ausgabe auf die angegebene Zeile, wobei ggf. alle Zwi- schenzeilen mit Leerzeichen aufgefüllt werden. Falls die angegebene

E, A	La, St	Zeilennummer größer als die aktuelle Zeilennummer ist, so wird auf die angegebene Zeile vorgerückt. Ist sie kleiner, so wird zur nächsten Seite übergegangen und dann auf die angegebene Zeilennummer vorgerückt. Bei der Eingabe werden entsprechend viele Zeilen überlesen, bis die Zeile erreicht ist. **function** COL **return** POSITIVE_COUNT; (Erklärung kommt gleich)
E, A	La, St	**function** LINE **return** POSITIVE_COUNT; (Erklärung kommt gleich)
E, A	La, St	**function** PAGE **return** POSITIVE_COUNT; ermittelt die momentane Spaltennummer, Zeilennummer bzw. Seitennummer der Standard-Text-Ein- oder Ausgabedatei.

Tab. 3-45: Layout-Routinen: Setzen von Zeilen- und Seitenlänge,
                                            Ein-/Ausgabe für Zeilen und Spaltenstruktur,
                                            Kontrolle der Lese-/Schreibposition

Für die Text-Ein-/Ausgabe für Einzelzeichen, Zeichenketten, ganzzahlige oder reelle Werte bzw. Aufzählungsliterale gibt es Eingabeprozeduren mit dem Bezeichner *GET* bzw. Ausgabeprozeduren *PUT*, die wir im folgenden nacheinander besprechen. GET und PUT sind somit stark überladen, da ja jedem Parametertyp eine eigene Prozedur entspricht.

Durch GET und PUT und die weiteren E/A-Operationen werden die drei Zähler, die die aktuelle Position auf der Eingabe- bzw. Ausgabedatei festlegen, verändert. So wird bei jedem Transfer eines Einzelzeichens der Spaltenzähler um 1 erhöht, bei jedem Übergang auf die nächste Zeile der Zeilenzähler und bei jedem Übergang auf die nächste Seite der Seitenzähler. Dabei werden die untergeordneten Zähler jeweils auf 1 zurückgesetzt.

Die nächste Tabelle 3-46 enthält die Ein-/Ausgabeoperationen GET und PUT für einzelne *Zeichen* bzw. für *Zeichenketten.* Bei GET werden einzelne Zeichen bzw. Folgen von Zeichen der Textdatei eingelesen und in den internen Wert verwandelt (in der Regel ein Byte bzw. eine Folge von Bytes des entsprechenden Interncodes der Maschine). Bei PUT geschieht genau das Umgekehrte. Der Leser mache sich den Unterschied klar zwischen einer Folge von Zeichen der Textdatei, einem Objekt vom Typ Zeichenkette, einem Zeichenkettenliteral, einer Zeichenkette im Sinne von Abschnitt 2.2 (besser Zeichenkettenausdruck) und der internen Repräsentation von Zeichenketten.

E	Da, La, En, Mo, St	**procedure** GET (ITEM: **out** CHARACTER); liefert das nächste Zeichen aus der Standard-Texteingabedatei. Gegebenenfalls muß vorher zur nächsten Zeile oder zur ersten Zeile der nächsten Seite übergegangen werden. Es wird also zuerst zum nächsten Zeichen übergegangen und dann gelesen.
A	La, Mo, St	**procedure** PUT (ITEM: **in** CHARACTER); gibt auf der momentanen Position das aktuelle Zeichen aus. Dann wird in der Zeile um 1 weitergerückt, es sei denn, die Zeilenlänge ist gesetzt und die Spaltenposition stimmt mit der gesetzten Zeilenlänge überein (Zeile ist voll). Dann wird zur nächsten Zeile übergegangen, und zwar zur ersten Spalte. Ggf. erfolgt hier Seitenwechsel bei gesetzter Seitenlänge. Hier wird also zuerst gedruckt und dann der Lese-/Schreibkopf bewegt.

E	Da,	**procedure** GET (ITEM: **out** STRING);
	...	(Erläuterung unten, Spalte 2 wie bei GET für Zeichen)
A	La,	**procedure** PUT (ITEM: **in** STRING);
	Mo,	führt je nach Länge der aktuellen Zeichenkette entsprechend
	St	oftmals GET bzw. PUT für Einzelzeichen aus. Es wird bei voller Zeile also einfach mit der nächsten Zeile fortgefahren, wenn die Ein-/Ausgabe noch nicht beendet ist. Bei der Ausgabe kann dies nur bei gesetzter Zeilenlänge der Fall sein. Damit kann sich eine "Zeichenkette" auf der Textdatei über mehrere "Zeilen" erstrecken.
E	Da, La, En, Mo, St	**procedure** GET_LINE (ITEM: **out** STRING; LAST: **out** NATURAL); ersetzt sukzessive einzelne Zeichen des für ITEM angegebenen Zeichenkettenobjekts von dessen Anfang an durch gelesene Zeichen. Das Einlesen wird beendet, wenn das Ende der Zeile oder das Ende der Zeichenkette gelesen wurde. Nicht ersetzte Zeichen sind undefiniert. In LAST wird der Index für das letzte ersetzte Zeichen zurückgeliefert bzw. 0, falls nichts ersetzt wurde (Bedeutung also: READ_REST_OF_LINE_INTO_STRING).
A	La, Mo, St	**procedure** PUT_LINE (ITEM: **in** STRING); entspricht PUT für das aktuelle Zeichenkettenobjekt gefolgt von einem Aufruf von NEW_LINE .

Tab. 3-46: Zeichen- bzw. Zeichenketten - E/A für Standard-Textdateien

Der Leser mache sich sowohl auf der graphischen Darstellung der Textstruktur als auch auf der sequentiellen Textdatei (vgl. Bild 3-44) durch Eintragen von Marken für "Position vorher" bzw. "Position nachher" klar, wo vor und nach Aufruf der obigen E/A-Routinen der Lese-/Schreibkopf steht (vgl. Aufgabe 21).

Man beachte, daß die berandenden Anführungszeichen für ein Zeichenkettenliteral als Aktualparameter einer Ausgaberoutine nicht auf die Textdatei ausgegeben werden. Ein im Zeichenkettenliteral enthaltenes doppeltes Anführungszeichen wird nur einmal ausgegeben (vgl. Abschnitt 2.2 und Beispiel 3-47). Ebenso ist eine Zeichenkette auf einer Eingabedatei natürlich ohne berandende Anführungszeichen dargestellt.

```
SET_LINE_LENGTH (12);
PUT ("DAS IST""NE  UEBERSCHRIFT!");
NEW_LINE;
SET_LINE_LENGTH (20);
PUT ("Das "&"schon Text");
NEW_LINE;
```


Beispiel 3-47: Zeichenketten-Ausgabe

Alle weiteren Ein-/Ausgaberoutinen, nämlich für den Datentyp BOOLEAN bzw. allgemein für Aufzählungsdatentypen, für ganzzahlige sowie für reelle Datentypen verlangen Folgen von Zeichen, die der *Syntax* für die *Literale* dieser Datentypen entsprechen müssen, bzw. geben solche Folgen von Zeichen aus. Hier dürfen ja, im Gegensatz zu den Zeichen bzw. Folgen von Zeichen für Zeichenketten, nicht beliebige Zeichen auf der Textdatei stehen. Wir haben für diese Folgen von Zeichen somit dieselben Syntaxregeln, die für die entsprechenden Literale als lexikalische Einheiten des Programmtexts gelten. Für die Eingabe gilt zusätzlich, daß von der Eingabe-Textdatei die längste Folge von Zeichen genommen wird, die der geforderten Syntax entspricht. Dies rührt daher, daß auf der Eingabe-Textdatei zwischen den entsprechenden Folgen von Zeichen keine Trennzeichen stehen müssen. Wird jeweils ein Trennzeichen (etwa Blank bzw. Zeilenende) gesetzt, was sich aus Gründen der Übersichtlichkeit und Vorsicht empfiehlt, so reicht die entsprechende, für die Eingabeoperation genommene Folge von Zeichen stets bis zu diesem Trennzeichen, schließt es aber nie ein. Als Konsequenz ergibt sich, daß diese Folge von Zeichen jeweils innerhalb einer Eingabezeile bzw. innerhalb einer Ausgabezeile stehen muß. Führende Füllzeichen (Leerzeichen, horizontaler Tabulator) werden bei der Eingabe ignoriert. Bei der Eingabe kann über den WIDTH -Parameter auch gesteuert werden, wieviele Zeichen einzulesen sind.

Die *Eingaberoutinen* arbeiten meist **unformatiert**, was bequem ist, die **Ausgabe- routinen** gestatten hingegen in Grenzen **formatierte** Ausgabe, was für die Erzeugung eines bestimmten Druckbildes nötig ist. Der WIDTH -Parameter der folgenden Ausgaberoutinen gibt die Länge eines Zeichenfeldes vor, in das die auszugebende Folge von Zeichen geschrieben wird. Für einige der Ausgaberoutinen kann sogar die Länge von Teilen der Ausgabe einzeln spezifiziert werden. Bei Ausgabeoperationen wird bei gesetzter Zeilenlänge ferner stets nachgesehen, ob in der aktuellen Zeile noch genügend Platz für die Ausgabe ist. Ist dies nicht der Fall, so wird die aktuelle Zeile mit Blanks aufgefüllt und die Ausgabe in die nächste Zeile geschrieben.

Ein-/Ausgaberoutinen führen Konversionen von Zeichenketten in interne Werte durch und umgekehrt. Da diese Konversionen manchmal auch sonst von Wichtigkeit sein können, ohne daß damit eine Ein-/Ausgabe verbunden ist, gibt es stets eine Routine der Form einer Ein-/Ausgaberoutine, die **im Hauptspeicher** eine Zeichenkette in einen Wert umwandelt bzw. umgekehrt aus diesem eine Zeichenkette erzeugt. (Hier handelt es sich genauer um den internen Wert der Zeichenkette bzw. des Zahlenwerts.)

Bei selbstdefinierten Aufzählungstypen hat der Programmierer die Möglichkeit, beliebige Literale zur Kennzeichnung der Werte anzugeben, wie MO,...,SO für den Typ TAG . Es kann für diese Werte somit noch keine **Ein-/Ausgaberoutinen** geben, diese müssen statt dessen erst "erzeugt" werden. Wir geben später an, wie das gemacht werden muß. Ähnliches gilt bei numerischen Datentypen, die der Programmierer definieren kann, was wir im nächsten Kapitel kennenlernen werden. Wenn also im folgenden ENUM oder NUM steht, so ist dies eine Kennzeichnung für einen Aufzählungstyp bzw. ganzzahligen Typ oder reellen Typ. Bei der Erzeugung von E/A-Routinen können auch bestimmte Angaben für Eingabeformate bzw. Vorbesetzungen von Formatangaben gemacht werden.

Beginnen wir mit der Ein-/Ausgabe für **Aufzählungsdatentypen** (vgl. Tab. 3-48). Hier werden bei der Ausgabe die Folgen von Zeichen für die entsprechenden Literale linksbündig in das in der Länge durch den WIDTH -Parameter festgelegte Zeichenfeld geschrieben. (Bei Zeichenliteralen als Kennzeichnung von Elementen von Aufzählungs- typen (genauer vgl. 4.1) beachte man, daß diese auch auf der Textdatei mit berandenden Einfachapostrophen geschrieben werden, während dies bei der Dateirepräsentation von Zeichen nicht der Fall ist.)

E	Da, Mo, St	**procedure** GET (ITEM: **out** ENUM); liest eine Folge von Zeichen ein, gemäß der Syntax von Bezeichnern (Groß-/Kleinschreibung wird ignoriert) oder ein Zeichenliteral. Falls diese Folge von Zeichen eines der Aufzählungsliterale des Typs ENUM ist (z.B. MO, DI, ..., SO für den Typ EIN_TAG aus Beispiele 3-3), dann wird der entsprechende Wert zurückgeliefert.
A	Mo, St	**procedure** PUT (ITEM: **in** ENUM; WIDTH: **in** FIELD := DEFAULT_WIDTH; SET: **in** TYPE_SET:=DEFAULT_SETTING); gibt den Wert als entsprechendes Aufzählungsliteral, d.h. als entsprechende Folge von Zeichen aus. Der letzte Parameter hat für Zeichenliterale keinen Einfluß. Für andere Objekte von Aufzählungstypen wird die Folge von Zeichen für den entsprechenden Wert (d.h. das entsprechende Aufzählungsliteral) je nach Wert des dritten Parameters in Groß- oder Kleinbuchstaben ausgegeben. Falls der aktuelle Wert von WIDTH größer ist als die Zahl der für den Wert nötigen Zeichen, dann werden danach entsprechend viele Blanks ausgegeben.
E	Da	**procedure** GET (FROM: **in** STRING; ITEM: **out** ENUM; LAST: **out** POSITIVE); liest nacheinander Zeichen des ersten Parameters. Entsprechen diese einem Aufzählungsliteral von ENUM , so wird im ITEM -Parameter der entsprechende interne Wert zurückgeliefert. LAST liefert zurück, wieviele Zeichen dabei gelesen wurden.
A		**procedure** PUT (TO **out** STRING; ITEM: **in** ENUM; SET: **in** TYPE_SET := DEFAULT_SETTING); gibt den Wert des Aktualparameters von ITEM als Folge von Zeichen, die dem entsprechenden Aufzählungsliteral entsprechen, in den TO - Parameter linksbündig aus.

Tab. 3-48: Ein-/Ausgabe für Werte von Aufzählungstypen

Eine weitere Gruppe der Ein-/Ausgaberoutinen bezieht sich auf **ganzzahlige Datentypen,** die wir im nächsten Kapitel detailliert besprechen. Für NUM kann insbesondere der vordefinierte Typ INTEGER genommen werden. Hier wird bei der Ausgabe, falls der Parameter WIDTH aktuell größer ist als die Anzahl der zur Darstellung benötigten Zeichen, rechtsbündig in das entsprechende Zeichenfeld geschrieben.

E	Da, Mo, St	**procedure** GET (ITEM: **out** NUM; WIDTH: **in** FIELD := 0); liest ein optionales Plus- oder Minuszeichen, dann eine Folge von Zeichen, die einem ganzzahligen Literal entspricht, ggf. mit Basisangabe (vgl. Abschnitt 2.2), und konvertiert dieses in den entsprechenden internen Wert und liefert diesen mit Hilfe des Parameters ITEM zurück. Falls der WIDTH -Parameter angegeben ist, dann hört das Einlesen auf, wenn so viele Zeichen eingelesen wurden, wie für WIDTH aktuell angegeben sind. Hierbei werden Blanks mitgezählt.
A	Mo, St	**procedure** PUT (ITEM: **in** NUM; WIDTH: **in** FIELD := DEFAULT_WIDTH; BASE: **in** NUMBER_BASE := DEFAULT_BASE); Der aktuelle Wert von ITEM wird als ganzzahliges Literal ohne Unterstrich, ohne Exponent und ohne führende Nullen (jedoch 0 für die Zahl Null) ausgegeben. Dies erfolgt mit vorangehendem Minuszeichen, falls der Wert negativ ist. Falls für BASE ein aktueller Wert ungleich zehn angegeben ist, erfolgt die Ausgabe als Zahl mit dieser Basis, d.h. in nichtdezimaler Darstellung, ansonsten dezimal.
E	Da	**procedure** GET (FROM: **in** STRING; ITEM: **out** NUM, LAST: **out** POSITIVE); liest sukzessiv einzelne Zeichen des ersten Parameters. Entsprechen diese einem Literal des ganzzahligen Typs NUM , ggf. mit Vorzeichen (d.h. ist die Syntax wie die eines ganzzahligen Literals und liefert dieses einen Wert im Wertebereich des Typs NUM), so wird im ITEM -Parameter der entsprechende interne Wert zurückgeliefert. LAST liefert zurück, wieviele Zeichen dabei gelesen werden.
A		**procedure** PUT (TO: **out** STRING; ITEM: **in** NUM; BASE: **in** NUMBER_BASE := DEFAULT_BASE); gibt den Wert des Aktualparameters von ITEM in den STRING -Parameter TO rechtsbündig aus.

Tab. 3-49: ganzzahlige Ein-/Ausgabe

Die nächste Gruppe von Ein-/Ausgaberoutinen bezieht sich auf **reelle Datentypen.** Diese Datentypen werden wir ebenfalls im nächsten Kapitel im Detail besprechen. Für NUM kann hier z.B. der vordefinierte Typ FLOAT stehen. Die verschiedenen Anteile der Darstellung einer reellen Zahl werden folgendermaßen durch Formalparameter benannt: FORE kennzeichnet den Platz, den der Anteil der Mantisse vor dem Dezimalpunkt inklusive Vorzeichen höchstens haben kann, AFT den Anteil der Mantisse nach dem Dezimalpunkt, EXP den Exponententeil. Zu diesen drei Anteilen kommt noch der Platz für den Dezimalpunkt und das Exponentenzeichen hinzu. Wird FORE größer als benötigt gewählt, dann wird vorne mit Leerzeichen aufgefüllt, wodurch sich insgesamt eine rechtsbündige Darstellung ergibt. Im AFT -Teil wird stets rechts mit Nullen aufgefüllt, im EXP -Teil, falls vorhanden, links. Dadurch ergibt sich insgesamt stets die Darstellung eines reellen Literals ohne Unterstriche (vgl. Aufgabe 20).

<table>
<tr>
<td>E</td>
<td>Da,
Mo,
St</td>
<td>

procedure GET (ITEM: **out** NUM; WIDTH: **in** FIELD := 0);
liest ein optionales Plus- oder Minuszeichen, dann eine Folge von Zeichen, die einem reellen Literal entspricht (ggf. mit Basisangabe, mit oder ohne Exponent; vgl. Abschnitt 2.2). Der Wert wird wieder konvertiert. Ist der   WIDTH -Parameter gesetzt und ungleich Null, dann hört das Einlesen nach entsprechend vielen Zeichen auf.
</td>
</tr>
<tr>
<td>A</td>
<td>Mo,
St</td>
<td>

procedure PUT (ITEM: **in** NUM; FORE: **in** FIELD := DEFAULT_FORE;
                AFT: **in** FIELD := DEFAULT_AFT;
                EXP: **in** FIELD := DEFAULT_EXP);
liefert den Wert von   ITEM   als Dezimalzahl, ohne Unterstrich, ggf. mit Minuszeichen, falls der Wert negativ ist. Hier gibt es keine Angabe in nichtdezimaler Form. Die Ausgabe erfolgt nach dem Format, das durch die aktuellen Werte von   FORE ,   AFT   und   EXP   gegeben ist. Falls   EXP   aktuell   0   ist, dann muß im   FORE-Anteil für den ganzzahligen Anteil genügend Platz sein, z.B. 4 bei -123.4 . Ist die Angabe von   FORE   zu klein, so wird sie ignoriert. Falls   EXP   aktuell größer als   0   ist, dann erfolgt die Darstellung in einem Gleitpunkformat mit einer Ziffer vor dem Dezimalpunkt, z.B. -1.234E-2 . In beiden Fällen wird mit Leerzeichen vorne aufgefüllt, falls   FORE   aktuell größer gewählt wurde, als für die Darstellung des Teils vor dem Dezimalpunkt benötigt wird. Der Anteil hinter dem Dezimalpunkt besteht aus genau so vielen Zeichen, wie aktuell für   AFT   angegeben ist. Hier wird ggf. gerundet bzw. rechts mit Nullen aufgefüllt. Falls   EXP   aktuell   0   ist, gibt es keinen Exponententeil. Ist   EXP   aktuell größer als   0 , so erfolgt die Darstellung des Exponenten inklusive dessen Vorzeichen in einem Textfeld der Länge   EXP . Hierzu wird ggf. vorne im Exponententeil mit Nullen aufgefüllt.
</td>
</tr>
<tr>
<td>E</td>
<td>Da</td>
<td>

procedure GET (FROM: **in** STRING; ITEM: **out** NUM; LAST: **out** POSITIVE);
liest einzelne Zeichen entsprechend der Syntax eines reellen Literals, ggf. mit Vorzeichen. Sonst wie oben.
</td>
</tr>
<tr>
<td>A</td>
<td></td>
<td>

procedure PUT   (TO: **out** STRING; ITEM: **in** NUM;
                AFT: **in** FIELD := DEFAULT_AFT;
                EXP: **in** INTEGER := DEFAULT_EXP);
gibt den Wert von   ITEM   als reelle Zahl in den   TO -Parameter aus, indem das   FORE   von oben so gewählt wird, daß der   TO -Parameter ganz ausgefüllt wird (ggf. mit vorangehenden Leerzeichen). Sonst wie PUT   von oben.
</td>
</tr>
</table>

Tab. 3-50: reellle Ein-/Ausgabe

Für die Ausgabe von Werten von Aufzählungstypen bzw. von ganzzahligen sowie reellen Werten folgen noch einige **Beispiele.** Die Eingabe ist, da unformatiert, einfacher als die Ausgabe und in dem Beispiel nicht aufgeführt. Auf den   WIDTH -Parameter kann bei der Eingabe numerischer Literale verzichtet werden, wenn diese z.B. jeweils durch ein Leerzeichen voneinander getrennt sind.

```
...    -- Hier ist noch einige Organisation noetig, die wir spaeter besprechen
declare
    type EIN_TAG is (MO, DI, MI, DN, FR, SA, SO);
    HEUTE: EIN_TAG := MO;
    ZK: constant STRING := "FALL ";
    X: constant REAL := 0.001266;      -- REAL sei auf 8 Stellen genau (vgl. 4.8)
begin
    SET_LINE_LENGTH(30);
    PUT(ZK & "Kunde A: ");   --(1)
    PUT(ITEM => TRUE, WIDTH => 10, SET => LOWER_CASE); --(2)
    PUT(HEUTE, WIDTH => 6);   --(3)   nachher Zeile voll
    PUT(HEUTE, WIDTH => 4);   --(4)   neue Zeile und Ausgabe
    NEW_LINE;   -- noch einmal neue Zeile; letzte mit Blanks aufgefuellt
    PUT(127);   --(5)   WIDTH sei mit 3 vorbesetzt
    PUT(-127, WIDTH => 8);   --(6)
    PUT(127, WIDTH => 15, BASE => 2);   --(7)
    PUT(127, WIDTH => 6, BASE => 8);   --(8)   geht nicht mehr auf letzte Zeile
    PUT(X);   --(9)   "unformatierte" Ausgabe, d.h. mit vorbesetztem Format
    PUT(X, FORE => 5, AFT => 3, EXP => 2);   --(10)  Platz reicht nicht
    PUT(X, 2, 2, 2); SET_LINE_LENGTH(32);   -- (11)
    PUT(X, FORE => 2, AFT => 7, EXP => 0);   --(12)
    ...
end; -- Ende des Programms
-- erzeugt das folgende Druckbild (die jeweilige Anweisungsnummer ist zur
-- Erläuterung zusätzlich zur Ausgabe angegeben (sie wuerde nicht erscheinen)
-- ebenso ist die Zeilen-/Spaltenstruktur zusätzlich eingezeichnet):
```


Beispiel 3-51: Ausgabeanweisungen für Aufzählungstypen und numerische Typen

Alles, was wir hier für die Standard-Texteingabedatei bzw. Standard-Textausgabedatei besprochen haben, läßt sich auf *beliebige Textdateien* übertragen. Das bedeutet, daß im Modul TEXT_IO für jede der obigen Routinen noch eine weitere mit einem zusätzlichen Parameter für den Dateibezeichner an erster Stelle der Parameterliste existiert.

Wenn eine E/A-Routine entweder nur für eine Eingabedatei oder für eine Ausgabedatei möglich ist, so wurde dies bei der Beschreibung der Routinen in der ersten Spalte der jeweiligen Tabelle durch ein E bzw. A vermerkt. So ist klar, daß sämtliche GET -Routinen nur auf Eingabedateien, sämtliche PUT -Routinen nur auf Ausgabedateien arbeiten können.

Unsere Darstellung hier war insofern vereinfacht, als für das Arbeiten mit E/A-Routinen noch etwas Organisation im Programm nötig ist, um die Routinen von TEXT_IO und die Dateien dem Benutzerprogramm zur Verfügung zu stellen. Diese Organisation betrifft zum einen die Dateiverwaltung, d.h. daß eine Textdatei, wenn es sich nicht um eine der Standarddateien handelt, erzeugt, gelöscht, eröffnet und geschlossen werden muß. Zum anderen muß die Ein-/Ausgabe für den vom Benutzer gewünschten Typ von Objekten erst "erzeugt" werden. Wir werden dies in den Abschnitten 5.4 und 7.1 nachtragen.

In unseren bisherigen Betrachtungen haben wir nicht berücksichtigt, daß bei der Ein-/Ausgabe auch *Fehlersituationen* auftreten können.

So kann bei der Eingabe einer Folge von Zeichen der Fall auftreten, daß diese nicht mit der erwarteten Syntax übereinstimmt, z.B. bei der Folge OJEMINE für GET für den Datentyp INTEGER oder AEPFEL für GET des Datentyps BOOLEAN . In solchen Fällen wird stets die Ausnahme *DATA_ERROR* erweckt. Alle E/A-Routinen, in denen dies passieren kann, sind in der zweiten Spalte der obigen Tabellen mit Da für DATA_ERROR gekennzeichnet. Solche Dinge werden für die Literale des Programmtexts vom Übersetzer abgeprüft, was hier natürlich nicht möglich ist.

Die Ausnahme *LAYOUT_ERROR* wird erweckt, wenn die Ausgabe auf eine Spalte gesetzt wird, die die gesetzte Zeilenlänge überschreitet, oder wenn die Ausgabe auf eine Zeile gesetzt wird, die die gesetzte Seitenlänge überschreitet. Das gleiche passiert, wenn Abfragen über Spaltenzahl, Zeilenzahl oder Seitenzahl einen Wert liefern, der einen voreingestellten Wert überschreitet, oder wenn eine Ausgabe eine größere Länge hat als die gesetzte Zeilenlänge hergibt. Die E/A-Routinen, in denen dies vorkommen kann, sind in der zweiten Spalte mit La gekennzeichnet.

Schließlich tritt die Ausnahme *STATUS_ERROR* auf, wenn versucht wird, auf eine Datei zuzugreifen, die nicht eröffnet ist, oder wenn versucht wird, eine Datei zu eröffnen, die bereits eröffnet ist. Die entsprechenden Operationen sind in den obengenannten Tabellen mit St gekennzeichnet. Da die Standard-Text-Eingabe- oder -Ausgabedatei implizit eröffnet wird, tritt diese Ausnahme nur bei den Operationen auf, die einen zusätzlichen Parameter für den Dateibezeichner haben.

Die Ausnahme *MODE_ERROR* wird ausgelöst, wenn die E/A-Operationen mit dem Dateiverarbeitungsmodus unverträglich ist. Das ist z.B. der Fall, wenn von einer Ausgabedatei zu lesen versucht wird, oder wenn versucht wird, das Dateiende abzufragen. Die Ausnahme wird auch erweckt, wenn versucht wird, eine Eingabedatei zu beschreiben. Bei Textdateien wird die Ausnahme auch erweckt, wenn für eine Ausgabe Dateioperationen zum Überlesen (SKIP_LINE , SKIP_PAGE) angestoßen werden, oder wenn versucht wird , eine Ausgabedatei mit END_OF_LINE , END_OF_PAGE abzufragen, oder wenn versucht wird, für Eingabedateien die Layoutroutinen SET_LINE_ LENGTH , SET_PAGE_LENGTH , NEW_LINE , NEW_PAGE oder die Abfrage LINE_

LENGTH , PAGE_LENGTH aufzurufen. In der zweiten Spalte der obigen Tabellen ist dies mit Mo gekennzeichnet.

Die Ausnahme **USE_ERROR** wird u.a. erweckt, wenn eine Operation angestoßen wird, die mit einem E/A-Gerät nicht möglich ist. Dies ist etwa der Fall, wenn eine Zeilenlänge für die Standardtextausgabedatei auf 500 gesetzt wird, und diese Ausgabe einem Drucker zugeordnet ist. Dies ist mit Us gekennzeichnet.

Schließlich wird die Ausnahme **END_ERROR** erweckt, wenn versucht wird, das Dateiende zu überlesen. Die Operationen, in denen dies auftreten kann, sind mit En gekennzeichnet.

Obige Ausnahmen treten auch im Umgang mit anderen Dateien als Textdateien auf. Es kommen dann noch einige weitere Auslösesituationen hinzu. Schließlich gibt es noch einige **weitere Ausnahmen,** die wir im Abschnitt 7.1 kennenlernen werden.

AUFGABEN ZU KAP. 3

1) Feldzuweisung bei sich überlappenden Feldern (vgl. Beispiele 3-8):
Bei einer Implementation, die $A(4..12) := A(1..9)$ nacheinander komponentenweise realisiert, d.h. $A(4):=(A1);(A5):=(A2); ...; (A12):=(A9);$ hat $A(1..12)$ den Wert "TARTARTARTAR" . Wie kommt dies zustande? Eine solche Implementation der Feldzuweisung ist inkorrekt, da die Definition einer Wertzuweisung festlegt, daß zuerst die Ausdrücke auszuwerten sind. Der Wert von $A(1..9)$ ist "TAR SAUCE" , der von $A(1..12)$ nach der Feldzuweisung somit "TARTAR SAUCE" . Wie wird dies implementierungstechnisch erreicht, d.h. was hat der Compiler zu machen?

2) Semikolon als Ende einer Anweisung:
Das Semikolon ist in Ada kein Trennsymbol zwischen Anweisungen, sondern das Endesymbol einer Anweisung. Woran sieht man das? Das hat zur Folge, daß das Semikolon auch an Stellen, z.B. vor den Wortsymbolen **elsif,else, when, end if** etc. steht, wo in den ALGOL- bzw. PASCAL-ähnlichen Sprachen kein Semikolon steht oder sogar keines stehen darf. Der Grund hierfür ist die Sprachregel, daß, wo immer eine Anweisung steht, auch eine Anweisungsfolge stehen darf und daß die Einführung einer Anweisung in eine Anweisungsfolge den bisherigen Programmtext unverändert lassen soll. Inwieweit ist diese Regel bei ALGOL 68 bzw. PASCAL erfüllt? Machen Sie sich das an den einseitig bedingten Anweisungen beider Sprachen klar, deren then-Teile nur Wertzuweisungen enthalten:

```
if condition then              if condition then        if condition then
    WZ_1;  ⎫                        WZ                       begin
    WZ_2;  ⎬  bel. viele                                         WZ_1;
    ...    ⎬  Wertzuwei-                                         ...
    WZ_n;  ⎬  sungen: n≥0                                       WZ_n;
    WZ_n+1 ⎭                                                    WZ_n+1

fi                                                              end
```

einseitig bedingte Anweisung   einseitig bedingte Anweisung
in ALGOL 68   in PASCAL

3) (Für Leser mit Compilerkennntissen):
case-Anweisungen werden üblicherweise mit Hilfe von Sprungtabellen übersetzt. Überlegen Sie, warum die Verwendung der folgenden case-Anweisung wenig sinnvoll ist:

```
case HEUTE is
    when SA =>  ...
    when SO =>  ...
    when others => null;
end case;
```

Wie kann diese Anweisung verändert werden, so daß sie lesbarer wird und ein (nicht optimierender) Compiler speicherplatzeffizienten Code erzeugt? (Hinweis: Einführung einer Bereichseinschränkung.)

Warum ist eine case-Anweisung der folgenden Art erst recht nicht sinnvoll?

```
case ZVE_LED is      -- zu versteuerndes Einkommen bei Ledigen
    when 0..4318 => E_STEUER := 0.0;
    when 4319..18_000 => E_STEUER := LINEAR(ZVE_LED);
    when 18_001..130_000 => E_STEUER := PROGR(ZVE_LED);
    when others => E_STEUER := INTEGER(FLOAT(ZVE_LED)*0.56);
end case;
```

Wie sieht die ebenso durchsichtige, aber effizient übersetzbare Anweisung aus?

4) Warum dürfen in den Auswahllisten nur statische Ausdrücke auftauchen? Durch welche umgangssprachlich formulierte Sprachregel der Syntax wird dies erzwungen (wenn man davon ausgeht, daß diese Sprachregel zur Compilezeit abprüfbar sein soll)?

5) Schreiben Sie ein Programmstück zur Multiplikation zweier 4 x 4-Matrizen mit ganzzahligen Komponenten.

6) Zählschleifen:
Wie in heutigen Programmiersprachen üblich, dürfen die Zählvariablen im Schleifenrumpf nicht verändert werden. Ebenso wird der Laufbereich nur am Anfang der Schleifenausführung ausgewertet. Somit verändert sich die Anzahl der Schleifenausführungen auch nicht, wenn z.B. die untere oder obere Grenze im Schleifenrumpf durch eine Wertzuweisung verändert wird. Welche Vorkehrungen sind vom Übersetzer hierfür denkbar?

7) In der Aufgabe 7 des letzten Kapitels wurde angesprochen, daß bestimmte syntaktische Zusammenhänge, die im Sprachreport mit EBNF-Regeln beschrieben werden könnten, aus gutem Grund nicht so beschrieben sind. Das gilt z.B. für die Sprachregel: "Falls ein Block (eine Schleife) benannt ist, so muß der gleiche Bezeichner vor und hinter dem Block (der Schleife) auftauchen." Warum wurde diese Sprachregel nicht mit EBNF-Regeln beschrieben (für diese Überlegung gehe man davon aus, daß Block- oder Schleifenbezeichner nur aus drei Zeichen bestehen dürfen)?

8) Ein Feld vom Typ **type** F **is array** (UG..OG) **of** INTEGER;
wobei UG und OG Konstanten vom Typ INTEGER seien, kann nach folgender Idee sortiert werden:
Suche das kleinste und das größte Feldelement;
Vertausche das kleinste mit dem ersten, das größte mit dem letzten Feldelement;
Behandle die Teilfelder mit den Grenzen UG+1..   OG-1, UG+2 .. OG-2 etc. auf die gleiche Weise, solange die Teilfelder noch mindestens die Länge 2 haben.
Entwickeln Sie ein Ada-Programmstück (vgl. Fig. 3-23).

9) Eine until-Schleife kann mit Hilfe einer while-Schleife simuliert werden und umgekehrt. Schreiben Sie den jeweils simulierenden Programmtext hin. Ferner simuliere man eine until-Schleife durch eine Endlosschleife mit Abbruch.

10) Zahn schlug 1974 die folgende Schleifenkonstruktion vor, die unter dem Namen Zahn-Schleife oder (n+1/2)-Schleife bekannt ist und z.B. in MODULA enthalten ist.

```
loop until condition_1 or ... or condition_n :

    sequence_of_statements

repeat

then

    condition_1 => sequence_of_statements

    ...

    condition_n => sequence_of_statements

end loop;
```

Die Schleife wird so lange ausgeführt, bis eine der Bedingungen (condition_1 , ..., condition_n eintritt. Dann wird die Schleife beendet, indem vorher die für diesen Fall zugehörige Anweisungsfolge ausgeführt wird.
Wie kann diese Schleife in Ada simuliert werden (Hinweis: mit Hilfe von exit-Anweisungen oder mit Hilfe von raise-Anweisungen)?

11) Formulieren Sie das in Fig. 3-22 angegebene Programmstück als Prozedur, die nach dem Schlüssel den binären Suchbaum durchsucht und die zugehörige Information zurückliefert.

12) Formulieren Sie das Programmstück aus Fig. 3-23 bzw. Aufgabe 8 jeweils als Prozedur. Es genügt ein einziger Ein-/Ausgangsparameter (vgl. Beispiel 3-28) .

13) Auch für seiteneffektfreie Funktionen darf nicht immer optimiert werden, wie dies in Abschnitt 3.7 angedeutet wurde (Beispiel Zufallszahlengenerator, der z.B. nur die Uhr im Rechner liest). Warum ist dies so?
Ein Unterprogramm, das Seiteneffekte hat, sollte nie als Funktion geschrieben werden. Suchen Sie Beispiele in Abschnitt 3.10, wo diese Regel verletzt wurde.

14) Enthält eine Wertzuweisung mehrere Ausdrücke (z.B. wenn auf der linken Seite ein Feldzugriff steht), so ist keine Reihenfolge der Auswertung vorgeschrieben. Dies heißt, daß hier Funktionen mit Seiteneffekten zu vermeiden sind. Warum?

15) Bei Funktionen bzw. Prozeduren gibt es Parameterzuordnung über Reihenfolge oder über Namen, ja beide Fälle dürfen sogar kombiniert werden. Nach einer Zuordnung über Namen darf jedoch keine über die Reihenfolge mehr folgen. Was ist der Sinn der obigen Regel? Rekapitulieren Sie: Welche Vorteile/Nachteile hat Parameterzuordnung über Namen?

16) Aus der Tatsache, daß kein Programm die Kenntnis benutzen darf, wie die Ada-Übergabemechanismen (**in** , **out** , **inout**) implementiert sind, ja diese sogar von Unterprogramm zu Unterprogramm verschieden implementiert sein können, ergeben sich einige Einschränkungen für Ada-Programme, z.B.
(a) Wird auf ein Datenobjekt sowohl als globale Variable als auch als Transient oder Ausgabeparameter zugegriffen, so ergibt sich ein fehlerhaftes Programm.
(b) Enthalte eine Prozedur P mit einem **out** -Formalparameter F vom Typ T eine andere Prozedur P' mit einem **in out** -Formalparameter vom Typ T . Dann darf im Rumpf von P kein Aufruf von P' mit Aktualparameter F stehen. Begründen Sie die beiden einschränkenden Regeln.

17) Inwieweit unterscheidet sich eine raise-Anweisung mit zugehörigem Ausnahme-Behandler von einem Sprung zu einem Programmstück, das dem Ausnahme-Behandler entspricht, bzw. von einem Unterprogrammaufruf mit dem Ausnahme-Behandler als Unterprogrammrumpf?

18) Warum gefährdet das SUPPRESS -Pragma für vordefinierte Ausnahmen die Portabilität? Welche Situationen können auftreten bei Übertragen von einer Basismaschine, die dieses Pragma ignoriert, zu einer, die es beachtet? Welche können im umgekehrten Fall auftreten?

19) Man mache sich den Unterschied zwischen einem entsprechenden Literal und der Folge von Zeichen auf der Textdatei klar: für einzelne Zeichen bzw. Zeichenketten und schließlich für Zeichenliterale bei Aufzählungstypen.

20) Für die Ausgabe möchte man einerseits spaltenweise Ausgabe für Ziffern (z.B. rechtsbündig) haben, andererseits sollen die angegebenen Folgen von Zeichen stets einer lexikalischen Einheit entsprechen. Erklären Sie daraus die Regel, daß das Exponentenfeld und Mantissenfeld bei reellen Zahlen stets links bzw. rechts mit führenden Nullen aufgefüllt wird.

21) Ein-/Ausgabeoperationen und lineare Textdatei:
Es gebe 4 verschiedene Steuerzeichen Anfang, Zeilenende, Seitenende und Dateiende. Zeilenendekennung kann sein Zeilenende, Seitenende und Dateiende, Seitenende-kennung kann sein Dateiende und Seitenende. Bei Zeilenanfang ist der Spaltenzähler 1, bei Seitenanfang der Zeilen- und Spaltenzähler 1, am Anfang des Texts alle drei Zähler. Bei Spalten-, Zeilen- bzw. Seitenwechsel erfolgt entsprechendes Erhöhen bzw. Zurücksetzen der Zähler. Man mache sich alle E/A-Operationen des Abschnitts 3.10 auf dieser Linearisierung (sequentiellen Textdatei) klar. Bei Darstellung auf der Textdatei gilt, daß beim Lesen zuerst bewegt und dann ein Zeichen gelesen wird, daß hingegen beim Schreiben zuerst geschrieben und dann bewegt wird.

4 DATENSTRUKTURIERUNG DETAILLIERT

Ein Programm für eine Maschine führt bei seiner Ausführung zu Zustandsübergängen der ausführenden Maschine, d.h. von Anweisung zu Anweisung ändern sich die Objekte im Datenspeicher der Maschine. Um dies in einem Programm bequem formulieren zu können, sind neben den Konstrukten zur **Ablaufkontrolle** umfassende Konstrukte und Konzepte zur **Datenstrukturierung** nötig. Erstere haben wir im letzten Kapitel erläutert, letztere besprechen wir detailliert hier.

In früheren Programmiersprachen wurde meist der eine oder andere dieser beiden Aspekte vernachlässigt. Man spricht dann von ablauforientierten oder datenorientierten Programmiersprachen. Heutige Programmiersprachen, und somit auch Ada, bieten für beide Aspekte umfangreiche Konzepte an.

Wir haben schon verschiedentlich betont, daß es **enge Beziehungen** zwischen den einzelnen Kontroll- und Datenstrukturen gibt, wie etwa zwischen Feldern und Zählschleifen. Einige Entwurfs- und Spezifikationsmethoden gehen noch weiter, was diesen Zusammenhang angeht. Sie verwenden für einander entsprechende Konzepte genau die gleiche Notation bzw. fassen beide Aspekte als duale Sichten ein und desselben Problems auf (JSP, SADT, vgl. etwa /5. Ki 79/).

In der Einleitung des letzten Kapitels wurde bereits erklärt, daß wir die Konzepte der **Datenstrukturierung** für **schwieriger** halten als die Strukturen zur Ablaufkontrolle. Dies liegt zum einen an der größeren Vertrautheit im Umgang mit Kontrollstrukturen, aber auch an der geringen Komplexität der Kontrollstrukturen gegenüber den Datenstrukturen. Der Umfang dieses Kapitels bestätigt das, obwohl wir hier noch auf einführende Beispiele des letzten zurückgreifen können. In diesem Kapitel werden alle Elemente der Datenstrukturierung zusammengetragen, die für das Programmieren im Kleinen (d.h. für die Implementation von Moduln) in Ada vorhanden sind.

Dabei müssen wir zwischen der **Deklaration**, der **Veränderung** des Wertes und der **Verwendung** des Wertes einer Datenstruktur unterscheiden (deklarierendes, setzendes, benutzendes Auftreten). Wenn wir also z.B. in den Abschnitten 4.2 und 4.3 Felder behandeln, dann geben diese Abschnitte Auskunft über die Deklaration von Feldtypen und Feldobjekten, über die Veränderung von Feldobjekten durch Zuweisung an ganze Felder bzw. einzelne Komponenten und schließlich über die Verwendung von Feldern und Feldkomponenten in Ausdrücken oder als Aktualparameter. Der Sprachreport trennt (aus gutem Grund) diese verschiedenen Ebenen strikt, was das Erlernen der Verwendung von Datenstrukturen natürlich erschwert.

Die Erläuterungen dieses Kapitels reichen von den in Ada vordefinierten **Basisdatentypen** (primitiven Datentypen), wie BOOLEAN , INTEGER , FLOAT , die unstrukturiert sind (skalare Datentypen), bis zu **zusammengesetzten Datentypen** (strukturierten Datentypen), die beliebig kompliziert aufgebaut sein können. Das Typkonzept wird dabei erst verhältnismäßig spät, nämlich in Abschnitt 4.7 eingeführt. Auch hierfür gibt es didaktische Gründe. Es wäre nämlich ohne die vorherige Behandlung etlicher Beispiele schwer verständlich.

Die **numerischen Datentypen** werden ebenfalls erst ziemlich spät eingeführt, obwohl sie skalar sind. Das liegt einerseits daran, daß ihre Erläuterung das vollständige Typkonzept benötigt, zum anderen daran, daß Ada aufgrund von Portabilitäts-überlegungen in diesem Punkte weit mehr bietet als andere Programmiersprachen.

Der letzte Abschnitt dieses Kapitels schließlich ist dem schwierigen Konzept der **Zeiger** gewidmet, das sowohl vom Aspekt der Zuverlässigkeit als auch der Effizienz einer sorgfältigen Erläuterung bedarf.

Fassen wir zusammen, was wir über Deklarationen bereits wissen: Jede Deklaration, sei es eine Objektdeklaration oder eine der Formen einer Typdeklaration, führt einen **Bezeichner** ein, der von der Stelle der Deklaration ab in einem Teil des folgenden Programmtextes erklärt ist. Die Abarbeitung der Deklaration führt ein **Objekt** ein und reserviert für dieses Speicherplatz, oder sie führt einen **Typ** ein, indem sie die Struktur und den Wertebereich aller Objekte dieses Typs definiert, sowie die auf diesen Typen ausführbaren Operationen (letzteres meist implizit). Schließlich kann in einer Datenobjektdeklaration eventuell noch eine **Initialisierung** ausgeführt werden. Ein neu eingeführter Bezeichner kann einen anderen **verdecken** (z.B. ist bei zwei Objekten mit dem gleichen Bezeichner, die in ineinandergeschachtelten Blöcken deklariert sind, im inneren Block nur das innere Objekt sichtbar), oder es kann diesen Bezeichner überladen (z.B. bei Funktionen und Prozeduren mit gleichem Bezeichner, aber verschiedenen Parametern, sowie bei Aufzählungsliteralen).

4.1 BASISDATENTYPEN BOOLEAN, CHARACTER UND ALLGEMEINE AUFZÄHLUNGS-DATENTYPEN

Der Datentyp **BOOLEAN** ist in der Sprache vordefiniert (im vordefinierten Modul STANDARD). Der Wertebereich besteht nur aus zwei Werten, die durch die Literale FALSE und TRUE gekennzeichnet werden, und die den zwei **Wahrheitswerten** entsprechen. Die zugehörigen (logischen) **Operationen**, Negation (**not**), Konjunktion (**and**), Disjunktion oder inklusives Oder (**or**) bzw. exklusives Oder oder Entweder-Oder (**xor**) sind in der Sprache wie in den folgenden Wahrheitstafeln definiert. Dabei seien A und B Objekte vom Typ BOOLEAN (vgl. Fig. 4-1).

A	not A
TRUE	FALSE
FALSE	TRUE

A	B	A and B	A or B	A xor B
FALSE	FALSE	FALSE	FALSE	FALSE
FALSE	TRUE	FALSE	TRUE	TRUE
TRUE	FALSE	FALSE	TRUE	TRUE
TRUE	TRUE	TRUE	TRUE	FALSE

```
1 <= I and I <= 50              -- spaeter elegantere Formulierung mit

TAG = MO or TAG = DI or TAG = MI   -- Enthaltenseinsoperator;

FALSCH or (J > M+K and J /= 17)    -- kein Vorrang von and in Ada;

I*K > 30 or FUNK(M) = FELD(I,J)    -- problematisch, wenn 2. Operand
                                   -- nicht ausgewertet wird;

I >= 15 or else (J /= 13 and then K = 0)   -- Boolescher Kurzschlussausdruck
```

Fig. 4-1: Definition logischer Operationen und Beispiele für logische Ausdrücke

Die **Wahrheitstafeln** sind zeilenweise zu lesen: Für A und B sind sämtliche möglichen Wahrheitswertkombinationen angegeben, in der entsprechenden Spalte finden wir dann den Wahrheitswert für die logische Operation bei diesen Eingangswerten. Wir sehen: (1) die Negation vertauscht die Wahrheitswerte, (2) die Konjunktion liefert nur dann das Ergebnis wahr, wenn beide Operanden wahr sind, sonst liefert sie das Ergebnis falsch, (3) das inklusive Oder liefert bereits den Wert wahr, wenn nur einer der

Operanden den Wert wahr hat, aber auch dann, wenn beide den Wert wahr besitzen, und falsch, wenn beide Operanden falsch sind, und schließlich (4) das exklusive Oder liefert nur bei unterschiedlichen Werten den Wert wahr, sonst falsch.

Boolesche Operationen werden hauptsächlich auf logische Ausdrücke angewandt, die sich durch die **Vergleichsoperatoren** = , /= , < , <= , > , >= aus arithmetischen Ausdrücken ergeben. Die Operatoren stehen für "gleich", "ungleich", "kleiner", "kleiner gleich", "größer" und schließlich "größer gleich". Wir hatten solche Ausdrücke relationale Ausdrücke genannt. In Fig. 4-1 sind einige Beispiele Boolescher Ausdrücke angegeben. Natürlich können Boolesche Operationen z.B. auch auf vom Programmierer eingeführte **Boolesche Variable** (anderer Name: logische Variable) angewandt werden. Boolesche Ausdrücke kommen hauptsächlich in bedingten Anweisungen und Schleifen mit Bedingungen vor.

Denkt man sich die Auswertungsreihenfolge eines Booleschen Ausdrucks von links nach rechts festgelegt, so kann man für Boolesche Operationen die **Auswertung verkürzen:** Bei der Und-Operation können wir bereits aufhören, wenn der erste Operand falsch ist. Dann kann der gesamte Ausdruck nur noch falsch sein. Bei der (inklusiven) Oder-Operation kann man bereits aufhören, wenn man erkannt hat, daß der erste Operand wahr ist. Dann kann der gesamte Ausdruck nämlich nur noch wahr sein. Diese Auswertungsregeln kann man auch auf zusammengesetzte Boolesche Ausdrücke anwenden. Viele der heutigen Übersetzer für andere Programmiersprachen machen hiervon Gebrauch (sog. Kaskadentechnik, vgl. Literaturabschnitt 6).

Nun gibt es dabei aber **Probleme:** Erstens ist in Ada im allgemeinen die Auswertungsreihenfolge von Ausdrücken nicht fest vorgeschrieben, soweit diese über die üblichen Vorrangregeln hinausgeht, daß also z.B. Mal stärker bindet als Plus. So wäre eine strikte Festlegung auf Links-Rechts-Auswertung eine Verletzung dieser Regel (vgl. Abschnitt 4.9). Zweitens, und dies ist bedeutsamer, können auf diese Weise Ausnahmen unterdrückt werden: Ist der zweite Operand z.B. ein Vergleichsausdruck, in dem ein Funktionsaufruf vorkommt, so kann bei dessen Ausführung z.B. die Ausnahme CONSTRAINT_ERROR erweckt werden. Wird der Ausdruck aber gar nicht ausgewertet, so unterbleibt natürlich die Ausnahmebehandlung.

Um nun dieses Problem zu lösen, schreibt Ada vor, daß Boolesche Ausdrücke mit **and** und **or** immer vollständig auszuwerten sind, wobei die Auswertungsreihenfolge der Operanden i.a. nicht festgelegt ist. Für die oben beschriebenen kurzen Auswertungen werden zwei weitere logische Operationen zur Verfügung gestellt, die durch die Wortsymbole **and then** und **or else** gekennzeichnet werden. Diese liefern im "Normalfall" die gleichen Resultate wie **and** bzw. **or** und machen von der verkürzten Auswertung zum Zwecke der Laufzeitverkürzung Gebrauch. Wir nennen sie **logische Kurzschlußoperationen** (short circuit control forms) oder Kaskadenoperationen. Bei ihrer Verwendung muß sich der Programmierer jedoch der obigen Probleme bewußt sein.

Der vordefinierte **Datentyp CHARACTER** ist ein Aufzählungstyp, der als Wertebereich die 128 Zeichen des ASCII-Codes hat. Die 95 darstellbaren Zeichen dieses Codes können durch **Zeichenliterale** bezeichnet werden (für Zeichenliterale vgl. Abschnitt 2.2). Das gilt für Großbuchstaben, Kleinbuchstaben, Ziffern und die abdruckbaren Sonderzeichen. Alle 128 Zeichen sind als **Konstante** in der Sprache vordefiniert. Dadurch können auch die nichtabdruckbaren Sonderzeichen bzw. die auf einem speziellen Eingabegerät nicht darstellbaren Sonderzeichen bezeichnet werden. Dies geschieht z.B. durch ASCII.CR, was das nichtdarstellbare Zeichen Wagenrücklauf (carriage return) bezeichnet, oder ASCII.LC_A, das den Kleinbuchstaben a (lower case) bezeichnet.

Typen, deren Wertebereich Zeichen sind, wollen wir **Zeichentypen** nennen (vgl. Beispiele 4-2). Man beachte, daß es sich etwa in der zweiten Zeile um die Zeichen und nicht um die Zahlen 0,...,9 handelt, daß also arithmetische Operationen auf dem Typ ARABISCHE_ZIFFER nicht definiert sind.

```
type ROEMISCHE_ZIFFER is ('I', 'V', 'X', 'L', 'C', 'D', 'M');

type ARABISCHE_ZIFFER is ('0', '1', '2', '3', '4', '5', '6', '7', '8', '9');

type SEDEZIMALZIFFER is ('0', '1', '2', '3', '4', '5', '6', '7', '8', '9',
                         'A', 'B', 'C', 'D', 'E', 'F');
```

Beispiele 4-2: Zeichentypdeklarationen

Kommen wir nun zu **beliebigen Aufzählungstypen**. Wie wir schon in den vorangehenden Beispielen gesehen haben, erfolgt die Angabe des Wertebereichs durch Aufzählen, d.h. das explizite nacheinander Hinschreiben von Bezeichnungen für alle möglichen Werte (daher also der Name Aufzählungstypen). Die Bezeichnungen für die Werte heißen **Aufzählungsliterale**. Sie haben die syntaktische Form von Bezeichnern oder von Zeichenliteralen. Fig. 4-3 gibt nochmals einige Beispiele und die Syntax der zugehörigen Typdefinition, die dem Wortsymbol is in einer Aufzählungs-Typdeklaration folgt.

```
type TAG is (MO, DI, MI, DN, FR, SA, SO);

type WERKTAG is (MO, DI, MI, DN, FR, SA);

type RICHTUNG is (NORD, OST, SUED, WEST);

type AMPELFARBE is (ROT, GELB, GRUEN);
```

```
enumeration_type_definition ::=
    (enumeration_literal_specification {, enumeration_literal_specification})

enumeration_literal_specification ::= enumeration_literal

enumeration_literal ::= identifier | character_literal
```

Fig. 4-3: Typdeklarationen/Typdefinition von Aufzählungstypen

Den engen **Zusammenhang** zwischen **Aufzählungstypen** und **Auswahlanweisungen** haben wir bereits im letzten Kapitel angedeutet. Man kann sagen, daß die case-Anweisung und die Aufzählungstypen einander entsprechende Konstrukte auf der Ebene der Kontrollstrukturen bzw. Datenstrukturen sind (vgl. Beispiele 4-4), so wie andererseits bedingte Anweisungen und der Datentyp BOOLEAN zueinander gehören.

Durch das Hinschreiben in der Typdefinition eines Aufzählungstyps wird eine **Reihenfolge** eingeführt, die wir durch eine **Stellenzahl** charakterisieren. Das erste Literal hat die Stellenzahl 0, das zweite 1, usw. Von dieser Stellenzahl kann beim Programmieren Gebrauch gemacht werden. So ist es möglich, durch die Notation AUFZ_TYP'FIRST auf den ersten Wert und durch AUFZ_TYP'LAST auf den letzten Wert in der Aufzählungsreihenfolge zuzugreifen. Hierbei steht AUFZ_TYP für den Bezeichner eines beliebigen Aufzählungstyps. FIRST und LAST sind sogenannte **Attribute**, AUFZ_TYP'FIRST bzw. AUFZ_TYP'LAST sind Attributanfragen. Man beachte, daß Attributbezeichner in Attributanfragen durch einen Einzelapostroph von dem Teil, auf den sie angewandt werden sollen, abgetrennt werden. Neben FIRST und LAST gibt es für Aufzählungstypen noch die Attribute POS , SUCC , PRED und VAL . Hier sind T'POS , T'SUCC , T'PRED und T'VAL Funktionen, T'POS(X) , T'SUCC(X) bzw. T'PRED(X) sind dann Funktionsaufrufe, die die Stellenzahl, den Nachfolgerwert bzw. den Vorgängerwert von X zurückliefern, alles bezogen auf die oben angesprochene Reihenfolge. Hierbei muß X vom Typ T sein. (Wird zur Laufzeit versucht, mit PRED den Vorgängerwert des ersten oder mit SUCC den Nachfolgerwert des letzten Werts zu erhalten, so wird die Ausnahme CONSTRAINT_ERROR erweckt.) Schließlich liefert T'VAL(N) , mit N von einem ganzzahligen Typ, bei eingegebener Stellenzahl den zugehörigen Aufzählungswert. Auch hier gibt es wieder die Ausnahme CONSTRAINT_ERROR , wenn die eingegebene Zahl außerhalb des Bereichs der Stellenzahl liegt.

```
         .
         .
         .

ARBEITSZEIT: INTEGER_0_BIS_8;

D: TAG;

         .
         .
         .

case D is                                   -- 35 Stunden-Woche:
    when MO => ARBEITSZEIT:=6;              -- sanfter Wochenanfang,
    when DI|MI|DN => ARBEITSZEIT:=8;        -- dann wird geschafft,
    when FR => ARBEITSZEIT:=5;              -- Luft herauslassen,
    when others => ARBEITSZEIT:=0;         -- am 6./7. Tag
end case;                                   -- sollst Du ruhen.
```

Beispiel 4-4: Aufzählungstypen und Auswahlanweisungen

Die üblichen **Ordnungsrelationen** < , <= , > , >= werden über die Stellenzahl auf die Aufzählungswerte selbst übertragen: So haben etwa MO < DI , SO >= MI den Wert TRUE , und DN <= DI hat den Wert FALSE . Man muß also z.B. nicht umständlich TAG'POS(MO) < TAG'POS(DI) schreiben. Das folgende Beispiel 4-5 erläutert den Umgang mit den Attributen.

```
         .
         .
         .

A, B, C: TAG;

W: INTEGER_0_BIS_6;

A := TAG'FIRST;     -- A hat den Wert MO

B := TAG'LAST;      -- B hat den Wert SO

         .
         .
         .
```

```
if B /= TAG'FIRST then
   B := TAG'PRED(B);        -- PRED steht fuer "predecessor"
end if;
if A /= TAG'LAST then
   A := TAG'SUCC(A);        -- SUCC steht fuer "successor"
end if;
if A < B then              -- entspricht TAG'POS(A) < TAG'POS(B)
   C := A;
end if;
N := TAG'POS(B);           -- VAL und POS sind invers, d.h.
A := TAG'VAL(N); -- nun ist A=B      -- TAG'VAL(TAG'POS(X))=X
:                                    -- TAG'POS(TAG'VAL(I))=I
:
```

Beispiel 4-5: Aufzählungstypen: Attribute und Ordnungsrelationen

Wegen der durch das Aufzählen eingeführten Reihenfolge können auch **Unterbereiche** gebildet werden (vgl. Beispiele 4-6) und diese können z.B. in Laufvorschriften von Zählschleifen auftauchen. Das macht die in anderen Programmiersprachen nötige und die Lesbarkeit behindernde Zuordnung ganzer Zahlen zu bestimmten Fällen überflüssig. Ebenso können diese Unterbereiche in Felddeklarationen verwendet werden. Es kann sogar in der Laufschleife nur eine Typbezeichnung stehen, sofern alle Werte eines Aufzählungstyps durchlaufen werden sollen (vgl. Beispiele 4-6).

```
for I in MO..SA loop    |  for I in TAG'(MO)..TAG'(SA) loop  |  for I in TAG loop
   :                    |     :                              |     :
end loop;               |  end loop;                         |  end loop;
```

```
STUNDENPLAN: array (TAG'(MO)..TAG'(SA), 1..8) of STRING(1..10);
```

Beispiele 4-6: Unterbereiche in Zählschleifen und Felddeklarationen

In den Typdeklarationen und Objektdeklarationen für TAG, WERKTAG bzw. W_TAG , BEL_TAG in Fig. 4-3 und 4-7 kommen die **Literale,** die für die Tage der Woche stehen, mehrfach vor. Man sagt wieder: diese Literale sind **überladen.** Sie bezeichnen natürlich verschiedene Objekte. Das ergibt sich schon aus dem Typkonzept, das verlangt, daß jedes Objekt genau einen Typ hat. Das Literal MO steht somit einmal für ein Objekt des Typs TAG , das andere Mal für ein Objekt des Typs WERKTAG . Jedesmal, wenn ein Aufzählungsliteral in einer Aufzählungs-Typdefinition auftaucht, bezeichnet es ein verschiedenes Objekt. Aufzählungsliterale können sich nämlich nicht gegenseitig verdecken.

In den meisten Fällen wird der Übersetzer aus dem Kontext ermitteln können, um welches Objekt es sich handelt. In einigen Fällen ist dies aber nicht möglich: Wenn wir z.B. den Unterbereich MO..FR hinschreiben, so kann dieser entweder zum Typ TAG oder WERKTAG gehören, der Kontext kann nicht mitteilen, zu welchem. In solchen Fällen würde der Übersetzer somit einen Fehler melden. Dieser Konflikt kann durch

Voranstellen des Typbezeichners aufgelöst werden: So bezeichnet die Notation TAG'(MO)..TAG'(FR) eben einen Unterbereich, der zum Typ TAG gehört, WERK TAG'(MO)..WERKTAG'(FR) einen Unterbereich, der zum Typ WERKTAG gehört. Diese Schreibweise wollen wir *Typqualifikation* nennen. Diese Typqualifikation ist nun nicht nur dort anzuwenden, wo ein Syntaxfehler vermieden werden soll. Überall dort, wo ein überladenes Literal auftaucht, sollte dieses durch Typqualifikation an Ort und Stelle eindeutig gemacht werden. Dies erspart nicht nur dem Übersetzer, sondern auch dem Leser die Arbeit, den zugehörigen Typ herauszufinden.

Aufzählungstypen sind ein Spezialfall der sog. diskreten Typen. Hierzu gehören noch die ganzzahligen Typen, die wir später besprechen werden. Diskrete Typen und reelle Typen ergeben zusammen die skalaren Typen. Skalare Typen sind, im Gegensatz zu den zusammengesetzten Typen, unstrukturiert. Sie sind alle geordnet, d.h. es ist, wie bei den Aufzählungstypen, eine Reihenfolge festgelegt. Für solche skalaren Typen können *Bereichseinschränkungen* definiert werden, die zur Laufzeit des Programms beachtet werden müssen. Hierdurch wird nämlich festgelegt, daß nicht alle Werte angenommen oder durchlaufen werden dürfen, die ein Typ zuläßt, sondern nur die, die die Bereichseinschränkung festschreibt. Es wird also ein Unterbereich des Wertebereichs festgelegt.

Die Bereichseinschränkung wird hingeschrieben durch das Wortsymbol **range** gefolgt von einem Unterbereich, gekennzeichnet durch L..R (vgl. Fig. 4-7). Dabei bezeichnet L die untere Grenze, R die obere Grenze. Diese Schreibweise legt fest, daß die Werte von L bis R , beide eingeschlossen, einen Unterbereich der Werte des vorgegebenen Typs bilden. Das haben wir bereits oben im Zusammenhang mit Laufschleifen kennengelernt.

Das Zutreffen einer Bereichseinschränkung kann i.a. erst zur Laufzeit festgestellt werden, da für L bzw. R beliebige Ausdrücke zugelassen sind. Verletzungen der Bereichseinschränkung zur Laufzeit erwecken die Ausnahme CONSTRAINT_ERROR , die für die Überwachung verschiedenster Einschränkungen zuständig ist.

Man beachte, daß Bereichseinschränkungen den Typ nicht verändern. Alles, was mit dem Begriff Typ zusammenhängt, muß in Ada zur Compilezeit abgeprüft werden können. Bereichseinschränkungen sind also etwas, was zu den Festlegungen durch den Typ hinzukommt. Wir werden neben den Bereichseinschränkungen später noch andere Einschränkungen kennenlernen. Auf die Bereichseinschränkungen und Unterbereiche kommen wir noch einmal in Abschnitt 4.6 zurück. Somit ist klar, daß durch die Deklaration (1) von Fig. 4-7 kein neuer Typ eingeführt wird, d.h. W_TAG ist vom Typ TAG , jedoch BEL_TAG vom Typ WERKTAG .

```
range_constraint ::= range range

range ::= simple_expression .. simple_expression | ...
```

```
W_TAG: TAG range MO..FR;    -- (1)

BEL_TAG: WERKTAG := MO;     -- (2)
```

Fig. 4-7: Bereichseinschränkung: Syntax, Verwendung in Objektdeklaration

4.2 FELDTYPEN MIT SPEZIFIZIERTEN GRENZEN

Wiederholen wir zunächst, was wir über Felder (Reihungen) bereits wissen:
Felder sind Zusammenfassungen gleichartiger Objekte oder, anders ausgedrückt, die

Komponenten eines Feldes haben alle den gleichen Typ. Felder gibt es in allen gängigen Programmiersprachen. Insofern dürfen wir hier ein gewisses Vorverständnis voraussetzen. Die möglichen Werte eines Index zwischen unterer und oberer Grenze nennt man den Indexbereich. Nach der Anzahl der Indexbereiche unterscheidet man eindimensionale oder mehrdimensionale Felder, wobei Felder der Dimension größer oder gleich 3 in der Praxis nur selten vorkommen. Der Zugriff auf eine Feldkomponente erfolgt durch Indizierung mit Verwendung von Ausdrücken, deren Wert im allgemeinen zur Compilezeit nicht bestimmbar ist. Die Auswahl einer Feldkomponente erfolgt also im allgemeinen erst zur Laufzeit. Feldobjekt- oder Feldtypdeklarationen haben wir schon im letzten Kapitel andeutungsweise kennengelernt.

Die Strukturbeschreibung des Feldes, die in der Feldtypdeklaration auf den eingeführten Typbezeichner folgt, die aber auch Bestandteil einer Feldobjektdeklaration sein kann, haben wir zur Unterscheidung von der Typdeklaration die (Feld-)Typdefinition genannt. Wir behandeln in diesem Abschnitt nur eine von zwei Formen, die die Typdefinition bei Feldern haben kann, nämlich die eingeschränkte Feldtypdefinition oder besser die **Typdefinition mit spezifizierten Grenzen.** Die Typdefinition mit unspezifizierten Grenzen folgt dann im nächsten Abschnitt.

Fig. 4-8 enthält die hier betrachtete rechte Seite der EBNF für `array_type_definition`, nämlich `constrained_array_definition`. Es folgt nach dem Wortsymbol **array** in Klammern eine durch Kommata getrennte Folge von Indexangaben, die jeweils entweder die Angabe des Bezeichners eines diskreten Typs (also eines Aufzählungstyps oder ganzzahligen Typs) evtl. mit Bereichseinschränkungen ist, oder die Angabe eines Unterbereichs. Für diese beiden Formen führen wir den Begriff **Indexeinschränkung** ein. Auch die Festlegung des Komponententyps besteht aus der Angabe eines Typbezeichners, ggf. gefolgt von einer Einschränkung. Die Feldtypdefinition besteht somit nach dem Wortsymbol **array** aus den Indexangaben und der Angabe des Komponententyps.

Die Ausdrücke in den Indexangaben, also die untere oder obere Grenze in `constraint` oder `range` können beliebig sein, ihr Wert muß also zur Übersetzungszeit nicht festliegen. Wir können somit Felder deklarieren, deren Größe erst zur Laufzeit festgelegt werden kann. Solche Felder nennt man **dynamische Felder.** Das heißt aber auch, daß zwei Abarbeitungen derselben Typdefinition unterschiedlich große Felder ergeben können.

Fig. 4-8 enthält ferner die Deklaration einiger eindimensionaler Felder, die jeweils eine Typdefinition enthält, danach kommen einige Feldtypdeklarationen. Schließlich folgen noch einige Feldobjektdeklarationen, wo auf Typdeklarationen Bezug genommen wird. Die Syntax solcher Objektdeklarationen haben wir bereits in Abschnitt 3.1 besprochen.

Es sei noch einmal darauf hingewiesen, daß in einer Feldobjektdeklaration eine Feldtypdefinition angegeben sein kann, wie etwa für MISCHFARBE in Fig. 4-8. Bei der Komponententypangabe muß aber auf einen Typbezeichner explizit Bezug genommen werden, wie FLOAT bei MISCHFARBE . (Wir erinnern uns, daß die Feldtypdefinition innerhalb einer Feldobjektdeklaration die einzige Stelle ist, wo in Ada eine implizite Typdeklaration zulässig ist, d.h. zwar ein Feldtyp eingeführt wird, dieser aber keinen Namen bekommt.)

Für jeden Wert aus dem Indexbereich gibt es genau eine Feldkomponente. Bei einem eindimensionalen Feld sind dies so viele, wie es Indexwerte im Bereich zwischen unterer und oberer Grenze gibt, wobei diese eingeschlossen sind. Im Falle eines zweidimensionalen Feldes gibt es so viele Feldkomponenten, wie es Indexpaare gibt, so daß die erste bzw. zweite Komponente des Paares im jeweiligen Index-Wertebereich enthalten ist usw.

Wir haben bei Feldern also eine ***eins-zu-eins-Abbildung*** zwischen Indexwerten und Feldkomponenten. Alle über eine (Abarbeitung einer) Typdeklaration mit spezifizierten Indexgrenzen deklarierten Feldobjekte haben die ***gleiche Komponentenzahl,*** die jedoch im allgemeinen erst zur Laufzeit feststeht. Bei den Feldern mit unspezifizierten Grenzen, die wir im nächsten Abschnitt kennenlernen werden, ist dies anders.

```
array_type_definition ::= constrained_array_definition | ...

constrained_array_definition ::=
            array index_constraint of component_subtype_indication

index_constraint ::= ( discrete_range  {, discrete_range} )

discrete_range ::= discrete_subtype_indication | range

subtype_indication ::= type_mark [constraint]
```

```
type FARBE is (ROT,GELB,GRUEN,BLAU);
MISCHFARBE: array (FARBE range ROT..GRUEN) of FLOAT; -- Indexangabe mit
                                          -- Bereichseinschraenkung
MIX: array (FARBE) of FLOAT; -- Indexangabe ist nur Typbezeichner
MIXTUR: array (FARBE'(ROT)..FARBE'(GRUEN)) of FLOAT; -- Indexangabe ist
```
                                          -- Unterbereich

```
type TEXT_EINTRAG is array (1..10) of CHARACTER;
type VEKTOR is array (1..5) of INTEGER;
type MATRIX is array (1..K*J,FUNC(N)..FUNC(N*M)) of FLOAT;
type FARBENMISCHUNG is array (FARBE) of FLOAT;
type STUNDENTAFEL is array (TAG range MO..SA, 1..8) of TEXT_EINTRAG;
type ZEILE is array (1..MAX_ZEILENLAENGE) of CHARACTER;
type SEITE is array (1..MAX_ZEILENZAHL) of ZEILE;
```

```
V,W: VEKTOR;
M: MATRIX;
LILA: FARBENMISCHUNG := (0.5,0.0,0.0,0.5);
ST_PL_KLASSE_1A: STUNDENTAFEL;
TEXT_SEITE_1: SEITE;
```

Fig. 4-8: Typdefinitionen, Typdeklarationen, Objektdeklarationen
         für Felder mit spezifizierten Grenzen

Felder werden, wie andere Objekte auch, benutzt oder gesetzt. Dabei kann auf eine einzelne Komponente, auf einen "zusammenhängenden" Teil des Feldes (Ausschnitt oder Scheibe, engl. slice) bzw. auch auf das ganze Feld zugegriffen werden. Beginnen wir mit der Einzelkomponente. Für jede Indexposition muß im ***Feldkomponentenzugriff*** (andere

Namen sind Indizierung, Subskription, indizierte Komponente) ein Indexausdruck vorhanden sein, der vom Typ der entsprechenden Indexkomponente ist. Ferner muß sein Wert im entsprechenden Indexbereich liegen. Kann dies erst zur Laufzeit festgestellt werden, so wird im Fehlerfall die Ausnahme CONSTRAINT_ERROR erweckt. Die Reihenfolge der Ausdrücke im Komponentenzugriff ist hier natürlich bedeutsam. So bezeichnet z.B. M(I,J*K) im allgemeinen eine andere Komponente als M(J*K,I) . (Wir hatten schon bemerkt, daß einige Leser verwundert sein werden, daß in Felddeklarationen wie im Feldzugriff runde Klammern auftreten, daß somit insbesondere ein Feldzugriff wie ein Funktionsaufruf geschrieben wird.) Man beachte ferner, daß der Zugriff auf eine Komponente eines zweidimensionalen Feldes anders geschrieben wird, als der auf eine Komponente eines eindimensionalen Feldes, wenn letztere wieder ein eindimensionales Feld ist, wie dies bei TEXT_SEITE_1 von Fig. 4-9 der Fall ist. Schließlich ist zu erwähnen, daß das nichtterminale Symbol prefix hier nicht nur für einen Feldbezeichner steht. Hier darf z.B. der Aufruf einer Funktion stehen, der als Wert ein Feld zurückliefert, auf das dann zugegriffen wird. Auch name steht nicht nur für einen Feldbezeichner; name kann z.B. die Komponente eines Feldes sein, die wiederum ein Feld ist.

```
indexed_component ::= prefix (expression {,expression})
prefix ::= name | function_call
```

```
V(I*J+FUNK(K)) := A*B;       -- ggf. CONSTRAINT_ERROR, wenn der Wert des Index-
                             -- ausdrucks ausserhalb des Intervalls 1..5 liegt
M(K, INT_FELD(I)+J) := M(I,K)+1;  -- zweidimensionales Feld, links setzendes,
                             -- rechts benutzendes Auftreten einer Komponente
TEXT_SEITE_1(5)(7) := 'A'; -- 7. Zeichen der 5. Zeile neu gesetzt
```

Fig. 4-9: Komponentenzugriff bei Feldern: Syntax, Beispiele

Der **Zugriff** auf ein **Feld** als ganzes wird einfach notiert: Man schreibt lediglich den Feldbezeichner hin. Man braucht diesen Zugriff insbesondere auf der linken Seite einer Wertzuweisung, wenn dem gesamten Feld ein neuer Wert zugewiesen werden soll (Feldzuweisung). Dabei muß auf der rechten Seite der Wertzuweisung ein Ausdruck stehen, der als Wert ein Feld des gleichen Typs liefert. Dieser kann natürlich einfach ein Feldbezeichner sein, aber auch ein durch Operatoren und Operanden zusammengesetzter Ausdruck bzw. ein Funktionsaufruf. Beispiele 4-10 zeigt beides.

```
W := V;                      -- V, W muessen vom gleichen Typ sein
V := MATRIX_5_MAL_5 * W;     -- Hier sei * die Multiplikation einer 5*5-
                             -- Matrix ganzzahliger Komponenten mit einem
                             -- Vektor ganzzahliger Komponenten der Laenge 5
```

Beispiele 4-10: Wertzuweisung an ganzes Feld

Auf der rechten Seite einer Wertzuweisung an ein Feld insgesamt darf aber auch ein Aggregat stehen. Ein Aggregat ist ein zusammengesetztes konstantes Objekt, eine Art zusammengesetztes Literal. Wir nennen Aggregate für Felder **Feldaggregate.** Die Anzahl der Komponenten des Feldaggregats muß mit der Anzahl der Komponenten des zu setzenden Feldes übereinstimmen. Die Zuordnung des Werts einer Komponente des

Aggregats zu einer Komponente des Feldes erfolgt entweder implizit über die Reihenfolge, nämlich bei Aggregaten ohne benannte Komponenten (positional association), oder sie erfolgt explizit durch die jeweilige Angabe des Index der entsprechenden Komponente (named association). Im letzten Fall ist die Reihenfolge des Hinschreibens natürlich beliebig.

Die Angabe erfolgt normalerweise entweder auf die eine oder auf die andere Art. Sie darf mit der **Einschränkung** gemischt werden, die wir schon von Unterprogrammaufrufen her kennen, daß nämlich nach einer Zuordnung über den Namen keine Zuordnung über die Reihenfolge mehr folgen darf. Ein Aggregat mit einer einzigen Komponente muß aber mit Zuordnung über den Namen hingeschrieben werden. Die hier gemachten Bemerkungen gelten für **Aggregate** allgemein, also auch für die Verbundaggregate, die wir im übernächsten Abschnitt erst kennenlernen werden.

Die Syntax von Aggregaten nimmt Anleihe bei den Auswahllisten von Auswahlanweisungen (deswegen das gleiche nichtterminale Symbol `choice` , vgl. Fig. 4-11) und andererseits bei der Parameterzuordnung in Unterprogrammaufrufen. Bei den **Feldaggregaten** mit Zuordnung über die **Reihenfolge** werden die Ausdrücke, die die Werte der einzelnen Feldkomponenten ergeben sollen, durch Kommata getrennt, einfach hintereinander hingeschrieben. Am Ende dieser Liste darf hier jedoch eine others-Abkürzung für die verbleibenden Komponenten stehen, wie wir dies bei der case-Anweisung für die restlichen Werte des Auswahlausdrucks bereits kennengelernt haben.

Bei den **Feldaggregaten** mit Zuordnung über **Namen** erfolgt zu einem Komponentenwert die explizite Angabe des zugehörigen Index. Die explizite Indexangabe hat die Form einer Auswahlliste, weshab wir sie Indexauswahlliste nennen wollen. Auch hier darf wieder eine others-Abkürzung stehen, aber wieder nur am Ende des Feldaggregats. Indexauswahllisten in Feldaggregaten dürfen einzelne Indizes enthalten, aber auch ganze Unterbereiche, was z.B. Initialisierungen bequem zu notieren gestattet.

Schließlich gilt, wie bei der case-Anweisung, auch hier, daß die Indexauswahllisten zusammen alle für den Index in Betracht kommenden Indexwerte enthalten müssen. Will man in einem Aggregat nicht die Werte für alle Indizes angeben, so kann diese Bedingung durch Hinzufügen der others-Abkürzung stets erfüllt werden. Fig. 4-11 enthält die EBNFs für Aggregate (nicht nur für Feldaggregate, vgl. Aufgabe 4.2 und 4.11) und einige Beispiele für Feldaggregate. Man beachte, daß es keine mehrdimensionalen Aggregate gibt, sondern daß **Aggregate** für **mehrdimensionale Felder** aus eindimensionalen Aggregaten zusammengesetzt werden müssen. So besteht ein Aggregat für ein zweidimensionales Feld aus einem eindimensionalen Aggregat, das wiederum eindimensionale Aggregate als Komponenten besitzt. Man betrachte als Beispiel hierzu das Aggregat, das `ST_PL_KLASSE_1A` in Fig. 4-11 zugewiesen wird.

Wir haben vorhin gesagt, daß bei einer Wertzuweisung mit Feldern Typverträglichkeit der linken und der rechten Seite vorliegen muß. Ein **Feldtyp** wird durch mehrere Angaben charakterisiert, die bei Typverträglichkeit alle übereinstimmen müssen: Typ der Komponenten, Anzahl der Dimensionen, Indextyp für jede Dimension und die Reihenfolge der Indextypen. Alles wird vom Übersetzer geprüft.

Der **Typ** eines **Aggregats**, z.B. auf der rechten Seite einer Wertzuweisung, muß aus dem Kontext ermittelt werden, ohne die Internstruktur des Aggregats zu betrachten. Für den Übersetzer und den Leser ist es deshalb leichter, diesen Typ durch Typqualifikation explizit anzugeben. Dies ist in einigen Fällen sogar nötig: Ein Aggregat kann nämlich überladen sein. Dies wäre z.B. bei dem ersten Aggregat aus Fig. 4-11 der Fall, wenn es neben `VEKTOR` noch einen weiteren ganzzahligen Feldtyp mit fünf Komponenten gäbe, etwa mit einem Aufzählungstyp als Indextyp.

Die **Indexgrenzen** eines Aggregats sind, insbesondere wenn es sich um ein Feldaggregat mit unbenannten Komponenten handelt oder wenn in ihm die others-Abkürzung vorkommt, nur aus dem Kontext zu entnehmen. Auch hierfür empfiehlt es sich, Aggregate mit einem (Unter)Typbezeichner zu qualifizieren, damit diese Angaben aus der entsprechenden (Unter)Typdefinition entnommen werden können. Den Begriff des Untertyps und das dahinterliegende Konzept führen wir erst in Abschnitt 4.6 ein. Der Sprachreport führt einige schwer zu verstehende Restriktionen für Aggregate mit others-Abkürzung ein. Wir vermeiden, uns diese anzusehen und sie zu merken, wenn wir stets **(Unter)Typqualifikation** anwenden. Wir verabreden daher, in Zukunft bei Aggregaten immer Typqualifikation anzuwenden.

```
aggregate ::= ( component_association {,component_association})

component_association ::=  [choice {|choice} =>| expression
```

```
V := (0,0,0,0,0);                       -- Zuordnung ueber Positionsangabe
V := VEKTOR'(3,7,8, others => 0);       -- restliche Komponenten mit others
V := (1..3 => 0, 4..5 => 1);            -- aequivalente
V := VEKTOR'(1|2|3 => 0, others => 1);  -- rechte Seiten
V := (1..5 => 0);                       -- bequeme Initialisierung
ST_PL_KLASSE_1A := STUNDENTAFEL'(MO =>
    ("DEUTSCH  ", "PHYSIK    ", "ENGLISCH ", "BIOLOGIE ", "TURNEN     ",
     "TURNEN    ", "FREI      ", "FREI      "),
   others => (others => "            ")));
LILA := FARBENMISCHUNG'(ROT => 0.5, BLAU => 0.5, others => 0.0);
V := VEKTOR'(1..GRENZW => 0, others => 1); -- GRENZW muss statisch sein
```

Fig. 4-11: Aggregate: Syntax und Beispiele (Feldaggregate ohne und mit benannten Komponenten)

Bei einer **Wertzuweisung** von **Feldern** zueinander bzw. von einem Aggregat zu einem Feld muß die Anzahl der Werte des **Indexbereichs** der linken und rechten Seite **übereinstimmen.** Das schließt folgende Möglichkeiten aus, die in einigen anderen Programmiersprachen existieren: (1) Das Aggregat bzw. Feld auf der rechten Seite ist zu klein, die Zuweisung erfolgt nur an den Anfangsteil der linken Seite. (2) Das Aggregat/Feld der rechten Seite ist zu groß. Es wird nur der "benötigte" Teil genommen und der linken Seite zugewiesen, der Rest wird ignoriert. Es wird zur Laufzeit die Ausnahme CONSTRAINT_ERROR erweckt, falls die Anzahl der Werte der Indizes der linken und rechten Seite nicht übereinstimmt. Wir haben schon gesehen, daß der Indexbereich selbst nicht unbedingt übereinstimmen muß.

Neben Wertzuweisungen an einzelne Komponenten eines Feldes bzw. an das gesamte Feld gibt es die Möglichkeit, einem **Ausschnitt** (Abschnitt, Scheibe, engl. slice) eines **eindimensionalen** Feldes neue Werte zuzuordnen. Ein Ausschnitt ist eine Menge einzelner Feldkomponenten, deren Indizes einen Unterbereich des Indexbereichs darstellen (bei der üblichen Standardspeicherung für Felder ist ein solcher Ausschnitt dann auch ein zusammenhängender Abschnitt des Hauptspeichers der Basismaschine). Wir nennen eine Wertzuweisung an einen Ausschnitt ebenso wie die an ein ganzes Feld eine

Feldzuweisung. Bereits am Anfang des letzten Kapitels in Fig. 3-8 haben wir ein Beispiel für eine solche Feldzuweisung kennengelernt, sogar mit überlappenden Feldausschnitten. Die Syntax eines Feldausschnitts ist in Fig. 4-12 angegeben. Dabei muß der diskrete Bereich ein Unterbereich des Indexbereichs sein. Feldausschnitten können natürlich auch Aggregate passender Größen zugewiesen werden. Bei Nichtverträglichkeit zwischen linker und rechter Seite wird ggf. wieder die Ausnahme CONSTRAINT_ERROR erweckt.

Bei **mehrdimensionalen** Feldern kann Ausschnittsbildung erst dann angewandt werden, wenn durch Komponentenzugriff ein eindimensionales Feld erzeugt wurde. In Fig. 4-12 ist dies die MO-Komponente eines zweidimensionalen Feldes ST_PLAN_KLASSE_1A. Auf dieses eindimensionale Feld ST_PLAN_KLASSE_1A(MO) kann dann Ausschnittsbildung angewandt werden. Allgemein wird durch (n-1)-maligen fortgeschrittenen Zugriff mit jeweils einem anderen Index aus einem n-dimensionalen Feld ein eindimensionales, auf das dann Abschnittsbildung angewandt werden kann.

```
slice ::= prefix (discrete_range)
```

```
V(1..3) := (0,0,0);                 -- Feldabschnitt auf der linken Seite
V(3..5) := V(1..3);                 -- ueberlappende Feldabschnitte (vgl. 2.2)
V(2..5) := V(FUNC(I*J)..K);         -- erfordert Laufzeitueberpruefung; bei
                                    -- Nichtuebereinstimmung: CONSTRAINT_ERROR
ST_PL_KLASSE_1A(MO)(1..3) := ("MATHEMATIK", "CHEMIE    ", "FREI      ");
```

Fig. 4-12: Feldausschnitt: Syntax, Beispiele

So wie bei den Aufzählungstypen gibt es auch für die Feldtypen vordefinierte **Attribute.** Diese sind in der folgenden Tabelle 4-13 zusammengestellt. Sie sind gleichermaßen auf Feldobjekte als auch auf Feldtypen im bisherigen Sinne anwendbar, d.h. FELD darf sowohl ein Typbezeichner als auch der Bezeichner eines Feldobjekts sein. Es darf sogar ein Feldwert sein, d.h. ein Ausdruck, der ein Feldobjekt als Wert besitzt.

```
eindimensionale Felder/Feldtypen:

    FELD'FIRST       -- liefert die untere Grenze des Indexbereichs von FELD,
                     -- also nicht des Wertebereichs der Komponenten und nicht
                     -- die erste Komponente

    FELD'LAST        -- liefert die obere Grenze

    FELD'LENGTH      -- liefert die Anzahl der Indexwerte, d.h. die Anzahl der
                     -- Komponenten von Feld bzw. jedes Objekts vom Typ FELD

    FELD'RANGE       -- liefert den Indexbereich,
                     -- d.h. FELD'FIRST..FELD'LAST

mehrdimenisonale Felder/Feldtypen (J muß zur Compilezeit best. sein):

    FELD'FIRST(J)    -- liefert die untere Grenze des J-ten Index
    FELD'LAST(J)     -- liefert die obere Grenze des J-ten Index
    FELD'LENGTH(J)   -- liefert die Anzahl der Werte des J-ten Index
    FELD'RANGE(J)    -- liefert den J-ten Indexbereich
```

Tabelle 4-13: vordefinierte Feldattribute

Ein kleines Beispiel (vgl. 4-14) am Ende dieses Abschnitts erläutere noch einmal das Zusammenspiel zwischen Feldern und Laufschleifen. Wir machen wieder davon Gebrauch, daß der Indextyp ein beliebiger Aufzählungstyp sein darf, d.h. daß hier in Ada also nicht eine Umcodierung in einen ganzzahligen Bereich stattfinden muß. Schließlich enthält dieses Beispiel auch viele Ein-/Ausgabeanweisungen für die Standard-E/A-Textdateien. Die folgende Prozedur erwartet einen Text von beliebigen ASCII-Zeichen und zählt darin die Großbuchstaben, bis ein bestimmtes ASCII-Zeichen, das kein Großbuchstabe ist, als Endezeichen auftritt. Dies wird mit der (einfach zu schreibenden) Funktion IST_ NICHT_ENDE   erfragt.

```
procedure G_BUCHSTABEN_ZAEHLUNG is -----------------------------------------
    -- die Organisation fuer die EA wurde hier ausgelassen               --
    type G_BUCHST_ANZ is array (CHARACTER range 'A'..'Z') of INTEGER;    --
    ZAEHLFELD: G_BUCHST_ANZ := ('A'..'Z' => 0);                          --
    ZEICHEN: CHARACTER;                                                  --
begin                                                                    --
    -- Eingabe und Buchstabenzaehlung ----------------------             --
    GET(ZEICHEN);                                                        --
    while IST_NICHT_ENDE(ZEICHEN) loop                                   --
        if ZEICHEN >= 'A' and ZEICHEN <= 'Z' then                       --
            ZAEHLFELD(ZEICHEN) := ZAEHLFELD(ZEICHEN)+1;                  --
        end if;                                                          --
        GET(ZEICHEN);                                                    --
    end loop;                                                            --
    -- Ueberschrift der Ausgabe ----------------------------            --
    SET_LINE_LENGTH(50);                                                 --
    SET_COL(15); PUT("BUCHSTABEN-HAEUFIGKEIT"); NEW_LINE;                --
    SET_COL(15); PUT("======================"); NEW_LINE(2);             --
    PUT("Die folgende Tabelle enthaelt die Haeufigkeit des "); NEW_LINE; --
    PUT("angegebenen Buchstaben im vorliegenden Text. Buch-"); NEW_LINE; --
    PUT("staben, die nicht vorkommen, sind nicht angegeben."); NEW_LINE; --
    NEW_LINE(2);                                                         --
    -- Schreiben der Tabelle --------------------------------            --
    for INDEX in ZAEHLFELD'FIRST..ZAEHLFELD'LAST loop                    --
        if ZAEHLFELD(INDEX) > 0 then                                     --
            SET_COL(15); PUT(INDEX, WIDTH => 3); SET_COL(20);            --
            PUT(ZAEHLFELD(INDEX), WIDTH => 10); NEW_LINE;                --
        end if;                                                          --
    end loop;                                                            --
end; ------------------------------------------------------------------------
```

Beispiel 4-14: Anwendung von Feldern, Schleifen, Ein-/Ausgabe

4.3 FELDTYPEN MIT UNSPEZIFIZIERTEN GRENZEN UND DER DATENTYP STRING

Im letzten Abschnitt haben wir die Feldtypdeklarationen kennengelernt, bei denen die Feldgrenzen jeder Dimension in der Typdefinition durch eine Indexeinschränkung fixiert wurden, d.h. bei denen die untere und die obere Grenze in jeder Dimension in der Typdefinition angegeben wurde. Trotzdem sind, wie wir schon erläutert haben, dynamische Felder möglich, weil die Werte für die Indexgrenzen nicht zur Übersetzungszeit festgelegt sein müssen.

Bei den in diesem Abschnitt zu besprechenden *Feldtypen* mit *unspezifizierten Grenzen* (uneingeschränkten Feldtypen, engl. unconstrained array types) werden in der Typdeklaration keine Indexeinschränkungen angegeben. Hier steht anstelle der Feldgrenzen in jeder Dimension lediglich die Platzhalterkennzeichnung **range** <> . Somit steht die Kennzeichnung <> (box) für eine noch undefinierte Bereichseinschränkung des Index. Diese Indexeinschränkung ist bei der Verwendung dieser Feldtypdefinition nachzutragen.

Die noch undefinierte Bereichseinschränkung hat nicht notwendigerweise etwas mit dynamischen Feldern zu tun: die nachzutragende Indexeinschränkung kann sowohl statisch als auch dynamisch sein. Feldtypen mit unspezifizierten Grenzen erlauben beispielsweise die Formulierung von Unterprogrammen, die mit oder auf Feldern arbeiten, ohne in irgendeiner Weise etwas über die Ausdehnung des Feldes aussagen zu müssen. Allgemeiner gestatten sie die Formulierung von *Programmteilen,* die *nicht* von den *Indexgrenzen abhängig* sind.

Wir können jetzt die vollständige EBNF-Regel für die Feldtypdefinition nachtragen (vgl. Fig. 4-15). Die zweite Alternative für die rechte Seite von array_type_definition haben wir bereits im letzten Abschnitt behandelt. Ferner gibt Fig. 4-15 eine Reihe von

```
array_type_definition ::= unconstrained_array_definition
                        | constrained_array_definition
unconstrained_array_definition ::=
    array (index_subtype_definition  {,index_subtype_definition} ) of
                    component_subtype_indication
index_subtype_definition ::= type_mark range <>
```

```
type UNBEGRENZTE_ZEILE is array (INTEGER range <>) of CHARACTER;
type SCHACHFIGUREN is (LEER,BA,TU,SP,LF,DA,KO);
type SCHACH_BEL_GROESSE is array (INTEGER range <>,INTEGER range <>)
                    of SCHACHFIGUREN;
type MATRIX is array (INTEGER range <>,INTEGER range <>) of FLOAT;
type ZEICHEN_ANZAHL is array (CHARACTER range <>) of INTEGER;
type ROEMISCHE_ZAHL is array (INTEGER range <>) of ROEMISCHE_ZIFFER;
subtype INDEX is INTEGER range 1..N*K;   --Untertyp = Typ + Einschraenkung
type FELD is array (INDEX range <>) of KOMP_TYP;
```

Fig. 4-15: Feldtypdefinition: EBNF; Typdefinition mit unspezifizierten
Grenzen: Beispiele

Beispielen für Feldtypdeklarationen mit unspezifizierten Grenzen an. Man beachte, daß nach der Syntax nur Feldtypdefinitionen zugelassen sind, die entweder lauter uneingeschränkte Indizes oder lauter Indexeinschränkungen enthalten.

Wir haben oben gesagt, daß bei der **Verwendung** einer Feldtypdefinition mit unspezifizierten Grenzen diese Grenzen durch eine **Indexeinschränkung nachzutragen** sind. Dies gilt beispielsweise bei einer Objektdeklaration, die sich auf eine Typdeklaration bezieht, die unspezifizierte Grenzen enthält. Es ist somit klar, daß eine Feldtypdefinition mit unspezifizierten Grenzen nicht in der Feldtypdefinition innerhalb einer Objektdeklaration selbst stehen darf, sondern nur in einer Feldtypdeklaration. Beispiele 4-16 beziehen sich auf die Typdeklarationen von Fig. 4-15. Es sei hier darauf hingewiesen, daß diese Indexeinschränkungen auch dann nachgetragen werden müssen, wenn wir von der Feldtypdeklaration in einer anderen Typdeklaration Gebrauch machen, wie dies in der letzten Zeile von Beispiele 4-16 der Fall ist.

```
KONV_SCHACH: SCHACH_BEL_GROESSE(1..8,1..8);        -- statisches Feld
RECHTECKMATRIX: MATRIX(1..20,1..20);               -- statisches Feld
INVERSE: MATRIX(1..N*M,1..FUNK(N));                -- dynamisches Feld
Z: UNBEGRENZTE_ZEILE(1..J*K);                      -- dynamisches Feld
UEBERSCHRIFT: constant UNBEGRENZTE_ZEILE(1..7) := "SEITE 1";
JAHRESZAHL: constant ROEMISCHE_ZAHL(1..5) := ('L','V','I','I','I');
SEITE: array(1..MAX_ZEILENZAHL) of UNBEGRENZTE_ZEILE(1..MAX_ZEILENLAENGE);
FELDOBJ: FELD(1..M*N);                             -- Laufzeitueberpruefung noetig
type FORMATIERTE_SEITE is array(1..FIX_Z_ZAHL) of UNBEGRENZTE_ZEILE(1..FIX_Z_LAENGE);
```

Beispiele 4-16: Verwendung von Typdeklarationen mit unspezifizierten Grenzen in Objektdeklarationen und einer Typdeklaration

Jede **Indexeinschränkung,** die etwa in einer Feldobjektdeklaration auf eine Feldtypdefinition mit unspezifizierten Grenzen angewandt wird, muß natürlich **verträglich** sein **mit** einer **Bereichseinschränkung,** die der Index eventuell schon besitzt. Betrachten wir hierzu die letzten zwei Zeilen von Fig. 4-15: In der Typdeklaration von FELD wird der Indextyp INDEX verwandt und mit INDEX range <> ausgedrückt, daß die Indexeinschränkung noch nicht festliegt. INDEX hat aber bereits eine Bereichseinschränkung **range** 1..N*K . (Es handelt sich um einen sog. Untertyp (engl. subtype). Wir werden Untertypen in Abschnitt 4.6 genau kennenlernen.) Die Indexeinschränkung 1..M*N für das Feld FELDOBJ in Beispiele 4-16 muß mit dieser Bereichseinschränkung kompatibel sein, d.h. M*N muß kleiner gleich N*K sein. Kann eine Verletzung erst zur Laufzeit festgestellt werden, so wird die Ausnahme CONSTRAINT_ERROR erweckt.

Ein **Feld,** das in einem beliebigen Index einen leeren Bereich enthält, d.h. einen Bereich, in dem die untere Grenze größer ist als die obere, ist **leer,** hat also überhaupt keine Komponenten. Entsprechend heißt ein **Feldausschnitt** leer, wenn er einen leeren Indexbereich enthält.

Der Leser hat von einer Typdeklaration wie für den Typ UNBEGRENZTE_ZEILE in Fig. 4-15 vielleicht den falschen Eindruck, als wenn eine Typdeklaration mit unspezifizierten Grenzen für ein zunächst unendlich großes Feld stehen kann, das erst durch die Indexeinschränkung in seiner Ausdehnung explizit beschränkt wird. Dies ist nicht der Fall, da jeder Indextyp als diskreter Typ immer endlich und beschränkt ist. Eine Indexeinschränkung wirkt also stets auf einen von vornherein eingeschränkten Indexbereich. Insofern ist die Bezeichnung Feldtypen mit unspezifizierten Grenzen vielleicht mißverständlich, da hier immer **innerhalb vorgegebener Grenzen** durch die Indexeinschränkung **engere Grenzen** spezifiziert werden. So ist selbst INTEGER ein diskreter Typ von der (rechnerabhängigen) kleinsten darstellbaren bis zu der (rechnerabhängigen) größten darstellbaren ganzen Zahl. Die obige Überlegung gilt prinzipiell auch für den Typ MATRIX aus Fig. 4-15, obwohl eine entsprechende Matrix ohne "starke" Indexeinschränkungen in heutigen Rechnern nicht darstellbar ist.

Jede Feldtypdefinition mit spezifizierten Grenzen in einer Objektdeklaration ist äquivalent zu einer Typdeklaration mit unspezifizierten Grenzen und einer anschließenden Objektdeklaration mit Indexeinschränkung. Auf diesen Zusammenhang deutet die Syntax hin. Wir werden in Abschnitt 4.6 noch einige Zusammenhänge klären, die jetzt noch offenbleiben müssen.

Es bleibt noch eine Bemerkung nachzutragen, die sowohl für Felder mit spezifizierten, als auch für Felder mit unspezifizierten Grenzen gilt: Wurde in einer Feldobjektdeklaration angegeben, daß es sich um eine **Konstante** handelt, dann darf deren Wert nicht mehr verändert werden. Das heißt bei Feldern, daß auch die Komponenten nicht verändert werden dürfen. Das gilt selbstverständlich auch für deren Komponenten, wenn diese wiederum zusammengesetzt sind usw.

```
declare                                                             --------

   type BEL_VEKTOR is array (INTEGER range <>) of FLOAT;            -- (1)
   :
   :
   function VEKTORSUMME (F_VEKT: BEL_VEKTOR) return FLOAT is-----    -- (2)
      SUMME: FLOAT := 0.0;                                -- --
   begin                                                  -----   --
      for I in F_VEKT'FIRST .. F_VEKT'LAST loop           --      --
         SUMME := SUMME + F_VEKT(I);                      --      --
      end loop;                                           --      --
      return SUMME;                                       --      --
   end;                                                   -----   --
   :
   :
   B: FLOAT;                                                    --
   A: BEL_VEKTOR(1..10) := (1.0,2.0,3.0,4.0,5.0,6.0,7.0,8.0,9.0,10.0);    -- (3)
begin                                                              --------
   :
   :
   B := VEKTORSUMME(A);                                            -- (4)
   :
   :
end;                                                               --------
```

Beispiel 4-17: Feldbearbeitung mit Unterprogramm

Wir haben schon gesehen (vgl. Beispiel 3-28 und Tabelle 4-13), daß durch Verwendung der Feldattribute FIRST und LAST in Prozeduren, die auf Feldern arbeiten, die Indexgrenzen dieser Felder nicht in der Parameterliste übergeben werden müssen. Das ist sehr bequem. Dies ist nun auch für Feldtypen mit unspezifizierten Grenzen möglich. Hier erlaubt es die Formulierung eines Algorithmus, der auf Feldern eines bestimmten Typs (festgelegt durch Komponententyp, Dimension, Indextyp) arbeitet, ohne auf deren **Ausdehnung** Bezug zu nehmen. Diese ergibt sich dann erst aus dem **jeweiligen Aufruf.** Das Beispiel 4-17 zur Aufsummierung der Komponenten eines Vektors in der Funktion VEKTORSUMME zeigt dies. Der Formalparameter F_VEKT ist vom Typ BEL_VEKTOR . Der spätere Aktualparameter der Funktion geht aus demselben Typ durch Indexeinschränkung hervor. Bei Aufruf der Funktion wird nun (wie in einer Objektdeklaration) der Formalparameterindex implizit eingeschränkt, und zwar so, wie die Indexeinschränkung des Aktualparameters es vorgibt. Dieser Mechanismus kann somit dazu verwendet werden, Unterprogramme zu schreiben, die auf Feldern arbeiten, deren Komponentenstruktur, Indextypen und Dimensionalität man kennt, deren Indexgrenzen man aber nicht festlegen möchte, um so das Unterprogramm vielseitig verwendbar zu machen. Natürlich kann VEKTORSUMME auch mit einem anderen Feld aufgerufen werden, das durch Indexeinschränkung aus dem Typ BEL_VEKTOR hervorgeht.

Als weiteres Beispiel für die Anwendung von Feldern mit unspezifizierten Grenzen wollen wir hier das **Sortieren eines Feldes** nach dem Prinzip des Austauschens besprechen. Die hier angegebene Lösung ist rekursiv. Sie ist unter dem Namen **QUICKSORT** bekannt, da sie im Mittel äußerst schnell ist (vgl. etwa /1. Wi 75/).

Wir nehmen an, daß das zu sortierende Feld aus Komponenten zusammengesetzt ist, die jeweils aus einem eindeutigen Schlüssel bestehen, nach dem sortiert wird, und ferner einer zugehörigen Information. QUICKSORT beruht nun auf der folgenden Überlegung: Man wähle willkürlich ein Feldelement, sei X der zugehörige Index (vgl. Bild 4-18 a). Wir durchlaufen das Feld von links, bis ein Element FELD(I) gefunden wird, dessen Schlüssel größer als der von X ist, und ebenso von rechts, bis ein Element FELD(J) gefunden wird, dessen Schlüssel kleiner als der von X ist (vgl. Bild 4-18 b). Die Abschnitte (2) oder (3) können natürlich leer sein, wenn nämlich das erste Feldelement bereits einen größeren oder das letzte bereits einen kleineren Schlüssel als X hat.

Nun vertauschen wir FELD(I) und FELD(J) und fahren mit dem Durchlaufen von links bzw. rechts und dem Vertauschen fort, bis sich die beiden Vorgänge von links bzw. rechts irgendwo treffen (vgl. Bild 4-18 c und d). Dann ist das Feld zerlegt in zwei Teile: im linken Teil (4) sind alle Schlüssel kleiner als der des Index X, im rechten Teil (5) sind alle größer.

Man beachte, daß der Schnitt, von dem aus links alle Schlüssel kleiner als der von X sind bzw. von dem aus rechts alle Schlüssel größer sind, nicht mit der Stelle X zusammenfallen muß. Dies ist nur dann der Fall, wenn der Wert des Elements an der Stelle X den mittleren sämtlicher Feldkomponentenwerte darstellt (vgl. Fig. 4-18c u. d).

Auf diese zwei Feldabschnitte wird nun das gleiche Sortierverfahren angewandt. Deswegen erhalten wir hier zwei direkt rekursive Aufrufe im Rumpf der Prozedur QUICKSORT (vgl. Fig. 4-19). Dieses Beispiel zeigt die Eleganz einer rekursiven Lösung für ein Problem, was hierfür aber auch gut geeignet ist, obwohl es selbst nicht rekursiv formuliert ist. (Es handelt sich bei der angegebenen Lösung um einen sogenannten branch-and-bound-Algorithmus.)

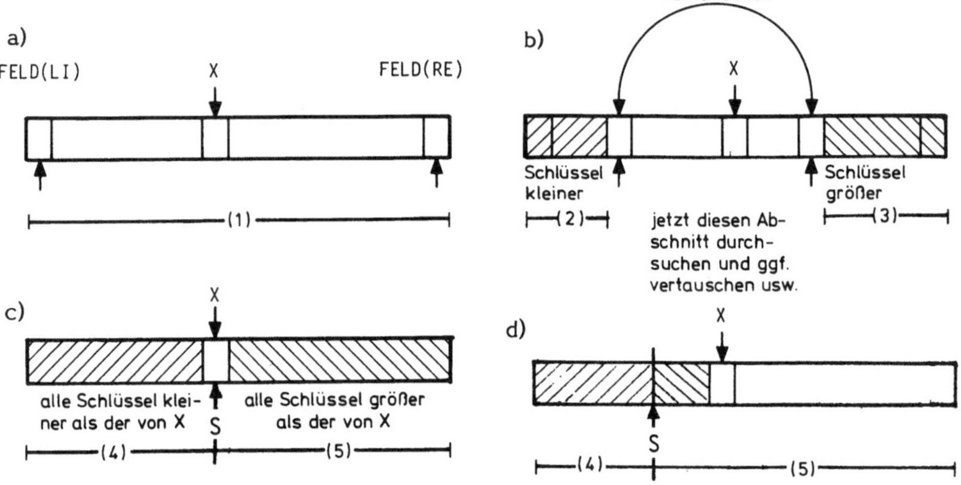

Fig. 4-18: Überlegungen zu QUICKSORT

```ada
procedure MAIN is   --**************************************************
   type FELDELEMENT is record
                       KEY: INTEGER;
                       INFO: INFO_TYP;
                  end record;
   type SUCHFELD_TYP is array (INTEGER range <>) of FELDELEMENT;
   AKT_FELD: SUCHFELD_TYP(1..100);
   :
   :
   procedure QUICKSORT (FELD: in out SUCHFELD_TYP; LI,RE: INTEGER) is --
      I,J: INTEGER range LI-1..RE+1;                                  --
      X,W: FELDELEMENT;                                               --
   begin ---------------------------------------------------------------
      I:=LI; J:=RE;                                                   --
      X := FELD((LI+RE)/2);                                           --
      while I<=J loop -------------------------------------------      --
         while FELD(I).KEY < X.KEY loop I:=I+1; end loop;      --      --
         while X.KEY < FELD(J).KEY loop J:=J-1; end loop;      --      --
         if I<=J then                                          --      --
            W:=FELD(I); FELD(I):=FELD(J); FELD(J):=W;          --      --
            I:=I+1; J:=J-1;                                    --      --
         end if;                                               --      --
      end loop;-------------------------------------------------       --
      if LI<J then -------------------------------------------         --
         QUICKSORT(FELD,LI,J ); --rek. Aufruf fuer Abschn. (4)-        --
      end if; ------------------------------------------------         --
      if I<RE then -------------------------------------------         --
         QUICKSORT(FELD,I,RE);  --rek. Aufruf fuer Abschn. (5)-        --
      end if; ------------------------------------------------         --
   end QUICKSORT; --***********************************************

begin ----------------------------------------------------------------

   :
   :  -- z.B. Einlesen des Feldes
   QUICKSORT(AKT_FELD,1,100);

   :
   :  -- z.B. Ausgeben des Feldes
end; --********************************************************************
```

Fig. 4-19: QUICKSORT

Noch einige Bemerkungen zur Programmnotation von Fig. 4-19. Wie schon in Beispiel 4-17 angedeutet, haben wir auch hier versucht (durch Doppelstriche und vertikale Striche), die Programmstruktur durch "Kommentare" sichtbar werden zu lassen. Dieser *Aufbereitungsvorschlag* kann z.B. von einem Prettyprinter als APSE-Werkzeug (vgl. Abschnitt 1.6) automatisch erstellt werden. Von Hand ist diese Aufbereitung i.a. zu mühsam.

Schließlich zeigen die while-Schleifen am Anfang der Hauptschleife, daß wir den Vorschlag zur Programmtextstrukturierung aus Abschnitt 2.3 nicht tierisch ernst nehmen. Die beiden Schleifen sind nämlich so einfach, daß sie durchaus je in eine einzelne Zeile geschrieben werden können. Die bisher angewandte Textstrukturierung würde den Programmtext nur unnötig verlängern und damit unübersichtlicher machen. Ebenso haben wir hier zusammengehörige kurze Wertzuweisungen hintereinander in eine einzige Zeile geschrieben.

Eine Prozedur zur Sortierung eines Feldes, ohne daß der Bezug auf die speziellen Indexgrenzen sichtbar wird, kann nun wieder nach dem Schema von Beispiel 4-17 geschrieben werden. Hier wird lediglich die untere und obere Grenze erfragt und dann beispielsweise QUICKSORT aufgerufen (vgl. Aufg. 4.9). Bei dieser Formulierung ist dann nicht einmal mehr kenntlich, welches spezielle Sortierverfahren angewandt wurde.

Als Abschluß dieses Abschnitts betrachten wir den für den Umgang mit Zeichenketten in Ada vordefinierten Datentyp *STRING* (vgl. Fig. 4-20). Es ist der einzige strukturierte, d.h. nichtskalare vordefinierte Datentyp. Er ist als eindimensionales Feld mit unspezifizierten Grenzen von Komponenten des vordefinierten Datentyps CHARACTER definiert. Der Indextyp POSITIVE ist der ebenfalls in der Sprache vordefinierte Unterbereich von INTEGER , der die positiven INTEGER-Zahlen enhält, also von 1 bis zur größten, in der Basismaschine darstellbaren ganzen Zahl. Es handelt sich bei POSITIVE wieder um einen sogenannten Untertyp (vgl. 4.6).

Für die Feldaggregate des Datentyps STRING mit Zuordnung über die Reihenfolge gibt es eine spezielle Form, die wir als *Zeichenkettenliterale* bereits in Abschnitt 2.2 kennengelernt haben. Diese spezielle Form der Notation ist jedoch auch für andere eindimensionale Felder mit Komponenten des Typs CHARACTER anwendbar.

Für Zeichenketten, d.h. Werte des Typs STRING , ist nun die *Konkatenation* definiert, gekennzeichnet durch den Operator & , d.h. das Aneinanderhängen von Zeichenketten. Die Ergebniszeichenkette hat dabei als Länge die Summe der Längen der Operanden.

Diese Konkatenation ist auch für Zeichentypen definiert. So ergibt das Aneinanderfügen zweier Zeichenliterale mit dem Konkatenationsoperator ein Ergebnis des Datentyps STRING . Die Konkatenation ist sogar allgemein für eindimensionale Felder definiert.

Ferner sind alle *Vergleichsoperatoren* >, >=, <, <= auf dem Datentyp STRING definiert (= und /= gelten im allgemeinen für alle Datentypen), und zwar gemäß der lexikographischen Ordnung, d.h. der Anordnung von Wörtern, wie in einem Lexikon (vgl. Aufgabe 4-10).

Diese Vergleichsoperatoren sind übrigens für beliebige eindimensionale Felder mit diskreten Komponenten anwendbar, also nicht nur für Werte des Datentyps STRING . Da es sich bei Werten des Typs STRING um spezielle eindimensionale Felder handelt, sind hier natürlich auch die Feldattribute FIRST , LAST und LENGTH anwendbar, die die untere oder obere Grenze bzw. die Anzahl der Komponenten liefern (vgl. 4-13 und 4-20).

Wie für die anderen Feldtypen mit unspezifizierten Grenzen gilt auch für den Datentyp STRING , daß bei Bezug auf diesen Datentyp die Länge eines Objekts festgelegt werden muß: Bei einer Objektdeklaration bzw. der Verwendung in einer weiteren Typdeklaration ist die Größe explizit anzugeben. Das kann zu dynamischen Feldern führen, wie z.B. bei PASSENDE_ZEILE von Fig. 4-20. Bei Abarbeitung der Objektdeklaration ist die Länge fixiert und nicht mehr veränderlich. Es ist somit nicht möglich, einer Variablen des Typs STRING im Laufe der Programmausführung beliebig lange Zeichenketten zuzuweisen. Die Angabe der Länge eines Objekts des Typs STRING kann im Falle einer Konstanten fehlen, wie bei BLA_FRAGE , BLA_ANTWORT und BLA_BLA . Sie wird dann dem Kontext entnommen, in diesem Falle der rechten Seite. Dann darf dort natürlich kein Aggregat mit einer others-Alternative stehen. Diese Möglichkeit, bei Konstanten auf die Indexeinschränkung zu verzichten, gilt auch für andere Felder mit unspezifizierten Grenzen. Man sollte davon aber mit Bedacht Gebrauch machen.

```
subtype POSITIVE is INTEGER range 1..INTEGER'LAST;
type STRING is array (POSITIVE range <>) of CHARACTER;


BLA_FRAGE: constant STRING := "WIE GEHT'S?";
BLA_ANTWORT: constant STRING := "ES GEHT SO.";

BLA_BLA: constant STRING := BLA_FRAGE & BLA_ANTWORT;

UEBERSCHRIFT: STRING(1..80) := (1..20 => '*') & "INHALT" & (27..80 => '*');

ALTER: array(1..10) of ROEMISCHE_ZIFFER (1..10) := ('M','D','C','C','C','X','V',
                                                    'I','I','I');

JAHRESANGABE: constant STRING := "MDCCCXV   ";  -- Typ von ALTER ist verschieden
                                               -- von dem von JAHRESANGABE

PASSENDE_ZEILE:  STRING(1..N*J);
___________________________

-- BLA_FRAGE'LAST = 11        -- ist je-
-- BLA_BLA'LENGTH = 22        -- weils TRUE
___________________________

-- "ALPHA" < "BETA"           -- jeweils TRUE; es sind lexikographische Vergleiche,
-- "100" <= "2"               -- zweites Beispiel ist also kein Zahlenvergleich
```

Fig. 4-20: Zeichenketten: Typdeklaration, Objektdeklaration, Attribut,
Vergleichsoperation: Beispiele

4.4 EINFACHE VERBUNDE

Verbunde (andere Namen: Strukturen, Records) sind Zusammenfassungen unterschiedlicher Objekte zu einem Ganzen, d.h. Zusammenfassungen von Objekten, die i.a. unterschiedlichen Typ haben. Verbunde stellen wieder einen Abstraktionsmechanismus auf der Datenstrukturseite dar. Der Zugriff auf eine Komponente eines Verbundes erfolgt über einen *Selektor*, d.h. einen vom Programmierer gewählten Bezeichner für diese Komponente. Im Gegensatz zu Feldern liegt hier bereits zur Übersetzungszeit fest, auf welche Komponente zugegriffen wird. Wir betrachten in diesem Abschnitt die einfachen Verbunde, solche mit Diskriminanten behandeln wir im nächsten.

Eine Verbundtypdeklaration wirkt wieder wie eine Schablone, mit deren Hilfe in Objektdeklarationen beliebig viele gleichartige Datenobjekte erzeugt werden können. Eine Komponentendeklaration in einer Verbundtypdeklation sieht aus wie eine

Datenobjektdeklaration, die auf eine Typdeklaration Bezug nimmt.

Der Zugriff auf eine Verbundkomponente, d.h. die Selektion, wird durch eine **Punktschreibweise** notiert. Bei ineinandergeschachtelten Verbunden kann so auf Komponenten zugegriffen werden, die ihrerseits durch Selektion gewonnen wurden usw. Es entstehen dann sogenannte **Selektorpfade.**

Die Wertzuweisung an ganze Verbunde geschieht wieder durch Zuweisung des Werts eines Objekts gleichen Typs. Dieses kann eine Variable, eine Konstante oder ein Aggregat sein.

Die Beispiele in 4-21 enthalten zwei Verbundtypdeklarationen. FARBE , WERT bzw. TAG , MONAT , JAHR sind die Namen der Komponenten, d.h. die Selektoren. Dabei sind SPIELFARBEN , SPIELWERT und MONATSNAMEN geeignet deklarierte Aufzählungstypen. Für den Verbundtyp DATUM sind drei Objektdeklarationen angegeben, ferner Zuweisungen an Einzelkomponenten von Verbunden und an ganze Verbunde.

```
type SPIELKARTE is -----------------------       -- Typdeklaration
    record                        --
        FARBE: SPIELFARBEN;       --
        WERT: SPIELWERT;          --
    end record; -------------------------------

type DATUM is ---------------------------        -- Typdeklaration
    record                        --
        TAG: INTEGER range 1..31;      --
        MONAT: MONATSNAMEN;            --
        JAHR: INTEGER range 1800..2000; --
    end record; -------------------------------

GEB_TAG_ADA, X: DATUM;                            -- Objektdeklarationen
STERBE_TAG_ADA: constant DATUM := (27,NOVEMBER,1852);  -- Konstantendekl.

GEB_TAG_ADA.TAG := 10;                            -- Zuweisungen an
GEB_TAG_ADA.MONAT := DEZEMBER;                    -- einzelne Ver-
GEB_TAG_ADA.JAHR := 1815;                         -- bundkomponenten

X := GEB_TAG_ADA;                                 -- Zuweisungen an
X := DATUM'(10,DEZEMBER,1815);                    -- ganze Verbunde mit
X := DATUM'(MONAT => DEZEMBER,JAHR => 1815,TAG => 10); -- jeweils gleichem Effekt
```

Beispiele 4-21: Verbunde: Typ- und Objektdeklaration, Zuweisung an
Komponenten bzw. an ganze Verbunde

Häufig ist die rechte Seite einer Wertzuweisung an einen ganzen Verbund ein **Verbundaggregat.** Wie bei Feldaggregaten haben wir wieder Aggregate mit **Zuordnung** über die **Reihenfolge,** in denen passende Ausdrücke (meist Literale bzw. Aggregate) des entsprechenden Komponententyps zusammengefaßt werden, und zwar in derselben Reihenfolge, wie die Komponenten in der Typdefinition angegeben sind. Die vorletzte Wertzuweisung von Beispiele 4-21 enthält ein solches Aggregat.

Bei Verbundaggregaten mit *Zuordnung* über *Namen* kommt es beim Hinschreiben wiederum nicht auf die Reihenfolge der Komponenten an. Die letzte Wertzuweisung von 4-21 liefert ein Beispiel. Benannte Komponente heißt hier nicht wie bei Feldaggregaten die Angabe, die wievielte Komponente dies ist, sondern die Angabe des Selektors für diese Komponente. Wir haben hier wieder von der Typqualifikation Gebrauch gemacht. Der others-Fall taucht in Verbundaggregaten nicht direkt auf (nur indirekt z.B. in einem Feldaggregat, das in einem Verbundaggregat als Komponente enthalten ist). Ein Aggregat für einen Verbundtyp muß für jede Verbundkomponente einen Wert enthalten.

Betrachten wir nun die *Syntax* der *Verbundtypdefinition*, also des Teils einer Verbundtypdeklaration, der die Strukturierung des Verbundtyps beschreibt (vgl. Fig. 4-22). Hier fällt sofort auf, daß die Komponenten einer Verbundtypdefinition in etwa das gleiche Aussehen haben wie Objektdeklarationen (vgl. Abschnitt 3.1). Das heißt insbesondere, daß Komponenten, die den gleichen Typ haben, zusammengefaßt werden dürfen. Man beachte aber, daß dabei der Eindruck der "Gleichrangigkeit" der Komponenten verlorengeht. Konstante Komponenten gibt es in Verbundtypdefinitionen nicht. Ferner sehen wir, daß innerhalb der Komponenten keine implizite Typdeklaration stehen darf, wie wir dies bei der Deklaration von Feldobjekten kennengelernt haben. Es muß also auf einen Typbezeichner explizit Bezug genommen werden. So dürfen beispielsweise die Werte für die Aufzählungstypen SPIELFARBEN , SPIELWERT und MONATSNAMEN von Beispiele 4-21 nicht direkt hingeschrieben werden, sondern hierfür muß es jeweils eine separate Typdeklaration geben, in der die jeweilige Aufzählungs-Typdefinition eingeführt wird. Das heißt insbesondere, daß bei ineinandergeschachtelten Verbunden für jeden inneren Verbundtyp eine eigene Typdeklaration existieren muß und daß eine innere Verbundtypdefinition vor derjenigen steht, in der sie benötigt wird.

```
record_type_definition ::=
            record
                component_list
            end record

component_list ::= component_declaration  {component_declaration}
               | {component_declaration} variant_part | null;

component_declaration ::=
                identifier_list: component_subtype_definition [:= expression];

component_subtype_definition ::=  subtype_indication
```

Fig. 4-22: Verbundtypdefinition: Syntax

Was wir hier für Komponenten eines Verbundtyps festgestellt haben, galt bereits für Objektdeklarationen. Auch dort waren allgemein keine Typdefinitionen erlaubt, außer bei Feldern. Will man sich die Sonderbehandlung von Feldern in Objektdeklarationen nicht merken, so verwende man überhaupt keine impliziten Typdeklarationen, d.h. Einführung von Typen, die keinen Typbezeichner besitzen.

Die Syntaxbeschreibung in Fig. 4-22 enthält als Sonderfall, daß anstelle der Komponentenliste das Wortsymbol null steht. Man erhält dann einen *leeren Verbundtyp*, dessen Objekte alle leer sind, d.h. keine Komponenten haben. Eine sinnvolle Anwendung hiervon wird im nächsten Abschnitt gezeigt.

Die Komponentendeklaration in einer Verbundtypdeklaration darf - wieder in Analogie zu Objektdeklarationen - Initialisierungen für Komponenten enthalten. Alle aus einer solchen Typdeklaration erzeugten Objekte haben dann vordefinierte Komponentenwerte. Natürlich kann diese *implizite Initialisierung* in einer Typdeklaration durch eine explizite Initialisierung in einer Verbundobjektdeklaration überschrieben werden. In Beispiel 4-23 ist eine Typdeklaration für den Typ COMPLEX angegeben, in der beide Komponenten initialisiert sind. Das führt dazu, daß jedes Objekt dieses Typs mit(0.0,0.0) vorbesetzt ist. Bei der Initialisierung in einer Objektdeklaration mit dem Typ COMPLEX darf aber nicht etwa nur einem Teil der Komponenten ein neuer Wert zugewiesen werden. Es müssen statt dessen alle Komponenten neu gesetzt werden. Implizite Initialisierung dadurch, daß eine Typdeklaration bereits Initialisierungen enthält, ist in Ada nur bei der Verwendung von Verbundtypen möglich.

```
type COMPLEX is
    record
        REAL_T: FLOAT := 0.0;
        IMAG_T: FLOAT := 0.0;
    end record;
    ─────────────
C: COMPLEX;
CMPL: COMPLEX := (REAL_T => 1.5,IMAG_T => 1.75);
```

Beispiel 4-23: Verbundtyp: implizite und explizite Initialisierung

Wie bei allen Typen erfolgt bei Wertzuweisungen an ganze Verbunde bzw. an einzelne Komponenten eine Erweckung der Ausnahme CONSTRAINT_ERROR , wenn die zugewiesenen Werte den Einschränkungen der Komponenten nicht genügen.

Auch für *konstante Verbundobjekte* - seien dies einfache Verbundobjekte oder solche mit Diskriminanten, die wir im nächsten Abschnitt kennenlernen -gilt wieder das, was wir für konstante Felder im letzten Abschnitt festgestellt haben: Sie dürfen nach der Deklaration nicht mehr verändert werden, was insbesondere heißt, daß die Komponenten (und deren Komponenten etc.) nicht verändert werden dürfen.

Natürlich dürfen Verbunde *ineinandergeschachtelt* sein. Ebenso ist es erlaubt, Felder zu deklarieren, deren Komponenten Verbunde sind, oder Verbunde, die Komponenten enthalten, die wiederum Felder sind. Einer Strukturierung mit den Datenstrukturierungskonzepten Feld und Verbund und den anderen Konstrukten (sog. Datentypkonstruktoren) sind von der Sprache her kaum Grenzen gesetzt. Von der Programmiermethodik ergibt sich auch hier die Forderung nach Einfachheit und Übersichtlichkeit.

Betrachten wir als Beispiel hierfür noch einmal das Suchen in einem binären Suchbaum aus dem vorigen Kapitel (vgl. Fig. 3-22). Wir tragen jetzt die dort fehlenden Datendeklarationen nach (vgl. Beisp. 4-24). Wir legen fest, daß das Informationsfeld INFO zu einem Primärschlüssel KEY jeweils die Daten zu einer Person enthält, nämlich den Namen, das Geburtsdatum und die Anschrift in den Komponenten PERS_NAME , PERS_GEB_DAT und PERS_ADRESSE . Wie man dem Beispiel entnimmt, wird die Struktur der Daten von *unten nach oben* (bottom-up) aufgebaut, d.h. zuerst wird die Internstruktur der Komponenten eines Verbunds oder Feldes festgelegt und dann erst des-

```
declare ------------------------------------------------------------------
   type MONATSNAME is (JAN,FEB,MRZ,APR,MAI,JUN,JUL,AUG,SEP,OKT,NOV,DEZ);
   type DATUM is record
                   TAG: INTEGER range 1..31;
                   MONAT: MONATSNAME;
                   JAHR: INTEGER range 1800..2000;
              end record;
   type NAME is record
                   VORNAME: STRING(1..100);
                   NACHNAME: STRING(1..100);
              end record;
   type ADRESSE is record
                   STRASSE: STRING(1..100);
                   PLZ: INTEGER range 1000..8999;
                   ORT: STRING(1..100);
              end record;
   type SUCHINFO is record
                   PERS_NAME: NAME;
                   PERS_GEB_DAT: DATUM;
                   PERS_ADRESSE: ADRESSE;
              end record;
   N: constant INTEGER := 1000; -- max. Anzahl der Knoten des Baums
   type BAUMKNOTEN is record
                   KEY: INTEGER range 1..100_000;
                   INFO: SUCHINFO;
                   LINKER_SOHN: INTEGER range 0..N;
                   RECHTER_SOHN: INTEGER range 0..N;
              end record;
   type SUCHBAUM is array (1..N) of BAUMKNOTEN;
   A: SUCHBAUM;
begin ---------------------------------------------------------------------
   ... -- Hier etwa die Anweisungen aus Beispiel 3-22 als Suchprozedur
       -- und Verwendung dieser Suchprozedur. Im Verarbeitungsteil steht etwa
   A(I) := BAUMKNOTEN'(10_274, SUCHINFO'(
                   NAME'(("Hans"&(others => ' ')),("Maier"&(others => ' '))),
                   DATUM'(13,JAN,1937),
                   ADRESSE'(("Heinrichstr. 3"&(others => ' ')),
                           1000, ("Berlin"&(others => ' ')))),
                   307, 792);
end; ----------------------------------------------------------------------
```
Beispiel 4-24: Ineinandergeschachtelte Verbundtypen, Felder von Verbunden

sen Zusammenhang. Dies liegt daran, daß zu einer Deklaration ein Typ nur dann verwendet werden kann, wenn er vorher deklariert wurde. Der Entwurf auf einem Blatt Papier kann natürlich durchaus von oben nach unten (top-down) erfolgen. Wir sehen an diesem einfachen Beispiel, daß der Datenstrukturierungsteil eines Programms durchaus gleichlang oder noch länger sein kann als der Anweisungsteil.

Wir haben bereits in Abschnitt 3.5 erläutert, daß hier die Verkettung über Feldindizes realisiert ist. Später werden wir hierfür Zeiger verwenden, die wir in Abschnitt 4.10 einführen. Schließlich sei hier angemerkt, daß die Typdeklaration für SUCHBAUM in keiner Weise garantiert, daß die zugehörigen Objekte tatsächlich Bäume sind. Durch die einzutragenden Indizes kann natürlich auch eine andere beliebig vernetzte Struktur entstehen, wenn nicht die Einfügeoperation in den Baum dies verhindert. Man wird diese Einfügeoperation sowie die Suchoperation sinnvollerweise zu der Typdeklaration hinzu nehmen. Wir kommen auf diese Art der Abstraktion, nämlich den Typ zusammen mit seinen Operationen zu verkapseln, in Kapitel 5 zurück.

4.5 VERBUNDE MIT DISKRIMINANTEN, VARIANTE VERBUNDE

Die bisherigen Verbundtypdeklarationen wirken wie unveränderliche Schablonen: Sie dienen dazu, beliebig viele Objekte gleicher Struktur zu erzeugen. Bei den Verbunden dieses Abschnitts wollen wir zulassen, daß die zugehörigen Datenobjekte sich in ihrem *strukturellen Aufbau unterscheiden* dürfen. Diese Unterschiede im strukturellen Aufbau können sich auf die Größe von Komponenten von Verbunden beziehen, es ist sogar möglich, daß bestimmte Teile eines Verbunds einen völlig anderen Aufbau besitzen. Eine Zusammenfassung solcher Unterschiede in einer Verbundtypdeklaration macht natürlich nur dann einen Sinn, wenn die Gemeinsamkeiten in der Strukturierung die Unterschiede überwiegen.

Beschäftigen wir uns zunächst mit den *Verbunden*, bei denen die *Größe bestimmter Komponenten* in der Deklaration *nicht festgelegt* wird. Das Prinzip ist das gleiche wie bei den Feldern mit unspezifizierten Grenzen: In der Typdeklaration bleibt die Größenangabe noch offen, bei der ersten Verwendung dieses Typs in einer Objekt- oder Typdeklaration wird die noch fehlende Größenangabe in der Regel nachgetragen. Bei jeder Verwendung dieser Verbundtypdeklaration kann somit ein Objekt anderer Größe und Struktur entstehen. Dies ist zu unterscheiden von einer Verbundtypdeklaration, die ein dynamisches Feld als Komponente enthält. Dort sind alle damit erzeugten Objekte von der Struktur her gleich, ihre Größe kann jedoch erst zur Laufzeit bestimmt werden (vgl. Aufgabe 4.12).

Erläutern wir dies anhand einiger Beispiele (vgl. Beispiele 4-25). Hier wird ein Objekt TEXT_PUFFER mit dem Typ T_PUFFER deklariert, bei dem die Komponente T_P_FELD in ihrer Größe variabel sein soll. Diese Größe wird durch eine Diskriminante aus dem *Diskriminantenteil* fixiert, der nach dem Typbezeichner in runden Klammern folgt. Ein solcher Diskriminantenteil darf nur im Zusammenhang mit Verbunden auftauchen. Er enthält eine Liste von *Diskriminantenangaben.*

Die Diskriminanten werden wie Objektdeklarationen oder wie Komponentendeklarationen von Verbunden notiert, sie stehen nur vor den anderen Verbundkomponenten. Am Ende der Diskriminante steht vor der schließenden Klammer allerdings kein Semikolon. Diskriminanten müssen von diskretem Typ sein, d.h. also ganzzahlig oder von einem Aufzählungstyp. In unserem Beispiel gibt es eine einzige Diskriminante mit dem Namen GROESSE , von der in der Verbundtypdefinition hier zum Zwecke der Größenfestlegung Gebrauch gemacht wird.

Von dieser Verbundtypdeklaration mit Diskriminante kann nun in *Objektdeklarationen* Gebrauch gemacht werden. So, wie bei Feldern mit unspezifizierten Grenzen dort eine Angabe der Grenzen steht, so folgt hier nach dem Typbezeichner der Wert für die

Diskriminanten. Diese Angabe heißt ***Diskriminanteneinschränkung.*** Sie muß angegeben werden, wenn in der Typdeklaration nicht eine Vorbesetzung für die Diskriminanten existiert.

Die Zuordnung der aktuellen Diskriminantenwerte zu den formalen Diskriminanten kann wieder durch Reihenfolge bzw. Namen erfolgen. Diskriminanteneinschränkungen haben eine andere Form als die Einschränkungen, die wir bisher kennengelernt haben (Bereichseinschränkungen, Indexeinschränkungen): Hier erfolgt pro Diskriminante nur die Angabe eines einzigen aktuellen Werts, während in Bereichs- und Indexeinschränkungen je zwei Werte anzugeben waren.

In Beispiele 4-25 wird die Diskriminante GROESSE bei jeder Verwendung des Typ-

```
--                  /-----------Diskriminantenteil-------/
type T_PUFFER     (GROESSE: INTEGER_0_BIS_MAX := 100)     is
     record
         POSITION: INTEGER_0_BIS_MAX := 0;      -- Nr. des aktuellen Zeichens
         T_P_FELD: STRING(1..GROESSE);
     end record;

TEXT_PUFFER: T_PUFFER;     -- ohne Diskriminanteneinschraenkung; TEXT_PUFFER ist wegen
                           -- impl. Initialisierung(anfangs) auf 100 Zeichen eingestellt
ZEILENPUFFER_1: T_PUFFER(80); -- Objektdeklaration mit Diskriminanteneinschraen-
                           -- kung, ZEILENPUFFER_1 ist unveraenderlich 80 Z. lang
ZEILENPUFFER_2: T_PUFFER(GROESSE => 50); -- Zuordnung Diskriminantenwert zu Diskri-
                           -- minante ueber Namen, ZEILENPUFFER_2 ist 50 Z. lang
ZEILENPUFFER_3: T_PUFFER(I*J); -- Diskriminanteneinschraenkung und damit Laenge von
                           -- ZEILENPUFFER_3 ist erst zur Laufzeit bestimmbar

type FELD_VON_T_PUFFERN
        (P_GR: INTEGER_0_BIS_MAX_G;          -- Zeilengroesse
         P_ANZ: INTEGER_0_BIS_MAX_A) is      -- Zeilenanzahl
     record
         P_NR: INTEGER range 1.. MAX_A;      -- Nr. der zu bearb. Zeile
         P_FELD: array (1..P_ANZ) of T_PUFFER(P_GR);
     end record;

TEXTFELD: FELD_VON_T_PUFFERN(P_ANZ => 60,P_GR => 80); -- 60 Zeilen zu 80 Zeichen

TEXTFELD.P_NR := 1;                              -- betrachten 1. Zeile
TEXTFELD.P_FELD(1) := T_PUFFER'(80,1,(others => ' ')); -- 1. Zeile m. Leerzeichen
                                                 -- POSITION deutet auf Spalte 1
-- auf die Diskriminantenkomponenten TEXTFELD.P_GR und TEXTFELD.P_ANZ darf
-- nur lesend zugegriffen werden, sie legen ja die Struktur von TEXTFELD fest.
```

Beispiele 4-25: Verbundtypen mit Diskriminanten: Verwendung in Objekt- undTyp-
deklarationen

bezeichners T_PUFFER in einer Objektdeklaration anders gesetzt. Es darf hier sogar auf eine Angabe in der Objektdeklaration verzichtet werden, da die Diskriminante GROESSE in der Typdeklaration mit 100 vorbesetzt ist. Wir kommen darauf noch einmal zurück.

Von einem Verbundtyp mit Diskriminanten kann aber auch in einer **anderen Verbundtypdeklaration** Gebrauch gemacht werden. Beim Typ FELD_VON_T_PUFFERN in Beispiele 4-25 ist dies der Fall. Hier haben wir zwei Diskriminanten, nämlich für die Anzahl der Puffer und für die Größe jedes Puffers. Die Komponente P_FELD ist ein Feld von Puffern und wird mit Hilfe des Verbundtyps T_PUFFER von oben deklariert. Allerdings führt dies hier lediglich dazu, daß die unbestimmte Größenangabe in T_PUFFER · durch GROESSE durch eine andere unbestimmte Größenangabe mit P_GR ersetzt wird. Ferner enthält der Verbundtyp FELD_VON_T_PUFFERN noch eine Komponente P_NR für den Index desjenigen Puffers, der aktuell bearbeitet werden soll. Bei Erzeugung eines Objekts des Typs FELD_VON_T_PUFFERN müssen beide Diskriminanten eingeschränkt werden, da keine Vorbesetzung existiert.

Fassen wir die **Syntax** von **Diskriminantenteil** und **Diskriminanteneinschränkung** zusammen (vgl. Fig. 4-26): Der Diskriminantenteil darf nur in der Deklaration eines Verbundtyps auftauchen und steht dann gleich hinter dem Typbezeichner. Für type_definition in der ersten Regel ist also nur eine Verbundtypdefinition erlaubt. Der Diskriminantenteil ist eine geklammerte Folge von Diskriminantenangaben, die durch Semikolon voneinander getrennt sind. Eine einzelne Diskriminantenangabe hat das Aussehen einer Objektdeklaration, hier allerdings ohne eine Einschränkung des Typs. (Dies ist keine Beschränkung der Allgemeinheit, wie wir durch das Untertypenkonzept in Abschnitt 4.6 sehen werden.) Die Diskriminantenangabe darf eine Vorbesetzung enthalten. Allerdings muß dann bei allen Diskriminantenangaben eine Vorbesetzung vorhanden sein. Der Typ der Diskriminante muß diskret sein (Felder sind beispielsweise nicht erlaubt).

```
type_declaration ::= full_type_declaration | ...
full_type_declaration ::= type identifier [discriminant_part] is type_definition;

discriminant_part ::= (discriminant_specification {;discriminant_specification} )
discriminant_specification ::= identifier_list: type_mark [:= expression]
```

```
constraint ::= range_constraint | index_constraint | discriminant_constraint | ...
discriminant_constraint ::= (discriminant_association {,discriminant_association})
discriminant_association ::=
    [discriminant_simple_name {| discriminant_simple_name} =>] expression
```

Fig. 4-26: Diskriminantenteil, Diskriminanteneinschränkung: Syntax

Bei Objektdeklarationen oder Komponentendeklarationen darf, wie wir schon gesehen haben, nach der Angabe des Typbezeichners eine Einschränkung stehen. Diese darf auch eine Diskriminanteneinschränkung sein, allerdings nur, sofern der Typ, auf den Bezug genommen wird, ein Verbundtyp mit Diskriminanten ist. Die einzelnen aktuellen Diskriminantenangaben werden durch Kommata getrennt hintereinander geschrieben. Die Zuordnung kann über Position oder über Namen erfolgen.

Die Diskriminanten eines Verbundes werden als **Anfangskomponenten** dieses

Verbundes betrachtet. Diese Komponenten dürfen allerdings allein **nicht geändert** werden, da ihr Wert ja die Struktur des gesamten Verbundes beeinflußt. Wenn sie geändert werden dürfen, was nur für bestimmte Verbunde möglich ist (s.u.), dann müssen auch die anderen Komponenten entsprechend geändert werden. Die vorsichtige Handhabung der Veränderung der Diskriminantenkomponenten ist eine in die Sprache eingebaute Vorsichtsmaßnahme. Steht in einer Verbundobjektdeklaration eine Diskriminanteneinschränkung, so bleibt der Diskriminantenwert und damit die Verbundstruktur festgelegt, solange dieses Objekt existiert. Auf die Diskriminantenkomponenten darf jedoch (ausgedrückt durch die übliche Punktnotation) benutzend zugegriffen werden. Insbesondere muß bei der Zuweisung eines Aggregats an ein Verbundobjekt das Aggregat die Diskriminantenkomponenten mitenthalten.

Die **anderen Komponenten** eines Verbundes mit Diskriminanten dürfen **beliebig** benutzt und **gesetzt** werden. Dabei muß die Komponentenstruktur natürlich mit der Festlegung, die durch die Diskriminantenwerte getroffen wurde, übereinstimmen, sonst erfolgt gegebenenfalls wieder Erwecken von `CONSTRAINT_ERROR` .

Neben der Erzeugung über eine Objektdeklaration können **Verbundobjekte** mit Diskriminanteneinschränkungen auch aus der **Zuordnung aktueller zu formalen Parametern** bei Prozeduren hervorgehen. Ist der Formalparameter ein Verbundtyp mit Diskriminanten, so werden die Diskriminantenwerte aus dem Aktualparameter genommen, indem hier dessen Diskriminantenkomponenten herangezogen werden. Ist der Aktualparameter ein Aggregat (Eingangsparameter), so werden, sofern es keine Zuordnung über Namen enthält, die ersten Aggregatkomponenten als Diskriminantenwerte verwendet. In diesem Falle sind die Diskriminantenwerte unveränderlich. Wir haben hier wieder eine Situation, die analog zu der Zuordnung ist, die wir bei Feldern mit unspezifizierten Grenzen kennengelernt haben. Diese Zuordnung erlaubt uns wieder, Unterprogramme zu schreiben, die eine ganze Klasse von Aktualparameterstrukturen abdecken.

Die Verbundobjekte, die wir bisher für Verbundtypen mit Diskriminanten erzeugt haben, waren (bis auf `TEXT_PUFFER` aus Beispiele 4-25) sogenannte **eingeschränkte Verbunde.** Ihre Struktur ist während ihrer gesamten Existenz, d.h. nach ihrer Deklaration, fest. Solche eingeschränkten Verbunde ergeben sich, wenn in der Objektdeklaration eine Diskriminanteneinschränkung steht oder z.B. auch, wenn der Typ eines Eingangsparameters eines Unterprogramms ein Verbundtyp mit Diskriminanten ist. Bei eingeschränkten Verbundobjekten dürfen die Diskriminantenwerte überhaupt nicht verändert werden.

Daneben gibt es noch die **uneingeschränkten Verbundobjekte.** Diese werden ebenfalls mit Hilfe eines Verbundtyps mit Diskriminanten erzeugt, z.B. durch eine Objektdeklaration, die auf den Verbundtypbezeichner Bezug nimmt. Dabei enthält diese Objektdeklaration aber keine Diskriminanteneinschränkung. Dann muß die Verbundtypdeklaration Vorbesetzungen für alle Diskriminanten enthalten, damit überhaupt eine initiale Struktur festliegt. Diese Struktur kann jetzt aber durch eine Wertzuweisung mit einem vollständigen Verbundobjekt, also einschließlich der Diskriminantenkomponenten, geändert werden. Eine andere Art der Änderung ist etwa die durch einen Ausgangs- oder Ein-/Ausgangsparameter eines Unterprogramms.

In den Beispielen 4-25 bzw. 4-27 ist `TEXT_PUFFER` ein uneingeschränkter Verbund. Er ist mit einer initialen Struktur von 100 Zeichen festgelegt. Durch die ersten drei Wertzuweisungen in Beispiele 4-27 erhält dieser Puffer nacheinander die Länge 4, 6 bzw. 80. `ZEILENPUFFER_1` aus Beispiele 4-25 ist hingegen ein eingeschränkter Verbund, der ein für allemal 80 Zeichen lang ist. Bei allen Wertzuweisungen an `ZEILENPUFFER_1` muß die erste Komponente 80 sein. Die Diskriminantenkomponenten - und damit die Struktur des Verbunds - dürfen für einen uneingeschränkten Verbund, wie wir schon festgestellt haben, nur insgesamt mit den anderen Komponenten geändert werden, sie dürfen also nicht einzeln gesetzt werden.

Mit Hilfe eines Attributs CONSTRAINED kann für Objekte eines Typs mit Diskriminanten abgefragt werden, ob diese eingeschränkte Verbundobjekte sind oder nicht (vgl. Beispiele 4-27).

```
TEXT_PUFFER := T_PUFFER'(4,1,"text");     --TEXT_PUFFER hat Laenge 4,POSITION auf Zeichen 1
TEXT_PUFFER := T_PUFFER'(6,2,"textex");   --TEXT_PUFFER hat jetzt Laenge 6
TEXT_PUFFER := ZEILENPUFFER_1;            --vgl. Beisp. 4-25 (ZEILENPUFFER_1 sollte ge-
                                          --setzt sein): TEXT_PUFFER hat Laenge 80
ZEILENPUFFER_2 := (50,15,(1..50 => ' ')); --ZEILENPUFFER_2 ist ein eingeschraenkter
                                          --Verbund, Uebereinstimmung der Diskr.werte!

-- TEXT_PUFFER'CONSTRAINED ist FALSE
-- ZEILENPUFFER_2'CONSTRAINED ist TRUE
```

Beispiele 4-27: eingeschränkte und uneingeschränkte Verbunde mit Diskriminanten

Auch in der zweiten Art "variabler" Verbunde finden sich Diskriminanten. Diese Diskriminanten dienen jedoch nicht zur Größenfestlegung bestimmter Verbundkomponenten, sondern sie unterscheiden verschiedene Strukturierungsmöglichkeiten des Verbunds. Man nennt solche Verbunde **variante Verbunde**. Die Idee ist, verschiedene Verbundstrukturen zusammenzufassen, die einen gemeinsamen Strukturierungsteil besitzen, daneben aber - je nach Fall - verschiedene Zusätze, so daß insgesamt verschiedene Varianten entstehen. Dies ist ein weiteres Konzept zur Abstraktion auf der Datenstrukturseite. Die gewünschte Variante wird durch den aktuellen Wert der Diskriminante ausgewählt. Die Diskriminante ist somit eine Art "Typparameter", der die strukturelle Variation kontrolliert.

Die Festlegung der möglichen Varianten in der Verbundtypdeklaration geschieht durch die Auswahldeklaration, auch **varianter Teil** der Verbundtypdeklaration genannt, der den Komponenten des gemeinsamen Strukturierungsteils nachfolgt (vgl. Beispiele 4-29). Dieser variante Teil entspricht im Aussehen einer Auswahlanweisung (vgl. Fig. 4-28), nur daß der Auswahlausdruck hier lediglich ein Diskriminantenbezeichner sein darf (aus dem Diskriminantenteil) und daß die einzelnen, zu unterscheidenden Fälle hier keine Anweisungen, sondern Komponentendeklarationen sind. Auch hier müssen alle möglichen Werte des Diskriminantentyps in den Auswahllisten erscheinen, was wiederum durch den others-Fall gegebenenfalls einfacher hingeschrieben werden kann. Wie der Leser der Syn-

```
variant_part ::= case discriminant_simple_name is
                      variant {variant}
                 end case;

variant ::= when choice  {|choice} =>
                 component_list

choice ::= ... | others | component_simple_name
```

Fig. 4-28: Auswahldeklaration in varianten Verbunden: Syntax

tax aus Fig. 4-22/4-28 entnimmt, dürfen wiederum variante Teile in den Komponenten des varianten Teils auftauchen usw. In varianten Verbunden ergibt sich eine sinnvolle Anwendung des leeren Verbunds, gekennzeichnet durch das Wortsymbol **null**. Es kann nämlich sein, daß eine der Varianten nur aus dem gemeinsamen Teil besteht, wie dies in Beispiel 4-29 für den Typ   PERSON_TYP   der Fall ist, wenn es sich um den Fall KIND handelt.

Betrachten wir zunächst die zwei Beispiele 4-29: Zu den üblichen persönlichen Daten, wie Name, Geburtsdatum und Wohnsitz wird je nach Geschlecht eine weitere Angabe gemacht. Handelt es sich nämlich um die Daten zu einer männlichen Person, so soll eine Boolesche Komponente   BEREITS_GEDIENT   anzeigen, ob der Wehrdienst abgeleistet wur-

```
type M_F_K is (MANN,FRAU,KIND);

type PERSON_TYP (FALL: M_F_K := KIND) is
   record
                              -- gemeinsame Komponenten PERS_NAME,
         .                    -- PERS_GEB_DAT, PERS_ADRESSE etc.
         .                    -- wie in Beispiele 3-24
      case FALL is
         when MANN =>
            BEREITS_GEDIENT: BOOLEAN;
         when FRAU =>
            SCHWANGER: BOOLEAN;
         when KIND =>
            null;
      end case;
   end record;
```

```
type GERAET is (DRUCKER,PLATTE,TROMMEL);
type ZUSTAND is (AN,AUS);
type PERIPHERIE_GERAET (EINHEIT: GERAET) is
   record
      STATUS: ZUSTAND;
      case EINHEIT is
         when DRUCKER =>
            ZEILENZAEHLER: INTEGER range 1..SEITENGROESSE;
         when others =>
            ZYLINDER: ZYLINDER_INDEX; -- ZYLINDER_INDEX, SPUR_INDEX
            SPUR: SPUR_INDEX;         -- seien geeignet deklariert
      end case;
   end record;
```

Fig. 4-29: Deklaration varianter Verbundtypen: Beispiele

de, im Fall einer weiblichen Person gibt die Boolesche Komponente SCHWANGER an, ob aktuell eine Schwangerschaft vorliegt. Gesteuert wird dies von der Diskriminante FALL , die die Werte MANN , FRAU und KIND annehmen kann. Das zweite Beispiel beschreibt verschiedene Peripheriegeräte.

Von der Deklaration eines varianten Verbundtyps kann nun in einer Verbundobjektdeklaration wieder Gebrauch gemacht werden (analog zu den Verbundtypen mit Diskriminanten zum Zwecke der Größenfestlegung von Komponenten, die wir im ersten Teil dieses Abschnitts kennengelernt haben).

Bei einer Objektdeklaration kann ein Wert für die Diskriminante angegeben sein und damit die Variante ein für allemal festgelegt sein. Das nennen wir dann ein **eingeschränktes variantes Verbundobjekt.**

Die aktuelle Diskriminantenangabe darf aber auch fehlen, wenn die Typdeklaration Vorbesetzungen für alle Diskriminanten enthält, wie es für den Verbundtyp PERSON_ TYP der Fall ist. Auf diese Weise läßt sich ein **uneingeschränktes variantes Verbundobjekt** erzeugen.

Die Variante eines uneingeschränkten Verbundobjekts kann sich von Zuweisung zu Zuweisung ändern. Diese Veränderung darf aber wieder nur eine vollständige sein. Die Veränderung der Diskriminantenkomponenten allein, z.B. durch Zuweisung nur an diese Komponenten, ist somit sowohl bei eingeschränkten als auch bei uneingeschränkten varianten Verbundobjekten wieder unzulässig. Bei eingeschränkten varianten Verbundobjekten dürfen die Diskriminantenkomponenten überhaupt nicht geändert werden.

Wir sehen in Beispielen 4-30 die Deklaration eines uneingeschränkten Verbundobjekts IRGENDWER und der eingeschränkten Verbundobjekte ADAM und EVA . Durch Zuweisung eines Aggregats bzw. Verbunds kann ein uneingeschränktes Objekt Werte verschiedener Verbundtypvarianten annehmen, wie dies bei IRGENDWER der Fall ist. Dagegen bleibt die Variante des Typs von ADAM und EVA stets unverändert. Durch das Attribut CONSTRAINED kann wieder abgefragt werden, ob ein Verbundobjekt eingeschränkt ist oder nicht.

```
IRGENDWER: PERSON_TYP;                    -- uneingeschraenktes Verbundobjekt

ADAM: PERSON_TYP(FALL => MANN);           -- eingeschraenktes Verbundobjekt

EVA: PERSON_TYP(FALL => FRAU);            -- eingeschraenktes Verbundobjekt
    :
    :

IRGENDWER:= PERSON_TYP'(FRAU, ... , SCHWANGER => FALSE);  -- vollstaendige
    :                                     -- Zuweisung, FRAU-Variante
    :

IRGENDWER.SCHWANGER := TRUE;              -- Zuweisung an Komponenten, die nicht
                                          -- Diskriminanten sind, sind zulaessig

IRGENDWER.FALL := MANN;                   -- unzulaessig!

IRGENDWER := PERSON_TYP'(MANN,...,BEREITS_GEDIENT => FALSE); -- vollstaendige
                                          -- Zuweisung, MANN-Variante

IRGENDWER.SCHWANGER := FALSE;             -- unzulaessig: CONSTRAINT_ERROR, da MANN-
                                          -- Variante keine solche Komponente hat

ADAM := IRGENDWER;                        -- zulaessige Zuweisung
```

Beispiele 4-30: eingeschränkte und uneingeschränkte variante Verbunde: Objektdeklarationen, Wertzuweisungen

Wir sehen an diesem Beispiel, daß es ratsam ist, in *Aggregaten* zu varianten Verbundtypen die **varianten Komponenten** der Lesbarkeit halber zu **benennen**. Einem Aggregat zu PERSON_TYP , das eine weitere Komponente mit dem Wert FALSE enthält, ist nicht anzusehen, ob diese für "nicht schwanger" oder "nicht gedient" steht. Ferner erinnert uns dieses Beispiel wieder daran, daß die Diskriminanten als Anfangskomponenten der Verbundobjekte betrachtet werden. Schließlich muß ein Aggregat auch in sich konsistent sein, d.h. die Struktur muß zu der Verbundstruktur passen, die durch die Diskriminantenwerte des Aggregats festgelegt werden. So darf etwa für den Diskriminantenwert KIND nach den Standardangaben Name, Geburtsdatum und Adresse keine weitere Komponente vorhanden sein.

Noch zwei Bemerkungen zu Diskriminanten, die für beide Spielarten von Verbunden gelten, die wir in diesem Abschnitt kennengelernt haben.

Von Diskriminantenbezeichnern darf in Ada nur sehr eingeschränkt Gebrauch gemacht werden. Die in diesem Abschnitt aufgezeigten Verwendungen in · einer Indexeinschränkung für die Festlegung der Größe einer Feldkomponente und die Verwendung in Auswahllisten von varianten Verbunden sind erlaubt. Allerdings müssen die Diskriminantenbezeichner direkt auftreten, dürfen also nicht in Ausdrücken enthalten sein.

Die Diskriminantenwerte in einem Verbundaggregat müssen stets statisch sein. Wir erinnern uns, daß mit den Diskriminantenwerten auch die Festlegung von Struktur verbunden ist, die zur Übersetzungszeit abgeprüft werden können sollte.

Die Ähnlichkeit in der Syntax von varianten Verbunden und Auswahlanweisungen kommt nicht von ungefähr: Die Bearbeitung von **varianten Verbundobjekten** wird in der Regel von **Auswahlanweisungen** bewerkstelligt: Je nach Diskriminantenwert ergibt sich eine unterschiedliche Struktur und damit auch eine unterschiedliche Bearbeitung. Betrachten wir ein einfaches Beispiel: Nehmen wir an, daß das Gesundheitsamt in bestimmten Zeitabständen, etwa einmal pro Monat, den Bestand der Daten auf die Fälligkeit bestimmter Aufforderungen hin überprüft. Dazu habe es die personenbezogenen Daten so gespeichert, wie dies die Typdeklaration PERSON_TYP aus Beispiele 4-29 angibt. Dann könnte das Programmstück von Beispiel 4-31 in einer Schleife stehen, die

```
--  .   Programmstueck fuer den gemeinsamen Datenteil: z.B. Aktualisieren des
--  .   Datenbestands durch Vergleich mit einer Aenderungsdatei. Dieser Teil
--  .   ist somit unabhaengig davon, ob die Daten zu einem Mann, einer Frau
--  .   oder einem Kind gehoeren.
--  .
case IRGENDWER.FALL is
    when FRAU =>
        -- Aufforderung zur Schwangerschaftsuntersuchung bzw. Schwangerschafts-
        -- gymnastik, wenn schwanger
        -- Aufforderung zur Krebsvorsorgeuntersuchung, wenn ueber 40 Jahre und
        -- die letzte Untersuchung mind. 1 Jahr zurueckliegt
        -- etc
    when MANN =>
        -- Aufforderung zur Lungenunters., wenn Bergmann (Beruf sei in PERS_TYP enth.)
        -- Aufforderung zur Krebsvorsorge, wenn ueber 50
        -- etc
```

```
when KIND =>
      -- Pflegepersonen benachrichtigen wegen Kleinkind-Vorsorgeuntersuchung
      -- etc
end case;
```

Beispiel 4-31: Variante Verbunde und Auswahlanweisungen

nacheinander alle Sätze der Personendatei einliest und dem uneingeschränkten varianten Verbund IRGENDWER zuweist. Die Änderungen des Datenbestandes werden nicht on-line, sondern ebenfalls einmal im Monat durch ein vorangehendes Programmstück durchgeführt. Neben den spezifischen Aufforderungen, die nur in einem der drei Fälle auftreten können, gibt es weitere Aufforderungen, die etwa alle Erwachsenen betreffen: Aufforderung zur Lungenreihenuntersuchung für Personen, die mit Kindern zu tun haben, besondere Untersuchung für Personen, die Lebensmittel verarbeiten o.ä. Diese Fälle werden in anderen bedingten Anweisungen bzw. einer anderen Auswahlanweisung abgearbeitet, da sie sonst sowohl im Fall von MANN als auch im Fall von FRAU der case-Anweisung von Beispiel 4-31 erscheinen müßten.

4.6 DAS TYPKONZEPT VON ADA, UNTERTYPEN, ABGLEITETE TYPEN

Erinnern wir uns: Ein **Datentyp** ist charakterisiert durch seinen Wertebereich und durch die Operationen, die mit seinen Objekten ausgeführt werden dürfen. Die Objekte können **skalar** (unstrukturiert) sein, wie dies bei den vordefinierten Aufzählungstypen BOOLEAN , CHARACTER , aber auch bei INTEGER bzw. bei den vom Programmierer eingeführten Aufzählungstypen der Fall ist. Solche Typen haben wir diskrete Typen genannt. Zu den skalaren Typen gehören auch die numerisch-reellen Datentypen, seien sie Festpunkt- oder Gleitpunkttypen (vgl. Abschnitt 4.8). Als **strukturierte** Typen haben wir bisher Verbundtypen und Feldtypen kennengelernt, deren Komponenten jeweils wiederum strukturiert sein dürfen.

Neben den Aufzählungstypen BOOLEAN und CHARACTER haben wir bereits die folgenden **vordefinierten** Datentypen kennengelernt: den strukturierten Datentyp STRING für beliebige Zeichenketten sowie die skalaren Datentypen INTEGER bzw. FLOAT für die auf der Basismaschine darstellbaren ganzzahligen Werte aus einem bestimmten Bereich bzw. für numerisch-reelle Zahlen aus einem bestimmten Bereich mit einer bestimmten vorgegebenen Genauigkeit.

Zu jedem Datentyp gibt es **Literale**, um Werte des Datentyps zu bezeichnen. Das sind die Literale TRUE , FALSE für den Typ BOOLEAN , die Zeichenliterale aus 2.2 für den Typ CHARACTER , die in der Typdefinition explizit angegebenen Bezeichnungen bei Aufzählungstypen, die Zahlenliterale aus 2.2 für die ganzzahligen bzw. reellen Typen, und es sind die **Aggregate** einer bestimmten Struktur für Verbund- bzw. Feldtypen.

Zu jedem Typ gehören bestimmte **Operationen.** So sind beispielsweise +, -, *, / zulässige Operationen des vordefinierten Datentyps FLOAT , die Vergleichsoperatoren <, <=, >, >= zulässig für den Datentyp STRING . Gleichheitstest, Ungleichheitstest und Wertzuweisung sind im allgemeinen für alle Datentypen definiert, seien dies vordefinierte oder beliebige, vom Programmierer definierte. Die Operationssymbole für verschiedene Operationen müssen allerdings nicht verschieden sein. So bezeichnet + für ganzzahlige und reelle Datentypen z.B. die Addition, obwohl dies natürlich verschiedene

Operationen sind. Wir sagten hierzu, daß der Operator   + überladen ist. Der Übersetzer muß aus dem Kontext den zutreffenden ermitteln.

Welche Gründe sprechen für die Einführung von Typen und ihre Festlegung durch eine Typdefinition innerhalb einer Typdeklaration?

Zunächst werden dadurch die **Gemeinsamkeiten** einer ganzen **Klasse von Objekten** an **einer Stelle** des Programms festgelegt und beschrieben, was sicher sowohl der Lesbarkeit als auch der Wartbarkeit dient.

Eine Typdefinition ist eine Abstraktion auch in der Hinsicht, daß sie **Implementationsdetails** der Basismaschine **verbirgt**: Der Programmierer braucht sich weder darum zu kümmern, wie die Werte der primitiven, noch wie die der strukturierten Datentypen dort dargestellt werden. So können wir beliebig Felder und Verbundstrukturen (evtl. noch mit Diskriminanten) in Typdefinitionen einführen, ja diese beliebig ineinander schachteln, ohne uns um die sog. Speicherabbildungsfunktion kümmern zu müssen, d.h. die Frage, wie solche Strukturen im Speicher der Basismaschine abgelegt werden.

Schließlich dient die Einführung von Typen in Ada in hohem Maße der **Zuverlässigkeit**: Jeder Typ beschreibt die Eigenschaften einer Klasse von Objekten, jedes Objekt gehört genau einer Klasse an. Es wird vom Übersetzer darauf geachtet, daß ein Objekt, das als zu einem Typ gehörig deklariert wurde, nur Werte dieses Typs annehmen kann, und daß auf dieses nur Operationen dieses Typs angewandt werden dürfen.

Zusammenfassend können wir also festhalten, daß Typisierung einerseits Abstraktionen ermöglicht und - in der strengen Form, wie sie in Ada vorgefunden wird - Sicherheit garantiert.

Objekte von Datentypen können verschiedene Einschränkungen (engl. constraints) besitzen. Es sind uns bereits die **Bereichseinschränkungen** begegnet, wo für ein Objekt eines skalaren Typs aus dem Wertebereich ein Intervall (ein Unterbereich) herausgegriffen wird und festgelegt wird, daß die Werte, die dieses Objekt zur Laufzeit annehmen darf, aus diesem Bereich stammen müssen. Für Feldtypen haben wir die **Indexeinschränkungen** kennengelernt. Diese sind Bereichseinschränkungen für den Indextyp bzw. für die zugehörigen Indextypen. Sie garantieren, daß nicht versucht wird, auf eine Komponente des Feldes zuzugreifen, die es gar nicht gibt. Schließlich ergaben sich im Zusammenhang mit Verbunden die **Diskriminanteneinschränkungen**, die bei Verbunden mit Diskriminanten dazu herangezogen wurden, die Größen von Komponenten festzulegen bzw. eine Strukturierungsvariante auszuwählen. Im Abschnitt 4.8 werden schließlich die **Genauigkeitseinschränkungen** hinzukommen, die bei numerisch-reellen Datentypen zur Festlegung einer bestimmten relativen bzw. absoluten Mindestgenauigkeit dienen.

Alle diese Einschränkungen traten bisher an folgenden Stellen auf: Einmal bei der Deklaration von Objekten unter Bezug auf einen Typbezeichner und zum anderen überall dort, wo der Bezeichner eines Typs innerhalb der Definition anderer Typen oder formaler Parameter verwendet wurde. Das war der Fall bei der Deklaration von Komponenten zusammengesetzter Typen (Felder bzw. Verbunde) und als Sonderfall bei der Deklaration von Feldobjekten mit einer impliziten Typdeklaration sowie bei der Deklaration formaler Parameter in Unterprogrammen.

Solche Einschränkungen sind im allgemeinen nicht vom Übersetzer abprüfbar, da in ihnen beliebige Ausdrücke vorkommen, deren Wert erst zur Laufzeit feststeht. Ihre Verletzung kann damit nur durch **Laufzeitüberprüfungen** festgestellt werden (die jedoch der Compiler einsetzt). Sind die Einschränkungen zur Übersetzungszeit abprüfbar, so wird dies ein Compiler aus Effizienzgründen meist tun und den Test nicht in die Laufzeit verschieben. Fig. 4-32 geht auf die Unterscheidung zwischen Einschränkungen ein, die bereits zur Compilezeit überprüft werden können bzw. die zur Laufzeit überprüft werden müssen. Die Verletzung von Einschränkungen, die erst zur Laufzeit ermittelt werden können, werden durch die Ausnahme `CONSTRAINT_ERROR` angezeigt. Bei der Programmerstellung sollte die Reaktion auf diese Ausnahme, sofern nicht nur ein Abbruch des Programms erfolgen soll, bereits berücksichtigt werden.

Solche Einschränkungen ändern in Ada nichts am Typ von Datenobjekten, Formalparametern oder Komponenten. Da sie im allgemeinen nicht zur Übersetzungszeit abgeprüft werden können, werden sie in Ada auch **nicht** als **Teil des Typkonzepts** betrachtet. Würde man dies nämlich tun, so wäre eine vollständige Überprüfung eines (so erweiterten) Typkonzepts zur Übersetzungszeit nicht möglich. Wie wir schon des öfteren angemerkt haben, hat Ada so viele Prüfungen wie nur möglich in das Typkonzept gesteckt, damit sie zur Übersetzungszeit abgeprüft werden können. Einschränkungen fallen jedoch nicht darunter.

```
PASSENDE_ZEILE: STRING(1..N*J);            -- durch Indexeinschraenkung aus
BILDSCHIRMZEILE: STRING(1..80);            -- dem Typ STRING hervorgegangen
  :
  :
BILDSCHIRMZEILE := (1..80 => ' ');         -- Vertraeglichkeit der rechten Sei-
BILDSCHIRMZEILE := (1..20 => '*', 21..80 => ' ');  -- te mit der Indexeinschraen-
                                           -- kung zur Compilezeit feststellbar
  :
  :
BILDSCHIRMZEILE(81) := '*';                -- Nichtuebereinstimmung jeweils zur
BILDSCHIRMZEILE := (1..100 => '+');        -- Uebersetzungszeit feststellbar
  :
  :
BILDSCHIRMZEILE := PASSENDE_ZEILE;         -- Zuweisung macht i.a. Laufzeit-
                                           -- ueberpruefung erforderlich
```

Fig. 4-32: Einschränkungen: Überprüfung zur Compilezeit bzw. Laufzeit

Einschränkungen dienen ebenfalls der Steigerung der **Zuverlässigkeit** eines Programms. Sie erfordern zusätzliche Überprüfungen zur Laufzeit (im Spezialfall können diese bereits zur Compilezeit erfolgen), erlauben andererseits in einigen Fällen dem Compiler sogar eine effizientere Übersetzung, als wenn sie fehlten.

Wir wissen aus Abschnitt 3.9, daß Einschränkungen durch das SUPPRESS-Pragma generell, für alle Objekte eines Typs bzw. ein einzelnes Objekt **abgeschaltet** werden können. Wir hatten darauf hingewiesen, daß damit i.a. nicht nur Effizienzsteigerung, sondern auch stets eine Gefahr verbunden ist.

Hinter diesen Einschränkungen verbirgt sich ein allgemeines Konzept, das wir im folgenden detailliert erläutern wollen. Ein Typ zusammen mit Einschränkungen heißt in Ada ein **Untertyp.** Ein Untertyp ist kein neuer Typ. Damit hat ein Untertyp auch den gleichen Wertebereich und die gleichen Operationen. Das Vorhandensein von Einschränkungen macht jedoch Zusatzüberprüfungen nötig, die, wie besprochen, im allgemeinen erst zur Laufzeit ausgeführt werden können. Damit ändert also eine Einschränkung nichts an der Zugehörigkeit zu dem Typ, auf den die Einschränkung angewandt wurde. Man nennt den Typ T, von dem aus ein Untertyp U gebildet wird, den **Basistyp** (Obertyp, Grundtyp, engl. base type) von U.

Dieses Konzept ist nicht leicht zu verstehen: Es bedingt beispielsweise, daß die Indexgrenzen keine Frage des Typs sein können, da sie durch Indexeinschränkungen festgelegt werden. Dies bedeutet, daß die Struktur der in Frage kommenden Werte (und die Anzahl der Komponenten eines Feldes ist zweifellos eine für die Struktur wesentliche Angabe!) durch die Typangabe i.a. nicht ganz festgelegt werden kann. Eine Festlegung hier hätte bedeutet, daß man entweder auf dynamische Felder oder auf vollständige Typprüfung zur Übersetzungszeit hätte verzichten müssen. Man behilft sich statt dessen mit folgender Betrachtung: Es enthält beispielsweise der Typ des Objekts BILD SCHIRMZEILE aus Fig. 4-32 als Werte alle Zeichenketten beliebiger Länge, obwohl in der Deklaration von BILDSCHIRMZEILE durch eine Indexeinschränkung festgelegt ist, daß für dieses Objekt nur Zeichenketten der Länge 80 zu betrachten sind. Die Überprüfung, daß als aktuelle Werte Felder dieser bestimmten Länge genommen werden, erfolgt zur Laufzeit oder, wenn dieses möglich ist, zur Compilezeit. Die eben angestellte Überlegung gilt gleichermaßen für Verbundtypen mit Diskriminanten. Auch hier sind die Werte des Typs unabhängig von der Festlegung der Diskriminanten. In den Begriffen anderer Programmiersprachen sind somit Feldtypen und Verbundtypen mit Diskriminanten sogenannte Vereinigungstypen.

Übereinstimmende Einschränkungen eines Typs, die wir bisher bei den Verwendungen eines Typbezeichners in Objektdeklarationen, Deklarationen formaler Parameter, von Komponenten von Verbunden und Feldern verstreut notiert haben, können auch in einer **Untertypdeklaration** zusammengefaßt werden. Diese Untertypdeklaration kann dann wie eine Typdeklaration benutzt werden. Sie gibt durch den Untertypbezeichner zusätzlich zu dem Typ auch die zugehörigen Einschränkungen des Untertyps an alle Stellen der Verwendung weiter, ist also gleichbedeutend damit, daß man anstelle ihrer Verwendung überall den Typ zusammen mit den Einschränkungen angibt.

Gründe für die Konzentration der Einschränkungsangaben an einer Stelle, nämlich in der Untertypdeklaration, sind wieder Lesbarkeit, Wartbarkeit und damit auch Zuverlässigkeit, aber auch Effizienz (wenn die Einschränkungen etwa Ausdrücke enthalten, da diese dann nur einmal übersetzt zu werden brauchen). Was wir oben über die Steigerung der Zuverlässigkeit gesagt haben, gilt somit auch bei der Verwendung von Untertypdeklarationen.

Ein einfaches, aber eingängiges Beispiel für eine Untertypdeklaration ist etwa der Untertyp MASSE_IN_KG aus Fig. 4-33, dessen Einschränkung dafür sorgt, daß eine Masse nie negativ werden kann. In Fig. 4-33 und 4-34 sind nun einige Untertypdeklarationen angegeben, und zwar für alle Arten von Einschränkungen, die wir bisher kennengelernt haben, also Bereichseinschränkungen, Indexeinschränkungen und schließlich Diskriminanteneinschränkungen.

```
type FARBE is (ROT,GELB,GRUEN);
subtype LEUCHTFARBE is FARBE'(ROT)..FARBE'(GELB);
subtype AMPELFARBE is FARBE;


subtype MASSE_IN_KG is FLOAT range 0.0..GROESSTE_MASSE;


subtype SMALL_INT is INTEGER range -10_000..10_000;
subtype MINI_INT is SMALL_INT range -100..100; -- weitere Einschraenkung
I: INTEGER := 17;
S: SMALL_INT;   -- gleichbedeutend mit"S: INTEGER range -10_000..10_000;"
M: MINI_INT;    -- gleichbedeutend mit "M: INTEGER range -100..100;"
```

```
:
:
S := 70;          -- zur Compilezeit ueberpruefbar
S := S + 20;      -- erfordert i.a. eine Laufzeitueberpruefung
S := I;           -- erfordert i.a. eine Laufzeitueberpruefung
I := S;           -- i.a. keine Laufzeitueberpruefung noetig (Vorsicht mit SUPPRESS!
S := S*S+I;       -- waehrend der Ausdrucksauswertung keine Bereichs-
                  -- ueberpruefung, erst fuer die Zuweisung
```

Fig. 4-33: skalare Untertypen: Deklaration und Überprüfungen

Die **Syntax** der **Untertypdeklaration** ist einfach: Nach Einführung des Untertyp-bezeichners folgt die Angabe des Bezeichners des Grundtyps (Basistyps, Obertyps) und darauf die jeweiligen Einschränkungen in der Form, in der wir sie bereits kennengelernt haben (vgl. Fig. 4-34). Fehlen die Einschränkungen überhaupt, was von der Syntax her möglich ist, so bedeutet dies, daß wir für einen Typ einen Untertyp mit leeren Einschränkungen eingeführt haben.

```
type MATRIX is array (INTEGER range <>, INTEGER range <>) of FLOAT;

subtype QUADR_MATR is MATRIX(1..N,1..N);

type ST_PL is array (TAG,1..8) of STRING;

subtype ST_PL_SA_FREI is ST_PL(TAG'(MO)..TAG'(FR),1..6);  -- Untertyp
                           -- mit Einschraenkung beider Indizes

subtype ZEILENPUFFER_80 is T_PUFFER(GROESSE => 80);        -- Untertyp
                           -- mit Diskriminanteneinschraenkung (vgl. Beisp. 4-25)

subtype W_PERSON is PERSON_TYP(FALL => FRAU); -- Untertyp mit Diskriminantenein-
                           -- schraenkung fuer Variante eines Verbunds (vgl. 4-29)
```

```
subtype_declaration ::= subtype identifier is subtype_indication;

subtype_indication ::= type_mark [constraint]

type_mark ::= type_name | subtype_name
```

Fig. 4-34: Untertypdeklaration: weitere Beispiele und Syntax

Da ein Untertyp keinen neuen Typ darstellt, sind die Operationen des entsprechenden Basistyps ohne Einschränkung verfügbar. Die Operationen werden ja auch im Wertebereich des Basistyps ausgeführt. Die **Überprüfung** der Einschränkung findet lediglich bei der **Setzung** (z.B. durch eine Wertzuweisung) statt und dort nur in einem Fall: Wird ein Objekt eines Typs einem Objekt eines Untertyps zugewiesen, so muß Abprüfung erfolgen, umgekehrt jedoch nicht (vgl. Fig. 4-33). Im ersten Fall sind nämlich jetzt zusätzliche Einschränkungen wirksam, im zweiten Fall wird ein eingeschränktes Objekt einem zugewiesen, das weniger Einschränkungen besitzt.

Wie die Syntax und Untertypdeklaration besagt (vgl. Fig. 4-34), kann zur Definition eines Untertyps bereits ein Untertyp verwendet werden. Dies ist für Bereichsein-schränkungen und Genauigkeitseinschränkungen möglich. Dann muß allerdings die **erneute Einschränkung verträglich mit der des Untertyps** sein, auf den sie angewandt wird. Bei Bereichseinschränkungen bedeutet dies, daß der neu spezifizierte Bereich innerhalb der Bereichseinschränkung des Untertyps liegen muß, auf die er angewandt wird. Dies ist beispielsweise beim Untertyp MINI_INT und SMALL_INT aus Fig. 4-33 der Fall. Dort kann diese Verträglichkeit sogar zur Compilezeit überprüft werden. Im allgemeinen ist diese Verträglichkeit jedoch ebenfalls erst wieder zur Laufzeit überprüfbar. Wie oben erläutert, ist eine Überprüfung auf Einhaltung der Bereichseinschränkung bei einer Zuweisung nicht nötig, wenn rechts ein stärker eingeschränkter Untertyp als links steht (dies gilt allerdings nicht, wenn auf das Objekt oder auf den Untertyp der rechten Seite das SUPPRESS-Pragma angewandt wurde).

Das Konzept des Untertyps war überall im Spiele, wo wir bisher nur von Objekten, Komponenten oder formalen Parametern eines bestimmten Typs gesprochen haben, auf die irgendwelche Einschränkungen angewandt wurden. Wir sprechen in solchen Fällen von **impliziten Untertypen** (engl. anonymous subtypes), weil ihnen kein Untertypbezeichner zugeordnet wird. Dies ist analog zu der Namensgebung explizite bzw. implizite Typdeklarationen. Da eine Untertypdeklaration keine Einschränkung enhalten muß, ist somit jede implizite Typdeklaration auch eine implizite Untertypdeklaration. Fig. 4-35 gibt einige Beispiele expliziter bzw. impliziter Untertypdeklarationen.

```
S: INTEGER range -100..100;          -- implizite Untertypdeklaration
                                     -- aequivalent zu:

subtype S_INTEGER is INTEGER range -100..100;  -- explizite Untertypdeklaration
S: S_INTEGER;                        -- Verwendung in Objektdeklaration


ZEILE_1: T_PUFFER(80);               -- implizite Untertypdeklaration
                                     -- aequivalent zu:

subtype ZEILENPUFFER_80 is T_PUFFER(80); -- explizite Untertypdeklaration
ZEILE_1: ZEILENPUFFER_80;            -- und Verwendung
```

Fig. 4-35: explizite und implizite Untertypdeklarationen

Wir können die Angabe eines Typs mit Einschränkungen somit stets auf eine explizite oder implizite Untertypdeklaration zurückführen. Auch die **Unterbereiche**, die die Form simple_expression..simple_expression haben, und die uns bisher in den Typdefinitionen von Feldern mit spezifizierten Grenzen sowie im Laufbereich von for-Schleifen begegnet sind, lassen sich auf Untertypen zurückführen. Eine solche Feldtypdeklaration wie für den Typ FELD_T aus Fig. 4-36 ist nämlich äquivalent zu den beiden darunterstehenden Deklarationen. Damit haben wir hier implizit eine Bereichseinschränkung auf dem zugrundeliegenden Indextyp, hier INTEGER , ohne daß in Zeile 1 der Typ, auf den Bezug genommen wird, oder die Tatsache, daß es sich um eine Bereichseinschränkung handelt, sichtbar wird. Letzteres wurde sonst durch das einleitende Wortsymbol **range** gekennzeichnet. Jede Indexeinschränkung in Form der Angabe eines Unterbereichs läßt sich damit als eine implizite Untertypdeklaration auf Indexposition auffassen. Jede Feldtypdeklaration mit spezifizierten Grenzen läßt sich darüber hinaus als Indexeinschränkung auf einem impliziten Feldtyp mit unspezifizierten Grenzen auffassen.

```
type FELD_T is array (1..100) of KOMPONENTENTYP;  -- ist aequivalent zu:

type FELDTYP is array (INTEGER range <>) of KOMPONENTENTYP;

subtype IND_GR is INTEGER range 1..100;

subtype FELD_T is FELDTYP(IND_GR);
```

Fig. 4-36: Indexeinschränkung und Untertypdeklaration

Wir haben bei **Aggregaten** vorgeschlagen, daß diese stets eine Typqualifikation haben sollten. Jetzt wissen wir, daß es genauer **Untertypqualifikation** heißen muß, da die Anzahl der Komponenten durch den Typ allein noch nicht festgelegt ist. Das heißt aber, daß es für den Untertyp eine Untertypdeklaration geben muß, in der ein Untertypbezeichner eingeführt wird. Dies kann durch eine explizite Untertypdeklaration geschehen, die durch das Wortsymbol **subtype** eingeleitet wird, oder es kann sich um eine eingeschränkte Feldtypdeklaration handeln, von der wir aus Fig. 4-36 wissen, daß hier der Bezeichner den Untertyp und nicht den Typ bezeichnet. Jedenfalls muß ein Untertypbezeichner eingeführt werden, damit wir diesen in der Typqualifikation vor das Aggregat schreiben können.

Wir haben als wesentliches Kriterium der starken Typisierung von Ada angeführt, daß jedes Objekt von genau einem Typ sein muß, und daß Operationen stets Operanden genau eines bestimmten Typs erwarten, daß also beispielsweise bei der Wertzuweisung linke und rechte Seite vom gleichen Typ sein müssen.

Vom gleichen Typ heißt nicht etwa ähnliche oder gleiche Struktur, sondern Bezug auf die gleiche Typdefinition: Selbst wenn zwei Typdefinitionen textuell absolut gleich sind, führen sie jeweils einen anderen Typ ein! Objekte, die sich auf die eine oder die andere dieser Typdefinitionen beziehen, sind also von verschiedenem Typ! Dieses Konzept der *Typäquivalenz* (Typgleichheit) in Ada ist sehr rigoros und gewöhnungsbedürftig. Es gibt allerdings auch gute Gründe für diese Auffassung, die im Rationale der Sprache zusammengestellt sind (vgl. /Ic 79b/. Somit sind zwei Objekte genau dann vom gleichen Typ, wenn sie sich auf die gleiche explizite Typdeklaration beziehen. Fig. 4-37 gibt einige Beispiele hierzu.

```
type TAG is (MO,DI,MI,DN,FR,SA,SO);

subtype WOCHENTAG is TAG range MO..FR;

HEUTE: TAG;                          -- HEUTE, H1, H2 vom gleichen Typ

H1: TAG range SA..SO;                -- Analoges gilt fuer die anderen Ein-

H2: WOCHENTAG;                       -- schraenkungen und Untertypdeklarationen


type RAT is record                   -- Typ
            ZAEHLER: INTEGER;        -- RAT
            NENNER:  INTEGER;        -- und
        end record;                  -- RATIONAL
type RATIONAL is                     -- sind
        record                       -- ver-
            ZAEHLER: INTEGER;        -- schie-
            NENNER:  INTEGER;        -- den!
        end record;
Z1: RATIONAL;                        -- Z1 und Z2 sind
Z2: RAT;                             -- typungleich!
A1: array(1..10) of BOOLEAN;         -- A1, A2 sind von
A2: array(1..10) of BOOLEAN;         -- verschiedenem Typ!
------------------------------------
...
H1 := H2;                    -- erlaubte Wertzuweisung
A1 := A2; Z1 := Z2;          -- verbotene Wertzuweisungen
```

Fig. 4-37: Typenäquivalenz in Ada

Da in einer Typdeklaration auch eine Einschränkung stehen kann (wobei dann eigentlich ein Untertyp eingeführt wird), andererseits die Einführung eines Untertyps nichts am Typ ändert, heißt Typgleichheit, daß auf einen bestimmten expliziten, impliziten oder "leeren" Untertyp Bezug genommen werden muß, der ein und denselben Basistyp in dem oben eingeführten Sinne haben muß.

Die Besonderheit der impliziten Typdeklaration bei Feldern, d.h. die Einführung eines Typs, ohne daß dieser einen Namen erhält, führt nun zu *zwei Sonderfällen* für das Konzept der *Typäquivalenz,* die wir in Fig. 4-38 erläutern wollen:
Zum ersten sind A und B nicht etwa dadurch typgleich, daß sie sich auf die gleiche (implizite) Typdeklaration beziehen. Sie sind statt dessen typunverträglich. Der Grund ist der, daß diese Zeile ja lediglich eine Abkürzung für zwei Objektdeklarationen mit textuell gleicher Typdefinition darstellt.
Ferner ergibt sich nun folgende Besonderheit: Formale Parameter von Unterprogrammen dürfen nicht auf eine implizite Typdeklaration Bezug nehmen, da diese Unterprogramme sonst nie aufgerufen werden könnten. Der Aktualparameter kann dann nämlich nicht vom gleichen Typ sein wie der formale, da er diese implizite Typdeklaration nicht benutzen kann. Der Typ hat gar keinen Namen! Fig. 4-38 zeigt ein Beispiel hierzu. Aus diesem Grund verbietet die Syntax implizite Typdeklarationen für Formalparameter. Bei expliziten oder impliziten Untertypdeklarationen ergibt sich dieses Problem nicht, da durch eine Untertypdeklaration kein neuer Typ eingeführt wird.

```
C, D : array(1..10) of BOOLEAN;      -- C, D von versch. Typ, da dies nur als
                                     -- Abkürzung fuer zwei Objektdekl. steht.

A,B: array (1..100) of INTEGER;      -- implizite Typdeklaration
                                     -- A und B sind typunvertraeglich!

function SUMMATION(X: array(1..100) of INTEGER) return INTEGER is -- zweite im-
    :                                -- lizite Typdeklaration (in Ada nicht erlaubt)

end SUMMATION;
    :
    :

R := SUMMATION(A);       -- Aktual- und Formalparameter waeren typungleich
```

Fig. 4-38: implizite Typdeklarationen und Formalparameter

Neben dem Untertypkonzept gibt es in Ada noch einen zweiten Mechanismus, um aus Typen Spezialisierungen zu gewinnen, nämlich die *abgeleiteten Typen* (engl. derived types). Die zugrundeliegende Idee ist die des Dimensionsbegriffs in der Physik. Man hat die gleiche Wertemenge, die gleichen Literale und die gleichen Operationen, trotzdem aber verschiedene Objektklassen, die man nicht vermischen will. So kann man in der Physik zwei Geschwindigkeiten oder zwei Massen addieren und erhält dann wieder eine Geschwindigkeit oder Masse, eine Addition von einer Geschwindigkeit mit einer Masse macht aber keinen Sinn. Von diesem Konzept der abgeleiteten Typen kann man im Sinne der Zuverlässigkeit bei der Programmierung Gebrauch machen.

Durch die Deklaration eines abgeleiteten Typs wird also ein *neuer Typ* eingeführt, im Gegensatz zu Untertypdeklarationen. Damit ist auch Typvermischung bei Operationen, insbesondere der Wertzuweisung,nicht erlaubt. Andererseits brauchen aber *Wertebereich, Literale/Aggregate* und die *Operationen* des Typs, von dem abgeleitet wird, nicht neu definiert zu werden, sie stehen für den abgeleiteten Typ *automatisch zur Verfügung.* Wir können dies auch anders ausdrücken: Durch das Typableitungskonzept werden Literale, Aggregate und Operationsnamen überladen.
Man nennt den Typ T1, aus dem man mit Hilfe der Typableitung einen neuen Typ T2 definiert, den *Vatertyp* von T2. Natürlich kann die *Typableitung* auch über *mehrere Stufen* gehen, d.h., daß von einem abgeleiteten Typ weitere Typen abgeleitet werden können.

Da Wertebereich und Operationen gleich sind, werden Typen, die auseinander durch Ableitung hervorgehen, auf der **Basismaschine** i.a. **gleich** dargestellt. Die Unterscheidung liegt also ausschließlich auf konzeptueller Ebene. Zur Übersetzungszeit wird die Konsistenz der Verwendung von abgeleiteten Typen allerdings vollständig überprüft.

Zwischen abgeleiteten Typen ist **explizite Konversion** möglich, und zwar in beiden Richtungen. Unter Typkonversion versteht man die Wandlung des Typs eines Objekts von einem Typ in den anderen. Das gilt, wenn die Typen durch Ableitung direkt auseinander hervorgegangen sind. Es gilt aber auch, wenn diese Typen indirekt auseinander hervorgegangen sind, oder wenn sie bezüglich der Ableitung einen gemeinsamen Vorfahren haben. Typkonversion ist in Ada nur in wenigen Fällen erlaubt.

Steht in einer Typdefinition eines abgeleiteten Typs eine Einschränkung, so wird ein impliziter abgeleiteter Typ definiert, und von diesem ein expliziter Untertyp genommen, d.h. der eingeführte Name ist der eines Untertyps. Wird bei der Typableitung auf einen Untertyp Bezug genommen, so ist der Vatertyp der Basistyp dieses Untertyps.

Betrachten wir einige Beispiele (vgl. Fig. 4-39): Der Typ MASSE ist direkt von FLOAT abgeleitet, der Typ GRIESMASSE indirekt. MASSE und GRIESMASSE haben damit die gleichen Zahlenliterale, den gleichen Wertebereich und die gleichen Operationen wie FLOAT . Genauer betrachtet, sind MASSE und GRIESMASSE Untertypen je eines impliziten abgeleiteten Typs. Die Vorstellung in diesem Beispiel ist, zwischen Zahlen (FLOAT) und Dimensionen wie MASSE zu unterscheiden, ferner aber noch zu unterscheiden, um welche Art von Sachen es sich handelt, deren Masse wir bestimmen wollen. Die Deklaration eines abgeleiteten Typs ist nur explizit, d.h. in einer Typdeklaration, möglich. Wie gesagt, werden mit der Ableitung Operatoren und Literale des Vatertyps überladen. So ist 1.0 und + jetzt automatisch für Objekte der abgeleiteten Typen MASSE bzw. GRIESMASSE verfügbar.

```
type MASSE is new FLOAT range 0.0..10_000.0;
type GRIESMASSE is new MASSE range 0.0..1000.0;
F: FLOAT := 1.0;
M: MASSE := 0.0;
G: GRIESMASSE := 0.1;
M := M+1.0;          -- 1.0 und + beziehen sich auf den Typ MASSE
M := M+F;            -- unzulaessig: + hat Operanden vom Typ MASSE u. FLOAT
F := M;              -- unzulaessig: Wertzuweisung verlangt gleichen Typ
F := FLOAT(M);       -- zulaessig: explizite Konversion
F := FLOAT(G);       -- unzulaessig: zweimalige explizite Konversion
                     -- noetig:  F:=FLOAT(MASSE(G));
```

derived_type_definition ist eine mögliche Typdefinition, kann also innerhalb einer Typdeklaration verwendet werden:

```
derived_type_definition ::= new subtype_indication
```

Fig. 4-39: abgeleitete Typen: Beispiele, Syntax der Typdefinition

Wenn man von der Dimensionsvorstellung der Physik ausgeht, so ist die automatische Übertragung der Operationen vom Vatertyp auf den abgeleiteten Typ nicht unproblematisch: Sind die Grundrechenoperationen auf Gleitpunktzahlen nötig, so machen sie für Massen nicht alle Sinn. Eine Multiplikation von Massen ergibt hier nämlich wieder eine Masse. Wünschenswert wäre statt dessen eine Möglichkeit der Restriktion der Operationen bei Übergang zu einem abgeleiteten Typ. Dies kann mit anderen Mitteln erreicht werden (vgl. Abschnitt 5.5), mit abgeleiteten Typen nicht. Ferner wäre es nötig, beim Übergang zu abgeleiteten Typen bei den Operationen verschiedene abgeleitete Argumenttypen und Ergebnistypen zuzulassen. Auch dies kann wieder anderweitig realisiert werden, nämlich durch die Deklaration entsprechender Operatoren. Dann könnte eine Multiplikation auf Längen eine Fläche, eine Division von Länge durch Zeit eine Geschwindigkeit ergeben usw. (vgl. Aufgabe 14).

Wie bereits in den Abschnitten 4.1 und 4.2 für Aufzählungstypen bzw. für Feldtypen kennengelernt, haben Typen vordefinierte **Attribute**, die charakteristische Eigenschaften wiedergeben. Sie sind im Anhang A des Sprachreports zusammengestellt (vgl. /3.DoD 83/). Dabei sind nur bestimmte Attribute anwendbar, je nachdem, um welche Klassen von Typen es sich handelt. Da die Klasse eines Typs weder durch den Mechanismus des Bildens eines Untertyps oder abgeleiteten Typs berührt wird, sind auf solche Typen, Untertypen oder abgeleitete Typen die gleichen Attribute anwendbar. So sind etwa für skalare Typen andere Attribute vordefiniert als für Feldtypen. Diese Attribute können nun u.a. auf Typbezeichner, Untertypbezeichner und Objekte eines Typs oder Untertyps angewandt werden. Mit Hilfe von Attributanfragen können charakteristische Eigenschaften ermittelt werden, wie etwa mit `DIS_TYP'SUCC` , `FELD_OBJ'FIRST(J)` oder `VERB_OBJ'CONSTRAINED` . Vor den Attributen, hier `SUCC` , `FIRST(J)` und `CONSTRAINED` , steht in der Regel ein Typ-, Untertyp- oder Objektbezeichner.

Fassen wir den Abschnitt **zusammen**: Es gibt vordefinierte und benutzerdefinierte Typen sowie abgeleitete Typen, die wir jeweils jeweils in skalare und strukturierte Typen einteilen.

Von einem Basistyp kann es verschiedene Untertypen geben, Untertypen können aber auch aus Untertypen gebildet werden dadurch, daß weitere Einschränkungen vorgegeben werden. Dann müssen allerdings die neuen Einschränkungen konsistent mit denen des übergeordneten Untertyps sein (geht nur bei Bereichseinschränkungen und Genauigkeitseinschränkungen). Untertypen stellen keinen neuen Typ dar, sondern versehen Typen mit Einschränkungen, die i.a. erst zur Laufzeit abgeprüft werden können. Einschränkungen an den Stellen der Verwendung eines Typbezeichners und Unterbereiche führen implizite Untertypen ein.

Von Typen können andere Typen abgeleitet werden. Es wird hier jeweils ein neuer Typ eingeführt, der jedoch von seinem Vatertyp Wertebereich, Operationen und Literale erhält. Typen und Untertypen können vom Programmierer einen Namen erhalten (explizite Typen), oder sie bleiben anonym (implizite Typen). Jeder Typ gehört einer Klasse von Typen an, auf die bestimmte Attributanfragen zulässig sind.

Zu einem Typ gehören Wertebereich, Operationen und Literale bzw. Aggregate. Aus Typen können wir neue bilden, nämlich durch Verwendung sog. Datentypkonstruktoren, wie Felder, Verbunde etc. Bestimmte Typen werden als gleich betrachtet, andere als verschieden: Typäquivalenz. (Wir haben allerdings kennengelernt, daß Ada hier einen sehr restriktiven Standpunkt vertritt.) Mit Typen sind bestimmte Prüfungen verbunden, die in Ada sehr weit gehen und zur Übersetzungszeit ausgeführt werden. Es gibt Konzepte, um aus Typen andere "Typen" zu bilden, ohne sie selbst in ihrer Struktur neu aufbauen zu müssen. Wir haben hierfür Untertypen und abgeleitete Typen kennengelernt. Weitere Konzepte, die in diese Aufzählung passen und die wir erst noch kennenlernen werden, sind die Generizität (vgl. 5.1) und die privaten Typen (vgl. 5.2). Alles dies zusammen nennt man das **Typkonzept** von Ada. Das Typkonzept ist charakteristisch für eine Programmiersprache: Es ist von Sprache zu Sprache verschieden, und es ist schwer zu definieren, da jede auch geringfügige Änderung weitreichende Konsequenzen für die Sprachdefinition hat.

4.7 GANZZAHLIGE DATENTYPEN

Zahlen, zusammen mit den arithmetischen Operationen, sind **mathematische Objekte.** Sie genügen algebraischen Gleichungen, wie $(a+b)*c = a*c+b*c$, unabhängig von ihrer Größe. Schwieriger wird es bei Verwendung solcher Objekte in einem Rechner. Wegen dessen Endlichkeit ergeben sich **Restriktionen** für den Wertebereich, für die Operationen und damit auch für die algebraischen Gleichungen: i.a. wird nämlich eine Zahl in einer Zelle (in einem Wort) des Hauptspeichers untergebracht, damit die in der Hardware der Basismaschine vorhandenen Maschinenbefehle für arithmetische Operationen verwendet werden können. Damit erfüllen die den Zahlen in einer Sprachimplementation entsprechenden Objekte nur teilweise die Eigenschaften von Zahlen in der Mathematik.

Die Überlegungen, die Ada bezüglich numerischer Datentypen enthält, gehen weit über das hinaus, was in anderen gängigen Programmiersprachen vorhanden ist. Wir besprechen in diesem Abschnitt die Behandlung von ganzzahligen Datentypen, im nächsten die von reellen Datentypen.

In jeder **Sprachimplementation** ist der ganzzahlige Typ **INTEGER vordefiniert.** Sein Wertebereich hängt von der Basismaschine ab und ist vom Programmierer nicht zu beeinflussen. Die Wertebereichsgrenzen können allerdings mit INTEGER'FIRST bzw. INTEGER'LAST abgefragt werden. Man erhält dann den kleinsten bzw. größten in der zugrundeliegenden Basismaschine darstellbaren INTEGER-Wert. Schließlich sind die Untertypen NATURAL und POSITIVE vordefiniert, die die nichtnegativen bzw. positiven INTEGER-Zahlen repräsentieren. Da beide Untertypen von INTEGER sind, dürfen ihre Objekte beliebig mit denen von INTEGER vermischt werden.

Eine Sprachimplementation kann darüber hinaus auch vordefinierte Typen **SHORT_INTEGER** und **LONG_INTEGER** für ganzzahlige Objekte mit kleineren bzw. größeren Werten als INTEGER besitzen. Diese Datentypen haben zwar ebenfalls die üblichen arithmetischen Operationen wie INTEGER , sie sind jedoch von INTEGER und untereinander verschieden. Somit dürfen solche Objekte in Operationen nicht vermischt werden. Auch hier hat der Programmierer keinen Einfluß auf den Wertebereich, er kann ihn lediglich wieder erfragen.

Von diesen vordefinierten Typen können natürlich wie üblich Untertypen und abgeleitete Typen gebildet werden. Alle Datentypen mit ganzzahligen Werten und den im folgenden beschriebenen arithmetischen Operationen, seien sie vordefiniert oder selbstdefiniert (s.u.), bezeichnet man als **ganzzahlige Datentypen.** In jeder Sprach-implementation sind die beiden Konstanten MIN_INT und MAX_INT definiert, die den kleinsten bzw. größten Wert aller ganzzahligen Typen der Sprachimplementation liefern.

Als **arithmetische Operationen** sind für beliebige ganzzahlige Datentypen vorhanden: (1) die unären (einstelligen) Operationen Identität, Negation und Absolutbetragbildung und (2) die binären (zweistelligen) Operationen Addition, Subtraktion, Multiplikation, Division, Modulo-Operation, Rest-Operation und schließlich die Exponentiation. Die einstelligen werden gekennzeichnet durch die Operationssymbole +, -, den Operator-bezeichner **abs** , die zweistelligen durch die Operationssymbole +, -, *, /, **mod** , **rem** (für remainder) und schließlich ** . Sie werden, wie gewohnt, in Präfix- bzw. Infixschreibweise benutzt, d.h. einfach vor bzw. zwischen die Operanden geschrieben. Die entsprechenden Operatoren sind in der Sprache für beliebige ganzzahlige Typen jeweils vordefiniert. Im Falle binärer Operatoren müssen beide Operanden vom gleichen ganzzahligen Typ sein. Lediglich bei der Exponentiation ist der rechte Operand stets vom Typ INTEGER . Alle sonstigen Operationen liefern stets ein Ergebnis vom gleichen ganzzahligen Typ wie die Operanden. Neben den arithmetischen Operatoren sind für ganzzahlige Typen auch die Vergleichsoperatoren =, /=, <, <=, > und >= definiert.

Zur **Bedeutung** dieser **Operatoren** ist nicht viel zu sagen: Das einstellige + läßt den darauffolgenden Operanden unverändert, das - kehrt das Vorzeichen um, und mit **abs** K erhält man den Absolutbetrag von K . Das binäre +, - und * ist wie üblich definiert, der Operator / steht hier für ganzzahlige Division, d.h. für reellwertige Division und nachfolgendes Abschneiden hinter dem Dezimalpunkt. Das bedeutet, daß die Rundung stets in Richtung der Null auf der Zahlengeraden erfolgt. Damit erfüllt die ganzzahlige Division die Gleichung (1) von Fig. 4-40. Für den "Rest" bei der ganzzahligen Division sind gleich zwei Operatoren vorhanden, nämlich die Modulo-Operation und die Restoperation, gekennzeichnet durch die Wortsymbole **mod** und **rem** . Für zwei positive Operanden oder für zwei negative Operanden liefern beide das gleiche Ergebnis, beide genügen dann den Gleichungen (2) und (3) von Fig. 4-40. Falls einer der Operanden negativ ist, dann genügt **rem** den Gleichungen (2) und **mod** den Gleichungen (3). Anders ausgedrückt: Für A **rem** B betrachte man **abs** A **rem abs** B und gebe diesem das Vorzeichen von A , für A **mod** B addiere man zu A oder substrahiere man von A so oft B, bis das Ergebnis das Vorzeichen von B hat und dem Betrag nach kleiner ist als dieses. Schließlich ist die Exponentiation folgendermaßen vordefiniert: Sie ist 1 für 0 als zweiten Operanden. Ist der zweite Operand positiv, so bedeutet sie entsprechend oftmalige Multiplikation. Für negativen zweiten Operanden ist sie nicht definiert. Kann dies erst zur Laufzeit festgestellt werden, so wird wieder die Ausnahme CON STRAINT_ERROR erweckt. Fig. 4-40 gibt einige Beispiele ganzzahliger Ausdrücke an.

```
(1)    (-A)/B = -(A/B) = A/(-B)

(2)    A = (A/B)*B + A rem B       A rem (-B) = A rem B, (-A) rem B = -(A rem B)

(3)    A = B*N + A mod B      A mod B = (A + K*B) mod B
       f. genau ein ganz-     f. beliebig ganzzahliges K
       zahliges N


I/J                    -- NUMERIC_ERROR fuer J=0

I ** J                 -- (J-1)-malige Multiplikation von I mit sich;

                       -- CONSTRAINT_ERROR, falls J zur Laufzeit negativ ist

-I + abs K * J ** M    -- Exponentiation vor Multiplikation, vor Negation

                       -- vor Addition


Beispiele zur Erlaeuterung von /, mod, rem:
12/5 = (-12)/(-5) = 2                    (-12)/5 = 12/(-5) = -2
12 rem 5 = 12 mod 5 = 2                  (-12) rem 5 = (-12) rem (-5) = -2
12 rem (-5) = 2      (-12) mod 5 = 3     12 mod (-5) = -3      (-12) mod (-5) = -2
```

Fig. 4-40: ganzzahlige Ausdrücke, Erläuterung von **mod** und **rem**

Für ganzzahlige Ausdrücke gibt es, wie für andere Ausdrücke auch, eine **Klammersparungskonvention:** Ausdrücke brauchen nicht vollständig geklammert zu sein. Es ist eine **Vorrangregelung** (Prioritätenregelung, Präzedenzregelung) in der Sprache definiert, nämlich, daß Exponentiation ** und Absolutbetragbildung **abs** vor den Multiplikationsoperatoren *, /, **rem** , **mod** ausgewertet werden, diese wiederum vor den unären Operatoren +, - und diese schließlich vor den Additionsoperatoren + und -. Diese Regel erspart das Hinschreiben vieler Klammern.

Für alle obigen zweistelligen Operationen gilt, daß das Ergebnis einer Operation dem Betrag nach größer sein kann als die Operanden. Liegt das Ergebnis außerhalb des implementationsabhängigen Wertebereichs des jeweiligen in der Sprache vordefinierten Typs, auf den der Programmierer direkt Bezug nimmt (wie SHORT_INTEGER) oder des vordefinierten Basistyps, auf den ein selbstdefinierter ganzzahliger Datentyp durch die Sprachimplementation abgebildet wird, so wird die Ausnahme NUMERIC_ERROR erweckt. Man spricht dann von **Bereichsüberschreitung** bzw. **-unterschreitung.** Dies geschieht auch bei der Division bzw. bei **rem** und **mod** , wenn der zweite Operand 0 ist (**mod** ist auf der Basismaschine natürlich im allgemeinen anders implementiert als oben beschrieben). Man beachte, daß hier die Ausnahme NUMERIC_ERROR erweckt wird und nicht CONSTRAINT_ERROR , da es sich ja nicht um eine vom Programmierer festgelegte, sondern von der Basismaschine implizit vorgegebene Wertebereichseinschränkung handelt. Ferner wird die Bereichseinschränkung nur bei Wertzuweisungen abgeprüft, während die Bereichsüberschreitung in der Regel bei jeder Operation (nämlich i.a. hardwaremäßig) überwacht wird.

Man kann nun die vom Programmierer zu setzenden **Bereichseinschränkungen** (und damit Deklarationen eines Untertyps) zur Steigerung der Zuverlässigkeit in einem anderen Sinne als bisher benutzen, nämlich **zur Vermeidung** von **Überraschungen** bei der **Portierung.** Beziehen wir uns z.B. bei allen Objekten eines Programms auf die ganzzahlige Untertypdefinition

    subtype GANZ **is** INTEGER **range** -32_768 .. 32_767;

dann würde (bei den Wertzuweisungen) eine Unter- oder Überschreitung dieses Bereichs gemeldet und von Seiten des Programmierers kontrolliert behandelt werden können. Man kann dann sagen, daß dieses Programm i.a. auf allen Basismaschinen "läuft", bei denen der Wertebereich für den vordefinierten Typ INTEGER gleich oder größer als der angegebene Bereich ist (vgl. jedoch Aufgabe 15). Im obigen Beispiel würde dies bedeuten, daß das Programm auf allen Basismaschinen mit Wortlängen >= 16 Bit läuft (das sind praktisch alle). Damit wird die Ausnahme NUMERIC_ERROR auf der Basismaschine nach Portierung durch die Ausnahme CONSTRAINT_ERROR vor der Portierung ersetzt. Fehlt diese Untertypdefinition, so kann das portierte Programm plötzlich einen Laufzeitabbruch nach Bereichsüber-/unterschreitung haben, der vor der Portierung (auf Basismaschine mit größerer Wortlänge) nicht auftrat.

Um sich nun im Programm von der Basismaschine und ihren Eigenschaften sowie denen der Sprachimplementation unabhängiger zu machen, hat man in Ada die Möglichkeit, sich einen **beliebigen ganzzahligen Typ** zu definieren. Das nichtterminale Symbol integer_type_definition(vgl. Fig. 4-41) steht für eine Alternative einer Typdefinition. In der hierin verwendeten Bereichseinschränkung dürfen für L bzw. R nur statische ganzzahlige Ausdrücke genommen werden.

Eine Deklaration eines ganzzahligen Typs, wie in Zeile 2 von Fig. 4-41, ist dabei gleichbedeutend mit der Deklaration eines impliziten abgeleiteten Typs, wobei das Wertebereichsintervall des Vatertyps den in der Typdeklaration von T angegebenen

Bereich einschließt. Hiervon wird dann ein Untertyp mit der angegebenen Bereichs-einschränkung genommen. Somit ist T ein Untertyp! Der vordefinierte ganzzahlige Typ der Sprachimplementation, d.h. der Vatertyp, ist je nach angegebenem Bereich INTEGER , SHORT_INTEGER , LONG_INTEGER etc. Natürlich wird die Sprachimplementation aus Effizienzgründen i.a. versuchen, den "kleinsten" passenden Vatertyp zu wählen.

```
type T is range L..R;              -- ist aequivalent zu

type integer_type is new predefined_integer_type ;
subtype T is integer_type range integer_type(L) .. integer_type(R) ;


type SEITENZAHL is range 1 .. 10_000;   -- wird auf INTEGER oder SHORT_INTEGER
                                        -- abgebildet
type ENERGIE_IN_MV is range 1 .. 1E10;  -- nicht darstellbar auf 16-Bit-Rechner,
                                        -- wenn es nur LONG_INTEGER mit 32 Bit gibt
```

Fig. 4-41: Definition einzes ganzzahligen Typs

Man hat hier also dieselbe Situation wie bisher, nur daß man sich **nicht** mit der Frage **auseinandersetzen** muß, auf welchen der in der Sprachimplementation vorhandenen ganzzahligen Typen der **selbstdefinierte Typ abgebildet** wird. Damit einer dieser Typen zur Übersetzungszeit ausgewählt werden kann, muß die Bereichsangabe statisch sein. Wenn der angegebene Bereich größer ist als der, den jeder vordefinierte Typ der Basismaschine abdecken kann, so erfolgt hier zur Übersetzungszeit eine Meldung, daß solche Programme auf der Basismaschine nicht gerechnet werden können.

Die **Portabilitätsüberlegungen** von oben bleiben auch hier **gültig** (vgl. Aufgabe 15). Solche ganzzahligen Typdefinitionen dürfen jedoch nie implizit, d.h. außerhalb von Typdeklarationen, auftreten. Für so definierte ganzzahlige Typen gibt es nun ebenfalls die beiden Ausnahmen, die erweckt werden können, nämlich NUMERIC_ERROR bei einer Operation im zugrundeliegenden vordefinierten Vatertyp und CONSTRAINT_ERROR bei der Zuweisung, wenn die angegebene Bereichseinschränkung verletzt wird.

Ganzzahlige Literale haben wir bereits in Abschnitt 2.2 kennengelernt. Wir erinnern uns, daß es dezimale und nichtdezimale gibt, daß sie Exponenten enthalten dürfen und daß zur Kenntlichmachung der Unterstrich verwendet werden darf. Die Werte solcher Literale dürfen beliebig groß sein. Sie werden bei Verwendung für vordefinierte oder selbstdefinierte ganzzahlige Typen stets in Werte der in der Sprache oder in der Sprachimplementation vordefinierten ganzzahligen Typen konvertiert. Diese Konvertie-rung existiert implizit für ganzzahligen Typen. Es gibt somit nie ein Problem mit der Typverträglichkeit bei Verwendung als Operand zu einem beliebigen ganzzahligen Typ. Man sagt hierfür, diese Literale gehören zum Typ *universal_integer*, eine Art "Vereinigungstyp" für alle ganzzahligen Typen. Es kann natürlich Probleme mit Bereichseinschränkungen geben.

Ganzzahlige Literale kennzeichnen "Konstante", die bereits zur Übersetzungszeit feststehen. Der Leser erinnere sich, daß der Konstantenbegriff von Ada allgemeiner war. Solche Literale können nun als Werte anderer Compilezeitkonstanten auftreten. Diese können alle als Operanden der für alle ganzzahligen Typen vordefinierten Operationen auftreten. Man erhält dann **ganzzahlige Compilezeitausdrücke**. Auch diese zählt man zum Typ *universal_integer*.

In Ada gibt es nun eine Möglichkeit, Compilezeitkonstanten zu deklarieren, die als Operanden für beliebige ganzzahlige Typen verwendet werden können. Die entsprechende Deklaration nennen wir eine *Zahlendeklaration.* Man macht sich auch hier wieder unabhängig von den auf der Basismaschine vordefinierten ganzzahligen Typen. Die Zahlendeklaration (nichtterminales Symbol number_declaration) ist eine der möglichen Deklarationen in Ada. Wir behandeln in diesem Abschnitt nur den ganzzahligen Fall. Die Syntax ist durch die EBNF von Fig. 4-42 beschrieben. Wie der ganzzahlige Compilezeitausdruck rechts vom Zuweisungszeichen, so sind auch die so deklarierten Konstanten alle vom Typ *universal_integer.* Fig. 4-42 gibt einige Beispiele solcher Zahlendeklarationen an.

```
number_declaration ::= identifier_list : constant := universal_static_expression;


ZWEI_HOCH_16 : constant := 2**16;      --rechts haette auch 2#1#E16 stehen koennen
                                       -- Wert 65_536
EINS, ONE, UN, UNO: constant := 1;     -- EINS somit fuer beliebige ganzzahlige
                                       -- Typen verwendbar
KILO: constant := 1000;
MEGA: constant := KILO * KILO;
```

Fig. 4-42: Zahlendeklaration (ganzzahlig)

4.8 TYPEN NUMERISCH-REELLER ZAHLEN: GLEITPUNKTTYPEN, FESTPUNKTTYPEN

Bei der Verwendung reeller Zahlen in einem Rechner gibt es noch größere Probleme als bei der von ganzen Zahlen. Hier existiert nicht nur die Restriktion, daß Zahlen, sofern sie bestimmte Schranken unter- bzw. überschreiten, auf der Basismaschine nicht dargestellt werden können, sondern die überwiegende Mehrheit der reellen Zahlen wird im Rechner nur näherungsweise dargestellt. Diese Ungenauigkeit der Darstellung pflanzt sich bei Operationen natürlich fort. Es ergeben sich i.a. schwierigere Rechenregeln, als wenn wir die reellen Zahlen als mathematische Objekte auffassen. Um diese Probleme anzudeuten, spricht man von *numerisch-reellen Zahlen.* Reelle Datentypen sind die letzten, bisher noch nicht besprochenen skalaren Datentypen. Wir behandeln sie in diesem Abschnitt.

Dadurch, daß reelle Datentypen nur näherungsweise dargestellt werden können und dadurch, daß diese Darstellung von Basismaschine zu Basismaschine verschieden ist, ist die Wirkung eines Programms, das reelle Datentypen verwendet, von Basismaschine zu Basismaschine anders. Die Wirkung ist jedoch innerhalb eines gewissen "Bereichs", d.h. ungefähr festgelegt. In Ada werden dem Programmierer Sprachkonstrukte zur Verfügung gestellt, mit deren Hilfe er diesen "Bereich" einschränken kann.

In Ada gibt es nun zwei Möglichkeiten der näherungsweisen Darstellung numerisch-reeller Zahlen. Man kann Zahlen in *Gleitpunktdarstellung* angeben, woraus sich ein konstanter *relativer Fehler* ergibt, oder die Darstellung erfolgt durch *Festpunktzahlen,* die einen konstanten *absoluten Fehler* ergeben. Im ersten Fall ist der absolute

Darstellungsfehler ungefähr proportional zum Absolutbetrag der Zahl und der relative Fehler damit konstant, im zweiten Fall ist der absolute Fehler zwar konstant, aber der relative Darstellungsfehler für kleine Werte größer. Wir betrachten in diesem Abschnitt zuerst die Gleitpunktzahlen und danach die Festpunktzahlen.

Dieser Abschnitt setzt gewisse Grundkenntnisse über Gleitpunktdarstellungen in Rechnern voraus, wie sie in jedem Buch über Rechnerstrukturen nachgelesen werden können: Warum man Gleitpunktzahlen einführt, wie sie üblicherweise dargestellt werden, wie die Operationen realisiert werden etc. Für das Verständnis des folgenden ist es von Vorteil, wenn man sich ferner schon einmal mit den Problemen der Gleitpunktdarstellung beschäftigt hat.

In jeder *Sprachimplementation* ist der Gleitpunkt-Datentyp *FLOAT vordefiniert.* Hierbei hängt sowohl der darstellbare Bereich als auch die relative Genauigkeit von der Sprachimplementation ab. Beides wird durch die Länge der Binärdarstellung (in der Regel in einem Maschinenwort) und deren Aufteilung in Mantisse und Exponent bestimmt. Der Programmierer hat hierauf keinen Einfluß.

Eine Sprachimplementation kann darüber hinaus einen vordefinierten Gleitpunkt-Datentyp *SHORT_FLOAT* bzw. *LONG_FLOAT* besitzen mit kleinerem darstellbaren Zahlenbereich und kleinerer relativer Genauigkeit bzw. größerem darstellbaren Zahlenbereich und größerer relativer Genauigkeit als im Datentyp FLOAT . Die entsprechende interne Darstellung ist dann auch kürzer oder länger als die von FLOAT .

Auf *Gleitpunkt–Datentypen* (seien sie in der Sprachimplementation vordefiniert oder seien sie vom Programmierer selbst definiert (s.u.)) existieren bis auf **mod** und **rem** alle *Operationen* mit den gleichen Operationssymbolen, die wir von ganzzahligen Datentypen her kennen: unäres +, -, **abs** , binäres +, -, *, / und **. Alle diese Operationen liefern ein Ergebnis vom dem gleichen Typ, also etwa FLOAT, von dem die Operanden sind, d.h. sie sind gegebenenfalls überladen. Die Exponentiation verlangt allerdings einen zweiten Operanden vom Typ INTEGER . Ist dieser positiv, so bedeutet dies die entsprechend oftmalige Multiplikation, ist dieser negativ, so wird hiervon der reziproke Wert genommen. Die Division / liefert hier natürlich ein reelles Ergebnis. Ferner gilt hier die gleiche Klammersparungskonvention durch Vorrangregeln wie bei den ganzzahligen Datentypen. Liegt das Ergebnis einer Operation außerhalb des darstellbaren Bereichs des vordefinierten Typs, so wird wieder die Ausnahme NUMERIC_ERROR erweckt (etwa bei Division durch Null). Schließlich gibt es auch hier alle Vergleichsoperatoren >, >= , <, <= und = bzw. /= , obwohl man von den letzten beiden im Zusammenhang mit numerisch-reellen Zahlen keinen Gebrauch machen sollte.

Von diesen vordefinierten Datentypen können nun wieder Untertypen und abgeleitete Typen gebildet werden und schließlich auch Untertypen von abgeleiteten Typen usw. Die hierbei angewandten Einschränkungen für numerisch-reelle Zahlen heißen Genauigkeitseinschränkungen, hier für Gleitpunktzahlen speziell *Gleitpunkteinschränkungen* (vgl. Fig. 4-43). Mit der Gleitpunkteinschränkung und der später in diesem Abschnitt zu besprechenden Festpunkteinschränkung haben wir alle Formen von Einschränkungen in Ada kennengelernt. Die in der Gleitpunkteinschränkung als Bestandteil auftretende Bereichseinschränkung hat wieder das übliche Aussehen. Diese Angabe kann nur einen Bereich innerhalb des Darstellungsbereichs des Gleitpunkttyps angeben, auf den Bezug genommen wird. Kann dieses erst zur Laufzeit festgestellt werden, so wird ggf. wieder die Ausnahme CONSTRAINT_ERROR erweckt. Wie wir der Gleitpunkteinschränkung von Fig. 4-43 entnehmen, darf die Bereichseinschränkung fehlen. Andererseits darf sie aber auch allein hinter dem Typbezeichner stehen, ohne somit in einer Gleitpunkteinschränkung enthalten sein zu müssen (dann nämlich als range_constraint, siehe letztes Beispiel).

```
constraint ::= range_constraint | index_constraint | discriminant_constraint |
          floating_point_constraint | fixed_point_constraint

floating_point_constraint ::= floating_accuracy_definition [range_constraint]

floating_accuracy_definition ::= digits static_simple_expression
```

---

subtype EING_REELL **is** FLOAT **digits** 8 **range** -1.0E30 .. 1.0E30;

type REELL_7_ZIFF **is new** FLOAT **digits** 7 **range** 0.0 .. 1.0E25;

subtype WAHRSCHEINLICHKEIT **is** FLOAT **range** 0.0 .. 1.0;

Fig. 4-43: Genauigkeitseinschränkung: Verwendung in Deklaration eines Gleitpunktuntertyps bzw. abgeleiteten Gleitpunkttyps

Die Angabe der **relativen Genauigkeit** in der Gleitpunkteinschränkung erfolgt durch die Feststellung, wieviele Dezimalziffern mindestens für die normierte Darstellung der Mantisse verwendet werden müssen. Normierte Darstellung der Mantisse heißt dabei, daß vor dem Dezimalpunkt eine Null und hinter dem Dezimalpunkt eine Ziffer ungleich der Null steht. Der Wert des ganzzahligen Ausdrucks hinter **digits,** der hierfür genommen wird, muß zur Compilezeit bestimmbar und größer 0 sein. Ist die angegebene Genauigkeit zu groß für den zugehörigen vordefinierten Gleitpunkttyp, so kann dies der Compiler bereits melden. Diese Angabe ist hier, da direkt auf einen bestimmten vordefinierten Typ Bezug genommen wird, nicht sehr sinnvoll, da dieser eine bestimmte, von der Sprachimplementation abhängige relative Genauigkeit besitzt. Es nützt nur insoweit, als eine Verletzung der angegebenen Forderungen bereits zur Compilezeit gemeldet wird und dann einen nicht unerheblichen Umstellungsaufwand ankündigt.

Eine solche Genauigkeitseinschränkung in einer Deklaration eines Untertyps bzw. eines abgeleiteten Typs hat damit einen gewichtigen Nachteil: Ein Programm mit solchen Deklarationen kann auf einer Basismaschine problemlos laufen, auf einer anderen nicht, je nachdem, ob der vordefinierte und vom Programmierer angegebene Gleitpunkt-Datentyp die Anforderungen der Gleitpunkteinschränkungen umfaßt oder nicht. Damit würde das **Programm** insoweit **sprachimplementationsabhängig,** als hier auf die Eigenschaften vordefinierter Datentypen Bezug genommen wird. Das heißt, daß die relative Genauigkeit und der darstellbare Bereich des vordefinierten Datentyps jeweils mindestens so groß sein muß wie in der Gleitpunkteinschränkung gefordert. Beispielsweise würde die Untertypdeklaration für EING_REELL von Fig. 4-43 auf einer 32-Bit-Maschine Schwierigkeiten machen, wenn jedes Objekt von FLOAT in einem Maschinenwort abgelegt wird und wo, nach Abzug des Vorzeichenbits, 23 Binärstellen für die Mantisse zur Verfügung stehen, die eine relative Genauigkeit von 7 Ziffern ergeben.

Für diesen Zweck, nämlich um Programme portabel zu machen, gibt es auch hier wieder die Möglichkeit, sich neue reelle Datentypen zu definieren, analog zu der Definition ganzzahliger Typen des letzten Abschnitts. Fig. 4-44 gibt die Syntax und Beispiele an. Wir beschränken uns hier zunächst auf die **Definition** von **Gleitpunkt-**

Datentypen. Setzt der Programmierer nicht mehr als die minimalen numerischen Eigenschaften des von ihm eingeführten Gleitpunkt-Datentyps voraus, dann ist sein Programm ohne Probleme übertragbar.

```
real_type_definition ::= floating_point_constraint | fixed_point_constraint
```

```
type T is digits D [range L..R] ;   -- ggfs. Bereichseinschraenkung
```

```
-- ist aequivalent zu:
```

```
type floating_point_type is new predefined_floating_point_type;
subtype T is floating_point_type digits D
             [range floating_point_type(L) .. floating_point_type(R)];
```

```
type MY_SHORT_FLOAT is digits 6 range MIN .. MAX;
type MY_FLOAT is digits 8 range MIN .. MAX;
type MY_LONG_FLOAT is digits 10 range MIN .. MAX;
```

Fig. 4-44: Definition von Gleitpunkttypen: Typdefiniton, Erklärung, Beispiele

Die **Syntax** der **Definition** eines **Gleitpunkt-Datentyps** stimmt völlig mit der Syntax der Gleitpunkteinschränkung (vgl. Fig. 4-44 und 4-43) überein. Allerdings muß hier nicht nur für die Angabe der relativen Genauigkeit, sondern auch für die untere und obere Grenze der Bereichseinschränkung ein Compilezeitausdruck angegeben sein, wenn eine Bereichseinschränkung angegeben ist. Der Sinn ist der, daß man eine Meldung, daß die geforderten Eigenschaften des Datentyps mit der vorgegebenen Sprachimplementation nicht erbracht werden können, nicht erst zur Laufzeit eines Programms bekommen sollte. Dann wäre nämlich evtl. die Entwicklung eines Programmsystems - zumindest auf der vorgegebenen Basismaschine - sinnlos gewesen. Auch wenn die Schranken der Bereichseinschränkungen statisch sind, so macht dies Laufzeitüberprüfungen keineswegs überflüssig.

Der Mechanismus ist nun wieder analog zu den selbst definierten ganzzahligen Datentypen (vgl. Fig. 4-44): Es wird ein **passender vordefinierter Gleitpunkt-Datentyp** gesucht, der mindestens die geforderten Eigenschaften besitzt. Von diesem wird ein abgeleiteter Typ genommen und damit ein neuer Datentyp eingeführt. Auf diesen abgeleiteten Typ wird nun die entsprechende Gleitpunkteinschränkung angewandt. Der eingeführte Name ist damit wieder der Name eines Untertyps.

Was ist nun der Vorteil gegenüber der als unbefriedigend erkannten, oben diskutierten Möglichkeit, eine Gleitpunkteinschränkung auf einen bestimmten vordefinierten Gleitpunkttyp wie FLOAT anzuwenden? Wir setzen hier bei Verwendung selbstdefinierter Gleitpunkttypen keine Annahmen über die einzelnen vordefinierten Gleitpunkt-Datentypen voraus. Es muß aber für den selbstdefinierten Gleitpunkt-Datentyp einen passenden vordefinierten Datentyp geben. Diesen braucht man aber nicht zu kennen. Wenn man annimmt, daß eine Sprachimplementation die üblichen vordefinierten Gleitpunkt-Datentypen enthält und man sich bzgl. relativer Genauigkeitsangaben und Bereichsangaben selbstdefinierter Datentypen im Rahmen des Üblichen bewegt, dann sind solche **Programme ohne** weitere **Vorsichtsmaßnahmen portabel.** Kann die Sprachimplementation die geforderten Eigenschaften nicht erbringen, dann erhält man diese Auskunft zur

Compilezeit. Man kann damit insbesondere vor der Entwicklung von Programmsystemen überprüfen, ob die Basismaschine (die Wirtsmaschine, die Zielmaschine) die geforderten Datentypeigenschaften garantieren kann.

Betrachten wir einige Beispiele (vgl. Fig. 4-44): Der Datentyp `MY_SHORT_FLOAT` verlangt 6 relevante Dezimalstellen, der Datentyp `MY_FLOAT` 8 Dezimalstellen und der Datentyp `MY_LONG_FLOAT` 10 Dezimalstellen. Auf einer 32 Bit-Maschine wird der Datentyp `MY_SHORT_FLOAT` beispielsweise auf `FLOAT` abgebildet, `MY_FLOAT` und `MY_LONG_FLOAT` auf den Typ `LONG_FLOAT`, für den etwa 2 Wörter a 32 Bit genommen werden. Auf einer 48 Bit-Anlage hingegen könnte beispielsweise sowohl `MY_SHORT_FLOAT` als auch `MY_FLOAT` auf `FLOAT` abgebildet werden (vgl. Aufgabe 16). Die Bereichsangabe in einer Gleitpunkt-Datentypdefinition kann fehlen.

Durch eine Gleitpunkt-Datentypdefinition werden sog. *Gleitpunkt-Modellzahlen* eingeführt. Eine Gleitpunkt-Modellzahl hat, wenn sie ungleich der Null ist, die folgende kanonische Form
Vorz * Mantisse * (Basis ** Exponent).
Das Vorzeichen ist +1 oder -1, die Mantisse wird in normalisierter Form angenommen (d.h. keine Null hinter dem Punkt, ferner ohne ganzzahligen Anteil) und in dem durch die Basis angegebenen Zahlensystem ausgedrückt, der Exponent ist ganzzahlig und möglicherweise negativ. Die Angabe D in Fig. 4-44 bezieht sich nun auf die Dezimaldarstellung, d.h. Darstellung mit Basis 10.

Aus D kann einfach die minimale Zahl B von Binärstellen für eine kanonische Binärdarstellung ausgerechnet werden, nämlich durch $B = \lceil D{*}\log(10) / \log(2) + 1 \rceil$. In dieser *normierten Binärdarstellung* ist die relative Genauigkeit nicht kleiner als in der Dezimaldarstellung. Unabhängig davon, was für die Bereichsangabe in der Gleitpunkt-einschränkung angegeben ist, wird für den Exponenten der Binärdarstellung ein Bereich -4*B.. 4*B angenommen.

Für diesen Binär-Modellzahlenbereich wird nun die Menge *sicherer Zahlen* definiert. Diese haben die gleichen Mantissen wie die der kanonischen Binärdarstellung, aber evtl. einen größeren Wertebereich des Exponenten, d.h. sie schließen die Modellzahlen mit ein. Die Sprachimplementation hat damit die Aufgabe, für jeden vom Programmierer eingeführten Gleitpunkt-Datentyp `GT` einen vordefinierten Gleitpunktdatentyp `VGT` zur Verfügung zu stellen, so daß `VGT` eine Menge sicherer Zahlen für `GT` mit einschließt (i.a. wird der vordefinierte Datentyp mehr Binärstellen für die Mantisse zur Verfügung stellen als gefordert).

Die Modellzahlen werden nun herangezogen, um die *Genauigkeit* einer Gleitpunkt-operation zu definieren (vgl. Abschnitt 4.5.7 des Sprachreports). Wenn durch eine Operation der Bereich der sicheren Zahlen verlassen wird, dann soll die Ausnahme `NUMERIC_ERROR` ausgelöst werden. Die Sprachdefinition schreibt dies jedoch nicht zwingend vor.

Der Leser mache sich klar, daß trotz der Sorgfalt, mit der in Ada die Gleitpunkt-Datentypen entworfen wurden, dies die *Problematik* des Umgangs mit *Gleitpunkt-Datentypen* keineswegs aufhebt. Der Programmierer ist nach wie vor dafür verantwortlich, daß die Genauigkeit einer Gleitpunktoperation nicht durch Verwenden von Operanden mit starken Größenordnungsunterschieden oder starken Genauigkeits-unterschieden leidet oder daß er nicht auf Gleichheit oder Ungleichheit abfragt. Er muß sich auch bewußt sein, daß die arithmetischen Operationen nicht die mathematischen Gesetze wie Distributivität und Assoziativität erfüllen, die für die reellen Zahlen als mathematische Objekte gelten.

Natürlich dürfen von diesen selbstdefinierten Gleitpunkt-Datentypen wiederum *Untertypen* bzw. *abgeleitete Typen* gebildet werden. Dabei muß die neue Gleitpunkt-einschränkung aber verträglich mit der des Obertyps bzw. Vatertyps sein. Das bedeutet, daß die relative Genauigkeitsangabe nur gröber sein kann und der Unterbereich innerhalb des übergeordneten liegen muß. Fig. 4-45 gibt einige Beispiele. Der Ausdruck hinter **digits** muß wieder statisch sein, die Ausdrücke in der Bereichseinschränkung brauchen es hingegen nicht zu sein. Es ist klar, daß alle Objekte, die in Bezug auf Gleitpunkttypdeklarationen bzw. Untertypdeklarationen bzw. Deklarationen abgeleiteter Typen (jeweils mit Bereichseinschränkung) deklariert werden, diese Einschränkungen auch erfüllen müssen.

```
type L_REELL is digits 8 range -1.0E30 .. 1.0E30;
type K_REELL is new L_REELL digits 6 range -1.0E20 .. 1.0E20;
```

```
X,Y,Z: L_REELL;
E: constant L_REELL := 1.74;
U,V,W: K_REELL := 0.0;
X := E + 3.78E-10;        -- rechts zulaessiger (Compilezeit-)Ausdruck
Y := 17.4 * X**(-3);      -- rechts zulaessiger Ausdruck
Z := X**3.7;              -- unzulaessiger Ausdruck
U := V + 17;              -- unzulaessig, da 17 INTEGER-Literal
Z := U;                   -- unzulaessig, da typunvertraeglich
```

```
type KOEFFIZIENT is digits 10 range -1.0 .. 1.0;
subtype KURZ_KOEFF is KOEFFIZIENT digits 5;
type REELL_8Z is digits 8;
type MASSE is new REELL_8Z digits 7 range 0.0 .. 1.0E10;
```

Fig. 4-45: Gleitpunkttypen: Untertypen, abgeleitete Typen, Ausdrücke

Für Gleitpunkt-Datentypen gibt es nun einige vordefinierte **Attribute**, die sich auf die Modellzahlen beziehen, die durch die Gleitpunkt-Typdeklaration festgelegt werden (vgl. auch Aufgaben 16 und 17). Sei F ein beliebiger Gleitpunkt-Datentyp (vordefiniert oder selbstdefiniert), so liefern F'DIGITS , F'MANTISSA , F'EMAX , F'SMALL , F'LARGE , F'EPSILON die Anzahl der Dezimalstellen, auf die mindestens genau gerechnet wird, die Länge der zugehörigen Binärmantisse, den maximalen Exponenten, die kleinste positive Zahl, die größte positive Zahl und die Differenz zwischen 1.0 und der kleinsten positiven Zahl größer als 1.0. Da reelle Datentypen insbesondere auch skalare Datentypen sind, ist hier auch F'FIRST und F'LAST anwendbar.

Schließlich gibt es hier auch mit der **Zahlendeklaration** die Möglichkeit, beliebige reelle Compilezeitkonstanten zu definieren, die für alle **reellen Datentypen** verwendbar sind (vgl. 4-46). Die Syntax ist wie in Fig. 4-42, nur steht hier auf der rechten Seite ein beliebiger Literalausdruck, der reelle Literale und Namen hierfür und entsprechende Operatoren enthält. An dieser Stelle sind nun beliebige Literale erlaubt, ob diese einen Exponenten enthalten oder nicht, die Länge ist unbeschränkt. Die beliebige Verwendbarkeit in allen Gleitpunkt- und Festpunkttypen ergibt sich daraus, daß reelle Zahlenliterale dem gedachten Typ *universal_real* angehören, von dem es eine implizite Konvertierung zu jedem der vordefinierten reellen Datentypen gibt.

Neben den Gleitpunkt-Datentypen gibt es als numerisch-reelle Datentypen in Ada noch die **Festpunkt-Datentypen.** Bei ihnen wird die gewünschte **absolute Genauigkeit** spezifiziert und der Bereich der Darstellung. Die Erläuterung der Festpunkt-Datentypen im Rest des Abschnitts folgt der gleichen Gedankenlinie, die wir bei den Gleitpunkt-Datentypen kennengelernt haben.

```
PI: constant := 3.14159_26536;
ZWEI_MAL_PI: constant := 2.0*PI;
PI_QUADRAT: constant := PI*PI;
```

    Fig. 4-46: reelle Zahlendeklaration

Die Form der **Festpunkteinschränkung** und einige Beispiele hierfür sind in Fig. 4-47 angegeben. Nach dem Wortsymbol **delta** folgt ein Ausdruck, der statisch sein, einen positiven Wert haben und von einem reellen Typ sein muß.

Diese Festpunkteinschränkung kann wieder für zwei Dinge verwandt werden: Wird sie in einer **Untertypdefinition** eines Festpunkttyps verwandt, wie im 2. oder 3. Beispiel, dann darf die Unterbereichsangabe fehlen. Wird sie in einer Festpunkt-**Datentypdeklaration** benutzt, dann muß die Bereichsangabe stehen. Im letzteren Fall müssen auch die untere und obere Grenze statisch sein. Wie sollte auch sonst eine Sprachimplementation eine passende Darstellung auf der Basismaschine auffinden?

```
real_type_definition ::= fixed_point_constraint | ...

fixed_point_constraint ::= fixed_accuracy_definition [range_constraint]

fixed_accuracy_definition ::= delta static_simple_expression
  -- fixed_point_constraint ist sowohl eine der beiden Formen einer reellen Typ-
  -- definition (vgl. 4-43,44) als auch eine Einschränkung für einen Festpunkttyp
```

```
type T is delta D range L..R;   -- ist äquivalent zu:

type fixed_point_type is new predefined_fixed_point_type;
subtype T is fixed_point_type
           range fixed_point_type(L)..fixed_point_type(R);
```

```
type SPANNUNG is delta 0.1 range 0.0 .. 270.0;
subtype SPANNUNG_IN_V is SPANNUNG delta 1.0;   -- gleicher Bereich
subtype SPANNUNG_0_BIS_220 is SPANNUNG delta 1.0 range 0.0 .. 220.0;
type PREIS_BIS_100_000 is delta 0.01 range 0.0 .. 100_000.0;
type FRAC is delta 0.125 range -0.99 .. 0.99; -- Grenzen nicht in den Modellzahlen
                                              -- enthalten, wird z.B. 1.0 genommen

type MY_FRAC is new FRAC delta 0.2 range -0.5..0.5;
```

    Fig. 4-47: Festpunkttypdefinition: Syntax, Erklärung, Beispiele für Typ-
               deklarationen, Untertypdeklarationen

Der Wert hinter dem Wortsymbol **delta**, im folgenden selbst Delta genannt, legt eine gewisse Mindestgenauigkeit fest. Auch hier werden wieder **Modellzahlen** definiert, hier durch

    Vorz * Mantisse * Klein .

Dabei ist Vorz wieder +1 oder -1, Mantisse ist eine positive ganze Zahl und Klein ist eine positive reelle Zahl. Klein ist die größte Zweierpotenz mit Wert $\leq$ Delta. Die Anzahl der Binärstellen für die Mantisse wird nun so gewählt, daß die Modellzahlen im angegebenen Bereich dargestellt werden können.

Betrachten wir die erste Typdeklaration von Fig. 4-47 als Beispiel. Delta ist hier 0.1. Die größte Zweierpotenz mit Wert $\leq$ Delta ist 2^{-4} = 0.0625 = Klein. Die Modellzahlen sind Vielfache von Klein. Damit braucht man 4 Binärstellen, um die Vielfachen von Klein darzustellen, die alle kleiner als 1.0 sind $((1111)_2 * (0.0001)_2 = (0,1111)_2 = (0.5 + 0.25 + 0.125 + 0.0625)_{10} = (0.9375)_{10})$. Für die Darstellung von 270.0 braucht man noch einmal 9 Binärstellen, insgesamt also 13. Die Modellzahlen zur Typdeklaration von SPANNUNG von Fig. 4-47 sind damit: 0.0, 0.0625, ..., 269.9375, 270.0   .

Die **Erklärung** der **Definition** neuer Festpunkt-Datentypen ist nun wieder wie üblich (vgl. Fig. 4-47): Es wird ein passender vordefinierter Festpunkttyp gesucht, dessen Modellzahlen die des selbstdefinierten Festpunkttyps enthalten. Hiervon wird ein abgeleiteter Typ genommen, von diesem wiederum ein Untertyp mit der angegebenen Bereichseinschränkung.

Die Sprachdefinition legt nicht fest, welche Festpunkt-Datentypen in der Sprachimplementation vordefiniert sein müssen. Es wird nur gesagt, daß mindestens ein Festpunkt-Datentyp vordefiniert sein müsse. Damit kann es leicht passieren, daß es für eine vom Programmierer eingeführte Festpunkt-Datentypdefinition keinen passenden vordefinierten Festpunkt-Datentyp gibt, auf den diese abgebildet werden kann.

Auch hier bei selbstdefinierten Festpunkttypen kann es wieder **Untertypen** und **abgeleitete Typen** geben. Was das letztere angeht, so wissen wir, daß damit der Bezeichner eines Untertyps eingeführt wird. Bilden wir also Untertypen von Festpunkttypen, indem wir Festpunkteinschränkungen anwenden, so müssen die Deltas und die Bereichseinschränkungen kompatibel sein. Das heißt für das Delta, daß die neue absolute Genauigkeitsanforderung nur gröber sein kann, und für die neue Bereichseinschränkung, daß diese innerhalb der gegebenen liegen muß.

Die **Operationen** für **Festpunkt-Datentypen** sind die gleichen wie für Gleitpunkt-Datentypen, lediglich die Exponentiation fehlt: unäres +, -, **abs** , binäres +, -, *, /. Bei der Multiplikation dürfen hier zusätzlich Operanden des Typs INTEGER auftreten, d.h. * ist entsprechend überladen. Bei der Division darf der zweite Operand ebenfalls vom Typ INTEGER sein. Während alle anderen Operationen außer * und / ein Ergebnis von gleicher Genauigkeit liefern, wird das Ergebnis bei der Multiplikation und Division als beliebig genau angenommen, es gehört zu dem gedachten Typ *universal_fixed*. Dieses Ergebnis muß vom Programmierer explizit in einen anderen Typ konvertiert werden. Dadurch hat der Programmierer selbst Kontrolle über die Genauigkeit der Berechnung. Fig. 4-48 gibt einige Beispiele für Festpunktoperationen.

```
I: constant := 10_000;              -- ganzzahlige Zahlendeklaration

F,G: FRAC delta 0.25 := 1.25;       -- Delta ist vergroebert

-- I*F                              -- zulaessig, ebenso wie F*I

-- F/2                              -- zulaessig, ebenso wie F/I

-- F*G                              -- Typ universal_real  , explizite Konversion
                                    -- noetig!

-- FRAC(F*G)                        -- Ergebnis der Multiplikation auf die Genauig-
                                    -- keit der Operanden zurueckgefuehrt
```

Fig. 4-48: Festpunktoperationen

Wir haben oben in dem Abschnitt über Modellzahlen erläutert, daß *Festpunktzahlen* in der Regel **nicht exakt** im Rechner **dargestellt** werden. Deshalb können durch Akkumulation kleiner Fehler ungewünschte Effekte auftreten. So wird etwa bei Objekten des Festpunkttyps SPANNUNG mit Delta = 0.1 als "internes Delta" beispielsweise 0.0625 gewählt. Es wird dann z.B. 2.1 intern als 2.125 dargestellt. Addiert man nun 0.1 + 0.1 + 0.1 , so entsteht daraus intern 0.125+0.125+0.125 = 0.375. Würde dieses Ergebnis nun ausgegeben, so entstünde nach Rundung hieraus 0.4! Hingegen sind Festpunktzahlen des Typs FRAC aus Fig. 4-47 intern exakt darstellbar.

Somit sind *Festpunktzahlen*, so wie sie in der Sprache definiert sind, **nicht** tauglich **für Bilanzrechnungen**, wo eine exakte Darstellung von Operanden im Rechner nötig ist. Es ist aber anzunehmen, daß eine Sprachimplementation für die hierfür nötige Standardgenauigkeit Delta = 0.01 eine exakte Implementation (z.B. über ganzzahlige Arithmetik oder über Zeichenkettenarithmetik, eventuell sind sogar entsprechende Maschinenbefehle vorrätig, sog. gepackte Dezimalarithmetik) zur Verfügung stellt. Dies schließt natürlich alle oben angegebenen Festpunktoperationen ein. Das könnte etwa in Form eines neuen Moduls der Sprachimplementation geschehen.

Auch für Festpunkt-Datentypen gibt es wieder **Attribute.** Ihre Ergebnisse sind entweder vom Typ *universal_integer* oder *universal_real*.

Sei F ein Festpunkt-Datentyp oder ein Festpunkt-Untertyp. Dann liefert F'DELTA , F'MANTISSA , F'SMALL und F'LARGE das Delta des Festpunkt-Datentyps oder -Untertyps, F'MANTISSA die Anzahl der Binärstellen in der Mantisse der Modellzahlen, F'SMALL die kleinste positive Modellzahl und F'LARGE die größte positive Modellzahl. F'DELTA ist somit nicht das intern gewählte Delta, das wir eben Klein genannt haben.

Die obigen Attribute beziehen sich auf Modellzahlen. Darüber hinaus gibt es noch zwei Attribute, die sich auf die externe Darstellung beziehen. Es liefert das Attribut F'FORE die minimale Anzahl der Stellen für den ganzzahligen Anteil der dezimalen Zeichendarstellung der Werte des Typs F . Dieser Wert ist mindestens 2, da eine Vorzeichenstelle mit eingeschlossen ist und, für den Fall, daß die Zahl keinen ganzzahligen Anteil besitzt, eine 0 ausgegeben wird. Unterstriche oder führende Nullen sind also nicht berücksichtigt. Analog liefert F'AFT die benötigte Anzahl der Stellen nach dem Dezimalpunkt.

Zum Ende dieses Abschnitts tragen wir noch etwas nach. Wir gehen noch einmal kurz auf die *Text-Ein-/Ausgabe numerischer Datentypen* ein, d.h. auf die Ein-/Ausgabe ganzzahliger und reeller Typen. Die Routinen GET und PUT , die wir in Abschnitt 3.10 hiefür kennengelernt haben, sind für jeden ganzzahligen Typ bzw. Gleitpunkttyp bzw. Festpunkttyp erst zu "erzeugen", d.h. für jeden numerischen Typ ist das GET und das PUT ein anderes. NUM als formaler Parameter stand für einen beliebigen, aber festen ganzzahligen Typ, Gleitpunkt- oder Festpunkttyp. Dies kann natürlich auch einer der vordefinierten Gleitpunkttypen SHORT_INTEGER , INTEGER , LONG_INTEGER , SHORT_FLOAT , FLOAT oder LONG_FLOAT sein.

Für die "Erzeugung" der E/A-Operationen für einen bestimmten numerischen Typ, die wir in Abschnitt 5.4 und 7.1 besprechen, können nun bei reellen Typen für die Vorbesetzungswerte DEFAULT_FORE , DEFAULT_AFT , DEFAULT_EXP der Ausgabeprozeduren aus 3.10 aktuell Werte angegeben werden. Dies kann aber auch unterbleiben. Die Vorbesetzungen werden dann passend gesetzt. Man kann nämlich aus den Angaben der Gleitpunkt-Typdefinition bzw. der Festpunkt-Typdefinition einen genügend großen Standard-Platzbedarf für die Ausgabe ermitteln. Fig. 4-49 gibt diese Vorbesetzungen unter Verwendung der Attribute DIGITS , FORE und AFT an. Beispiel 4-50 erläutert noch einmal die Gleitpunkt- bzw. Festpunktausgabe.

-- Gleitpunkttypen:

    DEFAULT_FORE : FIELD := 2;

    DEFAULT_AFT : FIELD := NUM'DIGITS-1;

    DEFAULT_EXP : FIELD := 3;

-- Festpunkttypen:

    DEFAULT_FORE: FIELD := NUM'FORE;

    DEFAULT_AFT: FIELD := NUM'AFT;

    DEFAULT_EXP: FIELD := 0;

Fig. 4-49: Ausgabeformat-Vorbesetzungen bei reellen Datentypen

```
...     -- bei "Erzeugung" der E/A wurde keine Ausgabeformat-Vorbesetzung
        -- angegeben
type L_REELL is digits 8 range -1.0E30 .. 1.0E30;
type FIX is delta 0.05 range -10.0 .. 10.0;
KOEFF: L_REELL := 1.743E-5;
X: FIX := 1.25;
        -- Ausgabe-Anweisungen:
PUT(X);                  -- (1) Standardausgabe: FORE = 3, AFT = 2
PUT(X, FORE => 4, AFT => 3);   -- (2)
PUT(X - 1.3);            -- (3)
PUT(KOEFF);             -- (4)
```

Beispiel 4-50: Gleitpunkt-, Festpunktausgabe

        -- zugehoerige Ausgabe:

```
1.25    1.250  -0.05  1.7430000|E-05
|—(1)—|——(2)——+—(3)—+———(4)——|
```

4.9 AUSDRÜCKE

Wir wollen das über Ausdrücke bereits Bekannte noch einmal systematisch zusammentragen und ergänzen. Ein Ausdruck ist eine Formel, die bei Auswertung einen Wert liefert. Der Typ des Ergebnisses und der Typ aller Operanden sind zur Compilezeit bestimmbar, und Abweichungen von einem erwarteten Typ können damit auch vollständig vom Ada-Übersetzer angezeigt werden. So wird beispielsweise gemeldet, wenn bei der ganzzahligen Addition ein reellwertiger Operand verwendet wird.

Betrachten wir zunächst die **einfachen Ausdrücke**, deren Syntax in Fig. 4-51 angegeben ist. **Arithmetische** Ausdrücke sind Beispiele für einfache Ausdrücke. Ein einfacher Ausdruck ist aus beliebig vielen (additiven) *Termen* zusammengesetzt, der erste Term darf ein Vorzeichen haben. Die Terme bestehen wieder aus (multiplikativen) *Faktoren,* jeder Faktor aus einem oder zwei *Primärausdrücken.* Ein Primärausdruck ist entweder ein Literal, ein Aggregat, ein Funktionsaufruf, ein Ausdruck in Klammern, eine Typkonversion bzw. Typqualifikation, ein Name (Bezeichner, Feldzugriff, Verbundkomponente usw.) oder die Bezeichnung für die Erzeugung eines Haldenobjekts. Auf Typkonversion, Typqualifikation, Literale und Namen gehen wir unten noch genauer ein. Haldenobjekte und ihre Erzeugung besprechen wir im nächsten Abschnitt.

```
simple_expression ::= [unary_adding_operator] term
                       {binary_adding_operator  term}

term ::= factor  {multiplying_operator  factor}

factor ::= primary [** primary] | abs primary | not primary

primary ::= numeric_literal | null | aggregate | string_literal | name | allocator
          | function_call | type_conversion | qualified_expression | (expression)

binary_adding_operator ::= + | - | &

unary_adding_operator ::= + | -

multiplying_operator ::= * | / | mod | rem

highest_precedence_operator ::= ** | abs | not
```

Primärausdrücke: 1.275   "WRDLPRMFT"   ZWISCHENERG_SP1   (3.0+SUMME)
      abs Y   FELD_100'(3|5 => 1, **others** => 0)   ALPHABET'SUCC('M')

Faktoren: Z**2   A**0.5 und A**B**C sind verboten   **not** BEREITS_GEZAEHLT

Terme: ZEILENZAEHLER **mod** MAX_ZEILE   E*PI*CONST

einfache Ausdrücke: -5.0*X   5.0*(-X)   aber 5.0*-X ist verboten
      B**2 - 4.0*A*C   (A+B)*C   (A**B)**C+FUNK(R)

Fig. 4-51: einfache Ausdrücke: Syntax, Beispiele

Die Operatoren sind die vordefinierten, die wir aus diesem und dem vorangegangenen Kapitel bereits kennen, sofern sie nicht vom Programmierer überladen wurden. Der unäre Operator **not** deutet hier darauf hin, daß simple_expression auch einen negierten (evtl. geklammerten) Booleschen Ausdruck miterfaßt. Der *Vorrang* (Priorität, Präzedenz) der Operatoren ist wie folgt: Exponentiation, Boolesche Negation und Absolutbetragsbildung binden am stärksten, dann folgen die Multiplikationsoperatoren, dann die unären arithmetischen Operatoren und schließlich darauf die Additionsoperatoren. Der Leser erinnere sich, daß eine Prioritätenfestlegung nichts anderes ist als eine Klammersparungskonvention, die die Bequemlichkeit und Lesbarkeit erhöht. Ist man sich über die Prioritäten nicht klar, so setze man ein (ggf. unnötiges) Klammerpaar.

Als Primärausdrücke in einfachen Ausdrücken dürfen auch *Typkonversionen* auftreten. Typkonversion ist zwischen numerischen Typen beliebig erlaubt. Dabei entsteht bei Übergang in einen reellen Typ ein Ergebnis der Genauigkeit dieses Typs, bei Übergang in einen ganzzahligen Typ wird gerundet. Bei abgeleiteten Typen ist ein beliebiger Übergang zwischen Typen möglich, die direkt oder indirekt durch Ableitung auseinander hervorgingen, bzw. die aus einem gemeinsamen Typ durch Ableitung entstanden. Eine Konversion von Feldtypen ist insbesondere dann erlaubt, wenn die Dimension, der Komponententyp und die Indextypen übereinstimmen. Spezielles kann im Sprachreport nachgelesen werden. Wenn die Indexeinschränkungen nicht zusammenpassen, erfolgt wieder das Erwecken von   CONSTRAINT_ERROR . Fig. 4-52 gibt Syntax und Beispiele.

```
type_conversion ::= type_mark (expression)
```

```
FLOAT(2*J)    INTEGER(1.67) hat Wert 2      INTEGER(-0.4) hat Wert 0
ART_A(XB)    ART_B(XA) mit XA bzw. XB vom Typ ART_A bzw. ART_B, die
```

auseinander abgeleitet sind

Fig. 4-52: Typkonversion: Syntax, Beispiele

Schließlich darf auch eine *Typqualifikation* als Primärausdruck auftreten. Der Sinn ist hier nicht die Überführung in einen anderen Typ, sondern die Angabe, von welchem Typ ein Ausdruck ist. Damit kann das Problem der Typbestimmung überladener Literale bzw. Aggregate sowohl für den Compiler als auch für den Leser vereinfacht werden. Beispielsweise muß der Typ eines Auswahlausdrucks in einer case -Anweisung ohne Kontextbetrachtung ermittelbar sein, so daß an dieser Stelle ggf. Typqualifikation eingesetzt werden muß. Da Typqualifikation von Typkonversion verschieden ist, wird sie auch anders notiert. Fig. 4-53 gibt die Syntax und einige Beispiele an. Nach dem Apostroph steht in jedem Fall eine öffnende Klammer, im Falle eines nachfolgenden Aggregats gehört diese jedoch zum Aggregat selbst.

```
qualified_expression ::= type_mark'(expression) | type_mark'aggregate
```

```
    type FARBE is (GELB,GRUEN,BLAU,LILA,ROT);
    type AMPELFARBE is (GRUEN,GELB,ROT);

... for INDEX in FARBE'(GELB) .. FARBE'(ROT) loop ...
    -- oder aequivalent fuer den Laufbereich:
    -- FARBE range GELB..ROT bzw. FARBE bzw. GELB..ROT, falls eindeutig

... DUTZEND'(1|2|3|5 => 2, others => 0) ...
```

Fig. 4-53: Typqualifikation: Syntax, Beispiele

Auch *Literale* treten als Primärausdrücke auf. Die numerischen Literale sind entweder reell oder ganzzahlig. Wir hatten sie den gedachten Typen *universal_real* bzw. *universal_integer* zugeordnet, wodurch ihre Verwendung in Ausdrücken beliebiger reeller bzw. ganzzahliger Typen gesichert war. Darüber hinaus gibt es noch die Aufzählungsliterale, die Zeichenkettenliterale, die Zeichenliterale und das Literal **null** für ein leeres Zeigerobjekt, das wir im nächsten Abschnitt besprechen.

```
3E2    2#111#E3    3.14159    MO    'A'    "Auch dies ist ein Literal"
```

Fig. 4-54: Literale: Wiederholung einiger Beispiele

Schließlich war auch das nichtterminale Symbol name als Alternative von Primärausdrücken aufgetreten. Was verbirgt sich hinter diesem *Namen* in Ada? Hier in Ausdrücken können als Namen zum einen Bezeichnungen auftreten, die bei Auswertung einen Wert besitzen. Es sind Bezeichner für Variable, Konstante, Zahlen (vgl. Zahlendeklaration), Komponenten von Feldern, Komponenten von Verbunden, Feldausschnitte und schließlich Attribute. Darüber hinaus ist name in anderen Zusammenhängen in der Ada-Syntax auch ein Oberbegriff für Bezeichner von Typen, Untertypen, Unterprogrammen, Moduln, Marken, Blöcken, Schleifen, Bezeichnungen von Operatoren etc. Die nichtterminalen Symbole auf der rechten Seite der BNF von name wurden, bis auf selected_component und attribute , bereits in anderem Zusammenhang erläutert. Fig. 4-55 zeigt wieder die Syntax und Beispiele.

Für name können zusammengesetzte Bezeichnungen auftreten, wie etwa TEXTMODUL.SUCHE oder MATRIX."*" für die Funktion SUCHE des Moduls TEXTMODUL bzw. den Operator * aus MATRIX , wie wir im nächsten Kapitel genauer sehen werden, aber auch FELD(I*J).KOMP1 für die Komponente eines Verbundobjekts, das wiederum eine Feldkomponente ist. Der Teil vor dem Punkt heißt Präfix, der nachfolgende Teil Selektor. Da ein Präfix ein Name ist, kann er wiederum einen Präfix und einen Selektor enthalten etc. Wir kommen so zu Selektorpfaden.

Namen können insbesondere Attribute sein. Wir verweisen hier auf die Erläuterung der Attribute in anderen Abschnitten des Buches, also etwa Aufzählungsattribute bei Aufzählungstypen, Attribute für Felder und Feldtypen im Abschnitt Felder etc. Der Sprachreport faßt im Anhang A alle Attribute zusammen. Neben den allgemeinen vordefinierten darf es auch spezielle für einzelne Sprachimplementationen geben.

```
name::= simple_name | character_literal | operator_symbol | indexed_component
        | slice | selected_component | attribute

simple_name ::= identifier

prefix ::= name | function_call

attribute ::= prefix'attribute_designator

attribute_designator ::= simple_name [(universal_static_expression)]

selected_component ::= prefix.selector

selector ::= simple_name | character_literal | all | operator_symbol
```

Namen in Ausdrücken: PI   ZWISCHENWERT   KONSTANTE   FELD   WURZEL(X)

       STUNDENPLAN(1,DI)   SEITE(1..N*K)   PERSON.GEB_DATUM.TAG

       VERB.KOMP1(I+K)   FELD_T'FIRST(3)   MATRIX'LAST(2)   sind Attribute

Fig. 4-55: Namen: Syntax, Beispiele in Ausdrücken

Einfache Ausdrücke sind eine Spezialform **allgemeiner Ausdrücke** im Ada- Sinne. Wenn diese nicht gerade selbst einfache Ausdrücke sind, dann stellen sie **Boolesche Ausdrücke** (logische Ausdrücke) dar. Ihre Syntax wird in Fig. 4-56 angegeben. Die Bestandteile der Booleschen Ausdrücke sind die **relationalen Ausdrücke.** Sie werden aus einfachen Ausdrücken mithilfe der Vergleichsoperatoren gebildet.

Man kann aus der Grammatik weiter ablesen, daß die logischen Operatoren **and** bis **xor** schwächer binden als die Vergleichsoperatoren (relationalen Operatoren), daß innerhalb dieser beiden Gruppen jedoch kein Vorrang herrscht. So bindet z.B. **and** nicht stärker als **or** . Ein Ausdruck, der mehrere verschiedene logische Operatoren ohne Klammern verwendet, ist deshalb auch unzulässig (vgl. Aufgabe 21).

Es sei hier nachgetragen, daß die **logischen Operatoren** and, or , xor und **not** auch für Boolesche Felder angewandt werden dürfen und dann als Kurzschreibweise für die Anwendung der entsprechenden Operationen auf allen (korrespondierenden) Komponenten dienen. Die **relationalen Operatoren** = und /= sind stets für Objekte beliebigen Typs (seien sie vordefiniert oder selbstdefiniert, skalar oder strukturiert) definiert, es sei denn, eine entsprechende Einschränkung ist vom Programmierer gewollt. Näheres hierzu im nächsten Kapitel. Bei Feldobjekten müssen für das Ergebnis TRUE bei der Gleichheit die Indexwerte nicht übereinstimmen, sondern nur die Anzahl der Komponenten und natürlich die Komponenten selbst. Die relationalen Operatoren sind nicht nur für skalare Typen, sondern auch für eindimensionale Felder mit diskretem Komponententyp definiert und entsprechen dann der lexikographischen Ordnung unter Zugrundelegung der Ordnung auf dem diskreten Typ. Für Zeichenketten hatten wir dieses bereits behandelt.

```
expression ::= relation { and relation } | relation { and then relation}
             | relation { or relation}   | relation { or else relation}
             | relation { xor relation}

relation    ::= simple_expression  [relational_operator simple_expression]
             | simple_expression   [not]  in range
             | simple_expression   [not]  in type_mark

relational_operator ::= = | /= | < | <= | > | >=
```

Beispiele für Ausdrücke (außer einfachen Ausdrücken):

```
"A" < "AA"      PERSON.VATER /= null      PASSWORT(1..5) = "GEORG"
N not in 1 .. K*J      INDEX in NATURAL        A=B=C ist unzulässig
(KALT and SONNIG) or WARM  wäre ohne Klammern syntaktisch falsch
(A<=B*C and B>F) or else I in UNTERTYP
```

Fig. 4-56: allgemeine Ausdrücke: Syntax, Beispiele

Der Operator **in** für die Abprüfung der **Elementbeziehung** (Zugehörigkeitstest) hat als rechten Operanden kein Datenojekt, sondern den Bezeichner für einen Typ oder einen (expliziten) Untertyp. Das Wortsymbol **in** tritt in einer ähnlichen Klausel im Laufbereich der Zählschleifen auf und bedeutet dort keinen Test, sondern das nacheinander Zuweisen der Elemente des diskreten Typs.

In Ada ist die **Reihenfolge** der **Auswertung** von Ausdrücken i.a. **nicht** völlig **festgelegt.**

Eine starre Festlegung existiert für die logischen Kurzschlußoperatoren **and then** und **or else** , von denen wir bereits wissen, daß sie von links nach rechts ausgewertet werden und daß deren rechter Operand nur dann ausgewertet wird, wenn der linke den Wert TRUE bzw. FALSE besitzt.

Eine weitere Festlegung der Auswertungsreihenfolge ergibt sich durch den Vorrang der Operatoren. So muß in A + B * C + D zuerst die Multiplikation ausgewertet werden, bevor mit der Addition begonnen werden kann. Der Sprachreport verlangt darüber hinaus, daß bei mehreren Operatoren der gleichen Vorrangstufe in einem Ada-Ausdruck die Auswertung von links nach rechts zu erfolgen habe. Damit ist in obigem Beispiel alles festgelegt, nachdem die Multiplikation ausgewertet ist.

Der Sprachreport legt aber nicht fest, in welcher Reihenfolge die Operanden eines Faktors, Terms, einfachen oder relationalen Ausdrucks auszuwerten sind. Damit ist in obigem Beispiel offengelassen, ob zuerst B und dann C ausgewertet wird, oder ob dies umgekehrt erfolgen soll. Der Sprachreport enthält viele Stellen, wo er die Reihenfolge der Auswertung von Teilen eines Ausdrucks offenläßt. Beispiele hierfür sind: die Auswertung von Ausdrücken in Aggregaten, von Auswahllisten in Aggregaten, die Auswertung von Präfix bzw. Ausdrücken auf Indexposition in einem Feldzugriff usw.

Der Grund für das Offenhalten der Auswertungsreihenfolge besteht darin, daß man der Sprachimplementation möglichst wenig Vorgaben machen will. Damit kann eine Sprachimplementation Teilausdrücke gleichzeitig auswerten, deren Auswertungsreihenfolge nicht vorgegeben ist, oder die Auswertungsreihenfolge kann von der Links-Rechts-Reihenfolge dort, wo dies erlaubt ist, abweichen, damit Laufzeitoptimierungen möglich werden.

Wir haben schon wiederholt von **statischen Ausdrücken** (Compilezeitausdrücken) gesprochen. Wir wollen mit der Klärung dieses Begriffs diesen Abschnitt beenden. Als Primärausdrücke können in statischen Ausdrücken auftreten: Literale, Zahlen im Sinne einer Zahlendeklaration, Konstante, die mit einem statischen Ausdruck initialisiert wurden, statische Ausdrücke mit vordefinierten Operatoren, Typqualifikationen, sofern die Argumente statisch sind, Attribute mit statischem Wert und schließlich geklammerte statische Teilausdrücke.

4.10 ZEIGERTYPEN UND HALDENOBJEKTE, LISTENVERARBEITUNG

Bisher haben wir Datenobjekte stets über eine (Daten)Objektdeklaration eingeführt. Diese erfüllt folgende Bedingungen: Zum einen wird ein Bezeichner (ein **externer** Name) festgelegt, mit dem dieses Objekt im nachfolgenden Programmteil (nämlich im Gültigkeitsbereich der Deklaration) angesprochen werden kann. Zum anderen gibt der Typ des Objekts seine Strukturierung an und legt damit auch fest, durch welche Notation auf Teile des Objekts zugegriffen werden darf. Ferner hilft die Deklaration dem Übersetzer dabei, einen **internen** Namen (eine Adresse) und den benötigten Speicherplatz festzulegen (i.a. kann der Übersetzer weder die Adresse noch den Speicherbedarf festlegen, er setzt jedoch die Berechnung hierfür ein, so daß diese Angaben zur Laufzeit zur Verfügung stehen). Der **Bezug** zwischen externem und internem Namen ist **unauflöslich**, d.h. er besteht während der gesamten Lebensdauer des Objekts. Deshalb ist der externe Name zur Laufzeit des Programms nicht mehr nötig. Einem variablen Datenobjekt (einer Variablen) entspricht also ein in bzgl. Struktur, Größe und Ort festgelegter Datenbehälter.

Wird auf die Variable im Programm über den externen Namen Bezug genommen, so ist aus dem Kontext klar, ob der interne Name (der Datenbehälter) oder der Wert (sein Inhalt) gemeint ist. Auf der linken Seite einer Wertzuweisung ist der interne Name, auf der rechten Seite der Wert gemeint (für eine systematische Einführung des Variablenbegriffs sei auf den Literaturabschnitt 4 verwiesen).

Alle bisher eingeführten Datenobjekte haben eine eindeutige Entsprechung im Programmtext: Ihre Struktur wird durch eine Typdefinition festgelegt, ihre Einführung geschieht über eine Objektdeklaration. Nun gibt es aber Probleme, bei denen eine Datenstruktur in Form und Größe nicht einmal näherungsweise während der Programmerstellungszeit festliegt, sondern wo statt dessen die Anzahl der Datenstrukturkomponenten, ihre gegenseitigen Bezüge und damit i.a. auch die Art und Weise, wie auf Teile der Datenstruktur zugegriffen wird, erst zur Laufzeit des Programms bestimmt werden können. Der Leser wird sofort an Standardfälle solcher Datenstrukturen, wie mehrfach verzeigerte lineare Listen, Ringlisten oder verzeigerte Listen zur Realisierung binärer Suchbäume denken. Fig. 4-61 auf Seite 170 zeigt die übliche graphische Darstellung einer mehrfach verzeigerten Liste.

Die Teile einer solchen Datenstruktur, die Listenkomponenten oder Listenelemente, nennt man "dynamische" Variable oder "dynamische" Objekte, weil sie zur Laufzeit durch einen *Erzeugungsmechanismus* i.a. im Anweisungsteil geschaffen werden (andere Sprechweisen: Generierung, Kreierung, engl. allocation) und nicht durch eine Objektdeklaration. Variable im bisherigen Sinne nennt man im Gegensatz dazu "statisch". Wir wollen diese Namensgebung "statisch" und "dynamisch" für Datenobjekte nicht übernehmen, wir sprechen weiterhin von statisch als zur Compilezeit bestimmbar und von dynamisch als erst zur Laufzeit festlegbar. Statt dessen nennen wir die über den Erzeugungsmechanismus zur Laufzeit geschaffenen Objekte *Haldenobjekte*, da sie in der Regel in einem separaten Speicherbereich abgelegt werden, den man Halde (engl. heap) nennt, während die über Objektdeklaration erzeugten Objekte in einem Speicherbereich abgelegt werden, der dem Kellerprinzip folgt. Solcherart aus Haldenobjekten bestehende "dynamische" Datenstrukturen wachsen und schrumpfen zur Laufzeit. Zwar ist die Erzeugung auch hier im Programmtext sichtbar, nämlich durch einen *Generator* (Allokator, engl. allocator), aber ein solcher Generator kann, wenn er wiederholt ausgewertet wird, viele solche Haldenobjekte erzeugen.

Da Datenstrukturen dieser Art sehr vielfältig sind, muß man sie auf ein gemeinsames neues Konzept zurückführen, um die Programmiersprache überschaubar zu halten. Dieses Konzept ist das der Zeiger (Zugriffe, engl. accesses, pointers, references): *Haldenobjekte* werden nicht nur dynamisch erzeugt, auf sie wird auch anders zugegriffen, nämlich ausschließlich *über Zeiger.* Während im Falle der bisherigen variablen Datenobjekte mit einem externen Namen über seinen ihm fest zugeordneten internen Namen auf genau ein Datenobjekt zugegriffen werden konnte, kann ein Zeiger nacheinander auf verschiedene Objekte deuten und so den Zugriff auf sie erlauben. Solche Zeiger dürfen in Ada allerdings nur auf Haldenobjekte deuten.

Eine *Zeigertypdeklaration* hat einfache Gestalt, die Syntax der zugehörigen Typdefinition ist in Fig. 4-57 angegeben. Es wird ein Bezeichner eingeführt, der auf einen anderen Typ- oder Untertypbezeichner Bezug nimmt. Letzterer ist der Typ oder Untertyp für die Haldenobjekte, auf die die Objekte des Zeigertyps deuten sollen. So wird in Zeile 7 von Fig. 4-57 festgelegt, daß Objekte des Typs Z_PERS_ANG Zeiger auf Haldenobjekte des Verbundtyps PERS_ANG sein sollen, in Zeile 11, daß P_HALDEN

```
access_type_definition ::= access subtype_indication
```

```
type PERS_ANG is
    record
        NAME: STRING(1..50);
        ALTER: INTEGER range 1..150;
    end record;
type Z_PERS_ANG is access PERS_ANG;
IRGENDWER: Z_PERS_ANG;                    -- mit null initialisiert
Z_MAIER: constant Z_PERS_ANG := ...; -- irgendeine Initialisierung

type FELD is array (INTEGER range <>) of KOMP_TYP;
type P_HALDENFELD is access FELD;
type P_KOMPONENTE is access KOMP_TYP;
```

Fig. 4-57: Zeiger: Syntax der Typdefinition, Beispiele für Zeigertypdeklarationen und Zeigerdeklarationen

FELD ein Zeigertyp sein soll, dessen Objekte Bezüge auf Feldobjekte eines eingeschränkten Feldtyps FELD sind.

IRGENDWER und Z_MAIER sind dann Zeigervariable und Zeigerkonstante. Wir sehen, daß diese *Zeigerobjektdeklarationen* wie üblich geschrieben werden. Dabei bedeuten Zeigerkonstante, daß der Wert, unserem allgemeinen Konstantenbegriff entsprechend, nach der Deklaration konstant ist. Das heißt hier, daß eine solche Zeigerkonstante stets auf das gleiche Objekt deutet (das, wie wir später sehen werden, durchaus veränderlich sein kann). Zeigervariable hingegen können während ihrer Lebensdauer auf verschiedene Objekte deuten. Für Zeigerobjekte gibt es einen speziellen Wert, gekennzeichnet durch das Wortsymbol **null** . Ein Zeigerobjekt mit diesem Wert deutet nirgendwohin. Zeigerobjekte, die noch nicht gesetzt sind, sind mit diesem Wert vorbesetzt. So ist die Zeigervariablendeklaration für IRGENDWER in Zeile 8 gleichbedeutend mit einer, die zusätzlich IRGENDWER mit **null** initialisiert.

In der *Zeigertypdeklaration* wird *Bezug* genommen auf einen Typ oder *Untertyp*. Wir hätten deshalb beispielsweise in der Typdeklaration von P_HALDENFELD den Feldtyp FELD durch die Angabe des Bezeichners eines unspezifizierten Feldes zusammen mit einer Indexeinschränkung versehen können, aber auch auf eine explizite Untertypdeklaration mit entsprechender Indexeinschränkung Bezug nehmen können. Analog zu bisherigen Einschränkungen heißt dies hier, daß alle Haldenobjekte dieses Untertyps diese Einschränkungen erfüllen müssen.

Ein *Zeiger* des Typs P_HALDENFELD zeigt stets auf ein Feldobjekt, einer des Typs Z_PERS_ANG zeigt *auf* ein Verbundobjekt. Haldenobjekte sind also in der Regel *strukturierte Objekte.* In den meisten Fällen sind es Verbunde, wie wir später feststellen werden.

Haldenobjekte werden zur Laufzeit durch Auswertung eines Generators (eng. allocator) erzeugt. Die *Syntax* eines *Generators* ist in Fig. 4-58 angegeben. Nach dem Wortsymbol **new** , das hier nichts mit abgeleiteten Typen zu tun hat, kommt als eine der beiden Möglichkeiten ein Ausdruck, der mit dem Typ- oder Untertypbezeichner für das zu erzeugende Haldenobjekt qualifiziert ist (Typqualifikation). Von Fig. 4-53 her aus dem letzten Abschnitt wissen wir, daß nach dem Typ-/Untertypbezeichner ein geklammerter Ausdruck oder ein Aggregat folgt. Als zweite Möglichkeit darf nach dem **new** auch ein Untertyp stehen. Hier ist entweder ein Untertypbezeichner angegeben, oder es steht ein Feldtypbezeichner, gefolgt von einer Indexeinschränkung (wie in der zweiten oder dritten Zeile von unten), oder hier ist der Bezeichner eines Verbundtyps mit Diskriminanten angegeben, dem eine Diskriminanteneinschränkung folgt. Der Ausdruck bzw. das Aggregat dient dazu, das Haldenobjekt zu initialisieren. Dadurch, daß nach dem **new** entweder eine Untertypangabe folgt, die Einschränkungen festlegt,oder dadurch, daß ein initialisierender Ausdruck/ein initialisierendes Aggregat folgt, aus dem die Einschränkungen entnommen werden, ist das erzeugte Haldenobjekt stets ein eingeschränktes Objekt, wenn es sich bei dem Haldenobjekt um ein Feld- oder Verbundobjekt handelt.

Jede *Ausführung* eines *Generators* erzeugt ein *Haldenobjekt* des entsprechenden Typs. Dieses Haldenobjekt kann teilweise oder ganz initialisiert sein (durch Vorbesetzung teilweise oder ganze Initialisierung, durch Auswertung eines qualifizierten Ausdrucks nach dem **new** stets ganze Initialisierung). Das Haldenobjekt ist stets ein Feld mit bestimmten Grenzen bzw. ein eingeschränkter Verbund, wie wir bereits festgestellt haben. Somit ist z.B. im Falle eines varianten Verbundtyps jedes Haldenobjekt stets von

einer bestimmten Variante. Auch hier kann gegebenenfalls zur Laufzeit die Ausnahme
CONSTRAINT_ERROR   erweckt werden.

```
allocator ::= new qualified_expression
   | new subtype_indication
```

```
DATEN_VON_IRGENDWEM: PERS_ANG := PERS_ANG'( "OLAF MUELLER"&(others => ' '),23);
                    -- normale Objektdeklaration mit Initialisierung
Z_MAIER: constant Z_PERS_ANG := new PERS_ANG'("Hans-Otto Maier"&(others => ' '),48);
                    -- Generator mit Aggregat, Zeigerkonstante
IRGENDWER: Z_PERS_ANG := new PERS_ANG'(NAME => "LIESCHEN MUELLER"&(others => ' '),
                                       ALTER => 17);
                    -- Generator mit Aggregat, IRGENDWER ist Zeigervariable
IRGENDWER := new PERS_ANG'(DATEN_VON_IRGENDWEM); -- Generator mit Ausdruck,
                    -- Haldenobjekt LIESCHEN MUELLER jetzt nicht mehr erreichbar

Z_HFELD: P_HALDENFELD;                    -- Zeiger hat vorerst den Wert null
Z_HFELD := new FELD(1..N*K);              -- eing. Objekt, nicht initialisiert
Z_HFELD := new FELD(1..J);                -- neues Haldenobjekt wurde erzeugt,
                                          -- altes nicht mehr ansprechbar
Z_HFELD := new FELD'(1..100 => INIT_INFO); -- initialisiertes Feld, INIT_INFO
                                          -- sei vom Typ KOMP_TYP
```

Fig. 4-58: Generatoren und Erzeugung von Haldenobjekten: Syntax und Beispiele

Die Ausführung eines Generators liefert über die Erzeugung eines Haldenobjekts hinaus einen Wert, den wir Zugriffswert oder **Zeigerwert** nennen wollen. Dies ist in der Regel der interne Name des Haldenobjekts, d.h. seine Adresse. Da ein Haldenobjekt nur über Zeiger angesprochen werden kann, muß dieser Zugriffswert bei Erzeugung des Haldenobjekts sofort einem passenden Zeiger durch eine Wertzuweisung zugewiesen werden. Dieser deutet dann auf das entsprechende Haldenobjekt.

Fig. 4-58 enthält einige Beispiele für Generatoren. Die Initialisierung erfolgt über Aggregate bzw. durch die Angabe eines geklammerten Ausdrucks, hier einer Variablen DATEN_VON_IRGENDWEM   . Letzteres heißt, daß das Haldenobjekt mit dem Wert dieses Ausdrucks initialisiert wird. Die Erzeugung eines Haldenobjekts ist nicht notwendigerweise mit einer Initialisierung verbunden, wie die beiden Programmzeilen vor der letzten Programmzeile zeigen. In allen Fällen haben wir nach Erzeugung der Haldenobjekte Zeigervariable oder Zeigerkonstante, die auf die neu erzeugten Haldenobjekte deuten.

Als nächstes wollen wir besprechen, wie **Zeiger neu gesetzt** werden können. Ein Zeiger kann natürlich nur umgesetzt werden, wenn er nicht konstant ist. Das "Einhängen" eines Zeigers auf ein durch einen Generator erzeugtes Objekt haben wir bereits im vorletzten Absatz bei der Erklärung der Semantik von Generatoren besprochen. Das Neusetzen eines Zeigers geschieht über eine übliche Wertzuweisung. Die Zeigervariable der linken Seite der Zuweisung übernimmt den Wert der rechten Seite, der ein Zeigerwert sein muß. Beide Zeiger deuten nun auf das gleiche Haldenobjekt. Man muß also darauf achten, daß das Haldenobjekt, auf das die linke Seite bisher deutete, noch anderweitig zugreifbar ist, will man es nicht verlieren. Natürlich gilt auch bei der Zuweisung von Zeigern, daß, wie bisher, beide Seiten vom gleichen Typ sein müssen. Das heißt, daß sich beide Zeiger auf eine Zeigertypdeklaration beziehen müssen. So ist die Zuweisung an N_Z in Fig. 4-59 unzulässig, da die Zeigertypen der linken und rechten Seite voneinander verschieden sind, obwohl beide auf Haldenobjekte des gleichen Typs deuten.

Den Übergang von einem Zugriffswert zum entsprechenden Haldenobjekt notiert man durch Anhängen von **.all** an den Namen des Zeigers. Man nennt diesen Übergang *Dereferenzierung*. Das Wortsymbol **all** deutet darauf hin, daß ein Haldenobjekt normalerweise strukturiert ist und hier das Gesamtobjekt erhalten wird.

Diesem Haldenobjekt kann man über einen entsprechenden Ausdruck (Spezialfall Aggregat) insgesamt ein neuer Wert zugewiesen werden. Die *Veränderung des Haldenobjekts* kann aber auch komponentenweise geschehen. Dabei wird der Zugriff durch Indizierung bzw. Selektion geschrieben, je nachdem, ob es sich um ein Feld- oder Verbundobjekt handelt. Hierbei sieht Ada vor, daß die Dereferenzierung nicht explizit hingeschrieben werden muß. So sind die Schreibweisen der beiden letzten Zeilen von Fig. 4-59 äquivalent zu denen im Kommentar. Wie bei sonstigen Wertzuweisungen, so kann auch hier die Ausnahme CONSTRAINT_ERROR erweckt werden, etwa bei unverträglichen Indexwerten oder verschiedenen Diskriminantenwerten.

Gibt es *mehrere Zugriffswege* zu einem Haldenobjekt, z.B. wenn zwei Zeiger auf dieses zeigen, so ist jede Veränderung über den einen Zugriffsweg auch eine über den anderen. Dies ist anders als etwa bei der Zuweisung zweier normaler Datenobjekte D1:=D2; , wo nach der Zuweisung eine Veränderung von D2 keine Auswirkung auf D1 hat. Wir kommen auf dieses Problem später noch einmal zurück.

```
type NEUE_ZEIGER is access PERS_ANG;         -- vgl. Fig. 4-57 und 4-58
N_Z: NEUE_ZEIGER;

...

N_Z := IRGENDWER;                            -- unzulaessig: versch. Typen
IRGENDWER := Z_MAIER;                         -- zul.: gleicher Typ Z_PERS_ANG
Z_MAIER := null;                              -- unzul.: Z_MAIER ist konstant

Z_MAIER.all := PERS_ANG'("ERICH MAIER"&(others => ' '),61); -- nur der Zeiger ist
                                             -- konstant, nicht das Haldenobjekt
IRGENDWER.all := Z_MAIER.all;                -- versch. Haldenobjekte, gleicher Wert
Z_HFELD.all := FELD'(1 => INFO1,others => NULL_INFO); -- Zuweisung an Haldenobj.
Z_HFELD.all := ANDERES_FELD;                 -- ANDERES_FELD sei vom gleichen Typ
                                             -- und habe passenden Indexbereich

IRGENDWER.ALTER := 61;                        -- aequiv. zu IRGENDWER.all.ALTER:=61;
Z_HFELD(K*J) := INFO1;                        -- aequiv. zu Z_HFELD.all(K*J):=INFO1;
```

Fig. 4-59: Veränderung von Zeigern, Haldenobjekten, Komponenten von Haldenobjekten

Natürlich dürfen in einem *Haldenobjekt* auch wieder *Zeiger* auftreten. Nur so können ja beliebige verzeigerte Listen erzeugt werden. Diese Zeiger können auf beliebige Objekte zeigen und damit natürlich direkt oder indirekt auch auf Haldenobjekte des gleichen Typs. Man spricht deshalb von *rekursiven Datentypen*. Fig. 4-60 zeigt ein einfaches Beispiel einer doppelt verzeigerten linearen Liste. Jedes Listenelement enthalte ein Informationsfeld und zwei Zeigerfelder für einen Zeiger auf das nächste Listenelement (Vorwärtszeiger) und einen auf das vorangehende Listenelement (Rückwärtszeiger). Die Zeiger aus einem Listenelement zeigen hier also beide auf Listenelemente des gleichen Typs.

Nun haben wir hier, wie bei indirekt rekursiven Prozeduren in Abschnitt 3.8, wieder ein Problem mit der Ada-Regel, daß alles, was verwendet wird, auch textuell vorher deklariert sein muß. Bei der Deklaration des Typs der Listenelemente (der Haldenobjekte) müßten wir den Zeiger bereits deklariert haben, um Zeiger auf andere Haldenobjekte in die Typdefinition für die Haldenobjekte einzutragen. Umgekehrt müßten wir hier zur Deklaration des Zeigertyps den Typ der Haldenobjekte bereits festgelegt haben, da wir auf den Bezeichner dieses Typs Bezug nehmen. Um aus dieser Schwierigkeit herauszukommen, gibt es in Ada die **unvollständige Typdeklaration**, in der nur ein Typbezeichner eingeführt wird, ohne daß die Struktur des Typs festgelegt wird. Die Syntax dieser unvollständigen Typdeklaration gibt Fig. 4-60 an. Das Vorgehen ist nun das folgende: Man führe zuerst mit unvollständigen Typdeklarationen die Typbezeichner für

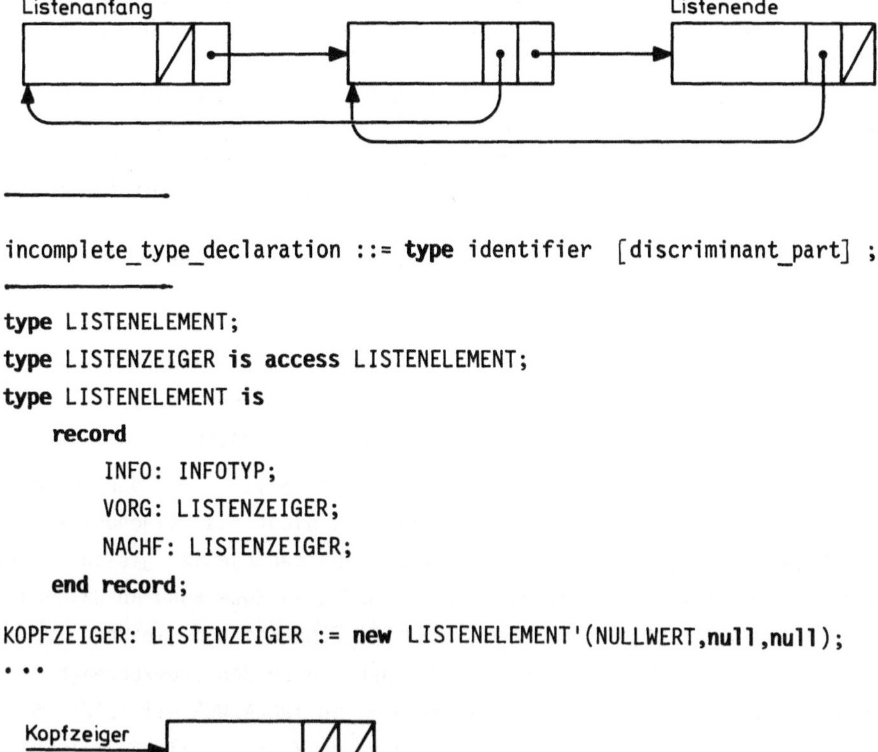


```
incomplete_type_declaration ::= type identifier [discriminant_part] ;
```

```
type LISTENELEMENT;
type LISTENZEIGER is access LISTENELEMENT;
type LISTENELEMENT is
    record
        INFO: INFOTYP;
        VORG: LISTENZEIGER;
        NACHF: LISTENZEIGER;
    end record;
KOPFZEIGER: LISTENZEIGER := new LISTENELEMENT'(NULLWERT,null,null);
...
```

Fig. 4-60: Deklaration eines rekursiven Datentyps: Beispiel einer doppelt verzeigerten linearen Liste, Syntax der unvollständigen Typdefinition, Typdeklaration, Anfangssituation beim Aufbau der Liste

die Typen der benötigten Listenelemente (Haldenobjekte) ein. Darauf kann dann mit Bezug auf die gerade eingeführten Typbezeichner die Deklaration der Zeiger folgen. Nun können in einem dritten Schritt die vollständigen Typdeklarationen der Listenelementtypen nachgetragen werden. Die Ergänzung der unvollständigen Typdeklaration muß im gleichen Deklarationsteil erfolgen, in dem die unvollständigen Typdeklarationen stehen. Unvollständige Typdeklarationen dürfen nur in der hier skizzierten Weise verwendet werden. Fig. 4-60 zeigt dies für das Beispiel der doppelt verzeigerten linearen Liste. Mithilfe eines Generators wird am Ende des Beispiels der Listenanfang erzeugt. Die Liste kann dann dynamisch erweitert werden.

Wegen der Wichtigkeit von Verbundobjekten in der Listenverarbeitung wollen wir hier noch ein zweites Beispiel für die Deklaration von Listenelementen betrachten (vgl. Fig. 4-61). Die hierbei benutzten Listenelemente seien *Verbunde mit Diskriminanten.* Für die erste Art der hierbei aufgetretenen Listenelemente PERSON_LE gibt es drei verschiedene Varianten, je nachdem, ob das Listenelement Daten zu einer Frau, einem Mann oder einem Kind enthält. Diese Varianten werden durch die Diskriminante FALL von einem Aufzählungstyp M_F_K gekennzeichnet, die bereits in der unvollständigen Typdeklaration enthalten sein muß. Gemeinsam sind Informationsfelder für den Namen, das Geburtsdatum und die Adresse. Im Falle einer weiblichen Person enthält das Listenelement zusätzlich einen Zeiger auf ein anderes Listenelement, der, wenn er gesetzt ist, auf das Listenelement des Ehegatten zeigt. Man beachte, daß die Diskriminanteneinschränkung des entsprechenden Zeigers garantiert, daß dieser Zeiger immer auf ein Listenelement zu einer männlichen Person zeigt. Ferner gibt es Zeiger auf die Listenelemente der Kinder und auf das Listenelement des benutzten Wagens (wir gehen in diesem Beispiel davon aus, daß eine Person nur einen Wagen benutzt, ein Wagen aber von mehreren Personen genutzt werden kann). Im Falle einer männlichen Person enthalte das Listenelement zwei zusätzliche Komponenten im varianten Teil, nämlich einen Zeiger auf das Listenelement der Ehefrau und einen auf das des benutzten Wagens. Im Falle eines Kindes schließlich sind die zusätzlichen Komponenten zwei Zeiger auf die Listenelemente von Vater und Mutter.

Die zweite Art von Listenelementen WAGEN_LE enthält ebenfalls eine Diskriminante, hier jedoch zur Größenbestimmung des Datenfeldes zur Komponente HERSTELLERANGABE . Die zweite Komponente des Listenelements ist ein Zeiger auf ein Listenelement der ersten Art, nämlich auf dasjenige, das die Daten des Halters des Wagens enthält.

Fig. 4-61 enthält eine sehr einfache Situation, nämlich die einer Familie mit einem Kind und einem Wagen. Trotzdem ist das Zeigergeflecht hier schon verwirrend.

Man beachte, daß die Angaben der unvollständigen Typdeklaration bei einem Haldenobjekt (das hier ein Verbund mit Diskriminanten ist) später in der unvollständigen Typdeklaration noch einmal enthalten sein müssen. Der Einfachheit halber schreibe man diese Diskriminantenangabe in beiden Fällen textuell gleich, um sich nicht die sog. Konformitätsregeln von Ada merken zu müssen. Man beachte ebenfalls, daß in Fig. 4-61 nur Deklarationen enthalten sind. Die im unteren Teil der Fig. 4-61 angedeutete Situation muß natürlich durch entsprechend oftmaliges Auswerten von Generatoren und Einhängen von Zeigern erst erzeugt werden, wofür ein entsprechender Anweisungsteil zu schreiben ist.

Tragen wir zusammen, welches *Konzept* hinter der Deklaration eines *Zeigertyps* steckt. Jede solche Zeigertypdeklaration definiert implizit eine Menge von potentiellen Haldenobjekten, auf die die Objekte des Zeigertyps deuten können. Ein einzelner Zeiger kann undefiniert sein, was durch das Wortsymbol **null** gekennzeichnet wird. Wenn ein

```ada
type PERSON_LE (FALL: M_F_K:=K);                    -- unvollstaendige
type WAGEN_LE (INFOLAENGE: INTEGER:=0);             -- Typdeklarationen f. Listen
type Z_PERSON_LE is access PERSON_LE;               -- Zeigertyp
type Z_WAGEN_LE is access WAGEN_LE;                 -- deklarationen
type KINDERSCHAR is array (1..10) of Z_PERS_LE;     -- Komponententypdeklaration

type PERSON_LE (FALL: M_F_K:=K) is                  -- Uebereinstimmung m. Zeile
    record
        PERS_NAME: NAME;                            -- fuer die Typen NAME,
        PERS_GEB_DAT: DATUM;                        -- DATUM, ADRESSE vgl. etwa
        PERS_ADRESSE: ADRESSE;                      -- Beispiel 4-24
        case FALL is
            when M => EHEFRAU: Z_PERSON_LE(FALL => F);
                      BENUTZTER_WAGEN: Z_WAGEN_LE;
            when F => EHEMANN: Z_PERSON_LE(FALL => M);
                      KINDER: KINDERSCHAR;
                      BENUTZTER_WAGEN: Z_WAGEN_LE;
            when K => MUTTER: Z_PERSON_LE(FALL => F);
                      VATER: Z_PERSON_LE(FALL => M);
        end case;
    end record;
type WAGEN_LE (INFOLAENGE: INTEGER:=0) is
    record
        HERSTELLERANGABE: STRING(1..INFOLAENGE);
        HALTER: Z_PERSON_LE;
    end record;
```

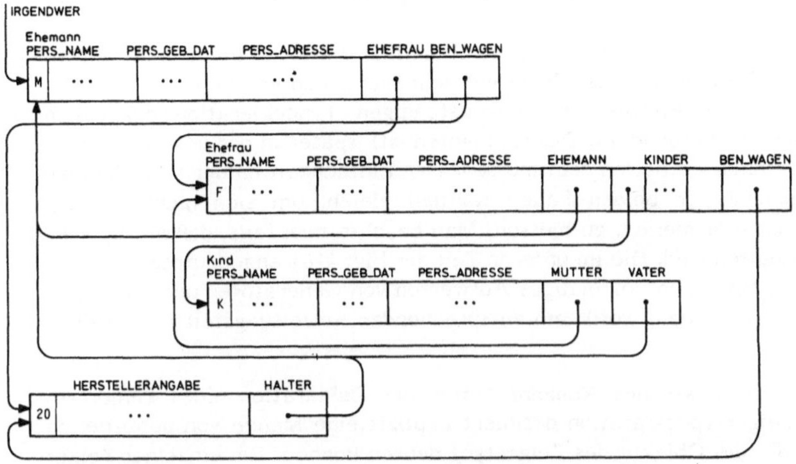

Fig. 4-61: Verbunde mit Diskriminanten als Listenelemente

Zeiger konstant ist, kann er nicht umgesetzt werden, das angezeigte Haldenobjekt kann aber verändert werden. Die Zeiger können nur auf Haldenobjekte des hinter dem Wortsymbol **access** angegebenen Typs oder Untertyps zeigen. Die aktuelle Menge von Haldenobjekten wird durch Auswertung von Generatoren gewonnen. Zeiger zu verschiedenen Zeigertypdeklarationen haben verschiedenen Typ und dürfen damit nicht einander zugewiesen werden, selbst wenn die Haldenobjekte, auf die sie deuten, vom gleichen Typ sind. Dies entspricht dem sonstigen Typkonzept von Ada, in dem jede explizite oder implizite Typdefinition einen neuen Typ einführt. Das bedeutet, daß die Mengen von Haldenobjekten für verschiedene Zeigertypen disjunkt sind. Natürlich kann in diesem Falle einem Haldenobjekt, auf das ein Zeiger des einen Typs deutet, der Wert eines Haldenobjekts, auf das ein Zeiger des anderen Typs deutet, zugewiesen werden, wenn die beiden Haldenobjekte vom gleichen Typ sind. Der Typ eines Haldenobjekts kann auch dazu herangezogen werden, normale Datenobjekte zu deklarieren. Zeiger deuten in Ada ausschließlich auf Haldenobjekte und niemals auf andere Datenobjekte.

In der Zeigertypdeklaration kann für den Haldenobjekttyp auch eine Untertypdeklaration stehen. Dies bedeutet, wie üblich, daß die *Haldenobjekte eingeschränkt* sein müssen. Von praktischer Bedeutung sind hier hauptsächlich Diskriminanten- und Indexeinschränkungen. Diese Einschränkungen müssen erfüllt sein, wenn mithilfe eines Generators ein neues Haldenobjekt erzeugt wird oder wenn ein solches Haldenobjekt verändert wird.

Eine Einschränkung kann aber auch in einer Zeigerobjektdeklaration enthalten sein oder in der Deklaration einer Zeigerkomponente eines Verbundtyps, sofern sie eine Indexeinschränkung oder eine Diskriminanteneinschränkung ist. Letzteres ist in Fig. 4-61 in der Typdeklaration von PERSON_LE im varianten Teil der Fall. Dort gibt die Diskriminanteneinschränkung in der Komponente EHEFRAU des Listenelements zu einem Ehemann beispielsweise an, daß dieser Zeiger nur auf Listenelemente zu weiblichen Personen deuten darf. Während bisherige Einschränkungen nur auf ein Objekt selbst bezogen waren und lediglich bei Änderung dieses Objekts überprüft werden mußten, kommen hier *Einschränkungen* mit Fernwirkung hinzu: Sie beziehen sich auf alle *Objekte, auf die ein Zeiger deutet.* Damit muß z.B. auch bei Ein- und Umhängen eines Zeigers das angedeutete Objekt überprüft werden, ohne daß dieses verändert wurde.

Wir betrachten nun ein etwas umfangreicheres Beispiel für die Anwendung von Zeigern, Generatoren und Haldenobjekten. Dieses Beispiel 4-62 stammt aus dem Bereich der *Listenverarbeitung,* dem hauptsächlichen Anwendungsbereich für das Zeigerkonzept.

Wir greifen hierfür auf das Suchen in einem binären Baum aus Fig. 3-22 zurück. Jetzt behandeln wir allerdings auch das Eintragen eines neuen Knotens in den binären Suchbaum. Wir bauen hier, nachdem wir Zeiger kennengelernt haben, den Suchbaum nicht mehr mithilfe eines Feldes auf, wobei die "Zeiger" über Feldindizes realisiert werden, wie wir dies in Kap. 3 gemacht haben, sondern wir legen diesmal den Suchbaum auf der Halde an. Da das Informationsfeld jedes Suchbaumeintrags beliebig lang sein soll, verwenden wir für jedes Listenelement, das einen Knoten des Suchbaums repräsentiert, einen Verbund mit einer Diskriminante, die aktuell die Größe des Informationsfeldes bestimmt.

Das folgende Beispiel liefert zuerst die Typdeklaration für das Listenelement, die in Etappen hingeschrieben werden muß, da die Listenelemente Zeiger auf gleichartige Listenelemente enthalten. Ein Bild, das in Fig. 4-62 enthalten ist, zeigt diese Struktur. Es sei noch einmal betont, daß Typdeklarationen bei Haldenobjekten nur Strukturangaben sind, daß Haldenobjekte selbst nur durch Auswertung eines Generators erzeugt werden. Nach den Deklarationen folgt eine Suchprozedur SUCHE_IN_BAUM, die zwei Eingabeparameter besitzt. Der erste Eingabeparameter ist der gesuchte Schlüssel, nach dem im Suchbaum gesucht werden soll, der zweite ist der Anfang der Suche, hier mit einem Zeiger auf die Wurzel des Baumes initialisiert. Wir gehen in diesem Beispiel davon aus,

```ada
type SCHLUESSELWERT is INTEGER range 1..100_000;

type BAUM_LE (INFOLAENGE: INTEGER range 0..1000 := 0);
type Z_BAUM_LE is access BAUM_LE;
type BAUM_LE (INFOLAENGE: INTEGER range 0..1000 := 0) is
    record
        KEY: SCHLUESSELWERT;
        INFO: STRING(1..INFOLAENGE);
        LINKER_SOHN: Z_BAUM_LE := null;
        RECHTER_SOHN: Z_BAUM_LE := null;
    end record;

ZEIGER_AUF_WURZEL: Z_BAUM_LE;
    :

procedure SUCHE_IN_BAUM (GES_SCHLUESSEL: in SCHLUESSELWERT;  -- ****************
                         ANF_KNOTEN: in Z_BAUM_LE:=ZEIGER_AUF_WURZEL;      --
                         ERFOLG: out BOOLEAN; END_KNOTEN: out Z_BAUM_LE) is  --
    AKT_KNOTEN: Z_BAUM_LE := ANF_KNOTEN;                                   --
begin -----------------------------------------------------------------------
    ERFOLG := FALSE;                                                      --
    loop ----------------------------------------------------------        --
        if GES_SCHLUESSEL < AKT_KNOTEN.KEY then                  --       --
            if AKT_KNOTEN.LINKER_SOHN /= null then               --       --
                AKT_KNOTEN := AKT_KNOTEN.LINKER_SOHN;             --       --
                -- jetzt erneuter Schleifendurchlauf             --       --
            else exit; -- an Blatt angekommen,weiter bei ENDE    --       --
            end if;                                              --       --
        elsif GES_SCHLUESSEL = AKT_KNOTEN.KEY then               --       --
            ERFOLG := TRUE; exit;                                --       --
            -- Listenelement wurde gefunden, weiter bei ENDE     --       --
        else -- hier ist GES_SCHLUESSEL > AKT_KNOTEN.KEY         --       --
            if AKT_KNOTEN.RECHTER_SOHN /= null then              --       --
                AKT_KNOTEN := AKT_KNOTEN.RECHTER_SOHN;           --       --
                -- jetzt erneuter Schleifendurchlauf             --       --
            else exit; -- an Blatt angekommen,weiter bei ENDE    --       --
            end if;                                              --       --
        end if;                                                  --       --
    end loop;-----------------------------------------------------        --
  <<ENDE>>   END_KNOTEN := AKT_KNOTEN; return;                            --
end SUCHE_IN_BAUM; -- *******************************************************
```

```
procedure AKTUALISIERE_BAUM (AKT_SCHLUESSEL: in SCHLUESSELWERT; --**********
                             INFO: in STRING) is                  --
    SUCHE_ERFOLGREICH: BOOLEAN; GEF_KNOTEN: Z_BAUM_LE;            --
begin --------------------------------------------------------------------
    SUCHE_IN_BAUM( GES_SCHLUESSEL => AKT_SCHLUESSEL,              --
                   ERFOLG => SUCHE_ERFOLGREICH, END_KNOTEN => GEF_KNOTEN);  --
    if not SUCHE_ERFOLGREICH then  -- GEF_KNOTEN zeigt auf ein Blatt  --
        if AKT_SCHLUESSEL < GEF_KNOTEN.KEY then                  --
            GEF_KNOTEN.LINKER_SOHN :=                            --
                new BAUM_LE'(INFO'LENGTH,AKT_SCHLUESSEL,INFO,null,null);  --
        else  -- hier ist AKT_SCHLUESSEL > GEF_KNOTEN.KEY        --
            GEF_KNOTEN.RECHTER_SOHN :=                           --
                new BAUM_LE'(INFO'LENGTH,AKT_SCHLUESSEL,INFO,null,null);  --
        end if;                                                  --
    end if;                                                      --
    return;                                                      --
end AKTUALISIERE_BAUM;  -- ************************************************
```

Fig. 4-62: Listenverarbeitung: Suchen in Suchbaum, Aktualisieren eines Suchbaums

daß der Suchbaum nicht leer ist, daß also bereits mindestens ein Eintrag vorhanden ist. Ferner nehmen wir an, daß bei AKTUALISIERE_BAUM das Listenelement mit dem passenden Schlüssel noch nicht vorhanden ist (was müßte geändert werden, wenn wir auch Aktualisierung bereits vorhandener Listenelemente vorsehen würden?). Der erste Ausgabeparameter von SUCHE_IN_BAUM meldet Erfolg oder Mißerfolg der Suche, der zweite ist ein Zeiger auf einen Baumknoten, der im Falle des Erfolgs auf den entsprechenden Knoten zeigt, im Falle des Mißerfolgs auf das Blatt, unter dem der nicht gefundene Eintrag eingesetzt werden muß. Die Ähnlichkeit dieser Suchprozedur mit dem Programmstück aus Fig. 3-22 ist offensichtlich.

Der Leser wird sich vielleicht über die Parameter der Suchprozedur gewundert haben. Der Grund, weshalb wir im Falle des Mißerfolgs einen Zeiger auf das Blatt ausgeben, unter dem ein eventueller Eintrag stattzufinden hat, ist der, daß wir in der Prozedur AKTUALISIERE_BAUM von der Suchprozedur Gebrauch machen wollen (natürlich könnte man sich hier das Suchen überhaupt sparen, wenn man wüßte, daß die Suchprozedur selbst vorher ausgeführt wurde).

Die Schnittstelle und der Aufbau der beiden hier angegebenen Unterprogramme beherzigen eigentlich nicht die Prinzipien der Software-Technik, die wir in Kapitel 1 postuliert haben. Der Benutzer hat hier nämlich tiefste Einsicht in die Implementierung, die ihn eigentlich überhaupt nicht interessieren sollte. So sollte es für ihn beispielsweise egal sein, ob der Suchbaum über ein Feld, wie in Fig. 3-22, oder über Zeiger mit Haldenobjekten, wie hier in Fig. 4-62, realisiert ist. Für ihn sind nur die Unterprogramme interessant, die ausschließlich benutzerbezogene Daten (hier über die zu suchenden oder zu speichernden Daten) verlangen. Dies ist eine Anwendung für eine Art von Moduln, die wir im nächsten Kapitel kennenlernen werden. Alle Interna, wie etwa die Implementation des Suchbaums, werden in einem solchen Modul verkapselt und sind dann außerhalb nicht sichtbar. Die obigen Unterprogramme werden dann lediglich modulintern verwandt, nämlich zur Implementation der Schnittstellenoperationen des Moduls. Wir kommen deshalb auf dieses Suchbaumbeispiel im nächsten Kapitel noch einmal zurück.

Vergleichen wir nun die erste Realisierung des Suchbaumes, in der die einzelnen

Listenelemente Komponenten eines Feldes sind (vgl. Fig. 3-22) und die Verkettung über Feldindizes gewährleistet wird mit der eben besprochenen **Realisierung** über **Halden-elemente** und **Zeiger** (vgl. Fig. 4-62). Anders ausgedrückt: Was sind die Vorteile der neuen Realisierung der Listenbearbeitung gegenüber der alten, die auch in solchen Programmiersprachen angewandt werden kann, die nicht über ein Zeigerkonzept verfügen? Auf diese Frage gibt es zwei Antworten, nämlich Vorteile bzgl. **Sicherheit** und **Effizienz.**

Die Realisierung durch Zeiger ist sicherer, weil Zeiger typisiert sind. Ein Zeiger gibt mit seinem Typ an, auf welche Art von Haldenobjekten er zeigen darf, also z.B. auf ein Listenelement des Typs PERSON_LE . Durch evtl. Einschränkungen des Zeigers kann darüber hinaus z.B. eine Variante von PERSON_LE festgelegt werden, ein weiterer Sicherheitsaspekt, wie wir eben bereits festgestellt haben. Schließlich kann durch Laufzeitabprüfungen verhindert werden, daß etwa über einen undefinierten Zeiger zugegriffen wird. Feldindizes als "Zeiger" sind hingegen untypisiert, d.h. sie können auf alles zeigen.

Der Effizienzvorteil durch Verwendung von Zeigern gegenüber Feldindizes liegt darin, daß Zeiger in der Basismaschine auf indirekte Adressierung zurückgeführt werden, was von der Hardware her unterstützt wird. Die Verkettung über Feldindizes hingegen führt bei jedem Zugriff über einen solchen "Zeiger" zur Auswertung der sog. Speicherabbildungsfunktion, wo auf wesentlich aufwendigere Weise durch ein Maschinenprogramm erst die passende Adresse berechnet werden muß. Dieser Zeitvorteil von Zeigern wird etwas gemindert durch den zeitlichen Aufwand für das Anlegen/für die Freigabe der Haldenobjekte und die damit verbundene Speicherbereinigung.

Ein weiterer Effizienzvorteil der Zeigerrealisierung besteht darin, daß der Speicherplatz für die Listenstrukturen vom Programmierer nicht festgelegt zu werden braucht. Der Speicherbereich für die Halde ist allgemein groß genug, um "beliebige" Listenstrukturen aufzunehmen. Bei der Realisierung über Feldkomponenten muß hingegen vom Programmierer der maximale Platzbedarf für eine bestimmte Listenstruktur dadurch festgelegt werden, daß er das Feld entsprechend groß wählt. Dieser maximale Platzbedarf wird aber nur ineffizient benutzt, weil die Listenstruktur die meiste Zeit über wesentlich kleiner ist.

Wenn wir uns die Verwendung von Zeigern in diesem Abschnitt ansehen, so stellen wir fest, daß Zeiger zwei verschiedenen Aufgaben dienen: Einmal können Zeiger zur **Einrichtung** oder **Abkürzung** eines **Zugriffspfads** genommen werden. Das gilt etwa für einen konstanten Zeiger, der stets auf die Wurzel eines Suchbaums zeigt (einen sog. "Ankerzeiger"), bzw. für eine Zeigervariable, die etwa eine verzeigerte Liste durchläuft, um die Stelle herauszufinden, wo einzufügen oder zu löschen ist (ein sog. "Durchlaufzeiger"). Schließlich kann ein solcher Zeiger auch die Funktion haben, einen Zugriffspfad abzukürzen. Ein Beispiel hierfür ist ein Zeiger auf einen Teilbaum des obigen Beispiels, mit dessen Hilfe man vermeiden kann, daß die Suche jeweils bei der Wurzel des Baumes beginnt. Die zweite Rolle ist die, daß Zeiger **inhaltliche Beziehungen** zwischen Objekten widerspiegeln. So hat etwa der Zeiger EHEFRAU oder EHEMANN , der das entsprechende Listenelement mit den Daten der Ehefrau zu einem Mann oder des Ehemanns zu einer Frau anzeigt, diese Funktion. Während für die erste Art der Zeigerverwendung in der Regel Zeigerobjekte verwendet werden, die über eine Objektdeklaration deklariert sind, werden die inhaltlichen Beziehungen in der Regel durch Zeiger realisiert, die selbst Teile der Haldenobjekte sind.

Listenbearbeitung ist in Ada mit Zeigern und Haldenobjekten **bequem** möglich. Dies liegt insbesondere an der Tatsache, daß über Verbunde mit Diskriminanten bzw. Feldern mit uneingeschränkten Grenzen Listenelemente erzeugt werden können, die variabel lange Teile enthalten bzw. die in verschiedenen Varianten vorhanden sind. Dabei spielen einzig Zeiger auf Verbunde bzw. Felder eine Rolle, obwohl Ada prinzipiell Zeiger auf alle Arten zuläßt, d.h. Haldenobjekte von beliebigem Typ sein dürfen.

Wir haben festgestellt, daß Zeiger nur auf Objekte eines Typs deuten dürfen, ja daß die Haldenobjekte, die zu verschiedenen Zeigertypen gehören, sogar disjunkt sind. Darüber hinaus gibt es die Einschränkungen für Haldenobjekte, die gegebenenfalls zur Laufzeit überprüft werden. Es gibt, wie wir wissen, sogar Einschränkungen, die mit bestimmten Zeigern verbunden sind, die sich aber auf alle Objekte beziehen, auf die diese Zeiger deuten. Dadurch sind bestimmte **Konsistenzprüfungen** bei der **Listenbearbeitung** möglich, wie in Fig. 4-61, daß von dem Listenelement einer weiblichen Person stets zu dem einer männlichen Person gezeigt wird. Diese Konsistenzprüfungen beziehen sich auf Varianten bezüglich der Form von Listenelementen, nicht aber auf die Werte, die diese Listenelemente enthalten. Letztere werden durch Einschränkungen, die sich auf die Haldenobjekte selbst oder deren Komponenten. beziehen, gegebenenfalls zur Laufzeit überprüft.

Trotz dieser Maßnahmen, die zweifellos der Zuverlässigkeit bei der Programmierung dienen, sind mit dem **Zeigerkonzept** auch **Gefahren** verbunden. Eine Gefahr besteht darin, daß es mehrere Zugriffspfade zu einem Haldenobjekt geben kann, daß dieses also unter verschiedenen Namen (Namen im allgemeinen Sinn, vgl. Abschnitt 4.9) angesprochen werden kann. Dieses Problem wird in der angelsächsischen Literatur als **"aliasing"** bezeichnet. Eine Änderung über einen Zugriffspfad verändert das Objekt. Bei Zugriff über einen anderen Zugriffspfad trifft man auf ein verändertes Objekt, was an dieser Stelle des Programms überhaupt nicht ersichtlich ist. Auf der anderen Seite ist das Ansprechen über verschiedene Namen für einige Anwendungen von entscheidender Bedeutung.

Eine andere Gefahr besteht in der **Unübersichtlichkeit**, die mit mehrfach verzeigerten Listen verbunden ist. Das einfache Bild aus Figur 4-61 gibt hier bereits einen Eindruck. Es gibt Personen, die die Gefahr von Zeigern mit der von gotos vergleichen, da beides spaghettiähnliche Strukturen erzeugt. Die Konsequenz, die wir aus dieser Gefährdung ziehen müssen, ist die, diese Unübersichtlichkeit möglichst lokal zu halten, d.h. die schwierigen Details nicht über das ganze Programm zu verstreuen. Wir werden im nächsten Kapitel hierfür geeignete Modularisierungshilfsmittel kennenlernen.

Wir wollen jetzt einige Bemerkungen über die **Probleme** machen, die mit der **Halde** verbunden sind, d.h. dem Speicherbereich, in dem die zur Laufzeit erzeugten Objekte abgelegt sind. Diese Objekte sind in der Regel Verbunde als Listenelemente oder Felder, letztere z.B. für die Zusammenfassung von Zeigern. Durch Aushängen eines Listenelements aus einer Liste entsteht ein **nicht mehr ansprechbares Objekt** (engl. inaccessible object), wenn nicht ein weiterer Zeiger auf dieses Objekt deutet. Ein nicht mehr ansprechbares Haldenobjekt belegt also Speicherplatz auf der Halde, der anderweitig verwendet werden könnte.

Der Gültigkeitsbereich eines Haldenobjekts und seine Lebensdauer läßt sich nicht aus der Programmstelle, an der der entsprechende Generator steht, ableiten, wie dies bei Objektdeklarationen der Fall ist. Das heißt also insbesondere, daß diese Haldenobjekte nicht im bisherigen Sinne der Blockstruktur unterliegen. So ist das Haldenobjekt, das an der Programmstelle (1) von Fig. 4-63 erzeugt wird, nicht nur bis zum nächsten Blockende gültig, und es existiert auch entsprechend länger. Dies ist der Hauptgrund für das Ablegen in einem anderen Speicherbereich. Andererseits nehmen alle Haldenobjekterzeugungen Bezug auf genau eine Zeigertypdeklaration, da Haldenobjekte in Ada nur

176

```
declare

   type ZEIGER is access H_TYP;

   P: ZEIGER;

begin

   begin

      P := new H_TYP'(...);  --(1)

      ...

   end;

   ...

end;                          --(2)
```

Fig. 4-63: Gültigkeistsbereich
            Zeiger, Lebensdauer
            Haldenobjekte

über Zeiger dieses Typs erreichbar sind. Somit ergibt sich generell, daß alle Haldenobjekte zu einem Zeigertyp nicht mehr gültig sind, wenn der Gültigkeitsbereich der entsprechenden Zeigertypdeklaration verlassen wird. In unserem Beispiel ist dies Programmstelle (2). Jetzt kann der Speicherplatz aller Haldenobjekte dieses Typs für anderweitige Verwendung freigegeben werden. Den Vorgang des Herausfindens, welche Objekte nicht mehr zugreifbar sind, und die Bereitstellung dieses Speicherbereichs für anderweitige Zwecke nennt man **Speicherbereinigung** (engl. garbage collection). Dies ist ein zeitaufwendiger Vorgang. Der Benutzer braucht sich darum in der Regel nicht zu kümmern. Die Speicherbereinigungsroutine wird vom Programmiersystem zur Verfügung gestellt, und die Speicherbereinigung wird meist automatisch angestoßen. Ada legt allerdings nicht fest, daß eine Sprachimplementation über eine Speicherbereinigung verfügen muß.

Für Anwendungen, die **effiziente Haldenverwaltung** voraussetzen, bietet Ada einige Hilfsmittel (vgl. Fig. 4-64). Diese Hilfsmittel sind, wie wir gleich sehen werden, nicht immer ungefährlich. Der Programmierer ist für sich evtl. ergebende Probleme selbst verantwortlich.

So kann etwa durch das Pragma CONTROLLED angegeben werden, daß aus Zeitgründen auf eine **Speicherbereinigung** für die Haldenobjekte eines Typs **verzichtet** werden soll, bis auf die Freigabe aller Haldenobjekte beim Verlassen des Gültigkeitsbereichs der entsprechenden Zeigertypdeklaration (s.o.).

Ferner kann durch eine sogenannte **Längenspezifikation** der maximale Speicherbedarf für die Haldenobjekte zu einem Zeigertyp vom Programmierer vorgegeben werden. Der darin verwendete Ausdruck muß nicht statisch sein. In einem solchen Falle kann das Laufzeitpaket zum einen auf eine Speicherbereinigung verzichten, zum anderen kann dann der entsprechende Haldenbereich als Block im Laufzeitkeller abgelegt werden, und zwar in dem Aktivierungsblock, der zu den Deklarationen gehört, in denen die Zeigertypdeklaration steht (vgl. Standardliteratur aus Literaturabschnitt 6). Die Freigabe des Speicherplatzes für die Haldenobjekte erfolgt dann automatisch mit der Kellerverwaltung.

Ferner gibt es in der Sprache eine vordefinierte Bibliotheksroutine, aus der eine **explizite Freigabeprozedur** für die Haldenobjekte zu jedem Zeigertyp geschaffen werden kann. Den Mechanismus zur Erzeugung einer Freigabeprozedur für einen bestimmten Zeigertyp besprechen wir im nächsten Kapitel. Der Aufruf der entsprechenden Freigabeprozedur mit einem Zeiger, der auf ein Haldenobjekt deutet, bewirkt zweierlei. Zum einen ist von da an der Zeigerwert **null**, zum anderen wird das Objekt, auf das der Zeiger gedeutet hat, als frei gekennzeichnet. Eine Speicherbereinigungsroutine geht jetzt davon aus, daß dieser Speicherbereich anderweitig verwendet werden darf und sammelt ihn zu gegebener Zeit auf. Hat der Programmierer versäumt, andere Zeiger, die auf dieses Objekt deuten, zu löschen oder umzusetzen, so entstehen bei Zugriff über diese Zeiger unvorhersehbare Ereignisse. Solche Zeiger, die gegebenenfalls auf nichts deuten, heißen **hängende Zeiger** (engl. dangling references).

Alle diese Konzepte sind mit der nötigen Vorsicht zu behandeln. Schließlich sei noch erwähnt, daß die Ausnahme STORAGE_ERROR erweckt wird, wenn bei Auswertung eines Generators für das zu erzeugende Haldenobjekt nicht mehr genügend Speicherplatz (auf der Halde oder im Laufzeitkeller) zur Verfügung steht.

pragma CONTROLLED (*access_type_*simple_name);

for ZEIGER_TYP'STORAGE_SIZE **use** N*K; -- Laengenspezifikation (vgl. 7.2)

FREE(ZEIGER);   -- FREE wurde fuer Typ ZEIGER passend erzeugt (vgl. 5.1, 7.2)

Fig. 4-64: Hilfsmittel zur effizienten Haldenverwaltung

Zum Ende dieses Abschnitts wollen wir noch einmal die **verschiedenen Typen** klassifizieren, die wir bisher kennengelernt haben. Da waren zunächst die skalaren, also unstrukturierten Typen. Hierunter fallen die diskreten Datentypen, die eine Zusammenfassung der ganzzzahligen Datentypen und der Aufzählungsdatentypen sind, und die numerisch-reellen Datentypen als Zusammenfassung der Gleitpunkt-Datentypen und Festpunkt-Datentypen. Als strukturierte Datentypen haben wir die Verbundtypen und die Feldtypen kennengelernt, die sich wiederum in verschiedene Fälle unterteilen, wie in diesem Kapitel detailliert erläutert wurde, und die intern wiederum beliebig kompliziert sein dürfen. Schließlich sind die Zeigertypen zu nennen, die auf Haldenobjekte beliebig komplizierten Typs deuten dürfen.

Als Mechanismus, der nicht zur Strukturierung, sondern zur "Erzeugung" von Typen dient, haben wir die abgeleiteten Typen kennengelernt. Eine weitere Art von Typen, die sich nicht auf die Strukturierung, sondern auf die Verwendung von Typen im Zusammenhang mit Modularisierungsideen bezieht, sind die privaten Typen, die wir im nächsten Kapitel kennenlernen. Schließlich kommt noch ein Mechanismus hinzu (nämlich der der Generizität), der uns gestattet, "Typschablonen" einzuführen, um so die gemeinsame Behandlung von Objekten einer "Typklasse" auszudrücken. Die Erläuterung folgt ebenfalls im nächsten Kapitel.

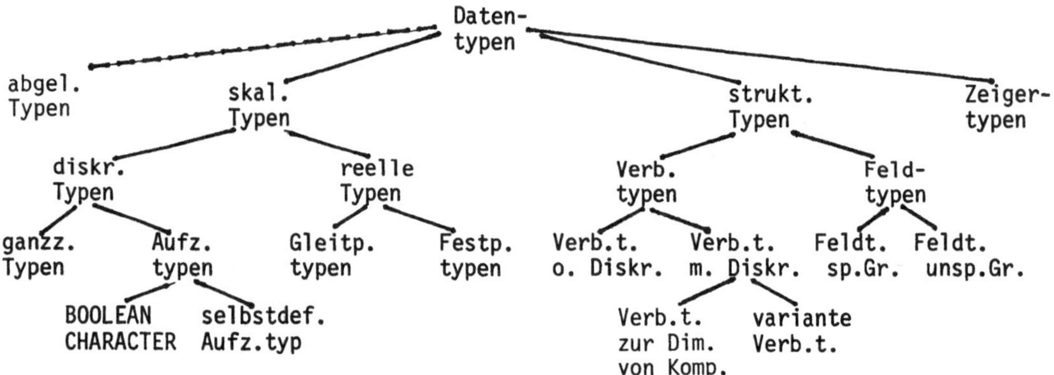

AUFGABEN ZU KAP. 4

1) Man schreibe eine Prozedur STELLE_ZEUGNIS_AUS , die Fach und Note in Kurzform einliest, z.B. F 2 für "Französisch" und "gut", und die die Langform ausdruckt. Schließlich soll das Zeugnis einen Versetzungsvermerk enthalten und die Angabe der Durchschnittsnote.

2) Um sich die verschiedenen Möglichkeiten für Feldaggregate zu verdeutlichen, gebe der Leser EBNFs an, die (1) nur die Feldaggregate ohne benannte Komponente beschreiben einschl. des others-Falls, die (2) nur Feldaggregate mit benannten Komponenten beschreiben, ebenfalls mit others-Fall. In beiden Fällen soll die Regel, daß der others-Fall nur als letzter auftreten darf, in den EBNFs berücksichtigt werden.

3) Initialisieren Sie eine reelle 4 x 4-Einheitsmatrix (Komponente etwa vom vordefinierten Typ FLOAT) einmal nur durch ein Aggregat und dann mit Aggregat und Schleife.

4) Modifizieren Sie die Prozedur G_BUCHSTABEN ZAEHLUNG aus Beispiel 4-14 dahingehend, daß die veränderte Prozedur BUCHSTABEN ZAEHLUNG Groß- und Kleinbuchstaben berücksichtigt. Die Zählung soll aber für Groß- und Kleinbuchstaben zusammengefaßt werden.

5) Ist **type** GROSSES_FELD **is array** (INTEGER, INTEGER) **of** FLOAT; eine zulässige Typdeklaration? Ist dies eine mit unspezifizierten Grenzen oder eine mit spezifizierten Grenzen? Ist ein Objekt dieses Typs auf einer Basismaschine darstellbar?

6) Ein Labyrinth sei hier ein rechteckiges Gebilde beliebiger Größe mit einem einzigen Ausgang, das Wege und Mauern enthalte, so daß es im Innern keinen geschlossenen Weg gibt, und daß von jedem Feld im Innern, das keine Mauer ist, der Ausgang erreicht werden kann (Labyrinth ohne Inseln). Aus solchen Labyrinthen findet man, auf irgendeinen inneren Wegpunkt gesetzt, stets durch die rechte-Hand-Regel heraus: Man laufe immer so, daß die rechte Hand stets eine Mauer berührt. Schreiben Sie eine entsprechende Prozedur. Was ist jetzt lediglich für die bis-

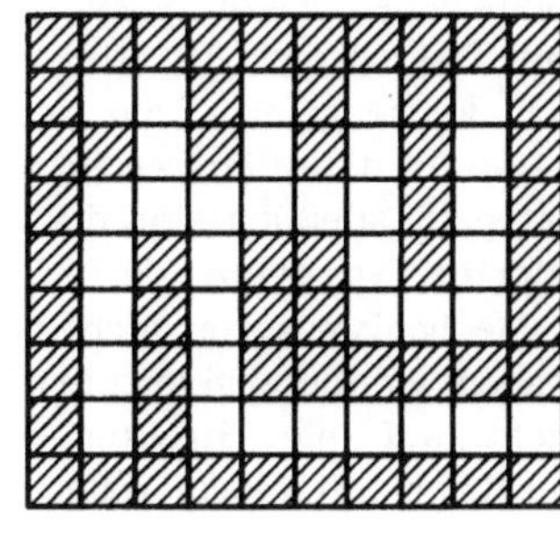

her erstellte Lösung zu tun, wenn das Labyrinth nun auch einen Eingang hat, und man am Eingang in das Labyrinth eintritt und den Ausgang finden will?

7) In Algol 68 gibt es sogenannte flexible Felder, deren Platzbedarf im Gültigkeitsbereich der Deklaration durch Zuweisung an weitere bisher noch nicht vorgesehene Komponenten zur Laufzeit beliebig erweitert werden kann. Damit kann an der Stelle der Deklaration eines Feldes über dessen endgültigen Platzbedarf keine Aussage gemacht werden. Haben die Felder mit unspezifizierten Grenzen von Ada hiermit irgendetwas zu tun?

8) Man schreibe nach dem Muster von Beispiel 4-17 ein Unterprogramm zur Multiplikation zweier beliebiger Matrizen. Am Anfang wird im Unterprogramm abgeprüft, ob die Zeilenlänge der ersten Matrix mit der Spaltenlänge der zweiten übereinstimmt. Ist dies nicht der Fall, so werde eine Ausnahme erweckt, die als global vereinbart angenommen werde.

9) Man schreibe eine aus nur wenigen Zeilen bestehende Prozedur nach dem Schema von Beispiel 4-17, die durch Aufruf von QUICKSORT (vgl. Fig. 4-19) ein Feld beliebiger Größe sortiert. Was ist hier lediglich zu tun, wenn auf ein anderes Sortierverfahren übergegangen werden soll?

10) Will man nicht nur Buchstaben- oder nicht nur Ziffern-Zeichenketten vergleichen, sondern solche, die Buchstaben, Ziffern, Leerzeichen und Sonderzeichen enthalten, so muß man eine totale Ordnung auf sämtlichen Zeichen des Zeichenvorrats haben. Neben den Ordnungsbeziehungen auf Buchstaben und Ziffern liegt in Ada folgendes fest (vgl. Paket STANDARD im Sprachreport): 1) Die nichtabdruckbaren Sonderzeichen stehen vor allen anderen Zeichen, 2) ' '<'0', 3) '9'<'A' , 4) 'Z'<'a' etc.
Welche der folgenden Vergleichsoperationen ist wahr, welche falsch:
"AA"<"A1"   "elan">"ELAN"   "100"<"2"   "a">"aa"   ASCII.CR<"CR"
Definieren Sie den Begriff der lexikographischen Ordnung über einer beliebigen endlichen geordneten Menge (Alphabet).

11) Man gebe, analog zu Aufgabe 2), die EBNF-Notation für die verschiedenen Formen von Verbundaggregaten an.

12) Der Leser mache sich den Unterschied zwischen einem Verbundtyp, der ein dynamisches Feld enthält, und einem Verbundtyp mit Diskriminanten für die Größenangabe eines in ihm enthaltenen Feldes klar. Wie könnten die Verbundtypen mit Diskriminanten zur Größenbestimmung simuliert werden, wenn dieses Konzept in Ada nicht enthalten wäre?

13) Der Begriff Typäquivalenz ist hier in Ada eigentlich nicht mehr angebracht, denn jede Klasse äquivalenter Typen besteht aus einem einzigen Typ, da jede Typdefinition einen neuen Typ einführt. Der interessierte Leser lese im /3. Ic 79b/ oder in der Standardliteratur des Literaturabschnitts 4 nach, welche anderen Auffassungen von Typenäquivalenz es in anderen Programmiersprachen gibt, und warum sich die Entwerfer von Ada für diese extreme Auffassung entschieden haben.

14) In Abschnitt 4.6 wurde eingeführt, daß sich die abgeleiteten Typen aus der Dimensionsvorstellung der Physik und bestimmten Überlegungen zur Programmsicherheit entwickelt haben, der Dimensionsvorstellung aber nicht nahe genug kommen (vgl. Ende des Abschnitts). Wie müßte man vorgehen, um etwa für die Begriffe Länge, Zeit, Geschwindigkeit, Beschleunigung einen Operationensatz zu definieren, der innerhalb dieser Dimensionengruppe bleibt?

15) Durch eine Untertypdeklaration der Form `INTEGER range -32_768 .. 32_767` haben wir eine Bereichsüberschreitung auf einer neuen Basismaschine nach Portierung auf die Ausnahmebehandlung mit `CONSTRAINT_ERROR` vor der Portierung zurückgespielt. Inwieweit ist dies nicht ganz richtig, d.h. in welchen Fällen würde ein Programm mit obiger Untertypdeklaration nach Portierung auf eine 16-Bit-Maschine (mit Darstellung der Objekte von `INTEGER` in einem Wort) noch unterschiedliches Verhalten zeigen können?

16) Betrachten wir die folgende Gleitpunkttypdeklaration:
type R **is digits** D **range** L .. R;
Zur Darstellung der Mantisse mit D Dezimalziffern als Binärmantisse sind B = ⌈D* ld(10)+1⌉ Binärstellen nötig (ld ist der Zweierlogarithmus, ⌈r⌉ ist die nächste ganze Zahl mit Wert >r). Überlegen Sie, warum dies so ist. Die Modellzahlen haben die Form Vorzeichen * Binaermantisse * (2**Exponent) mit:
das Vorzeichen ist +1 oder -1,
die Binärmantisse hat stets einen Wert b mit $0.5 < b < 1$,
die Binärmantisse hat genau B Binärstellen hinter dem Punkt,
der Exponent ist ganzzahlig im Bereich -4*B .. 4*B
Ferner ist 0 eine Modellzahl. Die Bereichseinschränkung hat also keinen Einfluß auf den Darstellungsbereich, sie wirkt, wie bisher, als zusätzliche Einschränkung.

a) Betrachten Sie den vordefinierten Gleitpunktdatentyp `SHORT_FLOAT` , der auf einer 16-Bit-Maschine ein Maschinenwort einnehme, den Datentyp `FLOAT` mit der Darstellung in einem Maschinenwort auf einer 32-Bit-Anlage und schließlich `LONG_FLOAT` als Doppelwort auf einer 32-Bit-Maschine. Welche Modellzahlen sind hierauf abbildbar, d.h. insbesondere welches D ist möglich? (Hinweis: Aufteilung Mantisse zu Exponent im Verhältnis 3 : 1, Vorzeichenbit bei Mantisse und Exponent nicht vergessen!)
b) Welche Wortlänge ist mindestens erforderlich, damit die folgenden Gleitpunkttypdeklarationen auf einem vordefinierten Typ `FLOAT` abgebildet werden können, dessen Objekte in ein Maschinenwort passen sollen:
type R_8 **is digits** 8 **range** -1.0E30..1.0E30;
type R_10 **is digits** 10 **range** -1.0E2..1.0E2;

17) Für einen Festpunkt-Datentyp bleibt `klein` (vgl. Einführung der Festpunkt-Modellzahlen in Abschnitt 4.8) unverändert. Damit können die Festpunktoperationen ohne das `klein` nämlich mithilfe von ganzzahliger Arithmetik durchgeführt werden. Somit ist `klein` nichts anderes, als die Angabe der Stellung des Dualpunkts. Machen Sie sich dieses klar.

18) Wir haben in Abschnitt 4.8 festgestellt, daß Bilanzrechnungen mit Festpunkt-Datentypen nicht durchführbar sind. Man kann Bilanzrechnungen aber auf ganzzahlige Arithmetik abbilden, indem man sich die Stellung des Dezimalpunkts merkt. Wie funktioniert das? Falls Sie bereits Kap. 5 gelesen haben: Wie könnte dies in Ada mithilfe des Paketkonzepts realisiert werden?

19) Man überlege sich eine interne Darstellung des Typs PREIS_BIS_100_000 und FRAC aus Fig. 4-47 unter der Annahme, daß die Objekte als gemischte Binärzahlen (also mit ganzzahligem und gebrochenem Anteil) im Rechner dargestellt werden. Wie wird dann 10.3 und 3.78 bzw. 0.875 im Rechner dargestellt? Wie könnte für PREIS_BIS_100_000 eine exakte Darstellung mithilfe ganzer Zahlen aussehen?

20) Man schreibe einen mathematischen Ausdruck der Form

$$\frac{(1 + \alpha)^{-\alpha^2}}{L\alpha^{-\pi^2}}$$

in Ada-Syntax.

21) Im Gegensatz zur Addition und Multiplikation ist bei mehrfacher Exponentiation die Reihenfolge der Auswertung nicht (ungefähr) gleich, d.h. der Operator ** ist nicht assoziativ. So ist (2**3)**2 = 64 , aber 2**(3**2) = 512 . Das gleiche gilt bei Mischung der logischen Operatoren. Man überlege sich zwei Boolesche Ausdrücke mit **and** und **or** , die sich nur durch verschiedene Klammerung unterscheiden, die aber für bestimmte Werte der darin vorkommenden Booleschen Variablen unterschiedliche Wahrheitswerte liefern. Letztlich sind in Ada auch keine mehrfachen relationalen Ausdrücke erlaubt, wie etwa A=B=C . Alle diese Möglichkeiten sind von der Syntax ausgeschlossen! Wie wird das erreicht? Wie kann man dennoch beliebig zusammengesetzte Ausdrücke erhalten?

22) Welche der folgenden Ausdrücke sind syntaktisch richtig, welche falsch, welche zwar syntaktisch richtig, aber semantisch unsinnig? Dabei seien I,J,K,L Objekte eines bestimmten ganzzahligen Typs, R,S,T,U,V eines Gleitpunkttyps, A,B des Typs BOOLEAN :

```
A and B or R >=T        4.0*U*V-B**0.5          ((T*(R* *I))+(U/J))

I in K..2*K    and then F<>0 or else K in NATURAL    -PI * FLOAT(T)

FLOAT'(T)       PASSWORT(1..5)="GEORG"<="WRDLPRMFT"    F * G - H

PERSON.VATER and MUTTER = null     G = 0.00001       U = OG - EPSILON
```

23) Eine Symbolliste (sie wird während der Übersetzung eines Programms gebraucht) bestehe aus Einträgen der folgenden Art: beliebig langer Bezeichner und weitere Information (z.B. für Typ, Block-/Prozedur-Nr., relative Adresse etc.). Sie werde als binärer Suchbaum realisiert. Das Suchkriterium ist hier der Bezeichner selbst. Man realisiere analog zu Fig. 4-62 eine Prozedur EINFUEGE , die einen neuen Eintrag in den binären Suchbaum einfügt. Der binäre Suchbaum ist wieder als verkettete Liste mit Zeigern und Haldenobjekten zu realisieren. Der Einfachheit halber gehe man davon aus, daß der gleiche Bezeichner in keinem Deklarationsteil eines Programms noch einmal vorkommt (also keine Objekte mit dem gleichen Bezeichner, keine Überladung).

24) Für eine doppelt verkettete lineare Liste mit Listenelementen SCHLUESSEL , INFORMATION (beliebig lang), PRED , SUCC (Zeiger auf Nachfolger bzw. Vorgänger) realisiere man die Boolesche Funktion FIND und die beiden Prozeduren INSERT und DELETE für Einfügen und Löschen eines Listenelements.

25) In Beispiel 3-21 haben wir Listenverarbeitung über Feldelemente und Feldindizes kennengelernt, in Abschnitt 4.10 über Zeiger und Haldenobjekte. In letzterem Falle handelt man sich einigen Aufwand durch die Haldenverwaltung ein (vgl. Ende Abschnitt 4.10). Warum ist die erste Alternative der Listenverarbeitung trotzdem ineffizienter? Versuchen Sie sich zu erinnern.

26) Warum gibt es auf der Halde keine uneingeschränkten Objekte, also etwa Verbundobjekte, die während ihrer Lebensdauer verschiedene Varianten annehmen können?

5 PROGRAMMIEREN IM GROSSEN

Für die Abwicklung großer Softwareprojekte sind Methoden, Werkzeuge und Organisationsformen der Softwaretechnik nötig. Diese orientieren sich an einer Einteilung der Aktivitäten in Phasen. Erinnern wir uns an die Grundbegriffe: Nach der Problemanalyse folgt der Entwurf. Grundlage hierfür ist das Ergebnis der Problemanalyse, die Anforderungsdefinition. Während des Entwurfs wird ein Modell des Gesamtsystems erstellt. Hierzu ist dieses in überschaubare Einheiten mit festgelegter Aufgabe (Moduln) zu zerlegen, und deren Querbezüge sind festzulegen. Dabei stellt jeder Modul nach außen bestimmte Ressourcen zur Verfügung (Export). Diese werden später durch die Implementierung des Moduls realisiert, allerdings im allgemeinen unter Verwendung der Ressourcen anderer Moduln (Import). Das Ergebnis dieser Phase des Software-Lebenszyklus ist die Spezifikation, die insbesondere die **Architektur** des zu erstellenden **Softwaresystems** festlegt.

Eine Softwarearchitektur wird in einer bestimmten Notation festgehalten. Dieser Notation - oft handelt es sich um eine graphische Darstellung - sollten gewisse konzeptuelle Überlegungen zugrunde liegen, die insbesondere festlegen, für welche Zwecke man Moduln verwenden will, welche Art von Beziehungen man zwischen verschiedenen Moduln festlegen will, und welche Situationen in einer Softwarearchitektur man als konsistent oder inkonsistent ansehen will. Solcherart Festlegungen bezeichnet man auch als **Modulkonzept.** Die Systemarchitektur wird also in einer Notation festgehalten, der ein Modulkonzept zugrunde liegt. Modulkonzepte sind zwar einerseits prinzipiell programmiersprachenunabhängig, doch zeigt es sich andererseits, daß sie durch Konzepte von Programmiersprachen stark beeinflußt sind.

Die Vorstellung, daß die **Implementierung** der einzelnen Moduln erst **nach** Abschluß der **Entwurfsspezifikation** angegangen wird, ist in gewisser Weise eine **idealisierende Sicht.** In vielen Fällen wird nämlich die Notwendigkeit einzelner Moduln erst dann deutlich werden, wenn man einen anderen Modul implementiert (seinen Rumpf ausformuliert) und feststellt, daß man diese Moduln zur Realisierung braucht. Unsere idealisierende Sicht geht statt dessen davon aus, daß die Rümpfe der einzelnen Moduln noch leer sind, wenn die Spezifikation (die Softwarearchitektur) erstellt wird, wir gleichwohl genau wissen, welche anderen Moduln wir zur Realisierung benötigen, und diese in die Architektur an passender Stelle einhängen. In praxi werden also Entwurf und Implementierung manchmal verzahnt ablaufen in dem Sinne, daß bei der Implementierung in den Entwurf zurückgegangen werden muß. Trotz dieser Idealisierung wollen wir die Trennung zwischen Entwurfsspezifikation (Softwarearchitektur) und Implementationen beibehalten und annehmen, daß erstere fertig ist bevor wir letztere erstellen.

In der Regel wird nicht nur in der Entwurfsphase mit mehr oder minder fertigen Spezifikationen umgegangen. Auch in der Wartungsphase muß oft für Neuanpassungen bzw. Fehlerbeseitigungen die Spezifikation geändert oder eventuell grundlegend revidiert werden. Die neuerstellte oder veränderte Spezifikation ist dann in eine Programmiersprache zu übertragen. Ferner sind in der Funktions-/Leistungsüberprüfung die einzelnen Moduln und Teilsysteme zu integrieren und zu überprüfen. Auch hier sind Aktivitäten auf der Ebene oberhalb von Moduln nötig. Alle diese Aktivitäten der Erstellung, Änderung und Übertragung der Spezifikation und ebenso der Integration von Teilsystemen haben wir das **Programmieren im Großen** genannt.

Die Übertragung des syntaktischen Teils einer Entwurfsspezifikation, d.h. einer Softwarearchitektur, in die Programmiersprache Ada ist kein Problem, da Ada eine Reihe von sehr allgemeinen Konzepten besitzt, die speziell für das Programmieren im Großen eingeführt wurden. Es ist deshalb sogar denkbar, daß der syntaktische Teil der Spezifikation in Ada selbst formuliert wird. Das gleiche gilt für die Durchführung von Änderungen der Spezifikation, sowie für die Integration von Teilsystemen bzw. die Änderung von Programmsystemen. Schließlich sind hier noch die Sprachkonzepte zu erwähnen, die Anpaßbarkeit und Übertragbarkeit von Programmsystemen fördern. Da Ada mit der Zielsetzung der Unterstützung aller dieser Aktivitäten/Eigenschaften entworfen wurde, kann man Ada ohne Übertreibung als **Softwaretechnik-Programmiersprache** bezeichnen.

Im ersten Abschnitt dieses Kapitels gehen wir auf das Konzept der Generizität ein, einen Ada-Mechanismus, mit dem man von größeren Programmeinheiten verschiedene Varianten erzeugen kann und somit die gemeinsamen Anteile solcher Varianten nur einmal niederschreiben muß. Darauf folgt die Erläuterung der Ada-Notation für Moduln, die Pakete heißen. Schließlich klären wir im darauffolgenden Abschnitt die Begriffe Gültigkeit und Sichtbarkeit, jetzt unter Einschluß der Pakete. Ein Abschnitt über die Hilfsmittel zur Zerlegung eines Programmsystems in getrennt bearbeitbare und getrennt übersetzbare Programmeinheiten schließt sich an. Alle diese Abschnitte dienen der Erläuterung der **Konstrukte,** die Ada **für** das **Programmieren im Großen** zur Verfügung stellt. Hier steht der Gesichtspunkt "Was gibt es hierfür in Ada?" im Vordergrund.

Der Rest des Kapitels erläutert die **methodische Verwendung** dieser Konstrukte. Hier steht also die Frage "Wie kann man mit obigen Konstrukten sinnvoll umgehen?" im Brennpunkt. Hierzu wird detailliert (aber keineswegs abschließend) ein Modulkonzept vorgestellt, d.h. es werden Modularten und mögliche Beziehungen zwischen Moduln studiert. Es sei hier gleich zu Anfang dieses Kapitels festgestellt, daß es eine allgemeine Übereinkunft über ein Modulkonzept nicht gibt. Geht man von einem anderen Modulkonzept aus, so gelangt man zweifelsohne zu anderen Spezifikationen und damit auch zu anderen Ada-Programmen.

Dieses Kapitel behandelt **sequentiell**o Programmierung im Großen. Aspekte der Nebenläufigkeit und das zugehörige Ada-Konstrukt (Task, Prozeß) bleiben dem nächsten Kapitel vorbehalten, obwohl auch die T*i* k ein Konstrukt für das Programmieren im Großen ist.

Der Leser wird gebeten, im Fa*i* von Verständnisschwierigkeiten zunächst weiterzulesen. Wir hoffen, daß diese sich oann im Laufe der Erörterung auflösen. So wird der Sinn von Paketen wohl erst nach Erläuterung der verschiedenen Modularten, die man mit ihnen realisieren kann, klar werden und die getrennte Übersetzbarkeit erst nach Erläuterung von Modulbeziehungen.

5.1 GENERISCHE UNTERPROGRAMME UND DER GENERISCHE MECHANISMUS

Wir haben bereits eine Reihe von Abstraktionsmechanismen auf der Ablaufstrukturseite kennengelernt, d.h. von Mechanismen, ein Stück Quelltext an verschiedenen Programmstellen bzw. wiederholt zu verwenden. Das begann mit den Schleifen und endete bisher mit den Unterprogrammen, die im allgemeinen parametrisiert sind. Deren formale Parameter sind **Datenobjekte,** die allerdings beliebig kompliziert aufgebaut sein dürfen, d.h. deren Typ beliebig strukturiert sein kann. Ist dieser Typ ein Feldtyp mit unspezifizierten Grenzen bzw. ein Verbundtyp mit Diskriminanten (zum Zwecke der Größenfestlegung einzelner Verbundkomponenten bzw. zur Auswahl einer von mehreren

Varianten), so liegt die **Struktur** der Parameter somit **nicht** völlig **fest**; sie wird erst in einer zweiten Stufe, nämlich beim Aufruf, festgelegt. Trotzdem waren wir in der Lage, ein Unterprogramm für solche Parameter zu schreiben, indem wir die Angaben über den Feldparameter innerhalb des Unterprogramms erfragt haben (vgl. Bsp. 4-17), oder indem wir auf die Diskriminante zugriffen, um eine unterschiedliche Behandlung des Verbundes, je nach Wert der Diskriminante, einzuleiten.

Es gibt aber Fälle, in denen man über die Struktur der Parameter überhaupt keine Aussagen machen kann, z.B. wenn man eine Sortierroutine schreiben will, die Feldkomponenten sortiert, von deren Struktur man lediglich weiß, daß sie eine Schlüsselkomponente und ein Informationsfeld enthalten. Ein anderer einfacher Fall ist in Fig. 5-1 angegeben, nämlich eine Prozedur, die die Werte zweier Variabler beliebiger Struktur vertauscht. Es wäre nun nicht sinnvoll, für alle in Frage kommenden Typen jeweils eine eigene Prozedur zu schreiben, da der Rumpf aller dieser Prozeduren praktisch gleich wäre. Was man hier haben müßte, wären **Parameter** einer Prozedur, die keine Variablen, sondern **Typen** sind.

Ein anderer, ähnlicher Fall ist der, daß in einem Unterprogramm ein anderes benötigt wird, von dem man lediglich die Parametertypen und ggf. den Ergebnistyp anzugeben braucht (z.B. eine grafische Routine, die verschiedene Funktionen zeichnen soll). Für solche Fälle hat man in anderen Programmiersprachen formale Parameter für **Unterprogramme** eingeführt.

Ada hat auf die Einführung formaler Typen und formaler Unterprogramme verzichtet. Das Konzept der strengen Typisierung läßt dies nicht zu (vgl. Begründung des Language Design Rationales). Ada besitzt für solche Fälle den Mechanismus der **Generizität**. Dieser Mechanismus ist für Unterprogramme und für Pakete (vgl. nächster Abschnitt) anwendbar und hat dort eine noch stärkere Bedeutung als für Unterprogramme. Wir erläutern ihn deshalb in diesem Kapitel, allerdings der Einfachheit halber zunächst für Unterprogramme in diesem Abschnitt. Die entsprechenden Programmbausteine nennen wir **generische Unterprogramme**. Was wir hier für generische Unterprogramme erläutern, gilt jedoch gleichermaßen auch für generische Pakete, die wir im nächsten Abschnitt erläutern.

```
generic type T is private; ------------------ generischer Teil+Unterprogramm-
procedure VERTAUSCHE(X,Y: in out T); -------- spezifikation=gen. Unterprogr.dekl.

procedure VERTAUSCHE(X,Y: in out T) is ------ Rumpf des zugehoerigen
   ZW_SPEICHER: constant T := X;           -- generischen Unterpro-
begin                                      -- gramms: Hier wird
   X := Y;                                 -- von dem formalen gene-
   Y := ZW_SPEICHER;                       -- rischen Parameter
end VERTAUSCHE; ---------------------------- Gebrauch gemacht.


procedure VERTAUSCHE_VEKTOR is new VERTAUSCHE(VEKTOR_T);   -- VEKTOR_T sei
                                   -- irgendein Feldtyp = akt. gen. Parameter
procedure VERTAUSCHE_VERBUND is new VERTAUSCHE(VERBUND_T);-- VERBUND_T sei
                                   -- irgendein Verbundtyp
```

Fig. 5-1: generische Prozedur: Deklaration und Erzeugung von Ausprägungen

Generische Unterprogramme können nicht direkt aufgerufen werden. Sie sind lediglich **Schablonen** für je eine Klasse von Unterprogrammen. Durch Angabe der aktuellen generischen Parameter wird aus der Schablone zur Übersetzungszeit durch eine textuelle Ersetzung (in etwa vergleichbar mit der Makroexpansion) ein Unterprogramm, das dann, wie üblich mit aktuellen Parametern versehen, zur Laufzeit aufgerufen werden kann. Wir haben hier somit wieder ein zweistufiges Konzept. Analoges gilt später für generische Pakete und daraus erzeugte Exemplare. Diese textuelle Ersetzung nennen wir **generische Ausprägung** (generische Exemplarerzeugung, engl. generic instantiation).

Betrachten wir wieder das obige Vertauschungsbeispiel von Fig. 5-1: Das vollständige Hinschreiben verschiedenster Vertauschungsprozeduren nimmt uns der generische Mechanismus ab, wir müssen nur für jeden Typ, für den wir eine Vertauschungsprozedur brauchen, eine generische Ausprägung erzeugen. Bei dieser generischen Erzeugung gibt man lediglich aktuelle Werte für die generischen Parameter an. Das sind diejenigen Parameter, die im generischen Teil auftauchen, mit dem die generische Unterprogramm- deklaration beginnt. In dem Vertauschungsbeispiel ist dies nur die Angabe des Typs, dessen Werte vertauscht werden sollen. Jetzt ergeben sich als generische Ausprägungen die Prozeduren `VERTAUSCHE_VEKTOR` bzw. `VERTAUSCHE_VERBUND` , die formale Parameter des Typs `VEKTOR_T` bzw. `VERBUND_T` haben. Wir gehen auf die Syntax der generischen Erzeugung unten noch genauer ein.

Wir hätten den verschiedenen Ausprägungen `VERTAUSCHE_VEKTOR` und `VER TAUSCHE_VERBUND` auch den gleichen Prozedurbezeichner geben können; wir hätten dann diesen Prozedurbezeichner überladen. Es ist ferner klar, daß der vom Compiler erzeugte Code für verschiedene Ausprägungen stark unterschiedlich sein kann. So sieht der Code für eine Ausprägung, die zwei ganzzahlige Werte vertauscht, sicher ganz anders aus, als der für eine Ausprägung, die Felder vertauscht. (Schließlich können wir dem Compiler mit dem Pragma `INLINE` auch für eine generische Ausprägung einer Prozedur empfehlen, den Rumpf an jeder Aufrufstelle einzukopieren. Wir erhalten dann zur Übersetzungszeit ein zweistufiges Textersetzungsschema.)

Betrachten wir nun die **generische Unterprogrammdeklaration**, als Spezialfall der generischen Deklaration, etwas genauer. Ihre Syntax ist in Fig. 5-2 angegeben. Sie besteht aus dem **generischen formalen Teil** und einer folgenden Unterprogrammspezifi- kation. Wir wissen, daß diese Spezifikation im "Rumpf" (das ist das vollständige Unterprogramm, vgl. Abschnitt 3.8) noch einmal wiederholt werden muß. Der generische Teil besteht aus einer Liste formaler generischer Parameter, die durch das Wortsymbol **generic** eingeleitet wird. Im obigen Vertauschungsbeispiel 5-1 enthält diese Liste nur eine einzige Typangabe. Der Zusatz **is private** bedeutet hierbei, daß wir weder die Struktur der Objekte noch die Operationen dieses Typs kennen (privater Typ), sondern daß wir statt dessen nur Operationen anwenden wollen, die keine Kenntnis der Internstruktur voraussetzen, weil sie für alle Typen gelten. Die private Typdeklaration ist übrigens die letzte Form einer Typdeklaration, die in Ada vorkommen kann. Von den formalen generischen Parametern wird im Rumpf des generischen Unterprogramms natürlich Gebrauch gemacht. In unserem Beispiel geschieht dies dadurch, daß zwei Objekte des formalen generischen Typs einander zugewiesen werden, nachdem der Wert des einen Objekts in einen Hilfsspeicher gerettet wurde. Zuweisungen sind auch für private Typen möglich, da wir hierbei über die Struktur der Datenobjekte nichts aussagen müssen. Die den formalen generischen Parametern entsprechenden aktuellen generischen Parameter stehen in der Erzeugung einer generischen Ausprägung.

```
generic_declaration ::= generic_specification;
generic_specification ::= generic_formal_part subprogram_specification | ...
generic_formal_part ::= generic {generic_parameter_declaration}
generic_parameter_declaration ::=
        identifier_list: [in [out]] type_mark [:= expression] ;
    | type identifier is generic_type_definition;
    | with subprogram_specification [is name] ;
    | with subprogram_specification [is <>]; | private_type_declaration
generic_type_definition ::= (<>) | range <> | digits <> | delta <>
    | array_type_definition | access_type_definition
private_type_declaration ::=
        type identifier [discriminant_part] is [limited] private;
        -- Erklärung limited erfolgt später
```

```
generic
    GROESSE: NATURAL := 100;
    type PUFFER is array(1..GROESSE) of KOMP_TYP;
```

```
generic
    type WINKEL is delta <>;
    type MASSE is digits <>;
```

```
generic
    type EINTRAG is private;
    type ENUM is (<>);
    type TAFEL is array (ENUM) of EINTRAG;
```

Fig. 5-2: generische Unterprogrammdeklaration: Syntax, generischer Teil: Beispiele

Die **formalen generischen Parameter** können wie die formalen Parameter einer normalen Prozedur aussehen. Man erinnere sich jedoch, daß zum einen hier auch formale Typen und zum anderen formale Unterprogramme auftreten dürfen, und daß ferner die Zuordnung zwischen aktuellen und formalen generischen Parametern zur Übersetzungszeit vorgenommen wird. Ist eine formale Typangabe kein privater Typ, so muß die formale Typdeklaration eine Angabe enthalten, um welchen Typ es sich bei der Erzeugung einer Ausprägung handeln darf.

Diese Angabe, **generische Typdefinition** genannt, kann folgende Formen haben: (<>) für einen diskreten Typ, **range** <> für einen ganzzahligen Typ, **delta** <> für einen Festpunkttyp, **digits** <> für einen Gleitpunkttyp, ferner irgendeine Feldtypdefinition bzw. Zeigertypdefinition. Diese generische Typdefinition steht in der Regel für eine Klasse von Typen im bisherigen Sinne: So heißt (<>), daß als aktueller generischer Parameter irgendein diskreter Typ stehen darf. Es ist klar, daß dann die **zugehörigen Operationen** und Attribute, die für alle diskreten Typen gelten, im generischen Unterprogramm verwendet werden dürfen. Entsprechend darf bei einem formalen generischen Feldtyp im generischen Unterprogramm von Indizierung, Bilden eines Feldausschnitts etc. Gebrauch gemacht werden.

Die Zuweisung, der Gleichheitstest bzw. Ungleichheitstest, der Zugehörigkeitstest, der Zugriff auf Diskriminantenkomponenten etc. dürfen jeweils sogar im Falle eines privaten Typs verwendet werden. In unserem Vertauschungsbeispiel oben haben wir beispielsweise von der Zuweisung Gebrauch gemacht. In Fig. 5-2 sind einige Beispiele für generische Deklarationen angegeben.

Kehren wir nun zu dem häufigen Anwendungsfall zurück, daß in dem generischen Teil eine *private Typdeklaration* steht, da über den späteren aktuellen generischen Typ nichts ausgesagt werden kann (vgl. 5-3). Dann dürfen, wie wir schon ausgeführt haben, im generischen Unterprogramm lediglich Operationen wie Zuweisung, Gleichheits- und Ungleichheitstest benutzt werden, die im allgemeinen für alle Typen zur Verfügung stehen. Alle weiteren Operationen müssen bei der Erzeugung einer generischen Ausprägung zusammen mit dem aktuellen Typ angegeben werden.

Hierfür wird in Ada der *formale generische Unterprogrammparameter* verwandt. Er beginnt mit dem Wortsymbol **with** , auf das eine Unterprogrammspezifikation folgt. Steht darüber hinaus noch das Wortsymbol **is** , gefolgt von einem Unterprogrammbezeichner bzw. gefolgt von dem Symbol <> (Box), so bedeutet dies, daß für dieses formale Unterprogramm eine Vorbesetzung existiert. Dann darf bei der Erzeugung einer generischen Ausprägung der aktuelle generische Unterprogrammparameter fehlen. Es wird dann das Unterprogramm genommen, dessen Bezeichner in der Vorbesetzung angegeben wurde, bzw. dasjenige, das mit der formalen Spezifikation übereinstimmt und an der Stelle der Erzeugung sichtbar ist.

```
generic                                        -- gen. Teil mit formalem
   type ITEM is private;                       -- Funktionsparameter, der vor-
   with function "*" (U,V: ITEM) return ITEM is <>; -- besetzt ist. Es wird * ge-
function HOCH_ZWEI(X: ITEM) return ITEM;       -- nommen, wenn kein aktueller
                                               -- gen. Parameter angeg. wird

function HOCH_ZWEI(X: ITEM) return ITEM is     -- Rumpf der
begin                                          -- zugehoerigen
   return X*X;                                 -- generischen
end;                                           -- Funktion
```

```
generic                                        -- formaler generischer
   with function F(X: FLOAT) return FLOAT;     -- Funktionsparameter,
procedure ZEICHNE_FUNKTION(INT_ANF,INT_ENDE: FLOAT); -- Rumpf hier nicht angegeben
```

Fig. 5-3: formale generische Unterprogrammparameter

Der zweite Anwendungsfall formaler generischer Unterprogrammparameter, nämlich ohne Zusammenhang mit privaten Typdeklarationen, wurde zu Beginn des Abschnitts bereits angedeutet: Da es in Ada keine formalen Prozedurparameter gibt, verwendet man den generischen Mechanismus unter Zuhilfenahme formaler generischer *Unterprogramme*, um sich eine *Programmeinheit* zu schreiben, die für alle Unterprogramme mit einem bestimmten *Parameterprofil* gleichermaßen "gilt". Das Standardbeispiel hierfür ist eine Prozedur zum Zeichnen einer bestimmten Funktion (vgl. Fig. 5-3). Eine

Zeichenprozedur für eine bestimmte Funktion wird nun über eine generische Ausprägung erzeugt, wobei die bestimmte Funktion durch den aktuellen generischen Parameter festgelegt wird.

Beschäftigen wir uns nun mit der *Erzeugung* einer *generischen Ausprägung,* hier eines generischen Unterprogramms. Dies kann überall dort erfolgen, wo die zugehörige generische Unterprogrammdeklaration sichtbar ist. Die Zuordnung der aktuellen zu den formalen Parametern wird genauso hingeschrieben wie bei normalen Unterprogrammen. Es gibt somit wieder Zuordnung über Reihenfolge und Zuordnung über Namen. Für jeden formalen generischen Parameter existiert ein aktueller, es sei denn, der formale hat eine Vorbesetzung. Für jede Ausprägung kann ein neuer Unterprogrammbezeichner eingeführt werden, oder ein Unterprogrammbezeichner kann überladen werden. In der Erzeugung einer Ausprägung kommt das Wortsymbol **new** vor, das damit in drei völlig unterschiedlichen Sprachkonstrukten auftaucht (abgeleitete Typen, Haldenobjekt-erzeugung, generische Ausprägung). Erzeugung einer Ausprägung heißt, daß im generischen Unterprogramm die aktuellen generischen Parameter für die formalen generischen Parameter eingesetzt werden, die im generischen Teil der generischen Unterprogrammdeklaration angegeben wurden. Die Ausprägung ist nun ein normales Unterprogramm, das mit Hilfe des Textkopiermechanismus an der Stelle der Erzeugung eingefügt wird.

```
generic_instantiation ::=
    procedure identifier is new generic_procedure_name [generic_actual_part];
  | function designator is new generic_function_name [generic_actual_part];
  | ...

generic_actual_part ::=
    (generic_association {,generic_association})

generic_association ::=
    [generic_formal_parameter =>] generic_actual_parameter

generic_formal_parameter ::=
    parameter_simple_name | operator_symbol

generic_actual_parameter ::=
    expression | variable_name | subprogram_name | entry_name | type_mark
```

```
procedure SWAP is new VERTAUSCHE(T => INTEGER);           -- SWAP ist nun
procedure SWAP is new VERTAUSCHE(CHARACTER);              -- ueberladen.
function H2 is new HOCH_ZWEI(INTEGER);                    -- Hier * durch Vorbesetzung
function M_H_2 is new HOCH_ZWEI(MATRIX,MATRIXPRODUKT);    -- MATRIXPRODUKT ist ak-
                                                         -- tueller gen. Parameter
```

Fig. 5-4: Erzeugung einer Ausprägung eines generischen Unterprogramms: Syntax, Beispiele

Der *generische Mechanismus* geht über einen einfachen Makromechanismus hinaus, der oft als spezielles Werkzeug in einem Programmiersystem zur Verfügung steht. Das

Besondere des generischen Mechanismus besteht darin, daß dieser in die *Typisierung* der Sprache voll einbezogen ist. Damit ist eine Überprüfung einer generischen Programmeinheit nicht erst dann möglich, wenn durch eine Makroersetzung daraus eine "normale" Programmeinheit geworden ist. Das schafft natürlich wieder mehr Sicherheit, da ja andernfalls eine bestimmte Makroexpansion ein richtiges und eine andere ein falsches Programmstück erzeugen könnte.

5.2 PAKETE, DIE ADA-NOTATION FÜR MODULN

Moduln sind Zusammenfassungen von "logisch zusammengehörigen" Objekten der Programmierung. Was hierbei unter "logisch zusammengehörig" zu verstehen ist, können nur diejenigen beantworten, die die Spezifikation eines Softwaresystems erstellt und damit die Moduln festgelegt haben. Abgesehen von dem "obersten" Modul einer Spezifikation (Steuer- oder Hauptprogramm) stellt jeder andere Modul einem mehr oder minder großen Teil des Gesamtsystems eine Reihe von Hilfsmitteln (Ressourcen) zur Verfügung, für deren Implementation er sorgt. Er exportiert also Ressourcen. Andere Moduln brauchen diese Ressourcen zu ihrer Realisierung, d.h. sie importieren diese. Solche Ressourcen können Datenobjekte (Konstante, Variable), Strukturierungsangaben (Typen) als auch Operationen (Funktionen, Operatoren, Prozeduren) sein. Für die Spezifikation haben sich bestimmte Modularten als äußerst nützlich erwiesen, wobei nicht alles exportiert und importiert wird, was die Sprache Ada zuläßt. In einer sauberen Spezifikation verkehren die Moduln statt dessen untereinander auf eine geregelte Art und Weise. Hierfür eingeführte Modularten bzw. Modulbeziehungen sind die wesentlichen Säulen eines Modulkonzepts und hängen mit den Prinzipien der Softwaretechnik zusammen, wie wir hier bereits andeutungsweise und später detailliert sehen werden.

Die Softwarearchitektur eines Systems muß nach Erstellung in eine Programmiersprache übertragen werden. Da Ada Sprachkonstrukte für das Programmieren im Großen besitzt, ist die Übertragung dieses syntaktischen Teils der Spezifikation besonders einfach (eventuell wird man diese Spezifikation sogar direkt in Ada erstellen). Um Moduln zu formulieren, gibt es in Ada das Konzept der *Pakete* (engl. packages). Wir wollen beide Begriffe nicht synonym gebrauchen, sondern nach wie vor zwischen "programmiersprachenunabhängigen" Moduln und Paketen als dem entsprechenden Ada-Sprachkonstrukt zur Modularisierung unterscheiden. Dieser Abschnitt beschäftigt sich zunächst nur mit Paketen und dabei insbesondere mit den syntaktischen Aspekten, die mit dem Paketkonzept verbunden sind. Der Einführung eines Modulkonzeptes und seiner Übertragung in Ada haben wir einen eigenen Abschnitt gewidmet. Pakete sind die dritte Art von Programmeinheiten, die wir kennenlernen (nach Unterprogrammen und generischen Einheiten).

Ein Modul hat zwei duale Aspekte: die Schnittstelle, in der seine Ressourcen spezifiziert sind, und seine Implementation, in der diese Ressourcen realisiert sind. Ebenso besteht ein *Paket* aus *zwei Teilen*, der Paketschnittstelle und dem Paketrumpf, die zwar inhaltlich zusammengehören, die aber an verschiedenen Stellen eines Ada-Programms stehen dürfen, ja die sogar getrennt übersetzbar sind, wie wir später sehen.

Die *Paketspezifikation* (Paketschnittstelle) stellt die Ressourcen zusammen, die ein Paket nach außen, d.h. zur Verwendung in anderen Paketen (für andere Programmeinheiten) zur Verfügung stellt, und legt die syntaktische Form dieser Ressourcen eindeutig fest. Sie legt also fest, wie eine Verwendung hingeschrieben werden muß. Es sei wieder darauf hingewiesen, daß der Begriff Paketspezifikation hier (wie auch bei der

Unterprogrammspezifikation) lediglich die syntaktische Seite betrifft, im Gegensatz zur Spezifikation als Ende der Entwurfsphase im Software-Lebenszyklus, genauer dem dabei auf einen Modul entfallenden Anteil. Für den semantischen Aspekt der Spezifikation gibt es in Ada innerhalb der Schnittstellen von Paketen keine direkten Hilfsmittel. Hier erscheint es angeraten, die Bedeutung eines Paketes wenigstens in Kommentarform, z.B. durch Hinschreiben von Vor- und Nachbedingungen, festzuhalten.

Die Syntax der Paketspezifikation ist in Fig. 5-5 angegeben: Nach dem Wortsymbol **package** folgt der Bezeichner für das Paket und dann nach dem **is** der *sichtbare Teil* (visible part) der *Schnittstelle.* Hier erscheinen nacheinander die Deklarationen der Ressourcen, die das Paket nach außen zur Verfügung stellt. Darauf folgt der optionale *private* (unsichtbare) *Teil,* der einerseits Strukturierungsangaben enthält, die außerhalb des Pakets nicht sichtbar sein sollen, und andererseits eventuell Angaben bezüglich der Darstellung auf der Basismaschine. Auf das erste kommen wir noch in diesem Abschnitt zurück, das zweite behandeln wir kurz im letzten Kapitel dieses Buches. Nach dem Wortsymbol **end** darf der Paketbezeichner (aber nur dieser) noch einmal auftreten.

In unserem Beispiel stellt das Paket RATIONALE_ZAHLEN den Typ RATIONAL nach außen zur Verwendung in anderen Programmeinheiten zur Verfügung, so daß an anderer Stelle Objekte dieses Typs deklariert werden können, Objekte einander zugewiesen werden können und ZAEHLER bzw. NENNER von Objekten verändert werden können. Ferner dürfen außerhalb die Operationen EQUAL , "+" und "*" mit rationalen Operanden aufgerufen werden.

```
package_declaration ::= package_specification;

package_specification ::= package identifier is
                          {basic_declarative_item}
                        [private
                          {basic_declarative_item}]
                        end [package_simple_name]
```

```
package RATIONALE_ZAHLEN is
    type RATIONAL is
       record
          ZAEHLER: INTEGER;
          NENNER: INTEGER range 1..INTEGER'LAST;
       end record;
    function EQUAL(X,Y: RATIONAL) return BOOLEAN;
    function "+" (X,Y: RATIONAL) return RATIONAL;
    function "*" (X,Y: RATIONAL) return RATIONAL;
end RATIONALE_ZAHLEN;
```

Fig. 5-5: Paketspezifikation: Syntax, erstes Beispiel

Die *Syntax* eines *Paketrumpfs* ist in Fig. 5-6 angegeben. Die Schnittstelle eines Pakets wird hier, im Gegensatz zu den Unterprogrammen, nicht noch einmal hingeschrieben. Der Paketrumpf zerfällt in einen Deklarationsteil (zwischen **is** und **begin**) und einen Anweisungsteil (zwischen **begin** und **end**). Man beachte, daß die Implementation der Schnittstellenoperationen, d.h. der Operationen, die in der

Paketschnittstelle erscheinen, im Deklarationsteil des Rumpfs auftaucht, also vor dem (ggf. fehlenden) Anweisungsteil. Am Ende des Rumpfs darf noch einmal der Paketbezeichner, aber nur dieser, wiederholt werden.

```
package_body ::=    package body package_simple_name is
                        [declarative_part]
                    [begin
                        sequence_of_statements
                    [exception
                        exception_handler
                        {exception_handler}]]
                    end [package_simple_name];
```

```
package body RATIONALE_ZAHLEN is ---------------------------------------------
    procedure GLEICHER_NENNER(X,Y: in out RATIONAL) is begin ... end;    --
    function EQUAL(X,Y: RATIONAL) return BOOLEAN is --                   --
        U,V: RATIONAL;                              --                   --
    begin                                           --                   --
        U:=X; V:=Y;              -- X,Y werden nicht --                  --
        GLEICHER_NENNER(U,V); -- veraendert         --                  --
        return U.ZAEHLER=V.ZAEHLER;                 --                   --
    end EQUAL; ------------------------------------------                --
    function "+" (X,Y: RATIONAL) return RATIONAL is begin ... end;       --
    function "*" (X,Y: RATIONAL) return RATIONAL is begin ... end;       --
end RATIONALE_ZAHLEN; -------------------------------------------------------
```

Fig. 5-6: Paketrumpf: Syntax, Beispiel (ohne Anweisungsteil)

Der **Paketrumpf** dient der **Implementation** der **Ressourcen**, die der sichtbare Teil der Paketspezifikation anderen Programmeinheiten zur Verfügung stellt. In unserem Beispiel RATIONALE_ZAHLEN betrifft dies die Implementation der drei Operationen EQUAL , "+" und "*" . Hierzu sind in der Regel lokale Hilfsmittel (Objekte, Typen, Unterprogramme, evtl. sogar Pakete) nötig, und es werden die Hilfsmittel anderer Pakete angewandt. Die lokalen Hilfsmittel eines Paketrumpfs sind, im Gegensatz zu den Ressourcen, außerhalb des Pakets nicht sichtbar. Sie stellen Interna der Implementation dar, die verborgen werden (information hiding). Enthält ein Paket keine Operation, sondern stellt es nur Objekte und Typen zur Verfügung, dann ist auch kein Rumpf nötig. Ein Beispiel für letzteres ist ein Paket, das für einen bestimmten Anwendungsbereich Konstanten und Typen zur Verfügung stellt. Steht die Paketspezifikation in einem Deklarationsteil (wird also nicht getrennt vom Rest des Programms übersetzt, sondern steht textuell innerhalb einer Programmeinheit), so muß der entsprechende Rumpf nach der Spezifikation im gleichen Deklarationsteil erscheinen.

Ein **Paket** ist somit eine **passive Programmeinheit**. Ein Paket wird nicht selbst aufgerufen, sondern es werden höchstens die Operationen seiner Schnittstelle von außerhalb (nämlich z.B. innerhalb eines anderen Pakets) aufgerufen. Darüber hinaus kann ein Paket noch Typen und Datenobjekte exportieren. Ein Paket hat also insgesamt deklarativen Charakter, es ist im wesentlichen eine Ansammlung von Deklarationen. Es wird nur einmal ausgeführt, nämlich bei Abarbeitung des Deklarationsteils, in dem es steht (wird es textuell vom Rest des Programmsystems getrennt übersetzt, so wird ein solcher angenommen). Der Anweisungsteil dient, da er somit ebenfalls nur einmal ausgeführt wird, im allgemeinen dazu, Initialisierungen vorzunehmen. Er darf deshalb auch fehlen, weil diese auch anderweitig realisierbar bzw. in manchen Situationen nicht nötig sind. Die Implementation eines Pakets steckt damit hauptsächlich im Deklarationsteil des Rumpfs und nicht in seinem Anweisungsteil. Dort stehen nämlich die Typ- und Objektdeklarationen und die Rümpfe der Schnittstellenoperationen. Diese Rümpfe werden jedesmal ausgeführt, wenn die Schnittstellenunterprogramme von außen aufgerufen werden.

Die *Ausführung* des *Paketrumpfs* besteht somit hauptsächlich aus der Abarbeitung der Deklarationen. Das sind lokale Deklarationen, sowie die Unterprogramme für die exportierten Ressourcen. Wie gesagt, hier werden die Unterprogramme nur deklariert, aufgerufen werden sie i.a. von außerhalb. Danach folgt die Abarbeitung des Anweisungsteils. Die Ausnahmebehandler, die im Rumpf angegeben sind, dienen deshalb nur für Ausnahmen, die während der Abarbeitung der Deklarationen des Paketrumpfs und während der Ausführung des Anweisungsteils erweckt werden. Ausnahmen, die während des Aufrufs der Operationen des Pakets auftreten, werden in den Unterprogrammen und der aufrufenden Stelle abgehandelt (vgl. Abschnitt 3.9). Wir gehen auf die Ausnahmebehandlung später noch einmal ein. Die Datenobjekte der Paketschnittstelle und des Paketrumpfs behalten ihren Wert auch nach der Ausführung eines Unterprogramms der Schnittstelle. Hat ein Paket solche Datenobjekte, so sagt man, das Paket habe ein "Gedächtnis".

In unserem Beispielpaket RATIONALE_ZAHLEN müssen im Rumpf die Implementationen der drei Operationen EQUAL , "+" und "*" angegeben werden (vgl. Fig. 5-6). Ein Anweisungsteil ist im Paketrumpf hier nicht vorhanden. Das Paket benötigt keine anderen Pakete, es verwendet lediglich eine lokale Prozedur GLEICHER_ NENNER , um zwei rationale Zahlen auf den gleichen Nenner zu bringen. EQUAL ist nötig, um die Gleichheit zweier rationaler Zahlen festzustellen (Gleichheit im Ada-Sinne genügt nicht: es ist (1,3)=(2,6) FALSE, jedoch liefert EQUAL((1,3),(2,6)) den Wert TRUE). Der Einfachheit halber ist lediglich die Funktion EQUAL ausformuliert.

Kehren wir zur *Paketspezifikation* zurück und deren Unterteilung in einen *sichtbaren* und einen *privaten* Teil. Neben Angaben zur Darstellung von Objekten auf der Basismaschine, die wir im letzten Kapitel besprechen wollen, enthält der private Teil der Paketspezifikation die Strukturierungsangaben für Objekte, mit denen das Paket umgeht, und die es infolgedessen kennen muß, von denen außerhalb aber nur die Bezeichnung und nicht die Struktur bekanntgegeben werden sollen. Hierfür nehmen wir in Ada wieder das Konzept der *privaten Typen* (für die Syntax vgl. Fig. 5-2). Hier wird im sichtbaren Teil der Schnittstelle eines Pakets lediglich der Typbezeichner eingeführt, als Typdefinition steht lediglich der Hinweis **private**. Hat der Typ Diskriminanten, dann sind diese in der privaten Typdeklaration allerdings angegeben. Im Falle eines varianten Verbundes muß die Behandlung unterschiedlicher Varianten außerhalb des Pakets ja auch möglich sein. Die Typdefinition eines privaten Typs muß im privaten Teil der Schnittstelle vollständig nachgetragen werden. (Das Wortsymbol **private** dient in der Paketschnittstelle also zum einen als Platzhalter für die Typdefinition, zum anderen leitet es den privaten Teil der Schnittstelle ein.) Im Falle eines Verbundtyps mit Diskriminanten müssen diese Diskriminanten in der vollständigen Typdefinition noch einmal angegeben werden.

Wir verbinden jetzt mit **privaten Typen** zwei völlig **unterschiedliche Konzepte**: In einer generischen Programmeinheit ist ein privater Typ eine Strukturangabe, die erst später, bei der Erzeugung einer Ausprägung, festgelegt wird. Hier ist ein privater Typ eine Strukturierungsangabe, die zwar festliegt, außerhalb des Pakets aber nicht bekannt gemacht werden soll. Im ersten Fall steht private also für "noch unbekannt", hier für "bekannt, aber geheim".

Warum muß eine Strukturierungsangabe eines Typs überhaupt in der Schnittstelle stehen, gehört sie nicht eher in den Rumpf des Pakets? Der Grund, daß sie in der Schnittstelle erscheint, ist der, daß ein Paket neben der logischen Gliederung noch eine andere Funktion hat, nämlich eine getrennt übersetzbare Einheit zu sein. Für die logische Gliederung sind die Strukturierungsangaben eines privaten Typs nicht nötig, sie müssen sogar "geheim" bleiben. Deshalb stehen sie ja auch nicht im sichtbaren Teil, sondern im privaten. Für den Übersetzer müssen solche Angaben aber vorhanden sein, da er bei der Deklaration eines Objekts des privaten Typs an einer Stelle außerhalb des Pakets, an der der private Typ benutzt wird, den Speicherplatzbedarf für dieses Objekt angeben können muß bzw. eine entsprechende Berechnung für die Angabe einsetzen muß. Man spricht deshalb von der gesamten Schnittstelle auch als der **physischen** Schnittstelle und vom sichtbaren Teil als der **logischen** Schnittstelle.

Enthält die Schnittstelle eines Pakets eine Konstante eines privaten Typs, so kann der Wert diesem Objekt im sichtbaren Teil der Schnittstelle nicht mitgegeben werden, da dieser Wert ja Angaben über die Struktur enthält. Dies muß im privaten Teil nachgeholt werden. Man spricht dann von **aufgeschobenen Konstanten** (unvollständigen Konstanten, engl. deferred constants). Fig. 5-7 gibt die Syntax und ein Beispiel an.

```
deferred_constant_declaration ::=
    identifier_list: constant type_mark;
```

```
...

type SCHLUESSEL is private;                    -- in der sichtb. Schnitt-
LEERER_SCHLUESSEL: constant SCHLUESSEL;        -- stelle e. Pakets

private
    type SCHLUESSEL is new NATURAL;            -- Konstantendekl. im
    LEERER_SCHLUESSEL: constant SCHLUESSEL:=0; -- priv. Teil d. Schnittst.

...
```

Fig. 5-7: aufgeschobene Konstante: Syntax, Beispiel

Bei **privaten Typen** sind nur die im sichtbaren Teil der Schnittstelle gemachten Angaben außerhalb des Pakets sichtbar, d.h. der Typname und die Operationen der Schnittstellen, die sich auf diesen Typ beziehen. Es können außerhalb somit Objekte dieses Typs deklariert werden, und auf diese dürfen die Operationen angewandt werden, die in der Schnittstelle aufgeführt sind. Private Typen werden also ebenfalls exportiert, nur nicht die Angaben über ihre Struktur. Darüber hinaus dürfen auch für private Typen die für beliebige Typen vorhandenen Operationen Wertzuweisung, Gleichheit und Ungleichheit angewandt werden, schließlich auch der Zugriff auf Diskriminantenkomponenten, der Enthaltenseinstest (vgl. Fig. 4-56), Typqualifikation, explizite Konversion und einige Attribute. Alle diese Operationen setzen ja auf der konzeptuellen Ebene keine Kenntnis über den internen Aufbau eines Typs voraus. Da die Struktur eines privaten Typs außerhalb des definierten Pakets verborgen wird, sind dort somit auch keine Zugriffe auf Komponenten möglich, die keine Diskriminanten sind. Alles dies gilt natürlich auch für Typen, die aus privaten Typen abgeleitet werden. Somit können solche Objekte nur durch Wertzuweisung und durch die Anwendung von **Operationen** der **Schnittstelle** einen **veränderten Wert** erhalten.

Im Rumpf des Pakets mit der Deklaration eines privaten Typs sind die strukturellen Details dieses Typs natürlich sichtbar. Sonst könnten die vorhandenen verändernden Operationen der Schnittstelle ja nicht realisiert werden.

Die Wertzuweisung (an ganze Objekte), die Gleichheits- und die Ungleichheitsabfrage können außerhalb des Pakets, das einen privaten Typ definiert, auch verboten werden. Hierzu schreibt man lediglich das Wortsymbol `limited` vor die Angabe `private` im sichtbaren Teil der Schnittstelle. Man spricht dann von **eingeschränkten privaten Typen** (limitierten privaten Typen, engl. limited private types). Für Objekte dieses eingeschränkten privaten Typs, die in einer anderen Programmeinheit deklariert werden, dürfen damit nur noch die Schnittstellenoperationen des Pakets und die im letzten Absatz aufgeführten Operationen angewandt werden. Die sonst für alle Typen verfügbaren Operationen Gleichheit, Ungleichheit und Wertzuweisung dürfen also auf Objekte eingeschränkter privater Typen nicht angewandt werden. Selbst für Datenstrukturen, die Objekte solcher Typen enthalten, sind Wertzuweisung, Gleichheit und Ungleichheit nicht mehr verfügbar. Des weiteren ergeben sich für eingeschränkte private Typen z.B. folgende Restriktionen: (1) Eine Initialisierung einer Variablen eines eingeschränkten privaten Typs in einer Objektdeklaration außerhalb des definierenden Pakets ist nicht möglich. (In der vollständigen Typdefinition kann jedoch eine Initialisierung enthalten sein, wenn es sich um einen Verbundtyp handelt (vgl. 4.4). Eine andere Möglichkeit zur Initialisierung ist die, daß in der Schnittstelle des definierenden Pakets eine Initialisierungsoperation vorhanden ist.) (2) Parameter eines eingeschränkten privaten Typs in einem Unterprogramm können keine Vorbesetzung haben. (3) Es ist keine Konstantendeklaration außerhalb des definierenden Pakets möglich, und schließlich (4) kann ein Generator für ein Haldenobjekt eines solchen Typs keinen Anfangswert zuweisen.

Als Beispiel eines eingeschränkten privaten Typs betrachten wir einen Keller für Objekte eines bestimmten Typs` TYP_ITEM (vgl. Fig. 5-8). Wir greifen dabei auf das Beispiel 3-33 zurück. Wie dort realisieren wir den Keller als Verbund mit Komponenten SPACE und INDEX . Die erste Komponente ist ein eindimensionales Feld der Länge SIZE von Objekten des Typs TYP_ITEM . Die Art der Kellerrealisierung (nämlich als Feld) ist außerhalb des definierenden Pakets nicht bekannt. Dort sieht man nur die Kelleroperationen PUSH , POP , READ_TOP , IS_EMPTY und. IS_FULL . Wenn wir den Typ TYP_ITEM_KELLER verwenden, so wissen wir infolgedessen nicht, wie der Keller realisiert ist (ob als sequentielle Liste, als lineare, einfach verzeigerte Liste, als doppelt verzeigerte Liste etc.). Die Initialisierung des Zählers INDEX muß in der Typdefinition angegeben werden, wenn nicht eigens eine Initialisierungsoperation eingeführt werden soll.

Von privaten und eingeschränkten privaten Typen dürfen natürlich wieder abgeleitete Typen gebildet werden. Ist der Typ ein Typ mit Diskriminanten, dann können ebenfalls Untertypen gebildet werden und auch von diesen wieder Typen abgeleitet werden usw.

Die im sichtbaren Teil der Schnittstelle eines Moduls aufgeführten **Ressourcen müssen** natürlich auch **realisiert sein**. Wird in der Schnittstelle eines Pakets ein privater Typ eingeführt, dann muß seine Typdefinition, d.h. seine Strukturierung, im physischen

Teil der Schnittstelle angegeben sein. Ebenso müssen exportierte Operationen (Prozeduren, Funktionen, Operatoren) im Rumpf eines Pakets realisiert sein. Beides sind Teile der **kontextsensitiven Beziehungen** von Ada, hier zwischen dem sichtbaren und dem privaten Teil der Schnittstelle bzw. zwischen dem sichtbaren Teil der Schnittstelle und dem Rumpf eines Pakets. Diese Beziehungen werden vom Ada-Übersetzer überprüft. Natürlich kann der Übersetzer nicht die "richtige" Realisierung überprüfen, er kann lediglich feststellen, daß z.B. für eine Spezifikation einer Schnittstellenoperation in der Schnittstelle eines Pakets im Rumpf dieses Pakets ein entsprechender Unterprogramm-rumpf steht.

```
package ITEM_KELLER is  --****************************************************
    type TYP_ITEM_KELLER is limited private;                 -- Komponenten-
    procedure PUSH(X: in TYP_ITEM; ST: in out TYP_ITEM_KELLER); --typ TYP_ITEM
    procedure POP(ST: in out TYP_ITEM_KELLER);               --sei ueberall
    function READ_TOP(ST: in TYP_ITEM_KELLER) return TYP_ITEM;  --sichtbar, wo
    function IS_EMPTY(ST: in TYP_ITEM_KELLER) return BOOLEAN;    --TYP_ITEM_KELLER
    function IS_FULL(ST: in TYP_ITEM_KELLER) return BOOLEAN;     --benutzt werden
private                                                      -- soll.

    SIZE: constant INTEGER := 100;
    type TYP_BEHAELTER is array (1..SIZE) of TYP_ITEM;
    type TYP_ITEM_KELLER is
        record
            SPACE: TYP_BEHAELTER;
            INDEX: INTEGER range 0..SIZE := 0;
        end record;
end ITEM_KELLER;  --****************************************************


KELLER: ITEM_KELLER.TYP_ITEM_KELLER;          -- Objektdeklaration
...
ITEM_KELLER.PUSH(ELEMENT1,KELLER);            -- Anwendung einer
                                              -- Schnittstellenoperation
```

Fig. 5-8: Beispiel eines eingeschränkten privaten Typs: Schnittstelle des Pakets, Verwendung des eingeschränkten privaten Typs

Wie werden nun die Teile der **sichtbaren Schnittstelle** eines Pakets außerhalb desselben **angewandt**? Zunächst muß dafür das Paket selbst erst einmal sichtbar sein. Was das heißt (d.h., wie sich die Sichtbarkeitsregeln aus 3.6 durch die Einführung von Paketen komplizieren), lernen wir im nächsten Abschnitt kennen. Hier genügt es vorerst, sich etwa vorzustellen, daß das Paket im Deklarationsteil eines Blocks liegt und wir dieses im entsprechenden Anweisungsteil verwenden wollen. Die Notation des Zugriffs erfolgt über die **Punktschreibweise,** wie wir dies bei Verbunden kennengelernt haben. Die Schnittstelle eines Pakets ist ja ebenfalls eine Zusammenfassung unterschiedlicher Objekte (hier dürfen aber allerdings auch Typen und Unterprogramme auftreten). So könnte etwa mit Hilfe des Typs   ITEM_KELLER.TYP_ITEM_KELLER   ein Kellerdatenobjekt deklariert werden, das dann mit den Operationen ITEM_KELLER.PUSH(...) , ITEM_KELLER. POP(...) etc. verändert werden kann (vgl. Fig. 5-8).

Zur Abkürzung der Schreibweise des Zugriffs auf die sichtbaren Teile der Schnittstellen von sichtbaren Paketen gibt es in Ada die **use-Klausel** (vgl. Fig. 5-9), die z.B. in Deklarationsteilen auftreten darf. Die Namensgebung ist hier insofern nicht glücklich, als dies nichts mit der Beziehung "Programmeinheit A benutzt Paket B" zu tun hat, sondern lediglich eine **Abkürzungskonvention** darstellt. Falls das Paket B selbst sichtbar ist, so vermittelt use B; die direkte Sichtbarkeit der Schnittstellenelemente von B. Für die Benutzbarkeit ist somit entscheidend, ob das Paket überhaupt sichtbar ist. Erst wenn dies erfüllt ist, bewirkt die use-Klausel eine Schreibersparnis. Jetzt dürfen nämlich die in der Schnittstelle stehenden Bezeichnungen angewandt werden, ohne die Punktschreibweise mit dem Paketnamen benutzen zu müssen. Dabei werden Bezeichnungen der Schnittstelle jedoch nur dann sichtbar, wenn sie nicht in Konflikt zu anderweitig bereits sichtbaren Bezeichnungen stehen; d.h. diese über use-Klausel einzuführenden Bezeichnungen können andere nie verdecken, die bereits vorhanden sind. Auftretende Bezeichnungskonflikte können durch Verwendung der vollständigen Punktnotation natürlich wieder aufgelöst werden. Die use-Klausel ist nicht transitiv: Wenn in einem Paket D die Klausel use M; steht, dann heißt dies nicht, daß in einem Paket, in dem use D; steht, die Schnittstelle von M automatisch sichtbar ist.

Zur Vermeidung langer Punktnotationen (etwa bei ineinandergeschachtelten Paketen, s.u.), aber auch um anderweitig für lange Namen kurze oder suggestivere Bezeichnungen einzuführen, gibt es in Ada die **Synonymvereinbarung** (engl. renaming declaration), die, wie der Name sagt, in einem beliebigen Deklarationsteil auftreten darf. Auch hier gilt, daß der zu ersetzende Name natürlich sichtbar sein muß. Dabei kann einem Datenobjekt, einer Ausnahme, einem Paket und einem Unterprogramm eine neue weitere Bezeichnung gegeben werden, unter der es jetzt ansprechbar ist (vgl. Fig. 5-9). Der Zugriff über den alten Namen ist also nach wie vor möglich. Wir erinnern uns, daß wir etwas Ähnliches für Typen/Untertypen bereits kennengelernt haben: Dort war durch eine Untertypdeklaration, die keine Einschränkung enthielt, ein weiterer Untertypbezeichner eingeführt worden.

Da nur ein Synonym für ein bestehendes Objekt eingeführt wird und somit kein neues programmiersprachliches Objekt (Datenobjekt, Ausnahme, Paket, Unterprogramm) geschaffen wird, ist klar, daß die neue Bezeichnung die gleichen Eigenschaften hat wie der alte Name. So ist ein konstantes Datenobjekt auch unter neuem Bezeichner konstant. Die Unterprogrammspezifikation sollte mit der alten bis auf die Unterprogrammbezeichnung exakt übereinstimmen. Es darf allerdings eine Funktion in einen Operator verwandelt werden und umgekehrt.

Synonymdeklarationen können angewandt werden, um kürzere oder suggestivere Bezeichnungen einzuführen, ohne daß man die alten verändern will, weil sie z.B. zu einem anderen Paket gehören. So kann beispielsweise in den Konfliktfällen der use-Klausel hier für den vollen Namen ein kurzer lokaler eingeführt werden. Schließlich sprechen auch Effizienzgründe für die Verwendung der Synonymdeklaration: Mit ihr läßt sich ein langer Zugriffspfad abkürzen. Der Übersetzer kann davon Gebrauch machen und muß ihn nicht wiederholt auswerten. In Fig. 5-9 sind die EBNF-Regel für die Synonymdeklaration und einige Beispiele angegeben.

Jeder Paketdeklaration entspricht genau ein Paket. Mit der Sprechweise über Generizität, die wir im letzten Abschnitt eingeführt haben, können wir sagen: Jede Paketdeklaration erzeugt genau eine Paketausprägung. Der Mechanismus der Generizität ist, wie wir bereits angekündigt haben, auch auf Pakete anwendbar, ja er erhält erst hier seine volle Bedeutung. Das Schema ist das gleiche wie im letzten Abschnitt: Der Paketspezifikation geht ein generischer Teil voraus. Wir bezeichnen solche Pakete als **generische Pakete.** An den Stellen des Programms, an denen dieses generische Paket sichtbar ist, kann eine Ausprägung dieses Pakets erzeugt werden, wobei den formalen generischen Parametern aktuelle zuzuordnen sind. Wir erinnern uns, daß die Erzeugung zur Übersetzungszeit durch einen Textersetzungsmechanismus abläuft.

```
use_clause ::= use package_name {, package_name};
```

```
renaming_declaration ::= identifier: type_mark renames object_name;
| identifier: exception renames exception_name; | package identifier renames package_name;
| subprogram_specification renames subprogram_or_entry_name;
```

```
use ITEM_KELLER, PAK_A;
function  RT(ST: in TYP_ITEM_KELLER) return TYP_ITEM renames READ_TOP;
                        -- zur Abkuerzung
function EMPTY(ST: in TYP_ITEM_KELLER) return BOOLEAN renames ITEM_KELLER.IS_EMPTY;
                        -- z.B. wenn lokal bereits Funktion IS_EMPTY existiert
procedure SORT(X: in out LISTEN_T) renames QUICKSORT; -- erleichtert den Aus-
                        -- tausch der Sortierroutine
function "*" (X,Y: in FLOAT_VEKTOR) return FLOAT renames SKALARPRODUKT;
                        -- Funktion wird Operator
Z: INTEGER renames PAK_A.OBJ.KOMP1.KOMP11; -- Abkuerzung eines Zugriffspfads
GEFAEHRL_TEMP: exception renames T_GR_290; -- Einf. eines suggestiven Bezeichn.
```

Fig. 5-9: use-Klausel, Synonymdeklaration: Syntax, Beispiele

Im **generischen Teil** kann eine Angabe stehen, um welche Klasse von aktuellen Typen es sich handeln kann (vgl. letzter Abschnitt), es kann dort aber auch eine **private** Typdefinition stehen, d.h. lediglich der Platzhalter **private**. Diese Kennzeichnung sagt hier, wie wir oben festgestellt haben, daß wir über die Internstruktur noch nichts wissen, für das Schreiben des generischen Pakets diese auch nicht zu wissen brauchen, und daß diese erst in der generischen Ausprägung festgelegt wird. Das **private** hier steht somit wieder für "unbekannt" im Gegensatz zu der Angabe im sichtbaren Teil einer Paketschnittstelle, die für "bekannt aber geheim" stand.

Das im letzten Abschnitt 5.1 Gesagte über die Operationen, die einem privaten generischen Typ mitgegeben werden müssen, gilt auch hier. Ein privater Typ hat zunächst im wesentlichen nur die Operationen Wertzuweisung, Gleichheit und Ungleichheit. Reicht dies nicht aus, so müssen weitere formale Operationen im generischen Teil enthalten sein, indem dort entsprechende with-Klauseln angegeben sind.

Auch hier darf der private Typ **eingeschränkt** werden (limited private type). Das heißt dann, daß auch := , = und /= im generischen Paket nicht verfügbar sind, sondern im wesentlichen nur die formalen Operationen, die in den with-Klauseln stehen. Hinter dem Wortsymbol **limited** verbirgt sich somit wieder zweierlei: Während hier das Verbot der sonst allgemein für alle Typen verfügbaren Operationen innerhalb einer generischen Programmeinheit gemeint ist, bedeutet es für einen privaten Typ aus der

Schnittstelle eines Pakets das Verbot der Verwendung dieser Operationen außerhalb des Pakets.

Wir geben in Fig. 5-10 die *Syntax* für **generische Pakete** an. Für generic_formal_part sei auf den vorausgehenden Abschnitt verwiesen (vgl. Fig. 5-2). Eine generische Deklaration ist nach der ersten EBNF von Fig. 5-10 ein generischer Teil, dem entweder eine Unterprogrammspezifikation oder eine Paketspezifikation nachfolgt. Eine generische Ausprägung ist die eines generischen Pakets oder eines generischen Unterprogramms (vgl. Fig. 5-4).

Wir geben in Fig. 5-10 ein Beispiel eines generischen Pakets an. Es handelt sich wieder um ein Kellerbeispiel. Wir wollen hier jedoch sowohl für ITEM , als den Typ der entsprechenden Kellereinträge, als auch für die Größe des Feldes, das den Keller aufnimmt, generische Parameter wählen. Sie können dann von Ausprägung zu Ausprägung verschieden gewählt werden. Die Struktur des Kellers steht hier jedoch im Rumpf des generischen Pakets, vorne in Fig. 5-8 stand sie im privaten Teil der Schnittstelle. Die dortige Realisierung exportierte allerdings einen Typ für den Keller! Die hier angegebene Implementation von Fig. 5-10 kann leicht gegen eine andere (z.B. verzeigerte Liste von Haldenobjekten) ausgetauscht werden.

```
generic_specification ::=

          generic_formal_part subprogram_specification

        | generic_formal_part package_specification
```

```
generic_instantiation ::=

          package identifier is

            new generic_package_name [generic_actual_part];

          | andere Alternativen vgl. Fig.5-4
```

```
generic -------------------------------------------------generischer Teil ---------
    SIZE: NATURAL;                     -- SIZE und TYP_ITEM werden erst        --
    type TYP_ITEM is private;        -- bei der gen. Auspraegung festgelegt    --
package G_ITEM_KELLER is ----------------------------------Schnittstelle------------
    procedure PUSH(X: in TYP_ITEM);        -- alle Operationen haben hier      --
    procedure POP;                         -- gegenueber Fig.5-8 einen         --
    function READ_TOP return TYP_ITEM;   -- Parameter weniger, sie be-         --
    function IS_EMPTY return BOOLEAN;    -- ziehen sich auf den im Pa-         --
    function IS_FULL return BOOLEAN;     -- ketrumpf angegebenen Keller,       --
    UNTERSCHREITUNG, UEBERLAUF: exception; --der aussen nicht sichtbar ist. --
end G_ITEM_KELLER; ----------------------------------------------------------------
package body G_ITEM_KELLER is ----------------------------Rumpf--------------------
    SPACE: array(1..SIZE) of TYP_ITEM;    -- hier nicht zusammengefasst,       --
    INDEX: INTEGER range 0..SIZE;          -- da nur intern verwandt (vgl 5-8) --
    procedure PUSH(X: in TYP_ITEM) is begin ... end;                            --
    ...                                                                         --
    function IS_FULL return BOOLEAN is begin ...end;                            --
end G_ITEM_KELLER; ---------------------------------------------------------------
```

```
-- generische Auspraegung
package INTEGER_KELLER is new G_ITEM_KELLER(SIZE => 200, TYP_ITEM => INTEGER);
-- kann jetzt mit INTEGER_KELLER.PUSH(...) etc. modifiziert werden
-- Man beachte: Die Instanz INTEGER_KELLER "ist" selbst der Keller
```

Fig. 5-10: Generisches Paket, generische Ausprägung: Syntax, Beispiel

Würde man eine Typdeklaration in die Schnittstelle übernehmen (sinnvollerweise in den privaten Teil, da diese Struktur außen nicht bekanntgemacht werden soll), dann könnten damit von Ausprägung zu Ausprägung verschiedene Kellertypen erzeugt werden. Von diesen können dann jeweils Objekte deklariert werden. Hier in unserem Beispiel entspricht jede Ausprägung einem Kellerobjekt, das seinen Namen in der Erzeugung der Ausprägung bekommt.

Schließlich haben wir hier das Kellerbeispiel aus Fig. 5-8 noch insoweit modifiziert, als wir die Fehlersituationen, die bei Ausführung der Operationen des generischen Pakets auftreten können, als Ausnahmen in die Schnittstelle mit aufgenommen haben.

Mit der privaten Typdeklaration haben wir die letzte Form einer Typdeklaration kennengelernt. Bis auf die private bzw. unvollständige Typdeklaration enthält eine Typdeklaration immer eine Typdefinition. Wir erinnern uns, daß die Typdefinition nur die Strukturierungsangabe umfaßt, und daß erst durch die Typdeklaration ein Typbezeichner eingeführt wird. Fig. 5-11 gibt nun auch die zusammenfassende **Syntax** für eine **Typdefinition** an. Der Leser prüfe sich, ob er mit den angegebenen rechten Seiten eine feste Vorstellung verbindet, ansonsten schlage er im vorangehenden Kapitel noch einmal nach.

Entsprechend haben wir hier - bis auf die Task-Deklaration, die wir im nächsten Kapitel behandeln - die letzten der möglichen **Deklarationen** in Ada besprochen. Fig. 5-11 gibt auch hier die zusammenfassende EBNF-Regel.

```
type_declaration ::= full_type_declaration
    | incomplete_type_declaration | private_type_declaration


full_type_declaration ::=
    type identifier [discriminant_part] is type_definition;


type_definition ::= enumeration_type_definition | integer_type_definition
    | real_type_definition | array_type_definition | record_type_definition
    | access_type_definition | derived_type_definition

basic_declaration ::= object_declaration | number_declaration | type_declaration
    | subtype_declaration | subprogram_declaration | package_declaration
    | task_declaration | generic_declaration | exception_declaration
    | generic_instantiation | renaming_declaration | deferred_constant_declaration
```

Fig. 5-11: Typdefinition, Deklaration: Alternativen

5.3 PROGRAMMSTRUKTUR, GÜLTIGKEIT, SICHTBARKEIT

Die **Struktur** eines **Ada-Programms** kann als eine beliebig komplizierte **Ineinander-schachtelung** von Blöcken, Prozeduren, Paketen und Tasks betrachtet werden. Letztere bleiben in diesem Kapitel noch unberücksichtigt. Insoweit folgt Ada der Linie der Algol-ähnlichen Sprachen. Die Überlegung ist, daß mit der Ineinanderschachtelung "logisch zusammengehörige" Dinge im Programm auch zusammenstehen, und ferner, daß gemeinsame Ressourcen so placiert werden können, daß der Gültigkeitsbereich alle Stellen ihrer Verwendung enthält, aber andererseits auf bestimmte Teile des Programms beschränkt werden kann. Wir wollen in diesem Abschnitt die Gültigkeits- und Sichtbarkeitsregeln von Ada-Programmen erläutern, die jetzt auch Pakete enthalten dürfen. Wir vermeiden dabei die Einführung neuer technischer Begriffe und versuchen, damit die Erläuterung gegenüber dem Sprachreport zu vereinfachen.

Die Ineinanderschachtelung kann über die **Deklarationsteile** von Unterprogrammen und Paketen erfolgen: Dort können wieder beliebige Unterprogramme und Pakete stehen, die in ihren Rümpfen Deklarationsteile enthalten usw. Aber auch in der **Schnittstelle** eines Pakets P dürfen Paketspezifikationen P_I (und weiteres) stehen, wenn der Rumpf von P die Rümpfe von P_I enthält. Schließlich kann die Ineinanderschachtelung auch über die **Anweisungsteile** erfolgen: Dort darf, anstelle einer Anweisung, auch ein Block stehen, der wiederum im Deklarationsteil Unterprogramme und Pakete und im Anweisungsteil auch weitere Blöcke enthalten darf.

Spezifikationen und Rümpfe von Unterprogrammen und Paketen dürfen textuell an verschiedenen Stellen des Programms stehen, wie wir später sehen werden. Allerdings muß der Rumpf im gleichen Deklarationsteil und nach der Spezifikation stehen. (Den Fall der getrennten Übersetzung von Spezifikation und Rumpf behandeln wir in 5.4.) Bei Unterprogrammen darf die Spezifikation sogar weggelassen werden. Wir erinnern uns, daß der "Rumpf" die Spezifikation ohnehin noch einmal enthält. Für diesen Abschnitt werden Spezifikation und Rumpf als eine Einheit betrachtet, auch wenn sie textuell nicht hintereinander stehen. Als ein einzelnes Programm mit beliebig vielen Ineinanderschach-telungen ist ein großes Programmsystem, an dessen Erstellung viele Menschen mitarbeiten, allerdings kaum zu realisieren. Wir werden deshalb in der Erläuterung der getrennten Übersetzbarkeit Wege aufzeigen (und diese im Modulkonzeptabschnitt vertiefen) das Programmsystem so zu zerlegen, daß es von voneinander unabhängigen Programmierern implementiert werden kann. Für diesen Abschnitt betrachten wir ein **Programmsystem** hingegen als eine einzige **textuelle Einheit**.

Bevor wir in die Diskussion um Gültigkeitsbereich bzw. Sichtbarkeitsbereich von Bezeichnungen bei Ineinanderschachtelung eintreten, eine Bemerkung über die in der Sprache **vordefinierten Bezeichnungen** wie INTEGER , BOOLEAN für vordefinierte Typen, +, *, **abs** für vordefinierte Operatoren 'a' '(' für vordefinierte Zeichenliterale, TRUE , FALSE für vordefinierte Aufzählungsliterale und schließlich CONSTRAINT_ERROR , NUMERIC_ERROR für vordefinierte Ausnahmen: Alle diese Bezeichnungen sind in der Schnittstelle des vordefinierten Pakets STANDARD enthalten. Für alle Bezeichnungen, die der sichtbare Teil dieser Schnittstelle enthält, wird angenommen, daß sie in jedem Ada-Programm gültig und sichtbar sind, es sei denn, sie sind durch eine Neudeklaration verdeckt. Um die Deklaration dieser Bezeichnungen braucht sich der Programmierer also nicht zu kümmern.

Erinnern wir uns, was wir bisher schon über die Gültigkeit/Sichtbarkeit einer Bezeichnung wissen: Der **Gültigkeitsbereich** (engl. scope) ist ein textueller Bereich des

Programms, der von der Deklaration bis zum Ende der nächst umfassenden Programm-einheit reicht. Eine Deklaration schafft eine unauflösliche Beziehung zwischen einer Bezeichnung und einem programmiersprachlichen Objekt (Datenobjekt, Typ, Unterpro-gramm, Paket etc.). Die Begriffe Gültigkeitsbereich/Sichtbarkeitsbereich, die sich zunächst auf eine Bezeichnung beziehen, werden auf die Deklaration selbst übertragen, die diese Bezeichnung einführt, bzw. auf das Objekt, das dadurch geschaffen wird.

Die Deklarationen werden **strikt sequentiell** abgearbeitet. Die Sprachentwerfer geben als Grund für diese Regel an, daß Programme auch sequentiell gelesen werden. Der Grund ist also nicht die Abarbeitbarkeit der Deklarationen durch eine Compilerphase. Das zwang uns bei indirekt rekursiven Unterprogrammen und bei rekursiven Datentypen zu unvollständigen Deklarationen.

Nur innerhalb des Gültigkeitsbereichs darf ein angewandtes Auftreten einer Bezeichnung überhaupt vorkommen. Das führte bei ineinandergeschachtelten Blöcken bzw. Prozeduren wegen der damit verbundenen Ineinanderschachtelung der Gültigkeits-bereiche zu der Unterscheidung zwischen **lokalen** und **globalen** programmiersprachlichen Objekten.

Der **Sichtbarkeitsbereich** (engl. visibility region) ist ein Teil des Gültigkeitsbereichs. Daß beide nicht gleich sind, ergibt sich bereits daraus, daß ein und dieselbe Bezeichnung bei Ineinanderschachtelung von Programmeinheiten für verschiedene Objekte verwendet werden darf. Bei Datenobjekten führte dies zu einer **Verdeckung** des äußeren Objekts (dies ist nicht mehr direkt sichtbar). Bei Unterprogrammen führte dies nur dann zu einer Verdeckung der äußeren Bezeichnung, wenn die Parametertypprofile "übereinstimmten", ansonsten führte es dazu, daß die Unterprogrammbezeichnung **überladen** wurde. Aufzählungsliterale verdecken sich nie gegenseitig, sie überladen sich nur. Für die gesamte Gültigkeits-/Sichtbarkeitsbereichsregelung wird ein Aufzählungsliteral A_L eines Aufzählungstyps A_T wie eine parameterlose Funktion mit der Bezeichnung A_L behandelt, die A_T als Ergebnistyp hat.

Für nicht überladene Bezeichner gibt es höchstens eine zugehörige Deklaration. Es ist Aufgabe des Übersetzers, für eine überladene Bezeichnung das richtige deklarierende Auftreten ausfindig zu machen. Es sei hier noch einmal eine gewisse Vorsicht bei der Verwendung des Überladungskonzepts anempfohlen.

Nahezu alle Bezeichnungen müssen **explizit deklariert** werden: Ausnahmen hiervon sind die in der Sprache vordefinierten Bezeichnungen und die implizit deklarierten Bezeichnungen. Letztere sind Block-, Schleifen- und Markenbezeichner. Sie gelten als **implizit** im Deklarationsteil der nächsten umgebenden Programmeinheit deklariert, die einen Deklarationsteil enthalten darf, also im nächsten Block, Unterprogramm- bzw. Paketrumpf. Schleifenvariable von Zählschleifen gelten ebenfalls als implizit deklariert, allerdings in der Schleife selbst. Hier wird also angenommen, daß die Schleife in einem Block enthalten ist, dessen einzige Deklaration die Schleifenvariable einführt.

Die Erläuterungen zum **Gültigkeitsbereich** bzw. Sichtbarkeitsbereich müssen durch die in Kapitel 4 und 5 neu hinzugekommenen Konzepte **ergänzt** werden:

Wird ein programmiersprachliches Objekt im Deklarationsteil eines Paketrumpfs deklariert, so reicht sein Gültigkeitsbereich von der Stelle der Deklaration bis zum Ende dieser Programmeinheit. Dies ist also genauso wie bei Objekten, die im Deklarationsteil eines Blocks oder Unterprogramms deklariert wurden.

Der Gültigkeitsbereich von Objekten, die im sichtbaren Teil der Schnittstelle eines Pakets eingeführt werden, reicht von der Stelle der Einführung bis zum Ende des Gültigkeitsbereichs dieses Pakets selbst, schließt also insbesondere den Rumpf dieses Pakets mit ein, auch wenn dieser textuell separat steht. Das heißt somit auch, daß für die

Bezeichnungen des sichtbaren Teils der Schnittstelle der Gültigkeitsbereich neben dem Rumpf den privaten Teil der Schnittstelle mit umfaßt. Alle Bezeichnungen des sichtbaren Teils der Schnittstelle sind aber auch außerhalb des Pakets gültig, so lange das Paket selbst gültig ist. Dies ist nötig, da der sichtbare Teil ja den Export des Pakets angibt, d.h. die Deklaration außerhalb des Pakets ansprechbar sein muß. Die Schnittstelle eines Pakets A darf insbesondere die Spezifikation eines anderen Pakets B enthalten, wenn der Rumpf von B im Rumpf von A enthalten ist, wie wir schon erwähnt haben. In diesem Falle sind die Deklarationen der Schnittstelle von B auch überall dort gültig, wo das Paket A gültig ist.

Der Gültigkeitsbereich der Bezeichnungen des privaten Teils der Schnittstelle reicht von der Stelle des Auftretens nur bis zum Ende des Paketrumpfs. Der Gültigkeitsbereich ist hier auf das Paket selbst beschränkt und umfaßt deshalb auch nicht den zwischen Paketspezifikation und -rumpf liegenden Programmtext, falls Paketspezifikation und -rumpf im Deklarationsteil nicht unmittelbar hintereinander stehen.

Wie sieht es mit dem Gültigkeitsbereich von Bezeichnungen aus, die nur in der Deklaration eines umfassenden Objekts auftauchen? Das betrifft die Komponenten bzw. Diskriminanten eines Verbundtyps, die formalen Parameter eines Unterprogramms, die formalen generischen Parameter im generischen Teil zu einer generischen Programmeinheit und schließlich die Aufzählungsliterale, die in einer Aufzählungs-Typdeklaration eingeführt werden. Hier gilt stets die folgende Regel: Der Gültigkeitsbereich dieser Bezeichnung geht von der Stelle der Einführung bis zum Ende des Gültigkeitsbereichs des umfassenden Objekts. Somit ist die Bezeichnung einer Komponente oder Diskriminante so lange gültig, wie die entsprechende Verbundtypdeklaration selbst. Das brauchen wir für die Selektion von Komponenten der Objekte des Typs. Ebenso ist die Bezeichnung eines formalen Parameters auch außerhalb der Unterprogrammdeklaration gültig, solange das entsprechende Unterprogramm selbst gültig ist, was für die Parameterzuordnung über Namen nötig ist. Entsprechendes gilt auch für die formalen generischen Parameter, wegen der Verwendung in der Zuordnung über Namen innerhalb einer generischen Erzeugung, bzw. für die Literale eines Aufzählungstyps.

Der **Sichtbarkeitsbereich** einer Bezeichnung ist ein Teil des Programmtexts innerhalb des Gültigkeitsbereichs. In ihm ist ein Bezug zu dem entsprechenden programmiersprachlichen Objekt durch Hinschreiben der Bezeichnung, evtl. mit vorangehendem Präfix, möglich.

Beispielsweise kann die Bezeichnung einer Schnittstellenoperation OP eines sichtbaren Pakets P mit P.OP hingeschrieben werden, der Name eines Formalparameters FP einer Prozedur Q in einer Parameterzuordnung über den Namen mit Q(FP=>AP) . Analog kann durch einen entsprechenden "Kontext" ein Komponentenbezeichner eines Verbundes in einem Aggregat oder ein formaler generischer Parameter in der Parameterzuordnung über Namen in einer Erzeugung einer generischen Ausprägung hingeschrieben werden. In allen diesen Fällen spricht man von **Sichtbarkeit nach Selektion,** da der Bezeichner nur in einem bestimmten "Kontext" auftauchen kann.

Hingegen dürfen innerhalb eines Deklarationsbereichs direkt deklarierte Objekte dort direkt, also ohne Vor- und Nachspann, hingeschrieben werden. Dabei heißt ein Objekt in einer Programmeinheit A **direkt deklariert,** wenn es in dieser Programmeinheit deklariert ist, aber nicht in einer Programmeinheit B , die selbst in A enthalten ist. Wir haben direkt in A deklarierte Objekte als lokal zu A bezeichnet, gültige, aber außerhalb von A deklarierte Objekte, als global. Solche direkt hinschreibbaren Objekte sind Formalparameter in der Spezifikation eines Unterprogramms oder die Objekte des Deklarationsteils im Rumpf eines Unterprogramms, die Objekte des Deklarationsteils im Rumpf eines

Pakets, die Komponenten oder Diskriminanten innerhalb einer Verbundtypdefinition etc. Man sagt, daß diese Objekte *direkt sichtbar* sind. Diese Objekte sind jedoch nur dann direkt sichtbar, wenn sie nicht verdeckt sind. Wir erinnern uns, daß wir durch die use-Klausel die Schnittstelle eines sichtbaren Pakets direkt sichtbar machen können.

Bei Datenobjekten, deren Bezeichnungen ja nicht überladen werden können, **verdeckt** eine innere Deklaration mit der gleichen Bezeichnung eine äußere, d.h., daß die äußere nicht mehr sichtbar ist. Ein Unterprogrammbezeichner wird nur bei "übereinstimmender" Unterprogrammspezifikation, d.h. bei gleichem Parametertypprofil, verdeckt, ein Aufzählungsliteral verdeckt nie ein anderes Aufzählungsliteral. Man beachte aber, daß ein Aufzählungsliteral oder ein Unterprogrammbezeichner ein äußeres Datenobjekt mit der gleichen Bezeichnung verdecken kann, und ebenso umgekehrt.

Ist ein Bezeichner nicht direkt sichtbar, aber gültig, so kann er, wenn er direkt in einem Paket, einem Unterprogramm oder einem benannten Block deklariert ist, in dieser Programmeinheit durch *Voranstellen* des Paket-, Unterprogramm- oder Blockbezeichners (im allgemeinen eines *Präfixes*) angesprochen werden. Wir haben dies bei benannten Blöcken bereits kennengelernt. Wir sprechen auch hier von Sichtbarkeit nach Selektion. In den Fällen der Sichtbarkeit nach Selektion von oben muß der textuelle Kontext verwandt werden (bis auf den Fall der direkten Sichtbarkeit der Schnittstelle eines Pakets nach einer use-Klausel), hier muß die Selektion jedoch nur dann verwandt werden, wenn eine Verdeckung vorliegt.

Nun zur Sichtbarkeitsregelung noch einmal im einzelnen: Der Sichtbarkeitsbereich einer Bezeichnung, die im *Deklarationsteil* eines Unterprogramm- oder eines Paketrumpfs eingeführt wurde, stimmt mit dem Gültigkeitsbereich überein, es sei denn, eine innere Deklaration verdeckt diese Bezeichnung. Dies ist also genauso, wie wir es bei Blöcken bereits kennengelernt haben.

Alle Bezeichnungen des sichtbaren und des privaten Teils der *Schnittstelle* eines Pakets sind ebenfalls von der Stelle der Einführung bis zum Ende des Pakets sichtbar, wenn sie nicht im Rumpf irgendwo verdeckt werden. Außerhalb eines Pakets sind die Bezeichnungen des sichtbaren Teils der Paketschnittstelle zwar gültig, aber nicht direkt sichtbar, trotz der Bezeichnung "sichtbarer Teil" der Schnittstelle. Eine solche Bezeichnung kann zum einen durch die Punktnotation mit dem Paketbezeichner angesprochen werden. Die Bezeichnungen des sichtbaren Teils der Schnittstelle können zum anderen durch eine use-Klausel direkt sichtbar gemacht werden. Diese direkte Sichtbarkeit gilt dann für den Bereich, in dessen Deklarationsteil die use-Klausel steht. Damit kann die use-Klausel auch als Instrument zur Erweiterung des direkten Sichtbarkeitsbereichs aufgefaßt werden.

Für die programmiersprachlichen Objekte, die nur *innerhalb anderer* eingeführt werden, nämlich Komponenten bzw. Diskriminanten, formale Parameter, formale generische Parameter und Aufzählungsliterale, gilt, soweit keine Verdeckung vorliegt: Der Sichtbarkeitsbereich ist derjenige des Objekts, von dem sie ein Teil sind, also z.B. die entsprechende Unterprogrammspezifikation zusammen mit dem entsprechenden Unterprogrammaufruf bei den formalen Parametern eines Unterprogramms. Außerhalb dieses Bereichs sind die Bezeichnungen zwar überall dort gültig, wo das entsprechende umfassende Objekt gültig ist, sie sind dort aber nicht direkt sichtbar. Sie können aber durch einen Kontextzusatz (Sichtbarkeit nach Selektion) sichtbar gemacht werden. Die Aufzählungsliterale schließlich sind auch außerhalb der Aufzählungstypdefinition im gesamten Gültigkeitsbereich der Typdefinition direkt sichtbar.

Das folgende Beispiel aus dem Sprachreport (vgl. Fig. 5-12) erläutert den Begriff der Gültigkeit/Sichbarkeit bei ineinandergeschachtelten Programmeinheiten. Das Beispiel ist nicht sehr praxisnah: Zum einen wird man für Pakete größere Einheiten wählen, als drei Boolesche oder ganzzahlige Objekte zusammenzufassen. Zum anderen haben Pakete normalerweise Rümpfe. Sie wurden hier weggelassen, da deren Interna außerhalb ohnehin nicht zugreifbar sind.

```
procedure HAUPTPROGRAMM is

    package D is --------------------------------------------------------------
        T,U,V: BOOLEAN;                                                      --
    end D; --------------------------------------------------------------------
    procedure P is ------------------------------------------------------------
        package E is ---------------------------------------------------    --
            B,W,V: INTEGER;                                      --          --
        end E; ---------------------------------------------------------    --
        procedure Q is -----------------------------------------------    --
            T,X: FLOAT;                                          --          --
        begin                                                   --          --
            declare                                             --          --
                use D,E;                                        --          --
            begin                                               --          --
                -- T heisst Q.T nicht D.T                       --          --
                -- U heisst D.U                                 --          --
                -- B heisst E.B                                 --          --
                -- W heisst E.W                                 --          --
                -- X heisst Q.X                                 --          --
                -- V ist unzulaessig, D.V oder E.V              --          --
            end;                                                --          --
        end Q; -------------------------------------------------------    --
    begin                                                                   --
        ...                                                                 --
    end P; --------------------------------------------------------------------
begin
    ....
end HAUPTPROGRAMM;
```

Fig. 5-12: Gültigkeit/Sichtbarkeit bei ineinandergeschachtelten Programmeinheiten

Der Sinn einer Gültigkeitsbereichs-/Sichtbarkeitsbereichsregelung ist eine präzise *Kontrolle* über den *Namensraum*. Bei der Implementation neuer Programmeinheiten, wie Blöcken, Unterprogrammen und Paketen, sollte man völlig frei in der Einführung neuer Namen sein, ohne sich um die Bezeichnungen innerhalb bereits vorhandener Programmeinheiten kümmern zu müssen. Dies ist besonders wichtig für Pakete, da verschiedene Pakete nach Festlegung der Schnittstellen i.a. von verschiedenen Programmierern implementiert werden. Diese Kontrolle über den Namensraum wird dadurch erreicht, daß der Gültigkeitsbereich der Namen (außer den Namen, die in der Schnittstelle stehen) auf die Programmeinheit selbst beschränkt bleibt. Diese Namen werden im Deklarationsteil des Blocks, Unterprogrammrumpfs oder Paketrumpfs eingeführt. Sollte dabei ein Name mehrfach verwendet werden, so wird das äußere Objekt automatisch verdeckt. Bei Aufzählungsliteralen und Unterprogrammen kommt das Konzept der Überladung hinzu, da es hier unbequem und unnatürlich wäre, ständig neue Namen einzuführen bzw. das Verdeckungskonzept zu übertragen. Bei den Bezeichnungen der Schnittstelle eines Pakets (im Prinzip gilt dies auch für formale Parameter bzw. formale generische Parameter) ist der Gültigkeitsbereich allerdings größer als das Paket selbst. Diese Bezeichnungen werden nach außen getragen. Sie sind überall dort gültig, wo das Paket selbst gültig ist. Sie sind aber nicht direkt sichtbar. Mithilfe der use-Klausel wird eine solche Bezeichnung direkt sichtbar gemacht. Letzteres gilt jedoch nur dann, wenn dies zu keinen Konflikten mit örtlichen Bezeichnungen führt.

Die Gültigkeits-/Sichtbarkeits- und Überladungsregeln des Sprachreports sind für das *Herausfinden* der *passenden Deklaration* zu einem angewandten Auftreten verantwortlich. Für jedes angewandte Auftreten ermitteln die Sichtbarkeitsregeln eine Menge möglicher Deklarationen. (Wir wissen, daß die Sichtbarkeitsregeln mit den Gültigkeitsregeln verträglich sein müssen.) Eine solche mögliche Deklaration bzw. das dort deklarierte Objekt werden sichtbar genannt. Falls die Sichtbarkeitsregeln genau eine mögliche Deklaration liefern, so sind wir fertig. Gibt es keine passende Deklaration, dann ist das Programm falsch. Liefern die Sichtbarkeitsregeln mehr als eine Deklaration, dann muß man mithilfe der Regeln der Überladung herausfinden (overloading resolution), welche die passende Deklaration ist. Kommt hierbei mehr als eine Deklaration in Frage, dann ist das Programm ebenfalls falsch.

Betrachten wir die *Zugriffsmöglichkeiten* auf *Datenstrukturen*, die sich aus der Gültigkeitsbereichs-/Sichtbarkeitsbereichsregelung bei Blöcken und Prozeduren bzw. jetzt für *Pakete* ergeben. Will man nur unter Verwendung von Blöcken/Unterprogrammen eine Datenstruktur mithilfe mehrerer Operationen verändern, so muß diese Datenstruktur global zu allen diesen Unterprogrammen und den Stellen der Veränderung gemacht werden. In ihrem gesamten Gültigkeitsbereich ist sie damit der Gefahr anderweitiger Veränderung ausgesetzt. Wird diese Datenstruktur aber im Rumpf eines Pakets deklariert, so ist sie außerhalb des Pakets nicht zugreifbar, da nicht gültig. Trotzdem kann sie dort mithilfe aller Schnittstellenoperationen manipuliert werden. Ebenso sind die Interna des privaten Teils der Schnittstelle für den Programmierer außerhalb des Pakets unzugänglich. Wir kommen auf diese Art der Behandlung von Datenstrukturen noch des öfteren zurück (Stichwort Datenabstraktion).

Die *Sichtbarkeitsregelung* bei Paketen ist nun genau auf das *softwaretechnische Ziel* der Pakete abgestimmt: Die Schnittstellenoperationen sind außerhalb des Pakets sichtbar (nach Selektion oder direkt sichtbar nach use-Klausel), ihre Realisierung im Rumpf jedoch nicht. Beispielsweise kann auf Hilfsmittel zu ihrer Realisierung, wie rumpflokale Datenobjekte, Unterprogramme, weitere lokale Pakete, von außen nicht zugegriffen werden. Ebenso sind private Typen der Schnittstelle in ihrer Struktur außerhalb des Pakets nicht sichtbar. Es darf zwar der Typname verwendet werden, aber beispielsweise keine interne Komponente. Zusammenfassend können wir festhalten: Die Sichtbarkeitsregelung ist so gewählt, daß die logische Schnittstelle sichtbar ist, der Rumpf und die physische Schnittstelle aber verborgen bleiben.

Was heißt nun "sichtbar" oder "*unsichtbar*"? Es heißt nicht, daß ein anderer Programmierer den unsichtbaren Teil, d.h. die physische Schnittstelle und den Rumpf, nicht ansehen kann. Letzteres ist ein Aspekt des Projektmanagement, nämlich der Zugriffskontrolle, und nicht unbedingt ein Aspekt der Programmiersprache. (Mit der

Unterscheidung in Schnittstelle und Rumpf und der getrennten Übersetzung, die wir im nächsten Abschnitt kennenlernen werden, kann jedoch auch der Rumpf in diesem wörtlichen Sinne unsichtbar gemacht werden.) Nicht sichtbar heißt hier statt dessen, daß ein anderer Programmierer, der einen Modul verwendet, von der physischen Schnittstelle und dem Rumpf nicht Gebrauch machen kann, indem er etwa die dort eingeführten Objekte direkt verändert. Er kann also **keinen Gebrauch von Interna** (Typstrukturierung, Realisierung der Schnittstellenoperationen) machen. Versucht er dies, so verletzt er die Sichtbarkeitsregeln, und der Übersetzer weist auf solche Programmstellen explizit hin.

Ebenso wie die Sichtbarkeitsregelung, so hat auch das **Überladungskonzept** von Ada eine **softwaretechnische Begründung**. Zum einen erlaubt das Überladungskonzept, eine Bezeichnung mehrfach zu verwenden. Das kann die Übersichtlichkeit steigern, z.B. wenn das Kreuzprodukt zweier Vektoren mit dem Multiplikationsoperator bezeichnet wird, und es verhindert ferner komplizierte Namenskonventionen. Andererseits ist das Überladungskonzept auch ein Sprachkonstrukt, das die Sicherheit steigert. Selbst wenn der gleiche Unterprogrammbezeichner, Aufzählungsliteralbezeichner etc. gewählt wird, hat das i.a. keine negativen Konsequenzen, weil sich Unterprogramme und Aufzählungsliterale im Parametertypprofil unterscheiden und somit etwas Verschiedenes bedeuten. (Andererseits kann das Überladungskonzept aber auch Verwirrung stiften, wenn es undiszipliniert verwendet wird.)

Das **Überladungskonzept** wurde in diesem Kapitel ausschließlich für solche programmiersprachlichen Objekte erläutert, die auch deklariert werden müssen. Daneben gibt es aber auch andere **Objekte**, die überladen sein können und **nicht deklariert sind**, wie Aggregate, Zeichenkettenliterale, Generatoren, das Literal **null** usw. Auch für diese muß nach den Regeln der Überladung herausgefunden werden (overloading resolution), von welchem Typ ein solches Objekt ist. Hierfür werden Regeln herangezogen, daß ein Ausdruck, in dem eines der obigen Objekte enthalten ist, von einem bestimmten Typ sein muß, daß die Zuweisung links und rechts gleichen Typ verlangt usw. Hier kann der Programmierer die Lesbarkeit seines Programms erhöhen und die Arbeit des Übersetzers wesentlich erleichtern, wenn er von der Möglichkeit der Typqualifikation Gebrauch macht.

Wir greifen die Diskussion über Gültigkeit/Sichtbarkeit im Zusammenhang mit der getrennten Übersetzung im nächsten Abschnitt noch einmal auf.

5.4 GETRENNTE ÜBERSETZUNG

Bei der Entwicklung großer Programmsysteme muß nach Erarbeitung der Entwurfsspezifikation jedes Mitglied des Entwicklungsteams in der Lage sein, einen eigenständigen, aber klar festgelegten Teil zu realisieren. Die hierfür nötige **physische Aufteilung** des Programmtexts zur **getrennten Bearbeitung** muß die Aufteilung der Arbeit und die Verantwortlichkeiten widerspiegeln. Hierfür stellt Ada hauptsächlich das Paketkonzept als Hilfsmittel der Modularisierung zur Verfügung. Die Implementation der einzelnen Moduln wird gleichzeitig oder zumindest zeitlich überlappend stattfinden. Der syntaktische Teil der Modulspezifikation - das ist der auf den Modul entfallende Teil der Softwarearchitektur - läßt sich durch die Paketschnittstelle ausdrücken, die Implementation ergibt sich aus den Paketrümpfen. Die Implementierung der einzelnen Moduln wird gleichzeitig oder zumindest zeitlich überlappend stattfinden.

Die unabhängige **Bearbeitung** eines Pakets A, d.h. die Implementierung, der Test und die Wartung ist möglich, weil eine **festgelegte Abhängigkeit zum Rest des Programmsystems** existiert: Bei sauberer Vorgehensweise sind für die Implementierung eines Pakets nur die Spezifikationen der anderen verwendeten Pakete erforderlich, für den Test gegebenenfalls noch Teststummel, die die Ressourcen anderer Pakete simulieren. Es muß allerdings bei der Verwendung der Operationen anderer Pakete nicht nur klar sein, wie diese aufzurufen sind, sondern auch, was sie machen. Umgekehrt wird aber niemand unnötig abhängig von dem jetzt entstandenen Paket, da die Außenwelt im allgemeinen wiederum nur dessen Spezifikation zu kennen braucht.

Um die Entwicklungs- und Wartungskosten eines Programmsystems bei separater Bearbeitung der einzelnen Moduln in vertretbarem Rahmen zu halten, muß eine **separate Übersetzung** verschiedener Teile des Programmsystems möglich sein. Die Auftrennung des Programmtexts zur separaten Übersetzung hängt natürlich mit der logischen Aufteilung des Programmsystems zusammen. So sind in erster Linie einzelne Pakete die Programmstücke, die separat übersetzt werden. Da diese nochmals in Schnittstelle und Rumpf unterteilt sind, sieht Ada ferner auch die separate Übersetzung dieser Anteile vor. Zu der logischen Abschottung von Interna durch Verkapselung in einem Paketrumpf kommt hier durch die separate Übersetzung eine physische Abschottung hinzu: Der Benutzer eines Pakets bekommt im allgemeinen den Quelltext des Paketrumpfs nie zu sehen. Die Schnittstelle hingegen muß er sich ansehen können, um mit den dort aufgeführten Ressourcen sinnvoll umgehen zu können.

Nach Horning /7. CH 71/ unterscheidet man zwischen unabhängiger Übersetzung und getrennter Übersetzung.
Unabhängige Übersetzung ist separate Übersetzung, wobei Beziehungen zwischen den separat übersetzten Programmteilen nicht oder kaum abgeprüft werden. Dies findet man bei Assemblern, FORTRAN oder PL/I. Macht der Binder keine Überprüfungen, dann können Schnittstellenfehler zu schlimmen Laufzeitfehlern führen. **Getrennte Übersetzung** hingegen ist separate Übersetzung, wobei die Beziehungen zwischen den separat übersetzten Programmteilen genauso abgeprüft werden, als würde man das gesamte Programmsystem auf einmal und zusammenhängend dem Übersetzer zur Prüfung vorlegen.
Getrennte Übersetzung ist seit 1972 für einige Programmiersprachen bekannt, unter anderem für die Sprache LIS (vgl. /7. Ic 74/), dem direkten "Vorgänger" von Ada. Sie bedingt eine aufwendige Datenstrukur für ein Softwareprojekt, die während der gesamten Entwicklung und Wartung des entsprechenden Programmsystems gehalten werden muß. Diese Datenstruktur, zusammen mit einer Bibliothek der Programmbausteine, ermöglicht, daß bei Neuübersetzung einer Programmeinheit lediglich diese Programmeinheit selbst neu übersetzt werden muß und fernerhin nur solche Einheiten, die von der Änderung möglicherweise berührt sind. In Ada heißt die Bibliothek Programmsystembibliothek (Programmbibliothek, engl. program library), die Datenstruktur, die die Querbezüge enthält, Systemstrukturdatei (engl. library file). Wir kommen hierauf in diesem Abschnitt zurück.

Ein Ada-Programm ist ein einziges Programmstück oder eine Folge getrennt übersetzbarer und gegebenenfalls getrennt übersetzter Programmstücke. Das zugehörige nichtterminale Symbol `compilation` ist das oberste nichtterminale Symbol der Ada-Grammatik (vgl. Fig. 5-14 auf S. 213). Jedes solche getrennt übersetzte Programmstück (nichtterminales Symbol `compilation`) besteht wiederum aus einer einzigen getrennt übersetzbaren Programmeinheit oder aus einer Folge getrennt übersetzbarer Programmeinheiten, die jedoch auf einmal übersetzt werden. Diese Programmeinheiten wollen wir **Übersetzungseinheiten** (nichtterminales Symbol `compila tion_unit`) nennen.

Obwohl jede Übersetzungseinheit getrennt übersetzt wurde, besitzt sie einen bestimmten **Kontext** von programmiersprachlichen Objekten, deren Bezeichner sie verwendet. Dieser Kontext kann ganz andere Programmeinheiten umfassen. Wir werden unten sehen, wie man diesen Kontext angibt. Alle von einer Übersetzungseinheit verwendeten Bezeichnungen müssen, sofern sie nicht in der Übersetzungseinheit selbst deklariert werden, in diesem Kontext enthalten sein.

Ada unterscheidet zwischen Übersetzungseinheiten, die man sich im äußersten Verschachtelungsniveau deklariert denken kann, und solchen, die in einer anderen Übersetzungseinheit beliebiger Schachtelungstiefe logisch, aber nicht textuell enthalten sind. Die ersten heißen Bibliothekseinheiten (library units), die letzteren Untereinheiten (subunits). Eine **Untereinheit** kann durchaus einem großen Teil der Spezifikation entsprechen, der Name soll also nicht als "von untergeordneter Bedeutung" mißverstanden werden. Eine Untereinheit muß explizit eine Vatereinheit angeben, in der sie enthalten ist. Eine **Bibliothekseinheit** hingegen stellt einen allgemein verwendbaren Baustein dar. Sie kann deshalb in jeden beliebigen Kontext hineingenommen werden. Pakete und Unterprogramme können sowohl als Bibliothekseinheiten als auch als Untereinheiten auftreten (Tasks, die wir im nächsten Kapitel behandeln, dürfen nur Untereinheiten sein). Im letzteren Falle sind die Rümpfe die Untereinheiten.

Wenn wir von der Tatsache absehen, daß Spezifikationen und Rümpfe getrennt übersetzt werden können, so gilt folgendes: Eine Bibliothekseinheit entspricht dem Programmtext eines Moduls, der anderswo (eventuell vielfach) **allgemein verwendet** wird, eine Untereinheit entspricht einem Modul, der **Bestandteil** eines anderen ist. Das gleiche gilt für Unterprogramme. Insoweit gehören Untereinheiten zur Beziehung "ist enthalten in" in der Softwarearchitektur, Bibliothekseinheiten eher zur Beziehung "ist allgemein verfügbar und wird benutzt von". Wir gehen auf die Beziehungen der Konzepte Untereinheit und Bibliothekseinheit zum Entwurf im nächsten Abschnitt genauer ein. Wenn wir oben davon gesprochen haben, daß man sich Bibliothekseinheiten außen deklariert vorstellen kann, dann ist dies lediglich eine technische Erklärung im Sinne der Festlegung von Gültigkeit/Sichtbarkeit. Auf logischem Niveau (auf der Architekturebene) sieht dies anders aus, wie wir im nächsten Abschnitt genauer sehen werden.

Zählen wir zunächst **auf**, was eine **Übersetzungseinheit** sein kann (vgl. Fig. 5-14). Sie kann eine Unterprogrammdeklaration, eine generische Unterprogrammdeklaration (generischer Teil plus Unterprogrammspezifikation) oder eine aus einer generischen Deklaration erzeugte Ausprägung sein. Ferner kann sie ein Unterprogrammrumpf sein (nichtterminales Symbol subprogram_body ; wir erinnern uns, daß der Rumpf ein vollständiges Unterprogramm ist).

Der wichtigere Fall jedoch ist, daß eine Übersetzungseinheit eine Paketdeklaration, eine generische Paketdeklaration (generischer Teil plus Paketspezifikation), die Erzeugung einer generischen Paketausprägung bzw. ein Paketrumpf ist. Das sind alle Formen, die eine Bibliothekseinheit annehmen kann.

Eine Übersetzungseinheit kann aber, wie oben festgestellt, auch eine Untereinheit sein. Dann muß sie der Rumpf eines Unterprogramms, eines Pakets oder einer Task sein, das bzw. die innerhalb einer anderen Übersetzungseinheit deklariert ist.

Somit kann beispielsweise ein Paketrumpf oder ein Unterprogrammrumpf sowohl eine Bibliothekseinheit als auch eine Untereinheit sein. Die Art der Verwendung des Pakets bestimmt, ob er das eine oder das andere ist. Natürlich muß die Verwendung als Bibliothekseinheit oder Untereinheit im Programmtext kenntlich gemacht werden. Man bezeichnet den getrennt übersetzten Rumpf eines Pakets oder Unterprogramms, das eine Bibliothekseinheit ist, als Sekundäreinheit. Eine Sekundäreinheit, aber auch eine

Untereinheit, kann sowohl der Rumpf eines "normalen" Unterprogramms oder Pakets sein, als auch der Rumpf einer generischen Einheit.

Eine **Bibliothekseinheit** kann potentiell **überall** in einem zu erstellenden Programmsystem benutzt werden. Allerdings muß die gewünschte Benutzung dieser Bibliothekseinheit in einer anderen Übersetzungseinheit dort auch explizit angezeigt werden, d.h. es muß ein **Kontext angegeben** werden, wie wir unten sehen werden. Eine **Untereinheit** hingegen **besitzt** bereits einen bestimmten **Kontext**: Sie darf nur der Rumpf eines Unterprogramms oder Pakets (bzw. einer Task) sein, dessen Schnittstelle in einer anderen Übersetzungseinheit textuell bereits enthalten ist. Dort ist auch eine Kennung enthalten, daß der entsprechende Rumpf fehlt, da er getrennt übersetzt wird. Der gültige und sichtbare Kontext ist zunächst derjenige der Stelle der Kennung, er kann jedoch für die Untereinheit erweitert werden.

Alle Untereinheiten einer Vatereinheit (engl. parent unit; Übersetzungseinheit, die direkt oder indirekt die oben erwähnte Kennung enthält) müssen verschiedene Bezeichnungen haben. Ebenso müssen alle Bibliothekseinheiten eines Programmsystems verschiedene Bezeichner haben. Damit können Bibliothekseinheiten keine Operatoren sein. Ferner können Unterprogramme, die Bibliothekseinheiten sind, nicht überladen werden.

Betrachten wir zuerst die **Untereinheiten** etwas **genauer:**

Der fehlende Rumpf eines Pakets (bzw. einer Task) oder eines Unterprogramms, der getrennt übersetzt werden soll, muß dort, wo er hingehört, durch einen **Stummel** (Stumpf, engl. stub) angezeigt werden. Dies geschieht dadurch, daß dort anstelle des fehlenden Rumpfs lediglich die beiden Wortsymbole **is separate** stehen (vgl. Fig. 5-13).

Umgekehrt ist am Anfang der getrennt zu übersetzenden Untereinheit nach dem Wortsymbol **separate** in Klammern der Name der **Vatereinheit** anzugeben (vgl. ebenfalls Fig. 5-13), so daß der Übersetzer sofort weiß, wo diese Untereinheit hingehört. Falls die Vatereinheit selbst eine Untereinheit ist, dann muß ein qualifizierter Name angegeben werden, der mit dem einer Bibliothekseinheit beginnt (vgl. hierzu Aufgabe 6)

Da eine Untereinheit als zu einer bestimmten Programmstelle gehörig betrachtet wird, nämlich dort, wo der Stummel steht, ist es klar, daß die dort sichtbaren Bezeichner in der Untereinheit ebenfalls alle sichtbar sind, wenn sie in der Untereinheit nicht verdeckt werden. Es sei darauf hingewiesen, daß eine Untereinheit nur zu einer Programmeinheit gehören kann, die im obersten Deklarationsteil der Vatereinheit deklariert wurde. Es ist also dort nicht erlaubt, etwa in einer Prozedur H eine lokale Prozedur A zu haben, die wiederum eine lokale Prozedur B besitzt, und den Rumpf von B als Untereinheit zu nehmen, ohne daß der Rumpf von A selbst Untereinheit ist.

In Fig. 5-13 ist ein kleines Beispiel angegeben: Die Prozedur MAIN - sie repräsentiere das Hauptprogramm - enthält als lokale Hilfsmittel ein Paket D , das zwei Unterprogramme zur Verfügung stellt, sowie eine Prozedur Q . Untereinheiten sollen die Rümpfe von D und Q werden. Rechts ist der Programmtext mit drei Übersetzungseinheiten angegeben: Es taucht die Prozedur MAIN auf, die jetzt zwei Stummel enthält, sowie die Unterheiten für die Rümpfe von D und Q (man erinnere sich, daß in Ada ein "Unterprogrammrumpf" die Spezifikation des Unterprogramms noch einmal enthält). In den Untereinheiten ist jeweils die Vatereinheit MAIN angegeben. Im Rumpf von D hätte etwa der Rumpf von G wiederum getrennt als Untereinheit übersetzt werden können. Dann müßte auch dort ein Stummel stehen. In der Untereinheit für G müßte dann aber anfangs MAIN.D angegeben werden, da die direkte Vatereinheit hier selbst eine Untereinheit wäre. Rechts in Fig. 5-13 stehen jetzt drei Übersetzungseinheiten, die in einzelnen Schritten oder auf einmal dem Übersetzer übergeben werden können.

```
body_stub ::= subprogram_specification is separate;
            | package body package_simple_name is separate;
            | task body task_simple_name is separate;

subunit ::=    separate (parent_unit_name) proper_body
```

```
procedure MAIN is -----------------------     procedure MAIN is -----------------------
   R,S: FLOAT :=1.0;                              R,S: FLOAT :=1.0;
   ...                                            ...
   package D is --...................            package D is --...................
      function F(X: FLOAT) return FLOAT;             function F(X: FLOAT) return FLOAT;
      procedure G(Y,Z: FLOAT);                       procedure G(Y,Z: FLOAT);
   end D;                                         end D;--...........................
   package body D is                             package body D is separate;--Stummel
      -- lok. Dekl. u. Realis. von F,G           procedure Q(U: in out FLOAT) --Stum-
   end D; --...........................                        is separate;   -- mel
   procedure Q(U: in out FLOAT) is--...       begin -- Rumpf von MAIN
      use D;  -- F,G direkt sichtbar              Q(R);
   begin                                          ...
   ...                                            D.G(R,S);
   end Q; --...........................       end MAIN; -----------------------------
begin                                         ─────────────────
   Q(R);
   ...                                           separate (MAIN)--...................
   D.G(R,S);                                      package body D is
end MAIN; -----------------------------             --lok. Dekl. u. Real. von F,G
                                                  end D;--............................
                                              ─────────────────

                                                 separate (MAIN)--...................
                                                 procedure Q(U: in out FLOAT) is
                                                    use D; -- F,G direkt sichtbar
                                                 begin
                                                    ...
                                                 end Q; --...........................
```

Fig. 5-13: Untereinheiten, Stummel: Syntax, Beispiele

Betrachten wir nun die **Bibliothekseinheiten** und ihre Verwendung **genauer.**

Jede Übersetzungseinheit, die nicht Untereinheit ist, ist eine Bibliothekseinheit. Hinter dem Begriff Bibliothekseinheit verbirgt sich aber auch eine bestimmte konzeptuelle Vorstellung, wie wir schon festgestellt haben, und was wir im nächsten Abschnitt vertiefen. Diese konzeptuelle Vorstellung betrifft insbesondere die Frage, wie mit einer Bibliothekseinheit umgegangen wird.

Jede Übersetzungseinheit kann auf die vordefinierten Bezeichnungen der Sprache zugreifen, d.h. daß die Schnittstelle des Pakets STANDARD überall sichtbar ist. Sie kann aber auch auf eine andere Übersetzungseinheit zugreifen, wenn diese am Anfang in der **Kontextklausel** angegeben ist. Dort muß dann in der with-Klausel nach dem Wortsymbol **with** der Bezeichner der zu verwendenden Übersetzungseinheit angegeben werden (vgl. Fig. 5-14). Allerdings muß die so angegebene Übersetzungseinheit, auf die zugegriffen wird, eine **Bibliothekseinheit** sein, sie darf also keine Untereinheit sein. Eine Untereinheit ist ja enthalten in einer Vatereinheit, d.h. sie ist ein Teil derselben, und auf Interna anderer Einheiten durften wir nach den bisherigen Gültigkeitsbereichs-/Sichtbarkeitsbereichsregeln nie zugreifen.

Wie kann nun von einer **Bibliothekseinheit Gebrauch** gemacht werden?

Nach Auftauchen des Bezeichners einer Bibliothekseinheit A in einer with-Klausel zu einer Übersetzungseinheit B wird der Bezeichner A , der ja ein Paket- bzw. Unterprogrammbezeichner ist, in B und allen Untereinheiten von B sichtbar, es sei denn, er wird irgendwo verdeckt. Es kann jetzt (1) in B eine Instanz erzeugt werden, wenn A eine generische Programmeinheit ist, (2) in B ein Unterprogramm aufgerufen werden, wenn A eine Unterprogrammdeklaration ist, und, was der wichtigste Fall ist, es können (3) die Ressourcen über die Punktnotation in B verwendet werden, wenn A ein Paket ist.

Unmittelbar nach einer with-Klausel kann in einer Kontextklausel eine use-Klausel angegeben sein, mit der, wie wir bereits wissen, die direkte Sichtbarkeit der Schnittstelle eines Pakets eröffnet wird (vgl. Fig. 5-14). Kommt in einer Kontextklausel eine use-Klausel vor, so darf sich diese nur auf die Bibliothekseinheiten beziehen, die über eine vorangegangene with-Klausel sichtbar gemacht wurden.

Das Wortsymbol **with** tritt somit in zwei völlig verschiedenen Zusammenhängen auf. Hier gibt es eine Bibliothekseinheit an, die benutzbar gemacht werden soll, während es bei generischen Programmeinheiten die formalen generischen Unterprogrammparameter (in der Regel zu privaten Typen) einleitet, die bei der Exemplarerzeugung durch aktuelle generische Unterprogrammparameter ersetzt werden.

Durch die with-Klausel **with** A; vor einer Bibliothekseinheit B wird eine **Abhängigkeit zwischen Übersetzungseinheiten** eingetragen: Die Übersetzungseinheit B macht dadurch die von A zur Verfügung gestellten Ressourcen benutzbar. Somit wird man eine Benutzung durch eine with-Klausel nur dann eintragen, wenn diese auch tatsächlich benötigt wird. Es sollte auch keine Benutzung eingetragen werden, die nicht direkt nötig ist: Was eine benutzte Bibliothekseinheit A ihrerseits benutzt, braucht nicht und soll im allgemeinen auch nicht einer benutzenden Übersetzungseinheit B bekannt sein.

Wenn wir with- und use-Klausel als Hilfsmittel der **Gültigkeits-/Sichtbarkeitsbereichsregelung** sehen, so gilt folgendes:

Durch eine with-Klausel **with** A; mit einer Bibliothekseinheit A vor einer Übersetzungseinheit B wird der Gültigkeitsbereich für den Bezeichner A auf die ganze Übersetzungseinheit ausgedehnt, ebenso der Sichtbarkeitsbereich, falls A nicht verdeckt wird. Die Schnittstelle von A ist hingegen nicht direkt sichtbar, sie kann durch eine entsprechende use-Klausel sichtbar gemacht werden.

Eine with- und use-Klausel kann vor jeder Übersetzungseinheit und natürlich auch vor einer Untereinheit stehen, die einen beliebig (bezüglich der Beziehung "ist enthalten in") tiefliegenden Modul repräsentieren kann. Durch eine with-Klausel/use-Klausel wird somit der Sichtbarkeitsbereich/direkte Sichtbarkeitsbereich für einen Paket- oder Unterprogrammbezeichner/für die Schnittstelle auf eine andere Übersetzungseinheit ausgedehnt.

Die with- und use-Klauseln gelten nicht nur für die Bibliothekseinheiten, vor denen sie stehen, sondern auch automatisch für die zugehörigen Sekundäreinheiten, ob sie dort wiederholt werden oder nicht. Ebenso gelten sie automatisch für zugehörige Untereinheiten. Der Grund, eine with-Klausel nicht vor eine Vatereinheit zu schreiben, die eine Untereinheit enthält, sondern vor die Untereinheit selbst, ist der, daß die Ressourcen des durch die with-Klausel eingeführten Pakets nur dort benötigt werden.

Die Erklärung, die der Sprachreport für die Sichtbarkeit durch eine with-Klausel gibt, ist die folgende: Bibliothekseinheiten werden als direkt in der Schnittstelle des Pakets STANDARD vorkommend betrachtet. Der Gültigkeitsbereich dieser Bibliothekseinheit ist nun nicht das gesamte Programmsystem, sondern nur die Übersetzungseinheit, die die Bibliothekseinheit in einer with-Klausel aufführt.

Betrachten wir in Fig. 5-14 noch einmal das Beispiel, das wir aus Fig. 5-13 bereits kennen. Wir wollen jetzt das Paket D zur Bibliothekseinheit machen und dabei die Spezifikation und den Rumpf getrennt übersetzen. Analog soll mit der Prozedur Q verfahren werden. Der Grund ist etwa, daß D auch in einem anderen Programmsystem benötigt wird. Man beachte, daß D jetzt lediglich die vordefinierten Bezeichner sieht, da es selbst keine with-Klausel hat. D stellt jetzt mit F und G allgemeine Ressourcen zur Verfügung, die jede Übersetzungseinheit benutzen kann, die D in einer with-Klausel aufführt. Da die Prozedur Q wie auch das Hauptprogramm MAIN auf diese Schnittstelle zugreifen müssen, ist D in beiden with-Klauseln aufgeführt. Das Hauptprogramm benutzt also sowohl D als auch die Prozedur Q, die ihrerseits D benutzt. Durch use-Klauseln vor Q und MAIN wird die Schnittstelle von D direkt sichtbar. Deshalb entfällt im Rumpf von MAIN auch die Qualifikation mit D. Die rechts in Fig. 5-14 stehenden Übersetzungseinheiten können nun wieder einzeln oder alle auf einmal dem Übersetzer übergeben werden.

Fassen wir das bisher Erläuterte zusammen. Wir haben folgende **Unterschiede** und **Beziehungen** zwischen **Bibliothekseinheiten** und **Untereinheiten** kennengelernt:

Eine Bibliothekseinheit kann Untereinheiten enthalten, so wie diese wiederum Untereinheiten enthalten können, eine Untereinheit kann jedoch keine Bibliothekseinheit enthalten. Bibliothekseinheiten repräsentieren i.a. die in einem Programmsystem allgemein benutzbaren Moduln, Untereinheiten repräsentieren die Implementation (Untereinheiten sind stets Rümpfe) eines Moduls oder Unterprogramms, die an einer bestimmten Stelle des Programmsystems und nirgendwo sonst benötigt wird. Soll dieses auch beliebig anderweitig benutzt werden, so muß es zur Bibliothekseinheit gemacht werden.

```
compilation ::= {compilation_unit}

compilation_unit ::= context_clause library_unit
    | context_clause secondary_unit

library_unit ::= subprogram_declaration
    | package_declaration | generic_declaration
    | generic_instantiation | subprogram_body

secondary_unit ::= library_unit_body | subunit

library_unit_body ::= subprogram_body | package_body

context_clause ::= {with_clause {use_clause}}

with_clause ::= with unit_simple_name {,unit_simple_name};
```

```
procedure MAIN is ----------------------      package D is
   R,S: FLOAT :=1.0;                              function F(X: FLOAT) return FLOAT;
   package D is --....................            procedure G(Y,Z: FLOAT);
      function F(X: FLOAT) return FLOAT;       end D;
      procedure G(Y,Z: FLOAT);                 ___________
   end D;
   package body D is                          package body D is
      --lok. Dekl. u. Real. von F,G              --lok. Dekl. u. Real. von F,G
   end D; --........................          end D;
   procedure Q(U: in out FLOAT) is --...      ___________
      use D; --F,G direkt sichtbar
   begin                                      with D; use D;
      ...                                     procedure Q(U: in out FLOAT) is
   end Q; --.........................            -- F,G direkt sichtbar
begin                                          begin
   Q(R);                                          ...
   ...                                         end Q;
   D.G(R,S);                                   ___________
end MAIN; -----------------------------
                                              with D,Q; use D;
                                              procedure MAIN is
                                                 R,S: FLOAT :=1.0;
                                              begin
                                                 Q(R);
                                                 ...
                                                 G(R,S);
                                              end MAIN;
```

Fig. 5-14: Übersetzungseinheit, with-Klausel: Syntax; Verwendung von Bibliothekseinheiten: Beispiel

Bibliothekseinheiten sind Pakete oder Unterprogramme, die nach außen Ressourcen zur Verfügung stellen. Eine Untereinheit stellt nach außen nichts zur Verfügung. Sie ist ja nur die Implementation einer Programmeinheit. Diese wiederum stellt ihre Ressourcen nur örtlich der Programmeinheit zur Verfügung, in der die Spezifikation und der Stummel enthalten sind.

In einer Übersetzungseinheit - ob Bibliothekseinheit oder Untereinheit - sind alle vordefinierten Bezeichnungen und die durch die with-/use-Klauseln eingeführten Bezeichnungen von Bibliothekseinheiten gültig und, soweit diese nicht verdeckt sind, auch sichtbar.

Eine Untereinheit gehört zu einer bestimmten Programmstelle, die durch den Stummel gekennzeichnet ist. Sie erbt alle Bezeichnungen, die an der Stelle des Stummels sichtbar sind. Eine Bibliothekseinheit gehört zu keiner Programmstelle, sie ist Bestandteil eines allgemein verwendbaren Programmbausteins.

Wir haben eingangs jede Übersetzungseinheit, die nicht Untereinheit ist, als Bibliothekseinheit bezeichnet. Mittlerweile haben wir gesehen, daß sich hinter den Bibliothekseinheiten allgemein verwendbare Programmeinheiten verbergen, die deshalb auch getrennt übersetzbar sind. Darüber hinaus kann man bei ihnen Spezifikation und Rumpf noch einmal getrennt übersetzen. Wird einer Bibliothekseinheit B durch die with-Klausel **with** A; die Sichtbarkeit einer anderen Bibliothekseinheit A eingeräumt, so genügt es, wenn diese with-Klausel vor der Spezifikation von B steht, der Rumpf von B wird dann automatisch in diese Sichtbarkeit mit einbezogen. Die with-Klausel darf beim Rumpf von B natürlich noch einmal wiederholt werden. Es taucht in der Übersetzungseinheit B in der with-Klausel nur der Name A auf, und es wird dabei nur die Gültigkeit der Schnittstelle von A eröffnet. Der Rumpf von A beherbergt die Interna, die außen natürlich nicht bekanntgemacht werden sollen.

Unter den Begriffen Bibliothekseinheit und Untereinheit verbergen sich also zwei Konzepte, die mehr mit Entwurfsprinzipien als mit getrennter Übersetzbarkeit zu tun haben. Wie angekündigt, greifen wir diese Diskussion im nächsten Abschnitt noch einmal auf.

Getrennte Übersetzung von Übersetzungseinheiten heißt nicht, daß diese Übersetzungseinheiten in beliebiger Reihenfolge dem Übersetzer übergeben werden können. Getrennte Übersetzung heißt ja Überprüfung der Beziehungen zwischen den Übersetzungseinheiten, die vollständig als auch abschließend sein soll, d.h. später nicht mehr ergänzt zu werden braucht. Wir haben mit Untereinheiten und mit Bibliothekseinheiten bestimmte Sichtbarkeitsregeln verbunden, aus denen sich jetzt - folgt man der Ada-Philosophie der linearen Abarbeitung von Deklarationen - *Einschränkungen der Übersetzungsreihenfolge* ergeben (vgl. Aufgabe 7). Insbesondere ergeben sich folgende Regeln: (1) Eine Übersetzungseinheit darf erst übersetzt werden, wenn alle Bibliothekseinheiten, die sie benutzt, bereits übersetzt sind. (2) Der Rumpf eines Pakets oder Unterprogramms muß nach dessen Spezifikation übersetzt werden. (3) Eine Untereinheit muß nach ihrer Vatereinheit übersetzt werden. Diese Regeln legen auf den Übersetzungseinheiten eine Halbordnung fest. Es ist jede Übersetzungsreihenfolge zulässig, die diese Halbordnung nicht verletzt.

Betrachten wir hierzu die einfachen Beispiele aus Fig. 5-13 und 5-14. In Fig. 5-15 sind links die Halbordnungen aufgetragen, die sich aus obigen drei Regeln ergeben. Ferner enthält Fig. 5-15 alle möglichen Übersetzungsreihenfolgen, die mit diesen Halbordnungen verträglich sind. Dabei heißt "eine Übersetzungsreihenfolge verletzt nicht die Halbordnung (oder ist verträglich mit der Halbordnung)", daß, wann immer ein Pfeil A -> B existiert, B in jeder Übersetzungsreihenfolge hinter A stehen muß.

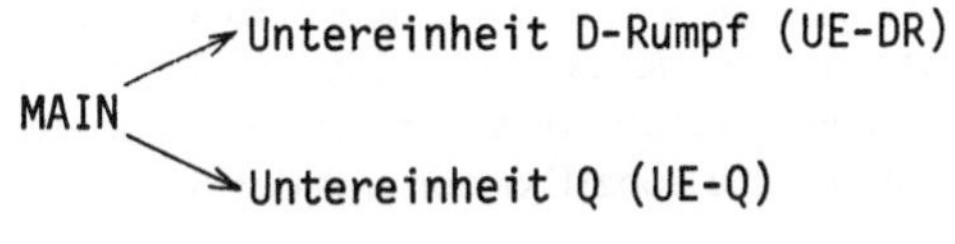

Übersetzungsreihenfolgen:

MAIN, UE-DR, UE-Q

MAIN, UE-Q, UE-DR

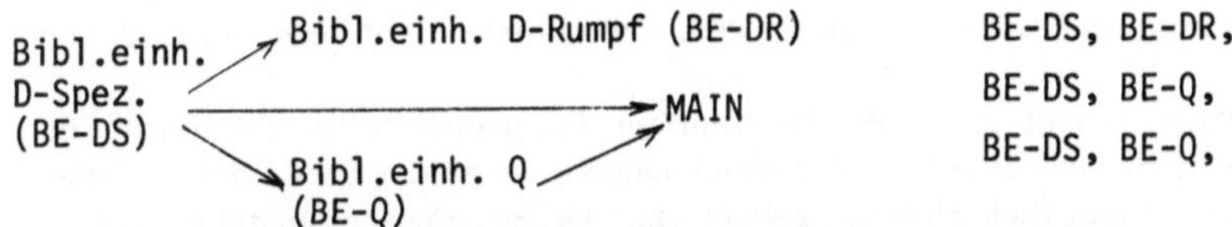

BE-DS, BE-DR, BE-Q, MAIN

BE-DS, BE-Q, BE-DR, MAIN

BE-DS, BE-Q, MAIN, BE-DR

Fig. 5-15: Übersetzungsreihenfolgen: Beispiele

Ähnliche Regeln gelten, wenn durch Modifikation in der Wartungsphase eine *Neuübersetzung* (Wiederübersetzung, Recompilation) fällig wird: (1) Jede Veränderung einer Übersetzungseinheit kann deren Untereinheiten berühren. (2) Jede Änderung einer

Bibliothekseinheit kann deren Sekundäreinheit (getrennt übersetzbaren Rumpf) berühren. (3) Jede Veränderung einer Bibliothekseinheit, die die Schnittstelle betrifft, kann alle Übersetzungseinheiten betreffen, die diese Bibliothekseinheit über die with-Klausel benutzbar machen. Die möglicherweise veränderten Übersetzungseinheiten werden neu übersetzt, und zwar in einer Reihenfolge, die wieder verträglich mit o.g. Halbordnung ist.

Andererseits können Untereinheiten einer Übersetzungseinheit neu übersetzt werden, ohne die Vatereinheit zu berühren. Analoges gilt für den Rumpf eines Pakets oder Unterprogramms: Hier muß nicht einmal die Spezifikation neu übersetzt werden. Die Untereinheiten oder Rümpfe können ihrerseits jedoch wieder Untereinheiten haben, die dann natürlich von der Änderung berührt sind.

Alle Übersetzungseinheiten eines Programmsystems (d.h. zu einem Softwareprojekt) werden als zu einer **Programmsystem-Bibliothek** (engl. program library) gehörig betrachtet und dort auch eingetragen. Dort können auch verschiedene Fassungen einer Programmeinheit (Quellfassung, übersetzte Fassung) abgelegt sein.

Die **Systemstrukturdatei** (engl. library file) enthält Informationen über die Einträge der Programmsystem-Bibliothek, insbesondere über deren Beziehungen. So wird die Verwendung einer Bibliothekseinheit durch eine andere Übersetzungseinheit in die Systemstrukturdatei eingetragen.

Die Zugehörigkeit einer Übersetzungseinheit zu einer Programmsystem-Bibliothek wird nicht in der Sprache Ada angegeben, sondern in Kommandos der APSE. Ebenso wird die Eröffnung, Löschung, Veränderung einer Programmsystem-Bibliothek sowie der Systemstrukturdatei für ein Softwareprojekt oder für mehrere Softwareprojekte nicht in der Sprache Ada festgelegt. Diese Aktivitäten, sowie alle anderen im Zusammenhang mit Programmentwicklung und Werkzeugen zur Programmentwicklung, werden durch APSE-Kommandos angestoßen.

Wir wollen nun die **Auswirkungen** von **Übersetzungsvorgängen auf** die **Programmsystem-Bibliothek** diskutieren.

Der Effekt der Übersetzung/Neuübersetzung einer Bibliothekseinheit ist, diese Einheit als Eintrag in der Programmsystem-Bibliothek zu definieren bzw. neu zu definieren. Der Effekt der Übersetzung einer Sekundäreinheit ist es, den Rumpf einer anderen Programmeinheit zu definieren.

Tritt während der Übersetzung U (nichtterminales Symbol compilation) ein Fehler auf, so hat die gesamte Übersetzung, d.h. die Folge von Übersetzungseinheiten, die U enthielt, keine Auswirkung auf die Programmsystem-Bibliothek. Das gleiche trifft für Neuübersetzungen zu.

Falls andererseits eine Übersetzungseinheit und mit ihr die anderen Übersetzungseinheiten der selben Folge erfolgreich neu übersetzt wurden, dann müssen die davon möglicherweise berührten Programmeinheiten im Sinne der oben diskutierten Abhängigkeit von Übersetzungseinheiten ebenfalls neu übersetzt werden und allesamt in der Programmsystem-Bibliothek neu gesetzt werden.

Wir haben oben die Gültigkeit/Sichtbarkeit bei Verwendung von with-Klauseln dadurch erklärt, daß wir Bibliothekseinheiten in die Schnittstelle von STANDARD aufgenommen haben. Das **Hauptprogramm** eines Programmsystems ist ebenfalls eine Bibliothekseinheit (in der Regel eine parameterlose Prozedur), unterscheidet sich damit in nichts von anderen Bibliothekseinheiten, da die Sprache nicht festlegt, welche Bibliothekseinheit das Hauptprogramm darstellt und wie dieses gestartet wird.

Die oben erwähnte Systemstrukturdatei kann beispielsweise zur **Unterstützung** bei der **Modifikation** eines **Programmsystems** durch eine APSE (vgl. Abschnitt 1.6) herangezogen werden. So können die neu zu übersetzenden Programmeinheiten ermittelt und angezeigt werden, so daß der Programmierer die Übersetzung derselben nicht vergißt. Die Neuübersetzung der von der Modifikation indirekt betroffenen Programmeinheiten kann sogar automatisch angestoßen werden. Bei entsprechend feiner Struktur der Systemstrukturdatei können die Neuübersetzungen auf die Fälle begrenzt werden, wo eine Neuübersetzung tatsächlich nötig ist, oder es kann dem Programmierer gezielt angezeigt werden, an welchen Stellen ein Programm infolge von Änderungen an einer anderen Stelle zu ändern ist.

Somit sind die Systemstrukturdatei und auf ihr arbeitende Werkzeuge nur ein Spezialfall einer umfassenderen Problematik, die wir bereits im ersten Kapitel besprochen haben. Ähnliche Probleme und Datenstrukturen wie bei der Systemstrukturdatei ergeben sich nämlich für Varianten- und Versionskontrolle, für Aufgaben der Projektorganisation, für die Erstellung und Verwaltung von Dokumentationen zu einem Softwareprojekt etc. *Softwareentwicklungs-Umgebungen* versuchen, alle diese Aktivitäten einheitlich zu sehen und diese durch Werkzeuge zu unterstützen (vgl. Literaturabschnitt 8).

Wir haben in Abschnitt 3.10 die konventionelle Ein-/Ausgabe abgehandelt und erwähnt, daß noch etwas Verwaltung hinzukommt, wenn man die dort erläuterten Ein-/Ausgaberoutinen anwenden will. Dies können wir jetzt teilweise nachtragen. Dieser Verwaltungsaufwand ergibt sich zum einen daraus, daß das vordefinierte Paket TEXT_IO in seiner Schnittstelle verschiedene generische Pakete enthält, nämlich INTEGER_IO FLOAT_IO , FIXED_IO und ENUMERATION_IO, die erst für die vom Programmierer verwendeten ganzzähligen Typen, Gleitpunkttypen, Festpunkttypen und Aufzählungstypen eingerichtet werden müssen. Das heißt, wir müssen für diese Typen erst entsprechende *Ausprägungen* von *E-/A-Paketen* erzeugen (vgl. Fig. 5-16).

```
...
type PREIS_BIS_100_000 is delta 0.1 range 0.0..100_000.0;
type MUENZE is (PFENNIG, ZEHN_PF, FUENFZIG_PF, MARK, ZWEI_M, FUENF_M);

...

package PREIS_E_A is new FIXED_IO(PREIS_BIS_100_000);
package MUENZEN_E_A is new ENUMERATION_IO(MUENZE);
```

Fig. 5-16: Erzeugung von E-/A-Paketen für selbstdefinierte Typen

Davor kommt noch die Angabe der Verwendung des vordefinierten Pakets TEXT_IO und danach schließlich das Hinschreiben von use-Klauseln, damit die Operationen der aus den generischen Paketen von TEXT_IO erzeugten Instanzen direkt hingeschrieben werden können. Für den Fall, daß Ein-/Ausgabe nur für die vordefinierten Datentypen INTEGER und FLOAT gewünscht wird, ist der *Verwaltungsaufwand* nötig, der in Fig. 5-17 angegeben ist. Entsprechend ist zu verfahren, wenn selbstdefinierte Datentypen eingeführt wurden. Falls eine beliebige Textdatei angesprochen werden soll und nicht nur die Standard-Textdateien, so kommt noch die Dateiverwaltung hinzu (vgl. 7.1).

Ein zweiter Nachtrag betrifft die *Ausnahmebehandlung von Paketen.*
Ist ein Paket in einer anderen Programmeinheit textuell enthalten, so wird eine Ausnahme, die im Anweisungsteil des Paketrumpfs erweckt und dort nicht abschließend durch einen Ausnahmebehandler behandelt wird, an die Programmeinheit weitergegeben, in der das Paket enthalten ist. Wir erinnern uns, daß der Anweisungsteil nur einmal

```
with TEXT_IO;    -- vordefinierte Bibliothekseinheit TEXT_IO verfuegbar
procedure MAIN is
    use TEXT_IO; --Schnittstelle von TEXT_IO nun direkt sichtbar, d.h.
                 --insbesondere obige gen. Pakete INTEGER_IO,...
    package INT_IO is new INTEGER_IO(INTEGER); -- fuer vordefinierte Typen INTEGER
    package FLT_IO is new FLOAT_IO(FLOAT);      -- u. FLOAT je eine Instanz
    use INT_IO, FLT_IO; -- Schnittstellen der Auspraegungen direkt sichtbar
    ...
```

Fig. 5-17: Verwaltungsaufwand bei Textein-/ausgabe (auf Standard-Textdateien)

während der Abarbeitung der Paketdeklaration ausgeführt wird. Das gleiche geschieht für die Ausnahmen, die während der Abarbeitung der Schnittstelle oder während der Abarbeitung des Deklarationsteils des Rumpfes erweckt werden.

Eine Ausnahme, die während der Ausführung eines Schnittstellenunterprogramms erweckt wird, wird hingegen, sofern sie in dem Schnittstellenunterprogramm nicht abschließend behandelt wird, an die aufrufende Stelle weitergereicht (vgl. Abschnitt 3.9).

Ist der Paketrumpf eine Untereinheit, so ändert sich an der obigen Erläuterung nichts. Untereinheiten werden ja an der Stelle angenommen, wo der Stummel steht.

Ist das Paket hingegen eine Bibliothekseinheit, so führt jede Ausnahmeerweckung (in der Abarbeitung der Schnittstelle bzw. des Deklarationsteils des Rumpfes oder im Anweisungsteil) zum Abbruch des gesamten Programms.

Schließlich tragen wir zu Ende dieses Abschnitts wieder einen Teil der Syntax nach. Mit dem Stummel eines Pakets oder Unterprogramms haben wir nun - bis auf task_declaration und task_body , die im nächsten Kapitel folgen - alle **Deklarationen** erläutert. Stummel dürfen nur im äußersten Deklarationsteil einer Übersetzungseinheit stehen. Die Angaben zur Darstellung auf der Basismaschine (nichtterminales Symbol representation_clause) werden im letzten Kapitel erläutert. Man beachte, daß eine use-Klausel für ein Paket in einer Übersetzungseinheit insbesondere am Anfang stehen kann, womit die direkte Sichtbarkeit der Schnittstelle eröffnet wird, aber auch irgendwo innerhalb der Übersetzungseinheit, was dann die Sichtbarkeit auf einen bestimmten Bereich einschränken kann.

```
declarative_part ::= {basic_declarative_item} {later_declarative_item}

basic_declarative_item ::= basic_declaration | representation_clause
  | use_clause -- basic_declaration vgl. Fig. 5-11, representation_clause später

later_declarative_item ::= body | subprogram_declaration
  | package_declaration | task_declaration | generic_declaration
  | use_clause | generic_instantiation

body ::= proper_body | body_stub

proper_body ::= subprogram_body | package_body | task_body
```

Fig. 5-18: Deklarationsteil: Syntax

5.5 EIN MODULKONZEPT UND SEINE UMSETZUNG IN ADA

In den vorangegangenen Abschnitten haben wir eine Reihe von **Konstrukten** kennengelernt, die Ada **für das Programmieren im Großen** zur Verfügung stellt. Dies waren das Paketkonzept, mit Trennung zwischen Schnittstelle und Rumpf, die Unterteilung der Schnittstelle in einen sichtbaren und einen privaten Teil, der generische Mechanismus, mit dem man Schablonen-Programmeinheiten schreiben kann, die getrennte Übersetzung mit den Konzepten Bibliothekseinheit und Untereinheit, die Kontextspezifikation zum Import von Ressourcen anderer Bibliothekseinheiten, die use- und renaming-Klausel hauptsächlich als Hilfsmittel der Schreibersparnis und schließlich das vom Programmieren im Kleinen übernommene Prinzip der beliebigen Ineinander-schachtelung von Programmeinheiten, was durch die Verwendung von Untereinheiten bei größeren Programmsystemen überhaupt erst handhabbar wird.

Aufgabe dieses Abschnitts ist es, diese Konstrukte vom Standpunkt der Software-technik aus zu beleuchten, ihre Benutzung bei der Erstellung einer Softwarearchitektur vorzuführen und schließlich eine gewisse Vertrautheit im Umgang zu erzielen. Während die ersten Abschnitte somit hauptsächlich die Möglichkeiten, die sich mit Ada bieten, vorgestellt haben, steht jetzt deren **methodische Verwendung** im Vordergrund, um in die Fülle der sich durch Kombination ergebenden Möglichkeiten etwas Ordnung zu bringen. Kurzum, wir wollen in diesem Abschnitt die Modellierungsproblematik auf der Ebene von Softwarearchitekturen beleuchten. Wir werden dabei feststellen, daß die "Ada-Denkwelt" hier einige Unterstützung bietet.

Es muß vorab betont werden, daß diese Diskussion weitgehend durch das angenommene **Modulkonzept** bestimmt wird. Die Festlegung eines Modulkonzepts bedeutet, wie bereits am Anfang des Kapitels angesprochen, die Einführung bestimmter Modularten, die Einführung bestimmter Beziehungen zwischen Moduln und die Festlegung von Konsistenzbedingungen, d.h. das Ausschließen gewisser Situationen auf Architek-turebene. Die Annahme eines bestimmten Modulkonzepts und die Einführung einer bestimmten Notation, ob textuell oder graphisch, um darin Softwarearchitekturen zu notieren, führt eine bestimmte Denkwelt auf der Modellierungsebene ein, die bestimmte Softwarearchitekturen und damit später **bestimmte Strukturen von Ada-Programm-systemen** bewirkt.

Es ist aber keineswegs so, daß eine Softwarearchitektur für eine bestimmte Problemstellung durch das angenommene Modulkonzept bereits festgelegt wäre. Hier ergeben sich noch viele Freiheitsgrade. Die **Erarbeitung** einer übersichtlichen, anpaßbaren **Softwarearchitektur** ist nach wie vor eine sehr **schwierige Aufgabe,** da das Modulkonzept ja lediglich eine Möglichkeit eröffnet, die Gedanken zur Modellierung einer Architektur auszudrücken.

Andererseits führt die Einführung eines anderen Modulkonzepts, d.h. einer anderen Gedankenwelt auf der Ebene der Modellierung von Softwarearchitekturen, auch zu einer anderen Gestalt der resultierenden Softwarearchitekturen und damit letztlich zu einer völlig **anderen Struktur** der zugehörigen **Ada-Programmsysteme.**

Zunächst sind das eingesetzte Modulkonzept und die für die Realisierung eingesetzte Programmiersprache zwei verschiedene Dinge. So ist das hier im folgenden vorgestellte Modulkonzept auch in andere Programmiersprachen, bis hinunter zu Assemblern, übertragbar, was in diesem Buch nicht erläutert wird. Andererseits ist diese **Übertragung** mehr oder minder **schwierig,** je nach **Abstand** der Ideen des Modulkonzepts von den Konstrukten der zugrundeliegenden Programmiersprache. Das hier vorgestellte Konzept läßt sich leicht in Ada übertragen. Es hat sich aus Überlegungen in /5. Alt 79/, /5. Ga 83/ entwickelt und wurde anläßlich der ersten Auflage des Buchs grundlegend revidiert. Die

Darstellung hier orientiert sich an der Ausarbeitung /5. LN 85/. Das Modulkonzept wurde in einem größeren Projekt mit Erfolg eingesetzt /8.Na 85, 87/.

Bevor wir in die Erläuterung verschiedener Modularten und deren Beziehungen eintreten, wollen wir versuchen, den Begriff **Modul** klar zu fassen. Es gibt hier **keine allgemein akzeptierte Definition.** Es folgt deshalb eine unkommentierte Aufzählung einiger Eigenschaften, die man mit dem Begriff Modul verbindet:
(1) Ein Modul ist eine "logisch abgeschlossene" Programmeinheit. (2) Jeder Modul repräsentiert eine Entwurfsentscheidung, so daß die Gesamtheit der Entwurfsentscheidungen aus der Entwurfsspezifikation (insbesondere der Software-Architektur) ablesbar ist. (3) Ein Modul ist eine abstrakte Maschine oder ein Hilfsmittel, um solche zu erzeugen. (4) Ein Modul stellt nach außen über seine Schnittstelle Ressourcen zur Verfügung. Diese sind einfach und orthogonal, d.h. es läßt sich keine Schnittstellenoperation als Kombination der anderen hinschreiben. (5) Die Korrektheit eines Moduls muß ohne Kenntnis der Umgebung (in der er verwendet wird) beweisbar sein: Nachweis der Korrektheit der Implementation eines Moduls gegenüber der Spezifikation des Moduls. Spezifikation heißt hier natürlich insbesondere Festlegung der Semantik der Schnittstellenoperationen. (6) Die Korrektheit der Spezifikation eines Programmsystems muß ohne Kenntnis der Implementierung der einzelnen Moduln beweisbar sein. Von Korrektheit und deren Beweisbarkeit kann hier natürlich nur gesprochen werden, wenn die Anforderungsdefinition formal ist. Ansonsten spreche man lieber von Konsistenz der Spezifikation mit der Anforderungsdefinition. (7) Ein Modul ist ersetzbar durch einen anderen mit gleicher Spezifikation, aber anderer Implementierung. Dies hat keinen Einfluß auf die Semantik, im allgemeinen wohl aber auf die Pragmatik. (8) Ein Modul sollte keine Nebeneffekte haben: Es dürfen nur Ressourcen verwendet werden, die in der Schnittstelle aufgeführt sind. (9) Ein Modul ist getrennt bearbeitbar und getrennt übersetzbar. (10) Die Benutzung von Ressourcen anderer Moduln findet kontrolliert statt: Interna sind abgeschottet, nur exportierte Ressourcen sind außerhalb benutzbar. Diese Liste ist beliebig fortsetzbar.

Wir wollen hier die betrachteten Modularten in zwei Klassen einteilen, nämlich Modularten zur funktionalen Abstraktion und Modularten zur Datenabstraktion.

Hierbei ist funktional nicht im Sinne einer Funktion, wie in Abschnitt 3.7 erläutert, zu verstehen. Ein Modul einer **funktionalen Modulart** stellt Operationen nach außen zur Verfügung, die durch Funktionen, Operatoren und Prozeduren im Ada-Sinne realisiert werden. Funktionale Moduln haben ein **Ein-/Ausgabeverhalten:** Durch Aufruf einer Operation eines solchen Moduls wird eine Transformation von Eingangsdaten in Ausgangsdaten durchgeführt, die beide im allgemeinen als "logisch verschieden" betrachtet werden müssen. So ist beispielsweise die lexikalische Analyse eines Übersetzers, die eine Folge von Einzelzeichen, die etwa ein Ada-Quellprogramm darstellen, in eine Folge von Grundsymbolen verwandelt und dabei Listen für Literale aufbaut, ein funktionaler Modul. Hier ist der Quelltext das Eingangsdatum, die Folge lexikalischer Einheiten und die Tabellen sind die Ausgangsdaten. Ein anderes Beispiel ist das Hauptprogramm eines batchorientierten Systems. Ein funktionaler Modul hat kein Gedächtnis: Bei Eingabe der gleichen Eingangsdaten liefert er stets die gleichen Ausgangsdaten, seine lokalen Daten verschwinden im allgemeinen nach seiner Ausführung.

Ein **Datenabstraktionsmodul** unterstützt das Prinzip der Datenabstraktion: Eine Datenstruktur wird zusammen mit ihren Zugriffsoperationen als Einheit gesehen, die interne Struktur und die Realisierung der Operationen werden verborgen. Sichtbar sind lediglich die Schnittstellen der Zugriffsoperationen. Als Beispiel haben wir in Fig. 5-10 das Paket `G_ITEM_KELLER` kennengelernt, das, wenn wir zunächst von der generischen Klausel absehen, einen Keller repräsentiert, der von außen nur über die Operationen `PUSH` , `POP` etc. gelesen und verändert werden kann. Eine solche Datenstruktur nennt man auch ein abstraktes Datenobjekt und entsprechend einen Modul, der ein solches repräsentiert, einen abstrakten Datenobjektmodul. Eine Veränderung der Datenstruktur ist also nur über die Schnittstellenoperationen und nicht mehr direkt möglich. Der Aufruf einer Zugriffsoperation eines solchen Datenmoduls verändert i.a. die (einzige) zugrundeliegende Datenstruktur, im Gegensatz zu funktionalen Moduln, wo "logisch verschiedene" Datenstrukturen ineinander übergeführt wurden. Abstrakte Datenobjektmoduln haben also ein *Gedächtnis*: Der Aufruf der gleichen Zugriffsoperation mit den gleichen Parametern liefert, in Abhängigkeit vom bisherigen Zustand der ausführenden Maschine, i.a. einen unterschiedlichen Folgezustand. So liefert PUSH für einen Keller einen verschiedenen internen Zustand, je nach bisherigem Speicherzustand des Kellers, auch wenn das zu speichernde Element das gleiche ist. Neben abstrakten Datenobjektmoduln gibt es andere Arten von Moduln zur Datenabstraktion, die die Erzeugung abstrakter Datenobjekte erleichtern, wie wir gleich sehen werden. Wir gehen jetzt auf die Modularten zur funktionalen Abstraktion und zur Datenabstraktion genauer ein.

Die Modularten zur funktionalen Abstraktion unterteilen wir in funktionale Moduln und generische funktionale Moduln.

Ein *funktionaler Modul* hat, wie wir festgestellt haben, ein Ein-/Ausgabeverhalten, er hat aber kein Gedächtnis. Er beschreibt eine Transformation zwischen verschiedenen Datenstrukturen. Beispiele hierfür, neben dem o.g. Übersetzerbeispiel, sind ein Satz von Graphik-Routinen oder ein Satz mathematischer Funktionen. Hier stellt der Modul im allgemeinen nicht eine einzige Operation, sondern eine Menge von Operationen zur Verfügung. Die Zusammengehörigkeit der Graphik- oder mathematischen Routinen und damit die Realisierung innerhalb eines Moduls ergibt sich aus der Ähnlichkeit der Aufgaben, die diese Routinen erfüllen, und aus der Tatsache, daß die Wahrscheinlichkeit hoch ist, daß ein Benutzer nicht nur eine, sondern mehrere dieser Routinen benutzt. Natürlich benutzt ein funktionaler Modul i.a. auch lokale Hilfsmittel. Diese können lokale Prozeduren bzw. lokale Daten sein, die beliebig komplex sein dürfen. Die Operationen eines funktionalen Moduls können parametrisiert sein oder nicht: Während z.B. ein Hauptprogramm eine einzige Operation an der Schnittstelle hat, die i.a. nicht parametrisiert ist, haben Graphik-Routinen oder mathematische Routinen im allgemeinen Fall Parameter. Man wird jedoch nur solche Routinen zu einem Modul zusammenfassen, deren Parameter eine gewisse Verwandtschaft haben.

Neben funktionalen Moduln sind auch *generische funktionale Moduln* von Interesse, aus denen, je nach Verwendung, verschiedene funktionale Moduln erzeugt werden können.

Als Beispiel für einen (generischen) funktionalen Modul geben wir einen Satz von Plotterroutinen an, die für zwei Felder X und Y , die die Abszissen bzw. Ordinaten von Punkten in der Ebene enthalten, die graphische Veranschaulichung einer Funktion f_i: x ---> y angeben, die exakt oder näherungsweise durch die Punkte x_j und y_j der Felder X, Y hindurchläuft. Skalierung, Zeichnung der x-Achse und der y-Achse werden automatisch durchgeführt, für das Zeichenblatt wird eine Standardaufteilung angenommen. Als Auftragsmöglichkeiten sehen wir etwa geradlinige Verbindung der Punkte vor (POLYGON ...) oder eine interpolierte glatte Funktion, die durch die Punkte hindurchläuft (INTPOL ...) oder eine approximierte glatte Funktion, die durch den "Punkthaufen", d.h. also zwischen den Punkten hindurchläuft (APPROX ...). Als Auftragsmodi seien etwa lineare (... LIN), halblogarithmische Darstellung (... HLOG , Abszisse logarithmisch, Ordinate linear) bzw. doppelt logarithmische Darstellung (... DLOG) möglich. Hier sind noch weitere Prozeduren mit standardisierten Auftragsmodi denkbar. Eingabedaten sind hier die Parameter der Prozeduren, das Ausgabedatum ist die erstellte Plotterdatei. Der Modul ist generisch, damit der Typ der Eingangsfelder der aktuellen Verwendung angepaßt werden kann (Größe des Feldes; Typ der Komponenten). Wir geben hier nur die Schnittstelle des Pakets an (vgl. Fig. 5-19). Ein anderes Beispiel eines generischen funktionalen Moduls in diesem Anwendungsbereich liegt vor, wenn nicht Felder mit Koordinatenwerten in die Graphikroutinen eingegeben werden sollen, sondern eine bestimmte mathematische Funktion. Dann müßte ein entsprechender generischer formaler Funktionsparameter eingeführt werden.

Wenden wir uns nun den verschiedenen Arten von Moduln für die Datenabstraktion zu. Hier ist zuerst der *abstrakte Datenobjektmodul* zu nennen. Als Beispiel sei noch einmal auf das Kellerbeispiel von Abschnitt 5.2 verwiesen. Die Realisierung des Kellers ist nach außen verborgen (Information Hiding), von außen sind lediglich die Zugriffsoperationen PUSH , POP, READ_TOP , IS_EMPTY und IS_FULL ansprechbar. Der Keller kann z.B. innerhalb eines Feldes realisiert sein, das im Rumpf eines Pakets deklariert wird, oder als Listenstruktur auf der Halde. Im letzteren Falle ist er eine dynamische Datenstruktur, für die wir keine gesamte Typdeklaration angeben können, wir können dies nur für die einzelnen Listenelemente tun (vgl. Abschnitt 4.10). Der Vorteil der Implementation über ein Paket mit Zugriffsoperationen in der Schnittstelle und Realisierung im Rumpf ist nun der, daß der Rumpf und damit die Realisierungsidee ausgetauscht werden kann. Wenn die Schnittstelle unverändert bleibt, hat dies keine Konsequenzen für ein Programm, das den Keller benutzt.

```
with ... ; use ... ;      -- Pakete fuer Primitivgrafik, Achsenzeichnung etc.
generic
    FELDGROESSE: NATURAL;
    type REELL is digits <> ;
package ZEICHNE_FUNKTION is --****************************************************
            ---------------     Eingabedaten jeweils in der Parameterliste,       --
                               --Ausgabedatum ist das erstellte Plotterfile        --
    type FELD is array(1..FELDGROESSE) of REELL;                                   --
    procedure POLYGON_LIN(X,Y: in FELD; X_TEXT,Y_TEXT,UE_TEXT: in STRING);         --
    procedure INTPOL_LIN (X,Y: in FELD; X_TEXT,Y_TEXT,UE_TEXT: in STRING);         --
    procedure APPROX_LIN (X,Y: in FELD; X_TEXT,Y_TEXT,UE_TEXT: in STRING);         --
    -- alle weiteren Prozeduren mit der gleichen Parameterliste                    --
    procedure POLYGON_HLOG(...                                    );               --
    procedure INTPOL_HLOG (...                                    );               --
    procedure APPROX_HLOG (...                                    );               --
    procedure POLYGON_DLOG(...                                    );               --
    procedure INTPOL_DLOG (...                                    );               --
    procedure APPROX_DLOG (...                                    );               --
    ...                                                                            --
end ZEICHNE_FUNKTION;                                                             --
package body ZEICHNE_FUNKTION is--*********************************************--
...                                                                              --
begin                                                                            --
...                                                                              --
end ZEICHNE_FUNKTION; --****************************************************************
```

Fig. 5-19: Beispiel eines generischen funktionalen Moduls

Wir haben in Abschnitt 3.8 über Prozeduren geäußert, daß diese ausschließlich über Parameter mit ihrer Umwelt kommunizieren sollten und nicht über globale Objekte. Diese Regel ist bei abstrakten Datenobjektmoduln verletzt. Allerdings ist hier das für die Schnittstellenoperationen globale Objekt wiederum "lokal", d.h. auf den Rumpf eines Pakets beschränkt.

Für außergewöhnliche Situationen sollte die Schnittstelle eines abstrakten Datenobjekts **Ausnahmedeklarationen** enthalten, damit auf diese Situationen, die evtl. von der Realisierungsidee abhängen oder die erweckt werden, wenn die Zugriffsoperationen in einer unzulässigen Reihenfolge aktiviert werden, an der Stelle des Aufrufs einer Zugriffsoperation gezielt reagiert werden kann.

Für ein größeres Beispiel eines abstrakten Datenobjektmoduls greifen wir auf das Suchen in einem Binärbaum und das Einfügen in denselben aus dem Abschnitt über Zeiger (vgl. Fig. 4-62) noch einmal zurück. Dort haben wir den binären Suchbaum auf der Halde realisiert. Zwei Prozeduren SUCHE_IN_BAUM und AKTUALISIERE_BAUM wurden angegeben, um eine Informationseinheit mit Hilfe eines Schlüssels im Binärbaum aufzusuchen bzw. den Binärbaum gegebenenfalls um einen Knoten zu ergänzen, falls diese Informationseinheit bisher dort nicht vorhanden war. Wenn wir die Idee der Datenabstraktion aufgreifen, dann darf aus methodischen Gründen diese Realisierung durch verzeigerte Haldenobjekte an der Stelle der Verwendung nicht erkenntlich sein. Ferner ist die Tatsache, daß hier der Zugriff auf die Informationseinheit über einen intern ermittelten Primärschlüssel erfolgt, und nicht über die Information selbst, für die Anfrageprozeduren eigentlich belanglos. Dies gilt erst recht dafür, daß wir in Fig. 5-20 aus Effizienzüberlegungen die Einführung weiterer Zeiger diskutieren, die jeweils auf die Wurzel des Teilbaums im Gesamtbaum zeigen, der überhaupt nur überprüft werden muß. Wir geben in Fig. 5-20 das Skelett eines Pakets an, das nach außen lediglich die Unterprogramme FIND, STORE, CHANGE und einige Ausnahmen bekanntmacht. Wir nehmen an, daß die Information, die hier in der INFO-Komponente der Baumknoten gespeichert wird, eine Kennzeichnung - etwa als Anfangsstück - enthält, die für alle Informationen verschieden ist. Das ist z.B. mit Name, Vorname, Geburtsdatum, Geburtsort für Daten zu Personen der Fall. Aus dieser Kennzeichnung kann nun intern ein eindeutiger Primärschlüssel gewonnen werden (ein Personenkennzeichen), mit dessen Hilfe gesucht wird. Dabei sucht FIND die Daten GES_INFO, die mit dem Anfangsstück KENNZEICHNUNG beginnen, STORE speichert neue Daten ein, CHANGE ändert die Daten bei Beibehaltung der Kennzeichnung. Alle Typangaben sowie die Prozeduren SUCHE_IN_BAUM bzw. AKTUALISIERE_BAUM von Fig. 4-62 treten hier lediglich im Rumpf des Pakets als Hilfsprozeduren auf. Wir haben nur die Implementation der Schnittstellenprozedur FIND angegeben. An den Stellen der Verwendung und im angegebenen Paket AUSKUNFTEI seien STRING_K und STRING_L als Zeichenkettentypen einer bestimmten Länge sichtbar. Wir hätten diese beiden Typen hier ebensogut in die Schnittstelle des Pakets AUSKUNFTEI selbst mit aufnehmen können.

In vielen Fällen wird man bei der Implementierung einer abstrakten Datenstruktur gewisse Details noch nicht festlegen wollen. Ein Beispiel hierfür ist die Realisierung eines Kellers über ein Feld, wobei man die Feldgröße oder die Detailstruktur eines Feldelements noch offenhalten will, oder die Realisierung über die Halde, wobei bestimmte Komponenten der Listenelemente in ihrer Struktur noch nicht festliegen sollen. Den zugehörigen Modultyp wollen wir *generischen abstrakten Datenobjektmodul* nennen. Der Name deutet schon an, daß wir dies mit Hilfe eines generischen Pakets in Ada realisieren können. Das Beispiel G_ITEM_KELLER aus Fig. 5-10 war bereits ein solcher generischer abstrakter Datenobjektmodul. Mit Hilfe der generischen Exemplarerzeugung können aus einem generischen abstrakten Datenobjektmodul mehrere abstrakte Datenobjektmoduln erzeugt werden, so daß wir eine bequeme Möglichkeit haben, beliebig viele solcher komplizierten Datenstrukturen in unser Programm einzubauen (der Leser erinnere sich, daß die Exemplarerzeugung zur Übersetzungszeit abläuft und das Programm verändert und nicht etwa ein Laufzeitmechanismus ist). So wäre es leicht möglich, überall dort, wo das generische Paket G_ITEM_KELLER sichtbar ist, sich eine spezielle Variante des Kellers, etwa für Textelemente bestimmter Länge, zu erzeugen.

```ada
package AUSKUNFTEI is --********************************************************
                -- STRING_L, STRING_K seien global zu diesem Paket und den
                -- Stellen seiner Verwendung. L,K steht fuer lang bzw. kurz.
   procedure FIND(KENNZEICHNUNG: in STRING_K; GES_INFO: out STRING_L);
   procedure STORE(GES_INFO: in STRING_L);
   procedure CHANGE(KENNZEICHNUNG: in STRING_K; NEUE_INFO: in STRING_L);
   THERE_IS_NO_ENTRY, THAT_IS_NO_ENTRY, MEMORY_FULL: exception;
end AUSKUNFTEI; ------------------------------------------------------------------
```

```
package body AUSKUNFTEI is ---------------------------------------------------------
    type SCHLUESSELWERT is INTEGER range 1..100_000;
    type BAUM_LE;
    type Z_BAUM_LE is access BAUM_LE;
    type BAUM_LE is
        record
            KEY: SCHLUESSELWERT;
            INFO: STRING_L;
            LINKER_SOHN: Z_BAUM_LE := null;
            RECHTER_SOHN: Z_BAUM_LE := null;
        end record;
    ZEIGER_AUF_WURZEL, GEF_KN: Z_BAUM_LE; -- ggf. weitere Zeiger zur Beschleunig.
    ENTH: BOOLEAN;
    ...
    procedure SUCHE_IN_BAUM(GES_SCHLUESSEL: in SCHLUESSELWERT;
                            ANF_KNOTEN: in Z_BAUM_LE := ZEIGER_AUF_WURZEL;
                            ERFOLG: out BOOLEAN; END_KNOTEN: out Z_BAUM_LE) is
    begin ... end;
    procedure AKTUALISIERE_BAUM(AKT_SCHLUESSEL: in SCHLUESSELWERT;
                            AKT_INFO: in STRING_L) is begin ... end;
    function PRIMAERSCHLUESSEL(KENNZEICHNUNG: in STRING_K) return SCHLUESSELWERT is
    begin ... end;
    procedure FIND(KENNZEICHNUNG: in STRING_K; GES_INFO: out STRING_L) is
        AKT_SCHLUESSEL: SCHLUESSELWERT;
    begin
        AKT_SCHLUESSEL := PRIMAERSCHLUESSEL(KENNZEICHNUNG);
        SUCHE_IN_BAUM(AKT_SCHLUESSEL, ERFOLG => ENTH, ENDKNOTEN => GEF_KN);
        if not ENTH then
            raise THERE_IS_NO_ENTRY;
        else
            GES_INFO := LINKSBUENDIG(GEF_KN.INFO); --Fkt. sei geeignet def.
        end if;
    end FIND;
    ...
begin -- Anweisungsteil von AUSKUNFTEI
    -- "leeres"erstes Listenelement wird erzeugt; ZEIGER_AUF_WURZEL zeigt darauf
    :
    :
end AUSKUNFTEI; --*****************************************************************
```

Fig. *5-20*: Beispiel eines abstrakten Datenobjektmoduls

Gerade im Zusammenhang mit Datenstrukturen wie Listen, Bäumen, Graphen, Mengen etc. ergeben sich vielfältige Anwendungen der Datenabstraktion. Will man nun nicht für jeden Eintragstyp einen neuen Modul schreiben, dann sind die Moduln für diese Standarddatenstrukturen stets generischer Natur.

Ein entarteter **Sonderfall** eines **Datenabstraktionsmoduls** liegt dann vor,wenn wir eine Ansammlung von Objekten (Literalen, Konstanten, Variablen) als "logisch zusammengehörig" in einem Modul verpacken. Nun wäre es natürlich möglich, jedoch nicht sinnvoll, jedes dieser Objekte durch eine Zugriffsoperation nach außen zu exportieren, die durch nichts als eine entsprechende Zuweisung innerhalb einer Funktion realisiert würde.
Da ein solcher Modul somit keine Operationen, sondern nur Daten exportiert, hat er auch keinen Rumpf. Sinnvolle Beispiele sind: Die Zusammenfassung der Daten eines bestimmten E/A-Geräts in der Realzeitprogrammierung, die Zusammenfassung der Daten, die eine geometrische Abbildung zusammen mit einem bestimmten Auftragsmodus charakterisieren, oder ein Modul, der den darstellbaren Zeichensatz einer Rechenanlage zusammenstellt, wie dies das Paket ASCII im Paket STANDARD tut. Bei solchen Moduln ist natürlich Vorsicht angebracht, da die Daten nicht geschützt sind. Ein Paket, das einen solchen Modul realisiert, darf deshalb nur an den Stellen sichtbar sein, wo dieses Paket tatsächlich nötig ist. Um auf die Gefahr im Umgang mit solchen Paketen hinzuweisen, sollte dort die Schnittstelle nicht direkt sichtbar sein, d.h. der Programmierer sollte die Punktnotation verwenden. So haben wir etwa mit ASCII.LC_A auf das Objekt LC_A des Pakets ASCII zugegriffen.
Ungefährlich vom methodischen Standpunkt ist die Verwendung solcher **Pakete**, wenn diese nur **Literale, Konstanten** und evtl. noch **Typen zusammenfassen**, wobei es sich, falls auch Typen exportiert werden, nicht mehr nur um einen Sonderfall eines Datenobjektmoduls, sondern auch eines anderen Moduls zur Datenabstraktion handelt, den wir gleich besprechen. Ein solches Paket kann nun auch in der Schnittstelle eines anderen Pakets auftreten, wie dies bei ASCII innerhalb der Schnittstelle von STANDARD der Fall ist.
Ein zweiter Fall der Entartung - hier eines abstrakten Datenobjektmoduls - liegt vor, wenn eine Datenstruktur viele Informationsfelder besitzt, deren Werte man exportieren will. Wendet man hier strikt die Datenabstraktion an, so erhält man viele Zugriffsoperationen. Ein Ausweg daraus ist, daß man sich an der Schnittstelle ein **"logisches"** **Objekt** definiert, das alle interessanten Informationen als Komponenten enthält, die dann wie üblich über Punktnotation zugegriffen werden. Die Struktur dieses "logischen" Objekts ist außen sichtbar. Daß hier trotzdem Datenabstraktion, d.h. Verbergen spezieller Repräsentationen, im Spiele ist, ergibt sich daraus, daß die Komponenten des "logischen" Objekts eine andere Darstellung (z.B. Länge) haben können als die der zu verbergenden Datenstruktur, daß sie eine andere Anordnung haben können, daß die zu verbergende Datenstruktur weitere Komponenten haben kann usw.
Ein dritter Sonderfall, hier allerdings des gleich zu besprechenden Datentypmoduls, liegt dann vor, wenn man alle für ein bestimmtes Programmsystem nötigen **Typen** zusammenfaßt, die irgendwo auf **Parameterposition** auftauchen und die deshalb in ihrer Struktur offengelegt werden. Es sind dies die Typen, die nicht vordefinierte Datentypen sind. Die Typen, die über abstrakte Datentypmoduln eingeführt werden, sind hier nicht gemeint, da diese ja durch einen Modul repräsentiert sind, der in der Systemarchitektur auftaucht.

Die bereits angesprochene weitere Art von Moduln zur Datenabstraktion heißt **abstrakter Datentypmodul.** Wir wollen betonen, daß wir hier diesen Begriff eingeschränkter verwenden als die Autoren der einschlägigen Veröffentlichungen (vgl. etwa /5. Gu 77/, /5.LZ 74/).   Semantische Gesichtspunkte, dort durch algebraische Gleichungen ausgedrückt, bleiben hier unberücksichtigt. Während ein abstraktes Datenobjekt ein einziges Datenobjekt realisiert, ist ein abstrakter Datentypmodul lediglich eine **Schablone,** aus der beliebig viele abstrakte Datenobjekte durch Objektdeklarationen erzeugt werden können. Bei diesen Objektdeklarationen ist die Typdefinition des Typs, von dem wir ein Objekt erzeugen, nicht bekannt. Wir wollen die strukturellen Details ja verbergen.

Diese Modulart läßt sich mit dem Paketkonzept direkt realisieren. Wir haben in Fig. 5-5 und 5-6 mit RATIONALE_ZAHLEN und in Fig. 5-8 mit ITEM_KELLER bereits zwei Pakete kennengelernt, die abstrakte Datentypmoduln darstellen. Die Operationen, mit denen dann auf die abstrakten Datenobjekte zugegriffen werden darf, die mit Hilfe des abstrakten Datentyps deklariert werden, sind die in der Schnittstelle angegebenen. Hinzu kommen noch die allgemein verfügbaren Operationen Gleichheit, Ungleichheit und Zuweisung. Im Falle eines eingeschränkten privaten Typs sind es jedoch ausschließlich die Operationen der Schnittstelle, wie bei ITEM_KELLER (vgl. Fig. 5-8).

Während bei abstrakten Datenobjektmoduln die Typdefinition (die Strukturangabe des Typs) im Rumpf des zugehörigen Pakets steht, muß sie hier in der Schnittstelle stehen, da der Typbezeichner ja außerhalb des Pakets sichtbar sein muß, damit er überhaupt zur Deklaration eines Objekts benutzt werden kann. Ferner muß auch der Übersetzer wissen, welchen Speicherplatzbedarf er hierfür anzusetzen hat. Außerhalb muß aber nur der Typbezeichner und nicht die Typdefinition bekannt sein. Folgt man der grundlegenden Idee der Datenabstraktion, so darf sie gar nicht bekannt sein, damit kein Zugriff auf Komponenten möglich ist, der nicht über die Schnittstellenoperationen geht. Deshalb sollte bei einem Paket, das einen abstrakten Datentyp realisiert, die Typdefinition immer im privaten Teil der Schnittstelle stehen. Wir wollen hier auf die Angabe eines weiteren Beispiels verzichten.

Die Idee eines abstrakten Datentypmoduls ist die, eine Schablone für abstrakte Datenobjekte zu sein. Der Mechanismus, von einem Datentyp zu einem Datenobjekt zu kommen, ist meist der, mit dem exportierten Typbezeichner Objekte zu deklarieren. Damit ist jedes erzeugte Objekt im Programmtext an einer Objektdeklaration erkennbar. Das heißt, daß die Anzahl erzeugter abstrakter Datenobjekte zur Programmerstellungszeit bekannt sein muß (wenn nicht eine Objektdeklaration in einer rekursiven Prozedur steht). Ist die **Anzahl** solcher **Datenobjekte nicht beschränkt,** dann bietet sich ein anderer Mechanismus an: Der Modul exportiert nicht nur einen Typbezeichner, sondern insbesondere eine **Erzeugungsoperation.** Die Erzeugung von Objekten erfolgt dann im Anweisungsteil durch Aufruf der Erzeugungsoperation. Diese liefert bei Auswertung ein Objekt des entsprechenden Typs zurück, das dann einem Objekt des mit dem Typbezeichner deklarierten Typs zugewiesen werden kann. Da ein so gearteter Modul ebenfalls als Schablone zur Erzeugung abstrakter Datenobjekte wirkt, wollen wir ihn als Variante eines abstrakten Datentypmoduls betrachten.

Die letzte Modulart zur Datenabstraktion, die wir hier einführen wollen, ist der **generische abstrakte Datentypmodul.** Es handelt sich hier um einen verallgemeinerten abstrakten Datentypmodul, also um einen Modul, aus dem letztlich nach generischer Exemplarerzeugung über Objektdeklarationen oder Erzeugungsoperationen beliebig viele abstrakte Datenobjekte erzeugt werden können. Allerdings wollen wir bei einer Festlegung des abstrakten Datentyps Details, wie den Typ von Einzelelementen oder die Größe einer Datenstruktur, noch nicht völlig fixieren. Diese noch offenen Details werden formale generische Parameter.

Die Realisierung in Ada ist wieder direkt möglich. Man versehe ein Paket, das die Form wie eines für einen abstrakten Datentyp hat, mit einem generischen Teil. Mit Hilfe der generischen Exemplarerzeugung können wir dann hieraus zur Übersetzungszeit verschiedene abstrakte Datentypmoduln an bestimmten Stellen des Programms generieren. Mit diesen können wir wiederum beliebig viele abstrakte Datenobjekte deklarieren oder diese über eine Erzeugungsoperation erzeugen.

Der **generische Mechanismus** eignet sich sehr gut dazu, von gewissen Details der Realisierung zu abstrahieren, z.B. dem speziellen Typ der Komponenten einer komplexeren Datenstruktur. Ein generischer Modul stellt damit das Gemeinsame einer Klasse von Ausprägungen dar. Die Moduln mit Festlegungen der Detailstruktur sind damit Spezialisierungen eines Bausteins, der umgekehrt eine Verallgemeinerung der Ausprägungen repräsentiert. Diese Denkwelt stammt aus der sog. **objektorientierten Programmierung** (/5.GR 83/, /5.Na 87/), wo sie zum vorherrschenden Strukturierungsprinzip gemacht wurde. Dieser Mechanismus läßt sich sehr gut für Datenstrukturen (Mengen, Listen, Bäume, Graphen) in Verbindung mit der Datenabstraktion und auch für die Ein-/Ausgabe anwenden.

Betrachten wir ein Beispiel (vgl. Fig. 5-21). Das generische Paket BEL_SCHLANGE legt den abstrakten Datentyp einer Schlange fest mit Operationen IST_LEER zur Abfrage, ob die Schlange leer ist, HINZU zum Hinzufügen eines Elements an das hintere Ende der Schlange, wobei sich die Schlange verlängert, WEG um ein Element am vorderen Ende wegzunehmen und VORN , um den Wert des vordersten Elements zu erfragen. Es ist ein generisches Paket: noch offen ist die statische Größe des Behälters, der die Schlange aufnimmt, d.h. wieviel Elemente sie maximal fassen kann, und ferner der Typ der Elemente der Schlange. Beides sind also formale generische Parameter. Der generische Parameter ELEMENT ist als privat deklariert, d.h. innerhalb des generischen Pakets sind

Wertzuweisung, Gleichheits- und Ungleichheitstest die einzigen Operationen, die auf Objekte dieses Typs angewandt werden dürfen. Der sichtbare Teil der Schnittstelle enthält die oben beschriebenen Operationen und die Deklaration des eingeschränkten privaten Typs T_SCHLANGE (auf die verschiedenen Bedeutungen, in denen das Wortsymbol

```
generic --********************* generischer abstrakter Datentypmodul***********
    GROESSE: NATURAL;                                                         --
    type ELEMENT is private;                                                  --
package BEL_SCHLANGE is ------- very nice queue --------------------------------
           -----------                                                        --
    type T_SCHLANGE is limited private;                                       --
    function IST_LEER(Q: in T_SCHLANGE)return BOOLEAN;                         --
    procedure HINZU(X: ELEMENT; in out T_SCHLANGE);                           --
    procedure WEG(Q: in out T_SCHLANGE);                                      --
    function VORN(Q: in T_SCHLANGE) return ELEMENT;                           --
    UEBERLAUF, UNTERSCHREITUNG: exception;                                    --
private                                                                       --
    type T_SPEICHER is array(1..GROESSE) of ELEMENT;                          --
    type T_SCHLANGE is -- Struktur von T_SCHLANGE ausserhalb nicht sichtbar   --
        record                                                                --
            SPEICHER: T_SPEICHER;                                             --
            ANZ_G_ELEMENTE: INTEGER range 0..GROESSE;                         --
            EING_INDEX: INTEGER range 1..GROESSE :=1;                         --
            AUSG_INDEX: INTEGER range 1..GROESSE :=1;                         --
        end record;                                                           --
end BEL_SCHLANGE; --------------------------------------------------------------
package body BEL_SCHLANGE is ---------------------------------------------------
    -- Implementation der obigen Schnittstellenoperationen                    --
    ...                                                                       --
begin                                                                         --
    ...                                                                       --
end BEL_SCHLANGE; --************************************************************
```

```
-- Erzeugung von Instanzen:
package INT_SCHLANGE is new BEL_SCHLANGE(GROESSE => 100, ELEMENT => INTEGER);
package STRING_SCHLANGE is new BEL_SCHLANGE(500, STRING(10));
-- INT_SCHLANGE und STRING_SCHLANGE realisieren nun abstrakte Datentypen
```

:

```
   :
   :
use STRING_SCHLANGE;

IRGENDWER: STRING(10) := "MUELLER    ";

PERS_SCHLANGE: STRING_SCHLANGE.T_SCHLANGE;

...

if VORN(PERS_SCHLANGE) = "MAIER     " then
    WEG(PERS_SCHLANGE);
end if;

HINZU(IRGENDWER,PERS_SCHLANGE);
```

Fig. 5-21: Paket für generischen abstrakten Datentyp, Instanzerzeugung (abstr. Datentyp), Objektdeklaration (abstr. Datenstruktur)

private in Ada auftritt, sei hier noch einmal hingewiesen). Außerhalb des Pakets ist also nur der Typbezeichner sichtbar, jedoch nicht die Struktur des Typs, die im privaten Teil der Schnittstelle beschrieben wird. Auf Objekte, die mit T_SCHLANGE einer generischen Ausprägung deklariert werden, dürfen also ausschließlich die Operationen der Schnittstelle angewandt werden, also nicht einmal =, /= und :=, da der Typ als eingeschränkt deklariert wurde.

Der eingeschränkte private Typ T_SCHLANGE hat intern die folgende Struktur: Neben einem Feld, in dem die einzelnen Elemente der Schlange abgespeichert werden, gibt es noch einen Zähler ANZ_G_ELEMENTE für die Gesamtzahl der abgespeicherten Elemente und zwei Indizes, die auf den Anfang und auf das Ende der Schlange innerhalb des Feldes verweisen. Die Implementation der Schlange ist die übliche (und deshalb nicht aufgeführt, d.h. der Paketrumpf ist nicht angegeben, vgl. Aufgabe 8): Zu Anfang ist das erste Feldelement sowohl das vordere als auch das hintere Element der Schlange. Kommt ein neues Element der Schlange hinzu, so wird dieses in das Feldelement geschrieben, auf das der Eingangsindex, der das hintere Ende charakterisiert, gerade verweist, und der Eingangsindex wird hochgezählt. Wird ein Element entfernt, so wird der Ausgangsindex, der das vordere Ende charakterisiert, um 1 hochgezählt. Ist die Zählung für Eingangs- oder Ausgangsindex am oberen Ende des Feldes angekommen, so wird einfach wieder von vorn begonnen, d.h. das Feld wird als kreisförmig geschlossen betrachtet. Abspeicherung bzw. Entnahme erfolgt nur, wenn die Schlange nicht bereits das ganze Feld füllt, bzw. wenn die Schlange überhaupt ein Element enthält. Um dies leichter festzustellen, wird der Zähler ANZ_G_ELEMENTE geführt.

Überall, wo das generische Paket sichtbar ist (aufgrund der Verschachtelungsstruktur oder durch Import mit einer with-Klausel), kann nun jetzt eine generische Ausprägung erzeugt werden. Das heißt hier, daß an der Stelle der Exemplarerzeugung ein Paket erzeugt wird, das einen abstrakten Datentyp repräsentiert. Wir haben für INT_SCHLANGE bzw. STRING_SCHLANGE zwei Ausprägungen für eine Schlange aus ganzzahligen bzw. Zeichenkettenelementen hingeschrieben. Überall, wo nun einer dieser abstrakten Datentypen sichtbar ist, kann über eine Objektdeklaration ein abstraktes Datenobjekt erzeugt werden, indem auf den Typbezeichner aus der Schnittstelle des Pakets zugegriffen wird. Dieses abstrakte Datenobjekt, hier PERS_SCHLANGE , kann nur mit den Schnittstellenoperationen verändert werden.

Man beachte, daß das abstrakte Datenobjekt hier über eine Objektdeklaration einen Bezeichner erhalten hat, der in allen Unterprogrammen, die dieses Objekt verändern, als Aktualparameter angegeben wird. Bei einem Paket, das direkt ein abstraktes Datenobjekt realisiert, d.h. bei einem Datenobjektmodul, ist das Paket selbst das abstrakte Datenobjekt. Dessen Name taucht dann in der Punktnotation für die Zugriffsoperationen auf, wenn diese nicht über eine use-Klausel direkt sichtbar gemacht wurden.

Wir haben oben **verschiedene Mechanismen** kennengelernt, um **abstrakte Datenobjekte** zu gewinnen. Wir können zum einen für ein abstraktes Datenobjekt ein Paket angeben, wenn wir nur ein Exemplar brauchen, und wenn die Internstruktur des abstrakten Datenobjekts völlig festliegt. Dies war bei dem Beispiel des binären Suchbaums aus Fig. 5-20 der Fall. Das Paket ist dann das abstrakte Datenobjekt.

Brauchen wir mehrere Exemplare eines abstrakten Datenobjekts, so schreiben wir ein Paket, das einem abstrakten Datentyp entspricht, oder eines, das einem generischen abstrakten Datentyp entspricht. Letzteres wird dann getan, wenn die Struktur der abstrakten Datenobjekte noch nicht völlig festgelegt werden soll. Von dem abstrakten Datentyp können wir durch Objektdeklarationen oder durch Erzeugungsoperationen nun beliebig viele Exemplare von abstrakten Datenobjekten gewinnen. Für einen generischen abstrakten Datentypmodul müssen wir vorher durch Erzeugung einer Ausprägung erst ein Paket gewinnen, das einem abstrakten Datentyp entspricht. Letzteres haben wir in dem vorangegangenen Beispiel vorgeführt.

Wir können aber auch über einen generischen abstrakten Datenobjektmodul mehrere abstrakte Datenobjektmoduln (zur Übersetzungszeit) in unserem Programm erzeugen, wie wir dies in Fig. 5-10 vorgeführt haben.

Somit haben wir zwei völlig unterschiedliche Mechanismen, nämlich den der Generizität (generischer abstrakter Datenobjektmodul⟶abstrakter Datenobjektmodul) und den der Objektdeklaration oder Erzeugungsoperation (abstrakter Datentypmodul⟶abstraktes Datenobjekt), um verschiedene Exemplare eines abstrakten Datenobjekts zu erzeugen (im zweiten Fall gegebenenfalls über die Vorstufe der Generizität (generischer abstrakter Datentypmodul⟶abstrakter Datentypmodul). Der erste Mechanismus ist ein Compilezeitmechanismus, der das Programm durch textuelles Einkopieren verändert, der zweite Mechanismus ist ein Laufzeitmechanismus (auch wenn die zugehörige Verwaltung bereits zur Übersetzungszeit eingesetzt wird), d.h. erst zur Laufzeit wird das abstrakte Datenobjekt auf dem Datenspeicher der Ada-Maschine abgelegt. Der Compiler prüft aber in jedem der beiden Fälle ab, daß ein abstraktes Datenobjekt nur über seine Zugriffsoperationen angesprochen werden darf. In beiden Mechanismen muß das Komplizierte, nämlich die Angabe der Spezifikation und Festlegung der Internstruktur sowie der Implementierung der Zugriffsoperationen nur einmal hingeschrieben werden, nämlich in dem generischen abstrakten Datenobjektmodul bzw. im (generischen) abstrakten Datentypmodul. Die Erzeugung einer Ausprägung über eine generische Erzeugung bzw. über eine Objektdeklaration oder Erzeugungsoperation (ggf. mit vorangegangener generischer Erzeugung) ist hingegen einfach hinzuschreiben. Dies geschieht meist innerhalb einer Zeile.

Was die Wahl zwischem dem einen oder anderen Mechanismus angeht, so können wir folgende Gründe angeben: (1) Braucht man nur wenige abstrakte Datenobjekte, die sich ggf. auch noch in der Detailstruktur leicht unterscheiden können, so wähle man den Übergang generischer abstrakter Datenobjektmodul⟶abstrakter Datenobjektmodul. (2) Soll das Gedächtnis des abstrakten Datenobjekts in der Softwarearchitektur auftauchen, so wähle man denselben Übergang. Im Falle der Deklaration/Erzeugung von abstrakten Datenobjekten über einen abstrakten Datentypmodul taucht ein solches Gedächtnis auf der Architekturebene (Programmieren-im-Großen-Ebene) nämlich überhaupt nicht auf. (3) Daß letztlich der erste Übergang Aufwand zur Übersetzungszeit, der zweite Übergang Aufwand zur Laufzeit verursacht, wurde schon erläutert.

Oft ergibt sich bei der Erstellung einer Softwarearchitektur die **Streitfrage,** ob ein festgelegter Modul ein **funktionaler** Modul **oder** ein **Datenabstraktionsmodul** ist.

Wir haben dies in Fig. 5-19 kennengelernt, wo ein funktionaler Modul einen (hier in seiner Struktur offengelegten) Typ FELD exportiert, was bei einem funktionalen Modul sonst nicht vorkommt. (Das wäre vermieden worden, wenn der Typ FELD an anderer Stelle zur Verfügung gestellt würde und für das Paket ZEICHNE_FUNKTION sichtbar gewesen wäre.) Somit kann ein Modul auch dann ein funktionaler Modul sein, wenn er einen Typ exportiert.

Ein anderer Punkt ist der, daß die Zugriffsoperationen eines Datenabstraktionsmoduls "funktionalen Charakter" haben, wenn man sich das abstrakte Datenobjekt als Eingangs- bzw. Transientenparameter hinzudenkt. Wenn die Idee der Datenabstraktion übersehen wird, dann hat man anstelle eines Datenabstraktionsmoduls mit Zugriffsoperation entsprechend viele "funktionale Moduln" für die einzelnen Zugriffsoperationen. Wenn die Datenstruktur mit den Zugriffsoperationen jedoch nicht als eine Einheit angesehen wird, dann ergeben sich die oben diskutierten Nachteile, daß nämlich eine Änderung der Repräsentation der Datenstruktur sehr starke Auswirkung auf das ganze Programmsystem hat.

Eine dritte Bemerkung bezieht sich auf die Frage der richtigen Betrachtungsweise für einen Modul: Wenn die Art eines Moduls und sein Name festgelegt werden soll, dann orientiere man sich am Verhalten der Schnittstelle eines Moduls und nicht an seiner Realisierung (Rumpf und hierzu benötigte andere Bausteine). So tritt häufig die Situation auf, daß ein Datenabstraktionsmodul unter Zuhilfenahme verschiedener Datenstrukturen, z.B. anderer abstrakter Datenobjektmoduln, realisiert wird. Betrachtet man nun nicht das Verhalten der Schnittstelle, sondern den Charakter der Realisierung, dann kann man einen Datenabstraktionsmodul leicht für einen funktionalen Modul halten, da das Gedächtnis nicht explizit im Modulrumpf enthalten sein muß.

Nachdem wir die verschiedenen Modularten erläutert haben, die wir für das Programmieren im Großen für wichtig halten, wollen wir nun die *Beziehungen zwischen Moduln*, als zweiten Bestandteil des Modulkonzepts, festlegen. Hierbei interessieren uns nur solche Beziehungen, die während des Entwurfs von Wichtigkeit sind, die also Einfluß auf die Gestalt der Spezifikation (der Softwarearchitekur) des Programmsystems haben.

Die Wahl der Modulbeziehungen hat noch stärkeren Einfluß auf die Gestalt der Architektur eines Programmsystems als die Festlegung der Modularten. Beide Konzepte sind auch nicht unabhängig voneinander: So macht die Verwendung komplexer Modularten Beziehungen überflüssig, die Verwendung "einfacher" Modularten die Verwendung zusätzlicher Beziehungen nötig. Der Leser sei wieder auf den Literaturabschnitt 5 verwiesen.

Bevor wir diskutieren, welche Beziehungen wir einführen, sollen erst die verschiedenen *Ebenen* betrachtet werden, auf denen *Modulbeziehungen* auftreten können. Dies ist zunächst (1) die Ebene der Benutzbarkeit. Wir sprechen hier von Benutzbarkeits-Ebene und nicht von Benutzt-Ebene, weil ein Eintrag auf der Benutzbarkeits-Ebene erst die Voraussetzung für eine Benutzung schafft. Dies ist die Ebene, auf der ein Modul den Import (von Ressourcen) eines anderen Moduls anzeigt. Davon zu unterscheiden ist (2) die Ebene der statischen Benutzung: Im Rumpf eines Moduls wird die Benutzung von Ressourcen eines anderen Moduls statisch hingeschrieben. Hiervon wiederum zu unterscheiden ist (3) die dynamische Benutzung, wenn die Ressourcen eines Moduls bei der Ausführung eines anderen zur Laufzeit benötigt werden. Es ist klar, daß die Benutzbarkeit Voraussetzung für die statische Benutzung und diese wiederum Voraussetzung für die dynamische Benutzung ist.

Die für das *Programmieren im Großen interessante Ebene* ist die der *Benutzbarkeit* (vgl. Fig. 5-22). Dies ergibt sich schon daraus, daß dies die einzige der oben aufgeführten Ebenen ist, die betrachtet werden kann, ohne in die Modulrümpfe hineinzusehen. Die Benutzt-Beziehung ist statt dessen auf der Ebene des Programmierens im Kleinen zu finden. Der zweite Grund für die Einführung der Modulbeziehungen auf der Benutzbarkeits-Ebene ist die Anwendung von Redundanz und damit die Erzeugung von Sicherheit: Benutzt-Beziehungen dürfen nur eingetragen werden, wenn vorher die entpsprechenden Benutzbarkeits-Beziehungen eingetragen wurden. Wir werden sehen, daß dies der Ada-Compiler abprüft. Auch die umgekehrte Situation kann durch ein Werkzeug überprüft werden. Nämlich, ob etwas importiert wird, ohne daß es benutzt wird.

Wenn die Moduln A und B in der Benutzbarkeits-Beziehung zueinander stehen, also die Ressourcen der Schnittstelle von A von B benutzt werden können, so schließt dies für die oben eingeführten Modularten folgende *Benutzungsmöglichkeiten* ein: Falls A ein funktionaler Modul ist, so kann B die Schnittstellenoperationen von A aufrufen, falls A ein Datenobjektmodul ist, so kann B die Zugriffsoperationen aufrufen, ist A schließlich ein Datentypmodul, so kann B mit dem exportierten Typbezeichner Objekte deklarieren oder mit der Erzeugungsoperation Objekte kreieren und auf diese die Zugriffsoperationen anwenden. Ist A schließlich ein generischer Modul, so kann B damit eine generische Ausprägung erzeugen.
Zwei Bemerkungen zu diesem Thema: (1) wir haben bisher den Begriff "Benutzung" als angewandtes Auftreten ohne Wertveränderung verstanden (benutzendes im Gegensatz zu setzendem Auftreten). Wenn wir jetzt von der Benutzung eines abstrakten Datenobjektmoduls sprechen, so schließt dies eine Veränderung des Datenobjekts mit ein, natürlich nicht direkt. (2) Die Beziehung einer generischen Programmeinheit zu einer anderen Programmstelle ist eigentlich auf einem anderen Niveau als die Benutzbarkeit

anzusetzen. Ein generisches Paket kann etwa in Ada auch dazu herangezogen werden, eine Bibliothekseinheit als generische Ausprägung zu erzeugen. In diesem Falle ist kein zweites Paket involviert, das das generische Paket importieren muß, sondern hier entsteht erst ein zweites Paket als generische Ausprägung. Bei genauerer Betrachtung stellt sich also heraus, daß erst die durch den generischen Mechanismus erzeugten Moduln Bausteine sind, die in der Benutzbarkeits-Beziehung zueinander stehen.

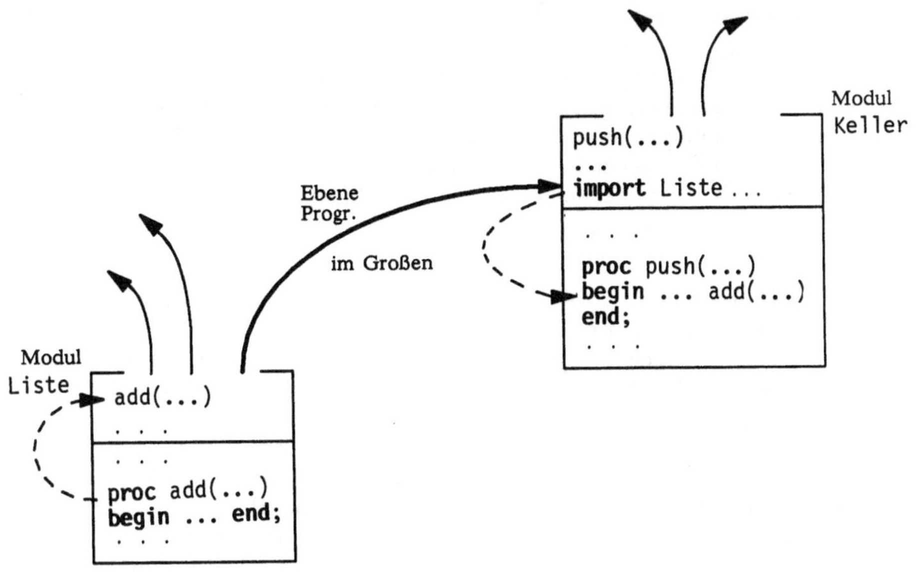

Fig. 5-22: Erklärung Benutzbarkeits-Ebene

Auf der Ebene der Benutzbarkeit wollen wir im folgenden zwei verschiedene Beziehungen betrachten: die **lokale** Benutzbarkeit und die ***allgemeine Benutzbarkeit***. Dabei ist die lokale Benutzbarkeit allerdings an die Enthaltenseins-Beziehung zwischen Moduln gekoppelt. Die Enthaltenseins-Beziehung und die lokale Benutzbarkeit dienen der Verankerung eines Bausteins in der Systemarchitektur, der nur lokale Bedeutung hat, die allgemeine Benutzbarkeit dient zum Einhängen von Bausteinen, die von allgemeinem Interesse sind und in der Regel von verschiedenen Stellen aus gebraucht werden. In beiden Fällen muß explizit festgelegt werden, wo ein Modul benutzbar gemacht werden soll, d.h. es muß für den importierenden Modul festgelegt werden, welcher exportierende Modul benutzbar sein soll.

Das Ziel des Entwurfs ist nicht nur eine Unterteilung in Moduln verschiedener Arten, sondern auch eine Festlegung der Beziehungen zwischen diesen Moduln. Die resultierende ***Softwarearchitektur*** soll eine möglichst ***einfache*** und ***übersichtliche Struktur*** haben. Deuten wir die Spezifikation als Graph, d.h. als Gebilde mit Knoten (aufgetragen durch Kringel oder Kästen) und mit Kanten (aufgetragen durch Pfeile): Die Moduln sind die Knoten dieses Graphen. Hierbei lassen wir verschiedene Arten von Knoten für funktionale Moduln, abstrakte Datenobjektmoduln, abstrakte Datentypmoduln (und ggf. ihre generischen Formen) zu. Tragen wir nun die uns hier interessierenden Beziehungen, nämlich die Enthaltenseins-Beziehung und die lokale sowie allgemeine Benutzbarkeits-Beziehung als Kanten in den Graphen ein (die wir etwa durch verschiedene Pfeilarten aufzeichnen), so soll sich ein möglichst einfacher und möglichst übersichtlicher Graph ergeben. Dies heißt insbesondere, daß (1) die Anzahl der intermodularen Beziehungen möglichst klein sein muß, daß also unser Graph möglichst wenig Kanten haben soll. Ein Grund hierfür ergibt sich aus der Softwaretechnik: Jede Beziehung von A nach B muß von verschiedenen Menschen berücksichtigt werden, da der Entwerfer die Kante einträgt und ferner der Implementator eines exportierenden Moduls A im allgemeinen eine andere Person ist als der des importierenden Moduls B. Ferner kann der Entwerfer (evtl. die Entwerfer) die Architektur nur dann überschauen, d.h. eine anforderungsgerechte Architektur abliefern bzw. Änderungen daran auch richtig durchführen, wenn die Architektur sich in einzelne überschaubare Teile auftrennen läßt. In unserem Graphenbild heißt dies: Wir müssen (2) Untergraphen gewinnen können, die selbst überschaubar sind und die über eine kleine Anzahl von Kanten mit dem Rest des Gesamtgraphen verbunden sind.

Diskutieren wir zunächst die **lokale Benutzbarkeit,** die mit der **Enthaltenseins-Beziehung** verknüpft ist (vgl. Fig. 5-23). Mit der Enthaltenseins-Beziehung wird ein Modul M_i an einen übergeordneten M_{i-1} angehängt mit der Maßgabe, daß M_i Bestandteil der Realisierung von M_{i-1} ist. Mit der lokalen Benutzbarkeit, die wir explizit zusätzlich eintragen müssen, wollen wir insbesondere die Schutzmechanismen (Information Hiding) erzielen, die mit Ineinanderschachtelung/Gültigkeits- und Sichtbarkeitsbereich verbunden sind: Ein lokaler Modul M_i soll zwar in dem Modul M_{i-1}, der ihn eingesetzt hat, benutzt werden dürfen, nicht jedoch von übergeordneten Moduln M_{i-2} usw. Erst recht soll verboten sein, einen inneren Modul der durch die Enthaltenseins-Beziehung aufgespannten Baumstruktur von einem Modul aus benutzbar machen zu wollen, der dieser Baumstruktur gar nicht angehört.

Wir wollen zuerst begründen, daß die lokale Benutzbarkeit explizit eingetragen werden muß, daß wir also keine implizite Benutzbarkeit einräumen wollen, wie sie mit den Begriffen Gültigkeit und Sichtbarkeit von Ada verbunden sind. Machen wir uns dazu klar, welche **Benutzungen** innerhalb des **Gültigkeits-/Sichtbarkeitsbereichs** möglich sind.

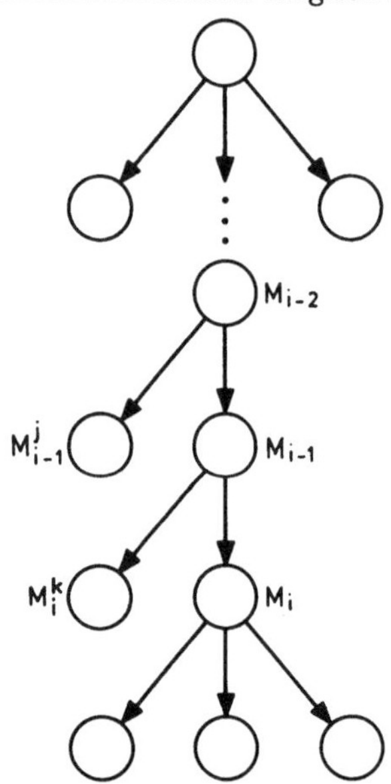

Es hat jeder Modul innerhalb einer Enthaltenseins-Baumstruktur **nach oben** Zugriff auf alle Ahnen in direkter Ahnenreihe, einschließlich deren direkter Nachfahren. So darf M_i auf seinen Vater M_{i-1} und seine Geschwister M^k_i zugreifen, d.h. er darf deren Ressourcen benutzen. Ebenso darf auf den Großvater M_{i-2} und auf die Onkel M^j_{i-1} zugegriffen werden usw. Aber auch **nach unten** ist eine implizite Benutzbarkeit möglich: Jeder Modul darf seine Kinder benutzen, aber nicht mehr. Deren Nachfahren werden bereits als Interna der Kinder betrachtet und sind nicht zugänglich. Letztlich hat jeder Modul Zugriff auf sich selbst, d.h. die Implementation einer Schnittstellenoperation darf andere Schnittstellenoperationen des gleichen Moduls verwenden. Alle diese Benutzungen sind völlig analog zu der Gültigkeitsbereichs-/Sichtbarkeitsbereichsregelung, die wir bisher für Programmeinheiten kennengelernt haben, die über die Deklarationsteile ineinandergeschachtelt wurden. So hat ein Unterprogramm Zugriff auf seine lokalen Unterprogramme (Kinder), auf sich selbst, auf seine Geschwister (Unterprogramme gleicher Verschachtelung), das Unterprogramm, das es enthält (Vater), etc. Während die Benutzungen nach unten ziemlich eingeschränkt sind (auf die Kinder, aber nicht weiter), sind sie nach oben hin sehr weiträumig möglich.

Fig. 5-23: Implizite lokale Benutzbarkeits-Struktur durch Enthaltenseins-Beziehung

Die mit den Konzepten Gültigkeit/Sichtbarkeit verbundene **implizite Benutzbarkeit** führt zu sehr **unübersichtlichen Strukturen**. Betrachten wir hierzu ein kleines Beispiel (vgl. /7. CWW 80/ und Fig. 5-24): Aus der Enthaltenseins-Struktur von Fig. 5-24.a ergibt sich die implizite Benutzbarkeits-Struktur von Fig. 5-24.b, wenn wir eine gestrichelte Kante von Modul X zu Modul Y eintragen, falls nach den Gültigkeits- und Sichtbarkeitsregeln eine Benutzung möglich ist. Dabei sind Schlingen (Zugriffe eines Moduls auf sich selbst) noch gar nicht eingezeichnet. Ebenso fiele die Asymmetrie, daß etwa C auf B zugreifen darf, aber nicht umgekehrt, die sich aus den Sichtbarkeitsregeln und der Deklarationsreihenfolge bei Ineinanderschachtelung ergibt, weg, wenn wir alle Modulrümpfe zu Untereinheiten machen und nach den Spezifikationen auflisten. Dann wären die in Fig. 5-24.b auftauchenden Einfachkanten ebenfalls als Doppelkanten zu zeichnen. Die sich aus der Enthaltenseins-Struktur ergebende implizite Benutzbarkeit sieht für dieses einfache Beispiel somit bereits chaotisch aus.

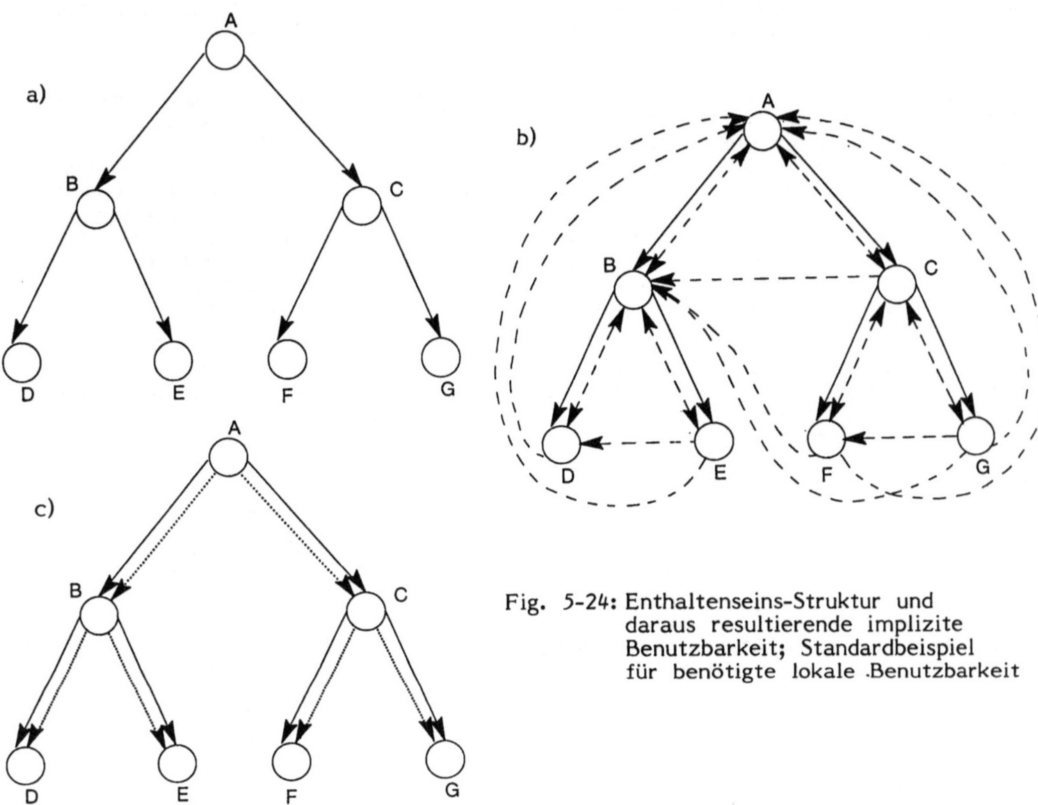

Fig. 5-24: Enthaltenseins-Struktur und daraus resultierende implizite Benutzbarkeit; Standardbeispiel für benötigte lokale Benutzbarkeit

Die lokale Benutzbarkeit, die man i.a. braucht, sieht hingegen wesentlich einfacher aus. Ein Standardfall oder sogar der Standardfall ist in Fig. 5-24.c angegeben. Modul A braucht Modul B und C zur Realisierung, diese wiederum ihre Kinder. (Im Falle von rekursiven Programmstrukturen hat man aber auch Kanten, die zwischen Geschwistern verlaufen oder die sogar nach oben gehen.) Wenn die benötigte lokale Benutzbarkeit auch im Einzelfall komplizierter aussehen mag als Fig. 5-24.c, so ist sie doch stets weit entfernt von der chaotischen Situation, die Fig. 5-24.b wiedergibt. Die Folgerung kann nur lauten, daß lokale Benutzbarkeit explizit eingetragen und nicht generell in einem bestimmten Bereich eingeräumt wird. Wir führen hierzu die explizite **lokale Benutzbarkeit** ein, die wir durch punktierte Kanten in unsere Architekturbilder einzeichnen. Es ist klar, daß solche explizite lokale Benutzbarkeits-Kanten nur zwischen solchen Knoten eingetragen werden dürfen, die auch in der impliziten lokalen Benutzbarkeits-Beziehung zueinander stehen, d.h. diese expliziten lokalen Benutzbarkeits-Kanten müssen **konsistent** mit den in Fig. 5-23 beschriebenen **Gültigkeits-** bzw. **Sichtbarkeitsbereichsregeln** sein.

Die nächste **Frage,** die wir uns stellen wollen, ist, ob die an die Enthaltenseins-Beziehung gekoppelte **lokale Benutzbarkeit** bereits zur Modellierung von Softwarearchitekturen **ausreicht.** Prinzipiell reicht sie aus, wie Programmiersprachen wie Algol oder Pascal zeigen. Sie reicht aber nicht aus in dem Sinne, daß Modellierungskonzepte zur Verfügung stehen sollten, um für jeden Fall eine übersichtliche Softwarearchitektur zu erstellen.

Betrachten wir das Beispiel von Fig. 5-25.a: In dem angegebenen Enthaltenseins-Baum wird sowohl im Modul A als auch im Modul B ein gemeinsamer Hilfsmodul benötigt. Kann zur Erstellung der Softwarearchitektur nur die lokale Benutzbarkeit herangezogen werden, so muß dieser Hilfsmodul an den ersten gemeinsamen Knoten des Enthaltenseins-Baum angehängt werden. An dieser Stelle ist weder die Notwendigkeit dieses Moduls verständlich, noch ist der Modul selbst verständlich. Wir befinden uns ja bezüglich der Abstraktion auf einer viel höheren Stufe!

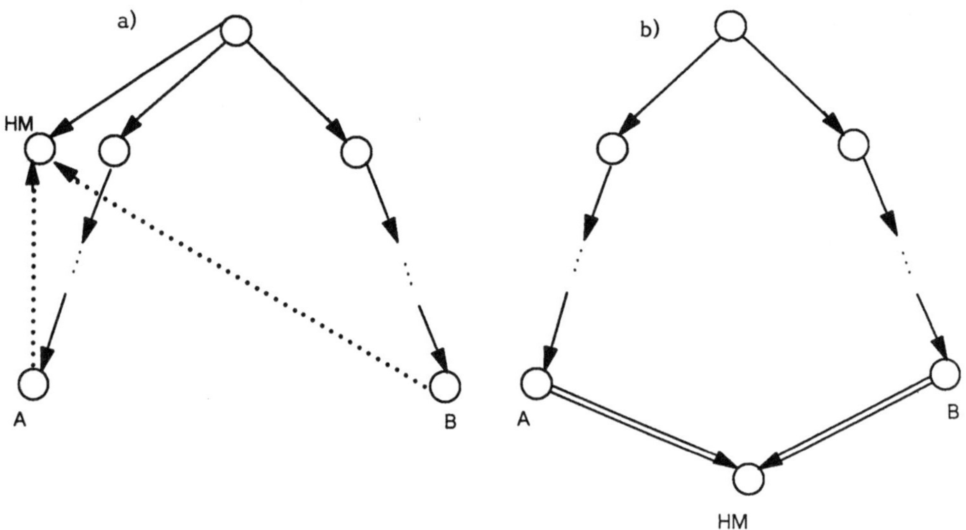

Fig. 5-25: Begründung der allgemeinen Benutzbarkeit

Die gewünschte Situation ist in Fig 5-25.b beschrieben. Es wird zum Ausdruck gebracht, daß der Hilfsmodul HM logisch tiefer liegt als A und B und ferner, daß sowohl von A als auch von B die Benutzbarkeit dieses Moduls benötigt wird. Wir wollen diese neue Modulbeziehung **allgemeine Benutzbarkeit** nennen, da sie insbesondere dann angewandt wird, wenn es darum geht, einen allgemeinen Baustein in eine Systemarchitektur einzuhängen.

Durch die Einführung der allgemeinen Benutzbarkeit ist eine Softwarearchitektur im allgemeinen kein Baum mehr. Die allgemeine Benutzbarkeit soll ja die Verwendung eines gemeinsamen Bausteins ererlauben, d.h. Zusammenführung von Kanten auf einen tieferen Knoten ermöglichen. Die dabei entstehenden **Strukturen** sind aber **hierarchisch** (vgl. Fig. 5-26). Kanten verlaufen stets von einer Schicht in eine andere tieferliegende. Es handelt sich i.a. aber nicht mehr um eine strenge Hierarchie: Es kann also z.B. von Schicht n+1 zur Schicht n eine Kante verlaufen, gleichzeitig aber auch eine weitere Kante von der Schicht n+2 zur Schicht n. Wie bei der lokalen Benutzbarkeit vermeiden wir auch hier das Eintragen überflüssiger Kanten, etwa von Modul A nach Modul C , wenn C die Benutzbarkeit von B braucht, dieser wiederum die Benutzbarkeit von A , andererseits jedoch C nicht die Benutzbarkeit von A.

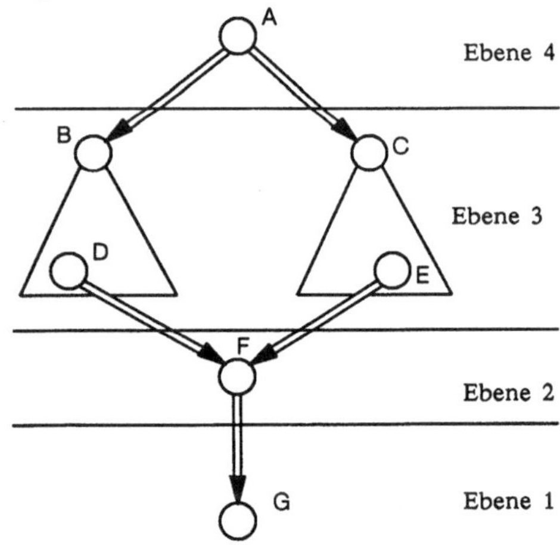

Fig. 5-26: allgemeine Benutzbarkeit ist hierarchisch

Wie wir Fig. 5-26 entnehmen, muß die allgemeine Benutzbarkeit nicht immer nur zum Zweck von Zusammenführungen verwandt werden. Die Frage, mit welcher Kante ein Modul eingehängt wird, ist bestimmt durch: (1) Auf welches Niveau gehört er logisch? (2)

Welchen Charakter hat er, d.h. ist er nur für eine bestimmte lokale Situation gedacht, und wird er darüber hinaus nie eine Rolle spielen, oder hat er allgemeinen Charakter?

Allgemeine Benutzbarkeit kann in verschiedenem Sinne gemeint sein: Es kann bedeuten, daß (1) ein Modul bisher nur an einer Stelle eingehängt wurde, d.h. bisher nur Benutzbarkeit von einem einzigen anderen Modul eingetragen wurde, man ihn gleichwohl mit der allgemeinen Benutzbarkeit eingehängt hat, weil der Modul allgemeinen Charakter hat (z.B. Modul G in Fig. 5-26). Es kann bedeuten, daß (2) ein Modul in einem bestimmten Teil eines Softwaresystems mehrfach benötigt wird, oder daß er (3) von verschiedenen Teilen des Softwaresystems benötigt wird. Schließlich kann es (4) bedeuten, daß ein Modul in verschiedenen Softwarearchitekturen in dem Sinne benötigt wird, daß er jeweils als "Kopie" dazugebunden wird, bis zu dem Fall, daß der Modul ein Prozeß ist (vgl. nächstes Kapitel) und von verschiedenen Programmsystemen her angesprochen werden muß, physisch aber nur einmal vorhanden ist.

Warum nehmen wir als Beziehung zwischen Moduln nun **nicht allein** die **allgemeine Benutzbarkeit**? Im Prinzip genügt auch sie, wie man an Programmiersprachen wie FORTRAN, C, Assembler etc. sehen kann, und es gibt Stimmen, eine Softwarearchitektur ausschließlich mit dieser Beziehung zu erarbeiten (vgl. /5.CWW 80/). Daß wir statt dessen die an die Enthaltenseins-Beziehung gekoppelte lokale Benutzbarkeit zusätzlich betrachten, hat folgende Gründe: (1) Mit der Enthaltenseins-Beziehung und den damit verbundenen Regeln für Gültigkeit/Sichtbarkeit erfolgt eine Abschottung eines Teils der Softwarearchitektur nach außen (Information Hiding). Es ist nie möglich, Benutzbarkeit auf innere Knoten eines Enthaltenseins-Baums einzutragen. Die lokalen Hilfsmittel zur Realisierung eines Moduls dürfen außen nicht angesprochen werden. Dies ist der Sicherheitsaspekt. (2) Ein Modul, der in eine Enthaltenseins-Struktur eingegliedert ist, stellt seine Ressourcen nur lokal zur Verfügung (vgl. Aufgabe 14), da er nur als lokaler Baustein geplant war. Die Enthaltenseins-Beziehung ist somit eine "logische" Strukturierungsbeziehung, die in die Entwurfsüberlegungen mit einbezogen werden sollte. Sie sondert die Moduln aus, die nicht von allgemeinem Interesse sind. Damit ist es wesentlich leichter, die verbleibenden daraufhin zu überprüfen, ob sie für eine bestimmte Aufgabe von Interesse sind. Dies ist der Strukturierungsaspekt. Beide Aspekte sind zwei Seiten ein und derselben Medaille.

Betrachten wir nun die Situation für den **Export** oder **Import** eines **Moduls**, der mit allgemeinen und lokalen Benutzbarkeitskanten in einer Softwarearchitektur mit anderen Moduln verbunden ist (vgl. Fig. 5-27).

Ein Modul exportiert Ressourcen. Die Schnittstelle läßt sich als Fenster auffassen, das den Blick nur auf diese Ressourcen freigibt, alles andere aber verbirgt. Ein Modul importiert aber auch Ressourcen. Es sind dies die Ressourcen aller anderen Moduln, die zu seiner Implementierung benötigt werden. Diese Implementierung wird ausschließlich unter Verwendung explizit importierter lokal oder allgemein benutzbarer Moduln durchgeführt.

Modul M von Fig. 5-27 kann implementiert werden sowohl unter Benutzung der Ressourcen der allgemeinen Moduln A , B , sowie derjenigen der lokalen Moduln C , D (Kinder) und E (Bruder). Entsprechende Benutzbarkeiten (Importe) sind in die Architektur eingetragen worden.

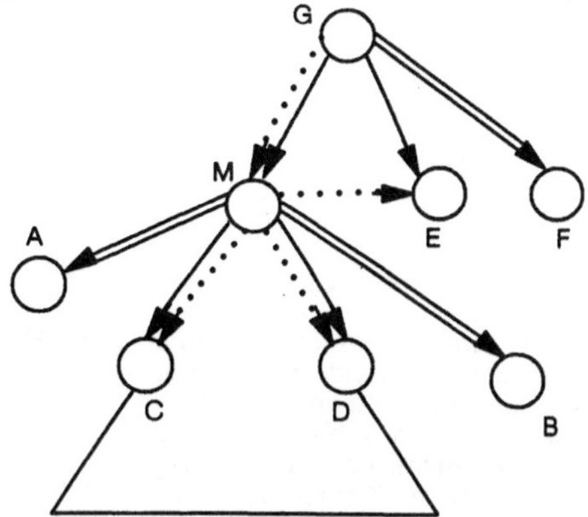

Fig. 5-27: Export/Import in einer Softwarearchitektur

Betrachten wir umgekehrt den Export: Hier muß unterschieden werden, ob ein Modul in einem Enthaltenseins-Baum als innerer Knoten eingebettet ist, wie dies für den Modul M in Fig. 5-27 der Fall ist. Dieser kann nur lokal exportieren. Handelt es sich andererseits um einen allgemeinen Modul, dann kann der Export an eine beliebige Stelle hin erfolgen, sofern die Hierarchiebedingung nicht verletzt wird. Die Wurzel eines Enthaltenseins-Baums (Modul G in Fig. 5-27) kann sowohl in einem weiteren Enthaltenseins-Baum eingehängt werden, wobei G und der anhängende Baum dann nur eine lokale Rolle spielen, oder sie kann zu einem allgemein benutzbaren Baustein der Architektur gemacht werden. Man beachte, daß in einer Softwarearchitektur nie der Export eingetragen wird, d.h. wohin ein Modul seine Ressourcen exportiert, sondern nur der Import. Dies ist ein Prinzip der Softwaretechnik, daß die Stellen der Verwendung nicht interessieren sollten, wenn ein Baustein realisiert wird. Sie sind zu diesem Zeitpunkt meist gar nicht oder zumindest nicht vollständig bekannt.

In unserer *Graphenvorstellung* für *Softwarearchitekturen* (vgl. Fig. 5-26 und 5-27) gehört somit zu jedem Knoten ein (eventuell leerer) darunterhängender Baum für die Enthaltenseins-Struktur. Die dortigen Moduln dürfen natürlich sowohl allgemeine Importe haben, sie dürfen aber auch die lokalen Hilfsmittel, die sich aus der Enthaltenseins-Struktur ergeben, benutzen, sofern eine entsprechende lokale Benutzbarkeit eingetragen wird.

Wir wollen aber nicht zulassen, daß allgemeine Benutzbarkeit, die für einen Modul eines Enthaltenseins-Baums eingetragen wurde, auf untergeordnete Knoten des Enthaltenseins-Baums vererbt werden kann. So soll der Modul M von Fig. 5-27 nicht implizit die Ressourcen des von G importierten allgemeinen Moduls F benutzen dürfen. Wir würden sonst wieder in die gleiche Problematik hineinlaufen, die in Fig. 5-24 beschrieben wurde, wo wir die Notwendigkeit der allgemeinen Benutzbarkeit begründet haben. Wird ein allgemeiner Modul an verschiedenen Stellen benötigt, so soll er dort und nur dort importiert werden.

Wir können nun eine Reihe von *Konsistenzbedingungen* für *Softwarearchitekturen* formulieren: (1) Die Enthaltenseins-Beziehung hat Waldstruktur. Entfernen wir alle Kanten außer den Enthaltenseins-Kanten aus den Graphen für eine Softwarearchitektur, so erhält man eine Menge von Bäumen, also einen Wald. (2) Jeder Modul mit anhängendem Enthaltenseins-Baum ist entweder ein lokaler Baustein, d.h. wiederum in einem anderen Baum eingehängt, oder er ist ein allgemein verfügbarer Baustein. In einen solchen Modul können also nicht gleichzeitig eine Enthaltenseins-Kante und eine allgemeine Benutzbarkeits-Kante einmünden. (3) Die Interna eines Enthaltenseins-Baums sind geschützt. Es ist nicht möglich, auf innere Knoten dieser Enthaltenseins-Struktur zuzugreifen, weder über lokale noch über allgemeine Benutzbarkeit. (4) Für die allgemeine Benutzbarkeit haben wir die Hierarchieeigenschaft gefordert. Damit dürfen bezüglich dieser Kantenart keine Zyklen entstehen.

Weitere Konsistenzbedingungen können angegeben werden, wenn wir die Arten der Moduln berücksichtigen, von denen eine Kante ausgeht bzw. in die eine Kante einmündet. Eine andere Erweiterung unseres Modulkonzepts besteht darin, nicht alle Ressourcen eines Moduls zu importieren (egal ob lokal oder allgemein), sondern bei jedem Import die importierten Ressourcen explizit einzeln aufzuführen. Dies ermöglicht dann, in einem Modul nur einen Teil der Ressourcen eines anderen Moduls bereitzustellen. Dann kann die Konsistenzbedingung formuliert werden, daß die importierten Ressourcen nicht umfassender sein können als der Export des entsprechenden Moduls.

Andere *Konsistenzbedingungen* betreffen die *Nahtstelle* zwischen *Programmieren im Großen* und *Programmieren im Kleinen* (vgl. Fig. 5-22): So muß (1) alles, was ein bestimmter Modul an der Schnittstelle exportiert, in seinem Rumpf auch realisiert werden. Auf der Seite des importierenden Moduls kann (2) im Rumpf nur benutzt werden, was entweder im Rumpf lokal deklariert wurde, oder was lokal oder allgemein importiert wurde. Schließlich sollte (3) das, was importiert wurde, im Rumpf des entsprechenden Moduls auch benutzt werden. Sonst würde eine Benutzbarkeit eingeräumt, von der kein Gebrauch gemacht wird. Das deutet darauf hin, daß entweder die Architektur unnötig kompliziert ist, d.h. unnötige Kanten vorhanden sind, oder der Modul-Implementator sich nicht an die Realisierungsidee (unter Verwendung der importierten Moduln) gehalten hat, die in der Architektur vorgegeben war.

Wir wollen nun die bisherigen Überlegungen zu einem Modulkonzept *in Ada übertragen.* Wie die verschiedenen oben eingeführten Modularten mit Hilfe des Paketkonzepts hingeschrieben werden können, haben wir bereits zu Anfang dieses Abschnitts erläutert.

Betrachten wir zuerst die *allgemeine Benutzbarkeits-Beziehung.* Ein Modul, der explizit von einem anderen als Hilfsmittel importiert wird, wird zu einem Paket (oder

Unterprogramm) gemacht, das eine **Bibliothekseinheit** ist. Die explizite allgemeine Benutzbarkeit wird dann mit Hilfe der **with-Klausel** und ggf. anschließender use-Klausel eingetragen. Wir erinnern uns: Durch die with-Klausel wird der Paketbezeichner in der Übersetzungseinheit (und allen ihren Untereinheiten) sichtbar, vor der die with-Klausel steht. Durch eine anschließende use-Klausel kann seine Schnittstelle direkt sichtbar gemacht werden. Diese Bibliothekseinheit kann getrennt von anderen bearbeitet werden und auch getrennt übersetzt werden. Zusätzlich können wir noch Spezifikation und Rumpf getrennt übersetzen.

Die **Enthaltenseins-Beziehung** wird in Ada auf das Konzept der **Ineinanderschachtelung** abgebildet. Enthält ein Modul A einen Modul B, so ist das Paket, das B zugeordnet ist, textuell im Deklarationsteil des Paketrumpfs zu A enthalten. Dabei entstehen für Moduln mit anhängendem Enthaltenseins-Baum natürlich textuell sehr große Pakete, die unhandlich sind. Da ein solch "logisch" großes Paket im allgemeinen nicht von einer Person bearbeitet wird, muß dieses Paket in verschiedene Teile handlicher Größe zerschlagen werden. Hier hilft uns das Konzept der Untereinheit (s.u.).

Die oben in Fig. 5-23 und 5-24 beschriebenen impliziten lokalen Benutzungsmöglichkeiten aufgrund der Enthaltenseins-Struktur ergeben sich nun genau aus den Gültigkeits-/Sichtbarkeitsbereichsregelungen für ineinangeschachtelte Programmeinheiten, die wir in Abschnitt 5.3 kennengelernt haben. Die Verwendung von Untereinheiten ändert dieses nicht. Dieser implizite Import ist jedoch im Programmtext nicht direkt erkenntlich. Über die Punktnotation darf im Paketrumpf auf die Schnittstelle eines Pakets zugegriffen werden, wenn dieses aufgrund der Sichtbarkeitsregeln selbst sichtbar ist. Außerdem hatten wir festgestellt, daß wir zu einer völlig unübersichtlichen Architektur gelangen, wenn wir die Gültigkeits-/Sichtbarkeitsregeln als Beziehungen auf der Ebene der Benutzbarkeit interpretieren (vgl. Fig. 5-24).

Wir waren deshalb so verblieben, daß wir auch lokale Importe stets explizit hinschreiben. Für die Kennzeichnung dieser **lokalen Benutzbarkeit** schlagen wir vor, die **use-Klausel** zu verwenden, die vor dem Paket steht, das den lokalen Import benötigt. Bei Bezeichnungskonflikten können diese über die Verwendung der Punktnotation oder der Synonymvereinbarung aufgelöst werden. Wird die lokale Benutzbarkeit von enthaltenen Bausteinen benötigt (ein Modul braucht die Benutzbarkeit seiner Kinder für die Implementierung seines Rumpfes), so geht dies nur über die Einführung eines Kommentars, da an der Schnittstelle des zu realisierenden Moduls diese enthaltenen Pakete, d.h. im Deklarationsteil des Rumpfes angegebenen Pakete, nicht sichtbar sind.

Mit dem Konzept der **Untereinheit** haben wir nun die Möglichkeit, auch Moduln mit anhängendem Enthaltenseins-Baum in Programmstücke handlicher Textgröße aufzuteilen (vgl. Fig. 5-28). Enthalte ein Modul A einen Modul B, so wird im Rumpf des Pakets zu A lediglich die Schnittstelle von B und ein Stummel erscheinen, der auf den getrennt stehenden Rumpf des Pakets zu B verweist. Dieser Rumpf ist dann eine Untereinheit. (Ferner können hier die Rümpfe der Schnittstellenoperationen des Pakets A ebenfalls eventuell nur als Stummel vorhanden sein). A ist jetzt getrennt bearbeitbar und getrennt übersetzbar. Die Aufgabe eines Programmierers ist es etwa, aufgrund dieser Vorgabe die Schnittstellenoperationen zu implementieren. Die Untereinheit B kann wiederum andere Pakete enthalten, die dann ebenfalls als Untereinheit realisiert werden können. Ist A selbst in einem anderen Paket enthalten, dann taucht die Schnittstelle von A in diesem Paket auf, und der Rumpf von A wird ebenfalls eine Untereinheit.

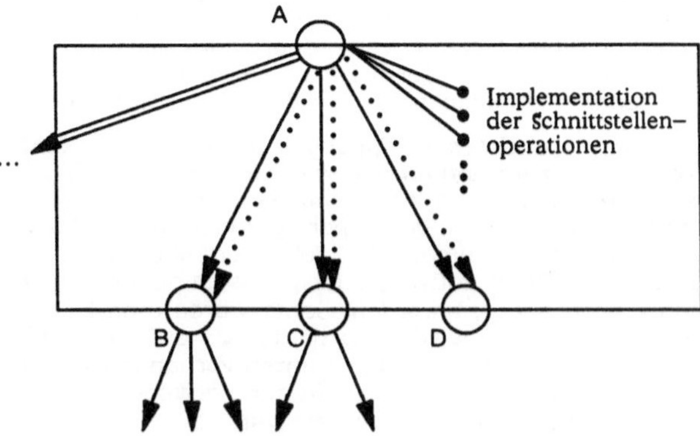

Fig. 5-28: Untereinheiten und Enthaltenseins-Beziehung

Hier sei darauf verwiesen, daß eine Untereinheit als Paketrumpf die Schnittstelle nicht enthält. Wenn wir die lokalen oder allgemeinen Importe, die für die Implementierung des Pakets nötig sind, der Einheitlichkeit halber (weil die allgemeinen Importe ja dort stehen) stets vor das Paket, d.h. vor die Paketspezifikation schreiben, dann sind auch diese Importe an der Stelle des Rumpfes nicht erkenntlich. Man sollte deshalb sowohl die Importe als auch die gesamte Schnittstelle vor dem Paketrumpf als Kommentar noch einmal wiederholen. Beides sollte demjenigen zur Verfügung stehen, der diese Untereinheit ausprogrammiert. Dieser darf jedoch nur von der an der Untereinheit in Kommentarform notierten Import-Schnittstelle Gebrauch machen. Es muß darauf geachtet werden, daß andere Deklarationen, die an der Stelle des Stummels und damit auch für die Untereinheit sichtbar sind, nicht verwendet werden.

Bei dieser Vorgehensweise wird jeder Knoten eines Enthaltenseins-Baums einzeln realisiert, wie dies in Fig. 5-28 angedeutet wird. Ist der Knoten ein innerer Knoten, so tauchen seine Schnittstelle und seine Importe in dem Modul auf, in den der Modul eingebettet ist, werden aber als Kommentare vor der Untereinheit noch einmal wiederholt. In der Untereinheit ist andererseits durch den Pfad, der die Untereinheit in einer Enthaltenseins-Struktur lokalisiert, kenntlich gemacht, wo diese Untereinheit in diesem Enthaltenseins-Baum eingehängt ist.

Um die **Übertragung** der oben vorgestellten Konzepte **in** eine **Ada-Notation** zu studieren, betrachten wir die Softwarearchitektur von Fig. 5-29, die aus den Moduln H, I, J und K besteht. In dem Beispiel spielen die eingangs vorgestellten Modularten keine Rolle, um das Beispiel überschaubar zu halten, und um uns zunächst auf die Übertragung der Beziehungen konzentrieren zu können.

Die Moduln I und J sind lokale Bausteine, die zur Realisierung des Moduls H eingeführt wurden. Diese beiden stützen sich wiederum auf den allgemeinen Baustein K ab. Wir machen, wie oben ausgeführt, I und J zu Untereinheiten, K zu einer Bibliothekseinheit. Die separat bearbeitbaren und getrennt übersetzbaren Teile sind in Ada-Text in Fig. 5-30 angegeben und durch Striche voneinander abgetrennt.

Natürlich hätten wir die Architektur von Fig. 5-29 auch unter ausschließlicher Verwendung von Bibliothekseinheiten in Ada übertragen können. Wir hätten dabei aber einige Sicherheitsaspekte aufgegeben. Wir kommen gleich darauf zurück.

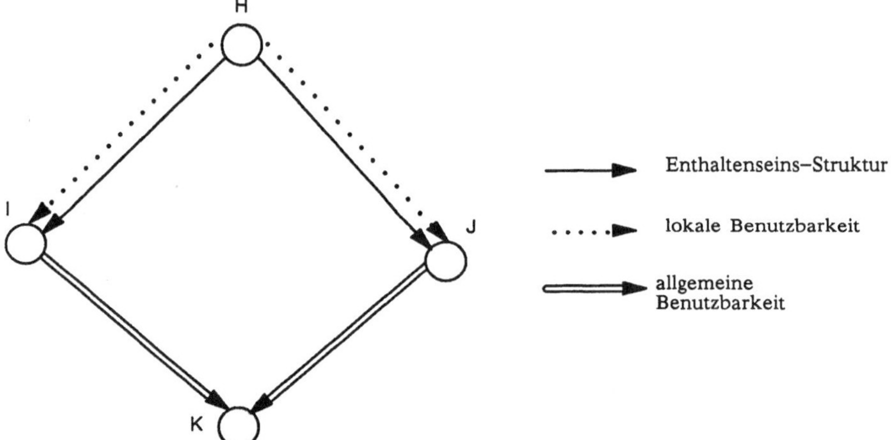

Fig. 5-29: einfaches Beispiel einer Systemarchitektur

Das oben vorgestelle Modulkonzept läßt sich prinzipiell **in jede Programmiersprache übertragen.** So wurden die Übertragungen in Modula-2, FORTRAN, C, Elan, Pascal bis zu Assembler IBM 370 studiert. Die Übertragung bereitet mehr oder weniger Schwierigkeiten, je nachdem, ob die Programmiersprache über ein Modulkonzept verfügt, was bei den aufgezählten Sprachen nur bei Modula-2 der Fall ist. Ferner spielt hierfür eine Rolle, ob die Programmiersprache Konstrukte auf der Ebene der Benutzbarkeit zur Verfügung stellt. Sind eine oder beide Bedingungen nicht erfüllt, so können die nicht vorhandenen Konstrukte nur durch Einfügen von Kommentaren "simuliert" werden, und es kann ihre kontrollierte Verwendung nur durch Programmierdisziplin erreicht werden. Dies im einzelnen zu diskutieren, geht jedoch über die Zielsetzung dieses Buches hinaus.

```
package K is -- allgemeiner Modul *************************************************
   ...                                                                          --
end K;                                                                          --
package body K is                                                               --
   ...                                                                          --
end K; --************************************************************************

─────────────────────────

package H is --***********************************************************************
   ...                                                                          --
end H;                                                                          --
-- lokale Benutzbarkeit der enthaltenen Moduln I,J                              --
package body H is                                                               --
   ...                                                                          --
   package I is -- lokaler Modul I **********************************            --
      ...                                                        --             --
   end I;                                                        --             --
   -- with K; use K;                                             --             --
   package body I is separate; --**********************************            --
                                                                                --
   package J is -- lokaler Modul J **********************************            --
      ..                                                         --             --
   end J;                                                        --             --
   -- with K; use K;                                             --             --
   package body J is separate; --**********************************            --
end H; --***********************************************************************

─────────────────────────

with K; use K; -- lokaler Modul J ***********************************************
separate (H)    -- enthalten in H                                               --
-- package J is                                                                 --
--    ...          -- Schnittstelle von J                                       --
-- end J;                                                                       --
package body J is                                                               --
   ...                                                                          --
end J; --**********************************************************************

─────────────────────────

with K; use K; -- lokaler Modul I ***********************************************
separate (H)    -- enthalten in H                                               --
-- package I is                                                                 --
--    ...          -- Schnittstelle von I                                       --
-- end I;                                                                       --
package body I is                                                               --
   ...                                                                          --
end I; --**********************************************************************
```

Fig. 5-30: Abbildung einer Systemarchitektur auf Ada:
           mit Bibliothekseinheiten und Untereinheiten

Wir wollen nun kurz diskutieren und zusammenfassen, wodurch in **Ada** das oben eingeführte **Modulkonzept unterstützt** wird.

Zum einen gibt es ein Konstrukt zur Modularisierung, nämlich das Paketkonzept. Wir hatten gesehen, daß sich die in unserem Modulkonzept eingeführten Modularten mit diesem Paketkonzept leicht ausdrücken lassen. Auch für die Modulbeziehungen hatten wir geeignete Konstrukte gefunden: Für die Enthaltenseins-Beziehung die Ineinanderschachtelung mit der Einführung von Untereinheiten, damit handliche, getrennt bearbeitbare Programmsystemteile entstehen. Für die lokale Benutzbarkeit verwenden wir die use-Klausel, wenn diese zu Bausteinen auf der gleichen Ebene oder auf höherer Ebene der Enthaltenseins-Struktur gerichtet ist. Für die lokale Benutzbarkeit von Kindern verwenden wir Kommentar. Für die allgemeine Benutzbarkeit machen wir die entsprechenden Bausteine zu Bibliothekseinheiten, die über die with-Klausel importiert werden.

Die Konsistenzbedingungen auf der Ebene der Softwarearchitektur werden meist vom Ada-Compiler abgeprüft. Zunächst ist es bei Abbildung der Enthaltenseins-Beziehung auf Ineinanderschachtelung gar nicht möglich, etwas anderes als Bäume zu erhalten. Ferner prüft der Ada-Compiler ab, ob die lokale Benutzbarkeit (ausgedrückt durch die use-Klausel) oder die lokale Benutzung von Kindern (deren Benutzbarkeit durch Kommentar ausgedrückt wurde) verträglich mit der potentiellen lokalen Benutzbarkeit von Fig. 5-23 ist. Das gleiche gilt für die Tatsache, daß bezüglich der allgemeinen Benutzbarkeit keine Zyklen auftreten können, oder dafür, daß ein Modul in einem Enthaltenseins-Baum eingehängt wird und von außen versucht wird, auf dessen Innenleben zuzugreifen. Ebenso wird sichergestellt, daß ein Modul nicht gleichzeitig ein innerer Knoten eines Enthaltenseins-Baums und ein allgemein verfügbarer Baustein sein kann.

Ebenso werden die Konsistenzbedingungen zwischen Programmieren im Großen und Programmieren im Kleinen abgeprüft. Was an der Schnittstelle eines Moduls steht, muß im Rumpf realisiert werden. Der Compiler prüft hier wenigstens nach, ob die entsprechenden Ressourcen im Rumpf auftauchen. Ebenso wird abgeprüft, ob im Rumpf eines Moduls nur etwas benutzt wird, was entweder modullokal deklariert oder importiert wurde.

Die hier vorgestellten Ada-Konzepte zur Unterstützung unseres Modulkonzepts erlauben eine teilweise syntaktische Überprüfung durch den Ada-Übersetzer auch dann, wenn die Implementation der einzelnen Pakete noch nicht oder nicht ganz zur Verfügung steht. Auch Teile der Spezifikation (Softwarearchitektur) können, sofern obige Sichtbarkeits- und Reihenfolgebedingungen erfüllt sind, vom Ada-Übersetzer bereits überprüft werden.

Wir wollen nun kurz den **Zusammenhang** zwischen dem oben eingeführten **Modulkonzept** und den Entwicklungsstrategien (vgl. Abschnitt 1.2) skizzieren. Zunächst müssen wir uns erinnern, daß wir nicht auf jeder Schicht zwischen dem Programm für die Benutzermaschine und dem entsprechenden Ada-Programm ein vollständiges Programm erstellen, wie dies Bild 1-2 nahelegt. Wir waren statt dessen von der idealisierenden Vorstellung ausgegangen, daß die Softwarearchitektur völlig festgelegt wird, bevor wir uns mit der Implementierung der Modulrümpfe beschäftigen. Dementsprechend muß es oben **Entwurfsstrategien** (insbesondere top-down-, bottom-up und jo-jo-Entwurfsstrategie) und nicht Entwicklungsstrategien heißen. Es ist klar, daß die Enthaltenseins-Beziehung und damit verbunden die lokale Benutzbarkeit eher zur top-down-Entwurfsstrategie gehören, die allgemeine Benutzbarkeits-Beziehung eher zur bottom-up-Entwurfsstrategie. Dies ergibt sich schon dadurch, daß man bei Entwurfsstrategie von oben nach unten eher an die Zergliederung einer Aufgabe in unabhängige Teile und bei Entwurfsstrategie von unten nach oben an die Kombination allgemeiner Bausteine zu neuen allgemeinen Bausteinen denkt.

Wir wollen nun die Frage diskutieren, **wo** in einer **Softwarearchitektur** bestimmte **Modularten** bzw. **Arten** für **Benutzbarkeits-Beziehungen auftauchen.** Hier gibt es die folgenden Erfahrungen: (1) Funktionale Moduln tauchen überwiegend in den oberen Schichten einer Softwarearchitektur auf, Datenabstraktionsmoduln überwiegend in den unteren Schichten. Ausprägungen generischer Moduln finden sich ebenfalls häufiger in den unteren Schichten. (2) In den oberen Schichten einer Softwarearchitektur wird vornehmlich mit Enthaltenseins-Beziehung und lokaler Benutzbarkeits-Beziehung modelliert, in den unteren Schichten stärker mit der allgemeinen Benutzbarkeit. Dies paßt gut mit der Bemerkung des vorangehenden Absatzes zusammen, wenn man mit berücksichtigt, daß die realistischste Entwurfsstrategie die jo-jo-Strategie ist.

Es sei in einer Bemerkung darauf hingewiesen, ohne daß wir diesen Punkt in diesem

Buch detailliert abhandeln können, daß es eine Reihe **weiterer Beziehungen** auf der Benutzbarkeitsebene gibt, die in unser Modulkonzept und damit in unsere Denkwelt für die Modellierung von Softwarearchitekturen aufgenommen werden können. Zwei Beispiele seien hier angegeben.

Das eine betrifft die Summationsbeziehung, die in /5.HP 81/ eingeführt wurde. Ein Modul hat eine breite Exportschnittstelle, die sich in einzelne Teile zerlegen läßt oder umgekehrt, die Schnittstelle eines Moduls ergibt sich als Summe der Exportschnittstellen anderer Moduln. Dies kann in Ada insofern leicht übertragen werden, als die Schnittstelle eines Pakets A die Schnittstellen anderer Pakete enthalten darf, wenn deren Implementationen im Rumpf von A auftauchen.

Eine weitere wichtige Beziehung, auf die wir hier nicht eingegangen sind, ist die Vererbungsbeziehung der objektorientierten Welt (/5. GR 83/), die zu völlig anderen Softwarearchitekturen führt (vgl. /5. Na 87/). Auf den Zusammenhang mit dem generischen Mechanismus von Ada haben wir oben bereits kurz hingewiesen.

Was das oben vorgestellte **Modulkonzept** und seine **Übertragung** in Ada angeht, so kann hier viel **Unterstützung** durch **APSE-Werkzeuge** gegeben werden. Zum einen kann man einen Editor bauen, der Kenntnis von der zugrundeliegenden Dokumentstruktur - hier der Struktur von Softwarearchitekturen - besitzt. Man nennt solche Editoren syntaxgesteuerte Editoren. Für das obige Modulkonzept wurde ein solcher Editor realisiert (vgl. /8.Le 87/), der eine textuelle und eine graphische Ausgabe besitzt. Dieser Editor kann ferner Textskelette für Moduln in verschiedenen Programmiersprachen erzeugen.

5.6 EIN BEISPIEL

Ein Beispiel eines kleineren Softwaresystems soll dieses Kapitel abschließen. Dieses Beispiel soll die Anwendbarkeit des Modulkonzepts und die Übertragung einer Softwarearchitektur in Ada demonstrieren. Wir geben im folgenden eine knappe Anforderungsdefinition an, skizzieren darauf eine mögliche Softwarearchitektur und begründen diese, und wir führen schließlich die entsprechenden Skelette für Pakete eines Teils dieser Architektur auf. Die Anforderungsdefinition hat keineswegs alle in Abschnitt 1.3 geforderten Eigenschaften. So fehlen die Einzelheiten der Bedieneroberflächengestaltung, wie Bildschirmgestaltung, abgefangene Fehlerfälle, eingesetzte Plausibilitätsprüfungen etc. Für die Gestaltung der Bedieneroberfläche wird jedoch gefordert, daß diese so durchzuführen ist, daß EDV-Laien mit dem im folgenden beschriebenen Beispiel-Dialogsystem umgehen können. Das Beispiel wurde im Rahmen einer Softwaretechnik-Vorlesung als Übungsaufgabe gestellt.

ANFORDERUNGSDEFINITION:

Das Beispiel ist ein Adreßverwaltungssystem. Dieses soll gestatten, einen Bestand von Adressen von Personen zu verändern, diesen auszugeben bzw. einen Teil dieser Adressen zu selektieren, für den bestimmte Adreßkomponenten vorgegeben werden.

Die Veränderung des Adreßbestandes geschieht dadurch, daß neue Adressen eingefügt werden können und daß einzelne bestehende Adressen geändert und gelöscht werden können. Hierzu bediene man sich einer Adreßmaske, fülle diese nach Absetzen eines Einfügekommandos aus, oder man stoße das Änderungskommando für eine selektierte Maske an und ändere danach in dieser Maske.

In dem Adreßbestand kann dadurch eine Einzeladresse selektiert werden, daß von einer bestimmten aktuellen Adresse des Gesamtbestands nach vorne oder hinten zur nächsten Adresse übergegangen wird, oder es wird ein Teilbestand der Adressen selektiert, indem man eine bestimmte Maske teilweise ausfüllt (z.B. alle Adressen in einer Stadt) und in diesem Teilbestand nach vorne oder hinten blättert.

Die Ausgabe des Adreßbestands ist als "Druckliste" auf dem Bildschirm vorzusehen.

Jede einzelne Adresse hat folgende Komponenten: Anrede, Titel, Vorname, Nachname, Institution, Abteilung, Straße, Länderkennzeichen, Postleitzahl, Ort, Staat sowie drei zusätzliche Komponenten für vom Benutzer zu definierende Merkmale. Alle Komponenten enthalten maximal 20 (beliebige ASCII-)Zeichen bis auf das Länderkennzeichen, das aus maximal 3 Großbuchstaben, und die Postleitzahl, die aus maximal 5 Ziffern besteht.

Spätere denkbare Erweiterungen:

- Identifikation des jeweiligen Benutzers des Systems,

- Handhabung mehrerer Adreßbestände,
- Erzeugung neuer Adreßbestände durch Selektion eines Teilbestands und Kopieren, durch Mengenoperationen (Vereinigung, Durchschnitt, Komplement) auf selektierten Teilbeständen bzw. weiteren Operationen auf solchen erzeugten Mengen,
- Ausgabe der Liste eines Adreßbestands auf Drucker in Form von Papierlisten bzw. in Form von Drucketiketten verschiedener Größe,
- Sortieren eines Adreßbestands nach einer Adreßkomponente (Nachname, Postleitzahl etc.),
- Manuelle Selektion eines Adreßbestands wahlweise durch Auswahl aller gewünschten Adressen oder durch Ausscheiden aller ungewünschten Adressen,
- Das Gesamtsystem kann Teil eines umfassenderen Bürosystems werden.

In Fig. 5-31 ist die Architektur eines Systems für die obige Anforderungsdefinition angegeben. Die Erweiterungen der Anforderungsdefinition sind nicht berücksichtigt in dem Sinne, daß die entsprechenden Systemerweiterungen vorgenommen worden wären. Sie sind aber in die Überlegungen zur Softwarearchitektur bereits mit einbezogen worden, ohne daß dies im folgenden stets im einzelnen begründet wird.

ERLÄUTERUNG DER ARCHITEKTUR

Es folgt nun eine knappe Beschreibung:

Das Hauptprogramm ADRESS SYSTEM gibt den Eröffnungsbildschirm aus und schließt die Sitzung (später findet hier die Benutzeridentifikation sowie die Auswahl der entsprechenden Büroanwendungen statt.)

Der funktionale Modul ADRESSBEST VERW verzweigt in die drei Teilbereiche der Adreßverwaltung. (Später findet hier die Angabe des zu bearbeitenden Adreßbestands statt.)

Der funktionale Modul ARBEITSL SELEKTION dient der Auswahl eines Teils des Adreßbestands durch Angabe einzelner Komponenten einer Adresse einschließlich der Merkmalskomponenten. (Später finden hier die Mengenoperationen statt und die Angabe des Namens für einen erzeugten neuen Adreßbestand.)

Der funktionale Modul ARBEITSL VERAEND dient der Veränderung einzelner Adressen (Einfügen, Verändern, Löschen) des Adreßbestands (später eines Adreßbestands).

Der funkionale Modul ARBEITSL AUSG gibt den Adreßbestand auf den Bildschirm auf eine bestimmte Art aufbereitet aus. Er bedient sich dabei des funktionalen Moduls AUSGABE TRANSF , der die spezielle Druckausgabe verkapselt. (Später gibt es hier noch mehrere Ausgabeformen auf Drucker.)

Alle bisher erläuterten Moduln sind funktionale Moduln. Sie werden von oben her lediglich angestoßen und handhaben den entsprechenden Teildialog selbständig. Das gilt in der jetzigen Ausbaustufe hauptsächlich für die Moduln zur Arbeitslistenbearbeitung. Da diese Bausteine nur in dieser Anwendung von Interesse sind, wurden sie zu lokalen Bausteinen gemacht.

Alle weiteren Moduln sind allgemeine Bausteine, werden also über die allgemeine Benutzbarkeit in die Systemarchitektur eingehängt. Dies betrifft zum einen die Adreß-Arbeitsliste, die von verschiedenen darüberliegenden Moduln benutzt werden können muß. Dies betrifft aber auch die ganze EA-Handhabung, die in ihrer unten angesprochenen Form auch Teil eines anderen, ähnlich gelagerten Systems sein könnte bzw. für ein solches nur geringfügig modifiziert werden müßte. Um nun die allgemeinen Benutzbarkeitskanten nicht zu unübersichtlich werden zu lassen, haben wir diese in bestimmten Verbindungspunkten in der Architektur von Fig. 5-31 zusammengeführt.

Der Datenabstraktions-Modul ARBEITSLISTE stellt Operationen zum Einfügen, Löschen und Ändern einzelner Adreßeinträge zur Verfügung. Ferner kann man von einem Adreßeintrag zum Vorgänger bzw. zum Nachfolger übergehen. Schließlich können die Einträge selektiert werden, die bestimmte vorzugebende Komponenten besitzen. Diese können dann auch einzeln durchlaufen werden. (Da das System später mit verschiedenen Adreßbeständen umgehen soll, wurde dieser Modul zum Datentypmodul gemacht. Als Erweiterung wird hier später das Sortieren eines Adreß-Teilbestands aufgenommen.)

Legende
fm funktionaler Modul
ado abstrakter Datenobjektmodul
adt abstrakter Datentypmodul
Enthaltenseins- und lokale Benutzbarkeits-Beziehung
allgemeine Benutzbarkeits-Beziehung

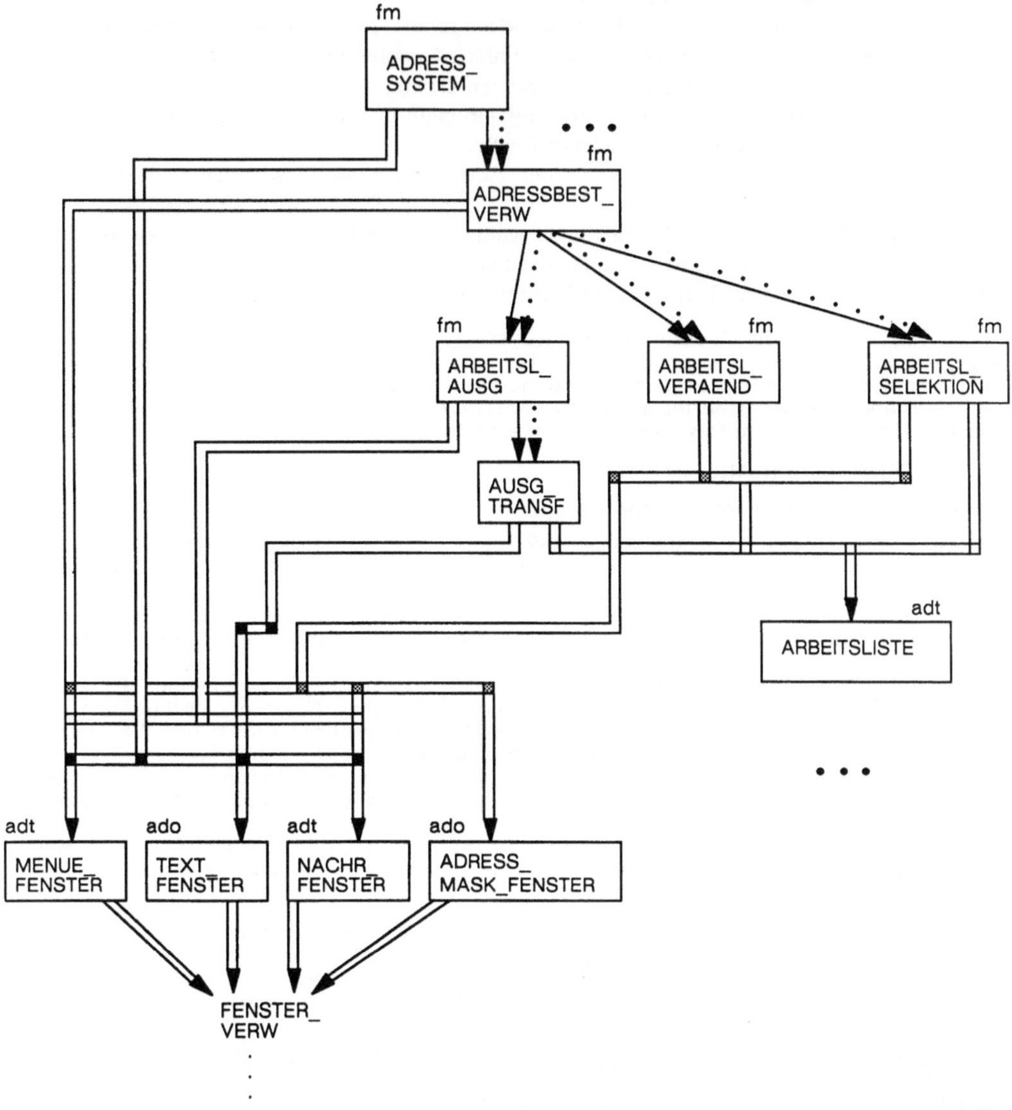

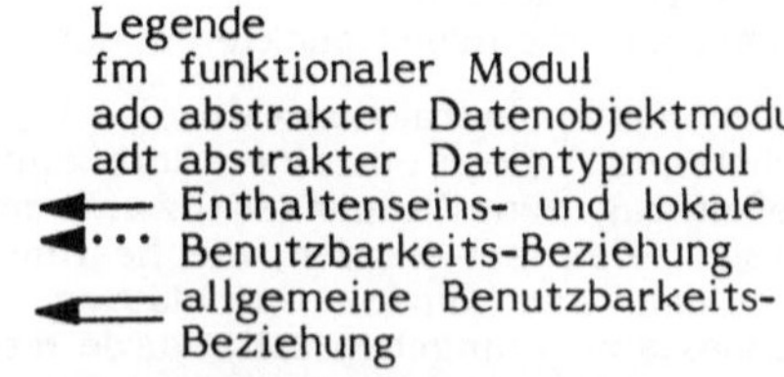

Fig. 5-31: Eine Beispielarchitektur für ein Adreßverwaltungssystem

Nun zu der Schicht von einzelnen Moduln zur Bedienerschnittstellengestaltung:

Der abstrakte Datentypmodul MENUE_FENSTER verkapselt die spezielle Gestaltung von Menues in dieser Anwendung. Er hat eine Operation zum Anzeigen eines Menues mit vorgegebenen Texten für die Alternativen. Ferner gibt es eine Operation, die die Nummer einer ausgewählten Alternative zurückgibt. Es handelt sich um einen Datentypmodul, da wir nacheinander mehrere verschiedene Menues mit festem Aufbau erzeugen wollen.

Analog ist der abstrakte Datentypmodul NACHR_FENSTER zu sehen. Auch er verkapselt die spezielle Gestaltung eines Fensters für Nachrichten, Warnungen und Fehlermeldungen. Es gibt eine Bestätigungsoperation, damit von der darüberliegenden Dialoggestaltung das Fenster wieder weggenommen werden kann.

Der abstrakte Datenobjektmodul   ADR_MASKEN_FENSTER verkapselt die spezielle Gestaltung einer Adreßmaske. Da nur eine Maske am Bildschirm nötig ist, wird dies ein abstrakter Datenobjektmodul. Hier können in Felder der Maske einzelne Komponenten eingetragen werden, oder diese können geändert werden. Mit Cursor-Bewegungen kann vorwärts oder rückwärts von Feld zu Feld gegangen werden, und der Inhalt einer ausgefüllten Maske kann nach oben weitergereicht werden. (Bei Erweiterung des Systems sind noch weitere Masken nötig, nämlich für Mengenoperationen auf Adreß-Teilbeständen, für Benutzeridentifikation, für Adreßbestandsauswahl, für die Angabe, wonach zu sortieren ist etc.)

Der Datenobjektmodul TEXT_FENSTER ist passiv in dem Sinne, daß nur an eine bestimmte Position eine Zeichenkette geschrieben werden kann, aber keine Eingabe möglich ist. Da die Textliste für einen Adreßbestand größer als eine Bildschirmseite sein kann, gibt es jedoch eine Operation zum Blättern nach vorne oder nach hinten. Es gibt nur ein Textfenster am Bildschirm. Deshalb handelt es sich um einen abstrakten Datenobjektmodul. Seine Gestaltung muß - im Gegensatz zu den anderen Fenstern - der darüberliegenden Anwendung offen liegen, da hier verschiedenste "Drucklisten"-Gestaltungen möglich sein sollen. Beispielsweise kann in der Überschrift das Kriterium aufgeführt werden, das zur Selektion eines Adreß-Teilbestands führte.

Die einzelnen allgemeinen Benutzbarkeits-Kanten in der Softwarearchitektur ergeben sich größtenteils aus der Gestaltung der Bedieneroberfläche. So gibt es beispielsweise eine Kante von ARBEITSL_AUSG zu MENUE_FENSTER , um die Ausgabe abbrechen zu können (bzw. um später verschiedene Ausgaben anstoßen zu können), zu NACHR_FENSTER , um z.B. die Nachricht abzusetzen, daß alle Adressen des Adreßbestands bereits ausgegeben wurden. Schließlich ist ein Zugriff auf TEXT_ FENSTER nötig, um eine Überschrift auszugeben bzw. um festzustellen, ob geblättert werden soll. Die Ausgabe in das Textfenster hinein wird von AUSG_TRANSF bewerkstelligt, was wiederum von ARBEITSL_AUSG angestoßen wird.

Nun noch zwei Bemerkungen zu den in der Architektur nicht mehr angegebenen Teilen. Die gesamte problembezogene Fensterverwaltung stützt sich in der Realisierung auf einen allgemeinen FENSTERVERWALTER ab, den wir hier jedoch nicht weiter erläutern. Der Modul ARBEITSLISTE schließlich kann auf verschiedenste Weise realisiert werden. So kann eine Binärbaumimplementation mit einem intern errechneten Primärschlüssel eingesetzt werden, oder es kann eine Realisierung mithilfe einer indexsequentiellen Datei eingesetzt werden. Für verschiedene Sortierungen kann man sich bestimmte Sekundärindexlisten halten.

An der Architektur von Fig. 5-31 bestätigt sich das im letzten Abschnitt Gesagte: Wir haben oben mehr funktionale Moduln, unten mehr Datenabstraktionsmoduln. In den oberen Schichten herrscht i.a. die lokale Benutzbarkeits-Beziehung vor, weiter unten die allgemeine Benutzbarkeit. Daß in unserem Beispiel die allgemeine Benutzbarkeit auch weiter oben im gesamten E/A-Teil des Dialogsystems eine Rolle spielt, liegt daran, daß wir zur Bedieneroberflächengestaltung Fenstertypen eingeführt haben, die auch bei einer anderen, ähnlichen Dialoganwendung eingesetzt werden könnten, bzw. daran, daß wir auf diese verschiedenen Fenster von verschiedenen Stellen der Architektur her zugreifen müssen.

ÜBERTRAGUNG DER ARCHITEKTUR IN ADA

Die Beispielarchitektur wird nun in Ada-Paketskelette übertragen, was nach dem Schema abläuft, das im Modulkonzeptabschnitt angedeutet wurde.

Der Übersichtlichkeit halber sind die einzelnen Moduln nicht in der Reihenfolge notiert, die die Regeln zur getrennten Übersetzbarkeit erwarten. Dies würde nämlich bedeuten, daß mit den allgemein verfügbaren tieferen Moduln angefangen werden müßte. Wir hatten ja bereits angedeutet, daß es einem Werkzeug der APSE überlassen werden kann, nach Veränderung eines Moduls oder mehrerer Moduln festzustellen, welche anderen Moduln neu zu übersetzen sind, und diese in eine geeignete Reihenfolge zu bringen.

Die Schnittstellen der einzelnen Moduln sind, bis auf die Schnittstelle der Moduln ARBEITSLISTE und MENUE_FENSTER , im folgenden Ada-Text nicht angegeben, um das Beispiel überschaubar zu halten. Ebenso sind die entsprechenden use-Klauseln für die allgemeine Benutzbarkeit nur angedeutet.

Schließlich ist der Modul, der alle Typen, die auf Parameterposition nötig sind, zusammenfaßt, in der Architektur nicht angegeben. Dies muß hier ein allgemein verfügbarer Baustein sein, da er insbesondere den Typ ADRESS_T enthalten muß, der u.a. von dem allgemeinen Modul ARBEITSLISTE benötigt wird. Solcherart Moduln stellen lediglich die Verbindung zwischen Softwarearchitektur und zugrundeliegender Programmiersprache her. Sie haben für die Softwarearchitektur-Überlegungen keine große Bedeutung. Andererseits zerstören sie die Übersichtichkeit eines Architekturdiagramms, da sie mit sehr vielen Kanten in die Architektur eingehängt werden müssen. Dies ist deshalb der Fall, weil diese Parametertypen i.a. an vielen Stellen der Architektur benötigt werden.

```
-- package ARBEITSL_AUSG is ********* Funktionsmodul **************************

--      ...                    Schnittstelle                                  --

-- end ARBEITSL_AUSG;  ---------------------------------------------------------

   separate (ADRESS_SYSTEM.ADRESSBEST_VERW);                                   --

-- allgemeine Benutzbarkeit:                                                   --

     with MENUE_FENSTER, TEXT_FENSTER, NACHR_FENSTER; use ...;                 --

-- lokale Benutzbarkeit:                                                       --

--     use AUSG_TRANSF;                                                        --

   package body ARBEITSL_AUSG is                                              --

     ...                                                                       --

     package AUSG_TRANSF is -- lokaler Modul **********************            --

       ...             -- Schnittstelle                       --              --

     end AUSG_TRANSF;                                          --              --

     -- with TEXT_FENSTER, ARBEITSLISTE; use ...;              --              --

     package body AUSG_TRANSF is separate; --**********************            --

   begin                                                                       --

     ...                                                                       --

   end ARBEITSL_AUSG; --************************************************************
```

```
-- analog fuer ARBEITSL_VERAEND, ARBEITSL_SELEKTION, AUSG_TRANSF
```

```ada
package ARBEITSLISTE is -- abstrakter Datentyp-Modul *************************
   type AL_TYP is private;                                              --
   procedure ERZEUGE (ARB_LISTE: out AL_TYP);                           --
   procedure EINF_ADRESSE (ADRESSE: in ADRESS_T; ARB_LISTE: in out AL_TYP); --
   procedure LOESCHE_ADRESSE (...); -- s.o.                             --
   procedure AEND_ADRESSE (...); -- s.o.                                --
   procedure ERSTE_ADRESSE (ADRESSE: out ADRESS_T; ARB_LISTE in out AL_TYP); --
   procedure VORG_ADRESSE (...); -- s.o.                                --
   procedure NACHF_ADRESSE (...); -- s.o.                               --
   procedure SUCHE_UND_POS_AUF_ERSTE (ADRESSMUSTER: in ADRESS_T;        --
                     E_ADRESSE: out ADRESS_T);                          --
end ARBEITSLISTE; ------------------------------------------------------------
-- lokale Benutzbarkeit von:...                                         --
-- allgemeine Benutzbarkeit von:                                        --
package body ARBEITSLISTE is                                            --
   ...                                                                  --
end ARBEITSLISTE; --*********************************************************



-- Funktionsmodul ADRESS_SYSTEM ********************************************
-- lokale Benutzbarkeit von ADRESSBEST_VERW                             --
-- allgemeine Benutzbarkeit von:                                        --
with MENUE_FENSTER, TEXT_FENSTER, NACHR_FENSTER; use ...;               --
procedure ADRESS_SYSTEM is                                              --
-- realisiert Eroeffnungsbildschirm, verzweigt in Adessbestands-        --
-- verwaltung, schliesst Sitzung ab                                     --
...                                                                     --
   package ADRESSBEST_VERW is --************************************    --
      ... --Schnittstelle                                    --        --
   end ADRESSBEST_VERW;                                      --        --
   -- with MENUE_FENSTER; use MENUE_FENSTER;                 --        --
   package body ADRESSBEST_VERW is separate;--*******************       --
begin                                                                   --
   ...                                                                  --
end ADRESS_SYSTEM; --*******************************************************
```

```
-- package ADRESSBEST_VERW is -- Funktionsmodul *******************************
--      ... Schnittstelle                                                     --
-- end ADRESSBEST_VERW; ----------------------------------------------------------
   separate (ADRESS_SYSTEM);                                                  --
-- allgemeine Benutzbarkeit:                                                  --
      with MENUE_FENSTER; use ... ;                                          --
-- lokale Benutzbarkeit:                                                      --
--    use ARBEITSL_AUSG, ARBEITSL_VERAEND, ARBEITSL_SELEKTION;               --
   package body ARBEITSBEST_VERW is                                          --

      ...                                                                     --
      package ARBEITSL_AUSG is -- lokaler Modul ********************          --
         ...        -- Schnittstelle                          --              --
      end ARBEITSL_AUSG;                                       --              --
      -- with MENUE_FENSTER, TEXT_FENSTER, NACHR_FENSTER; use...;  --         --
      package body ARBEITSL_AUSG is separate; --*********************         --
      ...                                                                     --
      package ARBEITSL_VERAEND is -- lokaler Modul *****************          --
         ...        -- Schnittstelle                          --              --
      end ARBEITSL_VERAEND;                                    --              --
      -- with MENUE_FENSTER, NACHR_FENSTER, ADRESS_MASK_FENSTER;   --         --
      -- use ... ;                                              --              --
      package body ARBEITSL_VERAEND is separate; --******************         --
      ...                                                                     --
      package ARBEITSL_SELEKTION is -- lokaler Modul ***************          --
         ...        -- Schnittstelle                          --              --
      end ARBEITSL_SELEKTION;                                  --              --
      -- with MENUE_FENSTER, NACHR_FENSTER, ADRESS_MASK_FENSTER,   --         --
         ARBEITSLISTE; use ...;                                --              --
      package body ARBEITSL_SELEKTION is separate; --***************          --
      ...                                                                     --
   begin                                                                      --
      ...                                                                     --
   end ADRESSBEST_VERW; --****************************************************************
```

____

```
package MENUE_FENSTER is -- abstrakter Datentypmodul **************************
   type MF_TYP is private;                                                   --
   procedure ERZ_MF (...);                                                   --
   procedure LOESCHE_MF (...);                                               --
   procedure LIES_ALT_VON_MF (...);                                          --
end MENUE_FENSTER; -------------------------------------------------------------
-- allgemeine Benutzbarkeit:                                                 --
   with FENSTER_VERW; use ...;                                               --
package body MENUE_FENSTER is                                                --

   ...                                                                       --

begin                                                                        --

   ...                                                                       --

end MENUE_FENSTER; --***********************************************************
```

-- analog fuer TEXT_FENSTER, NACHR_FENSTER, ADRESS_MASK_FENSTER.

Fig. 5-32: Paketskelette für die Beispielarchitektur

AUFGABEN ZU KAP. 5

1) Kommen in einem generischen Unterprogramm angewandte Auftreten globaler
Variablen vor, so ist die Erzeugung einer Ausprägung dieses generischen Unterpro-
gramms komplizierter als ein üblicher Makromechanismus, da diese globalen
Bezeichnungen von der Stelle der generischen Unterprogrammdeklaration und nicht
von der Stelle der Exemplarerzeugung genommen werden. Überlegen Sie sich diesen
Textersetzungsmechanismus.

2) Eine konsistente generische Ausprägung für Unterprogramme bzw. Pakete ergibt sich
bei lediglich "lokaler" Überprüfung an zwei verschiedenen Stellen: (a) Konsistente
Verwendung formaler generische Parameter in der Spezifikation und im Rumpf der
generischen Programmeinheit, (b) Konsistenz zwischen formalen und aktuellen
generischen Parametern in der Erzeugung einer Ausprägung. Die Begründung für
lediglich lokale Abprüfungen ist in /3. Ic 79b/ angegeben. Lesen Sie dies nach.

3) Typparameter bei normalen Unterprogrammen und strenge Typisierung: Warum läßt
sich die Einführung von Typparametern mit der strengen Typisierung im Ada-Sinne
nicht vereinbaren? Dies ist eine Begründung für die Einführung der Generizität. Die
Begründung kann in /3. Ic 79b/ nachgelesen werden.

4) Skizzieren Sie, wie eine Schlange (vgl. Fig. 5-21, wo diese Datenstruktur als
generischer abstrakter Datentypmodul realisiert wurde) als abstrakter Datenobjektmodul realisiert werden kann bzw. als generischer abstrakter Datenobjektmodul,
wenn etwa der Typ eines Eintrags noch nicht festliegen soll.

5) Realisieren Sie einen abstrakten Datenobjektmodul (bzw. abstrakten Datentypmodul)
KELLER , der als verzeigerte Liste auf der Halde vorzusehen ist. In beiden Fällen ist
die Art der Realisierung an der Schnittstelle vollständig zu verbergen.

6) Realisieren Sie dünn besetzte quadratische Matrizen (die meisten Matrixelemente sind 0) durch einen abstrakten Datentypmodul. (Der Typ hierfür soll privat sein.) Diese Matrizen werden etwa als zeilen- und spaltenweise verkettete Listenstruktur innerhalb eines Feldes oder auf der Halde realisiert. Hierbei werden nur die Elemente mit Werten ungleich 0 in die Datenstruktur aufgenommen. Es sollen vorerst nur folgende Operationen in der Schnittstelle zur Verfügung stehen: (1) Suche das Matrixelement (i,k), (2) Lösche das Matrixelement (i,k) und schließlich (3) Setze das Matrixelement auf einen neuen Wert (ggf. war dies vorher 0).

7) Bei der Parameterübergabe in einem Unterprogrammaufruf findet bei **in**-Parametern bzw. bei in **out**-Parametern vor dem Kopieren der aktuellen Parameter eine Überprüfung der Einschränkungen des Formalparameteruntertyps statt, bei **in out**- und **out**-Parametern vor dem Zurückschreiben eine Überprüfung der Einschränkungen des Untertyps des aktuellen Parameters. Für Feldtypen und für Typen mit Diskriminanten entfällt die Überprüfung vor dem Zurückschreiben. Warum?

8) Alle Bibliothekseinheiten müssen verschiedene Namen haben, alle Untereinheiten zu einer bestimmten Vatereinheit ebenfalls. Bei der getrennten Übersetzung einer Untereinheit muß in der separate-Klausel ein zugehöriger Selektorpfad angegeben werden, der mit dem Bezeichner einer Bibliothekseinheit beginnt. Daraus folgt, daß Programmeinheiten, deren Rümpfe als Untereinheiten getrennt übersetzt werden sollen, den gleichen Namen haben dürfen. Warum?

9) Mit Bibliothekseinheiten und Untereinheiten sind bestimmte Sichtbarkeitsregeln verbunden. Andererseits kennt Ada das Gebot der linearen Abarbeitung der Deklarationen. Begründen Sie damit die Regeln für die Reihenfolge der Übersetzung neuerstellter bzw. veränderter Programmsysteme.

10) Implementieren Sie den Rumpf des abstrakten Datentyps   BEL_SCHLANGE   von Fig. 5-21.

11) Die Synonymdeklaration (renaming-Klausel) hat eine softwaretechnische Begründung, nämlich als Hilfsmittel zur Steigerung der Adaptabilität. Begründen Sie dieses!

12) Stellen Sie für die verschiedenen Modultypen aus Abschnitt 5.5 zusammen: Was befindet sich jeweils im generischen Teil, was im sichtbaren bzw. privaten Teil der Schnittstelle eines Pakets, was im Rumpf?

13) In Fig. 5-29 und 5-30 ist die Übertragung einer Systemarchitektur in Ada-Quelltext unter Verwendung von Bibliothekseinheiten/Untereinheiten angegeben. Wie würde die Übertragung aussehen, wenn wir nur von der allgemeinen Benutzbarkeit Gebrauch machen, wie, wenn wir nur von der lokalen Benutzbarkeit Gebrauch machen?

14) Fassen Sie noch einmal die Argumentation gegen die ausschließliche Verwendung der Enthaltenseinsstruktur und lokalen Benutzbarkeit (bei Abbildung auf Ada ausschließliche Verwendung der Ineinanderschachtelung) zusammen. Entsprechend ist die Argumentation gegen die ausschließliche Verwendung der allgemeinen Benutzbarkeit (Abb. durch Bibliothekseinheiten und with-Klauseln) zusammenzufassen.

15) In Fig. 5-23 wurde erläutert, auf welche anderen Moduln ein Modul durch implizite lokale Benutzung innerhalb der Enthaltenseinsstruktur Zugriff hat. Überlegen Sie sich die inverse Relation: Von welchen anderen Moduln kann er möglicherweise implizit benutzt werden?

6 NEBENLÄUFIGE PROGRAMMSYSTEME

Prozeßeinheiten (Taskeinheiten) sind nach Unterprogrammen und Paketen die letzte Form von *Programmeinheiten,* die es in Ada gibt. Prozeßeinheiten sind nicht nur ihrem Aussehen nach den Paketen ähnlich. In den meisten Fällen können wir bei den Aussagen des letzten Kapitels über Pakete das Wort "Paket" durch das Wort Prozeß- oder Taskeinheit ersetzen. Sie bleiben auch dann noch richtig.

Im ersten Kapitel dieses Buches haben wir gesagt, daß der Ausführung eines Programms ein Prozeß entspricht. Das war für die bisherigen Programme richtig, die wir auch sequentielle Programme nennen. Bei den Programmen dieses Kapitels sind bei der Ausführung aber i.a. mehrere Prozesse aktiv. Dabei ist die Geschwindigkeit, mit der diese Prozesse voranschreiten, nicht festgelegt. Daraus ergibt sich, daß man zu einem bestimmten Zeitpunkt nicht einmal sagen kann, wie viele Prozesse aktiv sind. Solche Prozesse nennen wir **nebenläufig** und entsprechend auch die Programme, die sie beschreiben oder die Programmierung. Wir stellen in diesem Kapitel vor, wie solche Prozeßeinheiten geschrieben werden. Außerdem werden hier Konstrukte vorgestellt, die nichtdeterministisch eine von mehreren Möglichkeiten auswählen. Schließlich gibt es auch Mechanismen, diese nebenläufigen Prozesse wieder zusammenspielen zu lassen. Die zentrale Idee nebenläufiger Programmierung ist es, zeitliche Unabhängigkeit in der Ausführung einzelner Programmstücke zum Ausdruck zu bringen.

Ein während der Programmausführung neu hinzukommender nebenläufiger Prozeß wird stets durch eine Prozeßeinheit beschrieben. Die Prozeßeinheit ist das Programm, d.h. die statische Beschreibung für einen Prozeß. Wir werden diese strikte Trennung zwischen *statischer Beschreibung* (Prozeßeinheit) und *dynamischem Ablauf* (Prozeß) im folgenden nur anfangs einhalten. Wir verwenden meist, der Einfachheit halber, für beide Aspekte den Begriff *Prozeß.* Aus dem Kontext geht dann jeweils hervor, welcher der beiden Aspekte gemeint ist.

Die Nebenläufigkeit einzelner Prozesse bei der Ausführung eines Programmsystems existiert nur auf der abstrakten Ada-Maschine. Es ist dort nicht festgelegt, ob diese Prozesse hintereinander, gleichzeitig oder irgendwie überlappt ablaufen. Bei *Ausführung* des übersetzten Programmsystems durch die *Basismaschine* muß dies festgelegt werden. Dabei geht die Architektur der Basismaschine ein: Ist diese eine Monoprozessoranlage, so müssen die einzelnen nebenläufigen Prozesse in irgendeiner Reihenfolge *nacheinander* ablaufen. Hierzu ist eine zusätzliche interne Verwaltung für die zeitliche Aufteilung nötig (Scheduling). Besitzt die Basismaschine hingegen mindestens soviele Prozessoren, wie Prozesse aktiv sein können, so können diese aktiven Prozesse evtl. alle *gleichzeitig* ablaufen. Auch jede Zwischenlösung ist denkbar. Nebenläufigkeit steht also für *potentielle* Parallelität oder Gleichzeitigkeit. Selbstverständlich muß die Ausführung des Ada-Programmsystems auf der Basismaschine eine mögliche Ausführung des Ada-Programms durch die Ada-Maschine darstellen. Wir haben hier den Begriff nebenläufig eingeführt und den manchmal üblichen Begriff "parallel" für Prozesse und Programme vermieden, da dieser eine Gleichzeitigkeit suggeriert, die selten gegeben ist.

Warum formuliert man ein nebenläufiges Programm nicht als sequentielles, wenn dieses bei Ausführung durch die Basismaschine in den meisten Fällen doch sequentialisiert werden muß, wobei noch der entsprechende Verwaltungsaufwand hinzukommt? Bei der Nebenläufigkeit handelt es sich um *konzeptuelle Unabhängigkeit,* die im Programm ausgedrückt werden muß, soll dieses verständlich und damit wartbar sein. Neben dieser Förderung der *Verständlichkeit* erlaubt diese konzeptuelle Unabhängigkeit bei der

Implementation die Einführung einiger Freiheitsgrade, die die *Effizienz* um Größenordnungen erhöhen kann: Ist alles sequentialisiert, so bleibt die gesamte Ausführung stehen, wenn es an einer Stelle nicht weitergehen kann. Bei Berücksichtigung der Unabhängigkeit kann jedoch an anderer Stelle weitergemacht werden, solange auf den Fortgang an der ersten Stelle gewartet werden muß.

Nebenläufige Prozesse sind in der Regel nur *teilweise unabhängig* voneinander. In bestimmten Punkten ist eine gegenseitige Beeinflussung durch Übermittlung von Signalen bzw. Austausch von Daten nötig. So ist es erforderlich, daß an bestimmten Punkten ein Prozeß abwarten muß, bis ein anderer einen gewissen Ausführungsstand erreicht hat. Nebenläufige Prozesse können also unabhängig voneinander sein, sie können aber auch *kooperieren* oder *konkurrieren.* Wir werden für das erste und zweite im folgenden Beispiele kennenlernen. Ein Beispiel für das letztere ist, wenn von zwei verschiedenen Stellen versucht wird, einen Eintrag in einer Datenbank abzuändern. Hier muß es einen Schutzmechanismus geben, der verhindert, daß beide Prozesse nebenläufig zueinander auf diesen Eintrag zugreifen. Es muß also sichergestellt sein, daß erst die eine Eintragsveränderung abgeschlossen ist, bevor die andere begonnen wird, da sonst ein inkonsistenter Datenbankinhalt entsteht.

Dieser Abschnitt setzt noch eher als die anderen ein gewisses Vorverständnis voraus, hier für nebenläufige Probleme, die man üblicherweise im Betriebssystembereich kennenlernt. Das kann in dieser Ada-Einführung nicht wiederholt werden. Auch was die verschiedenen anderen Synchronisationskonzepte außer dem hier angesprochenen Rendezvous-Konzept von Ada angeht, muß auf die zugehörige Standardliteratur verwiesen werden.

Nebenläufige Programmierung erfordert eine besondere Denkweise, die nicht einfach erworben werden kann: *Nebenläufige Programme* sind *schwer* zu *verstehen.* Eine weitere Schwierigkeit mit nebenläufigen Programmen ergibt sich insoweit, als diese wegen der in ihnen enthaltenen Nichtdeterminiertheit nur sehr *schwer getestet* werden können. Die Ausführung ist nämlich in der Regel nicht reproduzierbar (eben wegen der Freiheit, die wir der Basismaschine bezüglich der Ausführungsreihenfolge lassen).

Auch in diesem Kapitel wird der Leser gebeten, im Falle von Verständnisschwierigkeiten zunächst einmal weiterzulesen. Gegebenenfalls ist es sinnvoll, den ganzen Abschnitt zu wiederholen.

6.1 PROZESSEINHEITEN ALS PROGRAMMEINHEITEN FÜR NEBENLÄUFIGE PROGRAMMIERUNG

Das Aussehen einer *Prozeßeinheit* ist *ähnlich* zu dem eines *Pakets* (vgl. Bsp. 6-1): Beide sind in Spezifikation und Rumpf unterteilt. Die Hilfsmittel, die sie nach außen zur Verfügung stellen, werden in der Spezifikation (Schnittstelle) aufgeführt. Beides sind also Konstrukte, die Ressourcen exportieren, die zugehörige Implementation nach außen aber verbergen.

Es bestehen aber auch bedeutsame *Unterschiede* zwischen beiden Konstrukten. Prozeßeinheiten laufen, im Gegensatz zu Paketen, bei Ausführung stets nebenläufig zur Ausführung anderer Programmeinheiten ab. Zum zweiten hat ein *Paket* deklarativen Charakter, der Anweisungsteil des Rumpfes wird ein einziges Mal ausgeführt, nämlich wenn die Paketdeklaration abgearbeitet wird. Er dient in der Regel nur zu Initialisierungszwecken. Ein Paket selbst ist, wie wir festgestellt haben, also eine passive Programmeinheit. Die Funktionen seiner Schnittstelle werden von außerhalb aufgerufen, dann werden die entsprechenden Unterprogrammrümpfe ausgeführt, die im Deklarationsteil des Paketrumpfs stehen. Die Implementation eines Pakets besteht also hauptsächlich aus der Implementation der Schnittstellenoperationen, und diese stehen im Deklarationsteil.

Bei einem **Prozeß** steht die Implementation im Anweisungsteil des Rumpfs. Diese Implementation wird nicht von außerhalb aktiviert, wie dies bei den Schnittstellen-Unterprogrammen von Paketen der Fall war. Ihre Aktivierung ergibt sich implizit bei der Abarbeitung der Prozeß-Deklaration. Die Ressourcen, die ein Prozeß nach außen zur Verfügung stellt, dienen ausschließlich der Kommunikation und Synchronisation. Diese Ressourcen, wir nennen sie Entries, werden ähnlich notiert wie die Unterprogramme in Paketen. Ihre "Rümpfe" stehen jedoch eingebettet in andere Anweisungen im Anweisungsteil des Prozeßrumpfs. Das Rendezvous-Konzept, das wir im nächsten Abschnitt besprechen, sorgt dafür, daß zwischen dem Prozeßrumpf, der die Implementation der Entries der Schnittstelle enthält, und anderen Programmeinheiten, die die Entries aufrufen, eine geregelte Interaktion stattfinden kann. Der Hauptunterschied der Prozesse zu den bisherigen Ada-Konstrukten ergibt sich aber aus der nebenläufigen Ausführung.

```
task MEHRF_ZUGR_FELD is -------- Prozess-Spezifikation -------
     -- INDEX und ELEM seien sichtb. Typen (beide ganzzahlig) --
     entry READ(N: in INDEX; E: out ELEM);              --
     entry WRITE(N: in INDEX; E: in ELEM);              --
end; ---------------------------------------------------------


task body MEHRF_ZUGR_FELD is ------- Prozess-Rumpf -----------
     FELD: array(INDEX) of ELEM := (INDEX => 0);        --
begin                                                   --
     -- Anweisungsteil des Rumpfs enthaelt Anweisungen, die  --
     -- besagen, was im einzelnen zu tun ist (hier Lesen und --
     -- Schreiben eines Feldelements), aber auch Anweisungen,--
     -- die dafuer sorgen, dass nicht etwa zwei Schreibopera---
     -- tionen gleichzeitig ablaufen koennen.                --
end; ---------------------------------------------------------
```

Beispiel 6-1: Prozesse: Unterteilung in Spezifikation und Rumpf

Prozeßeinheiten werden **implizit aktiviert,** und dabei werden **nebenläufige Prozesse erzeugt.** Betrachten wir zur Erläuterung dieses Sachverhalts das Beispiel 6-2.

Da die Interaktion mit anderen Prozessen hier keine Rolle spielt, haben die Prozeßeinheiten in diesem Beispiel keine Entries. Wenn eine Reisegruppe am Flughafen ankommt, dann gibt es einige voneinander unabhängige Tätigkeiten zu verrichten. Zum einen sind die Gepäckstücke abzuholen, es sind Autos zu mieten, und es sind Hotels zu buchen. Diese Tätigkeiten können in beliebiger Reihenfolge oder gleichzeitig ablaufen. Wir haben ihnen deshalb Prozeßeinheiten zugeordnet.

Diese Prozeßeinheiten werden nun implizit aktiviert: Wenn der Deklarationsteil, in dem sie enthalten sind, abgearbeitet ist, werden sie automatisch vor Beginn der Ausführung des zugehörigen Anweisungsteils aktiviert, d.h. ihre Anweisungsteile können nun ausgeführt werden. (Vorher müssen allerdings die lokalen Deklarationen im Rumpf der Prozeßeinheiten, falls welche existieren, abgearbeitet sein.) Die Reihenfolge der Aktivierung der Prozesse ist nicht festgelegt. Es gibt in Ada also keine Aktivierungsanweisung, nach deren Ausführung ein neuer Prozeß aktiviert ist, sondern die Prozesse werden implizit aktiviert.

Die Ausführung aller so aktivierten Prozesse ist nebenläufig. Sie ist auch nebenläufig zur Ausführung des Anweisungsteils der Programmeinheit, die die Prozeßdeklaration enthält. In unserem Beispiel besteht der Deklarationsteil der Prozedur ANKUNFT_AM_FLUGHAFEN lediglich aus den drei Prozeßeinheiten GEPAECK_ABHOLEN, AUTOS_MIETEN und HOTELS_BUCHEN. Bevor der Anweisungsteil dieser Prozedur ausgeführt wird, werden diese drei Prozesse in irgendeiner Reihenfolge aktiviert und können dann unabhängig voneinander ausgeführt werden. Wir haben somit in diesem Beispiel vier nebenläufige Prozesse. Es können noch mehr sein bzw. werden, wenn die Rümpfe der Prozeßeinheiten im Deklarationsteil bzw. im Anweisungsteil wiederum Prozeßdeklarationen enthalten (vgl. Aufgabe 1). Im allgemeinen können auch bereits nebenläufige Prozesse außer demjenigen bestehen, der die Prozedur ANKUNFT_AM_FLUGHAFEN durchläuft, z.B. wenn diese Prozedur selbst in einer Prozeßeinheit enthalten ist. Wir wollen Prozesse, die alle zusammen in einem Deklarationsteil auftauchen, Geschwisterprozesse nennen.

```
procedure ANKUNFT_AM_FLUGHAFEN is ------------------------------------

    task GEPAECK_ABHOLEN; ------------------------------     --

    task body GEPAECK_ABHOLEN is                      --     --

        -- Anweisungen fuer das Abholen des Gepaecks  --     --

    end GEPAECK_ABHOLEN; -------------------------------     --

    task AUTOS_MIETEN;---------------------------------     --

    task body AUTOS_MIETEN is                         --     --

        -- Anweisungen fuer das Mieten von Autos      --     --

    end AUTOS_MIETEN; ---------------------------------     --

    task HOTELS_BUCHEN; -------------------------------     --

    task body HOTELS_BUCHEN is                        --     --

        -- Anweisungen fuer das Buchen von Hotels     --     --

    end HOTELS_BUCHEN; --------------------------------     --

begin ----------------------------------------------------------

    -- GEPAECK_ABHOLEN, AUTOS_MIETEN und HOTELS_BUCHEN werden    --

    -- jetzt in irgendeiner Reihenfolge aktiviert. Somit gibt    --

    -- es jetzt 4 aktive Prozesse.                               --

end ANKUNFT_AM_FLUGHAFEN; -------------------------------------
```

Fig. 6-2: Implizite Aktivierung und Beendigung von Prozessen

Bei sequentiellen Programmen, d.h. Programmen, die keine weiteren Prozesse enthalten, haben wir bei Ausführung dieser Programme auf der Ada-Maschine stets nur eine einzige Stelle der Programmausführung (einen Prozeß, charakterisiert durch einen "Programmzähler"). Selbst ein Unterprogrammaufruf ändert dies nicht, da an der aufrufenden Stelle erst dann weitergemacht wird, wenn das Unterprogramm beendet ist. Sind Pozeßeinheiten im Spiel, dann gibt es mehrere Stellen der Programmausführung durch die

Ada-Maschine, d.h. mehrere nebenläufige Prozesse oder *mehrere "Programmzähler"*.

Es ist jedoch *nicht festgelegt*, mit welcher *Geschwindigkeit* diese einzelnen *Prozesse* bei ihrer Ausführung durch die Ada-Maschine *voranschreiten*. Somit ist im allgemeinen auch nicht festgelegt, wieviele aktive Prozesse es gibt. So ist es möglich, daß auf der Ada-Maschine bei obigem Beispiel alle vier Prozesse gleichzeitig nebeneinander voranschreiten und in etwa zum selben Zeitpunkt zum Ende kommen, sie können aber auch einzeln nacheinander bis zum Ende geführt werden, wobei die noch nicht zum Zuge gekommenen zunächst am Anfang verharren. Schließlich ist auch der Fall möglich, daß jeder der Prozesse ein Stück voranschreitet, und dann wieder der nächste Prozeß zum Zuge kommt. Diese Unbestimmtheit der Ausführung durch die Ada-Maschine muß vom Programmierer eingeschränkt werden, wenn er dies will. Es gibt hierfür Ada-Programmkonstrukte, die wir in den folgenden Abschnitten kennenlernen werden.

Auf der zugrundeliegenden *Basismaschine* wird nur eine der oben für die Ada-Maschine angedeuteten Möglichkeiten herausgegriffen: Es können, im Falle einer Monoprozessoranlage, die vier Prozesse *nacheinander* ablaufen, also z.B. in der Reihenfolge HOTELS_BUCHEN , dann GEPAECK_ABHOLEN , AUTOS_MIETEN und schließlich der Prozeß für den Anweisungsteil von ANKUNFT_AM_FLUGHAFEN . Da die Anweisungen der Rümpfe dieser Prozesse auf der Basismaschine in viele maschinennahe Instruktionen zerfallen, wird es aber eher so sein, daß ein Stück des einen Prozesses ausgeführt wird, dann ein Stück des anderen, daß also diese verschiedenen Prozesse in Stücke *zerhackt nacheinander* ausgeführt werden. Haben wir schließlich, als anderes Extrem, eine Mehrprozessoranlage, die mindestens vier Prozessoren enthält, so können alle Prozesse eventuell *gleichzeitig* auf der Basismaschine ablaufen. Alle diese Abarbeitungsmodi durch eine Basismaschine sind möglich, da sich ihnen ein zulässiger Ausführungsmodus durch die Ada-Maschine zuordnen läßt. Für diese war die Geschwindigkeit des Prozeßfortschreitens ja nicht festgelegt. Die zugehörige Verwaltung, d.h. die Aufteilung auf Prozessoren zur Ausführung und die Festlegung der Zeitabschnitte der Ausführung durch einzelne Prozessoren, nennt man Scheduling. Sie wird vom Programmiersystem geliefert, hierum braucht sich der Programmierer nicht zu kümmern (natürlich ist es möglich, in Ada auch Scheduling-Probleme zu programmieren).

Ein *Prozeß* zu einer Prozeßeinheit ist *beendet*, wenn er die letzte Anweisung des Rumpfs ausgeführt hat. Voraussetzung hierfür ist, daß keine "lokalen" Prozesse zu diesem Prozeß am Leben sind. Ebenso kann ein Unterprogramm oder ein Block, das bzw. der Prozesse enthält, erst beendet werden, wenn die zugehörigen lokalen Prozesse alle beendet sind. Sind die lokalen Prozesse nicht beendet, so muß ein Prozeß auf das Ende seiner lokalen Prozesse warten. Es sei hier betont, daß dieses Warten wieder auf der Ada-Maschine und nicht notwendigerweise auf der Basismaschine stattfindet. Ist diese eine Monoprozessormaschine, so wartet diese nicht, weil sie mit den anderen laufenden, lokalen Prozessen beschäftigt ist. In unserem Beispiel kann der Prozeß zu ANKUNFT_AM_FLUGHAFEN also erst dann beendet werden, wenn die lokalen Prozesse selbst beendet sind. In dem Falle, daß der Prozeß zu einer Programmeinheit das Ende des Anweisungsteils erreicht und, nachdem er auf die Beendigung lokaler Prozesse gewartet hat, selbst beendet ist, spricht man von der normalen Beendigung eines Prozesses. Darüber hinaus gibt es noch Möglichkeiten, einen Prozeß zu beenden, wie wir noch sehen werden.

Bei der Ausführung eines Ada-Programms, das Prozesse enthält, kann nun die Abarbeitung jedes Deklarationsteils neue Prozesse aktivieren, wenn dort nämlich Prozeßeinheiten enthalten sind. Andererseits führt jede Beendigung eines Prozesses zum

Absterben eben dieses Prozesses. Dabei ist eine Beendigung des Prozesses zu einer Programmeinheit nur möglich, wenn seine "lokalen" Prozesse vorher beendet wurden. Die **Anzahl** der **Prozesse** ändert sich also zur Laufzeit, sie **nimmt zu** und **ab**. Wie oben bereits erwähnt, können wir nicht einmal vorab angeben, wieviele aktive Prozesse vorhanden sein werden. Dies hängt ja davon ab, wie die aktiven Prozesse bei Ausführung durch die Ada-Maschine voranschreiten. Wir können uns somit jeden Deklarationsteil, der Prozeßdeklarationen enthält, als eine **Weggabelung** im Programmfluß vorstellen, wo dann verzweigt und jeweils unabhängig voneinander fortgefahren wird, jedes Ende einer Programmeinheit, die Prozesse enthält, als eine **Zusammenführung** mit entsprechend vielen Eingängen und einem einzigen Ausgang, wo erst dann fortgefahren werden darf, wenn der Programmfluß an jedem Eingang angekommen ist (vgl. Aufg. 1). Dies ist das Schema bei der normalen Beendigung von Prozessen, die Prozeßeinheiten zugeordnet sind. Die einzelnen Prozesse sind nach wie vor sequentiell, lediglich ihr Zusammenspiel ist nebenläufig.

Prozeßdeklarationen können in Deklarationsteilen beliebiger Programmeinheiten stehen, d.h. insbesondere in einem Block, Unterprogrammrumpf oder Rumpf einer anderen Prozeßeinheit. Prozesse sind also stets "lokal" zu einer Programmeinheit, d.h. es sind Bausteine eines Programmsystems, die über die Enthaltenseins-Beziehung mit anderen verknüpft sind. Die übergeordnete Programmeinheit, wir nennen sie **Vatereinheit**, ist nun auch mitverantwortlich für den geregelten Ablauf ihrer lokalen Prozesse. Sie übt also im allgemeinen die **Kontrolle** über diese aus. So hat sie beispielsweise für den Abschluß dieser Prozesse zu sorgen, wenn sie selbst ein Prozeß ist und von außen her "beendet" wird.

Fassen wir die **Syntax** von **Prozessen** zusammen (vgl. Fig. 6-3): Eine Prozeßeinheit besteht aus Prozeßspezifikation (Prozeßschnittstelle) und Prozeßrumpf, die nicht unmittelbar hintereinander stehen müssen, jedoch muß der Rumpf, wie bei Paketen, im gleichen Deklarationsteil hinter der Spezifikation stehen. Der Prozeß-Bezeichner kann, wie üblich, am Ende der Spezifikation und am Ende des Rumpfs wiederholt werden. Die Prozeßspezifikation kann Entries (Eingänge; wir bevorzugen den Terminus Entry, da Eingang zu mißverständlichen Wortzusammensetzungen wie "Eingangsparameter" führt) enthalten, sie muß es aber nicht. Das Aussehen dieser Entries besprechen wir im nächsten Abschnitt. Die Angaben zur Repräsentation, die folgen dürfen, beziehen sich auf die Entries der Prozeßspezifikation. Der Rumpf eines Prozesses hat das übliche Aussehen: Deklarationsteil und Anweisungsteil, letzterer besitzt am Ende gegebenenfalls Ausnahmebehandler. Folgt zu Anfang der Prozeßspezifikation das Wortsymbol **type**, so wird der Typ eines Prozesses festgelegt, von dem dann z.B. mehrere Objekte deklariert werden können. Wir kommen darauf später zurück. Vorläufig bleiben wir bei der Deklaration von einzelnen Prozeßobjekten, die der Deklaration eines impliziten (und nur einmal benutzten) Prozeßtyps entsprechen. Daß ein Paket eine eher "passive" und ein Prozeß eine eher "aktive" Programmeinheit ist, sieht man bereits daraus, daß bei einem Paket im Rumpf der Anweisungsteil fehlen darf, während er bei Prozessen stehen muß.

Wir haben im letzten Abschnitt beide Formen von Übersetzungseinheiten kennengelernt, nämlich Bibliothekseinheiten und Untereinheiten. **Prozeßrümpfe** dürfen auch **Untereinheiten** sein (vgl. Fig. 5-13). Der Rumpf eines Prozesses steht dann textuell separat und kann auch separat übersetzt werden. An der Stelle des Prozeßrumpfs steht lediglich der Stummel **task body** TASKNAME **is separate;** . Andererseits darf ein Prozeß **keine Bibliothekseinheit** sein. Es muß stets eine umgebende Programmeinheit existieren, in die er eingebettet ist, da er ja implizit aktiviert wird.

```
task_declaration ::= task_specification;

task_specification ::= task [type] identifier [is
                          {entry_declaration}
                          {representation_clause}
                       end [task_simple_name]]

task_body ::=          task body task_simple_name is
                          [declarative_part]
                       begin
                          sequence_of_statements
                       [exception
                          exception_handler {exception_handler}]
                       end [task_simple_name];
```

Fig. 6-3: Prozesse: Syntax

Betrachten wir ein weiteres Beispiel, das zu den Synchronisationskonzepten der nächsten Abschnitte überleiten soll (vgl. /2. Le 81/ bzw. /3. Ic 79b/). Es handelt sich um eine Variante des Produzenten-Konsumenten-Problems. Ein Prozeß DECODER empfängt verschlüsselte Zeichen von einem Prozeß ERZEUGE_VERSCHL_ZEICHEN (vgl. Fig. 6-4). Nach dem Decodiervorgang stellt er diese Zeichen einem Prozeß DRUCKE_BOT SCHAFTEN zur Verfügung, der sich diese Zeichen abholt, sie als Zeilen zusammenstellt und diese dann ausdruckt. Bis auf den Decodiervorgang hat DECODER somit keine andere Funktion, als von einem Prozeß Zeichen zu empfangen, die wiederum von einem anderen Prozeß abgerufen werden. Der Prozeß DECODER ist also nichts anderes als ein Zeichenpuffer (der zunächst nur ein einziges entschlüsseltes Zeichen aufnehmen kann).


```
procedure DECODIERE_BOTSCHAFTEN is
    task ERZEUGE_VERSCHL_ZEICHEN;
    task DECODER is
        entry SENDE_C_ZEICHEN(Z: in CHARACTER);   -- Namensgebung orientiert sich
        entry EMPFANGE_ZEICHEN( Z:out CHARACTER); -- an Stellen der Verwendung
    end;
    task DRUCKE_BOTSCHAFTEN;
    -- Ruempfe der drei Prozesse
begin
    PUT("Prozesse von DECODIERE_BOTSCHAFTEN wurden aktiviert.");
end;
```

Fig. 6-4: Ein einfaches Decodiersystem

Dies äußert sich in der Namensgebung der beiden Entries von DECODER , die die Verwendung in anderen Prozessen ansprechen: Bei Anruf von SENDE_C_ZEICHEN im Prozeß ERZEUGE_VERSCHL_ZEICHEN erhält der Prozeß DECODER ein Zeichen und gibt nicht etwa eines ab, bei Aufruf von EMPFANGE_ZEICHEN im Prozeß DRUCKE_ BOTSCHAFTEN gibt DECODER ein anderes decodiertes Zeichen ab und bekommt nicht etwa eines dazu. Würden wir die Namensgebung der Entries an der Funktion des Prozesses DECODER orientieren, dann wären die Entry-Aufrufe in anderen Prozessen vom Namen her unverständlich. Da das Erzeugen, Decodieren und Drucken - in gewissen Grenzen - unabhängig voneinander geschehen kann, haben wir daraus drei Prozesse gemacht. Das Beispiel zeigt noch einmal die automatische Aktivierung von Prozessen. Der Anweisungsteil des Hauptprogramms DECODIERE_BOTSCHAFTEN enthält nur eine einzige Anweisung. Er hat vorerst keine Aufgabe, außer der, daß vor Beginn seiner Ausführung die automatische Aktivierung dieser drei Prozesse erfolgt sein muß.

6.2 DAS RENDEZVOUS-KONZEPT

In einem System nebenläufiger Prozesse, die miteinander kooperieren oder gegeneinander konkurrieren, muß es **Mechanismen der Steuerung** geben. So müssen beispielsweise die Weichen und Signale so gestellt sein, daß Züge nicht kollidieren, es muß etwa gesichert sein, daß während eines schreibenden Zugriffs auf eine Datenbank nicht noch ein anderer lesender oder schreibender Zugriff stattfindet, da sonst ein inkonsistenter Datenbankzustand entsteht oder eine inkonsistente Information ausgelesen wird. Es muß auch darauf geachtet werden, daß ein Betriebsmittel (Gleis, Zugriff auf Teil der Datenbank o.ä.) nach Zuteilung von dem entsprechenden Prozeß auch benutzt wird, da es anderen ja währenddessen entzogen ist. Insbesondere muß dieses Betriebsmittel aber für andere Prozesse wieder freigegeben werden, und zwar möglichst bald nach seiner letztmaligen Benutzung.

Diese Steuerungsmechanismen setzen sich aus zwei Grundmechanismen zusammen. Zum einen müssen sich verschiedene Prozesse aufeinander abstimmen, sich z.B. gegenseitig absprechen, daß in bestimmten Situationen eine bestimmte Aktionenfolge ausgeführt wird. Diesen Mechanismus nennt man **Synchronisation.**
Eine implizite Form dieser Synchronisation zwischen Prozessen haben wir ja bereits kennengelernt: Zum Zeitpunkt des Beginns der Ausführung des Anweisungsteils einer Programmeinheit werden alle lokalen Prozesse aktiviert, zum Ende der Ausführung dieser Programmeinheit müssen alle lokalen Prozesse beendet sein.
Der zweite Mechanismus ist der der **Kommunikation.** Zu bestimmten Zeitpunkten, vornehmlich zu den Zeitpunkten, wo sich Prozesse synchronisieren, wird Information ausgetauscht. Diese Information kann den Charakter von gegenseitigen Mitteilungssignalen haben oder den Charakter "normaler" Daten.
Die oben angesprochene implizite Synchronisation wird von der Programmeinheit gesteuert, die die lokalen Prozesse enthält. Andererseits müssen sich die nun nebenläufig agierenden lokalen Prozesse ebenfalls synchronisieren, und sie müssen auch miteinander kommunizieren.

Die Standardform der Synchronisation und Kommunikation zwischen beliebigen Prozessen formuliert man in Ada mit Hilfe von **Entries.** Entryschnittstellen sehen ähnlich aus wie Prozedurschnittstellen. Sie stehen in der Schnittstelle des Prozesses. Der "Rumpf" des Entries steht im Prozeßrumpf, allerdings nicht im Deklarationsteil wie bei Paketen, sondern er ist in den Anweisungsteil eingestreut (wie bei einer INLINE-Prozedur). Dort ist die Entryschnittstelle noch einmal wiederholt. Dieser "Entryrumpf" darf wieder beliebige Anweisungen enthalten. Sie stehen zwischen dem Wortsymbol **do** nach **accept** und dem entsprechenden zugehörigen **end**. So darf etwa in Fig. 6-5 zwischen dem **do** nach **accept** SENDE_C_ZEICHEN und dem zugehörigen **end** wie in einem Prozeduraufruf eine beliebige Anweisungsfolge stehen.

Ein *Entry-Aufruf* wird genauso notiert wie der Aufruf eines Unterprogramms zu einem Paket. Ein Entry-Aufruf führt jedoch nicht nur zur Ausführung einer Anweisungsfolge, sondern er verlangt eine vorausgehende Synchronisation des aufrufenden Prozesses, der den Entry-Aufruf, und des aufgerufenen Prozesses, der den Entry (Entryschnittstelle und "Rumpf") enthält.

Diese *Standardsynchronisation* sieht in Ada folgendermaßen aus: Der aufgerufene Prozeß muß bereit sein, den Aufruf des Entries von außen zu akzeptieren. Sonst muß der aufrufende Prozeß an der Stelle eines Entry-Aufrufs warten, bis der aufgerufene Prozeß bereit ist, diesen Entry-Aufruf zu akzeptieren. Umgekehrt wartet ein bereiter aufzurufender Prozeß, bis ihn ein Entry-Aufruf von außen erreicht. Ist der aufgerufene Prozeß bereit, den Entry-Aufruf zu akzeptieren und liegt ein Entry-Aufruf von einem aufrufenden Prozeß an, so wird ein entsprechendes Stück des Prozeßrumpfs, das zu dem aufgerufenen Entry gehört, ausgeführt. Dieses Programmstück ist das oben erwähnte zwischen dem Wortsymbol **do** und **end**. Während dieser Ausführung wird der aufrufende Prozeß suspendiert, d.h. er wartet auf das Ende der Ausführung dieses Programmstücks. Nach dessen Beendigung setzen beide Prozesse ihre Ausführung getrennt fort. Man sagt, beide Prozesse hatten ein *Rendezvous*, weil sie das eine Programmstück quasi gemeinsam ausgeführt haben.

Betrachten wir zur Erläuterung des *Rendezvous* die *Rümpfe der beteiligten Prozesse* des Decodierbeispiels von Fig. 6-5 und 6-4. Alle drei Rümpfe bestehen aus Endlosschleifen. Im Rumpf von ERZEUGE_VERSCHL_ZEICHEN werden nacheinander verschlüsselte Zeichen erzeugt, die über den Entry-Aufruf SENDE_C_ZEICHEN an den Prozeß DECODER übergeben werden. Umgekehrt empfängt der Prozeß DRUCKE_BOTSCHAFTEN nacheinander über den Entry-Aufruf EMPFANGE_ZEICHEN decodierte Zeichen vom Prozeß DECODER . Der Rumpf von DECODER besteht aus einer Endlosschleife mit zwei accept-Anweisungen zu den beiden Entries des Prozesses. Die zugehörigen Anweisungsteile reichen jeweils vom **do** bis zum **end** der accept-Anweisung. Ein Rendezvous des Prozesses ERZEUGE_VERSCHL_ZEICHEN über einen Aufruf des Entries SENDE_C_ZEICHEN mit dem Prozeß DECODER ist nur möglich, wenn letzterer an der accept-Anweisung zu SENDE_C_ZEICHEN angekommen ist. Analog ist ein Rendezvous zwischen DRUCKE_BOTSCHAFTEN und DECODER über den Entry-Aufruf EMPFANGE_ZEICHEN nur möglich, wenn der Prozeß DECODER die accept-Anweisung zu EMPFANGE_ZEICHEN erreicht hat.

Die folgenden verschiedenen Fälle sind hier bei der Rendezvous-Synchronisation möglich (vgl. auch Fig. 6-6): Ist etwa in ERZEUGE_VERSCHL_ZEICHEN die Stelle des Entry-Aufrufs SENDE_C_ZEICHEN erreicht, der Prozeß DECODER aber etwa noch mit der Durchführung anderer Anweisungen beschäftigt, so **wartet** ERZEUGE_VERSCHL_ZEICHEN **an der Stelle des Entry-Aufrufs,** bis DECODER die accept- Anweisung zu SENDE_C_ZEICHEN erreicht hat. Ist umgekehrt der Prozeß DECODER an der accept-Anweisung SENDE_C_ZEICHEN angekommen, so muß dieser Prozeß an dieser *accept-Anweisung* so lange **warten,** bis ein entsprechender Entry-Aufruf, hier innerhalb von ERZEUGE_VERSCHL_ZEICHEN , erfolgt. Analog läuft das Rendezvous zwischen DECODER und DRUCKE_BOTSCHAFTEN über die accept-Anweisung zum Entry EMPFANGE_ZEICHEN bzw. den entsprechenden Entry-Aufruf.

```
task body ERZEUGE_VERSCHL_ZEICHEN is ------------ vgl. Fig. 5-4 --------------
    N_C_ZEICHEN: CHARACTER; -- naechstes codiertes Zeichen                   --
begin                                                                        --
    loop                                                                     --
        -- Anweisungen, die irgendwoher Daten erhalten                       --
        -- und einen Wert fuer N_C_ZEICHEN errechnen                         --
        DECODER.SENDE_C_ZEICHEN(N_C_ZEICHEN); -- Entry-Aufruf,               --
            -- schickt N_C_ZEICHEN an den Decoder
    end loop;                                                                --
end; -----------------------------------------------------------------------------

task body DECODER is -----------------------------------------------------------
    C_ZEICHEN, ZEICHEN: CHARACTER;                                           --
begin                                                                        --
    loop                                                                     --
        accept SENDE_C_ZEICHEN(C_Z: in CHARACTER) do -------                 --
            C_ZEICHEN := C_Z;                         --                     --
        end SENDE_C_ZEICHEN; ------------------------------                  --
        -- Anweisungen, die C_ZEICHEN decodieren und den                     --
        -- decodierten Wert ZEICHEN zuweisen                                 --
        accept EMPFANGE_ZEICHEN(Z: out CHARACTER) do -------                 --
            Z := ZEICHEN;                             --                     --
        end EMPFANGE_ZEICHEN; ------------------------------                 --
    end loop;                                                                --
end; -----------------------------------------------------------------------------

task body DRUCKE_BOTSCHAFTEN is ------------------------------------------------
    ZEILENGROESSE: constant INTEGER := 100;                                  --
    subtype ZEILEN_T is STRING(1..ZEILENGROESSE);                            --
    N_Z: CHARACTER; Z_POS: INTEGER range 1..ZEILENGROESSE :=1;               --
    ZEILE: ZEILEN_T;                                                         --
begin                                                                        --
    loop                                                                     --
        DECODER.EMPFANGE_ZEICHEN(N_Z); -- Entry-Aufruf, holt Zeichen ab      --
        ZEILE(Z_POS) := N_Z;                                                 --
        if Z_POS < ZEILENGROESSE then                                        --
            Z_POS := Z_POS+1;                                                --
        else                                                                 --
            PRINT(ZEILE); Z_POS:=1;                                          --
        end if;                                                              --
    end loop;                                                                --
end; -----------------------------------------------------------------------------
```

Fig. 6-5: Beispiel zum Rendezvous-Konzept

Es wartet also immer stets derjenige, der zuerst an einem Entry-Aufruf bzw. an einer accept-Anweisung angekommen ist, auf den Rendezvous-Partner. Das heißt insbesondere, daß er dann so lange blockiert ist, bis er durch ein Rendezvous erlöst wird. Ist dies nicht der Fall, so wartet er für "immer".

Kann ein **Rendezvous erfolgen,** so folgt Übergabe der aktuellen Parameter (Eingabeparameter bzw. Transienten) des Entry-Aufrufs an die accept-Anweisung, und die entsprechende **Anweisungsfolge** der accept-Anweisung wird **ausgeführt.** Währenddessen wartet der aufrufende Prozeß. Danach erfolgt wieder Parameterübergabe (Ausgabeparameter bzw. Transienten), und dann geht jeder der beiden Prozesse allein seines Weges.

In unserem Beispiel wird durch das Rendezvous eine streng-alternierende Abfolge zwischen Senden und Empfangen erzwungen. Dies ist auch nötig, da DECODER vorerst nur ein Zeichen speichern kann. Man mache sich klar, daß durch eine **Störung** diese geregelte Abfolge sofort durcheinander gerät: Ist etwa der Prozeß DRUCKE_ BOTSCHAFTEN blockiert, dann wartet DECODER an der accept-Anweisung EMPFAN GE_ZEICHEN , da ein Zeichen bereitgestellt ist, aber nicht abgeholt wird, und ERZEUGE_VERSCHL_ZEICHEN wartet am Entry-Aufruf SENDE_C_ZEICHEN , da er das nächste Zeichen an DECODER nicht loswerden kann. Eine entsprechende **Blockade** des Gesamtsystems tritt bei einer Blockade des Prozesses ERZEUGE_VERSCHL_ZEICHEN bzw. DECODER auf.

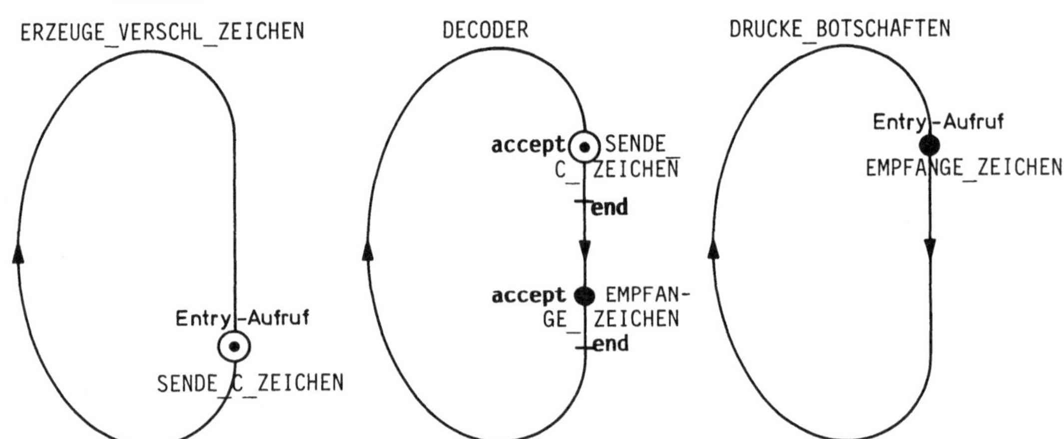

Fig. 6-6: Synchronisation durch accept-Anweisung und Entry-Aufruf

Mit dem **Rendezvous-** bzw. **Prozeß-Konzept** werden **vier Zielsetzungen** erreicht: (1) **Synchronisation:** Der aufrufende Prozeß muß die Stelle eines passenden Entry-Aufrufs, der aufgerufene die einer passenden accept-Anweisung erreichen. (2) **Informations-austausch:** Zu Beginn und zu Ende des Rendezvous kann ein Informationsaustausch über den Parameterübergabemechanismus stattfinden, wenn der Entry Parameter hat. (3) **Gegenseitiger Ausschluß** (mutual exclusion): Falls mehrere Prozesse den gleichen Entry aufrufen und in dem aufgerufenen Prozeß ein Rendezvous stattfinden kann, so findet dies mit genau einem Partner statt. Für unser Beispiel könnten wir etwa zwei Senderprozesse einsetzen, die beide über den Entry-Aufruf SENDE_C_ZEICHEN ein Zeichen loswerden wollen. Das Zeichen wird dann von einem der beiden Prozesse genommen, der andere, nicht bediente, muß an seinem Entry-Aufruf weiterwarten. (4) Schließlich ist ein Prozeß eine **Verkapselung** von Implementationsdetails, die nach außen nicht sichtbar sind (Information Hiding). So erinnert DECODER mit seinen beiden Entries zum Empfangen eines verschlüsselten Zeichens bzw. zur Abgabe eines decodierten Zeichens an eine abstrakte Datenstruktur mit den beiden Entries als Zugriffsoperationen, die hier allerdings auch Synchronisationsaufgaben besitzen.

Das vorangehende Beispiel soll nicht etwa suggerieren, daß accept-Anweisungen stets gleichrangig nebeneinander in einer Endlosschleife stehen. Modifizieren wir unser Beispiel nämlich so, daß der Sender nicht ein einzelnes Zeichen, sondern eine ganze Zeile verschlüsselter Zeichen sendet (DECODER habe dann einen entsprechend großen Puffer, in den diese Zeichen entschlüsselt abgelegt werden), dann bedeutet dies, daß einem Rendezvous zum Sendevorgang erst entsprechend viele zum Abholvorgang nachfolgen müssen, bevor wieder ein Rendezvous zum Sendevorgang stattfinden kann. In diesem Falle wird die accept-Anweisung zum Abholvorgang in einer entsprechenden Zählschleife stehen (vgl. Aufgabe 4). Wir werden im nächsten Abschnitt sehen, daß **accept-Anweisungen** in der Regel **in andere Konstrukte eingebettet** sind.

Der Rendezvous-Mechanismus zur Prozeßsynchronisation und -kommunikation hat mit dem Begriff Rendezvous aus dem alltäglichen Leben nur bedingt Gemeinsamkeiten: Ein Prozeß mit Entries geht je nach accept-Anweisung mit verschiedensten anderen Prozessen ein oder nacheinander mehrere Rendezvous ein. Ein solcher Prozeß ist also sehr "leichtlebig": Es muß lediglich ein Entry-Aufruf irgendeines Prozesses mit der nächsten accept-Anweisung zusammenpassen. Der aufrufende Prozeß kennt den Namen des aufgerufenen, er wird im Entry-Aufruf mit Punktschreibweise notiert. Umgekehrt akzeptiert der aufgerufene Prozeß Aufrufe von beliebigen anderen Prozessen. Er weiß also nicht einmal, mit wem er gerade ein Rendezvous hat! Dahinter steht allerdings ein Prinzip der Softwaretechnik, das wir schon des öfteren angesprochen haben: Bei der Bereitstellung einer Ressource kümmert man sich nicht um die Stellen ihrer Verwendung. Wir haben ferner oben bereits erwähnt, daß ein Prozeß "ewig" auf einen Rendezvous-partner warten kann.

Aufrufe zu einem Entry eines Prozesses können von mehreren Prozessen kommen. Somit haben wir hier eine **n-zu-1-Kommunikation** zwischen aufrufenden Prozessen und akzeptierendem Prozeß. Diese Entry-Aufrufe werden in der Reihenfolge, in der sie eintreffen, abgearbeitet (wer zuerst kommt, mahlt zuerst; First-in-first-out- oder FIFO-Strategie). Man beachte, daß diese Reihenfolge der Entry-Aufrufe im allgemeinen auch von der Geschwindigkeit abhängt, mit der die nebenläufigen Prozesse voranschreiten, die ja nicht festgelegt ist.
Jedem Entry wird eine **Warteschlange** der noch nicht bearbeiteten Entry-Aufrufe zugeordnet. Kommt der aufgerufene Prozeß zu einer accept-Anweisung des Entries, so wird der nächste Entry-Aufruf aus der Warteschlange genommen.

Diese Warteschlange ist einem Entry und nicht einer accept-Anweisung zugeordnet, da es im Anweisungsteil eines Prozesses zu **einem Entry mehrere accept-Anweisungen** geben darf. Dies ist neben dem Rendezvous-Mechanismus die zweite Unterscheidung zwischen Entries und Prozeduren. Der auszuführende Anweisungsteil ist bei Prozeduren stets derselbe, während die Ausführung eines Entry-Aufrufs von Mal zu Mal zur Ausführung einer anderen Anweisungsfolge führen darf.

Wir können hier aus Platzgründen nicht auf andere Synchronisations- und Schutzkonzepte eingehen, um diese mit dem Rendezvous-Konzept zu vergleichen. Der Leser sei hier auf anderweitige Literatur verwiesen (vgl. auch Aufgabe 10).

Noch einige Bemerkungen zur **Syntax** von **Entry-Deklaration, -Aufruf** und **accept-Anweisung** (vgl. Fig. 6-7): Die Deklaration eines Entries hat Ähnlichkeit mit einer Unterprogrammdeklaration, formal_part bezeichnet hier wie dort die Liste der Formalparameter. Diese Liste kann fehlen, wenn der Entry keine Parameter besitzt. Der optional vorangehende diskrete Bereich kommt erst bei sogenannten Entry-Familien ins Spiel, die wir in Abschnitt 6.5 besprechen. Der Entry-Aufruf hat das gleiche Aussehen wie ein Prozeduraufruf. Durch Punktschreibweise wird beim Entry-Aufruf angegeben, zu welchem Prozeß der Entry gehört. Die accept-Anweisung schließlich wiederholt noch einmal die Entry-Deklaration aus der Prozeßschnittstelle. Wir wiederholen die Schnittstelle in identischer textueller Form, um uns die sog. conformance rules von Ada nicht merken zu müssen. (Der zwischen Entry-Bezeichner und der Liste der Formalparameter liegende optionale Ausdruck tritt ebenfalls erst bei Entry-Familien auf.) Auch hier, wie auch bei Prozeduren, Paketen, Schleifen und Blöcken, kann der (Entry-)Bezeichner am Ende wiederholt werden. Die Syntax der accept-Anweisung schließt den entarteten Fall ein, daß die accept-Anweisung überhaupt keine Anweisungsfolge enthält (vgl. etwa Aufgabe 5). Eine accept-Anweisung zu einem Entry darf nur im Anweisungsteil des Rumpfs des Prozesses auftreten, in dem der zugehörige Entry in der Schnittstelle angegeben war. Das heißt insbesondere, daß Rendezvous nur für die eigenen Entries stattfinden können. Wie oben bereits angemerkt, darf es mehrere accept-Anweisungen zu einem Entry geben.

```
entry_declaration ::= entry identifier [(discrete_range)] [formal_part];

entry_call_statement ::= entry_name [actual_parameter_part];

accept_statement ::= accept entry_simple_name [(entry_index)] [formal_part] [do
                     sequence_of_statements
              end [entry_simple_name] ;

entry_index ::= expression
```

Fig. 6-7: Syntax für Entrydeklaration, -aufruf und accept-Anweisung

6.3 NICHTDETERMINISTISCHE AUSWAHL ZWISCHEN ALTERNATIVEN

In unserem ersten Beispiel hatten wir in dem Prozeß DECODER eine **strikt alternierende Abfolge** zwischen Empfangen eines verschlüsselten Zeichens und Abgang eines decodierten. Dies wurde dadurch erzwungen, daß DECODER keine Möglichkeit der Zwischenspeicherung besaß. Die Reihenfolge des Eintreffens externer Ereignisse (der beiden Formen von Entry-Aufrufen) war vollständig bestimmt, in der gleichen Reihenfolge mußten entsprechende accept-Anweisungen durchlaufen werden.

In den meisten Anwendungen ist es aber eher so, daß ein Prozeß bereit sein muß, irgendeinen von mehreren Entry-Aufrufen zu akzeptieren. Versehen wir unser Decodierbeispiel innerhalb des Prozesses DECODER mit einem Puffer für bereits entschlüsselte Zeichen, so werden dadurch die beteiligten **Prozesse** voneinander **unabhängiger,** d.h. die Kopplung der Prozesse wird loser: Es können nun mehrere verschlüsselte Zeichen nacheinander eintreffen, bevor ein unverschlüsseltes abgeholt wird, und umgekehrt können im allgemeinen mehrere decodierte Zeichen abgeholt werden, bevor ein verschlüsseltes nachgeliefert werden muß. Für den Prozeß DECODER bedeutet dies, daß er nun nicht mehr strikt abwechselnd Entry-Aufrufe für Empfangen und Abholen akzeptiert, er kann jetzt, für den Fall, daß der Puffer weder leer noch voll ist, irgendeinen der beiden Entry-Aufrufe akzeptieren.

Diese größere Unabhängigkeit der beteiligten Prozesse wirkt sich **effizienzsteigernd** aus: Im allgemeinen wird das Drucken einer Zeile wesentlich langsamer ablaufen als die Erzeugung verschlüsselter Zeichen und deren Entschlüsselung. In der alten Version stand währenddessen alles still, da kein neues decodiertes Zeichen abgeholt und damit auch kein verschlüsseltes Zeichen empfangen werden konnte. Jetzt kann der Prozeß DECODER hingegen inzwischen Zeichen decodieren, falls er verschlüsselte Zeichen vom Prozeß ERZ_VERSCHL_ZEICHEN bekommt, und letzterer kann solche Zeichen produzieren. Somit wirkt sich jetzt eine vorübergehende Störung bei der Erzeugung verschlüsselter Zeichen oder der Abnahme entschlüsselter nicht sofort als Stillstand des ganzen Systems aus, da währenddessen der Puffer entschlüsselter Zeichen ausgegeben bzw. aufgefüllt werden kann.

Zur **Auswahl eines von mehreren Entry-Aufrufen** gibt es in Ada die select-Anweisung. Wir besprechen hier also eine Auswahl auf der **Seite des akzeptierenden Prozesses**. Von der select-Anweisung gibt es auch andere Formen, die für andere Zwecke gedacht sind. Diese anderen Formen werden wir im nächsten Abschnitt besprechen.

Betrachten wir die erste der beiden Möglichkeiten von Fig. 6-8 als ersten Ansatz. Die **select-Anweisung** steht jetzt im Rumpf der Endlosschleife innerhalb des Prozesses DECODER von Fig. 6-5. Diese select-Anweisung akzeptiert nun entweder den Aufruf des Entries SENDE_C_ZEICHEN oder des Entries EMPFANGE_ZEICHEN . Wenn diese Anweisung erreicht ist, können drei Fälle vorkommen: (1) Keiner der beiden Entries wurde aufgerufen. In diesem Falle wartet der Prozeß DECODER an der select-Anweisung, bis ein Aufruf für einen der beiden Entries vorliegt. (2) Es liegt ein Aufruf genau eines Entries vor. Dann findet ein Rendezvous statt, indem die (eine) zugehörige accept-Anweisung ausgeführt wird. (3) Für beide Entries liegen Aufrufe vor. Dann wird irgendeiner der beiden Entries ausgewählt und mit diesem findet ein Rendezvous statt. Diese Auswahl ist also nicht festgelegt. Die select-Anweisung verbindet somit **nichtdeterministische Auswahl** mit **Warten** (selektives Warten, nichtterminales Symbol selective_wait). Entry-Aufrufe, die nicht sofort akzeptiert werden können, kommen, wie bisher, in die entsprechende Entry-Warteschlange.

In unserem Decodierbeispiel sind wir bezüglich der Auswahl der Alternative jedoch nicht völlig frei. Wir haben hier **Randbedingungen** zu beachten. So darf der Puffer nicht leer sein, wenn wir ein entschlüsseltes Zeichen entnehmen wollen, und andererseits darf der Puffer nicht bereits voll sein, wenn ein verschlüsseltes Zeichen angenommen werden soll. Sind diese Randbedingungen gewährleistet, dann soll die Auswahl des nächsten Entries für ein Rendezvous beliebig sein.

Dies wird nun durch den zweiten Ansatz von Fig. 6-8 gewährleistet. Die verschiedenen Alternativen der select-Anweisung sind jetzt jeweils mit einer Bedingung versehen, so daß eine Auswahl dieser Alternative nur möglich ist, falls diese Bedingung zutrifft. Die Bedingung wirkt somit wie ein **Wachtposten** (Wächter, engl. guard), der ein Tor öffnet und damit eine **Alternative** überhaupt erst **ermöglicht**. Man beachte, daß die Auswahl im allgemeinen nach wie vor nichtdeterministisch bleibt. Solange beide Randbedingungen erfüllt sind, ist die Auswahl beliebig, bei Verletzung einer Bedingung verbleibt jedoch nur die Auswahl der anderen Alternative. Der Fall, daß keine Bedingung zutrifft, kann hier nicht auftreten, wenn P_GROESSE größer als Null ist. Somit ist immer wenigstens eine Bedingung auswählbar.

Wir sehen, daß diese Form der select-Anweisung unser Problem löst: Ist der Puffer leer, dann kann ein Entry-Aufruf für die Entnahme nicht akzeptiert werden. Er kommt in die entsprechende Warteschlange, in der hier jedoch insgesamt nur ein Aufruf abgelegt sein kann, da es nur einen Empfängerprozeß für decodierte Zeichen gibt. Analoges passiert bei vollem Puffer für den Senderprozeß. Man beachte wieder, daß SENDE_C_ZEICHEN für den Prozeß DECODER die Aufnahme eines Zeichens bedeutet, EMPFANGE_ZEICHEN die Abgabe.

```
select -------------------------------------------------------
    accept SENDE_C_ZEICHEN( C_Z: in CHARACTER ) do      --
        ...                                             --
    end;                                                --
or ----------------------------------------------------------
    accept EMPFANGE_ZEICHEN( Z: out CHARACTER ) do      --
        ...                                             --
    end;                                                --
end select; -------------------------------------------------

select -------------------------------------------------------
    when P_ZAEHLER < P_GROESSE =>     -- Puffer nicht voll --      -- Guard 1
        accept SENDE_C_ZEICHEN( C_Z: in CHARACTER) do   --
            ....                                        --
        end;                                            --
or ----------------------------------------------------------
    when P_ZAEHLER > 0 =>             -- Puffer nicht leer --      -- Guard 2
        accept EMPFANGE_ZEICHEN(Z: out CHARACTER) do    --
            ...                                         --
        end;                                            --
end select; -------------------------------------------------
```

Fig. 6-8: select-Anweisung ohne und mit Bedingungen (Wachtposten, guard)

Wir können nun in Fig. 6-9 den Rumpf des die Entry-Aufrufe akzeptierenden Prozesses DECODER angeben, der jetzt bis auf die hier nicht interessierenden Decodieranweisungen vollständig ist. Der Puffer enschlüsselter Zeichen wird innerhalb eines Feldes realisiert. Da die Zeichen in der Reihenfolge ihres Eintreffens ausgegeben werden sollen, ergibt sich somit die Datenstruktur einer Schlange. Wie wir bereits wissen, läßt sich diese durch zwei Indizes EING_INDEX und AUSG_INDEX, die das hintere bzw. vordere Ende der Schlange kennzeichnen, leicht realisieren (vgl. auch Fig. 5-21).

Der Übergang von der ersten Version für DECODER zu der neuen Version mit Puffer ändert überhaupt nichts an den beiden anderen Prozessen. Für sie hat die Tatsache, daß die decodierten Zeichen jetzt gepuffert werden, keinerlei Auswirkungen. Es handelt sich um eine Entwurfsentscheidung, die vollständig in dem Prozeß DECODER verkapselt ist und außerhalb nicht sichtbar wird. Sie führte zu einer *anderen Implementierung* des *Prozeßrumpfs,* die *Schnittstelle* blieb *unverändert* (Information Hiding). Außerhalb ist lediglich wichtig, daß die verschlüsselten Zeichen in der gleichen Reihenfolge ausgegeben werden, in der sie ankommen. Wir haben hier somit eine analoge Situation wie bei Paketen. Die neue Version kann bezüglich der Laufzeiteffizienz des Gesamtsystems um

Größenordnungen besser sein als die alte.

```
task body DECODER is ----------------------------------------------------------
    P_GROESSE: constant INTEGER :=500;                                      --

    P_ZAEHLER: INTEGER range 0..P_GROESSE;                                  --
    EING_IND, AUSG_IND: INTEGER range 1..P_GROESSE;                        --
    C_ZEICHEN, ZEICHEN: CHARACTER;                                         --

    PUFFER: array(1..P_GROESSE) of CHARACTER;                             --
begin  ----------------------------------------------------------------------
    P_ZAEHLER:=0; EING_IND:=1; AUSG_IND:=1;                                --
    loop                                                                   --
       select -------------------------------------------------------      --
           when P_ZAEHLER < P_GROESSE =>   -- Puffer nicht voll    --      --
               accept SENDE_C_ZEICHEN(C_Z: in CHARACTER) do        --      --
                   C_ZEICHEN := C_Z;        -- cod. Zeichen annehmen--      --
               end;                                                 --      --
               -- Anweisungen, die C_ZEICHEN decodieren            --      --
               -- und den decodierten Wert ZEICHEN zuweisen        --      --
               PUFFER(EING_IND) := ZEICHEN;                        --      --
               P_ZAEHLER := P_ZAEHLER + 1;                         --      --
               EING_IND :=(EING_IND mod P_GROESSE) + 1;            --      --
       or ----------------------------------------------------------       --
           when P_ZAEHLER > 0 =>            -- Puffer nicht leer   --      --
               accept EMPFANGE_ZEICHEN(Z: out CHARACTER) do        --      --
                   Z := PUFFER(AUSG_IND);   -- decod. Zeichen abg.--      --
               end;                                                 --      --
               P_ZAEHLER := P_ZAEHLER - 1;                         --      --
               AUSG_IND := (AUSG_IND mod P_GROESSE) + 1;           --      --
       end select; ------------------------------------------------        --
       -- hier spaeter Anweisungen zur Beendigung der Schleife            --
    end loop;                                                              --
end DECODER; -----------------------------------------------------------------
```

Fig. 6-9: Anwendung einer select-Anweisung mit Wächtern

Wir haben oben gesagt, daß Prozesse, im Gegensatz zu Paketen, eher "aktive" Programmeinheiten sind. Bei den Prozessen muß aber wieder unterschieden werden. In unserem Beispiel gibt es zwei *aktive* und einen *passiven Prozeß*. Passive Prozesse sind Hilfsmittel zur Kommunikation. So ist DECODER , das einen Puffer realisiert, ein passiver Prozeß. Passive Prozesse haben eher den Charakter allgemein benutzbarer Hilfsmittel. Standardformen hiervon, wie etwa ein Puffer, werden daher in einer Sprachimplementation allgemein verfügbar sein. Die Asymmetrie, daß ein aktiver Prozeß den passiven Prozeß, mit dem er kommunizieren will, kennen muß, aber umgekehrt ein passiver Prozeß nicht weiß, wo seine Entries aufgerufen werden, ist Voraussetzung für die "allgemeine" Verwendbarkeit passiver Prozesse. Diese Verwendbarkeit wird nur durch die Sichtbarkeitsregeln eingeschränkt.

Wir erkennen jetzt deutlicher das *Schema* des *Einsatzes von Prozessen:* Üblicherweise werden Prozesse dadurch kontrolliert, daß sie einer übergeordneten Einheit (in unserem Beispiel ist dies eine Prozedur, die die Rolle des Hauptprogramms spielt) angehören. Sie sind Geschwisterprozesse innerhalb dieser Einheit und werden von dieser automatisch initiiert. Sie kommunizieren miteinander über Entries, und zwar i.a. durch Entry-Aufrufe von den aktiven zu den passiven Prozessen, bis sie sich selbst beenden oder gegebenenfalls von der übergeordneten Programmeinheit beendet werden. Die Internstruktur, zumindest von passiven Prozessen, ist dabei stets von Endlosschleifen geprägt.

Neben der Möglichkeit, daß die select-Alternative, die ggf. eine vorausgehende Bedingung (Wachtposten) besitzt, mit dem Wortsymbol **accept** beginnt und damit einen Treffpunkt für ein Rendezvous kennzeichnet, kann in einer Anweisung für selektives Warten mit Hilfe des Wortsymbols **delay** gekennzeichnet werden, daß an diesem Punkt höchstens eine bestimmte Zeitspanne gewartet werden soll, wenn kein Entry-Aufruf für ein Rendezvous vorliegt, oder es kann durch das Wortsymbol **terminate** gekennzeichnet werden, daß diese Alternative als Stelle angeboten wird, an der der akzeptierende Prozeß beendet werden kann. Es sei noch einmal betont: Alle diese *weiteren Mechanismen* gehören zur *akzeptierenden Seite,* treten also in passiven Prozessen auf. Wir wollen diese Möglichkeiten nun genauer diskutieren.

Betrachten wir für das erste wieder unser Decodierbeispiel (vgl. Fig. 6-5). Im Rumpf des Prozesses   DRUCKE_BOTSCHAFTEN   wird die Prozedur PRINT aufgerufen. Diese Prozedur kann beispielsweise den Entry   DRUCKE_ZEILE   eines weiteren Prozesses K_DRUCKER_TREIBER   aufrufen, der für die Organisation der Ausgabe eines Kettendruckers verantwortlich ist (vgl. Fig. 6-10). Wir wollen die Kette des Druckers abschalten, wenn es nichts auszudrucken gibt. (Umgekehrt müssen wir aber auch dafür sorgen, daß der Kettenantrieb Zeit genug hat, vor dem Drucken anzulaufen. Letzteres besprechen wir später.) Wir können nun durch eine *delay-Alternative* in einer select-Anweisung kennzeichnen, daß höchstens eine bestimmte Zeit an der select-Anweisung gewartet werden soll. In diese Alternative wollen wir jedoch nur eintreten, wenn die Kette überhaupt läuft. Wir setzen daher eine entsprechende Bedingung (guard) vor diese Alternative. Innerhalb des Rumpfs von   K_DRUCKER_TREIBER   wird somit in einer Endlosschleife diese select-Anweisung von Fig. 6-10 stehen. So lange es noch nicht akzeptierte Aufrufe des Entries   DRUCKE_ZEILE   gibt, finden bei jedem Schleifendurchlauf entsprechende Rendezvous statt. Läuft die Kette (nur dann ist die Alternative überhaupt offen), und liegen für 10 Sekunden keine Entry-Aufrufe für   DRUCKE_ZEILE   vor, dann wird diese Alternative ausgewählt. Somit wird die Kette nur stillgelegt, wenn wenigstens 10 Sekunden nach dem Druck der letzten Zeile vergangen sind. Die delay-Alternative besteht aus der delay-Anweisung und nachfolgenden weiteren Anweisungen. Die delay-Alternative kennzeichnet somit weniger eine Verzögerung als eine Begrenzung eines ggf. bereits eingetretenen Wartens, damit es überhaupt weitergeht (sog. time-out auf der akzeptierenden Seite). Die Ausgabe nach dem Wortsymbol **delay** ist ein Ausdruck des vordefinierten Festpunkttyps DURATION . Er gibt eine Zeitspanne in Sekunden an. Wir nennen diese Form *zeitlich begrenztes* (oder zeitlich befristetes) *selektives Warten.*

In einer select-Anweisung in einem akzeptierenden Prozeß kann auch die Angabe

terminate als Alternative stehen, die nichtdeterministisch ausgewählt werden kann. Diese **terminate-Alternative** ist dazu gedacht, eine "saubere" Beendigung eines Prozesses herbeizuführen, falls die übergeordnete Programmeinheit das normale Ende erreicht hat (oder falls diese ebenfalls eine terminate-Alternative ausgewählt hat, sofern es sich um einen Prozeß handelt). Eine Standardanwendung hiervon ist, daß das Ende jeweils nach Ausführung von Rendezvous in einer select-Anweisung erlaubt sein soll, aber nicht, solange ein Rendezvous stattfindet. Auch hier handelt es sich wieder um eine "passive" Anweisung: Es wird nicht selbst abgebrochen, sondern es wird eine Stelle zum Abbruch angeboten. Da der terminate-Alternative keine Anweisungen folgen dürfen, können damit auch keine "letzten Wünsche" abgehandelt werden. In unserem Decodierbeispiel könnte die terminate-Anweisung im Rumpf von DECODER als weitere Alternative auftreten (vgl. Fig. 6-9), und zwar mit dem vorangehenden Wächter P_ZAEHLER=0 , damit gesichert ist, daß im Puffer keine noch nicht ausgegebenen Zeichen verblieben sind. Damit dies passiert, muß die Zeichenerzeugung vorher abgestellt werden und gegebenenfalls die Ausgabe einer noch nicht vollgeschriebenen Zeile veranlaßt werden. Wir kommen darauf im nächsten Abschnitt zurück. Wir wollen diese Form der select-Anweisung als **abbrechbares selektives Warten** bezeichnen.

```
loop                        -- im Rumpf von K_DRUCKER_TREIBER -------

    select

        accept DRUCKE_ZEILE( Z_L: in ZEILEN_T) do

            ...

        end;

        ...

    or when KETTE_LAEUFT =>
        delay 10.0;

        ...

    end select;

end loop;
```

Fig. 6-10: Begrenzung der Wartezeit bei der Auswahl von Entryaufrufen

Schließlich gibt es eine weitere Form des selektiven Wartens mit einem **else-Teil** am Ende, der eine beliebige Anweisungsfolge enthalten kann. Die Semantik ist die, daß dieser else-Teil dann ausgeführt wird, wenn keine Entry-Aufrufe von einem anderen Prozeß für ein Rendezvous vorhanden sind, so daß unmittelbar kein Rendezvous stattfinden kann. Somit ist diese Form gleichbedeutend mit einem zeitlich begrenzten selektiven Warten, mit einem Ausdruck in der delay-Alternative, der zur Laufzeit den Wert 0.0 besitzt. Wir wollen diese Form **bedingtes selektives Warten** nennen.

Fassen wir die **Syntax** der hier besprochenen Formen der recht komplexen select-Anweisung auf der Seite des akzeptierenden Prozesses, die wir **selektives Warten** genannt haben, zusammen (vgl. Fig. 6-11; die beiden anderen Alternativen von select_statement mit den nichtterminalen Symbolen conditional_entry_call und timed_entry_call, die in aktiven Prozessen auftreten, folgen im nächsten Abschnitt): Die Anweisung für selektives Warten darf beliebig viele Alternativen haben, die jeweils durch das Wortsymbol **or** voneinander getrennt sind. Jeder dieser Alternativen darf eine Bedingung (Wachtposten, guard) vorausgehen. Schließlich darf noch ein else-Teil folgen, der eine beliebige Anweisungsfolge enthält. Jede Alternative ist entweder eine accept-Anweisung, gegebenenfalls gefolgt von einer Anweisungsfolge, eine delay-Anweisung (die hier die Wartezeit begrenzt), gegebenenfalls gefolgt von einer Anweisungsfolge, oder eine terminate-Anweisung. Die im ersten Fall erwähnte Anweisungsfolge ist nicht diejenige, die innerhalb der accept-Anweisung stehen kann (vgl. Fig. 6-7 und etwa Beispiel 6-9). Wenn erstere ausgeführt wird, läuft der aufrufende Prozeß ja bereits wieder weiter. Es gelten nun folgende kontextsensitive Zusatzregeln (vgl. Aufgabe 8): Es darf entweder (1) eine terminate-Alternative vorhanden sein, oder es dürfen (2) mehrere delay-Alternativen auftreten, oder es darf (3) ein else-Teil vorhanden sein. Schließlich muß es (4) mindestens eine accept-Alternative geben.

```
select_statement ::= selective_wait | conditional_entry_call
                   | timed_entry_call

selective_wait ::=    select
                          select_alternative
                     {or
                          select_alternative}
                     [else
                          sequence_of_statements]
                     end select;

select_alternative ::= [when condition =>] selective_wait_alternative

selective_wait_alternative ::= accept_alternative | delay_alternative
                   | terminate_alternative

accept_alternative ::= accept_statement [sequence_of_statements]

delay_alternative ::= delay_statement [sequence_of_statements]

delay_statement ::= delay simple_expression;

terminate_alternative ::= terminate;
```

Fig. 6-11: select-Anweisung für selektives Warten: Syntax

Die **Semantik des selektiven Wartens** für die bisher behandelten Fälle der select-Anweisung ist nun wie folgt:

Zu Anfang werden alle Bedingungen innerhalb der Wachtposten ausgewertet, um festzustellen, welche Alternativen überhaupt offen sind. Für das folgende werden ausschließlich offene Alternativen betrachtet. Dabei heißt eine Alternative des selektiven Wartens offen, wenn ihr entweder keine Bedingung vorausgeht, oder wenn die logische Bedingung des Wachtpostens zur Laufzeit zutrifft. Ebenso wird vorab der Ausdruck innerhalb gegebenenfalls auftretender offener delay-Alternativen ausgewertet.

Nun wird **nichtdeterministisch** irgendeine accept-Alternative ausgewählt, falls ein Aufruf zu dem Entry dieser accept-Anweisung vorliegt. Nichtdeterministisch heißt, daß der Programmierer auf die Auswahl keinerlei Einfluß nehmen kann. Es findet dann ein Rendezvous statt. Anschließend wird die gegebenenfalls noch folgende Anweisungsfolge der accept-Alternative ausgeführt.

Für das folgende erinnern wir uns, daß neben accept-Alternativen höchstens entweder eine terminate-Anweisung oder ein else-Teil oder delay-Alternativen vorhanden sein können. Wir nehmen ferner an, daß keine accept-Alternative ausgewählt werden konnte. Eine delay-Alternative wird nur dann ausgewählt, wenn in der dort angegebenen Zeitspanne kein passender Entry-Aufruf für ein Rendezvous eintrifft. (Sind mehrere delay-Alternativen vorhanden, so wird die mit der kürzesten Zeitspanne ausgewählt.) Die terminate-Alternative kann nur ausgewählt werden, falls das übergeordnete Programmstück (Block, Unterprogramm oder Prozeß) selbst vor einem Ende steht (was übergeordnet heißt, klären wir im nächsten Abschnitt) und alle seine untergeordneten Prozesse beendet sind oder auf Beendigung warten. Die Ausführung der terminate-Anweisung führt zu "normaler" Beendigung, d.h. der Prozeß beendigt sich selbst. Der else-Teil schließlich wird dann ausgeführt, falls kein Rendezvous sofort möglich ist. Das ist auch dann der Fall, wenn keine andere Alternative offen ist. Ist kein else-Teil vorhanden, und ist kein Rendezvous möglich, dann wird, wie oben beschrieben, gewartet. Ist kein else-Teil vorhanden und keine Alternative offen, dann wird die Ausnahme   PROGRAM_ERROR erweckt.

Nach Ausführung einer accept-, delay- oder terminate-Alternative ist die entsprechende select-Alternative beendet. Danach oder nach Ausführung des else-Teils ist die select-Anweisung als Ganzes beendet. Die select-Anweisung steht jedoch in der Regel in einer Schleife, so daß im allgemeinen sofort die nächste Ausführung dieser select-Anweisung erfolgt.

6.4 VERZÖGERUNG, UNTERBRECHUNG, AUSNAHMEBEHANDLUNG, BEENDIGUNG

Wir haben im letzten Abschnitt die delay-Alternative bei der nichtdeterministischen Auswahl von Entry-Aufrufen besprochen. Mit ihrer Hilfe kann das Warten des aufgerufenen Prozesses begrenzt werden, wenn kein Rendezvous möglich ist. Diese delay-Alternative hat also nichts mit Verzögerung zu tun. Wir lernen jetzt die **Verzögerungsanweisung** kennen, welche den Prozeß, in dem sie enthalten ist, bei dessen Ausführung so lange verzögert, wie der Wert des in ihr enthaltenen einfachen Ausdrucks angibt. Die Verzögerungsangabe ist von dem vordefinierten Typ DURATION in Sekunden. Die Syntax der Verzögerungsanweisung ist identisch mit dem Anfang der delay-Alternative (in beiden Fällen das nichtterminale Symbol delay_statement; vgl. Fig. 6-11).

Wir wollen hier zur Erläuterung wieder auf das Decodierbeispiel zurückgreifen. Wir geben jetzt den Rumpf des Prozesses   K_DRUCKER_TREIBER   an, dessen Entry DRUCKE_ZEILE   in dem Prozeß   DRUCKE_BOTSCHAFTEN   aufgerufen werde (vg. Fig. 6-12). In diesem Beispiel findet sich an der Stelle (1) eine Verzögerungsanweisung. War der Kettendrucker abgeschaltet, so wird nach seinem Start eine Sekunde gewartet. Dies garantiert, daß der Kettenantrieb bereits auf Touren gekommen ist, bevor die Druckanweisung ausgeführt wird. Im Rumpf von   K_DRUCKER_TREIBER   findet sich an der Stelle (2) aber auch eine Verzögerungsalternative, um die Kette des Kettendruckers abzuschalten, wenn 10 Sekunden keine Druckaufforderung vorlag. Wir haben das bereits im letzten Abschnitt erläutert (vgl. Fig. 6-10). Obwohl delay-Alternative und Verzögerungsanweisung gleich aussehen, haben sie doch eine unterschiedliche Bedeutung.

Eine **Unterbrechung** wird in Ada als ein von der Hardware erzeugter Entry-Aufruf angesehen. Der Prozeß, der die Unterbrechung abhandeln soll, enthält die entsprechenden Anweisungen (Unterbrechungsbehandlung, engl. interrupt handler) innerhalb der entsprechenden accept-Anweisung zu dem Entry. Über Angaben zur Repräsentation auf der Basismaschine, die wir im nächsten Kapitel genauer betrachten werden, wird der Entry-Aufruf mit einem Hauptspeicher-Register einer bestimmten Adresse verbunden.

Wird in diesem Register die Unterbrechung angezeigt, so wird daraufhin implizit der entsprechende Entry-Aufruf abgesetzt, der dann in einem Rendezvous zur Unterbrechungsbehandlung führt. Der Programmierer braucht sich um das Programmieren dieses Entry-Aufrufs also nicht zu kümmern.

```
task K_DRUCKER_TREIBER is  --**********************************************
   ----------------                                                    --
   entry DRUCKE_ZEILE(ZL: in ZEILEN_T);                                --
end;                                                                   --
task body K_DRUCKER_TREIBER is -----------------------------------------
   D_ZEILE: ZEILEN_T;                                                  --
   KETTE_LAEUFT: BOOLEAN :=FALSE;                                      --
begin                                                                  --
   loop                                                                --
      select                                                           --
         accept DRUCKE_ZEILE(ZL: in ZEILEN_T) do                      --
            D_ZEILE := ZL;                                             --
         end;                                                          --
         if not KETTE_LAEUFT then                                     --
            ... -- Starten des Kettenantriebs                          --
            delay 1.0;   -- Verzoegerungsanweisung (1)                 --
            KETTE_LAEUFT := TRUE;                                      --
         end if;                                                       --
         PUT(D_ZEILE);                                                 --
      or when KETTE_LAEUFT = >                                         --
         delay 10.0; -- Begrenzen des Wartens auf Rendezvous (2)       --
         ... -- Anhalten des Kettenantriebs                            --
         KETTE_LAEUFT := FALSE;                                        --
      end select;                                                      --
   end loop;                                                           --
end K_DRUCKER_TREIBER;  --*********************************************
```

Fig. 6-12: Begrenzen des Wartens, Verzögerungsanweisung: Beispiel

Kehren wir erneut zu unserem Decodierbeispiel zurück. In der bisherigen Version gibt es kein Ende. Wir wollen jetzt eine Stoptaste einbauen, deren Drücken zu einer kontrollierten Beendigung aller beteiligten Prozesse führen soll. Hierzu führen wir einen Prozeß   STOPPE_DECODIEREN   ein, dessen Aufgabe lediglich darin besteht, auf das Drücken der Stoptaste zu warten. Dieses Drücken werde etwa in der Speicherzelle mit der Adresse 90 angezeigt. Findet dieses Drücken statt, dann gibt es ein Rendezvous an der accept-Anweisung zu   STOP_TASTE . (Da der Entry-Aufruf implizit erzeugt wird, gibt es somit keinen Prozeß, der den Entry-Aufruf enthält.) Nach diesem Rendezvous wird ein Signal an den Prozeß   ERZEUGE_VERSCHL_ZEICHEN   abgesetzt (durch einen Aufruf von dessen Entry   ENDE), und der Prozeß   STOPPE_DECODIEREN   ist beendet. Dieses Signal führe dort zur Beendigung der Erzeugung verschlüsselter Zeichen und wiederum zum Absetzen eines Beendigungssignals an DECODER (als spezielles Zeichen über den Entry-Aufruf SENDE_C_ZEICHEN) und dann zur Beendigung des Prozesses ERZEUGE_ VERSCHL_ZEICHEN selbst. Hierzu sind lediglich geringe Modifikationen nötig (vgl. Fig. 6-5 und Fig. 6-13). Dieses Beendigungssignal an DECODER wird nun einfach in dessen Puffer geschrieben. DRUCKE_BOTSCHAFTEN leert nun diesen Puffer, da er ja nicht mehr nachgefüllt wird. Trifft es dabei auf das Beendigungszeichen, so füllt es die Zeile mit Leerzeichen auf, gibt die Zeile aus und verabschiedet sich. Jetzt kann sich auch DECODER beenden, da der Puffer leer ist (vgl. Aufgabe 9).

```
task ERZEUGE_VERSCHL_ZEICHEN is --*********************************************
     entry ENDE;                                                            --
end;                                                                        --
task body ERZEUGE_VERSCHL_ZEICHEN is ----------vgl.Fig. 6-5 ---------------
     N_C_ZEICHEN: CHARACTER;                                                --
begin                                                                       --
     loop                                                                   --
        select                                                              --
           accept ENDE;                                                     --
           exit;                                                            --
        else                                                               --
           -- Anweisungen, die irgendwoher Daten erhalten                  --
           -- und einen Wert fuer N_C_ZEICHEN errechnen                    --
           DECODER.SENDE_C_ZEICHEN(N_C_ZEICHEN);                           --
              -- schickt N_C_ZEICHEN an DECODER                            --
        end select;                                                         --
     end loop;                                                              --
     DECODER.SENDE_C_ZEICHEN(ENDE_DER_UEBERTRAGUNG);                       --
end; --*******************************************************************************
task STOPPE_DECODIEREN is --*****************************************************
     entry STOP_TASTE;            -- STOP_TASTE entspricht Interrupt    --
     for STOP_TASTE use at 8#132#; -- Repr. auf Basismaschine,vgl. Kap. 7 --
end;                                                                        --
task body STOPPE_DECODIEREN is -------------------------------------------------
begin                                                                       --
     accept STOP_TASTE;           -- Interruptbehandlung hier leer       --
     ERZEUGE_VERSCHL_ZEICHEN.ENDE;                                         --
end; --*******************************************************************************
```

Fig. 6-13: Unterbrechung, Unterbrechungsbehandlung, Veranlassung der
Selbstbeendigung eines Prozesses

Wir besprechen nun die beiden noch übrig gebliebenen anderen Formen der select-Anweisung (vgl. Fig. 6-11), nämlich den zeitlich begrenzten Entry-Aufruf (nichtterminales Symbol timed_entry_call) und den bedingten Entry-Aufruf (nichtterminales Symbol conditional_entry_call). Beides sind *Hilfsmittel auf der aktiven Seite*, d.h. sie kommen in dem Programmstück vor, das einen Entry aufruft. Sie haben aber ein ähnliches Aussehen wie die Konstrukte auf der passiven Seite, nämlich die verschiedenen Formen des selektiven Wartens. Diese Konstrukte, sowohl auf der aktiven als auch auf der passiven Seite, wurden trotz ihrer völlig unterschiedlichen Bedeutung zu einem nichtterminalen Symbol select_statement zusammengeführt. Im Gegensatz zu den verschiedenen Formen des selektiven Wartens führen zeitlich begrenzter und bedingter Entry-Aufruf auch keine zusätzliche Nichtdeterminiertheit ein. Ferner haben zeitlich begrenzter bzw. bedingter Entry-Aufruf jeweils nur zwei alternative Zweige.

Wird ein Entry A eines Prozesses aufgerufen, so muß der aufgerufene Prozeß für ein Rendezvous bereit sein, wenn der aufrufende Prozeß irgendwann weiterlaufen soll. Ist er dies nicht, z.B. weil er vor einer anderen accept-Anweisung wartet, und kein zugehöriger Entry-Aufruf B eintrifft, dann ist der aufrufende Prozeß an der Stelle des Aufrufs von A blockiert. Um dies zu verhindern, gibt es den *zeitlich begrenzten Entry-Aufruf.* In ihm kommt, wie beim zeitlich begrenzten Warten, eine delay-Alternative vor. Der Wert ihres einfachen Ausdrucks begrenzt die Zeit, die der aufrufende Prozeß auf ein Rendezvous wartet. Man beachte, daß die delay-Alternative auch hier, wie beim selektiven Warten, nichts mit Verzögerung zu tun hat, sondern mit der Begrenzung eines gegebenenfalls bereits eingetretenen Wartezustands. Wie oben bereits ausgeführt, ist dieser zeitlich begrenzte Entry-Aufruf jedoch ein Konstrukt auf der aktiven Seite, während das selektive Warten zur passiven Seite gehört. Wird die in der delay-Alternative in Sekunden angegebene Zeitspanne überschritten, ohne daß der Entry-Aufruf akzeptiert wurde, dann werden die Anweisungen ausgeführt, die in der delay-Alternative ggf. angegeben sind. Diese Zeitspanne begrenzt das Warten des aufrufenden Prozesses wieder auf der (abstrakten) Ada-Maschine. Wann der aufrufende Prozeß auf der Basismaschine wieder zum Zuge kommt, ist damit nicht festgelegt. Durch den zeitlich begrenzten Entry-Aufruf wird die Zeitspanne begrenzt, die der aufrufende Prozeß auf ein Rendezvous wartet, aber z.B. nicht, wie lange dieses Rendezvous dauert, bzw. ob es überhaupt zu einem Ende kommt. Es ist Aufgabe des Programmierers, gegebenenfalls dafür Sorge zu tragen, daß an der aufrufenden Seite erkenntlich ist, ob ein Rendezvous stattfand, oder ob die Zeitspanne vorher überschritten wurde. Fig. 6-14 gibt die Syntax des zeitlich begrenzten Entry-Aufrufs und ein Beispiel.

```
timed_entry_call ::= select

                     entry_call_statement [sequence_of_statements]

            or

                 delay_alternative

            end select;
```

```
select
    STEUERUNG.PROZESSBEGINN(EINIGE_DATEN);
    PROZESS_LAEUFT := TRUE;
or
    delay 40.0;
    PROZESS_LAEUFT := FALSE;
end select;
```

Fig. 6-14: zeitlich begrenzter Entry-Aufruf: Syntax, Beispiel

Der **bedingte Entry-Aufruf** entspricht dem zeitlich begrenzten Entry-Aufruf mit Wert 0.0 in der delay-Alternative (analog zu zeitlich begrenztem selektiven Warten und bedingtem selektiven Warten). Der Entry-Aufruf muß also unmittelbar ausführbar sein, sonst werden die Anweisungen des else-Teiles ausgeführt. Unmittelbar ausführbar heißt, daß der entsprechende akzeptierende Prozeß vor einer accept-Anweisung zu diesem Entry oder einer select-Anweisung mit einer offenen Alternative für diesen Entry wartet. Fig. 6-15 gibt wieder die Syntax und ein einfaches Beispiel an.

```
conditional_entry_call ::= select

                          entry_call_statement [sequence_of_statements]
                      else

                          sequence_of_statements
                      end select;
```

```
procedure STARTE_PROZESS_A( EINIGE_DATEN: in BEL_TYP) is
begin
    loop
        select
            STEUERUNG.PROZESSBEGINN(EINIGE_DATEN);
        else
            null;   -- oder Ausfuehrung irgendeiner Anweisungsfolge
        end select;
    end loop;
end;
```

Fig. 6-15: bedingter Entry-Aufruf: Syntax, Beispiel

Bevor wir mit der Erläuterung weiterer Konstrukte der nebenläufigen Programmierung fortfahren, hier ein **Nachtrag** zur **Syntax**. Mit der select-Anweisung (vgl. Fig. 6-11) haben wir nun die letzte Form einer **zusammengesetzten Anweisung** kennengelernt. Die anderen Formen wurden bereits als Kontrollstrukturen für das Programmieren im Kleinen im Kapitel 3 eingeführt.

```
compound_statement ::= if_statement  |  case_statement
                      | loop_statement | block_statement
                      |accept_statement  | select_statement
```

Fig. 6-16: Alternativen einer zusammengesetzten Anweisung

Oben wurde ausgeführt, daß nach Abarbeitung eines Deklarationsteils die dort enthaltenen "lokalen" Prozesse alle in irgendeiner Reihenfolge aktiviert werden, bevor die erste Anweisung nach dem Deklarationsteil ausgeführt wird. Ebenso mußten vor Beendigung einer Programmeinheit alle "lokalen" Prozesse beendet sein, bevor die "übergeordnete" Programmeinheit beendet werden durfte. Was heißt hier nun "lokal" und "übergeordnet"? Um dies nicht mit den Gültigkeits-/Sichtbarkeitsregeln zu verwechseln, führen wir eine neue Sprechweise ein.

Wir sagen, daß ein Prozeß stets **abhängig** von einer anderen Programmeinheit ist. Wir nennen diese den **Meister** (engl. master). Ein solcher Meister ist entweder ein Prozeß, Block oder ein Unterprogramm, oder ein Paket, das eine Bibliothekseinheit darstellt. Ein Paket, das innerhalb einer anderen Programmeinheit deklariert ist, ist hingegen kein Meister.

Ein Prozeß hängt von dem Meister ab, dessen Ausführung den Prozeß erzeugt. Dies geschieht z.B. durch die Abarbeitung einer Prozeßdeklaration. Eine andere Möglichkeit ist die Auswertung eines Generators für Prozesse, die Haldenobjekte darstellen. Wir werden dies im nächsten Abschnitt besprechen. In diesem Falle hängt ein Prozeß von dem Meister ab, der die entsprechende Prozeß-Zeigertypdeklaration enthält. In jedem Falle ist die Abhängigkeit hier **dynamisch** zu verstehen, d.h. der Meister ist i.a. erst zur Laufzeit bestimmt. Die eben beschriebenen Fälle bezeichnet man als direkte Abhängigkeit. Indirekte Abhängigkeiten sind zu allen Programmeinheiten gegeben, die die Ausführung des Meisters veranlassen.

Prozesse, die deklariert sind, werden implizit bei Abarbeitung ihrer Deklaration aktiviert, es gibt hier also keine Initiierungsanweisung. Andererseits können Prozesse auch über Generatoren erzeugt werden, die wir im nächsten Abschnitt besprechen. **Prozesse** werden als dem **Meister zugehörig** betrachtet, von dem sie abhängen. Fig. 6-17 gibt einige Beispiele.

Bevor wir klären können, wann eine Programmeinheit, die "lokale" Prozesse enthält, beendet ist, wollen wir versuchen, das "normale Ende" zu charakterisieren. Man sagt, ein **Prozeß**, ein **Block** oder ein **Unterprogramm** ist **fertig** (engl. completed), wenn sein Anweisungsteil fertig ausgeführt ist. Das ist dann der Fall, wenn das **end** erreicht wurde, oder wenn eine Anweisung zum Verlassen erreicht wurde (exit, return). Dies ist aber auch der Fall, wenn eine Ausnahme im Anweisungsteil erweckt wurde, und es keinen entsprechenden Ausnahmebehandler gibt, oder wenn es einen Ausnahmebehandler gibt und dieser ausgeführt wurde.

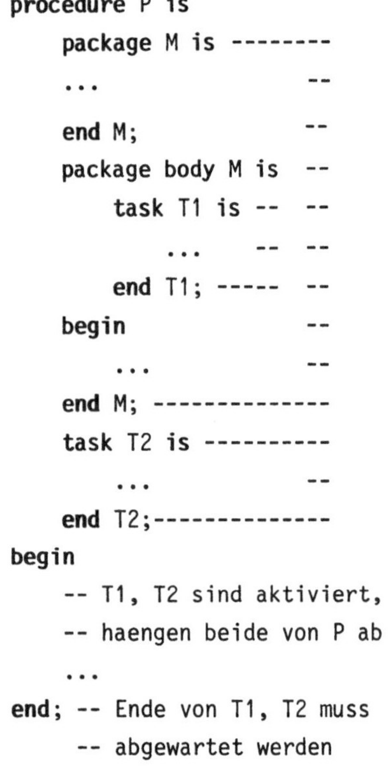

Fig. 6-17: Abhängigkeit eines Prozesses von einer Programmeinheit

Ein **Block, Unterprogramm** oder **Prozeß** ist **beendet** (engl. terminated), wenn er/es fertig ist und alle abhängigen Prozesse beendet sind. Ein Prozeß kann darüber hinaus in den Zustand beendet übergehen, wenn er eine offene terminate-Alternative im selektiven Warten erreicht hat, dieser Prozeß von einem Meister abhängt, der seinerseits fertig ist, und alle anderen Prozesse, die von diesem Meister abhängen, bereits beendet sind oder ebenfalls vor einer terminate-Alternative auf das Ende warten.

Bisher haben wir den **Normalfall** bei der Erzeugung und beim **Ablauf** von **Prozessen** behandelt. Prozesse interagieren miteinander durch Absetzen von Entry-Aufrufen bzw.

durch Akzeptieren solcher Entry-Aufrufe. Das Warten auf die Annahme eines Entry-Aufrufs auf der Seite des aufrufenden Prozesses bzw. das Warten auf die Ankunft eines Entry-Aufrufs auf der Seite des akzeptierenden Prozesses kann zeitlich begrenzt werden. Es dürfen Verzögerungen und Unterbrechungen stattfinden. Jeder Prozeß beendet sich selbst, eventuell kommt der Anstoß zur Beendigung von außen.

Wir lernen im folgenden die *Hilfsmittel* kennen, um *außergewöhnliche Situationen* zu beheben. Zielsetzung muß hierbei sein, eine entstandene unkontrollierte Situation wieder in den Griff zu bekommen, also einen eventuellen Schaden dabei möglichst zu begrenzen. Als Hilfsmittel hierfür gibt es die Ausnahmebehandlung und schließlich - als brachiale Lösung - den gewaltsamen Abbruch eines Prozesses von seiten eines i.a. anderen Prozesses. Letzteres nennen wir dann die anomale Beendigung eines Prozesses.

Betrachten wir zuerst die *Ausnahmebehandlung bei Prozessen*:

Wird eine Ausnahme im Anweisungsteil des Prozeßrumpfs erweckt, ohne daß der Prozeß mit einem anderen kommuniziert, dann wird die normale Ausführung des Prozesses abgebrochen. Es findet jetzt die Ausführung des Ausnahmebehandlers statt, falls einer vorhanden ist. Anschließend ist der Prozeß fertig, die Ausnahme wird auch dann nicht weitergereicht, wenn kein passender Ausnahmebehandler vorhanden war. Hier ist der Programmierer verantwortlich, daß ein Prozeß zumindest einen Ausnahmebehandler mit der others-Alternative (für die unspezifische Fehlerbehandlung) enthält. Es sollte die Beendigung über eine Ausgabeanweisung gegebenenfalls nach außen gemeldet werden, und es sollte der Prozeß zu einem sauberen Abschluß gebracht werden, d.h. dort müssen die "letzten Wünsche" ausprogrammiert werden (ggf. Entry-Aufrufe an andere Prozesse).

Findet die Erweckung einer Ausnahme im Deklarationsteil eines Prozeßrumpfs statt, dann ist der Prozeß fertig, und die Ausnahme `TASKING_ERROR` wird an der Stelle erweckt, wo die entsprechende Prozeßaktivierung stattgefunden hätte.

Findet während des Rendezvous im akzeptierenden Prozeß eine Ausnahmeerweckung statt, so gibt es zwei Fälle: Wird die Ausnahme durch einen "lokalen" Ausnahmebehandler abschließend behandelt, dann hat dies keine Wirkung auf beide am Rendezvous beteiligten Prozesse. Dies ist z.B. der Fall, wenn die accept-Anweisung zwischen **do** und **end** irgendwo einen Block enthält, in dem eine Ausnahme auftritt und abschließend behandelt wird. Erreicht die Ausnahme hingegen das Ende des Rendezvous, d.h. das **end** der accept-Anweisung, dann wird die Ausnahme sowohl an der Stelle nach der accept-Anweisung neu erweckt als auch an den aufrufenden Prozeß weitergereicht.

Die eben betrachteten Fälle waren alles Ausnahmesituationen, die innerhalb eines Prozeßrumpfs auftreten können. Andere Fälle der Ausnahmeerweckung beziehen sich auf Ausnahmen, die bei der Aktivierung von Prozessen auftreten können, oder sie beziehen sich darauf, ob und wie andere Prozesse von einer Ausnahmeerweckung berührt sind. Sie können im Sprachreport in Abschnitt 9.3 nachgelesen werden.

Die gravierendste Maßnahme schließlich, die ergriffen werden kann, um einen sich unregelmäßig verhaltenden Prozeß zu beenden, ist die, ihn abzutöten. Hierfür gibt es die *abort-Anweisung* (vgl. Fig. 6-18). In diesem Falle hat der betroffene Prozeß keine Chance mehr, letzte Wünsche auszuführen. Deshalb sollte man mit dieser abort-Anweisung sehr behutsam umgehen. Ist der abzutötende Prozeß bereits beendet, so hat die abort-Anweisung keine Wirkung. Diese anomale Beendigung eines Prozesses bewirkt, daß danach weder mit ihm noch mit einem seiner abhängigen Prozesse kommuniziert werden kann.

Der Prozeß und seine abhängigen Prozesse gehen sofort in einen Zustand anomal über. Spätestens bei Erreichen des nächsten Synchronisationspunkts (Anfang oder Ende einer accept- oder select-Anweisung etc.) gehen die Prozesse zusätzlich in den Zustand fertig über. Wie wir oben bereits angemerkt haben, kann eine Beendigung des Prozesses jedoch erst dann erfolgen, wenn alle seine abhängigen Prozesse bereits beendet sind. Im allgemeinen wird ein Prozeß andere abtöten. Er darf dies aber auch mit sich selbst tun.

```
abort_statement  ::=  abort task_name {, task_name};
```

```
abort USER, MYSELF;
```

Fig. 6-18: anomale Prozeßbeendigung: Syntax, Beispiel

Durch die **Beendigung** von **Prozessen** können nun folgende **Sonderfälle** bei der **Kommunikation** eintreten: Wird eine Kommunikation über einen Entry-Aufruf mit einem normal oder anomal beendeten Prozeß versucht, so wird an der aufrufenden Stelle die Ausnahme TASKING_ERROR erweckt. Das gleiche passiert, wenn der aufgerufene Prozeß ein Rendezvous nicht mehr ausführt, weil er zwar zum Zeitpunkt der Ausführung des Entry-Aufrufs noch bestand, aber nicht mehr zum Zeitpunkt der Ausführung des entsprechenden Rendezvous. Wird umgekehrt der aufrufende Prozeß getötet, nachdem er einen Entry-Aufruf abgesetzt hat, so gibt es zwei Möglichkeiten: Der Entry-Aufruf wurde noch nicht akzeptiert. In diesem Falle wird er einfach gestrichen. Wurde das Rendezvous bereits begonnen, so wird der aufrufende Prozeß anomal beendet, der akzeptierende Prozeß führt das Rendezvous jedoch zu einem normalen Abschluß. (Auch hierin sehen wir wieder eine Asymmetrie des Rendezvous-Konzepts: Eine "Fehlersituation" des aufrufenden Prozesses hat keine Wirkung auf den akzeptierenden, wohl aber umgekehrt.)

6.5 PROZESSTYPEN, ENTRY-FAMILIEN, IMPLEMENTIERUNGS-ASPEKTE

Eine Prozeßdeklaration im bisherigen Sinne, die im Deklarationsteil einer anderen Programmeinheit auftritt, führte einen Prozeß ein, der dann implizit aktiviert wurde. Es können aber auch Prozeßtypen deklariert werden, die wieder als Schablonen angesehen werden können, mit deren Hilfe beliebig viele gleichartige Prozesse erzeugt werden können. Eine **Prozeßtypdeklaration** hat genau das gleiche Aussehen wie eine Prozeßdeklaration im bisherigen Sinne. Hinter **task** in der Prozeßspezifikation steht jetzt jedoch zusätzlich das Wortsymbol **type**, der eingeführte Bezeichner bezeichnet damit einen Prozeßtyp (vgl. Fig. 6-3). Der Prozeßrumpf sieht genauso aus wie bisher besprochen. So bezeichnet K_DRUCKER_TREIBER in Fig. 6-19 einen Prozeßtyp, mit dem wir dann beliebig viele Prozeßobjekte erzeugen können (der Rumpf sei identisch mit dem aus Fig. 6-12). Dann können wir beispielsweise die Aufgaben lösen, die Standardausgabe einer Sprachimplementation auf verschiedene Drucker zu verteilen.

```
task type K_DRUCKER_TREIBER is -----------------
    entry DRUCKE_ZEILE(ZL: in ZEILEN_T);        --
end;                                            --
task body K_DRUCKER_TREIBER is                  --
    -- Rumpf wie in Fig. 5-12                    --
end K_DRUCKER_TREIBER; -----------------------
```

```
DRUCKER_1, DRUCKER_2, DRUCKER_3: K_DRUCKER_TREIBER;
DRUCKER_POOL: array(1..10) of K_DRUCKER_TREIBER;
type DRUCKER_P is access K_DRUCKER_TREIBER;

....

X: DRUCKER_P := new K_DRUCKER_TREIBER;


DRUCKER_1.DRUCKE_ZEILE(LINE);
DRUCKER_POOL(I).DRUCKE_ZEILE(HEADLINE);
X.all.DRUCKE_ZEILE(ANF_ZEILE);          -- all darf weggelassen werden
```

Fig. 6-19: Prozeßtyp: Typdeklaration, Objektdeklarationen, Zeigerdeklaration,
Entry-Aufruf für Objekt

Von einer solchen Prozeßtypdeklaration können nun verschiedene Prozeßobjekte
erzeugt werden, genauso wie wir dies bei Datenobjekten bisher kennengelernt haben.
Einmal kann dies über eine **Prozeßobjektdeklaration** geschehen, wobei der Programmierer
diesen verschiedenen Prozeßobjekten dann eine verschiedene Bezeichnung gibt, über die
er diese Objekte ansprechen kann. Solche Prozeßobjekte dürfen auch als Komponenten
von Feldern oder Verbunden auftreten. Diese Möglichkeit kann natürlich nur dann
gewählt werden, wenn die Anzahl der Prozeßobjekte zur Programmerstellungszeit
feststeht.

Die zweite Möglichkeit besteht darin, **Prozeßobjekte** als **Haldenobjekte** über einen
Generator zu erzeugen und entsprechende Zeiger darauf deuten zu lassen. Für beide
Möglichkeiten ist in Fig. 6-19 ein Beispiel angegeben. Will man solche Objekte auf der
Halde verketten, dann definiere man einen Verbundtyp, der eine Komponente eines
Prozeßtyps und weitere für Zeiger enthält.

In allen Fällen, wo mehrere Prozeßobjekte zu einem Prozeßtyp (auf eine der beiden
Arten) erzeugt werden, wird nun ein Übersetzer im allgemeinen keineswegs den Code für
die Prozesse mehrfach erzeugen. Es genügt, dies einmal zu tun und für jedes Objekt zu
dem Prozeßtyp einen eigenen Prozeßaktivierungsblock zu erzeugen.

Bei solchen **Prozeßobjekten** werden nun die **Entry-Aufrufe**, wie bisher, mit Hilfe der
Punktnotation hingeschrieben, wobei jetzt der Name vor dem Punkt nicht die
Prozeß-Programmeinheit, sondern das Prozeßobjekt identifiziert. Dies ist gleichermaßen
bei einem deklarierten Prozeßobjekt über den entsprechenden Bezeichner oder Namen
möglich als auch bei einem Haldenobjekt, auf das ein Zeiger zeigt, über die Bezeichnung
dieses Haldenobjekts (vgl. Fig. 6-19). Auf Prozeßobjekte, die über eine Typdeklaration
erzeugt wurden, sind **keinerlei Operationen** außer dem Aufruf ihrer Entries anwendbar. In
der Sprechweise des letzten Kapitels handelt es sich also um eingeschränkte private
Typen. Insbesondere ist keine Zuweisung zwischen Prozeßobjekten möglich. Ein
Prozeßobjekt ist also jeweils eine "Konstante". Zeiger können natürlich nacheinander auf
verschiedene Prozeß-Haldenobjekte verweisen. Auf Prozeßtypen dürfen ferner keinerlei
Einschränkungen angewandt werden.

Für die über Objektdeklarationen erzeugten Prozeßobjekte gilt die bereits erläuterte
Regel, daß sie **automatisch** aktiviert werden, direkt **bevor** die **erste Anweisung** der
entsprechenden übergeordneten Programmeinheit ausgeführt wird. Wird ein Prozeßobjekt
über einen Generator erzeugt, so erfolgt seine Aktivierung **sofort** an der **Stelle der
Erzeugung.**

Ein über einen Generator erzeugtes Prozeß-Haldenobjekt ist, wie wir schon wissen, abhängig von dem Meister, in dem die Zeigertypdeklaration steht. Dieser Meister ist, wie wir ebenfalls bereits festgestellt haben, kein Paket, das in einem Deklarationsteil enthalten ist. Somit gilt, daß alle Prozeßobjekte beendet sein müssen, bevor der Meister verlassen werden darf. Fig. 6-20 gibt hierzu einige Erläuterungen.

```
declare
    type GLOBAL is access RESSOURCE;-- RESSOURCE sei ein Prozesstyp
    A,B: RESSOURCE;                  --Prozessobjektdeklaration
    G: GLOBAL;                       -- Dekl. eines Zeigers auf Prozesse
begin
    -- jetzt sind A,B aktiviert
    declare
        type LOKAL is access RESSOURCE;-- Deklaration eines Zeigertyps
        X: GLOBAL := new RESSOURCE; -- Zeigerdekl. und Aktivierung von X.all
        L: LOKAL := new RESSOURCE;  -- Zeigerdekl. und Aktivierung von L.all
        C: RESSOURCE;
    begin
        -- jetzt ist auch C aktiviert
        ...
    end; --Beendigung von C und L.all muss abgewartet werden, nicht von X.all
end; -- Beendigung von A,B und X.all und ggfs. von G.all muss abgew. werden
```

Fig. 6-20: Automatische Aktivierung und normale Beendigung von Prozessen

Für ein bestimmtes Prozeßobjekt können nun Entries gleichartig sein, indem sie etwa den gleichen Formalparameterteil haben. Sie dürfen dann zu einer *Familie von Entries* zusammengefaßt werden (vgl. die Syntax in Fig. 6-7). Es handelt sich hier eigentlich um ein eindimensionales Feld von Entries. Die Bezeichnung Feld wurde vermieden, da es sich hier zwar um eine Zusammenfassung gleichartiger Objekte (nämlich Entries) handelt, andererseits diese Zusammenfassung aber nicht die Eigenschaften hat, die Felder allgemein besitzen. Die Mitglieder der Entry-Familien werden durch Indizierung voneinander unterschieden. Sowohl bei der accept-Anweisung als auch beim Entry-Aufruf tauchen jetzt, eingeklammert in verschiedene Klammerpaare, verschiedene Parameterlisten auf (einmal ein aktueller Parameter, gefolgt von einer Liste formaler Parameter, im anderen Falle ein aktueller Parameter, gefolgt von einer Liste aktueller Parameter).

Fig. 6-21 gibt ein Beispiel der Verwendung einer Entry-Familie an, nämlich wenn Entries mit Prioritäten versehen werden sollen, sonst aber gleich sind. Man könnte natürlich dieses Problem auch dadurch lösen, daß man verschiedene Prozesse zu den verschiedenen Entries unterschiedlicher Priorität angibt (eventuell ein Feld von Prozessen). Diese Lösung würde jedoch nicht zum Ausdruck bringen, daß die Entries "logisch" zusammengehören.

Jeder Prozeß kann (aber muß nicht) eine *Priorität* besitzen, die dann vom vordefinierten (implementationsabhängigen) Untertyp PRIORITY des Typs INTEGER ist. Niedriger Prioritätswert bedeutet geringere Dringlichkeit der Ausführung des Prozesses. Die Zuordnung der Priorität zu einem Prozeß geschieht durch das Pragma PRIORITY , das in der Prozeßspezifikation erscheint und das als Parameter einen statischenAusdruck haben muß:

```
pragma PRIORITY (static_expression);
```

Durch eine Prioritätsfestlegung wird die Ausführungsgeschwindigkeit (d.h. gegebenenfalls der Scheduling-Algorithmus) keineswegs völlig festgelegt. Es wird lediglich festgelegt, daß bei den verschiedenen aktiven Prozessen niemals der mit niedrigerer Priorität auf der Basismaschine "laufen" kann, während der mit höherer Priorität auf das "Laufen" wartet. (Man beachte, daß dieses Warten nichts mit Warten bei der Ausführung durch die Ada-Maschine zu tun hat, da "Laufen" nicht mit Aktivsein gleichgesetzt werden darf.) Insbesondere liegt hier nicht fest, wie bei Prozessen mit gleicher Priorität zu verfahren ist. Prioritäten dienen nur der Festlegung relativer Dringlichkeiten. Sie sollten nicht zur Synchronisation benutzt werden.

```
type PRIORITAET is (HOCH,MITTEL,NIEDRIG);

...

task KONTROLLE is  --------------------------------------------------------
    entry ANFORDERUNG(PRIORITAET'(HOCH..NIEDRIG)) (D: D_TYP);         --
end;                                                                  --
task body KONTROLLE is                                                --
    ...                                                              --
    select                                                           --
        accept ANFORDERUNG(HOCH) (D: D_TYP) do      ---(1)           --
            ...                                                      --
        end;                                                         --
    or when ...  =>                                                  --
        accept ANFORDERUNG(MITTEL) (D: D_TYP) do   ---(2)            --
            ...                                                      --
        end;                                                         --
    or when ...  =>                                                  --
        accept ANFORDERUNG(NIEDRIG) (D: D_TYP) do  ---(3)            --
            ...                                                      --
        end;                                                         --
    end select;                                                      --
    ...                                                              --
end KONTROLLE;  -----------------------------------------------------------
```

```
KONTROLLE.ANFORDERUNG(HOCH)(AKT_D1);

...

KONTROLLE.ANFORDERUNG(NIEDRIG)(AKT_D2);
```

Fig. 6-21: Entry-Familie: Deklaration im Prozeßkopf, angewandtes Auftreten im Prozeßrumpf, angewandtes Auftreten im Entry-Aufruf

Für einen Prozeß gibt es eine Reihe vordefinierter **Attribute.** Sie sind in der folgenden Tabelle zusammengefaßt. Hierbei sei T ein beliebiges Prozeßobjekt oder ein beliebiger Prozeßtyp, E ein Entry. Mit dem Attribut COUNT ist vorsichtig umzugehen. Zum einen kann jederzeit ein Entry-Aufruf ankommen, der COUNT erhöht, zum anderen kann sich diese Zahl jederzeit erniedrigen, z.B. bei einem zeitlich begrenzten Entry-Aufruf. Ferner darf das Attribut nur im Rumpf des Prozesses stehen, zu dem der Entry E gehört.

T'CALLABLE	ergibt FALSE , wenn der durch T bezeichnete Prozeß fertig, anomal oder beendet ist, TRUE sonst.
T'TERMINATED	ergibt TRUE , falls der durch T bezeichnete Prozeß beendet ist, FALSE sonst.
	Weitere Attribute beziehen sich auf die Repräsentation eines Prozesses oder Prozeßtyps (vgl. 13.7.2 des Sprachreports und Abschnitt 7.2 des Buches).
E'COUNT	Anzahl der Entry-Aufrufe zu einer Prozeßeinheit T , die sich aktuell in der Warteschlange zu E befinden. Das Ergebnis ist vom Typ *universal_integer*. Das Attribut ist nur im Rumpf von T erlaubt, aber nicht in einer Programmeinheit, die T enthält.

Tab. 6-22: Prozeß-Attribute

Informationsaustausch zwischen Prozessen fand bisher ausschließlich vor oder nach Abschluß eines Rendezvous aufgrund eines **Entry-Aufrufs** statt. Vor dem Rendezvous wurde dem akzeptierenden Prozeß die Information der Eingangsparameter bzw. Transienten übermittelt, nach dem Rendezvous wird dem aufrufenden Prozeß die Information der Transienten oder Ausgangsparameter überbracht.

Denkt man an verschiedene Rechnerarchitekturen, auf denen ein nebenläufiges Programm ablaufen kann, dann paßt dieser Mechanismus gut zu **verteilten Systemen** (dedicated systems). Die einzelnen Prozesse arbeiten relativ unabhängig voneinander und werden deshalb im allgemeinen verschiedenen Prozessoren zugeordnet, die Fülle der übermittelten Information ist gering, was der relativ langsamen Datenübermittlung solcher Systeme entspricht.

Bei einer Rechnerarchitektur, wo sich verschiedene Prozessoren einen **gemeinsamen Hauptspeicher** teilen (shared memory multiprocessor architecture), würde man eher die Datenübermittlung wegfallen lassen. Hierzu gibt es in der Programmiersprache bereits ein geeignetes Konzept, nämlich **globale** Daten. Diese sind dann verschiedenen Prozessen, die auf verschiedenen Prozessoren "laufen", gleichermaßen zugänglich.

Hierbei ist jedoch große **Vorsicht** angebracht! Es gibt nämlich in der Sprache hierfür keinen bequemen, hierauf zugeschnittenen und allgemeinen Synchronisationsmechanismus. Statt dessen muß der Programmierer selbst darauf achten, daß nicht zwei Prozesse gleichzeitig dieselben globalen Daten manipulieren (gegenseitiger Ausschluß). Als Mechanismen der Sprache, die er hierbei ausnützen kann, stehen das Rendezvous-Konzept zur Verfügung, das eine Synchronisation zwischen aufrufendem und akzeptierendem Prozeß erlaubt, sowie die impliziten Synchronisationskonzepte, die in der automatischen Aktivierung stecken sowie im Warten auf das Ende abhängiger Prozesse.

6.6 EIN BEISPIEL

Das folgende **Beispiel** aus /7. KB 81/ simuliert die interne Arbeitsweise einer Variante eines **Münztelefons,** die die Deutsche Bundespost in Fernsprechhäuschen aufgestellt hat. Es wird nicht behauptet, daß diese Simulation mit der Hardware-Realisierung der Post völlig übereinstimmt.

Das betrachtete Münztelefon (vgl. Bild 6-23) hat 3 Münzeinwurfschlitze, für Zehnpfennig-, Fünfzigpfennig- und Markstücke, und drei Puffer für diese drei Sorten von Münzen, in denen jeweils bis zu 10 Münzen zwischengespeichert werden können. Die Münzen werden oben in den Puffer eingefüllt und unten entnommen, letzteres falls das interne Konto (Wert der geschluckten Münzen minus verbrauchte Kosteneinheiten) leer ist.

Wir ordnen dem Münztelefon das Paket MUENZTELEFON zu (vgl. Fig. 6-25). Die möglichen Aktivitäten eines Münztelefonbenutzers sind als Schnittstellenoperationen H_ABNEHMEN , H_EINHAENGEN , E_WAHL und M_EINWERFEN dieses Pakets enthalten. Dabei bezeichne E_WAHL die Eingabe einer einzigen Ziffer, veranlaßt durch das Drehen der Wählscheibe oder das Drücken einer Wähltaste.

Wir sehen in Fig. 6-24 die Prozedur NOTRUF , die zeigt, wie mit MUENZTELEFON umgegangen wird. Das Paket MUENZTELEFON ist also wieder eine "abstrakte Datenstruktur".

Fig. 6-23: Variante eines Münztelefons

Der *Aufbau* der hier angegebenen *Realisierung* wird in Fig. 6-25 skizziert. Es sind eine Reihe von Prozessen mit Entries und Entry-Aufrufen nötig, um das Zusammenspiel der verschiedenen internen Aktivitäten zu realisieren. Diese Prozesse sind außerhalb des Paketrumpfs nicht sichtbar. Die Schnittstellenoperationen von MUENZTELEFON werden intern auf Entry-Aufrufe abgebildet. Es ist, wie wir sehen werden, bequemer und übersichtlicher, die so transformierten Schnittstellenoperationen hier gleichberechtigt (und nicht übergeordnet) in dieses Zusammenspiel mit einzubeziehen. Die beteiligten Prozesse sind bis auf KANAL und UHR im Rumf von MUENZTELEFON enthalten. Sie kommunizieren miteinander über Aufrufe der in Fig. 6-25 angegebenen Entries.

```
with MUENZTELEFON; use MUENZTELEFON;

procedure NOTRUF is   -- kein Notruftelefon: Man braucht

begin

    H_ABNEHMEN;

    M_EINWERFEN(ZEHN_PF); M_EINWERFEN(ZEHN_PF);

    E_WAHL('1'); E_WAHL('1'); E_WAHL('0');

    -- Notruf absetzen

    H_EINHAENGEN;

end NOTRUF;   -- 20 Pf, die nicht wieder zurueckkommen
```

Fig. 6-24: Benutzung Münztelefon: Beispiel

An diesem *internen Zusammenspiel* sind 5 Prozesse beteiligt, die alle aktiviert werden, wenn die Deklaration des Pakets MUENZTELEFON abgearbeitet wird. Die Hauptaufgabe der internen Organisation übernimmt dabei der Prozeß ORGANISATION , der zu drei der vier Schnittstellenoperationen von MUENZTELEFON direkt entsprechende Entries ABNEHMEN , EINHAENGEN und WAHL enthält.

Es gibt ferner drei Prozesse PF_10.PUFFER , PF_50.PUFFER und DM.PUFFER , die den drei Puffern im Münztelefon entsprechen. Diese drei Pufferprozesse werden mit Hilfe des generischen Pakets P_PAKET durch drei Exemplarerzeugungen geschaffen. Sie haben alle drei einen Entry EINWERFEN , für die Aufnahme einer neuen Münze, ENTNEHMEN , zur Entnahme einer Münze, damit weitergesprochen werden kann, und ALLES_RAUS , zum Entleeren des Puffers am Ende eines Gesprächs oder eines erfolglosen Gesprächsversuchs. Der letzte Entry PRUEFEN dient zur Ermittlung der Gesamtzahl noch nicht verbrauchter Münzen im Puffer.

Der letzte Prozeß KONTO regelt den Geldverkehr innerhalb des Münztelefons. Der Entry NACHFRAGEN dient zur Ermittlung des noch nicht verbrauchten, in den Puffern enthaltenen Betrags. Er macht Gebrauch vom Entry PRUEFEN der Puffer. ABZIEHEN vermindert den internen Kontostand um eine Kosteneinheit (um 10 Pfennig). Falls dies nicht möglich ist, muß aus einem der Puffer eine neue Münze entnommen werden, soll das Gespräch nicht abgebrochen werden. ERSTATTEN schließlich gibt den Inhalt der Puffer aus. Wie bei dem hier besprochenen Münzfernsprecher üblich, wird der bereits geschluckte, aber noch nicht verbrauchte Betrag nicht zurückerstattet (das würde nämlich auf internes Geldwechseln hinauslaufen, was die hier besprochene Münztelefon-Variante nicht beherrscht).

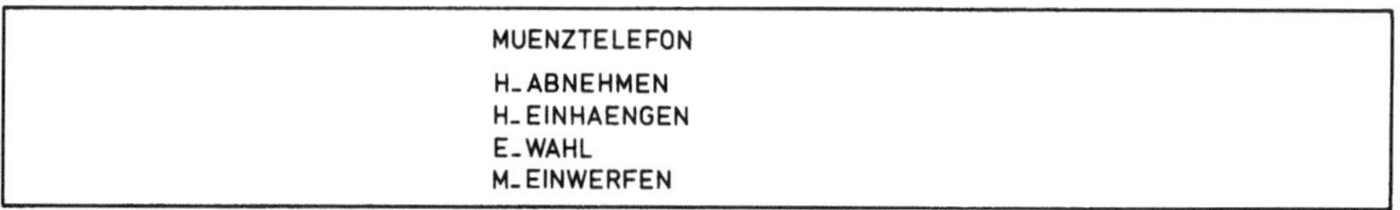

Paketrumpf MUENZTELEFON

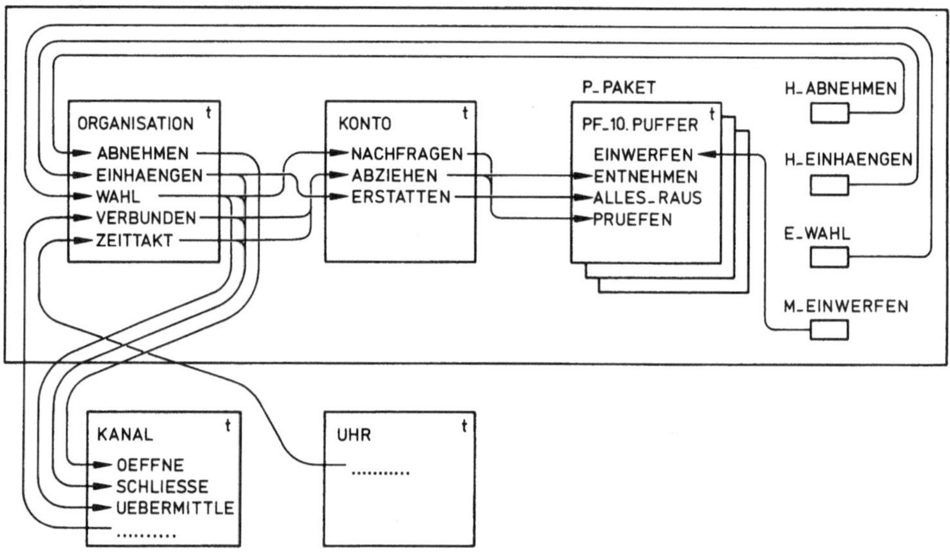

Fig. 6-25: Übersicht Münztelefon

Der Prozeß ORGANISATION übernimmt die **Steuerung** der Einzelkomponenten des Münztelefons. Bei Abnehmen des Hörers, realisiert durch den Entry ABNEHMEN , wird versucht, eine Verbindung zu eröffnen. Die Verwaltung der Verbindungen übernimmt der Prozeß KANAL . Bei der Eingabe einer Ziffer wird diese an KANAL weitergegeben, damit dieser Prozeß die richtige Verbindung aufbauen kann. Es wird aber auch bei KONTO nachgefragt, ob die Puffer wenigstens den Mindestbetrag (20 Pfennig) enthalten. Beim Einhängen wird KANAL geschlossen und die Ausgabe der Puffer veranlaßt. Schließlich gibt es noch die Entries VERBUNDEN und ZEITTAKT . In beiden Fällen wird eine Kosteneinheit vom internen Kontostand abgebucht. Jeder Aufruf des Entries ZEITTAKT führt dabei zur weiteren Verminderung des Kontenstands um 10 Pfennig.

Daneben gibt es noch die beiden "externen" Prozesse KANAL und UHR . Die Entries von KANAL haben wir bereits erwähnt. Die Realisierung des Aufbaus von Verbindungen wird hier nicht erläutert. Der Prozeß UHR schließlich gebe (in Abhängigkeit von der Entfernung zum angerufenen Teilnehmer) in bestimmten Zeitabständen einen Zeitimpuls (einen Aufruf des Entries ZEITTAKT) aus.

Betrachten wir nun die **einzelnen Programmeinheiten** des ausformulierten Programms (vgl. Fig. 6-26.a bis 6-26.e). Diese Programmeinheiten sind jeweils getrennt übersetzbar. Die Schnittstelle des Pakets MUENZTELEFON (vgl. Fig. 6-26.a) stellt die bereits oben besprochenen Schnittstellenoperationen zur Verfügung. Daneben werden auch die zulässigen Typen der Parameter nach außen exportiert. Dieses Paket MUENZTELEFON ist eine Bibliothekseinheit. Sie wird, wie üblich, über with- und use-Klausel benutzt. Bei der Abarbeitung der with-Klausel werden dann auch die beteiligten Prozesse im Rumpf von MUENZTELEFON   aktiviert, da dies einer impliziten Deklaration entspricht.

```
package MUENZTELEFON is  --***********************************************
    type MUENZE is (ZEHN_PF, FUENFZIG_PF, MARK);                        --
    type ZIFFER is ('1','2','3','4','5','6','7','8','9','0');           --
    procedure H_ABNEHMEN;                                              --
    procedure H_EINHAENGEN;                                            --
    procedure E_WAHL(Z: ZIFFER);                                       --
    procedure M_EINWERFEN(OBJ: MUENZE);                               --
end MUENZTELEFON; ----------------------------------------------------------
```

Fig. 6-26.a: Schnittstelle von MUENZTELEFON

Der **Rumpf des Pakets MUENZTELEFON** (vgl. Fig. 6-26.b) besteht nun, wie oben angegeben, aus den Prozessen ORGANISATION , KONTO und dem generischen Paket P_PUFFER , aus dem durch drei Exemplarerzeugungen die drei benötigten Pufferprozesse erzeugt werden. Tatsächlich werden nicht die Prozesse direkt erzeugt, sondern Pakete, die diese Prozesse enthalten. An der Stelle der Exemplarerzeugung werden diese drei Pufferprozesse zur Laufzeit dann implizit aktiviert. Der Umweg über generische Pakete ist nötig, da es keine generischen Prozesse gibt. Die Rümpfe der Prozesse ORGANISATION und KONTO bzw. des generischen Pakets P_PUFFER sind als Untereinheiten textuell ausgelagert. Sie können deshalb auch getrennt übersetzt werden. Die Namensgebung PF_10, PF_50 und DM für die Pakete, die je einen Prozeß enthalten, ergibt sich aus diesem Umweg über Exemplare eines generischen Pakets. So bezeichnet später PF_10.PUFFER.ALLES_RAUS den Aufruf des Entries ALLES_RAUS im Prozeß PUFFER , der wiederum (einziger) Bestandteil des Pakets PF_10 ist. Es folgen dann noch die Implementierungen der Schnittstellenoperationen. Diese Implementierungen sind so einfach, daß sie keiner Erläuterung bedürfen. Der Rumpf des Pakets MUENZTELEFON hat übrigens keinen Anweisungsteil.

Es folgen nun Erläuterungen zu den Rümpfen der weiteren beteiligten Prozesse. Die entsprechenden Prozeßschnittstellen sind dem Rumpf von MUENZTELEFON in Fig. 6-26.b zu entnehmen.

Betrachten wir als nächstes den **Rumpf des Prozesses ORGANISATION** (vgl. Fig. 6-26.c). Er besteht aus einer äußeren Endlosschleife, die eine accept-Anweisung (1) für den Entry ABNEHMEN enthält. Nach hier erfolgtem Rendezvous wird ein Entry-Aufruf KANAL_OEFFNE abgesetzt. Kommt der Prozeß KANAL nicht zum entsprechenden Rendezvous (z.B. weil er keine Leitungen mehr frei hat), so geht es hier in ORGANISATION nicht weiter (unsere Lösung würde dann hier auch kein Einhängen erlauben). Jetzt kann in beliebiger Folge jeweils ein Aufruf eines der Entries akzeptiert werden, nämlich WAHL (zur Annahme einer gewählten Ziffer), VERBUNDEN (falls eine Leitung von KANAL geschaltet wurde), ZEITTAKT und EINHAENGEN . Wir haben hier also selektives Warten mit 4 accept-Anweisungen (2) - (5), von denen lediglich die erste einen Anweisungsteil (zwischen **do** und **end**) besitzt, der garantiert, daß die Annahme der nächsten Ziffer erst erfolgen kann, wenn die vorangehende von KANAL angenommen wurde. Nach Annahme einer Ziffer wird jedesmal bei KONTO nachgefragt, angezeigt durch die Boolesche Variable GENUG , ob mindestens der Mindestbetrag von 20 Pfennig in den Münzpuffern vorhanden ist. Die normale Abfolge akzeptierter Entry-Aufrufe ist: ABNEHMEN , eine Folge von WAHL , einmal VERBUNDEN , eine Folge von ZEITTAKT und dann EINHAENGEN . Bei Herstellung der Verbindung bzw. bei Akzeptieren jedes Zeittakts wird durch Aufruf des Entries KONTO.ABZIEHEN(GENUG) der interne Kontostand um eine Kosteneinheit vermindert, wobei gegebenenfalls vorher eine Münze geschluckt werden muß. Nach Akzeptieren von EINHAENGEN wird die innere Schleife verlassen, es kann über ABNEHMEN ein neuer Gesprächsablauf beginnen. Vorher wird der Betrag in den Münzpuffern zurückerstattet. Wird beim Überprüfen, ob der Mindestbetrag vorhanden ist, bzw. beim Abziehen einer Kosteneinheit festgestellt, daß das Geld nicht reicht, so wird der Kanal geschlossen. Jetzt wird nur ein Aufruf von EINHAENGEN akzeptiert (wir haben hier somit zwei accept-Anweisungen zum Entry EINHAENGEN), und der zu niedrig befundene Betrag wird zurückgegeben.

```
package body MUENZTELEFON is -------------------------------------------    --

    MAX_HOEHE: constant := 10;                                             --

    type HOEHE is range 0..MAX_HOEHE;                                      --

    task ORGANISATION is -----------------------------------------        --

        entry ABNEHMEN;                                          --        --

        entry EINHAENGEN;                                        --        --

        entry WAHL(EING: ZIFFER);                                --        --

        entry VERBUNDEN;                                         --        --

        entry ZEITTAKT;                                          --        --

    end ORGANISATION;                                            --        --

    task body ORGANISATION is separate; -------------------------         --

    task KONTO is --------------------------------------------------      --

        entry NACHFRAGEN(OK: out BOOLEAN);                       --        --

        entry ABZIEHEN(OK: out BOOLEAN);                         --        --

        entry ERSTATTEN;                                         --        --

    end KONTO;                                                   --        --

    task body KONTO is separate; ---------------------------------        --

    generic --------------------------------------- gen. Paket -------     --

        EINHEIT: in MUENZE;                          -- zur Erzeu-   --     --

    package P_PAKET is                               -- gung dreier  --     --

        task PUFFER is                               -- Puffer fuer  --     --

            entry EINWERFEN(OBJ: in MUENZE); -- 10 Pf, 50 Pf   --     --

            entry ENTNEHMEN(OBJ: out MUENZE);-- und 1 DM       --     --

            entry ALLES_RAUS;                        -- und          --     --

            entry PRUEFEN(M_ANZ: out HOEHE); -- Instanz-       --     --

        end PUFFER;                                  -- erzeu-       --     --

    end P_PAKET;                                     -- gungen       --     --

    package body P_PAKET is separate;                -- fuer         --     --

    package PF_10 is new P_PAKET(ZEHN_PF);           -- die drei     --     --

    package PF_50 is new P_PAKET(FUENFZIG_PF);-- Pakete             --     --

    package DM is new P_PAKET(MARK); ------------------------------   --     --

    procedure H_ABNEHMEN is begin ORGANISATION.ABNEHMEN; end;-----    --

    procedure H_EINHAENGEN is begin ORGANISATION.EINHAENGEN; end;    --

    procedure E_WAHL(Z: ZIFFER) is begin ORGANISATION.WAHL(Z);end;   --

    procedure M_EINWERFEN(OBJ: MUENZE) is                           --     --

    begin                                                          --     --

        case OBJ is                                                --     --

            when ZEHN_PF => PF_10.PUFFER.EINWERFEN(OBJ);           --     --

            when FUENFZIG_PF => PF_50.PUFFER.EINWERFEN(OBJ);       --     --

            when MARK => DM.PUFFER.EINWERFEN(OBJ);                 --     --

        end case;                                                  --     --

    end M_EINWERFEN; -----------------------------------------------     --

end MUENZTELEFON;        --***************************************************
```

Fig. 6-26.b:
Rumpf von
MUENZTELEFON

```
separate (MUENZTELEFON) --------------------------------------------------
task body ORGANISATION is                                               --
        --*********                                                      --
    GENUG: BOOLEAN;                                                      --
begin                                                                    --
    loop                                          -- Rendezvous-Punkte:  --
        accept ABNEHMEN;-----------------------------(1)                 --
        KANAL.OEFFNE;                                                    --
      ANRUF:                                                             --
        loop                                                             --
          select                                                         --
              accept WAHL(EING: ZIFFER) do  -------(2)                   --
                  KANAL.UEBERMITTLE(EING);                               --
              end WAHL;                                                  --
              KONTO.NACHFRAGEN(GENUG);                                   --
          or                                                             --
              accept VERBUNDEN;  ------------------(3)                   --
              -- hier wird Entry-Aufruf von seiten KANAL erwartet        --
              KONTO.ABZIEHEN(GENUG);                                     --
          or                                                             --
              accept ZEITTAKT;--Aufruf von UHR    (4) -- hier wird       --
              KONTO.ABZIEHEN(GENUG);                      -- gesprochen  --
          or                                                             --
              accept EINHAENGEN; ------------------(5)                   --
              KANAL.SCHLIESSE; KONTO.ERSTATTEN;                          --
              exit   ANRUF;                                              --
          end select;                                                    --
          if not GENUG then                                              --
              KANAL.SCHLIESSE;                                           --
              accept EINHAENGEN;  ----------------(6)                    --
              KONTO.ERSTATTEN;                                           --
              exit ANRUF;                                                --
          end if;                                                        --
        end loop ANRUF;                                                  --
    end loop;                                                            --
end ORGANISATION; --*******************************************************
```

Fig. 6-26.c: Rumpf des Steuerprozesses ORGANISATION

```ada
separate (MUENZTELEFON) ---------------------------------------------------
task body KONTO is                                                        --
        --*****                                                           --
    type PFENNIG is range 0..100;                                         --
    WERT_IN_PF: constant array(MUENZE) of PFENNIG :=(10,50,100);          --
    KOSTEN_EINH: constant PFENNIG := 10;                                  --
    MIND_BETR: constant PFENNIG := 20;                                    --
    HABEN: PFENNIG :=0; --internes Konto: geschluckte Muenzen - Verbrauch --
    N_MUENZE: MUENZE;                                                     --
    function P_MEHR_ALS(MIN: PFENNIG) return BOOLEAN is --------------    --
        ZAEHLER: array(MUENZE) of HOEHE;--Dreifachzaehler        --       --
    begin                                                        --       --
        PF_10.PUFFER.PRUEFEN(ZAEHLER(ZEHN_PF));                  --       --
        PF_50.PUFFER.PRUEFEN(ZAEHLER(FUENFZIG_PF));              --       --
        DM.PUFFER.PRUEFEN(ZAEHLER(MARK));                        --       --
        return (MIN<= ZAEHLER(ZEHN_PF)*10 + ZAEHLER(FUENFZIG_PF)*50 --    --
                    + ZAEHLER(MARK)*100);                        --       --
    end P_MEHR_ALS; ----------------------------------------------------  --
begin                                                                     --
    loop                                                                  --
        select                                       --Rendezvous-Punkte: --
            accept NACHFRAGEN(OK: out BOOLEAN) do --------------(7)       --
                OK := P_MEHR_ALS(MIND_BETR);                              --
            end NACHFRAGEN;                                               --
        or                                                                --
            accept ABZIEHEN(OK: out BOOLEAN) do ----------------(8)       --
                OK := P_MEHR_ALS(KOSTEN_EINH);                            --
                if not OK and HABEN=0 then                                --
                    return;                                               --
                elsif HABEN=0 then --Puffer sind nicht leer               --
                    select                                                --
                        PF_10.PUFFER.ENTNEHMEN(N_MUENZE);                 --
                    else select                                           --
                        PF_50.PUFFER.ENTNEHMEN(N_MUENZE);                 --
                    else                                                  --
                        DM.PUFFER.ENTNEHMEN(N_MUENZE);                    --
                    end select; end select;                               --
                    HABEN := WERT_IN_PF(N_MUENZE) - KOSTEN_EINH;          --
                else -- HABEN/=0, (Puffer sind voll oder leer)            --
                    HABEN := HABEN - KOSTEN_EINH;                         --
                end if;                                                   --
                OK := TRUE; -- war noch genug da                          --
            end ABZIEHEN;                                                 --
        or                                                                --
            accept ERSTATTEN; -------------------------------------(9)    --
            HABEN:=0; PF_10.PUFFER.ALLES_RAUS;                            --
            PF_50.PUFFER.ALLES_RAUS; DM.PUFFER.ALLES_RAUS;               --
        end select;                                                       --
    end loop;                                                             --
end KONTO; --************************************************************************
```

Fig. 6-26.d: Rumpf von KONTO

```ada
separate (MUENZTELEFON)
package body P_PAKET is
    task body PUFFER is separate;
end P_PAKET;


separate (MUENZTELEFON)
task body PUFFER is -------------------------------------------------------------
        --******    fuer einen Puffer von Muenzen bestimmten Werts       --
    ANZAHL: HOEHE :=0;                                                    --
begin                                                                    --
    loop                                                                 --
        select                                      -- Rendezvous-Punkte:--
            accept ALLES_RAUS; -----------------------------(10)          --
            ANZAHL:=0;                                                   --
        or when ANZAHL < MAX_HOEHE =>                                    --
            accept EINWERFEN(OBJ: in MUENZE); --------------(11)          --
            ANZAHL := ANZAHL+1;                                         --
        or when ANZAHL>=0  =>                                            --
            accept ENTNEHMEN(OBJ: out MUENZE) do -----------(12)          --
                OBJ:=EINHEIT;  -- EINHEIT ist formaler generischer       --
            end ENTNEHMEN;    -- Parameter von P_PAKET                    --
            ANZAHL := ANZAHL-1;                                         --
        or                                                               --
            accept PRUEFEN(M_ANZ: out HOEHE) do ------------(13)          --
                M_ANZ := ANZAHL;                                         --
            end PRUEFEN;                                                 --
        end select;                                                     --
    end loop;                                                            --
end PUFFER; --***************************************************************
```

Fig. 6-26.e: Rumpf von PUFFER

Der **Rumpf des Prozesses KONTO** (vgl. Fig. 6-26.d) enthält eine lokale Boolesche Funktion P_MEHR_ALS , die den Inhalt der drei Münzpuffer daraufhin überprüft, ob er dem Wert nach größer ist als der aktuelle Eingangsparameter. Hierzu muß mit Hilfe von Entry-Aufrufen PRUEFEN die Anzahl der Münzen jedes Puffers festgestellt werden. Das Ergebnis wird im Dreifachzähler ZAEHLER abgelegt. Der Anweisungsteil des Rumpfs von KONTO enthält eine Endlosschleife, die nur ein selektives Warten enthält. Es kann also nacheinander in beliebiger Reihenfolge ein Entry-Aufruf für NACHFRAGEN , ABZIEHEN und ERSTATTEN akzeptiert werden. Lediglich die accept-Anweisung für den Entry ABZIEHEN bedarf einer Erläuterung. Wenn das Haben null ist und in den Puffern sich keine Münzen befinden, dann wird zurückgesprungen. In diesem Fall ist das Rendezvous also kürzer als sonst, wo die ganze accept-Anweisung ausgeführt wird. Wir sehen damit, daß die return-Anweisung auch zum vorzeitigen Verlassen einer accept-Anweisung und damit Rücksprung in den aufrufenden Prozeß dienen kann. Für den Fall, daß das Haben verbraucht ist, muß von den Puffern eine Münze entnommen werden. Das wird zuerst für den Zehnpfennig-Puffer versucht, dann für den Fünfzigpfennig-Puffer und erst dann für den Mark-Puffer. Das wird realisiert durch einen bedingten Entry-Aufruf, der im else-Teil wieder einen bedingten Entry-Aufruf enthält.

Es folgt nun am Ende dieses Abschnitts die **Erläuterung des Prozesses PUFFER** (vgl. Fig. 6-26.e), der einen beliebigen Münzpuffer realisiert. Hier muß, lediglich um der Ada-Regel Genüge zu tun, daß eine Untereinheit nur zu einer Programmeinheit existieren kann, die im äußersten Deklarationsteil einer Übersetzungseinheit vorkommt, der Rumpf des generischen Pakets P_PAKET ebenfalls als Untereinheit auftreten. Dieser enthält lediglich einen Stummel für den Rumpf von PUFFER . Dessen Rumpf enthält eine Endlosschleife, die wiederum ein selektives Warten mit 4 Rendezvous-Punkten enthält. Dabei sind, wie für einen endlichen Puffer bereits bekannt, die Entnahme und das Einwerfen von zwei Wachtposten geschützt, die garantieren, daß nicht versucht wird, einen leeren Puffer zu entleeren oder einen vollen zu füllen.

AUFGABEN ZU KAP. 6

1) Eine Prozedur (Hauptprogramm) enthalte in ihrem Deklarationsteil drei Prozesse, von denen der erste zwei lokale Prozesse, der zweite drei lokale Prozesse enthalte. Der dritte enthalte im Anweisungsteil eine zweiseitig bedingte Anweisung, wobei der then-Teil einen Block mit zwei lokalen Prozessen, der else-Teil einen Block mit drei lokalen Prozessen enthalte. Wie viele Prozesse sind vor Beginn der Ausführung des Anweisungsteils der Prozedur aktiv? Wenn die Prozesse nun unterschiedlich voranschreiten, wieviele Prozesse kann es dann bei Ablauf dieses Programms minimal geben, wieviele können es maximal sein? Wir nehmen hierbei an, daß die Prozesse normal beendet werden und daß die Prozeßrümpfe keine Synchronisationsanweisungen enthalten.

2) Am einfachen Beispiel von Fig. 6-5 und Fig. 6-6 kann man sich den Begriff der Nebenläufigkeit gut klarmachen: Hierzu braucht man 1 bis 3 Personen und 3 Pfennigstücke, die als Markierung jeweils durch die Schleifen geführt werden. Die Geschwindigkeit, mit der dies erfolgt, ist nicht vorgegeben. (1) Eine Person spielt: Man führe in beliebiger Reihenfolge eines der drei Pfennigstücke ein Stück vorwärts. An den Synchronisationspunkten (Entry-Aufruf bzw. accept-Anweisung) muß aufeinander gewartet werden. Dann wird die accept-Anweisung ausgeführt, währenddessen der Aufrufer warten muß. (2)...(3) Es spielen 2 bzw. 3 Personen: Jede Person bewegt einen Pfennig. Die Personen sind unabhängig voneinander, dürfen ihren Pfennig somit insbesondere verschieden schnell bewegen. An den Rendezvouspunkten muß aufeinander gewartet werden. Derjenige, der die accept-Anweisung ausführt, teilt dem Aufrufer mit, wann er sich weiterbewegen kann.

3) Schreiben Sie ein Briefkastensystem, bestehend aus drei sendenden Prozessen, die eine Botschaft in einem Briefkasten ablegen können, und zwei empfangenden Prozessen, die von dort eine Botschaft abrufen können. Schließlich gibt es noch einen passiven Prozeß zur Ablage, nämlich BRIEFKASTEN , der zunächst nur genau eine einzige Botschaft enthalten kann. Eine Botschaft sei ein einziges ASCII-Zeichen. Dieser Prozeß BRIEFKASTEN hat zwei Entries, etwa SENDE und ERHALTE , die in den sendenden Prozessen bzw. in den empfangenden Prozessen aufgerufen werden. Diese 6 Prozesse sind lokal zu einem Hauptprogramm (einer Prozedur).

4) Verändern   Sie das Briefkastenbeispiel so, daß der Briefkasten eine Zeile verschlüsselter Zeichen speichern kann. Es gebe jetzt nur einen sendenden Prozeß, der jetzt jedoch ganze Zeilen sendet und einen empfangenden Prozeß, der Zeichen für Zeichen abruft. (Hinweis: Die accept-Anweisung für das Bereitstellen der entschlüsselten Einzelzeichen steht jetzt in einer Zählschleife. Diese und die accept-Anweisung für den Empfang einer Zeile verschlüsselter Zeichen stehen auf gleicher Stufe in einer Endlosschleife.)

5) Man gebe einen Prozeß mit zwei Entries an, der ein binäres Semaphor realisiert. (Hier enthält die accept-Anweisung keine Anweisungsfolge.)

6) Modifizieren Sie nun die Lösung des Briefkasten-Beispiels von Aufgabe 3) analog zu der Überlegung von Abschnitt 6.3 so, daß der Briefkasten einen Puffer von Zeilen besitzt. Jetzt muß er nicht nach jedem Einwurf geleert werden (die Zeilen seien unabhängig voneinander). Hierzu ist wieder nur der Rumpf des Prozesses BRIEFKASTEN zu modifizieren, indem dort eine select-Anweisung eingeführt wird.

7) Machen Sie sich den Unterschied zwischen einer   bedingten Anweisung (vgl. Abschnitt 3.3) und einer select-Anweisung mit Bedingungen klar.

8) Lesen Sie noch einmal nach, welche Fälle bezüglich delay- bzw. terminate-Alternative bzw. else-Teil in einer Anweisung des selektiven Wartens erlaubt sind. Was kann über die Semantik des sich ergebenden Sonderfalls mehrere delay-Alternativen ausgesagt werden?

9) Vor Fig. 6-13   wurden die Modifikationen in dem Prozeß DECODER und DRUCKE_ BOTSCHAFTEN   beschrieben, die nötig sind, damit alle Prozesse des Decodierbeispiels nach Drücken der Stoptaste zu einem geregelten Ende kommen. Man modifiziere diese beiden Prozesse entsprechend. DECODER   soll vor seinem Ende (als letzter der Prozesse) noch ausgeben, daß alles geregelt zu Ende gegangen ist. Man füge nun das ganze Beispiel in seiner letzten Modifikation zu einem einzigen Ada-Programm zusammen. Zerlegen Sie dieses Programm nun in Übersetzungseinheiten.

10) In /3. Ic 79b/ sind einige der in der Literatur bekannten Synchronisations- und Schutzmechanismen beschrieben: binäre Semaphore, ganzzahlige Semaphore, Signale (Ereignisse), kritischer Abschnitt, Monitore, Koroutinen, Kanäle. Lesen Sie dies nach. Dies liefert eine Begründung und ein noch tieferes Verständnis für das Rendezvous-Konzept.

7 EIN-/AUSGABE UND BASISMASCHINEN-ABHÄNGIGKEIT

Dieses Kapitel behandelt die Beziehungen der **Ada-Maschine** zu ihrer *Umgebung*. Dabei ist Umgebung in zwei verschiedenen Bedeutungen gemeint: Zum einen steht Umgebung für Außenwelt, zu der die in diesem Kapitel zu besprechende Ein-/Ausgabe die Verbindung herstellt. Zum anderen ist mit Umgebung die Basismaschine gemeint, auf der die Ada-Maschine läuft. In beiden Fällen ergeben sich Abhängigkeiten von der Basismaschine, die in einem Ada-Programm soweit wie möglich zu vermeiden sind. Aufgrund des Hauptanwendungsbereichs von Ada, nämlich eingebettete Systeme, ist diese Maschinenabhängigkeit in einigen Situationen aber unvermeidlich.

Wir geben zunächst eine Charakterisierung des ersten Abschnitts dieses Kapitels an:
Jede Ein-/Ausgabe ist maschinenabhängig. In Ada wird versucht, diese Maschinenabhängigkeit zu lokalisieren und sie vor dem normalen Benutzer der Sprache zu verbergen. Für die **Ein-Ausgabe** gibt es deshalb einige **vordefinierte** generische **Pakete** als Bibliothekseinheiten, nämlich TEXT_IO , SEQUENTIAL_IO und DIRECT_IO . Ihre Schnittstellenoperationen sind bei jeder Sprachimplementation gleich (ihre Rümpfe natürlich nicht). Durch Hinzunahme weiterer Bibliothekseinheiten kann die Ein-/Ausgabe mit beliebig viel Komfort versehen werden, oder es können Wünsche spezieller Anwendergruppen berücksichtigt werden. Jede Erweiterung läßt sich somit in das vorgegebene Konzept einfügen.

In Abschnitt 3.10 haben wir bereits die konventionelle Ein-/Ausgabe (Textein-/ausgabe) besprochen, und zwar die Eingabe von der Standard-Texteingabedatei und die Ausgabe auf die Standard-Textausgabedatei. Wir werden jetzt für die Textein-/ausgabe **beliebige Textdateien** zulassen.

Die Dateiverwaltung ist in vielen Programmiersprachen nur über die Auftragskontrollsprache (job control language) ansprechbar. Bei Ada wurde die **Dateiverwaltung** in die Programmiersprache aufgenommen, was die Portabilität fördert, da Auftragskontrollsprachen nicht normiert sind. Neben der Dateiverwaltung enthalten die generischen Ein-/Ausgabepakete auch Lese- und Schreiboperationen. Mit dem Mechanismus der Generizität kann für **jeden Typ** der vom Benutzer gewünschten "Datensätze" aus obigen generischen Paketen ein passendes **Ein-/Ausgabepaket erzeugt** werden.

Begibt man sich bei der Programmierung in die Nähe der Basismaschine, so ergibt sich folgendes Problem: Einerseits haben wir versucht, durch das Typkonzept (noch mehr durch Moduln für abstrakte Datenstrukturen und Datentypen aus dem Kapitel 5) die Zuverlässigkeit der Programme zu steigern. Dieses Typkonzept ist eine **Abstraktion** von der Basismaschine. Beispielsweise werden Objekte als verschieden behandelt, die auf der Basismaschine gleich dargestellt sind (etwa abgeleitete Typen). Andererseits führen wir jetzt **Maschinenabhängigkeiten** ein und wirken damit den Bestrebungen nach Loslösung von den Eigenheiten der Basismaschinen gerade entgegen.

Der Grund, sich in Maschinennähe zu begeben, liegt oft darin, **Effizienzsteigerung** zu erzielen (Speicherplatzeffizienz, Laufzeiteffizienz), zum anderen gebietet es manchmal die **Aufgabenstellung,** daß man auf die physische Ebene hinuntersteigt. Dies ist insbesondere bei eingebetteten Systemen der Fall, wo z.B. Daten einer bestimmten, von außen vorgegebenen Repräsentation verarbeitet werden müssen. Der Gegensatz zwischen konzeptueller Ebene und Basismaschine kann nicht aufgelöst werden. Die Sprache muß also für beide Ebenen Konstrukte anbieten. Dabei muß aber darauf geachtet werden, daß sich beide Ebenen nicht vermischen. Die Sprache muß somit auch Hilfsmittel für eine klare Abgrenzung beider Ebenen in Programmen zur Verfügung stellen.

Der in Ada gewählte Weg ist der, zu den Datentypdefinitionen **Angaben zur Repräsentation** auf der Basismaschine **hinzuzufügen.** Diese Zweistufigkeit soll sich bei der Programmentwicklung wiederfinden: Nach Festlegung der konzeptuellen Ebene, d.h. in diesem Fall dem normalen Ada-Programm, werden die Repräsentationsangaben zusätzlich eingefügt. Das vereinfacht dann die Umstellung bei Veränderung der Basismaschine (Portabilität, z.B. Wechsel eines Peripheriegeräts). Leider läßt sich diese Vorgehensweise, die beiden Niveaus zu trennen, nicht immer streng einhalten, da Repräsentationen auch die "Programmlogik" mit beeinflussen.

Die Angaben zur Repräsentation beziehen sich auf **Typen** und nicht auf einzelne Objekte eines Typs. Dadurch haben dann Werte zu Literalen, Konstanten, Variablen und Formalparametern dieses Typs eine einheitliche Darstellung. Pro Typ kann es nur **eine Repräsentationsangabe** geben. Das zwingt den Programmierer dazu, auf der konzeptuellen Ebene einen weiteren (abgeleiteten) Typ einzuführen, wenn zwei verschiedene Repräsentationen für "gleichartige" Objekte nötig sind.

Die Angaben zur **Repräsentation** sind **detailliert oder grob:** Einerseits kann die Speicherabbildungsfunktion vom Programmierer völlig festgelegt werden, zum anderen besteht die Möglichkeit, lediglich eine von mehreren Standardformen auszuwählen, deren Gestalt nur der Übersetzer kennt. Fehlt die Angabe ganz, so wählt der Übersetzer die Speicherabbildungsfunktion aus.

Beim Umgang mit den vordefinierten Paketen TEXT_IO , SEQUENTIAL_IO und DIRECT_IO braucht sich der Benutzer dieser Pakete nicht damit auseinanderzusetzen, wie die Ein-/Ausgabe auf der Basismaschine tatsächlich abläuft. Der Implementator dieser Pakete für eine Basismaschine hingegen muß dies. Insbesondere muß sich mit dieser Frage auch derjenige befassen, der für ein spezielles Peripheriegerät weitere Ein-/Ausgabepakete schreibt. Dies gibt uns einen Hinweis, wie die Abhängigkeiten von der Basismaschine in einem beliebigen Ada-Programmsystem zu verteilen sind: Es genügt nicht, diese Abhängigkeiten auf bestimmte Stellen eines Programmsystems zu konzentrieren (nämlich auf die Typdeklarationen), sondern diese **Abhängigkeiten** sollten sich nur in den Rümpfen von Paketen finden und so auf bestimmte **Pakete beschränkt bleiben.** Für alle Benutzer solcher Pakete sind sie dann nicht mehr sichtbar. Nur so kann die Portabilität eines großen Programmsystems erreicht werden.

7.1 EIN-/AUSGABE UND DATEIVERWALTUNG

Für die Ein-/Ausgabe gibt es, wie bereits gesagt, eine Reihe vordefinierter **Pakete.** Für den Umgang mit **beliebigen** Daten von **"Datensätzen",** die für eine Datei jeweils gleiche Struktur haben, gibt es die generischen Pakete SEQUENTIAL_IO und DIRECT_IO , aus denen man sich, nach Festlegung der Form der Datensätze, das passende Ein-/Ausgabepaket erzeugen kann. Für die **Textein-/ausgabe** gibt es ferner das vordefinierte Paket TEXT_IO, das in seiner Schnittstelle weitere Pakete INTEGER_IO , FLOAT_IO , FIXED_IO und ENUMERATION_IO enthält. Diese Pakete sind ebenfalls generisch. Mit ihnen kann für die vom Benutzer definierten **ganzzahligen** Typen, **Gleitpunkt-, Festpunkt-** oder **Aufzählungstypen** ein passendes Ein-/Ausgabepaket erzeugt werden. Wir haben das in Abschnitt 5.4 bereits kurz skizziert. Die Operationen, die die generischen Exemplare zur Verfügung stellen, haben wir in Abschnitt 3.10 bereits ausführlich erläutert. Schließlich gibt es noch das Paket LOW_LEVEL_IO zur Ein-/Ausgabe auf **Hardwareniveau** und das Paket ʹIO_EXCEPTIONS , das Ausnahmen und Typen für alle Ein-/Ausgabepakete zusammenfaßt.

Bisher haben wir die **Textein-/ausgabe** auf die Standard-Texteingabedatei bzw.

Standard-Textausgabedatei beschränkt (vgl. Abschn. 3.10). Wie bereits angedeutet, gibt es für jede der dort besprochenen Ein-/Ausgaberoutinen eine weitere, die nicht von der Standard-Eingabedatei liest bzw. auf die Standard-Ausgabedatei schreibt, sondern hierzu eine **beliebige**, vom Programmierer anzugebende **Textdatei** verwendet. Die Bezeichner GET und PUT werden damit noch weiter überladen. Die Textein-/ausgaberoutinen enthalten auch Formatierungsangaben. Werden hierfür keine Aktualparameter angegeben, so werden gewisse Vorgaben verwendet.

Bevor wir in die Erläuterung allgemeiner Ein-/Ausgabe bzw. Dateiverarbeitung eintreten, müssen wir zwei Ada-Begriffe, nämlich (interne) Datei bzw. externe Datei, klären. Beide Begriffe dienen der Vereinheitlichung von Vorstellungen, die in anderen Programmiersprachen von Sprachimplementation zu Sprachimplementation anders festgelegt wurden. Es handelt sich auch hier wieder um **Abstraktionen** auf der Datenstrukturseite.

Die Einführung dieser Begriffe ist deshalb **nötig**, weil die **Dateiverwaltung** in die **Sprachdefinition** aufgenommen wurde. Durch diesen Einschluß der Dateiverwaltung wird die Portabilität von Programmen stark gefördert, da für den Benutzer keine Abhängigkeiten von der speziellen Sprachimplementation mehr vorliegen.

Eine **externe Datei** (engl. external file) repräsentiert eine "Komponente" einer Rechenanlage, die Quelle oder Ziel einer Ein-/Ausgabeoperation sein kann. Dieser Begriff kann somit für ein bestimmtes Peripheriegerät stehen (z.B. ein bestimmtes interaktives Terminal) oder für einen Datenbestand auf einem Peripheriegerät (z.B. eine bestimmte Spur auf einer Platte) oder das Recht auf Zugriff auf einen betimmten Datenbestand (etwa in einer Datenbank). Der Standard-Eingabedatei entspricht eine bestimmte, vom Programmiersystem festgelegte externe Datei (z.B. der Lochkartenleser), ebenso der Standard-Ausgabedatei (z.B. der Kettendrucker). Eine beliebige externe Datei wird vom Programmierer in den E/A-Operationen durch einen Dateinamen identifiziert. Ein weiterer Parameter charakterisiert implementationsabhängige Details, wie etwa die physische Organisation auf einem Peripheriegerät. Es ist nicht in Ada festgelegt, zu welchem E/A-Gerät, Datenbestand o.ä. die Verbindung hergestellt wird, d.h. die Interpretation dieser beiden Parameter ist sprachimplementationsabhängig. Die Lebensdauer einer externen Datei ist im allgemeinen nicht mit der Ausführung eines Programms verknüpft: Sie kann von einem Programm kreiert werden, von einem weiteren gelesen oder verändert und wieder von einem weiteren gelöscht werden.

Eine **(interne) Datei** (engl. file) ist eine Zusammenfassung (eine Folge, Sequenz) von Komponenten (Datensätzen) des gleichen Typs. Dateien sind also normale Datenobjekte in Ada. Die Länge einer solchen Datei ist nicht festgelegt, sie variiert im allgemeinen während der Laufzeit eines Programms, das mit ihr umgeht. Es gibt also praktisch keine Begrenzung für ihre Größe.

Der Zugriff auf eine Datei erfolgt über eine aktuelle Position (eines gedachten Lese-/Schreibkopfs), die durch Ein-/Ausgabeoperationen bzw. Positionieroperationen verändert wird. Neben dieser besonderen Art des Zugriffs gibt es noch ein weiteres Unterscheidungsmerkmal zu anderen Folgen gleichartiger Komponenten, die wir bisher kennengelernt haben (wie Felder, verkettete Listen etc.), das sich aus der Implementation ergibt: Während sich z.B. ein Feld, wenn es von einem Programm gelesen oder beschrieben wird, im allgemeinen im Hauptspeicher des Rechners befindet, ist eine Datei i.a. auf einem Massenspeichermedium abgelegt (Platte, Trommel, Band etc.), lediglich die aktuell benutzte Komponente befindet sich im Hauptspeicher (im sog. E/A-Puffer).

Eine (interne) Datei ist entweder eine **sequentielle Datei** oder eine **Datei mit**

direktem Zugriff. Bei einer sequentiellen Datei dürfen die Datensätze nur streng nacheinander gelesen oder geschrieben werden, beim Lesen eines nach dem anderen von Anfang an, beim Schreiben nur an das Ende der Datei. Bei einer Datei mit direktem Zugriff besteht darüber hinaus die Möglichkeit, über eine Satznummer irgendeinen Datensatz anzusprechen, unabhängig davon, wie weit weg er sich von der aktuellen Position des (gedachten) Lese-/Schreibkopfs befindet.

Einer (internen) Datei ist ein aktueller ***Zugriffsmodus*** zugeordnet: Sie kann eine Eingabedatei, eine Ausgabedatei oder eine Ein-/Ausgabedatei sein. Das bedeutet, sie darf nur gelesen, nur beschrieben oder gelesen und beschrieben werden. Das wird durch eines der vordefinierten Aufzählungsliterale IN_FILE, OUT_FILE bzw. INOUT_FILE gekennzeichnet. Dieser Zugriffsmodus darf sich ändern, wie wir unten sehen werden. Eine sequentielle Datei kann allerdings nur eine Eingabe- oder eine Ausgabedatei sein, für sie ist der Zugriffsmodus INOUT_FILE also unzulässig. Das gilt auch für Textdateien, die eine spezielle Form sequentieller Dateien sind.

Im Gegensatz zu einer externen Datei lebt eine (interne) Datei nur während der Ausführungsdauer eines Programms. Damit die erzeugten oder veränderten Daten aufgehoben werden können, ist eine ***interne*** Datei während ihrer gesamten Lebensdauer einer ***externen Datei zugeordnet.*** Diese Zuordnung einer externen Datei ist auch nötig für eine Datei, auf der nur Zwischenergebnisse notiert werden, die nach Ausführung des Programms weggeworfen werden können (temporäre Datei, scratch file).

Wie bereits erwähnt, darf der Zugriffsmodus für eine interne Datei während der Ausführung eines Programms verändert werden. Hier ist ein beliebiger Wechsel des Zugriffsmodus erlaubt, jedoch muß dabei die oben erwähnte Einschränkung beachtet werden, daß eine sequentielle Datei keine Ein-/Ausgabedatei sein kann. Mit Wechsel des Zugriffsmodus auf die interne Datei ändert sich auch der ***Zugriff auf*** die ***zugeordnete externe Datei.*** Der Zugriff auf eine externe Datei kann darüber hinaus von verschiedenen Programmen unterschiedlich sein: Ein Programm kann die externe Datei lesen, ein anderes beschreiben, ein drittes schließlich lesen und beschreiben (die jeweils zugeordnete interne Datei muß natürlich den entsprechenden Zugriffsmodus haben). Auch für den Zugriff auf eine externe Datei kann es Restriktionen geben. Sie sind jedoch nicht in der Sprache festgelegt. So kann ein Lochkartenleser natürlich nicht beschrieben werden, von einem Drucker kann nicht gelesen werden.

Interne Dateien sind ***Datenobjekte,*** deren Komponenten (Datensätze) alle von einem bestimmten Typ sind. Dieser Komponententyp darf allerdings beliebig strukturiert sein. Je nachdem, ob wir für einen bestimmten Komponententyp eine sequentielle Datei oder eine Datei mit Direktzugriff haben wollen, erzeugen wir uns aus dem generischen Paket SEQUENTIAL_IO bzw. DIRECT_IO ein generisches Exemplar mit dem Komponententyp als aktuellem generischen Parameter. Das dadurch entstehende Paket stellt dann nach außen sowohl den Typ der internen Datei zur Verfügung (sequentiell bzw. mit Direktzugriff für den entsprechenden Komponententyp) als auch sämtliche zugehörige Verwaltungs- bzw. Lese-/Schreiboperationen, wie wir gleich besprechen. Im Sprachgebrauch des vorletzten Kapitels handelt es sich bei SEQUENTIAL_IO und DIRECT_IO somit um generische abstrakte Datentypen. Mit Hilfe des Typs, dessen Bezeichner in der Schnittstelle des generischen Exemplars steht, können nun über Datenobjektdeklarationen beliebig viele interne Dateien geschaffen werden, auf die die Schnittstellenoperationen angewandt werden können. Da der nach außen exportierte Dateityp ein eingeschränkt privater Typ ist, folgt, daß nur diese Schnittstellenoperationen auf diese internen Dateien angewandt werden dürfen. Somit ist Wertzuweisung oder Gleichheits- bzw. Ungleichheitstest für interne Dateien verboten.

Da die *Ein-/Ausgabeoperationen* einen bestimmten *Typ* von **"Datensätzen"** verlangen, wird zur Compilezeit **überprüft,** ob dieser mit dem Komponententyp der internen Datei übereinstimmt. Es wird auch abgeprüft, dies allerdings erst zur Laufzeit, ob die E/A-Operationen mit dem *Zugriffsmodus* der Datei, auf die sie angewandt werden, übereinstimmen. Da die Komponenten einer internen Datei alle vom gleichen Typ sein müssen, kann man nie Werte unterschiedlich gearteter Datenobjekte zu einer Datei zusammenfassen. Man muß sie statt dessen auf einen bestimmten Komponententyp abbilden, indem man die dazugehörigen Konversionsroutinen selbst schreibt.

Betrachten wir nun die Einbettung der Ein-/Ausgabe in die Sprache Ada etwas genauer. Wie bereits gesagt, sind die beiden Pakete SEQUENTIAL_IO und DIRECT_IO generisch mit dem Typ der Dateikomponenten (Datensätze) als formalem generischen Parameter. Aus ihnen wird das gewünschte *Ein-/Ausgabepaket als generisches Exemplar* erzeugt (vgl. Fig. 7-1). Der benötigte Komponententyp muß als aktueller generischer Parameter angegeben werden. So erzeugt die erste Zeile von Fig. 7-1 ein Paket für die Ein-/Ausgabe auf sequentielle Dateien mit Komponenten des vordefinierten Typs INTEGER , die zweite ein generisches Exemplar für die Ein-/Ausgabe auf Direktzugriffsdateien des Komponententyps SHORT_FLOAT , die dritte schließlich ein Paket zur Ein-/Ausgabe auf Direktzugriffsdateien für einen Typ KOMP_TYP , der vom Programmierer beliebig definiert sei.

```
package INT_IO is new SEQUENTIAL_IO(INTEGER);

package SHORT_FLOAT_IO is new DIRECT_IO(ELEMENT_TYPE => SHORT_FLOAT);

package KOMP_TYP_EA is new DIRECT_IO(KOMP_TYP);
```

Fig. 7-1: Instanzen von SEQUENTIAL_IO / DIRECT_IO für festgelegte Typen
von Dateikomponenten

Mit Hilfe eines nun als generisches Exemplar erzeugten "passenden" Ein-/Ausgabepakets können **Dateidatenobjekte deklariert** werden (vgl. Fig. 7-2), auf die dann die ebenfalls in der Schnittstelle dieses erzeugten Pakets stehenden Operationen angewandt werden können. Hierzu muß das erzeugte passende EA-Paket natürlich sichtbar sein. So ist INT_IO.FILE_TYPE jetzt ein Dateityp für sequentielle Dateien mit INTEGER - Komponenten. Damit kann eine Datei SEQ_INT_EING_DATEI deklariert werden, deren Name andeutet, daß wir sie nur mit einem bestimmten Zugriffsmodus brauchen werden.

```
SEQ_INT_EING_DATEI: INT_IO.FILE_TYPE;        -- ... .FILE_TYPE ist

DIR_SF_DATEI: SHORT_FLOAT_IO.FILE_TYPE;      -- jeweils der passende

KOMP_TYP_EA_DATEI: KOMP_TYP_EA.FILE_TYPE;    -- Typ aus dem gen. Exemplar
```

Fig. 7-2: Deklaration interner Dateien, Typ aus dem vorher erzeugten
passenden EA-Paket

Bevor eine *Datei* beschrieben oder gelesen werden darf, muß sie **eröffnet** sein. Dies gilt nur dann, wenn sie bereits existiert, sonst muß sie erst **erzeugt** (kreiert) werden. Dabei heißt Erzeugen einer Datei die "Erzeugung" einer externen Datei, aber auch die Zuordnung einer internen Datei, deren Bezeichner anzugeben ist. Entsprechend heißt Eröffnen einer Datei die Zuordnung einer internen Datei zu einer bereits vorhandenen externen.

Tab. 7-3 gibt die zugehörigen Prozeduren an. Diese Unterprogramme - wie auch alle folgenden - sind jeweils in der Schnittstelle des Pakets vorhanden, das als generisches Exemplar aus SEQUENTIAL_IO bzw. DIRECT_IO mit dem Komponententyp als aktuellem generischen Parameter erzeugt wurde. Sie sind aber auch im Paket TEXT_IO vorhanden. Der Typ des formalen Parameters FILE_TYPE ist dann derjenige, den das erzeugte generische Exemplar exportiert. Die in Tab. 7-3 und in den folgenden Tabellen enthaltenen Unterprogramme sind also für jedes generische Exemplar vorhanden. CREATE , OPEN , aber auch alle weiteren Unterprogrammbezeichner sind damit wieder stark überladen. Die Bezeichnung für die externe Datei wird als Zeichenkette angegeben (formaler Parameter NAME), die darauf folgende Zeichenkette dient der Angabe weiterer sprachimplementationsabhängiger Charakteristika der externen Datei (formaler Parameter FORM). Bei den nun folgenden Dateiverwaltungsoperationen sowie Ein-/Ausgabeoperationen können wieder einige Ausnahmen auftreten, auf die die Kürzel in der ersten Spalte der folgenden Tabelle hindeuten. Sie werden später erläutert.

```
S   procedure CREATE (FILE: in out FILE_TYPE; MODE: in FILE_MODE :=
U           default_mode; NAME: in STRING:=""; FORM in STRING:="");
N   "erzeugt" eine neue externe sequentielle Datei oder Direktzugriffsdatei mit
    einer Bezeichnung, wie aktuell für NAME angegeben wird, und ordnet diese
    derjenigen internen zu, deren Bezeichner aktuell für FILE angegeben wird.
    Diese Datei ist dann offen. Ihr Zugriffsmodus ist der aktuell für MODE
    angegebene. Für sequentielle Dateien (insbesondere Textdateien) wird
    OUT_FILE als Vorbesetzung genommen, für Direktzugriffsdateien
    INOUT_FILE . Wird für NAME nichts oder die leere Zeichenkette
    angegeben, so bedeutet dies, daß die zugehörige externe Datei nach Been-
    digung des Programms nicht mehr ansprechbar ist (temporäre Datei).
S   procedure OPEN (FILE: in out FILE_TYPE; MODE: in FILE_MODE;
U           NAME: in STRING; FORM: in STRING:="");
N   ordnet einer internen Datei eine bereis existierende externe zu und setzt
    den Zugriffsmodus. Die Datei ist danach offen.
```

Tab. 7-3: Kreieren bzw. Eröffnen einer Datei

Analog sehen die Unterprogramme eines erzeugten Exemplars aus, die eine *Datei schließen* bzw. *löschen* (vernichten). Dabei heißt das Schließen einer Datei die Auflösung der Zuordnung zwischen einer externen Datei und einer internen Datei (letztere ist ein Datenobjekt mit einer auf ein einziges Programm beschränkten Lebensdauer), das Löschen einer Datei die "Vernichtung" einer externen Datei. Tab. 7-4 erläutert die Unterprogramme, die für jedes generische E/A-Paket-Exemplar (nach Festlegung des Komponententyps) vorhanden sind.

```
S   procedure CLOSE (FILE: in out FILE_TYPE);  trennt die Zuordnung zwischen
    interner und ihr entsprechender externer Datei.
S   procedure DELETE (FILE: in out FILE_TYPE);  "löscht" die aktuell angege-
U   bene externe Datei.
```

Tab. 7-4: Schließen bzw. Löschen einer Datei

Ferner gibt es noch eine Prozedur zum *Zurücksetzen* einer Datei, so daß die nächsten Lese-/Schreiboperationen wieder am Dateianfang beginnen können. Dabei kann der Zugriffsmodus verändert werden. Schließlich gibt es noch Funktionen, mit denen erfragt werden kann, ob eine Datei überhaupt eröffnet ist, bzw. mit denen der aktuelle Zugriffsmodus, die Bezeichnung der zugeordneten externen Datei und letztlich die eventuell zusätzlich angegebenen implementationsabhängigen Charakteristika erfragt werden können. Tab. 7-5 listet auch diese *Auskunfts-Unterprogramme* auf. Fig. 7-6 gibt ein Beispiel für die bisher besprochenen Dateiverwaltungsoperationen.

```
S │ procedure RESET (FILE: in FILE_TYPE; MODE: in FILE_MODE);
U │ procedure RESET (FILE: in FILE_TYPE);
  │ setzt die aktuell angegebene Datei zurück und verändert im ersten
  │ Fall ggf. den Zugriffsmodus.
S │ function MODE (FILE: in FILE_TYPE) return FILE_MODE;
  │ liefert den Zugriffsmodus der Datei zurück, die aktuell für FILE ange-
  │ geben ist.
S │ function NAME (FILE: in FILE_TYPE) return STRING;   liefert die Be-
  │ zeichnung der zugeordneten Datei zurück.
S │ function FORM (FILE: in FILE_TYPE) return STRING;   liefert die im-
  │ plementationsabhängigen Charakteristika der externen Datei zurück.
  │ function IS_OPEN (FILE: in FILE_TYPE) return BOOLEAN;   liefert TRUE
  │ zurück, falls die Datei geöffnet ist, sonst FALSE .
```

Tab. 7-5: Zurücksetzen, Zustandsabfragen bei Dateien

```
...

CREATE (FILE => DIR_SF_DATEI, MODE => INOUT_FILE;
        NAME => "MAIER.ABT_RE_33.VERSUCH_22", FORM => "NORM_XYZ");
        -- CREATE gehoert zu Paket SHORT_FLOAT_IO (vgl. Fig. 7-2). In anderen
        -- Programmen wird die externe Datei jetzt nur noch eroeffnet.
...

if not IS_OPEN (KOMP_TYP_EA_DATEI) then
    OPEN (KOMP_TYP_EA_DATEI, OUT_FILE, "STAMMDATEN_PERSA", "INDEXSEQUENTIELL");
    -- OPEN gehoert zu Paket KOMP_TYP_EA
end if;
...

CLOSE (DIR_SF_DATEI);   -- CLOSE gehoert zu Paket SHORT_FLOAT_IO
```

Fig. 7-6: Eröffnen/Erzeugen und Schließen von Dateien: Beispiel

Eine offene Datei kann gelesen werden, wenn sie den Zugriffsmodus IN_FILE oder INOUT_FILE hat, sie kann beschrieben werden, wenn sie den Zugriffsmodus OUT_FILE oder INOUT_FILE hat, und sie kann gelesen und beschrieben werden für den Zugriffsmodus INOUT_FILE. Wir erinnern uns, daß der Zugriffsmodus INOUT_FILE für sequentielle Dateien nicht erlaubt ist. Je nach Zugriffsmodus nannten wir eine Datei **Eingabedatei, Ausgabedatei** oder **Ein-/Ausgabedatei.** Wir wissen bereits, daß dieser Modus mit dem Zurücksetzen verändert werden kann, so daß eine interne Datei in einem Programm beispielsweise sowohl Ausgabe- als auch Eingabedatei sein kann.

Wir besprechen nun die **Lese-** und **Schreiboperationen,** und zwar zuerst für **sequentielle Dateien** (vgl. Tab. 7-7). Sie unterscheiden sich von denen der Direktzugriffsdateien dadurch, daß hier die einzelnen Komponenten, vom Anfang der Datei beginnend, ausschließlich nacheinander gelesen oder beschrieben werden können (daher der Name sequentielle Datei). Man kann sich dies so vorstellen, daß der Lese-/Schreibkopf, bis auf den Rücksetzvorgang, beim Lesen oder Schreiben nur zur nächsten rechten Nachbarkomponente weiterrücken darf, wie dies z.B. bei einem Magnetbandgerät der Fall ist. Für die Typangabe der zu lesenden oder schreibenden Komponente steht in den folgenden Unterprogrammen ELEMENT_TYPE . Dies ist der Typ des aktuellen generischen Parameters, mit dem ein "passendes" E/A-Paket-Exemplar erzeugt wurde. Da sequentielle Dateien nur entweder Eingabedateien oder Ausgabedateien sind, setzt die

Leseoperation READ eine Eingabedatei und die Schreiboperation WRITE eine Ausgabedatei voraus.

<table>
<tr><td>M
D
E
S</td><td>procedure READ (FILE: in FILE_TYPE; ITEM: out ELEMENT_TYPE);
liest die aktuelle Komponente und liefert ihren Wert auf dem für ITEM
aktuell angegebenen Parameter zurück.</td></tr>
<tr><td>M
S
U</td><td>procedure WRITE (FILE: in FILE_TYPE; ITEM: in ELEMENT_TYPE);
schreibt den Wert des für ITEM aktuell angegebenen Parameters auf die
Datei.</td></tr>
<tr><td>M
S</td><td>function END_OF_FILE (FILE: in FILE_TYPE) return BOOLEAN;   liefert
TRUE zurück, falls keine weiteren Komponenten der gegebenen Datei mehr
gelesen werden können, sonst FALSE.</td></tr>
</table>

Tab. 7-7: Ein-/Ausgabeoperationen für sequentielle Dateien

Bei den **Operationen** für **Direktzugriffsdateien** wird die Position jeder Komponente durch einen **Index** angegeben. Der Wert ist positiv und vom ganzzahligen, sprachimplementationsabhängigen Typ COUNT (POSITIVE_COUNT ist der Untertyp von COUNT mit Werten größer als null). Das erste Element hat den Index 1. Die Anzahl der Komponenten der zugeordneten externen Datei wird aktuelle Größe der Datei genannt. Eine offene Direktzugriffsdatei hat einen aktuellen Index (für die aktuelle Komponente, die als nächste gelesen oder geschrieben wird; das ist die Position des Lese-/Schreibkopfs). Nach Eröffnen wird der aktuelle Index auf 1 gesetzt. Die in Tab. 7-8 angegebenen Lese-/Schreiboperationen sind ähnlich zu den oben bereits erörterten. Es gibt hier aber insbesondere eine Lese- und eine Schreiboperation, wo die zu lesende oder zu schreibende Komponente über den Index angegeben wird, d.h., daß hier also nicht die nächste Komponente genommen wird. Entsprechend gibt es eine Positionieroperation zum Versetzen des Lese-/Schreibkopfs. Dadurch sind READ und WRITE noch weiter überladen. Eingabeoperationen setzen den Zugriffsmodus IN_FILE oder INOUT_FILE, Ausgabeoperationen den Modus INOUT_FILE oder OUT_FILE voraus. Alle anderen Operationen sind für jeden Zugriffsmodus zulässig, bei END_OF_FILE kann der Zugriffsmodus jedoch nur IN_FILE oder INOUT_FILE sein.

Bei den bisher besprochenen E/A-Operationen können einige **Ausnahmen** erweckt werden, auf die die Abkürzungen in der ersten Spalte der Tabellen hinweisen (vgl. auch Abschnitt 3.10). Alle Ausnahmen bei E/A-Operationen sind im Paket IO_EXCEPTIONS definiert. Die Ausnahme NAME_ERROR wird erweckt, falls bei einem Aufruf von CREATE oder OPEN mit Hilfe der angegebenen Bezeichnung keine externe Datei identifiziert werden kann, USE_ERROR, falls eine Operation für eine externe Datei nicht zulässig ist (z.B. wenn eine Eingabedatei für ein Ausgabegerät eröffnet werden soll) und STATUS_ERROR, falls eine E/A-Operation für eine Datei versucht wird, die nicht offen ist, bzw. falls versucht wird, eine Datei zu eröffnen oder zu kreieren, die bereits offen ist. MODE_ERROR schließlich wird stets erweckt, falls eine E/A-Operation nicht mit dem Zugriffsmodus einer Datei übereinstimmt. Dies geschieht etwa beim Versuch, eine Datei zu lesen, die eine Ausgabedatei ist, bzw. eine Eingabedatei zu beschreiben. Die Ausnahme DEVICE_ERROR wird erweckt, falls eine E/A-Operation aufgrund eines Fehlers der Basismaschine (Hardware- oder Softwarefehler) nicht beendet werden kann. Da dies bei allen E/A-Operationen auftreten kann, ist diese Ausnahme in den Tabellen nicht vermerkt. Die Ausnahme END_ERROR schließlich wird erweckt, falls versucht wird, über das Ende einer Datei hinaus zu lesen. DATA_ERROR kann auch hier bei der Eingabe auftreten, wenn die externe Repräsentation eines Objekts nicht mit dem Typ des Objekts übereinstimmt. Wir kennen diese Ausnahme bereits von Abschnitt 3.10. Des weiteren kann die Ausnahme LAYOUT_ERROR in den in 3.10 beschriebenen Fällen bei der Text-Ein-/Ausgabe auftreten.

```
M   procedure READ (FILE: in FILE_TYPE; ITEM: out ELEMENT_TYPE);
D   procedure READ (FILE: in FILE_TYPE; ITEM: out ELEMENT_TYPE;
E                       FROM: in POSITIVE_COUNT);
S   Für die zweite Form wird der aktuelle Index entsprechend gesetzt. Dann
    wird in beiden Fällen in dem für ITEM aktuell angegebenen Parameter der
    Wert der aktuellen Komponente zurückgeliefert, und letztlich der aktuel-
    le Index um 1 erhöht.
M   procedure WRITE (FILE: in FILE_TYPE; ITEM: in ELEMENT_TYPE);
U   procedure WRITE (FILE: in FILE_TYPE; ITEM: in ELEMENT_TYPE;
                        TO: in POSITIVE_COUNT);
    Analog zu READ , nur wird hier geschrieben.
S   procedure SET_INDEX (FILE: in FILE_TYPE; TO: in POSITIVE_COUNT);
    setzt den aktuellen Index neu. Dabei darf die aktuelle Größe der Datei
    überschritten werden.
S   function INDEX (FILE: in FILE_TYPE) return POSITIVE_COUNT;
    liefert den aktuellen Index zurück.
S   function SIZE (FILE: in FILE_TYPE) return COUNT;   liefert die
    momentane Komponentenzahl der zugeordneten externen Datei zurück.
S   function END_OF_FILE (FILE: in FILE_TYPE) return BOOLEAN;
M   liefert TRUE zurück, falls der aktuelle Index die Größe der zuge-
    ordneten externen Datei überschritten hat, sonst FALSE.
```

Tab. 7-8: Ein-/Ausgabeoperationen, Positionieroperationen, Abfrageope-
rationen für Direktzugriffsdateien

Die oben angegebenen **Dateiverwaltungs-Operationen** CREATE und OPEN sind **für Textdateien** auch **verfügbar,** ebenso wie CLOSE, DELETE, RESET, MODE, NAME, FORM und IS_OPEN. Sie sind alle im generischen Paket TEXT_IO mit enthalten. Für CREATE und OPEN ergibt sich jedoch folgender zusätzlicher Effekt: Beim Eröffnen einer Datei und Setzen des Zugriffsmodus OUT_FILE ist die Zeilen- und Seitenlänge unbeschränkt (beide sind mit 0 vorbesetzt), nach Eröffnen einer Textdatei (ob Ein- oder Ausgabedatei) wird der Seiten-, Zeilen- und Spaltenzähler auf 1 gesetzt. Beim Schließen einer Textdatei wird eine Seiten- und Datei-Endemarke gesetzt. Beim Zurücksetzen werden Seiten-, Zeilen- und Spaltenzähler ebenfalls auf 1 gesetzt. War die Datei eine Ausgabedatei, so werden vorher obige Endemarken gesetzt. Schließlich ist die Seiten- und Zeilenlänge für eine zurückgesetzte Datei, die Ausgabedatei wird, unbeschränkt, und alle Zähler werden auf 1 gesetzt. Eröffnen, Schließen, Löschen und Rücksetzen der Standard-Textdateien ist nicht möglich, diese stehen jedem Benutzer während der Ausführung seines Programms automatisch zur Verfügung. Ebenso kann der Zugriffsmodus der Standard-Texdateien nicht verändert werden.

Die **Textein-/ausgabeoperationen,** die wir in Abschnitt 3.10 kennengelernt haben, beziehen sich alle auf die Standard-Texteingabedatei bzw. Standard-Textausgabedatei. Sie sind aber alle auch **für beliebige Textein-/ausgabedateien** verfügbar. Hierzu gibt es zu jeder der in 3.10 kennengelernten E/A-Prozeduren bzw. -Funktionen eine weitere mit gleichem Bezeichner, die am Anfang der Parameterliste einen zusätzlichen formalen Parameter FILE: in FILE_TYPE enthält. Wir haben darauf verzichtet, diese zusätzlichen E/A-Operationen in 3.10 bzw. hier alle noch einmal aufzuführen.

```ada
...
with TEXT_IO, SEQUENTIAL_IO, DIRECT_IO;
-- EA-Pakete fuer konventionelle EA jetzt sichtbar
-------------------------------------------------------------------
type KARTE is array (1..80) of CHARACTER;       -- Festlegung der Kom-
type PERS_ANG is record                          -- ponententypen der
                   NAMENS_ANG: NAME;             -- gewuenschten
                   ADRESS_ANG: ADRESSE;          -- Dateien
               end record;
-------------------------------------------------------------------
package PERS_ANG_SEQ_EA is new SEQUENTIAL_IO(PERS_ANG);
package PERS_ANG_DIR_EA is new DIRECT_IO(PERS_ANG);
package KARTEN_EA is new SEQUENTIAL_IO(KARTE);
-- Erzeugung von Exemplaren mit passendem Komponententyp fuer sequentielle/
-- direkte EA (nicht fuer Text-EA!). Jetzt sind die Typbezeichner der
-- Schnittstelle ansprechbar. Damit koennen im folgenden interne Dateien
-- deklariert werden.
-------------------------------------------------------------------
SEQ_KARTEN_DAT: KARTEN_EA.FILE_TYPE;     -- Deklaration interner Dateien
DIR_PERS_DATEI: PERS_ANG_DIR_EA.FILE_TYPE; -- mithilfe der Typen aus den
-- generischen Instanzen. SEQ_KARTEN_DAT ist eine sequentielle Datei mit
-- Datensaetzen des Typs KARTE.
ADA_BUCH: TEXT_IO.FILE_TYPE;              -- Textdateien koennen sofort dekla-
-- riert werden, wenn das Paket TEXT_IO sichtbar ist. ADA_BUCH ist eine
-- Textdatei. Textdateien sind sequentielle Dateien!
-------------------------------------------------------------------
use PERS_ANG_DIR_EA, KARTEN_EA, TEXT_IO;-- Jetzt sind die Schnittstellen
-- von PERS_ANG_DIR_EA, KARTEN_EA, TEXT_IO direkt sichtbar, also z.B. Datei-
-- verwaltungsoperationen oder EA-Operationen, aber auch die gen. Pakete
-- INTEGER_IO, ... der Schnittstelle von TEXT_IO
CREATE (DIR_PERS_DATEI, MODE => INOUT_FILE, NAME => "PERSA.ABT_34.MITARB",
        FORM => "DIALOG-SG 37");
OPEN (SEQ_KARTEN_DAT, MODE => IN_FILE, NAME => "MAIER_SE_37", FORM =>"BAND 1");
CREATE (ADA_BUCH, NAME => "Typistin_Huber", FORM => "Typenraddrucker");
```

```
------------------------------------------------------------------
...
declare
    type SEITENZAHL is range 1..350;  -- selbstdefinierter Datentyp
    package SEITENZAHL_IO is new INTEGER_IO(SEITENZAHL); -- mit den Schnittstel-
        -- lenoperationen von SEITENZAHL_IO sind jetzt die passenden EA-Operatio-
        -- nen fuer Objekte des Typs SEITENZAHL verfuegbar
    use SEITENZAHL_IO;
    BEL_KARTE: KARTE;
    SPEZ_KARTE: constant KARTE := KARTE'('$', '$', others => ' ');
    GEF_INDEX: INTEGER := 0; AKT_SEITE: SEITENZAHL := 1;
begin
    while not END_OF_FILE(SEQ_KARTEN_DAT) loop
        READ(SEQ_KARTEN_DAT, BEL_KARTE); GEF_INDEX := GEF_INDEX + 1;
        exit when BEL_KARTE = SPEZ_KARTE;
    end loop;
    RESET(SEQ_KARTEN_DAT, MODE => OUT_FILE); -- SEQ_KARTEN_DAT ist jetzt seq. Aus-
    ...                                                       -- gabedatei
    -- Textausgabe (vgl. 3.10) jetzt mit zusaetzlichem 1. Parameter:
    SET_COL(ADA_BUCH,30); PUT(ADA_BUCH,AKT_SEITE); NEW_LINE(ADA_BUCH,2);
    PUT(ADA_BUCH, "1. EINFUEHRUNG UND GRUNDBEGRIFFE"); NEW_LINE(ADA_BUCH);
    PUT(ADA_BUCH, "_________________________________"); NEW_LINE(ADA_BUCH);
    ...
end;
------------------------------------------------------------------
CLOSE(SEQ_KARTEN_DAT);
CLOSE(ADA_BUCH);
DELETE(DIR_PERS_DATEI);
```

Fig. 7-9: Dateiverwaltung: Beispiel

Ein ausführliches **Beispiel für Ein-/Ausgabe** soll das bisher Behandelte verdeutlichen (vgl. Fig. 7-9).

Zunächst werden die drei benötigten generischen E/A-Pakete sichtbar gemacht. Dann werden die Komponententypen der Dateien, mit denen man arbeiten will, festgelegt. Hier sind dies KARTE und PERS_ANG . Dann folgt die Erzeugung je eines generischen Exemplars eines Ein-/Ausgabepakets mit dem jeweiligen Komponententyp. In unserem Beispiel sind dies PERS_ANG_SEQ_EA , PERS_ANG_DIR_EA und KARTEN_EA . Bei Textdateien ist dieser Schritt über ein generisches Exemplar nicht nötig, TEXT_IO ist bereits ein E/A-Paket für sequentielle Dateien mit festgelegter Struktur für die Dateikomponenten, nämlich für CHARACTER . Mit den Typnamen KARTEN_EA.FILE_ TYPE ,..., TEXT_IO.FILE_TYPE können nun interne Dateien deklariert werden, in unserem

Beispiel SEQ_KARTEN_DAT , DIR_PERS_DATEI und ADA_BUCH .

Diese Dateien werden dann eröffnet bzw. müssen erst noch kreiert werden. Diese Kreierungs-/Eröffnungsprozeduren gehören zu den verschiedenen E/A-Paketen. So gehört das erste CREATE zum Paket PERS_ANG_DIR_EA , das OPEN zu KARTEN_EA und das letzte CREATE zu TEXT_IO . Damit dies nicht explizit hingeschrieben werden muß, werden die Schnittstellenoperationen, und damit hier die Kreierungs-/Eröffnungsoperationen, durch use-Klauseln direkt sichtbar gemacht. Die Kreierungs-/Eröffnungsoperationen enthalten neben dem Dateibezeichner Angaben über den Zugriffsmodus (bei Kreieren einer sequentiellen Datei ist diese zunächst als Ausgabedatei festgelegt), die Bezeichnung der externen Datei und sonstige sprachimplementationsabhängige Angaben.

Für die nun verfügbaren Dateien können Lese- und Schreiboperationen angewandt werden, und zwar READ und WRITE für Dateien, die über SEQUENTIAL_IO bzw. DIRECT_IO geschaffen wurden, und ferner GET und PUT für Textdateien. Letztere müssen aber für den jeweiligen Parametertyp erst erzeugt werden. Hierzu enthält TEXT_IO in seiner Schnittstelle die generischen Pakete INTEGER_IO , FLOAT_IO , FIXED_IO und ENUMERATION_IO . In unserem Beispiel wird zur Ein-/Ausgabe für den ganzzahligen Typ SEITENZAHL ein Paket SEITENZAHL_IO erzeugt. Im Anweisungsteil des darauffolgenden Blocks wird in der Datei SEQ_KARTEN_DAT eine bestimmte "Lochkarte" gesucht. Danach wird diese Datei auf Ausgabedatei umgestellt. Schließlich folgen einige Textausgaberoutinen, hier allerdings - im Gegensatz zu Abschnitt 3.10 - mit einem Dateibezeichner als zusätzlichem Parameter. Sie beziehen sich also nicht auf die Standard-Ausgabedatei. Alle diese Operationen gehören zum Paket TEXT_IO , bis auf die zweite, wo die Seitenzahl ausgegeben wird. Sie gehört zum Paket SEITENZAHL_IO .

Zum Schluß werden die Dateien geschlossen bzw. gelöscht. Für die Standard-Textein-(aus)gabedatei ist dies nicht nötig.

Die *Standard-Texteingabedatei* bzw. die *Standard-Textausgabedatei* ist vom Programmiersystem mit je einer internen Datei vorbesetzt, der jeweils eine bestimmte externe Datei zugeordnet ist (z.B. Kartenleser und Schnelldrucker). Die Textein-/ausgabeoperationen, die keinen Parameter für den Dateibezeichner haben, beziehen sich auf diese Standard-Textdateien (vgl. Abschnitt 3.10).

Diese Standard-Textdateien können auf vom Benutzer definierte Dateien **umgesetzt** werden (vgl. Tab. 7-10). Die zugehörigen Operationen sind SET_INPUT für das Umsetzen der Standard-Texteingabedatei und SET_OUTPUT für das Umsetzen der Standard-Textausgabedatei. Mit CURRENT_INPUT , CURRENT_OUTPUT kann die momentane Standard-Textein(aus)gabedatei erfragt werden, mit STANDARD_INPUT bzw. STANDARD_OUTPUT die vom Programmiersystem zunächst eingesetzte.

```
S   procedure SET_INPUT (FILE: in FILE_TYPE);   setzt die Standard-Textein-
M   gabedatei auf diejenige Eingabe-Datei um, deren Bezeichner aktuell für
    FILE angegeben wird.
S   procedure SET_OUTPUT (FILE: in FILE_TYPE);   analog für die Standard-Text-
M   ausgabedatei und eine angegebene Ausgabedatei.
    function STANDARD_INPUT return FILE_TYPE;    liefert die vom Programmier-
    function STANDARD_OUTPUT return FILE_TYPE;   system zunächst eingesetzte
    Standard-Textein(aus)gabedatei zurück.
    function CURRENT_INPUT return FILE_TYPE;     liefert die aktuelle Standard-
    function CURRENT_OUTPUT return FILE_TYPE;    Textein(aus)gabedatei zurück.
```

Tab. 7-10: Setzen/Erfragen der Standard-Textein(aus)gabedateien

Maschinennahe Ein-/Ausgabe heißt, daß die Ein-/Ausgabeoperationen auf einem bestimmten E/A-Gerät arbeiten. Hierfür gibt es im vordefinierten Paket LOW_LEVEL_IO einen Satz von Prozeduren SEND_CONTROL und RECEIVE_CONTROL , die Kontrollinformation zu einem bestimmten E/A-Gerät senden bzw. die Bestätigung einer ausgeführten E/A-Operation von dort erhalten. Die beiden Prozedurbezeichner sind überladen, da die Basismaschine im allgemeinen über mehrere E/A-Geräte verfügt. Der erste Parameter der Prozeduren identifiziert das Gerät, der zweite enthält die Kontrollinformation. Beide Parametertypen sind sprachimplementationsabhängig.

7.2 ANGABEN ZUR DARSTELLUNG AUF DER BASIS-MASCHINE, BASISMASCHINENABHÄNGIGKEITEN

Angaben zur **Repräsentation auf** der **Basismaschine** (Darstellungsangaben, engl. representation specifications) legen die *Speicherabbildungsfunktion* für Objekte eines Typs teilweise oder ganz fest, d.h. sie bestimmen, wie diese Objekte im Hauptspeicher der Basismaschine abgelegt werden. Solche Angaben zur Repräsentation führt man einerseits aus Effizienzgründen ein, indem man z.B. dem Compiler Vorgaben macht, Daten speicherplatzeffizienter abzulegen, oder man braucht sie andererseits für die hardwarenahe Programmierung, etwa für die Zuordnung eines Interrupts zu einem Entry (vgl. Fig. 6-13).

Solche Repräsentationsangaben stehen in einem Deklarationsteil, und zwar im selben Deklarationsteil wie die Deklarationen, auf die sich sich beziehen, aber hinter diesen und i.a. vor allen Stellen der Verwendung dieser Deklarationen. Sie können aber auch in der Spezifikation eines Pakets oder eines Prozesses stehen. Sie beziehen sich dann auf die Deklarationen der Schnittstelle eines Pakets bzw. auf Entries eines Prozesses oder den Prozeß bzw. den Prozeßtyp selbst. Vom methodischen Standpunkt ist der geeignete Platz bei Paketen der private Teil der Schnittstelle. Dann wird nämlich zu den verborgenen Interna der Implementierung noch eine weitere interne Angabe hinzugefügt.

Repräsentationsangaben können auf zweierlei Art gemacht werden: Zum einen kann dies durch eine *Repräsentationsklausel* geschehen, für die es verschiedene Formen gibt, die wir gleich besprechen. Zum anderen kann diese Angabe durch *Pragmas* erfolgen. Die beiden Arten von Repräsentationsangaben haben unterschiedlichen Charakter: Repräsentationsklauseln muß der Compiler beachten, Pragmas kann er beachten, er kann sie aber auch ignorieren. Wir diskutieren im folgenden zuerst die Repräsentationsfestlegung durch Repräsentationsklauseln und kommen danach auf die Festlegung durch Pragmas zu sprechen. Gemeinsam ist beiden verschiedenen Arten von Repräsentationsangaben, daß die getroffenen Festlegungen durch Attribute erfragt werden können. Wir kommen auch darauf später zurück.

Die *Repräsentationsklauseln* können **vier** verschiedene *Formen* einnehmen (vgl. Fig. 7-11). Sie können Längenangaben sein, d.h. eine Festlegung, wieviel Speicherplatz alle Objekte eines Typs oder Teile dieser Objekte einnehmen dürfen (nichtterminales Symbol length_clause), sie können festlegen, wie die Werte von Aufzählungstypen auf der Basismaschine dargestellt werden (enumeration_representation_clause),sie können festlegen, wie Verbundtypen dargestellt werden (Reihenfolge, Platz und Größe von Komponenten, nichtterminales Symbol record_representation_clause), und sie können schließlich die Anfangsadresse eines Datenobjekts oder einer Programmeinheit fixieren (address_clause).
Auf diese Möglichkeiten gehen wir nun nacheinander ein. Alle diese Angaben beginnen mit **for**, gefolgt von der Bezeichnung dessen, was festgelegt wird. Darauf folgt das Wortsymbol **use** und die Festlegung. Somit tauchen **for** und **use** wieder in einem völlig anderen Zusammenhang als bisher auf. Die Interpretation der Festlegung kann sprachimplementationsabhängig sein. Es kann auch sprachimplementationsabhängige Einschränkungen für diese Festlegung geben, damit diese Repräsentationsangabe auf der

Hardware der Basismaschine erfüllt werden kann.

```
representation_clause ::=
     type_representation_clause | address_clause

type_representation_clause ::= length_clause |
     enumeration_representation_clause | record_representation_clause
```

Fig. 7-11: Alternativen für Repräsentationsangaben

Beginnen wir mit der **Längenklausel**, die sich stets auf einen Typ bezieht (bzw. auf einen Untertyp, wenn in einer Typdefinition zusätzlich eine Einschränkung angegeben ist, vgl. Fig. 4-36). Mit einer Längenklausel kann der Speicherplatz eines einzelnen Datenobjekts oder Prozesses festgelegt werden oder der einer Kollektion von Haldenobjekten. Schließlich kann damit auch über die Festlegung von klein (vgl. Modellzahlen für Festpunktzahlen in Abschnitt 4.8) der Speicherplatz für einzelne Festpunktobjekte bestimmt werden.

Die Syntax von Längenklauseln und einige Beispiele für Längenklauseln sind in Fig. 7-12 angegeben. Der Ausdruck hinter dem Wortsymbol **use** muß von einem numerischen Typ sein. Für attribute darf eines der im folgenden angegebenen Attribute zu einem Typ (Untertyp im obigen Sinne) stehen:

T'SIZE (**Größenspezifikation**): T darf ein beliebiger Typ sein (für Prozeßtypen ist ein eigenes Attribut vorhanden, s.u.). Der Ausdruck in der Längenspezifikation ist ganzzahlig und statisch. Er gibt an, wieviel Bits maximal für Werte der Objekte des Typs T verwandt werden sollen. Der angegebene Wert muß groß genug sein, damit diese Werte überhaupt dargestellt werden können. Diese Größenspezifikation kann die Größe der Lücken zwischen den Komponenten eines zusammengesetzten Typs beeinflussen. Andererseits muß die Größe des Speicherbereichs für die Komponenten dadurch nicht notwendigerweise beeinflußt werden, dafür kann ja eine eigene Größenspezifikation angegeben werden. Voraussetzung für die Anwendbarkeit der Größenspezifikation ist, daß evtl. vorhandene Einschränkungen für T oder für Komponenten von T statisch sind. Handelt es sich bei T um einen eingeschränkten Feld- oder Verbundtyp, so muß der Speicherplatzbedarf der jeweiligen Untertypen statisch bestimmbar sein.

T'STORAGE_SIZE (**Spezifikation** des **Speicherbedarfs** von **Haldenobjekten** bzw. **Objekten** eines **Prozeßtyps**): In beiden Fällen muß der Ausdruck in der Längenklausel ganzzahlig sein, er muß aber nicht statisch sein.

Im ersten Fall wird der Speicherplatzbedarf für die Kollektion von Haldenobjekten zu einem Zeigertyp T festgelegt. Dies geschieht durch die Festlegung der Anzahl hierfür benötigter Speichereinheiten (die Konstante STORAGE_UNIT im vordefinierten Paket SYSTEM legt fest, was eine Speichereinheit ist, z.B. Byte à 8 Bit). Diese Festlegung schließt den Speicherplatzbedarf für Werte von Typen mit ein, die direkt oder indirekt von dem Zeigertyp abgeleitet wurden.

Ist T ein Prozeßtyp, so legt die Längenklausel die Anzahl der Speichereinheiten fest, die für einen Aktivierungsblock des Prozeßtyps benötigt wird.

T'SMALL (**Spezifikation** des klein der **Festpunkt-Modellzahlen**): Hier wird die Größe von klein durch einen reellen, statischen Ausdruck festgelegt. Der Wert dieses Ausdrucks darf nicht größer als das Delta sein, das in der Festpunkt-Typdefinition zu T angegeben ist. Mit der Festlegung dieses klein und der in der Festpunkt-Typdefinition angegebenen Bereichsangabe erfolgt indirekt eine Festlegung des Speicherplatzes für Werte des Typs T.

Man beachte, daß einige der oben gemachten Angaben der **Längenklausel** nur **ungefähre Angaben** sein können, da für eine genaue Angabe Kenntnisse über die Sprachimplementation nötig sind (deren Verwendung die Portabilität gefährdet). Um beispielsweise die Größe des Haldenspeichers zu einem Zeigertyp sinnvoll begrenzen zu können, müßte man wissen, wie die Sprachimplementation, die Halde oder den Abschnitt der Halde für den Typ T implementiert.

```
length_clause ::= for attribute use simple_expression;
```

```
type FARBE is (GRUEN, GELB, BLAU, ROT);
type GANZZ_BIS_65T is range 0..65000;
type FESTP_BIS_100 is delta 0.01 range -100.0 .. 100.0;
type GRAD is delta 0.1 range -360.0 .. 360.0;
```

```
BYTE: constant := 8;
for FARBE'SIZE use 1*BYTE;              -- Wert in einem Byte darzustellen
for GANZZ_BIS_65T'SIZE use 2*BYTE; -- hier sind auch 16 Bits noetig
for FESTP_BIS_100'SIZE use 24;          -- 15 Bits sind mindestens noetig
for GRAD'SMALL use 360.0/2**(SYSTEM.STORAGE_UNIT-1);
for Z_PERS_LE'STORAGE_SIZE use          -- vgl. Fig. 4-61; Platz fuer ca 2000
    2000*((PERSON_LE'SIZE/SYSTEM.STORAGE_UNIT) + 1); -- Personeneintraege. Die
    -- Angabe ist nur ungefaehr, da die Haldenorganisation selbst einen Teil des
    -- Platzes verbrauchen kann. Jetzt ist Ablage auf dem Laufzeitkeller
    -- moeglich (vgl. Ende des Abschnitts 4.10).
```

Fig. 7-12: Längenspezifikation: Syntax, Beispiele für die verschiedenen Formen

Als zweite Form der Repräsentationsklausel betrachten wir jetzt die **Festlegung** zur **Darstellung** von **Aufzählungstypen** auf der Basismaschine. Aufzählungsliterale und Aufzählungstypen wurden in Programmiersprachen eingeführt, um das lästige Codieren von Einzelfällen mit Hilfe ganzzahliger Werte zu vermeiden. Intern in der Basismaschine werden für die Werte eines Aufzählungstyps natürlich ganzzahlige und i.a. aufeinanderfolgende Werte genommen, allein schon deshalb, um Felder (deren Indextyp ein Aufzählungstyp ist), Zählschleifen für solche Felder sowie Fallunterscheidungen mit Auswahlanweisungen vernünftig übersetzen zu können.

Eine solche Zuordnung von ganzzahligen Werten kann nun durch eine **Aufzählungs-Repräsentationsklausel** vorgenommen werden (vgl. Fig. 7-13). Dabei müssen allen Aufzählungsliteralen ganzzahlige Codewerte zugewiesen werden. Das geschieht mit Hilfe eines statischen Aggregats. Die ganzzahligen Codewerte müssen streng monoton ansteigen. Es brauchen jedoch keine aufeinanderfolgenden Werte zu sein (vgl. aber Aufgabe 3). Man muß dann aber damit rechnen, daß Operationen auf Aufzählungstypen und Typen, die mit Hilfe der Aufzählungstypen gebildet werden (z.B. ein Feld) weniger effizient ablaufen.

```
enumeration_representation_clause ::= for type_simple_name use aggregate;
```

```
type MIX_CODE is (ADD, SUB, MUL, LDA, STA, STZ);

for MIX_CODE use (ADD => 1, SUB => 2, MUL => 3, LDA => 8, STA => 24, STZ => 33);
```

Fig. 7-13: Aufzählungs-Repräsentationsklausel: Syntax, Beispiel

Betrachten wir als nächsten Punkt die *Festlegung* zur *Darstellung* von *Verbundtypen*. Sie legen die Reihenfolge der Komponenten sowie ihre relative Lage bezüglich eines Anfangs im Hauptspeicher fest und letztlich auch die Größe der einzelnen Komponenten einschließlich eventueller Diskriminanten (vgl. Fig. 7-14). Schließlich kann noch angegeben werden, auf welchen Adressen Verbundobjekte beginnen dürfen.

Die Festlegung geschieht durch die *Verbund-Repräsentationsklausel*. Alle hier auftauchenden Ausdrücke sind ganzzahlig und statisch.

Der ganzzahlige Wert hinter dem **at** in der *Komponentenklausel* (component_clause) ist eine relative Adresse zum Verbundanfang in Vielfachen von Speichereinheiten (z.B. Byte, 16-Bit-Wort, 32-Bit-Wort, in Abhängigkeit von der Basismaschine; die Anzahl der Bits pro Speichereinheit steht in der Konstanten STORAGE_UNIT des vordefinierten Pakets SYSTEM). Der Bereich hinter **range** ist eine Bitpositionsangabe relativ zu der jeweiligen Speichereinheit, die die relative Anfangsadresse der Komponente angibt. Die Zählung der relativen Angaben beginnt jeweils bei 0.

Diskriminanten sind normale Komponenten (vgl. Abschnitt 4.5). Für jede Komponente ist höchstens eine Komponentenklausel erlaubt. Natürlich muß jede Komponentenklausel ausreichenden Platz festlegen, damit alle Werte des Komponententyps dargestellt werden können. Komponentenklauseln sind nur für Komponenten erlaubt, deren Typ statisch ist, also z.B. nicht für Komponenten, die dynamische Felder sind.

Die Numerierung der einzelnen Bits für eine Komponente ist sprachimplementationsabhängig. Die Zählung kann von links nach rechts oder umgekehrt erfolgen. Ebenso ist es abhängig von der Sprachimplementation, ob die Bereichsangabe mehr als eine Speichereinheit umfassen darf.

Falls die Darstellungsangaben für die Komponenten unvollständig sind, kann der Compiler die restlichen beliebig ergänzen, die gemachten Angaben müssen jedoch beachtet werden. Für eine bestimmte Variante eines varianten Verbundes dürfen sich die Komponenten nicht überlappen, für verschiedene Varianten ist dieses erlaubt. Es ist sogar die Regel, daß die varianten Teile übereinandergelegt werden. Es wird dann soviel Speicher angenommen, daß die längste Variante Platz findet.

```
record_representation_clause ::=

    for type_simple_name use
        record [alignment_clause]
            {component_clause}
        end record;


component_clause ::=

    component_name at static_simple_expression range static_range;


alignment_clause ::= at mod static_simple_expression;
```

```
type G_TYP is (DRUCKER, PLATTE, TROMMEL);
type P_GERAET (EINHEIT: G_TYP) is  -- Verbundtypdeklaration ***************
    record
        case EINHEIT of
            when DRUCKER =>
                ZEILENZAEHLER: INTEGER range 1..50;
            when others =>
                ZYLINDER: Z_INDEX;
                SPUR: S_INDEX;
        end case;
    end record;
```

```
-- SYSTEM.STORAGE_UNIT = 8: Speichereinheit ist Byte zu 8 Bits
for P_GERAET use                 -- zug. Verbund-Repraesentationsklausel *******
   record at mod 8;              -- Anfang des Verbunds auf Doppelwortgrenze
      EINHEIT at 0 range 0..7;     -- 1. Byte fuer Geraetetypangabe
      ZEILENZAEHLER at 1 range 0..6;   -- 2. Byte ZEILENZAEHLER, Bit 7 leer
      ZYLINDER at 1 range 0..7;    -- beide Varianten uebereinander
      SPUR at 2 range 0..15;       -- 3. und 4. Byte fuer Spur
   end record;


for P_GERAET'SIZE use 2*4*SYSTEM.STORAGE_UNIT;   -- zusaetzliche Laengenspezi-
      -- fikation legt fest, dass fuer P_GERAET ein Doppelwort genommen wird
```

Fig. 7-14: Verbund-Repräsentationsklausel: Syntax, Beispiel

Die **Ausrichtungsklausel** (alignment_clause) zwingt den Übersetzer, den Anfang jedes solchen Verbundes so abzulegen, daß seine Anfangsadresse in Speichereinheiten ein Vielfaches des folgenden statischen Ausdrucks ist (z.B. zum Ablegen auf Doppelwortanfang im folgenden Beispiel). Eine Sprachimplementation kann Restriktionen für die Werte dieses Ausdrucks angeben.

Der nächste Punkt, mit dem wir uns beschäftigen, ist die **Festlegung von Adressen.** Mit ihr kann angegeben werden, wo ein Datenobjekt im Hauptspeicher abgelegt werden soll, bzw. es kann die Startadresse des Rumpfs eines Unterprogramms, Entries, Pakets oder eines Prozesses festgelegt werden. Schließlich kann damit auch ein Entry mit einer bestimmten Hauptspeicheradresse verbunden werden (vgl. Abschnitt 6.4).

In Fig. 7-15 ist die Syntax der **Adreßklausel** angegeben sowie zwei Beispiele. Zu einem Datenobjekt, ..., Prozeß darf es nur eine Adreßklausel geben. Der statische Ausdruck in der Adreßklausel ist vom Typ ADDRESS (vgl. Paket SYSTEM). Die Interpretation des Wertes dieses Ausdrucks als Adresse ist sprachimplementationsabhängig. Diese Adreßspezifikation darf nicht zur Festlegung von Overlays benutzt werden, hierfür wird jedes Programmiersystem geeignete Pragmas anbieten.

```
address_clause ::= for simple_name use at simple_expression;
```

```
for PROGRAMMSTATUSWORT use at 16#0020#;
```

```
task UNTERBRECHUNGSBEHANDLUNG is
   entry ERLEDIGT;
   for ERLEDIGT use at 8#100#;
end UNTERBRECHUNGSBEHANDLUNG;
```

Fig. 7-15: Adreßklausel: Syntax, Beispiele

Es gibt **Restriktionen,** die sich auf einzelne oder bestimmte Kombinationen von **Repräsentationsklauseln** beziehen. So ist es plausibel, daß es für Aufzählungs- und für

Verbundtypen jeweils nur eine entsprechende Repräsentationsklausel geben kann. Für Aufzählungs- und Verbundtypen kann es andererseits jeweils sowohl entsprechende Typ-Repräsentationsangabe als auch zusätzlich eine Längenangabe geben. Für abgeleitete Typen, mit zugehörigen Operationen auf diesen Typen, ist als Repräsentationsangabe nur eine Längenklausel erlaubt. Schließlich sind für formale generische Parameter überhaupt keine Repräsentationsklauseln zulässig.

Was ist nun die *Semantik* einer *Repräsentationsklausel*? Mit ihr wird die Speicherabbildungsfunktion ganz oder teilweise definiert. Die Interpretation einiger in Repräsentationsklauseln auftretenden Ausdrücke ist dabei jedoch sprachimplementationsabhängig, etwa wenn eine bestimmte Anfangsadresse festgelegt wird. Eine Sprachimplementation kann bestimmte Einschränkungen für die Werte dieser Ausdrücke vorsehen, damit die Repräsentationsklauseln auf die Hardware der Sprachimplementation abbildbar sind. Wird eine Repräsentationsklausel von der Sprachimplementation nicht akzeptiert, sei es, daß sie prinzipiell unerfüllbar ist oder aus dem eben genannten Grund nicht auf die entsprechende Basismaschine abgebildet werden kann, dann ist das entsprechende Ada-Programm falsch. Wird eine Repräsentationsklausel von der Sprachimplementation akzeptiert, dann muß - bis auf die folgenden Sonderfälle - diese garantieren, daß die Semantik des Programms, das diese Repräsentationsklauseln enthält, unabhängig vom Vorhandensein der Repräsentationsklausel ist. Diese Unabhängigkeit der Semantik vom Vorhandensein oder Nichtvorhandensein von Repräsentationsklauseln gilt i.a. nicht mehr, wenn Adreßklauseln verwandt wurden oder wenn in dem entsprechenden Programm die Festlegungen, die durch die Repräsentationsklauseln getroffen wurden, abgefragt werden.

Wie wir eingangs schon bemerkt haben, gibt es neben der *Festlegung der Speicherabbildungsfunktion* durch Repräsentationsklauseln (Adreßklausel, Längenklausel, Klauseln für Aufzählungs- und Verbundtypen) auch die Festlegung *durch Pragmas.* Hier gibt es ein Pragma, das in der Sprache Ada selbst festgelegt ist, nämlich das Pragma PACK . Weitere Pragmas können festgelegt sein, sie sind dann aber sprachimplementationsabhängig.

Mit dem *Pragma PACK* gibt man dem Übersetzer zu erkennen, daß er eine speicherplatzsparende *(gepackte) Darstellung* (Speicherabbildungsfunktion) wählen soll, d.h. unbenutzte Lücken vermeiden soll. Die Speicherabbildungsfunktion wird hier jedoch nach wie vor vom Übersetzer bestimmt. Eine gepackte Darstellung geht natürlich i.a. zu Lasten der Laufzeiteffizienz. Man beachte, daß damit lediglich festgelegt wird, daß die Komponenten eines Feldes bzw. Verbunds dicht hintereinander abzulegen sind, aber noch nicht, daß diese selbst gepackt zu speichern sind. Hierfür muß dieses Pragma gegebenenfalls für die Komponententypen angegeben werden. Fig. 7-16 gibt Syntax und Beispiele.

```
pragma PACK(type_name);
```

```
pragma PACK(T_BITVEKTOR);
pragma PACK(VERB_TYP_PROGR_STATUS_WORT);
```

Fig. 7-16: gepackte Darstellung über Pragma PACK

Der Unterschied der *Semantik* von *Repräsentationsklauseln* und von *Pragmas*, wenn beide zur Festlegung von Repräsentationsangaben verwandt werden, ist folgender: Wir haben oben gesehen, daß Repräsentationsklauseln beachtet werden müssen. Für den Fall, daß sie nicht beachtet werden können, ist das entsprechende Programm falsch. Pragmas hingegen sind nur Hinweise an den Übersetzer, die er beachtet oder ignoriert. Werden sie ignoriert, so wird das Programm keineswegs falsch.

Sind für **Objekte** mit **gleichen Eigenschaften** (des gleichen "Typs") **verschiedenartige Darstellungsformen** nötig, so müssen verschiedene Repräsentationsklauseln verwandt werden. Da für einen bestimmten Typ nur eine Repräsentationsklausel stehen darf, muß formal zu verschiedenen Typen übergegangen werden, denen dann die verschiedenen Repräsentationsklauseln zugeordnet werden. Das hierzu nötige Hilfsmittel finden wir in den abgeleiteten Typen (vgl. Abschnitt 4.6). Da zwischen abgeleiteten Typen Typkonversion zulässig ist, ergibt sich eine elegante Möglichkeit der Überführung der verschiedenen Repräsentationen ineinander. Der Programmierer braucht sich um diese entsprechenden Konversionsroutinen nicht zu kümmern, sie werden ihm von der Sprachimplementation automatisch mitgeliefert!

Die vom Übersetzer gewählten Festlegungen der Speicherabbildungsfunktion - seien sie von ihm allein festgelegt, durch Repräsentationsklauseln erzwungen oder durch Pragmas beeinflußt - können durch Attribute abgefragt werden. Wir nennen diese **Darstellungsattribute.** Die Verwendung von Darstellungsattributen führt leicht zu Programmen, die nicht mehr portabel sind, da ja spezielle Eigenheiten der Sprachimplementation erfragt und dann in der Regel auch benutzt werden. Sie sind in der Tabelle Tab. 7-17 zusammengestellt.

X'ADDRESS ist vom Typ ADDRESS (vgl. Paket SYSTEM) und liefert die Adresse auf der Basismaschine zurück, wo das Datenobjekt X abgelegt ist bzw. die einer Marke X zugeordnet ist bzw. wo der Code für eine Programmeinheit oder für einen Entry X beginnt. Diese Adresse wurde ggf. durch eine Adreßklausel gesetzt (vgl. Fig. 7-15).

X'SIZE ist vom Typ *universal integer* und liefert für ein Objekt X die Anzahl der Bits zurück, die für die Darstellung dieses Objekts verwendet werden. Für einen Typ oder Untertyp X liefert X'SIZE die minimale Anzahl von Bits, die von der Sprachimplementation benötigt wird, um alle Objekte dieses Typs oder Untertyps abzulegen. Diese Angabe wurde ggf. durch eine Längenklausel gesetzt (vgl. Fig. 7-12).

Falls X in dem Attribut X'ADDRESS die Bezeichnung einer Funktion ist, dann ist das Attribut ein solches der Funktion und nicht eines Funktionswerts. Entsprechend ist das Attribut X'SIZE, X'ADDRESS für einen Zeiger X ein Attribut des Zeigers und nicht des angezeigten Objekts. Für letzteres ist das Präfix X.all im Attribut zu verwenden.

R.C'POSITION ist vom Typ *universal integer* und liefert die Distanz zwischen dem Anfang der Verbundkomponente R.C und der Anfangsadresse des Verbunds R in Speichereinheiten. Diese Angabe wurde ggf. durch eine Komponentenklausel gesetzt (vgl. Fig. 7-14).

R.C'FIRST_BIT ist vom Typ *universal integer* und liefert die Distanz zwischen der ersten Speichereinheit, die von R.C belegt ist und dem Anfang von R.C in Bits. Diese Angabe wurde ggf. durch eine Komponentenklausel gesetzt (vgl. Fig. 7-14).

R.C'LAST_BIT ist vom Typ *universal integer* und liefert die Distanz zwischen der ersten Speichereinheit, die von R.C belegt ist und dem Ende von R.C in Bits (ggf. durch eine Komponentenklausel gesetzt, vgl. Fig. 7-14).

T'STORAGE_SIZE ist vom Typ *universal integer* und liefert für den Zeigertyp T die Anzahl der Speichereinheiten, die für die zugehörige Kollektion von Haldenobjekten reserviert wurde bzw. für ein Prozeßobjekt T oder einen Prozeßtyp T die Anzahl der Speichereinheiten für den entsprechenden Aktivierungsblock.

Tab. 7-17: Darstellungsattribute

In der Schnittstelle des vordefinierten Pakets SYSTEM gibt es **Konstanten,** die die **Sprachimplementation beschreiben.** Dazu gehören STORAGE_UNIT für die Anzahl von Bits pro Speichereinheit, MEMORY_SIZE für die Anzahl der verfügbaren Speichereinheiten im Hauptspeicher, MIN_INT für den kleinsten (negativen), MAX_INT für den größten (positiven) Wert irgendeines vordefinierten ganzzahligen Typs, MAX_DIGITS für den größten Wert, der für die Anzahl der relevanten Dezimalstellen in einer Gleitpunkteinschränkung stehen darf, MAX_MANTISSA für die größte Anzahl binärer Ziffern in der Mantisse einer Festpunkt-Modellzahl, FINE_DELTA für das kleinste erlaubte Delta einer Festpunkteinschränkung mit Bereichseinschränkung -1.0..1.0, TICK für den zugrundeliegenden Uhrtakt in Sekunden. Ferner gibt es für reelle Typen (vgl. Abschnitt 4.8) noch einige sprachimplementationsabhängige Attribute, die im Sprachreport im Abschnitt 13.7.3 zusammengestellt sind.

Bei hardwarenaher Programmierung kommt es aus Effizienzgründen nicht selten vor, daß bestimmte Programmteile in Maschinencode erstellt werden müssen. Ada bietet eine Möglichkeit des **Anschlusses** von **Maschinencodeteilen** dadurch, daß im Rumpf einer Prozedur Maschinenbefehle stehen dürfen.

Hierzu wird zunächst für diese Prozedur mit Hilfe des Pragmas INLINE festgelegt, daß der Rumpf stets einzukopieren ist. Der Rumpf dieser Prozedur besteht ausschließlich aus sog. **Code-Anweisungen,** die einzelnen Maschinenbefehlen entsprechen. Dabei taucht jeder Maschinenbefehl als Wert eines Verbundtyps auf, der die Struktur der Maschinenbefehle beschreibt. Dieser Verbundtyp muß in einem vordefinierten Paket MACHINE_CODE festgelegt sein. Ein solches vordefiniertes Paket wird i.a. zusätzlich zur Struktur der Maschinenbefehle auch den Befehlssatz der entsprechenden Maschine selbst festlegen. Jede Code-Anweisung ist ein Aggregat (zu dem vordefinierten Verbundtyp für die Befehle) mit vorausgehender Typqualifikation, dessen Komponenten die einzelnen Befehlsteile festlegen.

Für solche Maschinencode-Prozeduren gibt es neben der Tatsache, daß der Anweisungsteil nur Code-Anweisungen (und Kommentare) enthalten darf, folgende weiteren Einschränkungen: Der Deklarationsteil des Rumpfs darf nur use-Klauseln und Pragmas enthalten, der Anweisungsteil darf insbesondere keinen Ausnahmebehandler enthalten.

```
code_statement  ::=  type_mark'record_aggregate;
```

```
M: MASKE;
...
procedure SETZE_MASKE; pragma INLINE(SETZE_MASKE);

procedure SETZE_MASKE is
    use MACHINE_CODE;
begin
    SI_FORMAT'(CODE => SSM, B => M'BASISADR, D => M'DISTANZ);
    -- SI_FORMAT sei der Untertyp einer Befehlsgruppe
    -- M'BASISADR und M'DISTANZ seien sprachimplementationsabhaengige Attribute
end;
```

Fig. 7-18: Code-Statement: Syntax, Verwendung in einem Code-Makro

Der Anschluß von **Unterprogrammen,** die in einer **anderen Programmiersprache** geschrieben wurden, kann durch das sprachimplementationsspezifische Pragma INTER FACE erreicht werden. Voraussetzung ist, daß ein solches Unterprogramm Ergebnisse mit der Aufruf-Umgebung ausschließlich über Parameter und Funktionswerte austauscht. Der Sprachreport legt einige Einschränkungen für die Stellen fest, wo dieses Pragma auftauchen darf. Ferner kann es für diesen Anschluß zu anderen Programmiersprachen sprachimplementationsabhängige Einschränkungen geben. Fig. 7-19 gibt die Syntax dieses

Pragmas an und ein Beispiel für seine Verwendung.

```
pragma INTERFACE (language_name, subprogram_name);
```

```
package FTN_LIB is
    function SQRT(X: FLOAT) return FLOAT;
    ...
private
    pragma INTERFACE(FORTRAN_77, SQRT);
    ...
end FTN_LIB;
```

Fig. 7-19: Pragma für den "Anschluß" anderer Programmiersprachen

Zum Ende dieses Abschnitts wollen wir zwei Punkte ergänzen, die nichts mit der Angabe zur Repräsentation zu tun haben. Sie stehen aber in diesem Abschnitt, weil es sich um **Mechanismen** handelt, die wie die oben erörterten **gefährlich** sind, und mit ihnen deshalb mit entsprechender Vorsicht umzugehen ist.

Wir haben am Ende des Abschnitts 4.10 bereits darauf hingewiesen, daß eine **Speicherfreigabe** auf der Halde die Gefahr in sich birgt, daß über hängende Zeiger zur Laufzeit ins Leere gegriffen wird. Dies trifft auch dann zu, wenn mit Freigabe eines Objekts auch ein Zeiger auf **null** gesetzt wird, der auf das Haldenobjekt deutet. Der Grund liegt darin, daß es ja noch einen anderen Zugriffspfad zu diesem gelöschten Objekt geben kann.

Für diese Freigabe auf der Halde gibt es die **generische Prozedur** UNCHECKED_ DEALLOCATION (vgl. Fig. 7-20). Aus ihr erzeugt man durch generische Exemplarerzeugung eine passende Freigabeprozedur für den anzugebenden Zeiger- und Haldenobjekttyp. Ein Aufruf dieser erzeugten Prozedur setzt den Zeiger auf **null** und kennzeichnet das Haldenobjekt als überflüssig, so daß es von der Speicherfreigabeprozedur zu gegebenem Zeitpunkt aufgesammelt werden kann. Falls das angezeigte Objekt ein Prozeßobjekt ist, dann hat der Aufruf außer dem Nullsetzen des Zeigers keine Wirkung.

Bei der Systemprogrammierung entsteht des öfteren der Wunsch, ein bestimmtes Bitmuster, das den Wert eines Objekts eines Typs darstellt, als **Objekt eines anderen Typs aufzufassen.** Dieser Wunsch ist nicht mit dem strengen Typkonzept von Ada in Einklang zu bringen. Um zu vermeiden, daß der Programmierer tiefgründige Überlegungen anstellt, wie das Typkonzept außer Kraft gesetzt werden kann, bietet man ihm hierfür einen expliziten Mechanismus an, der gefährlich für die Sicherheit eines Ada-Programms ist und deshalb mit äußerster Vorsicht angewandt werden sollte. Der Programmierer allein ist verantwortlich dafür, daß ein so typumgewandeltes Objekt die Eigenschaften des Zieltyps auch erfüllt.

Aus einer **generischen Prozedur** UNCHECKED_CONVERSION kann durch Angabe des Typs aus dem bzw. in den umzuwandeln ist, eine entsprechende Typumwandlungsprozedur erzeugt werden (vgl. Fig. 7-20). Man beachte, daß hier nichts konvertiert wird, daß also nichts zur Laufzeit passiert. Lediglich die Typunverträglichkeit zweier Objekte zur Compilezeit wird unterdrückt.

```
generic                                        -- generische Deklaration (=generischer
    type OBJECT is limited private;            -- Teil + UP-Spezifikation) der vor-
    type NAME is access OBJECT;                -- definierten generischen Prozedur
procedure UNCHECKED_DEALLOCATION(X: in out NAME); -- UNCHECKED_DEALLOCATION
```
____

```
with UNCHECKED_DEALLOCATION;

...

procedure FREE is new UNCHECKED_DEALLOCATION(PERSON_LE, Z_PERSON_LE);
    -- vgl. Ende des Abschnitts 4.10
```
____

```
generic
    type SOURCE is limited private;
    type TARGET is limited private;
function UNCHECKED_CONVERSION(S: SOURCE) return TARGET;
```
____

```
with UNCHECKED_CONVERSION;

...

function EQUIVALENCE is new

        UNCHECKED_CONVERSION(SOURCE => V_TYP_A, TARGET => V_TYP_B);
```

Fig. 7-20: generische Unterprogramme   UNCHECKED_DEALLOCATION   ,
           UNCHECKED_CONVERSION   : generische Deklarationen und
           Erzeugung generischer Exemplare

Mit der Code-Anweisung haben wir die letzte Form einer *einfachen Anweisung* kennengelernt. Wir können deshalb am Ende dieses Abschnitts die entsprechende EBNF nachtragen, die alle Alternativen für einfache Anweisungen aufführt (vgl. Fig. 7-21).

```
simple_statement   ::=    null_statement | assignment_statement
                        | procedure_call_statement | exit_statement
                        | return_statement | goto_statement
                        | entry_call_statement | delay_statement
                        | abort_statement | raise_statement
                        | code_statement
```

Fig. 7-21: Alternativen für einfache Anweisungen

AUFGABEN ZU KAP. 7

1) Eine externe Datei "PERS_STAMMDATEN" bestehe aus Komponenten, deren Unterkomponenten NAME, ADRESSE und GEBURTSDATUM so wie in Beispiel 4-24 seien. Ferner enthalte jede Komponente eine ganzzahlige Unterkomponente TARIF, deren Typ die Werte von 1 bis 6 einnehmen kann, und eine Unterkomponente BISHER AUSGEZAHLT, die - von passendem Festpunkttyp - das in einem Jahr bereits ausgezahlte Bruttogehalt enthalte. Schreiben Sie ein Programm, das eine entsprechende interne Datei deklariert und diese der obigen externen zuordnet. Dann werde jede Komponente eingelesen, das bisherige Bruttogehalt um das nächste Monatsgehalt (hängt ab vom Tarif) erhöht, und die Komponente wieder hinausgeschrieben. Zu Ende ist die Datei abzuschließen.

2) Man überlege sich, welche Art von Überprüfungen vom Programmiersystem her bei der Ein-/Ausgabe stattfinden. Hierzu beachte man, daß jede Datei durch folgende Angaben charakterisiert ist: Komponententyp, Zugriffsmodus, interne Datei, externe Datei, Implementierungseigenschaft der externen Datei.

3) Werden den Werten eines Aufzählungstyps mit einer Repräsentationsangabe ganzzahlige Werte zugeordnet, die nicht aufeinanderfolgen (wie etwa für MIX CODE in Fig. 7-13), so entstehen für einen Compiler Probleme bei der Indizierung, falls dieser Aufzählungstyp als Indextyp eines Feldes auftritt. Dies ist insbesondere innerhalb von Zählschleifen und bei der Verwendung eines Ausdrucks dieses Typs in einer Auswahlanweisung der Fall. Woher kommen diese Schwierigkeiten? Kann man diese Schwierigkeiten überwinden? (Stichwort: Darstellungsvektor!) Ada legt nicht fest, daß diese Implementierungstechnik zur Steigerung der Speicherplatzeffizienz angewandt werden muß.

LITERATUR

Das folgende Literaturverzeichnis ist, der Übersichtlichkeit halber, in einzelne Abschnitte unterteilt. Neben der darin angegebenen Literatur finden sich zu Ada viele weitere Aufsätze, insbesondere in Programmiersprachen- oder Softwaretechnik-Tagungsbänden bzw. in den SIGPLAN-Notices oder in den Ada-Letters der ACM.

1. Einführungen in das (systematische/methodische) Programmieren (im Kleinen), größtenteils unabhängig von der Programmiersprache

/AA 78/   Alagic, S./Arbib M.A.: The Design of Well-structured and Correct Programs, New York: Springer-Verlag.

/AHU 85/   Aho, A.V./Hopcroft, J.E./Ullmann, J.D.: Data Structures and Algorithms, New York: Addison-Wesley.

/Di 76/   Dijkstra, E.W.: A Discipline of Programming, Englewood Cliffs: Prentice Hall.

/Gr 81/   Gries, D.: The Science of Programming, Berlin: Springer 1981.

/Wi 78/   Wirth, N.: Systematisches Programmieren, Stuttgart: Teubner Verlag.

/Wi 86/   Wirth, N.: Algorithmen und Datenstrukturen, Stuttgart: Teubner Verlag.

2. Exemplarische/Methodische Ada-Einführungen

/Ba 81/   Barnes, J.: An Overview of Ada, Software Practice and Experience 10, 851-887.

/Ba 84/   Barnes, J.: Programming in Ada, Reading: Addison Wesley, 2. Auflage.

/Bo 83/   Booch, G.: Software Engineering with Ada, Menlo Parc: Benjamin/Cummings.

/BP 85/   Bray, G./Pokars, E.: Understanding Ada - A Software Engineering Approach, New York: John Wiley and Sons.

/GPU 87/   Goos, G./Persch, G./Uhl, J.: Programmiermethodik mit Ada, Berlin/New York: Springer-Verlag.

/HHRSS 81/   Hibbard, P./Hisgen, A./Rosenberg, J./Shaw, M./Sherman, M.: Studies in Ada Style, New York: Springer-Verlag.

/HP 82/   Habermann, N./Perry, D.E.: Ada for Experienced Programmers, Reading: Addison-Wesley.

/Le 81/   Ledgard, H.: Ada - An Introduction, New York: Springer-Verlag, zusammen mit Sprachreport.

/Py 81/   Pyle, I.C.: The Ada Programming Language, Englewood Cliffs: Prentice Hall.

/We 81a/   Wegner, P.: Programming with Ada: An Introduction by Means of Graduate Examples, Englewood Cliffs: Prentice Hall.

/We 81b/   Wegner, P.: A self-assessment procedure dealing with the Programming language Ada, Comm. ACM, 24 10, 647-678

/WS 84/   Wiener, R./Sincovec, R.: Software Engineering with Modula-2 and Ada, New York: John Wiley and Sons.

3. Ada-Programmiersprachen-Reports, -Anforderung, -Sprachkritik

/ACM 80/   Proceedings of the ACM SIGPLAN Symposium on Ada, SIGPLAN-Notices 15, 11.

/Bu 87/   Burns, A.: A Review of Ada Tasking, Lecture Notes in Computer Science 262, Berlin: Springer-Verlag.

/DoD 78/   Department of Defense: STEELMAN Requirements for High Order Computer Programming Languages, Juni 1978.

/DoD 80/   Department of Defense: Reference Manual for the Ada Programming Language (Proposed Standard Document), Washington: United States Department of Defense (PO 008-000-00354-8), auch als Band 106 der Lecture Notes in Computer Science, Berlin: Springer-Verlag (1981), bzw. in /2.Le 81/ enthalten.

/DoD 83/   Department of Defense: Reference Manual for the Ada Programming Language, ANSI/MIL-STD 1815 A.

/Fi 76/   Fisher, D.A.: A Common Programming Language for the Department of Defense - Background and Technical Requirements, Inst. for Defense Analysis, Rep. P-1191.

/Go 81/   Goodenough, J.B.: The Ada Compiler Validation Capability, IEEE Computer 14, 6, 57-64.

/Ho 81/   Hoare, C.A.R.: The Emperor's Old Clothes, ACM Turing Award Lecture, Comm. ACM 24, 2, 75-83.

/Ic 79a/   Ichbiah, J.D. et al.: Preliminary Ada Reference Manual, ACM SIGPLAN Notices 14, 6, Part A.

/Ic 79b/   Ichbiah, J.D. et al.: Rationale for the Design of the Ada Programming Language, ACM SIGPLAN Notices 14, 6, Part B.

/Ja 86/   Jackel, M.: Formale Spezifikation nebenläufiger Konstrukte von Ada mit Graphgrammatiken, Diss. FB Math./Inf., Universität Osnabrück.

/La 82/   Lamb, D.A.: Subsets, Ada-Letters, Nov. 82, 14-15.

/LS 83/   Ledgard, H.F./Singer, A.: Scaling down Ada (Towards a Standard Ada Subset), Comm. ACM 25, 2, 121-125.

/Sa 86/   Sammet, J.E.: Why Ada is Not Just Another Programming Language, Comm. ACM, 29, 8, 722-733.

/Sh 82/   Shelly, P.G.: The ACM Position on Standardization of the Ada Language, Comm. ACM 25, 2, 118-120.

/Wi 884/   Wichmann, B.A.: Is Ada too Big? A Designer Answers the Critics, Comm. ACM 27, 2, 98-103.

4. Programmiersprachen: Konzepte und vergleichende Darstellungen   (kleine Auswahl)

/BW 81/   Bauer, F.L./Wössner, H.: Algorithmische Sprache und Programmentwicklung, Berlin: Springer-Verlag.

/GJ 82/   Ghezzi, C./Jazayeri, M.: Programming Language Concepts, New
            York: John Wiley and Sons.

/Ha 81/   Hahn, R.: Höhere Programmiersprachen im Vergleich, Wiesbaden,
            Akademische Verlagsgesellslchaft.

/Ho 84/:   Horowitz, E: Fundamentals of Programming Languages, Rochville:
            Computer Science Press.

/ML 86/   Marcotty, M./Ledgard, F.: Programming Language Landscape, Syn-
            tax/Semantics/Implementation, Chicago: SRA.

/Pr 84/   Pratt, T.W.: Programming Languages: Design and Implementation,
            Englewood Cliffs: Prentice Hall.

/Sch 81/   Schneider, H.J.: Problemorientierte Programmiersprachen, Stuttgart:
            Teubner Verlag.

/Te 81/   Tennent, R.D.: Principles of Programming Languages, Englewood
            Cliffs: Prentice Hall 81.

5. Programmiermethodik, Modellierung, Softwaretechnik (kleine Auswahl)

/Al 79/   Altmann, W.: A New Module Concept for the Design of Reliable
            Software, in P. Raulefs (Hrsg.): Workshop on Reliable Software,
            155-166, München: Hanser-Verlag.

/Ba 75/   Bauer, F.L. (Hrsg.): Software Engineering - An Advanced Course,
            Lect. Notes Comp. Science 30, Berlin: Springer-Verlag.

/Ba 82/   Balzert, H.: Die Entwicklung von Software-Systemen: Prinzipien,
            Methoden, Sprachen, Werkzeuge, Mannheim: Bibliographisches Institut.

/Co 83/   The DoD STARS Program, Software Technology for Adaptable, Re-
            liable Systems, Sonderheft IEEE Computer, Nov. 83.

/CWW 80/   Clark, L.A./Wileden, J.C./Wolf, A.L.: Nesting in Ada Programs is
            for the Birds, in 3./ACM 80/, 139-145.

/De 75/   Dennis, J.B.: The Design and Construction of Software Systems,
            in /Ba 75/, 12-28, Berlin: Springer-Verlag.

/FW 83/   Freeman, P./Wasserman, A.I.: Ada Methodologies: Concepts and
            Requirements (Methodman), ACM· Software Engineering Notes 8, 1.

/Ga 83/   Gall, R.: Formale Beschreibung des inkrementellen Programmierens-
            im-Großen mit Graph-Grammatiken, Diss. IMMD, Univ. Erlangen-Nürn-
            berg.

/Go 85/   Goldsack, S.J. (Hrsg.): Ada for Specification: Possibility and Li-
            mitations, Cambridge (GB): Cambridge University Press.

/Gr 78/   Gries, D. (Hrsg.): Programming Methodology, A Collection of Arti-
            cles by Members of IFIP WG 2.3, New York: Springer-Verlag.

/GR 83/   Goldberg, A./Robson, D.: Smalltalk-80: The Language and its Im-
            plementation, Reading: Addison-Wesly.

/Gu 77/   Guttag, J.V.: Abstract Data Types and the Development of Data
            Structures, Comm. ACM 20, 6, 397-404.

/HP 81/   Habermann, N./Perry, D: Well-formed System Compositions, in 1st Gandalf Compendium, Carnegie-Mellon University.

/HKLR 84/   Hesse, W./Keutgen, H./Luft, A.L./Rombach, H.D.: Ein Begriffssystem für die Softwaretechnik, Informatik-Spektrum $\underline{7}$, 4, 200-213.

/Ja 75/   Jackson, M.A.: Principles of Program Design, London: Academic Press.

/Ki 79/   Kimm, R. et al.: Einführung in Software-Engineering, Berlin: W. de Gruyter.

/LN 85/   Lewerentz, C./Nagl, M.: Incremental Programming in the Large: Syntax-aided Specification Editing, Integration, and Maintenance, Proc. 18th Hawaii Int. Conf. on System Sciences, Vol. 2, 638-649.

/LZ 74/   Liskov, B.H./Zilles, S.N.: Programming with Abstract Data Types, ACM SIGPLAN Notices $\underline{9}$, 4, 50-59.

/Na 84/   Nagl, M.: Ada und Smalltalk - Ein summarischer Vergleich, Ber. OSM-I 16, Univ. Osnabrück.

/Pa 72/   Parnas, D.L.: A Technique for Software Module Specification with Examples, Comm. ACM $\underline{15}$, 330-336.

/RK 76/   De Remer, F./Kron, H.H.: Programming-in-the-Large versus Programming-in-the-Small, in Schneider/Nagl (Hrsg.): Programmiersprachen, 4. Fachtagung der GI, Informatik-Fachberichte $\underline{1}$, 80-89.

/SF 79/   Schnupp, P./Floyd, C.: Software-Programmentwicklung und Projektorganisation, Berlin: W. de Gruyter.

/Wi 71/   Wirth, N.: Program Development by Stepwise Refinement, Comm. ACM $\underline{14}$, 221-227.

6. Compilerbau (kleine Auswahl)

/AU 77/   Aho, A.V./Ullmann, J.D.: Principles of Compiler Design, Reading: Addison-Wesley.

/GW 84/   Goos, G./Waite, W.M.: Compiler Construction, New York: Springer-Verlag.

/Jä 79/   Jähnichen, St. et al.: Übersetzerbau, Wiesbaden: Vieweg-Verlag.

/Sch 75/   Schneider, H.J.: Compiler-Aufbau und Wirkungsweise, Berlin: W. de Gruyter.

/Wi 84/   Wirth, N.: Compilerbau, 2. Auflage, Stuttgart: Teubner Verlag.

/Zi 82/   Zima, H.: Compilerbau, Mannheim: Bibliographisches Institut.

7. Weitere Literatur zu Ada und Verwandtes (viele weitere Veröffentlichungen in den oben zitierten Quellen)

/ACM 80/   Proceedings of the ACM SIGPLAN Symposium on Ada, SIGPLAN Notices $\underline{15}$, 11.

/BO 80/   Bjørner, D./Oest, O.N.: Towards a Formal Description of Ada, Lecture Notes in Computer Science $\underline{98}$, Berlin: Springer-Verlag.

/CH 71/   Clark, B.L./Horning, J.J.: The System Language for Project SUE,
           ACM SIGPLAN Notices _6, 9, 79-88.

/Dij 78/   Dijkstra, E.W.: DoD I: The Summing Up, ACM SIGPLAN Notices
           _13, 7, 21-27.

/Dij 78/   Dijkstra, E.W.: On the BLUE, GREEN, YELLOW Language sub-
           mitted to DoD, ACM SIGPLAN Notices _13, 10.

/GMS 77/   Geschke, C.M./Morris, J.H./Satterthwait, E.H.: Early Experiences
           with MESA, Communications ACM _20, 8, 540-553.

/Go 81/   Goos, G.: Problems in Compiling Ada, in Duijvestijn/Lockemann
           (Hrsg.): Trends in Information Processing Systems, Lecture Notes in
           Computer Science _123_, 173-199.

/GR 80/   Ganzinger, H./Ripken, K.: Operator Identification in Ada: Formal
           Specification, Complexity and Concrete Implementation, SIGPLAN
           Notices _15, 2, 39-43.

/GW 81/   Goos, G./Wulf, W.A.: DIANA Reference Manual, Berichte 1/81 des
           Inst. f. Informatik II der Universität Karlsruhe.

/Ic 74/   Ichbiah et al.: The System Implementation Language LIS, Refer-
           ence Manual, CII-Honeywell Bull, Techn. Rep. 4549 E/EN, CII-HB,
           Louveciennes, Frankreich.

/Ka 80/   Kahn, G.J. et al.: Formal Definition of the Ada Programming Lan-
           guage (Prel. Version for Public Review), Techn. Bericht d. In-
           stitut National de Recherche en Informatique et en Automatique,
           Frankreich.

/KB 81/   Krieg-Brückner, B.: Ada and the German Payphone; An Illustrative
           Example of Parallel Processing, 122-134, wie /Go 81/.

/Wi 79/   Wichmann, B.A.: The Development of Ada, The DoD Language, in
           K.H.Böhling/P. Spies (Hrsg.): Proc. 9. GI-Jahrestagung, Informatik
           Fachberichte _19, 52-63, Berlin: Springer-Verlag.

/Wn 81/   Winkler, J.F.N.: Differences between Preliminary and Final Ada,
           ACM SIGPLAN Notices _16, 8, 69-81.

8. Software-Entwicklungsumgebungen und APSE (kleine Auswahl, viele Aufsätze hierzu in den IEEE Conferences on Software-Engineering)

/ACM 86/   Special Issue on 'Language Issues in Programming Environments',
           ACM Transactions on Programming Languages and Systems, _8_, 4.

/BD 80/   Buxton, J.N./Druffel, L.E.: Requirements for an Ada Programming
           Environment: Rationale for Stoneman, Proc. IEEE Conf. on Com-
           puter Software and Appl., 66-72.

/Br 80/   Brender, R.F.: A Case Against Ada as an APSE Command Lan-
           guage, SIGPLAN Notices _15, 10, 27-34.

/BSS 84/   Barstow, D.R./Shrobe, H.E./Sandewall, E. (Hrsg.): Interactive Pro-
           gramming Environments, New York: McGraw Hill.

/Bu 80/   Buxton, J.N.: Requirements for the Ada Programming Support En-
           vironment ("Stoneman"), United States Department of Defense.

/CDW 86/   Conradi/Didriksen/Wanvik (Hrsg.): Advanced Programming Environments, Lect. Notes in Comp. Science 244, Berlin: Springer-Verlag.

/Da 87/   Daussmann, M.: Fünf Thesen zum gegenwärtigen Stand von Ada-Software-Produktionsumgebungen, Softwaretechnik-Trends 7 , 1, 15-25.

/DoD 85/   DoD Requirements and Design Criteria for the Common APSE Interface Set, Sept. 85.

/En 86/   Engels, G.: Graphen als zentrale Datenstrukturen in einer Softwareentwicklungsumgebung, Diss. Univ. Osnabrück, Düsseldorf: VDI-Verlag.

/Ha 82/   Habermann, N. et al.: Compendium of GANDALF Documentation, Techn. Rep. Dept. of Computer Science, Carnegie-Mellon University, Pittsburgh

/He 84/   Henderson, P. (Hrsg.): Proc. 1st ACM SIGSOFT/SIGPLAN Software Engineering Symposium on Practical Software Development Environments, SIGPLAN Notices, 19, 5.

/He 87/   Henderson, P. (Hrsg.): Proc. 2nd ACM SIGSOFT/SIGPLAN Software Engineering Symposium on Practical Software Development Environments, SIGPLAN Notices, 22, 1.

/Hü 81/   Hünke, H. (Hrsg.): Software Engineering Environments, Amsterdam: North Holland.

/Le 87/   Lewerentz, C.: Integriertes Programmieren im Großen (Arbeitstitel), Diss., RWTH Aachen.

/Li 86/   Lieblein, E.: The Department of Defense Software Initiative - A Status Report, Comm. ACM 29, 8, 734-744.

/MR 84/   McDermid, J./Ripken, K.: Life Cycle Support in the Ada Environment, Cambridge (GB): Cambridge Univ. Press.

/Na 85/   Nagl, M.: An Incremental and Integrated Software Development Environment, Computer Phys. Comm. 38, 245-276.

/Na 87/   Nagl, M.: A Software Development Environment Based on Graph Technology, Proc. 3rd Int. Workshop on Graph Grammars, Lect. Notes in Comp. Science.

/Ne 82/   Neel, D. (Hrsg.): Tools and Notions for Program Construction, Cambridge (GB): Cambridge University Press.

/Sc 86/   Schäfer, W.: Eine integrierte Softwareentwicklungsumgebung: Konzepte, Entwurf und Implementierung, Diss. Univ. Osnabrück, Düsseldorf: VDI.

/TR 81/   Teitelbaum, T./Reps, T.: The Cornell Program Synthesizer: A Syntax-directed Programming Environment, Comm. ACM 24, 9, 563-573.

ANHÄNGE

Die folgenden Anhänge fassen noch einmal Dinge zusammen, die im vorangehenden Buchtext verstreut sind.

Es sind dies, in der Reihenfolge der folgenden Anhänge I-IV, die Liste der Wortsymbole, die vordefinierten Pragmas, die in der Sprache definierten Ausnahmen und zugehörigen Laufzeitprüfungen und die Ada-Grammatik. Die vordefinierten Attribute der Sprache finden sich in Anhang A des Sprachreports bzw. im vorangehenden Buchtext.

ANHANG I: ADA-WORTSYMBOLE

```
abort      declare    generic    of         select
abs        delay      goto       or         separate
accept     delta                 others     subtype
access     digits     if         out
all        do         in                    task
and                   is         package    terminate
array                            pragma     then
at         else                  private    type
           elsif      limited    procedure
           end        loop
begin      entry                 raise      use
body       exception             range
           exit       mod        record     when
                                 rem        while
                      new        renames    with
case       for        not        return
constant   function   null       reverse    xor
```

ANHANG II: VORDEFINIERTE PRAGMAS

Pragmas können u.a. vor einer Programmeinheit stehen oder überall dort, wo eine Deklaration oder eine Anweisung stehen darf. Falls es darüber hinaus Einschränkungen bezüglich des Platzes gibt, wo ein spezielles Pragma stehen darf, so ist dies bei der Erläuterung dieses Pragmas unten vermerkt. Der Einfachheit halber sind nicht alle Stellen angegeben, wo die folgenden Pragmas auftauchen dürfen (vgl. Anhang B des Sprachreports). Bezieht sich ein Pragma auf ein deklariertes Objekt, so steht es hinter der entsprechenden Deklaration.

Pragmas können in der Sprache Ada vordefiniert oder Bestandteil einer speziellen Sprachimplementation sein. Die im folgenden angegeben Pragmas sind die in der Sprache vordefinierten.

CONTROLLED   hat den Namen eines Zeigertyps als Argument. Das Pragma muß im gleichen Deklarationsteil/in der gleichen Paketspezifikation wie die entsprechende Zeigertypdeklaration stehen und legt fest, daß im gesamten Gültigkeitsbereich der Typdeklaration keine automatische Speicherbereinigung für Haldenobjekte zu diesem Typ angewandt werden darf, außer beim Verlassen des Gültigkeitsbereichs des Zeigertyps (vgl. 4.10).

ELABORATE   hat als Argument den/die Bezeichner einer oder mehrerer Bibliothekseinheiten. Es steht nach einer Kontextklausel einer Übersetzungseinheit, in der die obigen Bezeichner auftauchen, und legt fest, daß die Rümpfe der Bibliothekseinheiten vor der entsprechenden Übersetzungseinheit abgearbeitet sein müssen. Ist die betrachtete Übersetzungseinheit eine Sekundäreinheit, dann muß die Abarbeitung dieser Bibliothekseinheiten vor der Bibliothekseinheit erfolgen, die die betrachtete Übersetzungsheinheit direkt oder indirekt enthält (vgl. 5.4, S. 209).

INLINE   Die Argumente sind (generische) Unterprogrammbezeichnungen. Das Pragma erscheint i.a. in dem gleichen Deklarationsteil wie die entsprechenden Unterprogrammdeklarationen. Die Unterprogrammrümpfe sollen für jeden Unterprogrammaufruf textuell eingesetzt werden (Makroexpansion; vgl. 3.8). Im Falle eines generischen Unterprogramms gilt dies für alle Exemplarerzeugungen.

INTERFACE   hat zwei Parameter als Argument: Den Namen einer Programmiersprache und den Bezeichner eines Unterprogramms. Das Pragma steht nach der Unterprogrammspezifikation im entsprechenden Deklarationsteil oder der entsprechenden Paketschnittstelle. Es gibt an, daß das Unterprogramm in der entsprechenden Programmiersprache geschrieben ist, deren Aufrufkonventionen zu beachten sind (vgl. 7.2).

LIST   Argumente sind ON und OFF. Das Pragma schaltet beim Übersetzen das Ausdrucken des Quellprogramms für das folgende Programmstück an oder ab.

MEMORY_SIZE   Argument ist eine ganze Zahl. Dieses Pragma darf nur zu Beginn einer Übersetzung und zwar vor der ersten Übersetzungseinheit stehen. Es "legt" die Anzahl der Hauptspeichereinheiten der zugrundeliegenden Konfiguration "fest".

OPTIMIZE   Argumente sind TIME oder SPACE. Das Pragma darf nur in einem Deklarationsteil erscheinen. Der entsprechende umgebende Block bzw. Rumpf soll so übersetzt werden, daß die Laufzeit bzw. der Speicherplatz für das übersetzte Programm möglichst klein ist.

PACK   Argument ist der Bezeichner eines Verbund- oder Feldtyps. Das Pragma darf überall dort stehen, wo eine Darstellungsangabe stehen darf (vgl. 7.2). Bei der Festlegung der Speicherabbildungsfunktion (d.h. wie entsprechende Objekte im Hauptspeicher darzustellen sind) ist in erster Linie auf geringen Speicherplatzverbrauch zu achten.

PAGE   hat keine Argumente und legt fest, daß das Quellprogramm-Listing auf einer neuen Seite fortfahren soll.

PRIORITY   Argument ist ein Compilezeitausdruck des ganzzahligen Untertyps PRIORITY . Das Pragma darf nur in einer Prozeßeinheit-Spezifikation oder im äußersten Deklarationsteil eines Hauptprogramms vorkommen. Es legt die entsprechende Priorität fest (vgl. 6.5).

SHARED   hat als einziges Argument den Bezeichner einer Variablen, die durch eine Objektdeklaration deklariert ist und die einen skalaren Typ oder einen Zeigertyp hat. Das Pragma legt fest, daß jede Lese- und Schreiboperation für diese Variable ein Synchronisationspunkt ist. Eine Sprachimplementation muß die Objekte, für die das Pragma erlaubt ist, auf solche beschränken, deren Lese- und Schreiboperation als unteilbare Einheit implementiert ist.

STORAGE_UNIT   Argument ist eine ganze Zahl. Das Pragma steht an der gleichen Stelle wie MEMORY_SIZE und "legt" die Anzahl der Bits für eine Speichereinheit "fest".

SUPPRESS   Argument ist ein Bezeichner, der eine bestimmte Laufzeitabprüfung kennzeichnet und optional zusätzlich entweder der Bezeichner eines Objekts, eines Typs, eines Unterprogramms, einer Prozeßeinheit oder einer generischen Einheit. Das Pragma darf nur in einem Deklarationsteil oder einer Paketspezifikation stehen. Der entsprechende Laufzeittest wird in dem entsprechenden Gültigkeitsbereich unterdrückt. Für den Fall, daß noch ein weiterer Bezeichner auftaucht, wird dieser Test nur für das bezeichnete Objekt, für Objekte des Typs, für Aufrufe des Unterprogramms, Aktivierungen der Prozeßeinheit, generische Exemplare unterdrückt. (Beispiele:
pragma SUPPRESS(RANGE_CHECK);   **pragma** SUPPRESS(INDEX_CHECK, ON => TABLE);
vgl. 3.9, 4.6).

SYSTEM_NAME   Argument ist ein Aufzählungsliteral. Das Pragma steht an der gleichen Stelle wie MEMORY_SIZE . Es "legt" den Namen der Zielmaschine "fest".

ANHANG III: IN DER SPRACHE VORDEFINIERTE AUSNAHMEN UND ZUGEHÖRIGE LAUFZEITPRÜFUNGEN

Folgende *Ausnahmen* werden in folgenden Situationen ausgelöst:

CONSTRAINT_ERROR   bei Verletzung einer Bereichseinschränkung, Indexeinschränkung oder Diskriminanteneinschränkung, ferner bei dem Versuch, auf eine Verbundkomponente zuzugreifen, die für die aktuelle Verbundvariante nicht existiert, bzw. bei dem Versuch, auf einen Teil eines Objekts über einen Zeiger zuzugreifen, wenn der Zeigerwert undefiniert ist.

NUMERIC_ERROR   wenn das Ergebnis einer vordefinierten numerischen Operation kein korrektes Ergebnis liefern kann (für reelle Typen innerhalb der deklarierten Genauigkeit). Division durch 0 ist ein Beispiel hierfür. Diese Ausnahme muß nicht in jedem Falle ausgelöst werden, z.B. wenn ein selbstdefinierter numerischer Datentyp auf einem vordefinierten Typ auf der Basismaschine mit größerem Wertebereich abgebildet wird. Der Sprachreport legt diese Fälle in Abschnitt 4.5.7 bzw. 11.6 fest.

PROGRAM_ERROR   bei dem Versuch, ein Unterprogramm aufzurufen, einen Prozeß zu aktivieren oder eine generische Exemplarerzeugung abzuarbeiten, wenn der Rumpf der entsprechenden Programmeinheit noch nicht abgearbeitet wurde. Diese Ausnahme wird auch dann erweckt, wenn ein Unterprogramm anders als über einen Rücksprung bzw. über eine Ausnahmebehandlung verlassen wird, ferner bei der Ausführung eines selektiven Wartens ohne else-Teil, wenn alle Alternativen geschlossen sind. Schließlich wird die Ausnahme bei fehlerhaften Programmen erweckt, beispielsweise bei unzulässigen Reihenfolgeabhängigkeiten. Ein Beispiel für letzteres ist, wenn das Ergebnis einer Abarbeitung, Ausführung oder Auswertung von der Reihenfolge abhängt, die der Compiler für ein Sprachkonstrukt festgelegt hat, für das in der Sprache keine feste Reihenfolge der Abarbeitung, Ausführung oder Auswertung festgelegt ist. Man beachte, daß die Sprachimplementation für fehlerhafte Programme keinen Fehler melden muß, daß aber, falls sie es tut, nicht festgelegt ist, ob dies zur Compilezeit oder Laufzeit geschieht.

STORAGE_ERROR   wird in den folgenden Situationen erweckt: wenn der dynamische Speicherbereich, der einem Prozeß zugeordnet ist, erschöpft ist; während der Auswertung eines Generators, wenn der Speicherbereich für eine Kollektion von Haldenobjekten erschöpft ist; während der Abarbeitung einer Deklaration oder der Ausführung eines Unterprogrammaufrufs, wenn kein Speicher mehr verfügbar ist.

TASKING_ERROR   wenn Ausnahmen während der Kommunikation von Prozessen auftreten.

Neben den oben aufgeführten Ausnahmen/Laufzeitabprüfungen gibt es noch die Ausnahmen, die bei Ein-/Ausgabeoperationen erweckt werden können. Die Ausnahmen für Ein-/Ausgabenoperationen, die durch die Pakete SEQUENTIAL_IO , DIRECT_IO und TEXT_IO festgelegt sind, finden sich im Paket IO_EXCEPTIONS des Standards. Es sind dies die Ausnahmen STATUS_ERROR , MODE_ERROR , NAME_ERROR , USE_ERROR , DEVICE_ERROR , END_ERROR , DATA_ERROR und LAYOUT_ERROR . Da diese Ausnahmen und die zugehörigen Laufzeit-Überprüfungen doch spezielleren Charakter als die oben aufgeführten haben, sei hier lediglich auf Abschnitt 3.10 bzw. auf Abschnitt 7.1 verwiesen.

Die obigen Ausnahmen machen zur *Laufzeit* eine ganze Reihe von *Prüfungen* nötig. Bei der Verletzung entspr. Bedingungen werden die Ausnahmen automatisch ausgelöst.

Diese Laufzeitprüfungen können aus Effizienzgründen durch das Pragma SUPPRESS unterdrückt werden. Hierbei ist jedoch Vorsicht angeraten!

Prüfungen für die Ausnahme CONSTRAINT_ERROR :

ACCESS_CHECK : Prüfung, daß der Wert eines Zeigers nicht **null** ist, wenn versucht wird, auf Komponenten hiervon zuzugreifen.

DISCRIMINANT_CHECK : Bei Zugriff auf eine Komponente eines Verbunds mit Diskriminanten. Prüfung, ob diese Komponente für den aktuellen Diskriminantenwert existiert; Prüfung, daß der Wert einer Diskrimiante mit einer Diskriminanteneinschränkung verträglich ist.

INDEX_CHECK : Prüfung, daß ein Indexwert oder ein Bereich von Indexwerten eine Indexeinschränkung erfüllt.

LENGTH_CHECK   für Operationen mit Feldern: Prüfung, daß die Anzahl der Feldkomponenten mit einer geforderten Anzahl übereinstimmt.

RANGE_CHECK : Prüfung, daß ein Wert eine Bereichseinschränkung erfüllt; daß eine Bereichseinschränkung mit einem (Unter)Typ verträglich ist; für Aggregate, daß Index oder Diskriminantenwert zu dem entsprechenden Untertyp gehört; schließlich für Überprüfungen von Einschränkungen bei generischen Exemplarerzeugungen.

Prüfungen für die Ausnahme NUMERIC_ERROR :

DIVISION_CHECK : Prüfung, daß der 2. Operand der Operationen / , **rem** oder **mod** verschieden von 0 ist.

OVERFLOW_CHECK   : Prüfung auf Überlauf für das Ergebnis einer numerischen Operation.

Prüfungen für die Ausnahme PROGRAM_ERROR   :

ELABORATION_CHECK   : Bei Unterprogrammaufrufen, Prozeßaktivierungen, Abarbeitungen von generischen Exemplarerzeugungen: Überprüfung, daß der entsprechende Rumpf bereits abgearbeitet wurde.

Prüfungen für die Ausnahme STORAGE_ERROR :

Prüfung, daß die Auswertung eines Generators nicht den Speicherplatz für eine Kollektion von Haldenobjekten überschreitet. Prüfung, daß der Speicherbereich für einen Prozeß oder ein Unterprogramm nicht überschritten wurde.

ANHANG IV: GRAMMATIK

Die hier angegebenen Bezeichnungen, wie etwa 2.1, verweisen auf den entsprechenden Abschnitt des Sprachreports. Einige rechte Seiten von Regeln sind hier aus Platzgründen mehrzeilig geschrieben.
Der Verweis von einem nichtterminalen Symbol zur zugehörigen EBNF-Regel ergibt sich über das Stichwortverzeichnis.

```
2.1————lex. Einheiten, Pragmas—————————

graphic_character ::=
    basic_graphic_character
  | lower_case_letter
  | other_special_character

basic_graphic_character ::=
    upper_case_letter | digit
  | special_character | space_character

basic_character ::=
    basic_graphic_character
  | format_effector

2.3
identifier ::=
    letter {[underline] letter_or_digit}

letter_or_digit ::= letter | digit

letter ::=
    upper_case_letter
  | lower_case_letter

2.4
numeric_literal ::=
    decimal_literal
  | based_literal

2.4.1
decimal_literal ::=
    integer [. integer] [exponent]

integer ::=
    digit {[underline] digit}

exponent ::=
    E [+] integer | E - integer

2.4.2
based_literal ::=
    base #
      based_integer [. based_integer]
      # [exponent]

base ::= integer

based_integer ::=
    extended_digit
      {[underline] extended_digit}

extended_digit ::=
    digit | letter
```

```
2.5
character_literal ::=
    'graphic_character'

2.6
string_literal ::=
    "{graphic_character}"

2.8
pragma ::=
    pragma identifier
      [(argument_association
      {, argument_association})];

argument_association ::=
    [argument_identifier =>] name
  | [argument_identifier =>] expression


3.1————Deklarationen—————————————

basic_declaration ::=
    object_declaration    | number_declaration
  | type_declaration      | subtype_declaration
  | subprogram_declaration
  | package_declaration
  | task_declaration      | generic_declaration
  | exception_declaration
  | generic_instantiation
  | renaming_declaration
  | deferred_constant_declaration

3.2
object_declaration ::=
    identifier_list:
      [constant] subtype_indication
      [:= expression];
  | identifier_list:
      [constant] constrained_array_definition
      [:= expression];

number_declaration ::=
    identifier_list :
      constant := universal_static_expression;

identifier_list ::=
    identifier {, identifier}
```

```
3.3.1

type_declaration ::=
    full_type_declaration
  | incomplete_type_declaration
  | private_type_declaration

full_type_declaration ::=
    type identifier [discriminant_part]
      is type_definition;

type_definition ::=
    enumeration_type_definition
  | integer_type_definition
  | real_type_definition
  | array_type_definition
  | record_type_definition
  | access_type_definition
  | derived_type_definition

3.3.2

subtype_declaration ::=
    subtype identifier
      is subtype_indication;

subtype_indication ::=
    type_mark [constraint]

type_mark ::=
    type_name | subtype_name

constraint ::=
    range_constraint
  | floating_point_constraint
  | fixed_point_constraint
  | index_constraint
  | discriminant_constraint

3.4

derived_type_definition ::=
    new subtype_indication

3.5

range_constraint ::= range range

range ::= range_attribute
  | simple_expression .. simple_expression

3.5.1

enumeration_type_definition ::=
  (enumeration_literal_specification
    {,enumeration_literal_specification})

enumeration_literal_specification ::=
    enumeration_literal

enumeration_literal ::=
    identifier | character_literal
```

```
3.5.4

integer_type_definition ::=
    range_constraint

3.5.6

real_type_definition ::=
    floating_point_constraint
  | fixed_point_constraint

3.5.7

floating_point_constraint ::=
    floating_accuracy_definition
    [range_constraint]

floating_accuracy_definition ::=
    digits static_simple_expression

3.5.9

fixed_point_constraint ::=
    fixed_accuracy_definition
    [range_constraint]

fixed_accuracy_definition ::=
    delta static_simple_expression

3.6

array_type_definition ::=
    unconstrained_array_definition
  | constrained_array_definition

unconstrained_array_definition ::=
    array(index_subtype_definition
      {, index_subtype_definition}) of
      component_subtype_indication

constrained_array_definition ::=
    array index_constraint of
      component_subtype_indication

index_subtype_definition ::=
    type_mark range <>

index_constraint ::=
    (discrete_range {, discrete_range})

discrete_range ::=
    discrete_subtype_indication | range
```

3.7

```
record_type_definition ::=
    record
      component_list
    end record
component_list ::=
      component_declaration
        {component_declaration}
    | {component_declaration} variant_part
    | null;
  component_declaration ::=
        identifier_list:
          component_subtype_definition
            [:= expression];
  component_subtype_definition ::=
        subtype_indication
```

3.7.1

```
discriminant_part ::=
      (discriminant_specification
        {; discriminant_specification})
  discriminant_specification ::=
        identifier_list : type_mark
          [:= expression]
```

3.7.2

```
discriminant_constraint ::=
      (discriminant_association
        {, discriminant_association})
  discriminant_association ::=
        [discriminant_simple_name
          {| discriminant_simple_name}=> ]
              expression
```

3.7.3

```
variant_part ::=
      case discriminant_simple_name is
        variant
        {variant}
      end case;
  variant ::=
      when choice {| choice}  =>
        component_list
  choice ::=
        simple_expression
      | discrete_range
      | others
        component_simple_name
```

3.8

```
access_type_definition ::=
      access subtype_indication
```

3.8.1

```
incomplete_type_declaration ::=
      type identifier
        [discriminant_part];
```

3.9

```
declarative_part ::=
      {basic_declarative_item}
        {later_declarative_item}
  basic_declarative_item ::=
        basic_declaration
      | representation_clause
      | use_clause
  later_declarative_item ::= body
      | subprogram_declaration
      | package_declaration
      | task_declaration
      | generic_declaration
      | use_clause
      | generic_instantiation
  body ::= proper_body | body_stub
  proper_body ::=
        subprogram_body
      | package_body
      | task_body
```

4.1 ——Ausdrücke ————————————————————————

```
name ::= simple_name
      | character_literal
      | operator_symbol
      | indexed_component
      | slice
      | selected_component
      | attribute
  simple_name ::= identifier
  prefix ::= name|function_call
```

4.1.1

```
indexed_component ::=
      prefix(expression {, expression})
```

4.1.2

```
slice ::= prefix(discrete_range)
```

4.1.3

```
selected_component ::= prefix.selector
  selector ::= simple_name
      | character_literal
      | operator_symbol
      | all
```

4.1.4

```
attribute ::= prefix'attribute_designator
  attribute_designator ::=
      simple_name
        [(universal_static_expression)]
```

4.3

```
aggregate ::=
    (component_association
       {, component_association})

component_association ::=
    [choice {| choice} =>] expression
```

4.4

```
expression ::=
    relation {and relation}
  | relation {and then relation}
  | relation {or relation}
  | relation {or else relation}
  | relation {xor relation}

relation ::= simple_expression
    [relational_operator simple_expression]
  | simple_expression [not] in range
  | simple_expression [not] in type_mark

simple_expression ::=
    [unary_adding_operator] term
       {binary_adding_operator term}

term ::=
    factor {multiplying_operator factor}

factor ::=
    primary [** primary]
  | abs primary
  | not primary

primary ::=
    numeric_literal | null | aggregate
  | string_literal | name | allocator
  | function_call | type_conversion
  | qualified_expression | (expression)
```

4.5

```
logical_operator ::= and | or | xor

relational_operator ::= = | /= | < | <=
  | > | >=

binary_adding_operator ::=
    + | - | &

unary_adding_operator ::= + | -

multiplying_operator ::=
    * | / | mod | rem

highest_precedence_operator ::=
    ** | abs | not
```

4.6

```
type_conversion ::=
    type_mark(expression)
```

4.7

```
qualified_expression ::=
    type_mark'(expression)
  | type_mark'aggregate
```

4.8

```
allocator ::=
    new subtype_indication
  | new qualified_expression
```

5.1——Anweisungen——————————————

```
sequence_of_statements ::=
    statement {statement}

statement ::=
    {label} simple_statement
  | {label} compound_statement

simple_statement ::= null_statement
  | assignment_statement
  | procedure_call_statement
  | exit_statement
  | return_statement
  | goto_statement
  | entry_call_statement
  | delay_statement
  | abort_statement
  | raise_statement
  | code_statement

compound_statement ::=
    if_statement      | case_statement
  | loop_statement    | block_statement
  | accept_statement  | select_statement

label ::= <<label_simple_name>>

null_statement ::= null;
```

5.2

```
assignment_statement ::=
    variable_name := expression;
```

5.3

```
if_statement ::=
    if condition then
      sequence_of_statements
    {elsif condition then
      sequence_of_statements}
    [else
      sequence_of_statements]
    end if;

condition ::= boolean_expression
```

5.4

```
case_statement ::=
    case expression is
        case_statement_alternative
        {case_statement_alternative}
    end case;

case_statement_alternative ::=
    when choice {| choice } =>
        sequence_of_statements
```

5.5

```
loop_statement ::=
    [loop_simple_name:]
      [iteration_scheme] loop
          sequence_of_statements
        end loop [loop_simple_name];

iteration_scheme ::= while condition
  | for loop_parameter_specification

loop_parameter_specification ::=
    identifier in [reverse] discrete_range
```

5.6

```
block_statement ::=
    [block_simple_name:]
      [declare
            declarative_part]
       begin
            sequence_of_statements
      [exception
            exception_handler
            {exception_handler}]
        end [block_simple_name];
```

5.7

```
exit_statement ::=
    exit [loop_name] [when condition];
```

5.8

```
return_statement ::=
    return [expression];
```

5.9

```
goto_statement ::=
    goto label_name;
```

6.1——*Unterprogramme* ————————————

```
subprogram_declaration ::=
    subprogram_specification;

subprogram_specification ::=
    procedure identifier [formal_part]
  | function designator [formal_part]
      return type_mark

designator ::=
    identifier
  | operator_symbol

operator_symbol ::= string_literal

formal_part ::=
    (parameter_specification
      {; parameter_specification})

parameter_specification ::=
    identifier_list : mode type_mark
      [:= expression]

mode ::= [in] | in out | out
```

6.3

```
subprogram_body ::=
    subprogram_specification is
        [declarative_part]
      begin
        sequence_of_statements
    [exception
        exception_handler
        {exception_handler}]
      end [designator];
```

6.4

```
procedure_call_statement ::=
    procedure_name [actual_parameter_part];

function_call ::=
    function_name [actual_parameter_part]

actual_parameter_part ::=
    (parameter_association
      {, parameter_association})

parameter_association ::=
    [formal_parameter =>] actual_parameter

formal_parameter ::=
    parameter_simple_name

actual_parameter ::=
    expression
  | variable_name
  | type_mark(variable_name)
```

7.1——*Pakete*————————————————

```
package_declaration ::=
    package_specification;

package_specification ::=
    package identifier is
      {basic_declarative_item}
    [private
      {basic_declarative_item}]
    end [package_simple_name]

package_body ::=
    package body package_simple_name is
      [declarative_part]
    [begin
        sequence_of_statements
    [exception
        exception_handler
        {exception_handler}]]
    end [package_simple_name];
```

7.4

```
private_type_declaration ::=
    type identifier [discriminant_part]
      is [limited] private;

deferred_constant_declaration ::=
    identifier_list : constant type_mark;
```

8.4

```
use_clause ::=
    use package_name {, package_name};
```

8.5

```
renaming_declaration ::=
        identifier : type_mark
          renames object_name;
    | identifier : exception
          renames exception_name;
    | package identifier
          renames package_name;
    | subprogram_specification
          renames subprogram_or_entry_name;
```

9.1——Nebenläufigkeit—————————

```
task_declaration ::=
        task_specification;

task_specification ::=
        task [type] identifier [is
            {entry_declaration}
            {representation_clause}
        end [task_simple_name]]

task_body ::=
        task body task_simple_name is
            [declarative_part]
        begin
            sequence_of_statements
        [exception
            exception_handler
            {exception_handler}]
        end [task_simple_name];
```

9.5

```
entry_declaration ::=
        entry identifier [(discrete_range)]
            [formal_part];

entry_call_statement ::=
        entry_name [actual-parameter_part];

accept_statement ::=
        accept entry_simple_name
            [(entry_index)] [formal_part] [do
            sequence_of_statements
            end [entry_simple_name]];

entry_index ::= expression
```

9.6

```
delay_statement ::=
        delay simple_expression;
```

9.7

```
select_statement ::= selective_wait
    | conditional_entry_call
    | timed_entry_call
```

9.7.1

```
selective_wait ::=
        select
          select_alternative
        {or
          select_alternative}
        [else
          sequence_of_statements]
        end select;

select_alternative ::=
        [ when condition =>]
            selective_wait_alternative

selective_wait_alternative ::=
        accept_alternative
    | delay_alternative
    | terminate_alternative

accept_alternative ::=
        accept_statement
            [sequence_of_statements]

delay_alternative ::=
        delay_statement
            [sequence_of_statements]

terminate_alternative ::= terminate;
```

9.7.2

```
conditional_entry_call ::=
        select
            entry_call_statement
            [sequence_of_statements]
        else
            sequence_of_statements
        end select;
```

9.7.3

```
timed_entry_call ::=
        select
            entry_call_statement
            [sequence_of_statements]
        or
            delay_alternative
        end select;
```

9.10

```
abort_statement ::=
        abort task_name {, task_name};
```

10.1——Programmstruktur————————

```
compilation ::= {compilation_unit}

compilation_unit ::=
      context_clause library_unit
    | context_clause secondary_unit

library_unit ::=
      subprogram_declaration
    | package_declaration
    | generic_declaration
    | generic_instantiation
    | subprogram_body

secondary_unit ::=
      library_unit_body
    | subunit

library_unit_body ::=
      subprogram_body
    | package_body
```

10.1.1

```
context_clause ::=
      {with_clause {use_clause}}

with_clause ::=
      with unit_simple_name
         {, unit_simple_name};
```

10.2

```
body_stub ::=
      subprogram_specification is separate;
    | package body package_simple_name
         is separate;
    | task body task_simple_name is separate;

subunit ::=
      separate (parent_unit_name) proper_body
```

11.1——Auanahmebehandlung————————

```
exception_declaration ::=
      identifier_list : exception;
```

11.2

```
exception_handler ::=
      when exception_choice
         {| exception_choice} =>
         sequence_of_statements

exception_choice ::=
      exception_name
    | others
```

11.3

```
raise_statement ::=
      raise [exception_name];
```

12.1——generische Programmeinheiten————————

```
generic_declaration ::= generic_specification;

generic_specification ::=
      generic_formal_part
         subprogram_specification
    | generic_formal_part
         package_specification

generic_formal_part ::=
      generic {generic_parameter_declaration}

generic_parameter_declaration ::=
      identifier_list : [in [out]] type_mark
         [:= expression];
    | type identifier is generic_type_definition;
    | private_type_declaration
    | with subprogram_specification [is name];
    | with subprogram_specification [is <>];

generic_type_definition ::=
      (<>) | range <> | digits <> | delta <>
    | array_type_definition
    | access_type_definition
```

12.3

```
generic_instantiation ::=
      package identifier is
         new generic_package_name
            [generic_actual_part];
    | procedure identifier is
         new generic_procedure_name
            [generic_actual_part];
    | function designator is
         new generic_function_name
            [generic_actual_part];

generic_actual_part ::=
      (generic_association
         {, generic_association})

generic_association ::=
      [generic_formal_parameter =>]
         generic_actual_parameter

generic_formal_parameter ::=
      parameter_simple_name
    | operator_symbol

generic_actual_parameter ::=
      expression | variable_name
    | subprogram_name
    | entry_name
    | type_mark
```

13.1——*Darst. auf Basismaschine* ————————

```
representation_clause ::=
    type_representation_clause
  | address_clause

type_representation_clause ::=
    length_clause
  | enumeration_representation_clause
  | record_representation_clause
```

13.2

```
length_clause ::=
    for attribute use simple_expression;
```

13.3

```
enumeration_representation_clause ::=
    for type_simple_name use aggregate;
```

13.4

```
record_representation_clause ::=
    for type_simple_name use
      record [alignment_clause]
        {component_clause}
      end record;

alignment_clause ::=
    at mod static_simple_expression;

component_clause ::=
    component_name at static_simple_expression
                range static_range;
```

13.5

```
address_clause ::=
    for simple_name use at simple_expression;
```

13.8

```
code_statement ::=
    type_mark'record_aggregate;
```

STICHWORTVERZEICHNIS

Das folgende Stichwortverzeichnis gibt zu einem Stichwort die Seite des Buches an, wo dieses erläutert ist. Bei Bezeichnern für nichtterminale Symbole der Sprache gibt es einen zusätzlichen Verweis auf die zugehörige EBNF der Grammatik im Anhang IV in Schrägschrift, z.B. *9.5* für accept_statement.

A

Abarbeitung einer Deklaration 36
abbrechbares selektives Warten 266
abgeleiteter Typ 142
Abhängigkeit eines Prozessen von Programmeinh. 273
Abhängigkeiten zwischen Übersetzungseinheiten 211
Ablaufstrukturen 36, 102
Abnahme im Software-Lebenszyklus 8
abort-Anweisung 274, *9.10*
abs-Funktion 145, 150
Abschnitt eines eindim. Feldes 113
absolute Genauigkeit 149, 154
abstrakte Maschine 4
abstrakter Datenobjektmodul 220
abstrakter Datentypmodul 224
abstraktes Datenobjekt 227
Abstraktion 62, 65, 74, 136, 205, 219, 227, 291
accept-Alternative 267, *9.7.1*
accept-Anweisung 257, 260
accept_statement 261, *9.5*
ACCESS_CHECK 322
access_type_definition 164, *3.8*
actual_parameter/actual_parameter_part 65, *6.4*
Ada
-, Countess of Lovelace 1
-, Geschichte der Entwicklung 1, 2
- Maschine 4, 59, 63, 253
- Pragmatik 5
- Programmentwicklungs-Umgebung 17
- Semantik 5
- Sprachreport 2
- Syntax 5
- und Lesbarkeit von Programmen 32
- und Softwaretechnik 1
- Validierung 13, 16
-, Ziele der Entwicklung von 1
Adaptabilität 11
ADDRESS-Attribut 307
address_clause 306, *13.5*
Adreßklausel 305
Änderungskontrolle 9
AFT 157
Aggregat 39, 135, 140
-, für ein Feld 111
-, für eindim./mehrdim. Feld 112
-, für einen Verbund 123, 134
-typ 112
aggregate 113, *4.13*
AJPO 3

aktiver Prozeß 264
Aktivierung von Prozessen 251, 276
Aktualparameter 65
Algorithmus 4
aliasing 175
alignment_clause 304, *13.4*
allgemeine Benutzbarkeit 230, 233, 235
allocator 166, *4.8*
Alphabet 27
Alternative einer EBNF 25
Alternative einer select-Anweisung 262
Anforderungsdefinition 7
Angaben zur Repräsentation 290, 301
Angemessenheit 11
angewandtes Auftreten 60, 102
ANSI 3
Anweisung 41
-, Ausführung einer 36
-, Auswahl- 46
-, bedingte 44
-, case- 46
-, einfache 43, 310
-, Exit- 53
-, leere 40
-, markierte 52
-, Rücksprungs- 64
-, Schleifen- 48, 50
-, sequentielle 85
-, Sprung- 52
-, zusammengesetzte 43, 272
Anweisungen, Schachtelung von 56
Anweisungsfolge 42
Anweisungsteil e. Blocks 59
- e. Unterprogramms 75
APSE 17, 215, 240
Architektur eines Programmsystems 5, 182
argument_association *2.8*
arithmetische Operatoren 145
arithmetischer Ausdruck 158
array_type_definition 110, 116, *3.6*
ASCII 104
assignment_statement 41, *5.2*
attribute 161 *4.1.4*
Attribute 144
- für Aufzählungstypen 106
- für Darstellungsangaben 307
- für Felder 114
- für Festpunkttypen 157
- für Gleitpunkttypen 154
- für Prozesse 279

Aufbereitung (Layout) eines Programms 121
aufgeschobene Konstante 193
Auftreten
- deklarierendes/angewandtes 60, 102
-, setzendes/benutzendes 60, 102
Aufzählungsliteral 105
Aufzählungstyp 39, 105
- E/A 92
- Repräsentationsklausel 303
Ausdehnung eines Feldes aus einem UP-Aufruf 118
Ausdruck 41, 159, 161
-, arithmetischer 158
-, Auswertung eines 36
-, Boolescher (logischer) 43, 161
-, einfacher 158
-, relationaler 43, 161
-, statischer 46, 163
Ausfallsicherheit 10
Ausführung eines Blocks 59
- eines Paketrumpfs 192
- Ausführung von Anweisungen 36
Ausgabe(Ausgangs)parameter 72, 73
Ausgabedatei 295
Ausgabeprozedur PUT 86
Ausgang einer Kontrollstruktur 52
Auskunftsunterprogramme für Dateien 295
Ausnahme (exception) 15,79
-, automatisch erweckte 82
- bei E/A 97, 296
- bei Prozessen 274
- deklaration 80
- erwecken 81
- unterdrücken 82
-, vordefinierte 82
-, Weiterreichen einer 81, 216, 274
Ausnahmebehandler 80
Ausnahmebehandlung 81, 216, 274
Ausrichtungsklausel 304
Ausschnitt eines Feldes 113
Auswahl
- anweisung 46, 134
- ausdruck 46
- liste 46
- von Entry-Aufrufen 262
Auswertung eines Ausdrucks 36
- eines Booleschen Ausdrucks 104
Auswertungsreihenfolge 162

B base, based_integer, based_literal 30 2.4.2
basic_character 27, 2.1
basic_declaration 199, 3.1
basic_declarative_item 217, 3.9
Basisdatentyp 37, 102
Basismaschine 4, 143, 253
Basistyp 137
Basiszeichen 27
bedingte Anweisung 44
-, einseitige, zweiseitige, mehrseitige 44

bedingter Entry-Aufruf 272
bedingtes selektives Warten 266
Beendigung
- anomale von Prozessen 273
- normale von Prozessen 253, 273
befristetes selektives Warten 265
Begrenzer 28
benannter Block 62
Benutzbarkeit, implizite 231
Benutzbarkeitsbeziehungen bei Moduln 229, 230
benutzendes Auftreten 60, 102
Benutzerfreundlichkeit 11
Benutzermaschine 4
Bereichseinschränkung 37, 108, 136
Bereichsüber(/unter)schreitung 147
Bezeichner 28, 32
Bezeichnerkonflikte 67
Bezeichnung, vordefinierte 200
Beziehungen zwischen Moduln 229
Bibliothekseinheit 208, 209, 210, 212, 236
Bilanzrechnung u. Festpunkttypen 157
binary_adding_operator 159
Bindungsmodus 72,76
Block, Blockanweisung 58,273, 5.6
-, benannter 62
Blockade eines Prozeßsystems 259
Blockstrukturierung, Vorteile von 62
BLUE 2
body 217, 3.9
body_stub 210, 10.2
BOOLEAN 103
Boolesche Literale/Operatoren 103
Boolescher Ausdruck 43, 161
Bottom-up-Aufbau von Verbundtypen 125
Bottom-up-Strateagie 4
box 116
Branch-and-Bound-Probleme 68

C call by reference/call by value 74
CALLABLE 279
case-Anweisung 46
case_statement 46, 5.4
CHARACTER 104, 121
character_literal 31, 2.5
choice 46, 131, 3.7.3
CLOSE 294
code-Anweisung/code_statement 308, 13.8
COL 90
compilation/compilation_unit 207, 212, 10.1
Compiler 13
Compilezeitausdruck 148, 163
completed (fertig) 273
component_association 113, 4.3
component_clause 304, 13.4
component_list/component_declaration 124, 3.6
compound_statement 86, 272, 5.1
condition 44, 5.3

conditional_entry_call 272, *9.7.2*
constrained_array_definition 110, *3.6*
CONSTRAINED-Attribut 131, 133
constraint 129, 151, *3.3.2*
CONSTRAINT_ERROR 42, 82, 108, 111, 113, 114, 117, 125, 130, 146, 148, 321, 322
context_clause 212, *10.1.1*
CONTROLLED-Pragma 177, 319
COUNT-Attribut 279
CREATE 294

D dangling reference 176
Darstellungsangaben auf der Basismaschine 290, 301, 305
- von Aufzählungstypen 303
- von Verbundtypen 304
Darstellungsattribute 307
DATA_ERROR 97, 296
Datei, externe/interne 291
-, Eröffnen einer 293
-, Kreieren einer 293
-, Löschen einer 294
-, Schließen einer 294
-, sequentielle/mit Direktzugriff 291, 295
-, Zurücksetzen einer 294
Dateidatenobjekt 293
Dateiendekennung 87
Dateiverwaltung 216, 291, 297
Datenabstraktion 205, 219
Datenabstraktionsmoduln 219, 228
Datenstrukturen 36, 102
Datentyp 135
-, ganzzahliger 145
-, numerischer 102
-, reeller 152
-, rekursiver 167
-, zusammengesetzter 102
Datentypklassifikation 177
decimal_literal 30, *2.4.1*
declarative_part 217, *3.9*
deferred_constant_declaration 193, *7.4*
definiert 60
Deklaration 199, 217
- Abarbeitung einer 36
- einer Ausnahme 80
- eines Datenobjekts 37
- eines Feldtyps mit spezifizierten Grenzen 109
- eines Feldtyps mit unspezifizierten Grenzen 116
- einer Funktion 64
- eines Operators 69
- eines Pakets 190
- eines Synonyms 197
- eines Unterprogramms 75
- eines Verbundtyps 124
- eines Zeigerobjekts/Zeigertyps 164, 165

-, explizite/implizite 201
-, Herausfinden der passenden 205
-, unvollständige eines rek. Datentyps 168
-, (vorläufige) eines Unterprogramms 78
Deklarationsteil/-bereich eines Blocks 58
-, eines Pakets 191
-, eines Unterprogramms 75
deklarierendes Auftreten 60, 102
delay-Alternative 265, 267, *9.7.1*
delay_statement 267, *9.6*
DELETE 294
DELTA-Attribut 157
Delta (bei Festpunkttypen) 155
Department of Defense 1
Dereferenzierung 167
derived_type_definition 143, *3.4*
designator *6.1*
DEVICE_ERROR 296
Dezimalzahl 29
Dialektbildung 16
DIGITS 154
DIRECT IO 291
direkte Rekursion 68
Direktzugriffsdatei 291, 295
discrete_range 110, *3.6*
discriminant_association 129, *3.7.2*
DISCRIMINANT_CHECK 322
discriminant_constraint 129, *3.7.2*
discriminant_part/discriminant_specification 129, *3.7.1*
Diskriminante (eines Verbunds) 127, 129
Diskriminantenangaben 127
Diskriminanteneinschränkung 128, 129, 136
Diskriminantenteil 127, 129
Diskriminantenwerte aus Aktualparametern 130
DIVISION_CHECK 322
DoD 1
Dokumentation 9
druckbare Zeichen 27
Dualzahl 30
dynamische Datenstruktur 163
dynamisches Feld 109

E E/A auf beliebigen Textdateien 97, 289, 297
EBNF 25
Effizienz 11, 174
Ein-/Ausgabe
- für Aufzählungstypen 92
- für beliebige "Datensätze" 290
- für ganzzahlige Datentypen 93
- für reelle Datentypen 94
- für beliebige Textdateien 97, 289, 297
- Fehlersituationen /-Ausnahmen 97
Ein-/Ausgabe im Hauptspeicher 92
Ein-/Ausgabe, konventionelle 86, 289
Ein-/Ausgabe, Verwaltungsaufwand 216
Ein-/Ausgabeparameter 72, 73

Ein-/Ausgabepaket als generisches Exemplar 293
einfache Anweisung 43, 310
einfacher Ausdruck 158
Einfachheit 11
Eingabe(Eingangs)parameter 66, 72, 73
Eingabedatei, Ein-/Ausgabedatei 295
Eingabeprozedur GET 86
Eingang einer Kontrollstruktur 52
eingeschränkter privater Typ 194, 197
eingeschränkter Verbund 130
eingeschränktes variantes Verbundobjekt 133
Einkopieren des Rumpfs eines UPs 69
Einschränkung (constraint) 37, 136
- sverträglichkeit 139
ELABORATE-Pragma 319
ELABORATION_CHECK 322
Elementbeziehung 162
EMAX 154
END_ERROR 98, 296
Endlosschleife 51
END_Of_FILE 296
END_OF_LINE/END_OF_PAGE 89
Enthaltenseinbeziehung bei Moduln 231, 236
Entry 256, 261
Entry-Aufruf 261, 271, 272
-, bedingter 272
-, zeitlich begrenzter 271
entry_call_statement 261, *9.5*
entry_declaration 261, *9.5*
Entry-Familie 277
entry_index 261, *9.5*
Entry-Warteschlange 260
Entwurf 7, 182
ENUMERATION_IO 290
enumeration_literal_specification *3.5.1*
enumeration_representation_clause 304, *13.3*
enumeration_type_definiton *3.5.1*
EPSILON 154
Erfolgskontrolle 9
Eröffnen einer Datei 293
Erwecken einer Ausnahme 81
erweiterter Zeichenvorrat 27
Erzeugung
- einer Datei 293
- einer generischen Ausprägung 188, 198
- eines Haldenobjekts 165
Erzeugungsoperation an der Schnittstelle eines Pakets 225
exception 80
exception_declaration/exception_choice 80, *11.1*, *11.2*
exception_handler 80, *11.2*
Existenzbereich 61
exit-Anweisung 53, *5.7*
explizite Konversion 134
exponent *2.4.1*

Export eines Moduls 234
expression 162, *4.4*
externe Datei 291
externer/interner Name 163

F Faktor, factor 159, *4.4*
falsch 15
FALSE 104
Familie von Entries 277
Fehler eines Programms 14, 79, 83
fehlerhaft 15
Feld 38, 108, 109, 116
-, dynamisches 109
-, eindimensionales/mehrdimensionales 110, 114
-, Sortieren eines -es 119
-, Wertzuweisung von -ern 113
Feldabschnitt 113
Feldaggregat 111
Feldattribute 113
Feldausschnitt 113
Feldkomponentenzugriff 110
Feldkonstante 38, 118
Feldtyp 40, 112
- mit spezifizierten Grenzen 109
- mit unspezifizierten Grenzen 116
Feldzugriff 111
Feldzuweisung 43, 111
fertiger Block, Prozeß/fertiges Unterprogramm 273
Festpunkt
-attribute 157
-einschränkung 155
-operationen 156
-typen 154
-zahlen 149
FILE_MODE 294
FILE_TYPE 294
FINE_DELTA-Konstante 308
FIRST 106, 114, 121
FIRST_BIT-Attribut 307
FIXED_IO 290
fixed_point_constraint 155, *3.5.9*
Fexibilität 11
FLOAT 150
floating_accuracy_definition 151
floating_point_constraint 151, *3.5.7*
for-Schleife 48
FORE 157
FORM 294
formale generische Parameter 186
formale Prozedur- und Typparameter 184
formal_parameter 66, *6.4*
Formalparameter 64, 72
formal_part 73
Formatsteuerzeichen 27
Freigabekontrolle 9
Freigabeprozedur für Haldenobjekte 176, 309

full_type_declaration 129, 199, *3.3.1*
function_call 66
funktionale Moduln 219
funktionaler Modul 220, 228
Funktion 63
-, rekursive 67
-, Syntax der Spezifikation 64
Funktionsaufruf 65, 66, *6.4*
Funktionsdeklaration 64, 72
Funktions-/Leistungsüberprüfung 7

G ganzzahlige Datentypen 145
ganzzahlige E/A 93
ganzzahliger Compilezeitausdruck 148
ganzzahliges Literal 148
garbage collection 176
gebundene Umbenennung 62
Gedächtnis eines Moduls 220
gegenseitiger Ausschluß (mutual exclusion) 259
Genauigkeit, absolute/relative 151, 154
Generator (allocator) 164
generic_actual_part 188, *12.3*
generic_declaration 186, *12.1*
generic_formal_part 186, *12.1*
generic_instantiation 188, 198, *12.3*
generic_specification 186, 198, *12.1*
generische Ausprägung/Exemplarerzeugung 185
generische Typdefinition 186, *12.1*
generischer abstrakter Datenobjektmodul 222
generischer abstrakter Datentypmodul 225
generischer formaler Teil 185
generischer funktionaler Modul 220
generischer Mechanismus 184, 188
generischer Teil 185, 197
generisches Paket 197
generisches Unterprogramm 184
Geschwisterprozess 254, 265
gesetzt 60, 102
GET 86
- für Aufzählungstypen 93
- für ganzzahlige Typen 94
- für reelle Typen 95
- für Zeichen 90
- für Zeichenketten 90
GET_LINE 91
getrennte Übersetzung 207
Gleipunkt 149
-attribute 154
-einschränkungen 150
-modellzahlen 153
-operationen 153
-typen 150, 152
-zahlen 149

global 60, 201
globale Variable 74, 279
goto-Anweisung 55
goto-Kontroverse 53
goto_statement 55, *5.9*
Grammatik 26, Anhang IV S. 323
GREEN 2
Größenspezifikation 302
Grundsymbole 28, 29
guard (Wachposten) 262
Gültigkeitsbereich 60, 78, 201, 211, 231
Gütekriterien für Programmsysteme 10

H hängende Zeiger 176
Halde(nobjekt), Heap 164, 167, 171, 174, 309
Haldenobjekt, eingeschränktes 171
Haldenobjekte für Prozesse 276
Haldenverwaltung, effiziente 176, 309
Handler für Ausnahmen 80
Hauptprogramm 77, 215
Hauptspeicher-E/A 92
hierarchische Softwarearchitekturen 233
highest_precedence_operator 159
HOLWG 2
Human Engineering 22

I Ichbiah, Jean 1
identifier, Identifikator 28, *2.3*
if-Anweisung 44
if_statement 44, *5.3*
Implementation eines Unterprogrammaufrufs 69
Implementierung 7, 9, 182, 191
implizite Benutzbarkeit bei Moduln 231
implizite Initialisierung 125
impliziter Untertyp 140
Import eines Moduls 234
inaccessible object 175
incomplete_type_declaration *3.8.1*
Indexauswahlliste 112
Indexbereichsübereinstimmung 113
INDEX_CHECK 322
index_constraint 110, *3.6*
indexed_component 111, *4.1.1*
Indexeinschränkung 109, 117, 136
Indexgrenzen eines Aggregats 113
Index-Operation 297
index_subtype_definition 116
indirekte Rekursion 68, 78
Ineinanderschachtelung 200
- von Anweisungen 56
- von Blöcken 61
- von Moduln 236
- von Verbunden 125

INFILE / INOUT FILE 292, 295
Infixschreibweise 70
Information Hiding 260, 263, 290
Informationsaustausch zwischen Prozessen 259
Initialisierung 37, 59, 192
–, implizite eines Verbundtyps 125
Inkarnation eines Unterprogramms 66
inkrementeller Compiler 13
inline insertion 69
INLINE_Pragma 69, 79, 319
Installation 8
Instanzerzeugung 188, 198
INTEGER 145
INTEGER IO 290
integer_type_definition 147, *3.5.4*
INTERFACE-Pragma 309, 319
Interpreter 13
interne Datei 291
IO_EXCEPTIONS 290
Ironman 2
IS_OPEN 295
Iteration 47
iteration_scheme 48, *5.5*
iterative Lösung 69

J Jo–Jo–Strategie 4

K Kammstruktur 32
KAPSE 18
Kaskadenoperatoren 104
Kellerprinzip 67
Klammersparungskonvention 159
Klammerstruktur 32
Kommentar 32
Kommunikation von Prozessen 256, 275
Komponentenklausel 304
Komponentenzugriff
– bei Feldern 111
– bei Verbunden 123
Konkatenation 121
Konsistenzbedingungen für Softwarearchitekturen 235
Konstante 38
–, aufgeschobene 193
Konstante für ein Feld 118
konstantes Verbundobjekt 125
Kontext einer Übersetzungseinheit 208
kontextfrei/kontextsensitiv 26, 27
Kontextklausel 211
kontextsensitive Beziehung bei Paketen 195
Kontrollstruktur 36
–, Eingang, Ausgang 52
Kontrollzeichen 27
konventionelle Ein–/Ausgabe 86

Konversion abgeleiteter Typen 143
Konversion bei der Ein–/Ausgabe 86
Korrektheit von Programmen 10
Kurzschlußoperatoren 104

L label *55, 5.1*
Längenklausel 302
LARGE 154, 157
LAST 63, 106, 114, 121
LAST_BIT 307
later_declarative_item 217, *3.9*
Laufbereich 48
Laufparameter 48
Laufvariable 48
Laufzeitfehler 79
Laufzeitkeller 67
Laufzeit(über)prüfung 79, 136, 321
Layout eines Quellprogramms 121
LAYOUT_ERROR 97, 297
Layout-Routinen 88
leere Anweisung 41
leerer Verbundtyp 124, 132
leeres Feld, leerer Feldausschnitt 117
Leistungsmessung 17
LENGTH 114, 121
LENGTH_CHECK 322
length_clause 303, *13.2*
Lesbarkeit von Programmen 11, 32
Lese-/Schreibkopf 88
Lese-/Schreiboperationen seq. Dateien 295
– von Direktzugriffsdateien 296
lexikalische Einheit 28, 31, 87
lexikographische Ordnung 121
library file 215
library_unit, library_unit_body 212, *10.1*
LINE 90
Listenverarbeitung 168, 171, 174
LIST-Pragma 319
Literal 29, 91, 135, 160
–, dezimales/nichtdezimales 29
– für Zeichen/Zeichenketten 31
–, ganzahliges 29, 148
–, numerisches 29
–, reelles 29
literal 29, *159*
Löschen einer Datei 294
logische Operationen 103, 161, *4.5*
logische Schnittstelle eines Pakets 193
log. Objekt an der Schnittst. eines Pakets 224
lokal 60, 201
lokale Benutzbarkeit 230, 231, 236
lokales Unterprogramm 77

LONG_FLOAT 150
LONG_INTEGER 145
loop-statement 48, *5.5*
LOW_LEVEL_IO 290, 300

M MAPSE 18
MANTISSA 154, 157
Makroexpansion 69
Marke 52, 55
markierte Anweisung 52
Maschine 4
Maschinenabhängigkeit 289
Maschinencode-Einfügung 308
maschinennahe Ein-/Ausgabe 300
MAX_DIGITS-Konstante 308
MAX_INT-Kostante 308
MAX_MANTISSA-Konstante 308
Meister 273
MEMORY_SIZE-Konstante 308
MEMORY_SIZE-Pragma 319
Meßtechnik bei Software 21
Methoden und Werkzeuge füe Ada 20
MIN_INT-Konstante 308
mod-Operator 145
mode 73, *6.1*
MODE 294
MODE_ERROR 97, 296
Modellzahlen
– für Gleitpunkttypen 153
– für Festpunkttypen 155
Modul 5, 182, 189, 219
Modularten 182, 219
Modulbeziehungen 182, 229
Modulimplementation 7
Modulkonzept 182, 218, 239
multiplying_operator 159

N Nachrichtenkontrolle 9
Name, name 42, 160, *4.1*
–, qualifizierter 62
– externer, interner 163
NAME_ERROR 296
NAME-Parameter bei Ein-/Ausgabe 294
Namensraum 62, 204
nebenläufig 249
Neuübersetzung 214
NEW_LINE/NEW_PAGE 89
nichtdet. Auswahl von Entry-Aufrufen 262
nichtdet. Auswahl einer select-Alternative 267
Nichtdezimalzahl 30
normierte Binärdarstellung 153
number_declaration 149, *3.2*
NUMERIC_ERROR 82, 147, 150, 321
numeric_literal 30, *2.4*
numerisch-reelle Zahl 149

O Obertyp 137
object_declaration 40, *3.2*
objekt, nicht mehr ansprechbares 175
(Daten)Objektdeklaration 37
Objektdeklaration eines Feldes 38, 109, 117
Objektdeklaration eines Verbundes 38, 123, 127
Objektdeklaration, Syntax 40
objektoriente Programmierung 225
Oktalzahl 30
OPEN-Prozedur bei der E/A 294
Operationen auf Festpunkttypen 156
Operationen auf Gleitpunkttypen 150
Operationen eines Typs 40, 135
Operationen ganzzahliger Typen 145
Operator 69, *6.1*
OPTIMIZE-Pragma 319
Option in einer EBNF 25
Ordnungsrelationen 106
OUT_FILE 292
OVERFLOW_CHECK 322

P PACK-Pragma 306, 319
package_body 191, *7.1*
package_declaration/package_specification 190, *7.1*
PAGE-Funktion 90
PAGE_LENGTH-Funktion 89
PAGE-Pragma 320
Paket 189
–, als passive Programmeinheit 191
–, als generisches 197
Paketrumpf 190
Paketspezifikation (–sschnittstelle) 189
parameter_association 65, *6.4*
parameter_specification 73, *6.1*
Parameterprofil 187
Parametertypprofil 71
Parameterübergabemechanismus 73
Parametervorbesetzung 66, 76
Parameterzuordnung über Namen/Reihenfolge 65, 76
passiver Prozeß 264
Pflege 8
physische Schnittstelle eines Pakets 193
pointer 164
Portabilität 11
– und numerische Datentypen 147, 152
POS-Attribut 106
POSITION-Attribut 307
Präfix 70, 203
Präzedenz von Operatoren 147, 159
Pragma 33, 301, 306, *2.8*
Pragmas und Repräsentation auf der Basismaschine 301,
Pragmatik 5
PRED 106

prefix 111, 161, *4.1*
Primärausdruck, primary 159, *4.4*
Priorität eines Prozesses 277
Prioritätenregelung für Operatoren 147, 159
PRIORITY-Pragma 278, 320
privater Teil e. Paketschnittst. 190
privater Typ 187, 192, 197, *7.4*
Problemanalyse 6
procedure_call_statement 76, *6.4*
PROGRAM_ERROR 321
program library 215
Programm 4, 200
-änderungszyklus 14
-Entwicklungsumgebung 17, 215
-struktur 200, 207
Programmieren im Großen 8, 182, 218, 229, 235
Programmieren im Kleinen 8, 36, 235
Programmiersprachen, Stand der Technik 3
Programmiersystem 15
Programmierung, nebenläufige 249
Programmsystem-Bibliothek 215
Programmierwerkzeuge 15
Programmzähler 253
Projektmanagement/-organisation 9, 22
proper body 217, *3.9*
Prozedur 63
-, indirekt rekursive 78
-, parameterlose 64, 66, 76
-, rekursive 67, 78
Prozeduraufruf 76
Prozeß 249
-, Syntax 254
-, aktiver/passiver 264
-einheit 249, 250
-objektdeklaration 276
-objekte als Haldenobjekte 276
-rumpf 254
-typdeklaration 275
Punktschreibweise f. Anw. e. Paketschnittst. 195
PUT
- für Aufzählungstypen 93
- für ganzzahlige Typen 94
- für reelle Typen 95
- für Zeichen/Zeichenketten 90

Q qualified_expression 160, *4.7*
qualifizierter Name 62
Quellprogrammaufteilung 32, 121
QUICKSORT 119

R raise-Anweisung 81, *11.3*
RANGE-Attribut 114
RANGE_CHECK 322
range/range_constraint 108, *3.5*

READ-Operation für E/A 296
real_type_definition 152, *3.5.6*
RECEICE_CONTROL 300
Recompilation 214
record 122
record_representation_clause 304, *13.4*
record_type_definition 124, *3.6*
RED 2
reelle E/A 94
Regel der Syntax 25
rehosting 18
Reihenfolge der Ausdruckauswertung 162
Rekursion
-, direkte, indirekte 68
- versus Iteration 69
- von Unterprogrammen 167
rekursive
- Datentypen 167
- Definition einer Funktion 68
- Funktion 67
relation 162, *4.4*
relationaler
- Ausdruck 43, 161
- Operator 121, 162, *4.5*
relative Genauigkeit 151
relativer Darstellungsfehler 149
rem-Operator 145
renaming_declaration 197, *8.5*
Rendezvous von Prozessen 257
requirement definition/specification 7
Repräsentationsangaben f. d. Basismasch. 290, 301, :
Repräsentationsklausel 301, 302, *13.1*
reservierte Wörter 29
RESET-Operation 295
retargeting 18
return_statement 75, *5.8*
Robustheit 10
Rückgriffe im Software-Lebenszyklus 8
Rücksprunganweisung 64, 75
Rumpf eines Unterprogramms 75

S sauberer Sprung 53
Schachtelung
- von Anweisungen 56
- von Blöcken 61
Scheduling 253
Scheibe eines Feldes 113
Schleife 47
-, Endlos- 51
- mit Bedingung 50
- nzähler 48
-, unbedingte 51
-, until- 50
-, while- 50

Schleifenrumpf 47
Schließen einer Datei 294
Schlüsselwort 29
Schnittstelle
- eines Pakets 190
- logische/physische eines Pakets 193
secondary_unit 212, *10.1*
Sedezimalzahl 30
Seite 87
Seitenlänge bei Text-E/A 86
Seiteneffektfreiheit 65
Seitenendekennung 87
Seitenzähler 87
select-Alternative 267, *9.7.1*
select-Anweisung 262, *9.7*
selected_component, selector 161, *4.1.3*
select_statement 267, *9.7*
selective_wait 267, *9.7.1*
selektives Warten 262, 266, 267, *9.7.1*
-, abbrechbares 266
-, bedingtes 266
-, Semantik 267
-, Syntax 267
-, zeitlich begrenztes 265
Selektor, Selektorpfad 122, *4.1.3*
Semantik 5
SEND_CONTROL 300
separate Übersetzung 207
SEQUENTIAL_IO 291
sequentielle Abarbeitung von Deklarationen 201
sequentielle Ablaufkontrolle 36
sequentielle Datei 291, 295
sequentielle Textdatei 87
SET_COL-Operation 89
SET_INPUT/SET_OUTPUT-Operation 301
SET_LINE_LENGTH-Operation 89
SET_LINE-Operation 89
SET_PAGE_LENGTH-Operation 89
setzendes Auftreten 60, 102, 139
SHARED-Pragma 320
SHORT_FLOAT 150
SHORT_INTEGER 145
sichere Zahlen 153
sichtbarer Teil einer Paketschnittstelle 190
Sichtbarkeit 61, 70, 78, 202, 205, 231
-, direkte 203
Sichtbarkeitsbereich 61, 70, 202, 211
simple_expression 159, *4.4*
simple_name 16, 161, *4.1*
simple_statement 43, 86, 310, *5.1*
SIZE-Attribut 307
SIZE-Funktion 297
skalarer Typ 40, 135

SKIP_LINE-/SKIP_PAGE-Operation 89
slice 113, *4.1.2*
SMALL 154, 157
Softwarearchitektur 218, 230, 235, 239
Softwaredokument 13
Software-Engineering 1, 6, 183, 205
Software Engineering Institute 23
Software-Entwicklungsumgebung 24, 216
Softwareerstellungs-Werkzeuge 15
Softwarekrise 1
Software-Lebenszyklus/-Phasenmodell 6
Softwaretechnik 1, 6, 183, 205
Softwaretechnik-Umgebung 21, 23
Sonderfälle von Datenabstraktionsmoduln 224
Sonderzeichen 28
Sortieren 119
Spalte 87
Spaltenlänge bei Text-E/A 86
Spaltenzähler 87
Speicherabbildungsfunktion 301, 306
Speicherbereinigung 176
Speicherfreigabeprozedur 309
Speicherverwaltung 62
Spezifikation 7, 9, 246
- des klein von Festpunkt-Modellzahlen 302
- des Speicherbereichs von Haldenobjekten 302
- eines Pakets 189
- eines Unterprogramms 72
-, Größen- 302
- von Repräsentationsangaben 301
Sprachimplementation 15, 40
Sprachstandard 40
Sprung, sauberer 53
Sprunganweisung 52, 55
Standard-Textein(/aus)gabedatei 86, 300
STANDARD_INPUT/STANDARD_OUTPUT 300
STARS-Projekt 20
statement 86, *5.1*
statischer Ausdruck 148, 163
STATUS_ERROR 97, 296, 321
Steelman 2
Stellenzahl eines Aufzählungstyps 105
STORAGE_SIZE-Attribut 307
STORAGE_UNIT-Konstante 308
STORAGE_UNIT-Pragma 320
Strawman 2
streng typisierte Sprache 40
STRING-Datentyp 121
string_literal 31, *2.6*
Struktogramm 37, 55
Strukturen 38, 122
Strukturen der Ablaufkontrolle 36
strukturierte Programmierung 55
strukturierter Typ 40, 135

Stummel (Stumpf, stub) einer Untereinheit 209
subprogram_body 75, *6.3*
subprogram_specification 72, *6.1*
subtype_declaration 139, *3.3.2*
subtype_indication 110, 139, *3.3.2*
subunit 210, *10.2*
SUCC-Attribut 106
SUPPRESS-Pragma 82, 137, 320
Symbolvorrat 27
Synchronisation von Prozessen 256, 259
Synonymvereinbarung 196
syntaktische Kategorie 25
Syntax 5, 25
Syntaxdiagramm 26
Syntaxnotation 25
SYSTEM_NAME-Pragma 320
Systemstrukturdatei 215
Systemtechnik 22

T

Task
–, aktive/passive 264
–, Syntax 254
Taskattribut 279
task_body 255, *9.1*
task_declaration/task_specification 255, *9.1*
Taskeinheit 249
TASKING_ERROR 82, 274, 321
Taskobjekt 276
Taskspezifikation/-rumpf 254, 275
Tasktyp 275
Term, term 159, *4.4*
terminate-Alternative 266
terminate_alternative 267, *9.7.1*
terminated (beendet) 273
TERMINATED-Attribut 279
Termination 51
Textdatei 86
Text-E/A 92, 97, 289, 297
TEXT_IO 86, 291
TICK-Konstante 308
timed_entry_call 271, *9.7.3*
Tinman 2
Top-down-Entwurfsstrategie 4
Training von Ada 20
Transient/Transientenparameter 72, 74
Trennzeichen 28
TRUE 104
Typ 37, 135
–, abgeleiteter 142
–, diskreter 135
– eines Feldaggregats 112
– eines Feldes 112
–, eingeschränkter privater 194, 197
–, ganzzahliger 147

–, numerisch-reeller 149
–, privater 187, 192 197
–, skalarer 40, 135
–, strukturierter 40, 135
–, vordefinierter 37, 135
–, zusammengesetzter 40, 135
Typdefinition 37, 199
– für Zeiger 164
–, unvollständige 168
Typdeklaration 37, 199
type_conversion 160, *4.6*
type_declaration 129, 199, *3.3.1*
type_definition 199, *3.3.1*
type_representation_clause 302, *13.1*
Typenäquivalenz 141
Typklassifikation 177
Typkonversion 159
Typkonzept 135, 145, 189, 289
Typqualifikation 39, 108, 113, 140, 160
Typumwandlung 309

U

Überladung 201, 206
– durch Typableitung 142
– von Aufzählungsliteralen 107
– von Feldaggregaten 112
– von Unterprogrammen 70
Überprüfung der Einschränkungen eines Untertyps 139
Übersetzer 13
Übersetzung, separate/unabhängige/getrennte 207
Übersetzungseinheiten 207, 208
–, Abhängigkeiten zwischen 211
Übersetzungsreihenfolge 214
Umbenennung, gebundene 62
unabhängige Übersetzung 207
Unabhängigkeit von Prozessen 261
unary_adding_operator 159
unbedingte Schleife 51
UNCHECKED_CONVERSION 309
UNCHECKED_DEALLOCATION 309
unconstrained_array_definition 116, *3.6*
uneingeschränkter Verbund 130
uneingeschränktes variantes Verbundobjekt 133
universal_fixed 156
universal_integer 148
universal_real 154
universelle Programmiersprache 1
unmittelbar im Deklarationsteil 60
Unterbereich eines Aufzählungstyps 107
Unterbrechung 268
Untereinheit 208, 209, 212, 236

Unterprogramm 63
- auf Maschinenebene 69
- aufruf 63, 74
- aufruf (Implementation) 69
-, beendetes 273
- deklaration 72
-, generisches 184
- implementation 75
- in anderen Programmiersprachen 309
-, indirekt rekursives 78
- kopf 63, 72
-, lokales 78
-, rekursives 67
- rumpf 62, 75
- schnittstelle/-spezifikation 63, 72
Untertyp 137
- deklaration 138
-, impliziter 140
Untertypqualifikation eines Aggregats 113, 140
until-Schleife 50
unvollständige Typdeklaration 168
use_clause 197, *8.4*
USE_ERROR 98, 296, 321
use-Klausel 196

V VAL-Attribut 106
Validierung von Ada 13, 16
Variable 38
Varianten-/Versionskontrolle 9
variant_part, variant 131, *3.7.3*
varianter Teil eines Verbundes 131
Vatereinheit einer Prozeßeinheit 273
Vatereinheit einer Untereinheit 209
Vatertyp 142, 148
Verantwortlichkeitskontrolle 9
Verbund 38, 122
-, eingeschränkter/uneingeschränkter, varianter 133
-, leerer 124, 132
-, mit Diskriminanten 127
-, mit Komponenten nicht festgelegter Größe 127
- und Listenverarbeitung 169
-, varianter 131
Verbundaggregat 123
Verbundkonstante 125
Verbundobjekt, eingeschr./uneingeschr. 130
Verbund-Repräsentationsklausel 304
Verbundtyp 40, 123, 125
Verbundtypdefinition 124
Verdecken
-, eines Objekts 61, 201
-, eines Unterprogramms 201
Vergleichsoperator 121
vernünftiges Fehlerverhalten 11
Verständlichkeit 11
Verträglichkeit von Untertypeinschränkungen 139
Verzeigerung innerhalb eines Feldes 125
Verzögerungsalternative/-anweisung 268
vordefinierte Ausnahmen 81
vordefinierte Bezeichnungen 200
vordefinierter Datentyp 37
Vorrangregelung für Operatoren 147, 159

W Wachtposten, Wächter (guard) 262
Wahrheitstafel 103
Wahrheitswerte 103
Warten
-, abbrechbares, selektives 266
-, bedingtes, selektives 266
-, selektives 262, 266, 267
-, zeitlich begrenztes, selektives 265
Warteschlange zu einem Entry 260
Wartung 8
Weiterreichen einer Ausnahme 81
Wertebereich eines Typs 40
Wertzuweisung 41
Wertzuweisung von Feldern 113
while-Schleife 50
Wiederholung (Iteration, Schleife) 47
Wiederholung in einer EBNF 25
Wiederübersetzung 240
with_clause 212, *10.1.1*
with-Klausel 211, *10.1.1*
Woodenman 2
Wortsymbol 29
WRITE-Operation für E/A 296

Y YELLOW 2

Z Zählschleife 48
Zählvariable 48
Zahl
-, duale/dezimale/sedezimale 29
Zahlendeklaration 149, 154
Zeichen-/Zeichenketten-E/A 90
Zeichenkette 31
Zeichenkettenliteral 31, 121
Zeichenliteral 31, 104
Zeichentypen 105
Zeichenvorrat von Ada 27
Zeiger 164
-, hängender 176
- objektdeklaration 165
- setzung 166
- typdeklaration 164, 277
- typkonzept 169, 175
- wert 166
Zeile 87
Zeilendekennung 87
Zeilenlänge bei Text-E/A 86
Zeilenzähler 87
zeitlich befristetes selektives Warten 257, 265
zeitlich begrenzter Entry-Aufruf 271
Ziele der Softwareentwicklung 10
Zugehörigkeitstest 162
Zugriffskontrolle 9
Zugriffsmodus für Dateien 292
Zugriffsweg/-pfad 167, 174
Zugriffswert bei Haldenobjekten 166
Zuordnung über Reihenfolge/über Namen 65, 112, 124
Zurücksetzen einer Datei 294
zusammengesetzte Anweisung 43, 272
zusammengesetzte Datentypen 40, 102
zusammengesetztes Objekt 38
Zustandsübergang 4
Zuverlässigkeit von Programmen 10, 136, 137
Zuweisung 41
Zuweisung von Feldern 113

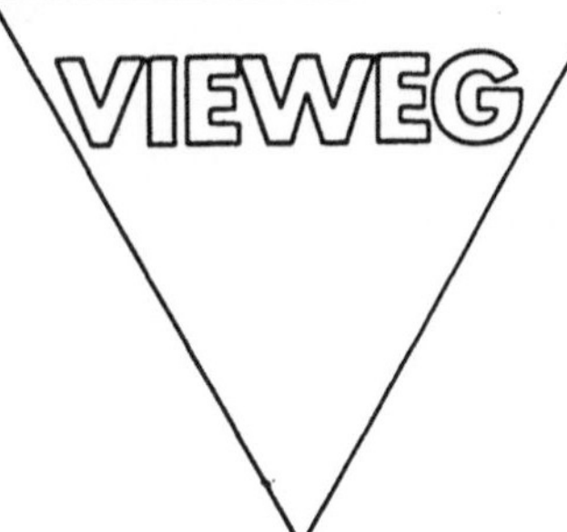

Manfred Nagl

Graph-Grammatiken

Theorie, Implementierung, Anwendung.

1979. VI, 375 S. mit 150 Abb. 16,2 x 22,9 cm. Kart.

Inhalt: Theorie der sequentiellen Ersetzungssysteme (Graph-Grammatiken) – Theorie der parallelen Ersetzungssysteme (Graph-L-Systeme) – Graph-Ersetzungssysteme für Anwendungen – Anwendungen von Graph-Ersetzungssystemen – Implementierung von Graph-Ersetzungssystemen – Offene Probleme – Referenzen und Inhalt – Literaturverzeichnis – Verzeichnis von Symbolen, Namen, Stichwörtern.

Der Autor gibt eine Übersicht über den Stand der wissenschaftlichen Entwicklung auf dem Gebiet der Graph-Grammatiken. Dies ist die erste umfassende Darstellung eines noch jungen Forschungszweigs. Aus der Fülle der Anwendungen von Graph-Grammatiken werden drei, nämlich inkrementelle Compilation, Semantikbeschreibung und Formalisierung von Datenbankschemata und -operationen stellvertretend für sämtliche Anwendungen erläutert.